§ 218 in der Diskussion

Forschungen und Quellen zur Zeitgeschichte

Im Auftrag der
Konrad-Adenauer-Stiftung
herausgegeben von Günter Buchstab,
Klaus Gotto, Hans Günter Hockerts,
Rudolf Morsey und Hans-Peter Schwarz

Band 21
§ 218 in der Diskussion
Meinungs- und Willensbildung
1945–1976

Droste

Michael Gante

§ 218 in der Diskussion

Meinungs- und Willensbildung 1945–1976

Droste

Die Deutsche Bibliothek – CIP-Einheitsaufnahme

Gante, Michael:
§ 218 in der Diskussion: Meinungs- und Willensbildung
1945-1976 / Michael Gante. - Düsseldorf: Droste, 1991
(Forschungen und Quellen zur Zeitgeschichte;
Bd. 21)
ISBN 3-7700-0963-0 Pb.
ISBN 3-7700-0956-8 Gewebe
NE: Paragraph 218; GT

1. Auflage 1991

Gesamtherstellung: Richarz Publikations-Service, 5205 Sankt Augustin 1
ISBN 3-7700-0956-8

Für Heike

Inhalt

TEIL 3
Vom Strafgesetzbuchentwurf 1962 zur Fristen- und Indikationenregelung (1974/76)

TEIL 4
Die rechtsphilosophischen, rechtspolitischen und anthropologischen Grundzüge der Diskussion über § 218 StGB (1962-1976)

Vorwort

Unter dem Titel „Die Meinungs- und Willensbildung zur Abtreibung in der Öffentlichkeit und den Parteien Deutschlands (1945-1976)“ wurde die vorliegende Untersuchung im Sommersemester 1991 von der Philosophischen Fakultät der Rheinischen Friedrich-Wilhelms-Universität Bonn als Inauguraldissertation angenommen. Sie wurde für die Drucklegung überarbeitet.

Mein tiefer Dank gebührt meinem Lehrer, Herrn Prof. Dr. Konrad Repgen. Er hat diese Arbeit angeregt, betreut und gefördert. Ihm und Herrn Prof. Dr. Klaus Hildebrand danke ich für die Erstellung der Gutachten. Den Herausgebern der „Forschungen und Quellen zur Zeitgeschichte“ bin ich für die Aufnahme der Untersuchung in diese Reihe verbunden, Herrn Dr. Hubert Salm von der Konrad-Adenauer-Stiftung für die technische Betreuung der Drucklegung. Für die Dissertation habe ich eine Promotionsförderung der Konrad-Adenauer-Stiftung (Institut für Begabtenförderung) erhalten.

Ohne die Hilfsbereitschaft des Archivs für Christlich-Demokratische Politik und des Archivs der sozialen Demokratie wäre die Darstellung der Meinungsbildung in den großen Volksparteien kaum möglich gewesen. Für diese Unterstützung danke ich den Mitarbeitern der beiden Häuser. Zu Dank verpflichtet bin ich namentlich dem Parteivorstand und der Bundestagsfraktion der Sozialdemokratischen Partei Deutschlands für die Genehmigung zur Einsicht in umfangreiches Aktenmaterial dieser beiden Gremien.

Meinen herzlichen Dank sage ich den Freunden, die mir bei der technischen Fertigstellung der Arbeit eine große Hilfe gewesen sind: den Herren Dr. Reinhard W. Biehl und Dr. Hermann Butzer, die die Korrektur gelesen haben und denen ich manche fruchtbare Kritik verdanke; Frau Gaby Mandel und Herrn Wolfgang Ricke, die mir bei der Erstellung des Quellen- und Literaturverzeichnisses behilflich waren, und Herrn Dominik Mandel, dessen hartnäckige Tüftlernatur keine Mühe scheute, um auch das diffizilste EDV-Problem zu lösen.

Besonders dankbar bin ich meinen Eltern, die mich auf meinen Weg gebracht haben, und Heike, meiner Frau, der dieses Buch mehr verdankt, als der Leser vermeinen wird.

Waldorf 1991 — Michael Gante

Einleitung

Am 12. Februar 1976 verabschiedete der Deutsche Bundestag in dritter Lesung das Fünfzehnte Strafrechtsänderungsgesetz, das die strafrechtlichen Bestimmungen über die Abtreibung grundlegend neu regelte. Dieser Parlamentsbeschluß bildet eine Zäsur in der Auseinandersetzung über den § 218 StGB, die seit dem Beginn der siebziger Jahre in der westdeutschen Öffentlichkeit mit einer Schärfe und Ausdauer geführt wurde, die in der Geschichte der Bundesrepublik Deutschland als exzeptionell bezeichnet werden können. In dieser Auseinandersetzung offenbarte sich wic in kaum einer anderen inner- und außerparlamentarischen Kontroverse ein neuralgischer Punkt der pluralistischen Demokratie: der Konflikt zwischen der Überzeugung von der Unverfügbarkeit bestimmter Grundwerte einerseits und Auffassungen, welche die Legitimität solcher Werte bestreiten, andererseits. Die Diskussion über die Abtreibung hängt deswegen aufs engste mit dem Problem des gesellschaftlichen Wertekonsenses zusammen.

Dieser Zusammenhang bildet den methodischen Anknüpfungspunkt für die Fragestellung der vorliegenden Untersuchung. Ausgehend von der Beobachtung, daß sowohl die rechtlichen Bestimmungen über die Abtreibung als auch die Einstellung eines großen Teils der Öffentlichkeit zum § 218 StGB zwischen 1945 und 1976 sich grundlegend geändert haben, soll den tieferen Ursachen für diesen Wandel nachgespürt werden. Das besondere Interesse richtet sich dabei auf die Frage, inwiefern jener Wandel auf veränderte Grundeinstellungen hinsichtlich des Menschenbildes und bestimmter sittlicher Normen zurückzuführen ist. Die anthropologischen und ethischen Aspekte des Problems stehen folglich im Mittelpunkt. Unter „Anthropologie" soll allgemein die Reflexion über die Frage verstanden werden, was der Mensch ist. Im Kontext unserer Untersuchung bedeutet dies in der Regel: Reflexion darüber, ob der Embryo oder der Fötus ein Mensch ist. „Ethik" meint im folgenden das Denken, das das richtige Handeln nach rational begründbaren Normen zu bestimmen sucht. Eine zentrale Bedeutung kommt im Rahmen unserer Fragestellung der Rechtspolitik zu, die in einem demokratischen Staatswesen die Rechtsnormen gestaltet und von der mithin wichtige Impulse auf die gesellschaftliche Wertbildung ausgehen. Auf sie richtet sich das besondere Augenmerk der Untersuchung.

Die Arbeit ging aus von der Hypothese, daß Politik, gerade wenn sie zentrale rechts- und gesellschaftpolitische Grundentscheidungen zum Gegenstand hat, bis zu einem gewissen Grad als angewandte Anthropologie zu beschreiben sei. Das Erkenntnisziel bestand daher zunächst darin zu prüfen, welche Konzeptionen zur rechtlichen Regelung der Abtreibung es gab, welche anthropologischen und ethischen Vorstellungen hinter diesen Konzeptionen standen und inwiefern diese Vorstellungen als Movens der rechtspolitischen Entwicklung gewirkt haben. Als Kern der Fragestellung hat dieser Ansatz sich grundsätzlich bewährt.

Wie sich im Verlauf der Arbeit zeigte, erforderte er aber einige Modifikationen. Die Untersuchung der politischen, rechtlichen und medizinischen Situation erwies nämlich, daß sowohl die juristische als auch die ärztliche Praxis erhebliche Diskrepanzen zur strafrechtlichen Norm aufwiesen. Es mußte daher neben die Analyse der abstrakten, eher ideengeschichtlich orientierten Konzeptionen und der rechtspolitischen Zielvorstellungen die Darstellung der Rechtswirklichkeit treten, die das Milieu bildet, in dem sich die zeitgenössische Diskussion entwickelte und ohne das diese nicht zureichend erfaßt werden kann. Ferner stellte sich bei der Beschäftigung mit der politischen Willensbildung heraus, daß diese sich viel weniger als Umsetzung bestimmter anthropologischer oder ethischer Grundkonzeptionen in rechtspolitische Zielsetzungen beschreiben läßt, als wegen der metapolitischen Bedeutung des Themas anfangs zu vermuten war. Im Gegensatz zur ursprünglichen Arbeitshypothese unterschied sich die Auseinandersetzung mit dem § 218 StGB nämlich nicht grundsätzlich von der Behandlung anderer politischer Themen. Für unsere Untersuchungsmethode bedeutet dies, daß die in der Politik vorgetragenen Argumente grundsätzlich nicht als authentische Darstellung konkreter handlungsbeeinflussender Konzeptionen gewertet werden dürfen, also keinen unmittelbaren Aufschluß über das jeweils wirksame Movens geben. Die Argumente, die vorgetragen worden sind, sind zunächst als Legitimationen zu beurteilen, das heißt nicht als Gründe, sondern Begründungen, als Aussagen über das authentische Movens[1]. Diese Legitimationen wurden in der Regel mit Behauptungen über die Rechtswirklichkeit abgestützt, so daß auch unter diesem Aspekt die Untersuchung von der medizinisch-sozialen und rechtlichen Wirklichkeit auszugehen hat.

Für unsere Vorgehensweise folgte aus diesen Einsichten, daß sie sich nicht auf die Untersuchung metapolitischer Konzeptionen und deren Einfluß auf die rechtspolitischen Zielvorstellungen beschränken durfte. Vielmehr mußten die verschiedenen Legitimationen in die Darstellung der vielfältigen Rahmenbedingungen eingebettet werden. Dieses Erfordernis bereitete für die Gliederung einige Schwierigkeiten. Es war unumgänglich, heterogene Themen und einerseits ereignisgeschichtlich sowie andererseits problemgeschichtlich ausgerichtete Beschreibungen miteinander zu kombinieren. Um die Orientierung zu erleichtern, wurde eine chronologische Grundstruktur für den Aufbau der Arbeit gewählt. Dieser Grundsatz ließ sich im zweiten Teil, der die Jahre 1945 bis 1962 behandelt, durchgängig einhalten. Für die Jahre 1962 bis 1976 empfahl sich jedoch, die ereignisgeschichtliche Darstellung von der Untersuchung der problemgeschichtlichen Aspekte (rechtsphilosophische, rechtspolitische und anthropologische) zu trennen. Die systematische Behandlung dieser Problemkreise ermöglicht einmal, den für die Fragestellung besonders interessanten Wandel politischer Positionen

1 Unter „authentischem Movens" soll im folgenden das eigentliche Movens verstanden werden, das mit dem angegebenen identisch sein kann, aber nicht sein muß. In diesem Sinn ist mit der „Authentizität" die „Echtheit" und die „Glaubwürdigkeit" einer Aussage gemeint.

markant darzustellen. Zum anderen lassen sich die verschiedenen Argumentationen bei dieser Vorgehensweise besser einander zuordnen und miteinander vergleichen, also erkennen, als wenn die Chronologie allein den Ausschlag gäbe.

Historische Darstellungen oder andere wissenschaftliche Arbeiten über die Geschichte des § 218 StGB seit 1945, auf die unsere Untersuchung hätte aufbauen können, gibt es, soweit zu sehen ist, nicht. Die 1977 erschienene Dissertation Tallens beschränkt sich auf einen parteipolitischen Ausschnitt unserer Fragestellung und ist auf einen Behandlungszeitraum von 1969/70 bis 1976 eingegrenzt. Soweit im Schrifttum überblickartige Darstellungen geboten werden, begnügen sie sich mit der knappen Behandlung ereignis- und problemgeschichtlicher Einzelaspekte unserer Thematik. Gleiches gilt für die nicht seltenen, aber stets sehr kurz gehaltenen Darstellungen in der übrigen, nichtwissenschaftlichen Literatur. Solche Publikationen sind zudem fast durchgängig dem Engagement für ein bestimmtes rechtspolitisches Ziel verpflichtet. Auch die Beschreibung geschichtlicher Zusammenhänge wird diesem Interesse untergeordnet und unterliegt damit oft tendenziösen Verzerrungen. Als Anknüpfungspunkt für eine wissenschaftliche Studie eignen sich solche Darstellungen mithin nicht.

Die vorliegende Arbeit ist wie folgt gegliedert: Im Anschluß an einen knappen historischen Überblick über die Regelung der Abtreibungsstraftatbestände in Deutschland seit dem Beginn des 16. Jahrhunderts wird untersucht, wie sich zwischen 1945 und 1976 die rechtliche und medizinische Wirklichkeit des Abtreibungsproblems gestaltete. Vor dem Hintergrund dieser Ergebnisse läßt sich prüfen, welche rechtspolitischen Zielvorstellungen es zu den strafrechtlichen Bestimmungen über die Abtreibung gab, auf welchen anthropologischen, ethischen und rechtsphilosophischen Grundlagen diese Vorstellungen beruhten, wie sich jene Konzeptionen geändert haben und inwiefern bestimmte Vorstellungen Eingang in die rechtspolitische Kontroverse, nicht zuletzt im parlamentarischen Bereich, fanden. Darstellung und Analyse der parlamentarischen Willensbildung bilden folglich den Schwerpunkt der Untersuchung. In diesem Zusammenhang ist zu beschreiben, wie das Gesetzgebungsverfahren in Gang kam, wie sich die Meinungsbildung in den Parteien entwickelte, welche gesetzgeberischen Initiativen sie hervorbrachte und welche Bedeutung die allgemeinen politischen Rahmenbedingungen für die parlamentarische Mehrheitsbildung hatten.

Die Betrachtung der rechtsphilosophischen Grundzüge der Diskussion über die Abtreibung richtet sich besonders auf die Beurteilung des Verhältnisses von Ethik und Recht. Die unterschiedlichen Positionen zu diesem Problem bildeten die rechtstheoretische Voraussetzung für die rechtspolitische Debatte. Ihre Untersuchung wird sich auf die Behandlung derjenigen Legitimationen konzentrieren, mit denen die Notwendigkeit einer Änderung des § 218 StGB in der Öffentlichkeit vertreten wurde und anhand derer die wesentlichen Merkmale der verschiedenen Entwürfe herausgearbeitet werden können. Abschließend soll der Frage nachgegangen werden, welche anthropologischen Vorstellungen es zum § 218 StGB in der zweiten Hälfte des Untersuchungszeitraums – nach 1962 – gab und in wieweit die einschlägigen rechtspolitischen Zielbehauptungen auf diesen Konzeptionen beruhten.

Die Einteilung unseres Untersuchungszeitraums in zwei Phasen (1945 bis 1962 und 1962 bis 1976) ergibt sich aus der Tatsache, daß die Auseinandersetzung über die Thematik sich bis zum Beginn der sechziger Jahre grundlegend von der Diskussion unterschied, die danach geführt wurde. In der Kontroverse über die kriminologische Indikation, die zwischen 1960 und 1963 ihren Höhepunkt erreichte, wurden rechtsphilosophische und anthropologische Vorstellungen vorgetragen, welche die Beurteilung des § 218 StGB nachhaltig beeinflußten. Die Auseinandersetzung in den siebziger Jahren war schließlich von Leitbegriffen geprägt, die diesen Konzeptionen zugrundelagen. Innerhalb der ersten Periode des Untersuchungszeitraums bildet die Besatzungszeit (1945 bis 1949) hinsichtlich der allgemeinen politischen, rechtlichen und medizinisch-sozialen Aspekte eine besondere Phase. Sie wird daher in einem gesonderten Abschnitt behandelt.[2]

Unsere Untersuchung stützt sich auf ein vielschichtiges Quellenmaterial: Die Behandlung der *medizinischen Aspekte* beruht auf der zeitgenössischen, im deutschen Sprachraum veröffentlichten wissenschaftlichen medizinischen Literatur, auf den Kongreßberichten medizinischer Gesellschaften und auf Studien und Gutachten, die von diesen Gesellschaften erstellt wurden. Diese Publikationen enthalten neben Spezialabhandlungen über Notwendigkeit, Berechtigung und gesundheitliche Risiken der medizinischen Indikation zum künstlichen Abort kritische Untersuchungen über die ärztliche Praxis der Abtreibung. Vor diesem Hintergrund sind die für unser Thema einschlägigen Gesetzes- und Verordnungsblätter sowie das juristische Schrifttum zu verstehen. Diese Materialien bilden die Grundlage für die Darstellung der *positivrechtlichen Situation*, der Rechtswirklichkeit sowie der juristischen Fachdiskussion. Die Darstellung der in der breiteren Öffentlichkeit geführten, *außerparlamentarischen Auseinandersetzung* beruht zusätzlich auf Presseartikeln aus Tages- und Wochenzeitungen, Zeitschriften, Illustrierten und Magazinen, die in den ehemaligen vier Besatzungszonen und in der Bundesrepublik Deutschland erschienen sind, insbesondere auch auf dem theologischen Schrifttum und auf der katholischen und evangelischen Presse als den Stellungnahmen kirchlicher Gremien und Verbände. Für die ab 1970 in den Medien geführte Diskussion konnte die Pressesammlung des Archivs für Christlich-Demokratische Politik, für den davor liegenden Zeitraum die Pressedokumentation des Deutschen Bundestags genutzt werden.[3] Ferner wurde die allgemeine, selbständig, in Periodika oder in Aufsatzsammlungen erschienene Literatur zu den Themen „§ 218 StGB“ und „Abtreibung“ ausgewertet.

Die Beschreibung der rechtspolitischen Diskussion der Jahre 1947 bis 1949 stützt sich zudem auf die Akten des Parteivorstandes der SPD, auf die zu diesem Bestand

2 Vgl. S. 72f.

3 Die in diesen Sammlungen vorhandenen Quellen sind oftmals, ebenso wie verschiedene über den Fernleihedienst der Bibliotheken erhältlichen Publikationen, nur in Kopien oder Ausschnitten zugänglich, die keine Seitenzahlen aufweisen. Titelaufnahmen solcher Quellen sind am Ende des Verweises mit dem Vermerk „o. S.“ (ohne Seite) gekennzeichnet.

gehörenden Akten des Frauenbüros beim Parteivorstand der SPD sowie auf die Protokolle und Drucksachen der Länderparlamente Nordrhein-Westfalens, Bremens und Hamburgs. Für die Jahre 1948 bis 1949 wurden ferner die Stenographischen Berichte der Plenarsitzungen des Parlamentarischen Rates und die Verhandlungen des Hauptausschusses des Parlamentarischen Rates berücksichtigt. Zur Darstellung der rechtspolitischen Auseinandersetzung zwischen 1950 und 1962 wurden außerdem die Niederschriften der Verhandlungen der Großen Strafrechtskommission herangezogen.

Die Darstellung der *innerparteilichen Meinungsbildung* beruht auf den Protokollen der Parteitage, den Veröffentlichungen in den Pressediensten der Parteien und ihrer Fraktionen sowie auf den Stellungnahmen ihrer Mitglieder und Vertreter in den Medien, also auf offiziellem Material. Bezüglich der Parteiakten stand die Untersuchung vor erheblichen Problemen. Denn die für die Willensbildung in den Führungsgremien der Parteien und deren Bundestagsfraktionen relevanten Akten sind größtenteils noch unzugänglich. Dies gilt sowohl für die eigentlichen Parteiakten als auch für die Akten der Fraktionen und ihrer Arbeitskreise. Insbesondere von den innerhalb und zwischen den Fraktionen tätigen kleineren Arbeitsgruppen, in denen die Entwürfe im wesentlichen konzipiert und die parlamentarische Zusammenarbeit, zum Beispiel mit dem Koalitionspartner, koordiniert wurde, konnten keine Quellen herangezogen werden.[4] Ebensowenig gibt es Aufzeichnungen über die in den siebziger Jahren zwischen Opposition und Koalition geführten interfraktionellen Verhandlungen der zuständigen Arbeitsgruppen.[5] Das zur Einsicht freigegebene Material ist sehr lückenhaft und ungeordnet. So sind beispielsweise die Protokolle wichtiger gemeinsamer Sitzungen der SPD-Parteiführungsgremien aus dem Jahr 1971 weder in den Beständen des Archivs noch bei den Gremien der Partei selbst auffindbar. Eine Fülle von Aktenstücken läßt keine Rückschlüsse auf Art, Verfasser oder Adressat zu. Die von den Parteiarchiven zur Einsichtnahme genehmigten Akten gestatten folglich nur eine fragmentarische Rekonstruktion der innerparteilichen Meinungsentwicklung.

Die zugänglichen Akten umfassen meist knapp oder auch nur stichwortartig aufgezeichnete Verlaufs- oder Ergebnisprotokolle von Sitzungen der jeweiligen Parteigremien; Wortprotokolle konnten, mit einer einzigen, aber nicht sehr ergiebigen Ausnahme (Bundeshauptausschuß der FDP), überhaupt nicht eingesehen werden. Die benutzten Akten enthalten außer Protokollen korrigierte und unkorrigierte Konzepte von Gesetzentwürfen, Denkschriften, Antragsvorlagen, Parteipublikationen, Vermerke, Korrespondenzen, Redemanuskripte und Veröffentlichungen unterschiedlichster Provenienz zu Fragen, die in den Gremien behandelt wurden.

Eingesehen werden konnten die Ergebnisprotokolle des Bundesfachausschusses der FDP für Innen- und Rechtspolitik, die Stenographischen Niederschriften der

4 Mit der Ausnahme sehr weniger, knapper und unergiebiger Protokollskizzen der Arbeitsgruppen im Arbeitskreis I der CDU/CSU-Fraktion des Deutschen Bundestages.

5 Briefliche Auskunft von Frau Liselotte Funcke, die Teilnehmerin bei diesen Gesprächen war, vom 18. Juni 1990.

Sitzungen des Bundeshauptausschusses der FDP, die Protokolle der Sitzungen des Bundesvorstandes der FDP sowie die Akten des Bundesfrauenausschusses dieser Partei (Archiv des Deutschen Liberalismus, Gummersbach). Außerdem konnten die Protokolle des Arbeitskreises VII (Rechtswesen) der SPD-Fraktion des Deutschen Bundestages berücksichtigt werden, die Protokolle des Präsidiums der SPD sowie die Protokolle der Sitzungen der Fraktion der SPD des Deutschen Bundestages (Archiv der sozialen Demokratie, Bonn-Bad Godesberg). Zugänglich waren ebenso die Niederschriften des Arbeitskreises I (Allgemeine und Rechtsfragen) der CDU/CSU-Fraktion des Deutschen Bundestags, die Kurzprotokolle dieses Arbeitskreises sowie die Protokolle der Arbeitsgruppe „Recht" des Arbeitskreises I und die Protokolle der Arbeitsgruppe „§ 218" dieser Arbeitsgruppe (Archiv für Christlich-Demokratische Politik). Ferner konnten die Nachlässe Heck, Burgbacher, Wex und Berger eingesehen werden. Die einschlägigen Akten des Bundesjustizministeriums waren nicht zugänglich. Einige wenige, aber aufschlußreiche Einzelstücke befinden sich (als Parallelüberlieferung) in den oben genannten Beständen der Parteiarchive.

Für die Rekonstruktion des parlamentarischen Geschehens ist die Quellengrundlage besser: die gedruckten Stenographischen Berichte der Plenarsitzungen des Deutschen Bundestages, die Drucksachen zu den Verhandlungen des Deutschen Bundestages, die vervielfältigten Niederschriften des Rechtsausschusses des Deutschen Bundestages, insbesondere die Berichte über die Beratungen des Sonderausschusses für die Strafrechtsreform, die vervielfältigten Kurzprotokolle der Sitzungen des Vermittlungsausschusses des Deutschen Bundestages und des Bundesrates, die gedruckten Stenographischen Berichte der Verhandlungen des Bundesrates, die vervielfältigten Drucksachen zu den Verhandlungen des Bundesrates, die hektographierten Niederschriften des Ausschusses für Innere Angelegenheiten des Bundesrates, die Niederschriften des Rechtsausschusses des Bundesrates, die Drucksachen dieses Ausschusses sowie die Niederschriften der Sitzungen des Unterausschusses des Rechtsausschusses des Bundesrates. Die Ausschuß- und Unterausschußprotokolle des Bundesrates enthalten in der Regel nur Antragstexte, Antragsbegründungen und Abstimmungsergebnisse. Über das Normenkontrollverfahren vor dem Bundesverfassungsgericht (1974/75) ist 1979 eine Dokumentation erschienen, die folgende Quellen enthält: Anträge und Begründungen der Antragsteller (also der 193 CDU/CSU-Abgeordneten und der unionsregierten Länder), die Stellungnahmen der Äußerungsberechtigten (Bundestag, Bundesregierung und Bundesländer), Quellen über Antrag, Verhandlung und Verfügung zum Verfahren über den Erlaß einer einstweiligen Anordnung, die Tonbandwortprotokolle der mündlichen Verhandlung, die Verlautbarungen der Pressestelle des Bundesverfassungsgerichts sowie das Urteil vom 25. Februar 1975 und das Sondervotum.

Die Meinungs- und Willensbildung in der Bundesrepublik Deutschland steht im Mittelpunkt unserer Arbeit. Für die Zeit von 1945 bis zur Gründung der Bundesrepublik werden die Länder der ehemaligen sowjetischen Besatzungszone ebenso ausführlich behandelt wie die der Westzonen. Desgleichen finden die – in der Bundesrepublik aufmerksam verfolgten – gesetzlichen und medizinischen Entwicklungen in der DDR und im sowjetischen Sektor Berlins Berücksichtigung. Die Landesteile, die während des Behandlungszeitraums zwar völkerrechtlich zu Deutschland gehörten, die aber unter fremder Verwaltung standen, sind nicht Thema dieser Untersuchung.

Ausdrücklich ist abschließend hervorzuheben, daß die vorliegende Arbeit die vielschichtigen und verschiedenartigen Notlagen, die ein Schwangerschaftskonflikt im konkreten Leben bedeuten kann und wohl auch meist bedeutet, keineswegs verkennt. Gleichwohl liegt die Aufgabe der Untersuchung nicht darin, zu dieser Problematik Stellung zu nehmen. Ebensowenig hat sie juristische Wertungen vorzunehmen oder alternative Lösungsansätze zu entwickeln und Regelungsmöglichkeiten aufzuzeigen. All dies kann nicht die Aufgabe einer historischen Untersuchung sein. Das Erkenntnisziel unserer Arbeit besteht vielmehr insbesondere darin, die anthropologischen und ethischen Voraussetzungen rechtspolitisch relevanter Legitimationen und Konzeptionen zu beschreiben und die metajuristischen Grundlagen der behandelten rechtspolitischen Vorstellungen herauszuarbeiten.

TEIL 1

Die strafrechtliche Regelung der Abtreibung in Deutschland vom 16. Jahrhundert bis zum Ende des Zweiten Weltkriegs (1507-1945)

A. Die gesetzlichen Bestimmungen über die Abtreibung in der deutschen Geschichte von der Bamberger Halsgerichtsordnung bis zum preußischen Allgemeinen Landrecht (1507-1794)

I. Die Regelung der Abtreibungsstraftatbestände in der Bambergensis und der Constitutio Criminalis Carolina

Als die erste Kodifikation deutschen Rechts, die die Abtreibung unter ihre Delikttatbestände aufnahm, gilt die Bamberger Halsgerichtsordnung aus dem Jahr 1507.[1] Die Volksrechte, Gesetzessammlungen und später die Weistümer des deutschen Mittelalters wiesen kaum Bestimmungen über die Bestrafung der Abtreibung auf. Wo sie es taten, wurde die Abtreibung wohl nicht als Verbrechen, sondern als Flagitium, als Schandtat, behandelt.[2] Die Bamberger Halsgerichtsordnung war eine der Vorlagen für die 1532 unter Karl V. vom Regensburger Reichstag zum Reichsgesetz erhobene Peinliche Gerichtsordnung, die Constitutio Criminalis Carolina. An den Vorarbeiten zur Carolina war der Schöpfer der Bambergensis, der bambergische Hofmeister Johann von Schwarzenberg (1465-1528), maßgeblich beteiligt. In den meisten deutschen Ländern, auch in der Schweizer Eidgenossenschaft, erlangte die Peinliche Gerichtsordnung Rechtsgeltung und stellte die Grundlage für die weitere Entwicklung des gemeinen deutschen Straf- und Prozeßrechts in den folgenden Jahrhunderten dar. Obwohl sie in der Anwendung dem örtlichen Partikularrecht, insbesondere dem Gewohnheitsrecht, den Vorrang einräumte, behielt sie bis in das 19. Jahrhundert hinein formelle Geltung. Ihr Vorbild, die Bamberger Halsgerichtsordnung, sah in Art. 158 die Todesstrafe für die Abtreibung einer Leibesfrucht vor, die älter als 40 Tage war.[3] Diese Vorschrift stimmt wörtlich überein mit Art. 133 der Carolina, der denjenigen, der „eyn lebendig kindt abtreibt“, mit der Todesstrafe bedrohte. Die Bestrafung der Abtreibung eines noch nicht als belebt angesehenen ungeborenen Kindes wurde in das Ermessen der Richter gestellt.[4]

Die Unterscheidung zwischen belebter und noch nicht belebter Leibesfrucht geht auf aristotelische Anschauungen zurück, die von Teilen der Urkirche übernommen und von der christlichen Tradition das Mittelalter hindurch überliefert wurden. Die

1 Ehinger, S. 10; das Folgende nach Kluge S. 20f. u. 31ff.
2 Trommsdorff-Gerlich S. 689.
3 Dies und das Folgende nach: Kluge S. 20ff.; Mitteis S. 251.
4 Text der Bestimmung abgedruckt bei: Dähn: Geschichte S. 333.

aristotelische Haltung zum künstlichen Abort hat für die Ausformung der abendländischen Abtreibungsgesetze – bis hin zur Fristenregelung[5] – eine prägende Bedeutung gewonnen. Wie schon Plato sprach sich Aristoteles in seiner „Politik" für Abtreibung wie für Kindesaussetzung als Mittel der Geburtenregelung aus. Im siebten Buch des Werkes heißt es: „Was Aussetzung oder Aufnahme der Kinder anlangt, so soll es Gesetz sein, daß nichts Verstümmeltes aufgezogen wird; wenn dagegen die Zahl der Kinder zu groß wird, so verbietet zwar die Ordnung der Sitten, irgendein Geborenes auszusetzen; dennoch soll die Zahl der Kinder eine Grenze haben, und wenn ein Kind durch die Vereinigung über diese Grenze hinaus entsteht, so soll man es entfernen, bevor es Wahrnehmung und Leben erhalten hat. Denn was erlaubt ist oder nicht, soll sich nach dem Vorhandensein von Wahrnehmung und Leben richten."[6]

Diese Auffassung entsprach der zeitgenössischen Anschauung von der Embryonalentwicklung, der zufolge der männliche Fötus vom 40., der weibliche vom 90. Tag an belebt sei, dann erst seien auch die einzelnen Körperteile zu erkennen.[7] Hinter dieser Ansicht stand die Vorstellung der klassischen griechischen Embryologie, die zwischen der Eingießung des Samens in die Gebärmutter und der Konzeption unterschied.[8] Danach galt die Konzeption erst dann als abgeschlossen, wenn der Samen nicht mehr aus der Gebärmutter ausfließen könne, was noch für einen gewissen Zeitraum nach der Empfängnis für möglich erachtet wurde, nämlich so lange – und hierin liegt das Eigentümliche dieser Anschauung –, wie der Samen noch nicht geformt und daher auch noch kein Geschöpf sei und folglich – im engen biologischen Sinne des Wortes verstanden – nicht lebe.

Die embryologischen Vorstellungen des Aristoteles haben auf dem Wege der mittelalterlichen Aristotelesrezeption besonders des Thomas von Aquin einen unmittelbaren Einfluß auf die kirchliche Haltung zur Abtreibung gewonnen. So hat die der aristotelischen Sukzessivbeseelungslehre zugrunde liegende Unterscheidung

5 In der 405. Sitzung des Bundesrates am 10. Mai 1974 begründete Minister Weyer (FDP) die Dreimonatsgrenze der Fristenregelung mit dem Hinweis auf die „alte philosophische und theologische Unterscheidung vom ‚foetus inanimatus' und vom ‚foetus animatus'", die unmittelbar auf die Lehre des Aristoteles zurückgeht (BR 405 Si. v. 10. Mai 1974 S. 150). Diese von der mittelalterlichen Rezeption tradierte aristotelische Anschauung liegt auch den Ausführungen des Mitglieds des Strafrechtssonderausschusses des Deutschen Bundestages, Dr. de With (SPD), zugrunde. Der Abgeordnete stellte die Fristenregelung in die Tradition der Constitutio Criminalis Carolina und berief sich expressis verbis auf die dort nachvollzogene Unterscheidung zwischen einem „noch nit lebendig" und „eyn lebendig kindt" (SA Ber. 7 WP 15 Si. v. 26. September 1973 S. 674); desgleichen wurde in der Begründung des für die Fristenregelung zu maßgeblicher Bedeutung gelangenden Alternativ-Entwurfs aus dem Jahr 1970 die Dreimonatsfrist an erster Stelle mit der Erwägung begründet, „daß etwa von diesem Zeitpunkt an das werdende Leben eine so feste Gestalt anzunehmen beginnt, daß es als verfestigtes Eigenleben anzusehen ist" (AE S. 31); vgl. S. 319f.

6 Ich folge der deutschen Übersetzung: Aristoteles S. 246.

7 Dölger S. 8; Herrlinger S. 359.

8 Dies und das Folgende nach Ebd. S. 359.

zwischen belebter und unbelebter Frucht Eingang in das Decretum Gratiani gefunden, das zwischen der Abtreibung einer belebten (beseelten) und unbelebten (unbeseelten) Frucht unterscheidet.[9]

Sowohl die Sukzessivbeseelung als auch die Simultanbeseelung, die eine Simultaneität von Fertilisation und Beseelung annahm, wurden durch das Mittelalter tradiert und fanden beide namhafte Vertreter. Während Albertus Magnus der Lehre der Simultanbeseelung folgte, vertrat sein Schüler Thomas von Aquin eine ganzheitliche Auffassung der Menschwerdung, die sich in der Frage der Beseelung an der aristotelischen Sukzessivbeseelungstheorie orientierte.[10] Ihr lag die Auffassung zugrunde, daß – entsprechend der aristotelischen Entwicklungstheorie von der pflanzlichen zur tierischen und dann zur menschlichen Seele – sich aus einer Anima vegetativa die Anima sensitiva und daraus die Anima rationalis bilde. Man hat allerdings darauf hingewiesen, daß der Aquinat – im Gegensatz zu Aristoteles – an keiner Stelle behauptet habe, daß die Leibesfrucht zu irgendeinem Zeitpunkt ihrer Entwicklung nicht lebendig oder je leblos sei.[11]

Die an die jüdisch-christliche Überlieferung aristotelischer Vorstellungen zur Embryologie anknüpfende Carolina wurde zur Grundlage der Partikularstrafgesetzbücher in den meisten deutschen Territorien. Eine neue Regelung schuf die Konstitution des Kurfürsten August von Sachsen aus dem Jahr 1572, welche die Grenze zwischen belebtem und unbelebtem Fötus auf die Hälfte der Schwangerschaft rückverlegte.[12] Dem Vorbild dieser Konstitution, die Ende 1744 durch ein kursächsisches Mandat erneuert wurde, folgten im Zuge der Ausstrahlung der großen sächsischen Juristenschule in der ersten Hälfte des 17. Jahrhunderts die meisten Territorien des Reiches.[13]

II. Die Partikularstrafgesetzbücher der deutschen Länder und das Allgemeine Landrecht für die preußischen Staaten

Eine Wende hinsichtlich der Auffassungen über das ungeborene Leben löste im 17. Jahrhundert die Entdekung William Harveys aus, daß das ungeborene Kind einen eigenen Blutkreislauf hat und insofern ein von der Mutter getrenntes eigenes Leben führt.[14] Wenngleich das Säugetierei erst 1827 entdeckt wurde, erschien die 40-Tage-Theorie in Anbetracht der zunehmenden Erkenntnisse über die Embryonalentwicklung zusehends hinfällig. Die früheste bekannte medizinische Kritik an

9 Corpus Iuris Canonici S. 1122f.; Noonan S. 99; Ehinger S. 54.
10 Müller, C.: Geschichte S. 225; Ehinger S. 72ff.; Niedermeyer S. 110, 116 und 130ff.
11 Ebd. S. 134.
12 Trommsdorff-Gerlich S. 691; Kluge S. 47ff.
13 Ebd. S. 53f.; Trommsdorff-Gerlich S. 691.
14 Dies und das Folgende nach Kluge S. 56f.

der juristischen Unterscheidung zwischen belebter und unbelebter Frucht soll Hermann Friedrich Teichmeyer in seinen „Institutiones medicae legalis vel forensis" aus dem Jahr 1740 geäußert haben. Im Laufe des 18. Jahrhunderts setzte sich die Auffassung durch, daß die Leibesfrucht vom Zeitpunkt der Befruchtung an lebe und die überkommene Unterscheidung zwischen belebter und noch nicht belebter Frucht der Berechtigung entbehre.[15] Von diesen Erkenntnissen nahm die Jurisprudenz zwar Notiz, die strafrechtliche Differenzierung zwischen beseelter und unbeseelter Frucht ist in den deutschen Territorialgesetzgebungen aber weitestgehend einheitlich bis in die Mitte des 18. Jahrhunderts und darüber hinaus beibehalten worden, so im Codex Juris Bavarici (1751) und in der Theresiana, die die Grenze zwischen belebter und unbelebter Frucht weiterhin in der Mitte der Schwangerschaft ansetzten.[16]

Die Partikularstrafgesetzbücher der deutschen Länder vom Ende des 18. Jahrhunderts bis zur Reichsgründung differenzierten im Gegensatz zu den älteren Gesetzbüchern bei der Festlegung des Strafmaßes hinsichtlich der Motive und der Nebenumstände der Abtreibung.[17] Es wurde unterschieden, ob die Tat von der Schwangeren selbst, ob gegen den Willen der Schwangeren, durch einen Dritten und ob gegen Entgelt ausgeführt wurde. Die Todesstrafe, die durch das Allgemeine Landrecht für die Preußischen Staaten von 1794 abgeschafft worden war, ist in keinem der Gesetze vorgesehen. In einigen unter ihnen, so im § 987 des Allgemeinen Landrechts, hat sich noch die Unterscheidung des Strafmaßes nach dem Alter der Leibesfrucht erhalten. Im übrigen bestimmte dieses in § 10 I 1: „Die Allgemeinen Rechte der Menschheit gebühren auch den noch ungeborenen Kindern schon von der Zeit ihrer Empfängnis."

B. Die Rechtsentwicklung im Deutschen Reich (1871-1945)

I. Norm und Rechtswirklichkeit von der Reichsgründung bis zum Ende der Weimarer Republik

Die §§ 181 und 182 des preußischen Strafgesetzbuches von 1851 sahen fünf Jahre Zuchthaus für Selbst- und Drittabtreibung vor, fünf bis zwanzig Jahre Zuchthaus für nicht konsentierte Drittabtreibung und lebenslängliches Zuchthaus bei Tod der Schwangeren. Diese beiden Paragraphen gingen in leicht abgemilderter Form in die §§ 218 bis 220 des Strafgesetzbuches des Norddeutschen Bundes vom 31. Mai 1870 ein, von dem sie in das Strafgesetzbuch des Deutschen Reiches vom 15. Mai

15 Zahlreiche Quellenverweise bei Kluge S. 76ff.
16 Ebd. S. 82ff.
17 Dies und das Folgende nach Trommsdorff-Gerlich S. 691.

1871 übernommen wurden.[18] Sie sind zwar erst durch das Gesetz zur Änderung des Strafgesetzbuches vom 18. Mai 1926 geändert worden. Ihr Inhalt ist allerdings schon kurz nach der Jahrhundertwende im Rahmen verschiedener Strafgesetzbuchentwürfe Gegenstand von Änderungsbestrebungen gewesen und geriet zum Beginn bis in die Mitte der zwanziger Jahre in das Zentrum der öffentlichen Auseinandersetzung.

Obgleich der damals geltende § 218 StGB die Abtreibung ausnahmslos unter Strafe stellte, scheint der künstliche Abort aus medizinischer Indikation[19] spätestens seit der Jahrhundertwende ein von Ärzten praktiziertes und von Behörden toleriertes Verfahren gewesen zu sein.[20] Darauf deutet zunächst schon die außerordentlich umfangreiche Literatur der zeitgenössischen Medizin über die Frage, wann eine medizinische Indikation zum künstlichen Abort vorliege und welche Indikationen anerkannt beziehungsweise wünschenswert seien. Neue Impulse erhielt die Beschäftigung mit dem Abtreibungsproblem durch den Ersten Weltkrieg. Frauen und Mädchen, die in den ersten Kriegswochen in Ostpreußen Opfer von Vergewaltigungen durch russische Soldaten wurden, wandten sich mit Abtreibungsbegehren an die Ärzteschaft.[21] Ein anderer Schwerpunkt der Debatte über die Abtreibung zwischen 1915 und 1920 war der bevölkerungspolitische Aspekt, der dringlich schien, weil die seit der Jahrhundertwende stagnierende Geburtenrate durch die Folgen des Krieges weiter zurückgegangen war.

---

18 Dähn: Geschichte S. 338.

19 Der aus dem ärztlichen Sprachgebrauch stammende Begriff „Indikationen“ katalogisiert bestimmte Gründe zur Vornahme einer Abtreibung. Die Bezeichnung dieser Gründe als „Indikationen“ besagt nichts über die rechtliche Anerkennung oder Zulässigkeit einer „Indikation“. Eine exakte Definition der einzelnen Indikationen gibt es nicht, die Grenzen zwischen sogenannten „medizinischen“ und „nicht-medizinischen“ Indikationen sind fließend, und die Indikationen selbst waren einem im Laufe der Zeit ganz erheblich variierenden Bedeutungswandel unterworfen. Grundsätzlich werden folgende vier Grundtypen unterschieden: Von der „medizinischen Indikation“ (Anzeigestellung) zum künstlichen Abort spricht man dann, wenn der Eingriff erforderlich scheint, um eine ernste, durch die Schwangerschaft mit oder allein verursachte Gefahr für die Gesundheit oder das Leben der Mutter abzuwenden. Diese Indikation wird auch als „ärztliche“ oder „therapeutische“ bezeichnet. Zu diesen gehört die „vitale“ Indikation, die dann als gegeben erachtet wird, wenn nicht nur die Gesundheit, sondern das Leben der Mutter durch die Schwangerschaft gefährdet zu sein scheint. Neben dieser Anzeigestellung gibt es die „kriminologische“ Indikation, auch „Notzuchts-“, „Vergewaltigungs-“, „humanitäre“ oder „ethische“ Indikation. Sie bezieht sich auf eine Schwangerschaft, die durch ein Verbrechen gegen die Frau entstanden ist. Im Fall einer „kindlichen“, „eugenischen“ oder „eugenetischen“ Indikation ist gemeint, daß das ungeborene Kind an einer genetisch oder durch äußere Einflüsse bedingten Schädigung leidet. Die Bezeichnung „soziale Indikation“ bezieht sich allgemein auf die Lebensverhältnisse der Schwangeren.

20 Zur Diskussion der medizinischen Indikation von der Antike bis zum 18. Jahrhundert: Herrlinger und Müller, C.: Geschichte S. 225ff.

21 Kriegskinder Sp. 208; Bacharach: S. 462.

Desgleichen weist auch der dem Reichstag im Jahr 1918 vorgelegte, aber nicht erledigte „Entwurf eines Gesetzes gegen Unfruchtbarmachung und Schwangerschaftsunterbrechung“ in seiner Begründung darauf hin, daß die medizinische Indikation zum artefiziellen Abort ein „feststehender, von der gesamten Ärzteschaft anerkannter Grundsatz“ gewesen sei.[22] Zudem wird dieser Entwurf mit dem Argument begründet, daß es nicht ausreiche, wie es in der ärztlichen Wirklichkeit der Fall sei, wenn die Ärzte untereinander gewisse Absprachen träfen, sondern daß hier eine gesetzliche Klarstellung vonnöten sei.[23] In der wissenschaftlichen Diskussion ist keine der heute noch in der Auseinandersetzung stehenden Indikationen ausgespart geblieben. Der Entwurf aus dem Jahr 1918, der vom Bundesrat bereits beschlossen worden war, erklärte den künstlichen Abort „zur Abwendung einer schweren, anders nicht zu beseitigenden Gefahr für Leib und Leben der behandelten Person“ für zulässig.[24] Er stützte sich dabei unter anderem auf die Leitsätze der Königlich Preußischen Wissenschaftlichen Deputation für das Medizinalwesen und des Reichsgesundheitsrats. Beide Gremien erkannten die medizinische Indikation als gegeben an, wenn eine Gefahr für Leben oder Gesundheit der Frau bestehe.[25] Diese Leitsätze wurden in Preußen durch ein Rundschreiben des preußischen Justizministers vom 13. April 1917 den Staatsanwälten, in Baden durch Erlaß vom 11. September 1917 und in Württemberg durch Erlaß vom 24. September 1923 den Amtsärzten mitgeteilt und „haben dadurch also weitgehende amtliche Anerkennung gefunden“, wie das Reichsgericht 1927 urteilte.[26] Der Gesetzentwurf wurde vom Reichstag zur Beratung an den Ausschuß für Bevölkerungspolitik überwiesen, kam von dort aber nicht mehr zur Beratung ins Plenum zurück.[27]

Der § 218 StGB ist in der Weimarer Republik ununterbrochen ein politisch aktuelles Thema gewesen.[28] KPD und SPD unternahmen im Reichstag seit 1920 eine Reihe von Initiativen, die entweder die völlige Aufhebung des §§ 218 StGB vorsahen oder die jede Abtreibung innerhalb der ersten drei Monate der Schwangerschaft zulassen wollten, wenn der Eingriff von einem Arzt vorgenommen würde. Schließlich wurde vom Reichstag am 18. Mai 1926 eine Novelle zum § 218 StGB verabschiedet, derzufolge nur noch die gegen den Willen der Schwangeren und die gewerbsmäßig vorgenommene Abtreibung als Verbrechen eingestuft waren. Die Abtreibung der Leibesfrucht durch die Mutter oder einen Dritten erhielt Vergehenscharakter. Während bis zu der Novelle von 1926 nur die Möglichkeit bestand, selbst bei mildernden Umständen auf eine Strafe von mindestens sechs Monaten Gefängnis zurückzugehen,

22 RT Anlg. XIII. Legislaturperiode 2. Session v. 4. Juli 1918 325 S. 2505.
23 Ebd. S. 2506; siehe auch weitere Hinweise bei: Koch, H.-G. S. 65.
24 RT Anlg. XIII. Legislaturperiode 2. Session v. 4. Juli 1918 325 S. 2504.
25 Ebd. S. 2508.
26 RGSt 61 (1927) S. 248.
27 Schultze-Caspar S. 4.
28 Das Folgende nach Ebd.; zur gesetzgeberischen Diskussion in der Weimarer Republik siehe auch: Koch, H.-G. S. 67ff.

betrug der Strafrahmen nach der Änderung des § 218 StGB Gefängnis von einem Tag bis zu fünf Jahren. Zudem eröffnete die Novelle die Möglichkeit der Verhängung von Geld- statt Freiheitsstrafen, wovon in der Praxis in großem Umfang Gebrauch gemacht wurde.[29]

Zu grundlegender und für die Bundesrepublik bis in die Mitte der siebziger Jahre bestimmender Bedeutung für die rechtliche Bewertung des ärztlich indizierten künstlichen Aborts gelangte eine Entscheidung des Reichsgerichts vom 11. März 1927.[30] Es ging um eine Abtreibung, die ein Arzt an einer unverheirateten Schwangeren vorgenommen hatte, nachdem ihm diese Frau von einem Nervenarzt, der bei ihr eine reaktive Depression und damit eine medizinische Indikation als gegeben ansah, überwiesen worden war. Gegen den abtreibenden Arzt wurde Anklage wegen eines Verbrechens der Lohnabtreibung, gegen den Nervenarzt wegen Anstiftung und gegen die Frau wegen Abtreibung erhoben.

Das Reichsgericht entschied, daß die „ärztlich angezeigte Schwangerschaftsunterbrechung" durch die Schwangere selbst oder mit Einwilligung der Schwangeren durch einen Dritten „nicht rechtswidrig" sei, „wenn sie das einzige Mittel ist, um die Schwangere aus einer gegenwärtigen Gefahr des Todes oder einer schweren Gesundheitsschädigung im Sinne des § 224 zu befreien."[31] Das Gericht begründete seine Entscheidung damit, daß bei der „Schwangerschaftsunterbrechung aus ‚medizinischer Indikation'" stets ein Notstand vorliege, nämlich eine gegenwärtige Gefahr für das Rechtsgut des Lebens und der Gesundheit der Schwangeren.[32] Auf der anderen Seite sei die Leibesfrucht zu berücksichtigen, „die nach heutiger Auffassung und insbesondere nach dem Standpunkt des geltenden Rechts nicht bloß einen Teil der Eingeweide der Schwangeren bildet, sondern als selbständiges Rechtsgut geschützt ist."[33] Angesichts dieser Rechtsgüterkollision zog das Reichsgericht den Grundsatz der Güterabwägung heran: In solchen Situationen, in denen „eine den äußeren Tatbestand einer Verbrechensnorm erfüllende Handlung das einzige Mittel ist, um ein Rechtsgut zu schützen", müsse die Frage, ob diese Handlung rechtmäßig, rechtswidrig oder unverboten sei, anhand „des dem geltenden Recht zu entnehmenden Wertverhältnisses der im Widerstreit stehenden Rechtsgüter oder Pflichten" entschieden werden.[34]

Zu der Auffassung, daß im Rahmen dieser Güter- und Pflichtenabwägung das ungeborene Leben gegenüber Leben und Gesundheit der Mutter das geringerwertige Rechtsgut sei, gelangten die Richter, indem sie von den Wertungen ausgingen, „die in den zum Schutze der Rechtsgüter erlassenen Strafdrohungen des geltenden Rechts ihren allgemeinen Ausdruck gefunden haben." Aus dem Vergleich der Strafdrohungen der §§ 211 ff. StGB und der §§ 224 f. StGB[35] mit dem § 218 StGB könne

29 Peters: Abtreibung S. 39.
30 RGSt 61 (1927) S. 242ff.
31 Ebd. S. 256.
32 Ebd. S. 248.
33 Ebd. S. 246.
34 Ebd. S. 254.
35 Tötungsdelikte, Körperverletzungsdelikte.

„ohne weiteres“ die Höherwertigkeit des Lebens und der Gesundheit „des fertigen Menschen“ entnommen werden.[36] Der für die Argumentation des Reichsgerichts grundlegende Begriff des „fertigen Menschen“ wird in der Entscheidung nicht erläutert oder gegenüber seiner Antinomie des unfertigen Menschen abgegrenzt. Wie weiter unten[37] noch zu zeigen sein wird, stützte sich die reichsgerichtliche Entscheidung auf ein in verschiedener Hinsicht angreifbares juristisches Fundament, und die von ihr vertretene Anwendbarkeit des Grundsatzes der Güter- und Pflichtenabwägung auf das Problem des künstlichen Aborts ist bis in die siebziger Jahre hinein Gegenstand juristischer Kritik gewesen. Gleichwohl hatte die Rechtsprechung für die medizinische Indikation mit der Entscheidung aus dem Jahr 1927 eine Grundlage geschaffen, die ihre rechtliche Bedeutung für die Straffreiheit der medizinisch indizierten Abtreibung in weiten Teilen Deutschlands ein halbes Jahrhundert bewahrte.[38]

Auch nach der Novelle des Jahres 1926 befaßte sich der Reichstag in seinen Ausschüssen mit einer Reihe von Änderungsanträgen zum § 218 StGB. Diese führten allerdings ebensowenig zum Erfolg wie die im Rahmen der vom Strafrechtsausschuß ab Juli 1929 behandelten Regelungen über die Abtreibung, die der 1927 veröffentlichte „Entwurf eines Allgemeinen Deutschen Strafgesetzbuches“ vorsah.[39] Die Beratungen der geplanten Reform wurden 1932 unterbrochen und in der Ära des Nationalsozialismus nach 1933 nicht weiter fortgesetzt. Für künstliche Aborte, die aufgrund einer medizinischen Indikation vorgenommen wurden, gab es weiterhin keine gesetzliche, sondern eine durch die höchstrichterliche Rechtsprechung geschaffene Rechtsgrundlage.

II. Die Änderungen der strafrechtlichen Bestimmungen über die Abtreibung in der nationalsozialistischen Ära (1933-1945)

Auf eine gesetzliche Grundlage wurde die medizinische Indikation im deutschen Recht erstmals durch das „Gesetz zur Änderung des Gesetzes zur Verhütung erbkranken Nachwuchses“ (Erbgesundheitsgesetz) vom 26. Juni 1935 gestellt.[40] § 14 des Erbgesundheitsgesetzes vom 14. Juli 1933 wurde in bezug auf die medizinisch indizierte Abtreibung dahingehend geändert, daß diese dann zulässig sei, „wenn ein Arzt sie nach

36 RGSt 61 (1927) S. 255.

37 Vgl. S. 289ff.

38 Im jüngeren juristischen Schrifttum hat Kluth auf die Fragwürdigkeit der Begründung hingewiesen, auf die das Reichsgericht seine Rechtfertigungsthese stützte. Diese sei „unter dem Grundgesetz jedoch nicht mehr haltbar“, denn für das Grundgesetz gelte, „daß geborenes und ungeborenes Leben vor der Verfassung gleichwertig sind, so daß höhere Bewertung des Lebensrechts der Mutter auf Verfassungsebene ausgeschlossen ist.“ (Kluth S. 556); vgl. S.289ff.

39 Schultze-Caspar S. 28ff.

40 RGBl. I v. 27. Juni 1935 Nr. 65 S. 773.

den Regeln der ärztlichen Kunst zur Abwendung einer ernsten Gefahr für das Leben oder die Gesundheit desjenigen, an dem er sie vornimmt, und mit dessen Einwilligung vollzieht."[41] Zu dieser Bestimmung erging am 18. Juli 1935 die „Vierte Verordnung zur Ausführung des Gesetzes zur Verhütung erbkranken Nachwuchses", die ein Gutachterverfahren für den therapeutischen Abort regelte.[42] Nach dieser Verordnung durfte ein solcher Eingriff erst vorgenommen werden, wenn eine Gutachterstelle diesen für erforderlich erklärt hatte. Die Gutachterstellen waren vom Reichsminister des Innern zu bilden, der auch die Richtlinien für die medizinische Indikation zu erlassen hatte. Der Minister berief den Leiter der Gutachterstelle, dem die Bestellung von Gutachtern und die Gewährleistung des vorgeschriebenen Verfahrensweges oblag.

Dieses Verfahren sah im Falle einer Indikationsstellung einen schriftlichen Antrag des untersuchenden Arztes an die Gutachterstelle vor. Dort wurde der Antrag von zwei weiteren Ärzten untersucht, die je ein Gutachten zu erstatten hatten. Stimmten die Gutachten im Ergebnis überein, konnte der Eingriff in einer Krankenanstalt von einem approbierten Arzt vorgenommen werden. Waren die Stellungnahmen zu unterschiedlichen Ergebnissen gekommen, entschied der Leiter der Gutachterstelle durch ein Obergutachten. Die Verordnung führte außerdem eine schriftliche Meldepflicht für jeden künstlichen Abort sowie für alle vor der 32. Schwangerschaftswoche eingetretene Fehlgeburten ein.

Eine erhebliche Verschärfung des Strafmaßes für Abtreibungstraftatbestände brachten die Art. 2 und 3 einer gesetzesvertretenden „Verordnung zum Schutz von Ehe, Familie und Mutterschaft" vom 9. März 1943.[43] § 5 der Artikel sah für Selbst- und Drittabtreibung eine Gefängnisstrafe, in schweren Fällen Zuchthaus, vor. Des weiteren bestimmte Absatz 3 dieses Paragraphen: „Hat der Täter dadurch die Lebenskraft des deutschen Volkes fortgesetzt beeinträchtigt, so ist auf Todesstrafe zu erkennen." Diese Regelung brach mit der seit der Bambergensis kodifizierten und seither fortentwickelten deutschen Rechtstradition und führte in die Gesetzgebung über die Abtreibung ein Novum ein: Als Rechtsgut wurde „nicht das individuelle keimende Leben, sondern die deutsche Volkskraft"[44] angesehen. Darauf weist schon die durch das Gesetz neu eingeführte Verwendung des Wortes „abtöten" anstelle von „töten" hin, wie es bis dahin im § 218 StGB geheißen hatte.[45]

---

41 Ebd.

42 RGBl. I v. 25. Juli 1935 Nr. 82 S. 1035–1037.

43 RGBl. I v. 16. März 1943 Nr. 27 S. 140f.

44 Kohlrausch/Lange: Strafgesetzbuch S. 481.

45 Obwohl nach 1945 sämtliche Fassungen des § 218 StGB durch die neuen Landesgesetze in den Ländern der Sowjetischen Besatzungszone außer Kraft gesetzt wurden, hat diese Änderung, die als ein spezifisch nationalsozialistisches Novum gelten kann, Eingang in fast alle in der SBZ erlassenen Gesetze gefunden: Mit Ausnahme des Gesetzes in Sachsen-Anhalt verwenden alle Vorschriften die Begriffe „abtöten" und „Abtötung" zur Bezeichnung des Tatbestands. In dieser Hinsicht verlief die Entwicklung in den westlichen Zonen und später in der Bundesrepublik Deutschland sehr ähnlich. Denn von der im Jahr 1953

vorgenommenen Bereinigung der strafrechtlichen Bestimmungen über die Abtreibung von nationalsozialistischen Umgestaltungen blieb die 1943 eingeführte Änderung vollkommen unberührt: Die vom nationalsozialistischen Gesetzgeber eingeführten Derivate des Wortes „abtöten“ in die Vorschrift wurden unverändert beibehalten.
Im Vergleich zu „töten“, wie es bis 1943 im Gesetz hieß, impliziert „abtöten“ eine deutliche Herabstufung des Eigenwertes des Objekts der so charakterisierten Handlung. Eine Reihe von jüngeren Juristen knüpfte an den Begriff „abtöten“ an und entwickelte ausgehend von diesem Terminus und unter Berufung auf ebendiese in ihm zum Ausdruck kommende Minderbewertung des ungeborenen Lebens durch den Gesetzgeber Forderungen nach einer Lockerung des § 218 StGB (Lay S. 468; Lüttger S. 447 u. 449; Geilen S. 129; Prof. Dotzauer vom Institut für Gerichtliche Medizin der Universität Köln erläuterte vor dem Strafrechtssonderausschuß, man spreche von „Abtötung“ und nicht von „Tötung“ der Leibesfrucht, weil man im neunzehnten Jahrhundert den Uterus als „Fruchthalter, verbildlicht damit die Vorstellung vollzogener Nidation“, aufgefaßt habe (SA Ber. 6 WP 75 Si. v. 11. April 1972 S. 2230)).
Das Augenmerk des Gesetzgebers scheint indessen ganz auf die Beseitigung des Abs. 3 Satz 2 („Hat der Täter dadurch die Lebenskraft des deutschen Volkes fortgesetzt beeinträchtigt, so ist auf Todesstrafe zu erkennen.“) gerichtet gewesen zu sein. Das heißt, ihm ging es in der Hauptsache um die grundgesetzkonforme Streichung der Androhung der Todesstrafe aus dem Gesetz, ein Anliegen, über das unter den am Gesetzänderungsverfahren des Jahres 1953 beteiligten Parteien kein Dissens herrschen konnte. Dem entspricht die Tatsache, daß irgendwelche anderen Argumente zum § 218 StGB im Rahmen des Gesetzgebungsverfahrens weder in der Begründung des Regierungsentwurfs (BT-Drs. Nr. 3713 v. 29. September 1952), noch in der Lesung im Bundestag, der Antragsbegründung zur Einberufung des Vermittlungsausschusses durch den Präsidenten des Bundesrates (BT-Drs. Nr. 4614 v. 26. Juni 1953) oder im Bericht des Ausschusses für Rechtswesen und Verfassungsrecht (Dritter mündlicher Bericht des Ausschusses für Rechtswesen und Verfassungsrecht (23. Ausschuß) über den Entwurf eines Gesetzes zur Änderung des Strafgesetzbuchs (Strafrechtsänderungsgesetz 1950) und Mündlicher Bericht des Ausschusses für Rechtswesen und Verfassungsrecht über den Entwurf eines Dritten Strafrechtsänderungsgesetzes (Strafrechtsbereinigungsgesetz) (BT-Drs. Nr. 4250 v. 10. April 1953)) vorgebracht wurden.
Daraus kann geschlossen werden, daß die in der nationalsozialistischen Vorschrift eingeführte Änderung von „töten“ in „abtöten“ im Rahmen der Gesetzänderung beibehalten wurde, ohne daß die Absicht des Gesetzgebers erkennbar wäre, einer „tatbestandlichen Trennung der Abtreibung von den Tötungsdelikten“ zum Durchbruch zu verhelfen (so behauptet von: Lüttger S. 447). Ähnlich der als Sachverständiger geladene Dr. Groeger vom Evangelischen Zentralinstitut für Familienberatung in der Anhörung des Strafrechtssonderausschusses 1972: Unter Bezugnahme auf die Begründung des Entwurfs Dr. Müller-Emmert führte Groeger aus: Die Verwendung von „Abtöten“ anstelle von „Töten“ zeige, daß im allgemeinen Bewußtsein der Gesellschaft „der Wert des embryonalen Lebens als relativ geringer eingeschätzt wird als der des erwachsenen Lebens“ (SA Ber. 6 WP 75 Si. v. 11. April 1972 S. 2277). Ebenso argumentierte die Stellungnahme des Deutschen Bundestages im Normenkontrollverfahren vor dem Bundesverfassungsgericht von 1974 für die Fristenregelung: Aus der – unzutreffenden – Behauptung, das Reichsstrafgesetzbuch von 1871 spreche bei Menschenleben von „Töten“ und bei der Leibesfrucht von „Abtöten“, folgerte die Stellungnahme, der Gesetzgeber habe damit eine abgestufte Wertung ungeborenen und geborenen Lebens zum Ausdruck bringen wollen (Arndt/Erhard/Funcke S. 195f.).

Daß es nicht um den Schutz des ungeborenen Lebens, sondern um eugenische, rassische und bevölkerungspolitische Ziele ging, macht § 11 deutlich, der bestimmte, daß diese Verordnung im Protektorat Böhmen und Mähren nur für die Straftaten deutscher Staatsangehöriger gelte; für andere Personen galt sie nur dann, „wenn die Tat sich gegen deutsche Staatsangehörige oder gegen die Lebenskraft des deutschen Volkes richtet.“ § 8 der Vorschrift legte ausdrücklich fest, daß der Justizminister auf dem Erlaßwege regeln könne, daß die Bestimmungen über die Abtreibung für Personen, die nicht deutscher Volkszugehörigkeit seien, keine Anwendung finde. Erläuternd hob der Strafgesetzbuchkommentar von Kohlrausch und Lange hervor, daß die im Gesetz so bezeichnete Beeinträchtigung der Lebenskraft des deutschen Volkes dann nicht vorliegen müsse, „wenn der Nachwuchs vom Standpunkt der Volksgemeinschaft nicht wertvoll und lebenskräftig gewesen wäre.“[46] Der Bruch dieser Bestimmung mit der Rechtstradition wird besonders deutlich, wenn man sie neben die Begründung des Gesetzentwurfs von 1918 hält, der – in Übereinstimmung mit der Königlich Preußischen Wissenschaftlichen Deputation für das Medizinalwesen – erklärt, daß ein artefizieller Abort aufgrund „rassehygienischer Indikationen“ nicht in Betracht komme.[47]

Der im Rahmen der vorliegenden Fragestellung notwendigerweise knappe Überblick über die Entwicklung der strafrechtlichen Bestimmungen zur Abtreibung in der deutschen Rechtsgeschichte erweist: Ungeachtet der zahlreichen und verschiedenartigen Regelungen, welche die Abtreibungstatbestände im deutschen Recht seit dem Beginn des sechzehnten bis in die zwanziger Jahre dieses Jahrhunderts erfahren haben, weisen alle oben behandelten Bestimmungen insofern ein Kontinuum auf, als sie sämtlich auf den strafrechtlichen Schutz des Rechtsgutes „ungeborenes menschliches Leben“ abstellten.

Dem widerspricht die nur scheinbar willkürliche Verschiedenartigkeit und Wandelbarkeit der in Rede stehenden strafrechtlichen Bestimmungen und ihrer Begründungen nicht. Denn setzt man das positive Recht in seinen historischen Varianten in Beziehung zu den embryologischen Kenntnissen, auf denen es beruhte, so wird ein grundlegender Zusammenhang zwischen beidem erkennbar: Die Abtreibung ist so lange mit geringeren Strafen geahndet worden, wie die Leibesfrucht als form- und

---

46 KOHLRAUSCH/LANGE: Strafgesetzbuch S. 481.

47 RT Anlg. XIII. Legislaturperiode 2. Session 1914/18 v. 4. Juli 1918 325 S. 2506 u. 2508; Koch erklärt, daß die nationalsozialistische Ideologie vor allem in der beabsichtigten Herausnahme der einschlägigen Bestimmungen aus den Tötungsdelikten zum Ausdruck komme. „Abtreibung“ und „ärztlich gebotene Abbrechung der Schwangerschaft“ sollten ihren Platz gemäß den Beratungen der amtlichen Strafrechtskommission innerhalb des Abschnitts „Angriff auf Rasse und Erbgut“ finden. Da es zu einer Neukodifikation des gesamten Strafgesetzbuches auch in der Herrschaft des Nationalsozialismus nicht gekommen sei, sei es bei der 1935 verwirklichten Übergangsregelung gblieben, durch welche die Zulässigkeitsvoraussetzungen des künstlichen Aborts in das „Gesetz zur Verhütung erbkranken Nachwuchses“ aufgenommen worden sei (KOCH, H.-G. S. 71).

leblose Materie betrachtet und wo der Eingriff folglich nicht als Vernichtung von Leben, als Tötung, angesehen wurde.[48]

Wo man den künstlichen Abort als Tötung begriff, was parallel zu den wachsenden medizinischen und embryologischen Erkenntnissen im Zuge der Entwicklung der modernen Naturwissenschaften zunehmend der Fall war, wurde die Abtreibung für die gesamte Dauer der Schwangerschaft als Vernichtung eines Menschenlebens mit unterschiedlich strengen strafrechtlichen Sanktionen bedroht. Daß es seit der zweiten Hälfte des achtzehnten Jahrhunderts Tendenzen gab, die Abtreibung gegenüber anderen Tötungsdelikten zu privilegieren, bedeutet nicht, daß die Abtreibung nicht weiterhin als Tötungshandlung an einem Menschen angesehen worden wäre. Auch Kindsmord und Totschlag wurden im deutschen Recht gegenüber dem Mord privilegiert, ohne daß dies zu dem Schluß berechtigte, der Gesetzgeber habe diese Straftatbestände nicht mehr als Tötungen angesehen.[49] Die gesetzlich sanktionierte Zurückstellung des individuellen Lebensschutzes für das als solches erkannte ungeborene Leben zugunsten

48 Nicht zuletzt aus diesem Grund geht die Behauptung Prof. Horst Ehmkes (SPD) in der mündlichen Verhandlung vor dem Bundesverfassungsgericht fehl, derzufolge „die abendländische Regelung der Fristenlösung nahestand" (ARNDT/ERHARD/FUNCKE S. 275). Abgesehen davon, daß es „die" abendländische Regelung nicht gab und daß auch die vor der vermuteten Belebung der Leibesfrucht vorgenommene Abtreibung in der Regel nicht sanktionslos war, übersieht diese Behauptung ein Merkmal, durch das sich das Fristenmodell von allen historischen Modellen unterscheidet, soweit sie auf der von ihm erwähnten aristotelischen Differenzierung beruhten: Diesen Modellen lag die mindestens über 2000 Jahre alte und seitdem tradierte Anschauung voraus, daß der Gegenstand der Abtreibung etwas nicht Lebendiges, sondern etwas Lebloses sei. Die Fristenmodelle sahen zwar eine im Ergebnis ähnliche Regelung wie jene Modelle vor, trafen die Entscheidung für diese Modelle indessen auf dem Erkenntnisstand der modernen Embryologie des 20. Jahrhunderts. Im Gegensatz zu den von Ehmke angeführten Modellen, die in der Abtreibung bis zu einer gewissen Frist die Entfernung lebloser Materie betrachteten, stellte die Fristenregelung – vor dem veränderten naturwissenschaftlichen Kenntnisstand – die Tötung eines menschlichen Individuums straffrei.

49 Deshalb schloß auch die Stellungnahme des Deutschen Bundestages zum Normenkontrollverfahren vor dem Bundesverfassungsgericht 1974 zu kurz: Aus der Beobachtung, daß die weltliche Gesetzgebung unter dem Einfluß der Aufklärung die Strafmaße für Abtreibungsdelikte milderte, leitete sie die Behauptung ab, das Recht beginne, „den Foetus anders als einen Menschen zu bewerten" (ARNDT/ERHARD/FUNCKE S. 193; eine ähnliche Argumentation vertrat Prof. Horst Ehmke (SPD) in der mündlichen Anhörung vor dem Bundesverfassungsgericht (EBD. S. 316)). Tatsächlich bedeutet diese Praxis zunächst nur, daß der Gesezgeber eine Abstufung des Strafmaßes vornahm. Sie besagt nichts über die Motive dieser Maßnahme. Diese Motive können mannigfachen Ursprungs sein. Es läßt sich nicht ausschließen, daß die unterschiedliche Bewertung ungeborenen und geborenen Lebens als ein solches Motiv fungiert hat. Dies ist zunächst aber eine nur Möglichkeit. Daß diese Möglichkeit eine Tatsächlichkeit war, und dies behauptet die vom Bundestag vorgetragene Feststellung, müßte – logischerweise – erst bewiesen werden. In dem umfangreichen, fünfseitigen Belegmaterial, das die Stellungnahme zitiert, findet sich keine Quelle, aus der hervorginge, daß „das weltliche Recht" eine Abstufung des Strafmaßes aufgrund der Überzeugung von der Abstufung des Wertes geborenen und ungeborenen Lebens vornahm.

anderer Gesichtspunkte, seien sie eugenischen, rassischen, bevölkerungspolitischen oder sonstigen Ursprungs, ist – vor dem Hintergrund der deutschen Rechtsgeschichte – ein Novum des 20. Jahrhunderts.

TEIL 2

Die Abtreibung als Realität und Problem 1945-1962

A. Nach dem Zusammenbruch: Das Abtreibungsproblem in den Besatzungszonen (1945-1949)

I. Die positivrechtliche Situation

1. Die rechtlichen Regelungen der Abtreibungsstraftatbestände in den drei Westzonen

Am 5. Juni 1945 verkündeten die Alliierten in ihrer „Berliner Erklärung" die Übernahme der obersten Regierungsgewalt in Deutschland in den Grenzen vom 31. Dezember 1937.[1] In der Folge der gesetzgeberischen Tätigkeit der Besatzungsbehörden, die das Reich verwaltungsmäßig teilten und sowohl für Deutschland als Ganzes als auch in den einzelnen Zonen alte gesetzliche Bestimmungen aufhoben und neue Vorschriften einführten, bestand zunächst Unklarheit darüber, ob der § 218 StGB überhaupt noch weiter gelte. Denn im Rahmen einer allgemeinen Anweisung für Richter waren alle Strafmaßverschärfungen aufgehoben worden, die nach dem 30. Januar 1933 erfolgt waren.[2] Von diesen Bestimmungen war der § 218 StGB insofern berührt, als in der vierten Fassung der Verordnung vom 9. März 1943 der individuelle Lebensschutz des Ungeborenen hinter das neu eingeführte Schutzgut der Lebenskraft des deutschen Volkes zurücktrat und das Strafmaß für bestimmte Fälle auf die Todesstrafe erhöht worden war.

Das Erbgesundheitsgesetz, das die gesetzliche Grundlage der medizinischen Indikation bildete und das Verfahren regelte, wurde durch Gesetze in der SBZ[3], in Bayern, Hessen und in Württemberg-Baden aufgehoben. In der amerikanischen Besatzungszone durften die Bestimmungen dieses Gesetzes aufgrund einer Anweisung der Besatzungsbehörden nicht mehr angewandt werden. Diese begründete die Militäradministration in einem Schreiben an die drei Ministerpräsidenten mit ihrer Absicht, „das Programm der Militärregierung zu verwirklichen, in der Besatzungszone die Achtung der Freiheit und Würde der Person wiederherzustellen."[4]

In Bayern wurde das Erbgesundheitsgesetz mit sämtlichen Durchführungs- und Ausführungsbestimmungen durch das bayerische Gesetz Nr. 4 vom 20. November 1945 aufgehoben,[5] in Hessen durch die Verordnung vom 16. Mai 1946.[6] In Rheinland-Pfalz wurde das Erbgesundheitsgesetz durch den Art. 3 der Landesverfassung von

1 Text zitiert nach: Michaelis/Schraepler S. 308–309.
2 Allgemeine Anweisung an Richter Nr. 1, 8.a) abgedruckt bei: Pfail S. 35.
3 In der SBZ durch den Befehl Nr. 6 der Sowjetischen Militäradministration vom 8. Januar 1946.
4 Das Schreiben ist abgedruckt bei: Kloesel S. 5.
5 GVBl. Nr. 1 v.15. Januar 1946 S. 1.
6 GVBl. 1946 S. 117.

1947 als beseitigt angesehen.[7] Für diese Länder bildete nun wieder die reichsgerichtliche Entscheidung aus dem Jahr 1927 die rechtliche Grundlage für die Behandlung des ärztlich indizierten künstlichen Aborts. In Württemberg-Baden dagegen wurde mit dem Gesetz vom 24. Juli 1946 bestimmt, daß § 14 Abs. 1 ErbGG, der die medizinische Indikationsstellung regelte, weitergelte, desgleichen die Art. 2-7, 12 und 14 der Vierten Ausführungsverordnung vom 18. Juli 1935.[8]

In den Ländern der britischen Zone war § 14 Abs.1 ErbGG im Hinblick auf die medizinisch indizierte Abtreibung daher weiter gültig und bildete in den Ländern Nordrhein-Westfalen, Schleswig-Holstein, Hamburg und Niedersachsen auch die Verfahrensgrundlage. Der Oberste Gerichtshof der Britischen Zone entschied in einem Urteil vom 30. Juni 1950[9], daß die Rechtmäßigkeit einer „von einem Arzt vorgenommenen Schwangerschaftsunterbrechung aus medizinischen Gründen" nicht nach den allgemeinen Grundsätzen über den übergesetzlichen Notstand zu beurteilen sei, sondern nach dem in den Ländern der britischen Zone „insoweit noch in Geltung befindlichen" § 14 Abs. 1 ErbGG. Das Gericht begründete seine Entscheidung damit, daß die Vorschriften des Erbgesundheitsgesetzes und der Vierten Ausführungsverordnung von 1935 zwar ihre Gültigkeit verloren haben könnten, wenn sie als Ausdruck nationalsozialistischer Auffassungen angesehen werden müßten. Dies treffe zwar für die übrigen Bestimmungen des Erbgesundheitsgesetzes zu, nicht aber, soweit es den ärztlich indizierten Abort für zulässig erkläre.

Für die Länder der drei westlichen Zonen ergab sich folglich eine uneinheitliche und im Spiegel der zeitgenössischen Äußerungen diffuse Gesetzeslage: der künstliche Abort aufgrund einer medizinischen Indikation war in allen Ländern dieser Zonen zulässig. Diese Zulässigkeit beruhte indessen auf unterschiedlichen gesetzlichen Voraussetzungen. In den Gebieten, in denen das Erbgesundheitsgesetz insgesamt aufgehoben worden war, war der therapeutische Abort nach den Grundsätzen der Reichsgerichtsentscheidung vom 11. Februar 1927 geregelt. Dort, wo das Erbgesundheitsgesetz nur teilweise außer Kraft gesetzt war, bildete weiterhin der § 14 Abs. 1 der Vierten Ausführungsverordnung zu dem Gesetz die verbindliche Rechtsgrundlage. Dasselbe galt in den Ländern, in denen das Erbgesundheitsgesetz weitestgehend gültig blieb.

Diese unübersichtliche Gesetzeslage, die sich durch weitere, territorial begrenzte Sonderregelungen noch komplizierter gestaltete, führte zu einer allgemeinen Rechtsunsicherheit, die bis weit in die fünfziger Jahre hinein anhielt. In den zeitgenössischen Strafgesetzbuchkommentaren zum § 218 StGB finden sich drei Versionen dieses Paragraphen: entweder er wird in vollem Umfang in der Fassung vom 18. März 1943 abgedruckt[10] oder der Zusatz „Hat der Täter dadurch die Lebenskraft des

7 Schmidt, E.: Schwangerschaftsunterbrechung S. 290; Herold S. 332.
8 Reg.-Bl. 1946 S. 207.
9 OGHBrZ S. 711f.
10 Lange S. 73f.; Petters S. 117; Dombrowski S. 85.

deutschen Volkes fortgesetzt beeinträchtigt, so ist auf Todesstrafe zu erkennen" wird zwar gebracht, aber drucktechnisch gegen den übrigen Text abgehoben.[11] Andere Kommentare ließen den Zusatz ganz fort.[12] Dementgegen weist das Dienstblatt des Magistrats von Groß-Berlin vom 12. März 1948 ausdrücklich darauf hin, daß der § 218 StGB in der Fassung der Verordnung zum Schutze von Ehe, Familie und Mutterschaft „bisher nicht rechtsverbindlich abgeändert worden" sei.[13]

So bestand auch unter Juristen wenig Einigkeit, ob und welche Bestimmungen über die Abtreibung weiter in Kraft waren.[14] Dies galt umso mehr für die Allgemeinheit, besonders in der Ärzteschaft. Darauf läßt schon die in Äußerungen zum Abtreibungsproblem nicht selten anzutreffende Unkenntnis über den Stand der Rechtslage schließen.[15] Die Klage über diese Rechtsunsicherheit und die dringende Forderung nach Herstellung der Rechtseinheit hinsichtlich der zulässigen Abtreibung ist dementsprechend in den ersten Nachkriegsjahren und darüber hinaus ein stets wiederkehrender Gemeinplatz.[16]

2. *Die neuen gesetzlichen Bestimmungen in den Ländern der Sowjetischen Besatzungszone (1945-1949)*

Eine andere Richtung nahm die Entwicklung in den Ländern der Sowjetischen Besatzungszone (SBZ). Die mitteldeutschen Landtage faßten Beschlüsse, durch die

---

11 Ragler/Metzger/Roghe/Schinnerer/Schaefer/Ziegler S. 200; Kohlrausch/Lange: Deutsches Strafgesetzbuch S. 69; Pfail S. 114.

12 Lange S. 91;

13 DMGB V v. 12. März 1948 Nr. V-56 S. 35.

14 Hierzu siehe auch: Waider S. 310f.; Neues zur Schwangerschaftsunterbrechung S. 627; Koch H. S. 14; Nivera S. 127. Daß auch in den Ministerialverwaltungen keine Klarheit über die Rechtslage bestand, läßt ein Schreiben des Bayerischen Staatsministeriums des Innern v. 4. Dezember 1950 an den nordrhein-westfälischen Sozialminister erkennen. Offensichtlich auf eine Anfrage aus Nordrhein-Westfalen zur Rechtslage antwortet das bayerische Ministerium lediglich mit einem Verweis auf die gegensätzlichen Meinungen über die Weitergeltung des § 218 StGB in der Fassung vom 18. März 1943 im juristischen Schrifttum (Schreiben v. 4. Dezember 1950 (Az. III 8 – 5086/16) (BStMI ohne Bestandsbezeichnung)).

15 Schilf S. 25; Waidl S. 1053; Schreiben von Luise Schweikert v. 22. März 1947 an Herta Gotthelf vom 22. März 1947 (AsD I 55 1948–49 I 110 (Baden-Württemberg)); Viktoria Rehn: „Der § 218 und die Frauen". In: EW vom 1. Dezember 1950; Schreiben von Herta Gotthelf v. 21. April 1948 an Elisabeth Selbert (AsD I 59 1946–1948 V 109 (Hessen-Kassel)); Staemmler S. 130; Haag S. 25; Franken: Berücksichtigungen S. 147.

16 Wolffson: Gutachterstelle S. 45; Rummel/Knorr/Olpp S. 475; Fragenkomplex S. 27; Waidl S. 1053; Koch H. S. 14; Schmidt E.: Schwangerschaftsunterbrechung S. 295; Ders.: § 218 S. 206; Herold S. 7 u. S. 10; in einer Mitteilung der Ärztekammer Niedersachsen an die Ärzte in ihrem Zuständigkeitsbereich wird mit Nachdruck darauf hingewiesen, daß die die Abtreibung verbietenden Gesetze durchaus noch Gültigkeit besäßen (Ärztekammer Niedersachsen S. 88.).

die Gerichte und Staatsanwaltschaften in der SBZ angewiesen wurden, bis zu einer gesetzlichen Neuregelung der Bestimmungen über die Abtreibung keine Verfahren wegen Verstoßes gegen § 218 StGB einzuleiten oder durchzuführen und keine Strafvollstreckungen aus derartigen Urteilen vorzunehmen.[17] Veranlaßt durch die Zunahme der Vergewaltigungen seit dem Sommer 1945[18] richteten Erfurter Gynäkologen ein Gesuch an den zuständigen Landgerichtspräsidenten, nach Wegen zu suchen, die straflose Beseitigung einer durch Vergewaltigung entstandenen Schwangerschaft zu ermöglichen.[19] Das Resultat dieser Initiative war das thüringische „Gesetz über Unterbrechung der durch ein Sittlichkeitverbrechen verursachten Schwangerschaft“ vom 29. August 1945.[20] Diese Vorschrift eröffnete einer Schwangeren oder ihrem gesetzlichen Vertreter die Möglichkeit, binnen zwei Monaten nach der Tat, in Ausnahmefällen auch später, beim zuständigen Vormundschaftsgericht zu „beantragen, die Unterbrechung der Schwangerschaft für zulässig zu erklären.“ Gegen die Ablehnung des Antrages konnte Beschwerde erhoben werden. Die Kosten des Verfahrens sowie die Vergütung für den Eingriff durch den Arzt trugen die Staatskasse beziehungsweise der zuständige Fürsorgeverband.

Die Gynäkologen, auf deren Initiative das Gesetz entstanden war, hielten dies nach den ersten Erfahrungen für keine zufriedenstellende Lösung und forderten seine Rücknahme.[21] Innerhalb eines Jahres stiegen die in der Landesfrauenklinik vorgenommenen Abtreibungen aufgrund dieses Gesetzes auf etwa ein Drittel der dort im selben Zeitraum entbundenen Geburten. Nach den Schätzungen des ärztlichen Personals waren die gesetzlichen Voraussetzungen, das heißt eine Vergewaltigung, in drei Vierteln der Fälle nicht gegeben.

Eine Art Abtreibungstourismus setzte ein, indem sich zahlreiche Frauen aus anderen Zonen, in denen eine ärztlich vorgenommene Abtreibung in solchen Fällen ebenfalls rechtlich abgedeckt war,[22] in Thüringen meldeten. Außerdem machten die Ärzte den Vormundschaftsgerichten den Vorwurf, zahlreiche Anträge leichtfertig und unkritisch zu genehmigen. Im August 1946 kam die Landesregierung den Forderungen der Ärzte nach, die auch eine Verkürzung der Meldepflicht der Frau nach der Tat verlangten, indem sie die Meldefrist von zwei Monaten auf drei Tage verkürzte.[23] Diese

---

17 Weiss S. 69.

18 Zu den Vergewaltigungen deutscher Frauen durch Angehörige der Truppen der Siegermächte seit 1945, die besonders in der SBZ, aber auch in der amerikanischen, britischen und französischen Zone vorgekommen sind, siehe: Repgen: Selbstverständnis S. 164 Fn. 14.

19 Dies und das Folgende orientiert sich an dem anläßlich der Gynäkologentagung vom 5.-6. September 1946 in Jena gehaltenen Referat von Kayser (AG 180 (1951) S. 182ff.)

20 Der Gesetzestext ist abgedruckt bei: Lange S. 134f. und in: Harmsen: Mitteldeutschland S. 106f.

21 Dies und das Folgende nach: Kayser (AG 180 (1951) S. 182ff.)

22 Vgl. S. 29ff., 35f. u. 40ff.

23 Gesetz vom 14. August 1946 zur Ergänzung des Gesetzes über Unterbrechung der durch ein Sittlichkeitsverbrechen verursachten Schwangerschaft vom 29. August 1945 (abgedruckt in: Harmsen: Mitteldeutschland S. 107). Bezeichnend für die kaum überschaubare Rechtslage

Regelung scheint sich allerdings als untauglich erwiesen zu haben, da die Frist im Sommer 1947 wieder auf zwei Wochen verlängert wurde.[24]

Ungeachtet der ärztlichen Erfahrungen mit der thüringischen Regelung ergingen in dem Zeitraum zwischen dem Sommer des Jahres 1947 und Februar 1948 auch in den übrigen Ländern der SBZ Gesetze, welche die Abtreibung unter bestimmten Voraussetzungen für zulässig erklärten.[25] Diese Vorschriften erklärten sämtlich den künstlichen Abort aus medizinischer Indikation für straflos. Auch ließen sie – wenngleich unter geringfügig voneinander abweichenden Bedingungen – die ärztliche Abtreibung nach einem Vergewaltigungsverbrechen zu. Das sächsische, das neue thüringische und das mecklenburgische Gesetz gestatteten zudem eine Abtreibung aus einer sozialen Indikation, die allerdings im Sinne einer sozialmedizinischen Indikationsstellung formuliert war. Das heißt, daß den Gesetzen zufolge soziale Gesichtspunkte so weit berücksichtigt werden sollten, wie sie eine ernsthafte Gefährdung der mütterlichen Gesundheit darstellten. Das mecklenburgische Gesetz erklärte die Abtreibung auch für straffrei, wenn „nach einwandfreiem, fachärztlichem Gutachten mit grösster Wahrscheinlichkeit zu erwarten ist, dass das Kind an einem oder mehreren ernsten körperlichen oder seelischen Erbschäden leiden würde." Alle Landesgesetze bestimmten, daß über die Vorlage der jeweils rechtlich anerkannten Indikationen ein Gutachtergremium zu entscheiden hatte, dessen Zusammensetzung nähere Bestimmungen regelten.

Die neuen gesetzlichen Bestimmungen der Länder Mitteldeutschlands bewegten sich insofern weiterhin in den Bahnen der jüngeren deutschen Rechtstradition, als sie die schon in der Weimarer Republik diskutierten und von den Nationalsozialisten kodifizierten Ausnahmen von der Strafbarkeit der Abtreibung übernahmen und in Grenzen ausdehnten. Alle Gesetze behielten indessen die grundsätzliche Strafbarkeit der Abtreibung bei, wenn auch unter Androhung herabgesetzter Strafen.

Sie blieben in rechtsdogmatischer Hinsicht auch insofern der deutschen Rechtstradition nahe, als sie den ärztlich indizierten Abort nicht explizit als rechtmäßig

---

ist der Umstand, daß Kayser, der mit dem Problem von Berufs wegen eng vertraut war, das Ergänzungsgesetz zum Zeitpunkt seines Referates auf der Jenaer Tagung am 5. und 6. Oktober noch nicht kannte, obwohl es schon fast zwei Monate alt war.

24 Gesetz zur Änderung des Ergänzungsgesetzes vom 14. August 1946, betreffend die Unterbrechung der Schwangerschaft nach erfolgtem Sittlichkeitsverbrechen vom 27. Juni 1947 (abgedruckt in: Harmsen: Mitteldeutschland S. 107f.).

25 Sachsen: Gesetz über die Unterbrechung der Schwangerschaft vom 5. Juni 1947; Brandenburg: Gesetz über die Unterbrechung der Schwangerschaft vom 6. November 1947; Mecklenburg: Gesetz über die Unterbrechung der Schwangerschaft vom 28. November 1947; Thüringen: Gesetz über die Unterbrechung der Schwangerschaft vom 18. Dezember 1947; Sachsen-Anhalt: Gesetz über die Unterbrechung der Schwangerschaft vom 7. Februar 1948 (Gesetzestexte abgedruckt in: Harmsen: Mitteldeutschland S. 76ff.).

oder gerechtfertigt qualifizierten.[26] Obgleich die in den Nachkriegsjahren in der SBZ erlassenen Gesetze in formalrechtlicher Schau als erste Weichenstellung für die divergierende Entwicklung der Rechtswirklichkeit in beiden Teilen Deutschlands erscheinen könnten, darf man aufs Ganze gesehen nicht außer acht lassen, daß – wie im folgenden gezeigt wird – trotz der unterschiedlichen positivrechtlichen Bestimmungen in West- und Mitteldeutschland die Rechtswirklichkeit sich in allen Besatzungszonen ähnlicher darstellte, als ein Vergleich der Gesetzesnormen es vermuten ließe.[27]

II. Regionale Provisorien (1945-1949)

Zwischen der eindeutigen Rechtsnorm des § 218 StGB und der Rechtswirklichkeit bestand also eine Diskrepanz, die in der medizinischen Praxis etabliert war und von den Behörden toleriert wurde. Auch durch die neuen gesetzlichen Regelungen sind Norm und Wirklichkeit auf dem Gebiet des Abtreibungsrechts nicht zur Deckung gebracht worden. Dabei wird unter Rechtswirklichkeit in diesem Zusammenhang nicht die kriminelle, sondern die straffreie Abtreibung verstanden, die in allen Zonen in weit größerem Umfang praktiziert wurde, als die Rechtslage es vermuten ließe. Die Ursachen für dieses Phänomen waren vielfältig. Sie alle erklären sich aus der besonderen historischen Situation und den Lebensbedingungen im Nachkriegsdeutschland.

Als eine unmittelbare Folge des Zusammenbruchs können in dieser Hinsicht die regionalen Provisorien gelten, die sich bezüglich der Regelung der straffreien Abtreibung in Deutschland im Bereich verschiedener Kommunen bildeten. Solche

---

26 Die thüringische Regelung in der Fassung vom August 1945 ermöglichte es dem Vormundschaftsgericht, eine Abtreibung für „zulässig" zu erklären. Im Gesetz von 1947 wird die Abtreibung unter bestimmten Voraussetzungen lediglich als „straffrei" bezeichnet. Diese Formulierung verwenden auch die in Sachsen, Mecklenburg und Brandenburg ergangenen Gesetze. Im Gesetz des Landes Sachsen-Anhalt werden die Wörter „dürfen" und „zulassen" verwendet. Daß die neuen Gesetze in den Ländern der SBZ die Abtreibung in den bezeichneten Fällen „erlauben", meinte der Vortragende Rat in der deutschen Justizverwaltung der SBZ, Wolfgang Weiss, ohne allerdings Begründungen oder Quellen zu nennen (Weiss S. 69).

27 Als eine Konzession an das verschienerseits postulierte und auf eine Verfügungsgewalt über das ungeborene Leben ausgedehnte Selbstbestimmungsrecht der Frau wird man die Lockerungsbestrebungen zum § 218 StGB in der SBZ nicht mißverstehen dürfen. Um die Jahreswende 1946/47 erklärte die Zentralverwaltung für das Gesundheitswesen in der SBZ zu einem Gesetzentwurf, der die medizinische, die kriminologische und die soziale Indikation zum Gegenstand hatte: „Die Zentralverwaltung teilt die Auffassung nicht, daß jede Frau das angeborene Recht habe, über ihren Körper in dem Sinne zu verfügen, daß sie nach Gutdünken zur Abtreibung greifen dürfe. Die Zentralverwaltung betrachtet diese Frage als eine gesellschaftliche, keiner willkürlichen Entscheidung unterliegende" (Zentralverwaltung für das Gesundheitswesen in der SBZ): „Zur Zeitgeschichte". In: T vom 9. Januar 1947; Grandke S. 313.

Übergangsregelungen, die zunächst spontan in den ersten Tagen nach Kriegsende getroffen wurden und die sich vorerst nur auf regional eng begrenzte Gebiete beschränkten, sind aus Greifswald, Marburg, Heidelberg und Karlsruhe bekannt. Diese Provisorien entstanden in Reaktion auf die in allen Teilen Deutschlands vorgekommenen, massenhaften Vergewaltigungen deutscher Frauen und Mädchen durch Truppenangehörige der Siegermächte.

Diese Regelungen sind für die historische Untersuchung deswegen von besonderem Interesse, weil sie alle schon kurz nach ihrer Einführung weit über ihren lokalen Geltungsbereich ausgedehnt worden sind und in der Mehrzahl der Fälle auf dem Gesetzes- oder Verordnungswege in das jeweilige Landesrecht Eingang gefunden haben. Sie sind auch insofern keine Ausnahmen von der überregionalen Rechtslage gewesen, als es eine Reihe von Hinweisen darauf gibt, daß derartige Sonderregelungen in vielen Landesteilen existierten.[28] Daß gerade über die Situation in den genannten Städten Aussagen möglich sind, ist quellenkundlichen Zufällen zu verdanken.[29]

1. Marburg und Hessen

„Führende Ärzte und Juristen" Marburgs kamen den Berichten des Marburger Medizinprofessors Villinger zufolge am 15. Mai 1945 im sogenannten „Marburger Beschluß" überein, Frauen, die angaben, vergewaltigt worden zu sein, einem Amtsarzt oder der Ärztekammer zu überweisen. Diese sollten dann ermitteln, ob eine Vergewaltigung als bewiesen, sehr wahrscheinlich oder als nicht bewiesen anzusehen sei. Entsprechend dem Bescheid dieser Stellen wurde dann der Eingriff aufgrund einer kriminologischen Indikation von einem Arzt vorgenommen.

Auf der Basis dieser Regelung wurden – bis 1948 – in Marburg 627 Anträge auf Genehmigung eines solchen Eingriffs gestellt und in 349 Fällen Genehmigungen erteilt. Indessen ging der Anteil der genehmigten gemessen an der Zahl der gestellten Anträge von 1945 (82,63%) auf 1948 (40,82%) zurück, was darauf schließen läßt, daß Anträge in zunehmendem Maße auch dann gestellt wurden, wenn die Schwangerschaft nicht auf eine Vergewaltigung zurückging. Wie Prof. Villinger berichtete, ist der Marburger Beschluß später auf fast ganz Hessen ausgedehnt worden. In dieselbe Richtung weisen die Angaben, die ein Darmstädter Notar und Rechtsanwalt

28 Über ein ähnliches Verfahren in Hamburg berichtet: Triphaus S. 19; eine Reihe von Abtreibungen aufgrund einer Notzuchtsindikation in den Jahren 1945/46 vorgenommen zu haben, berichtet der Chefarzt des Städtischen Krankenhauses in Bielefeld, Nölle (S. 315).

29 Die für Greifswald getroffenen Regelungen sind rekonstruierbar aufgrund eines ausführlichen Diskussionsbeitrags eines Greifswalder Arztes auf der Gynäkologentagung vom 5.-6. September 1946 in Jena (Stefan (AG 180 (1951)) S. 190); die Heidelberger Verhältnisse werden am Rande einer Dissertation über die gesundheitlichen Folgen des künstlichen Aborts erwähnt bei: Koch K.-H. S. 24–27; das in Marburg organisierte Verfahren erwähnt im Rahmen eines Aufsatzes über die Indikationen: Villinger S. 805; die Marburger Situation erwähnte ebenfalls: Naujoks: Über die „ethische" Indikation S. 27.

in einem Schreiben gegenüber dem SPD-Parteivorstand Ende 1947 machte und denen zufolge in der unmittelbaren Nachkriegszeit in Darmstadt die örtliche Ärzteschaft übereinkam, ihren Mitgliedern „das Handeln im Falle des § 218 Str.G.B." anheimzustellen.[30] „Gemäß der in der amerikanischen Zone bereits üblichen Praxis" schlug eine vom Kontrollrat eingesetzte interzonale Juristentagung im Dezember 1946 vor, die ärztliche Abtreibung bei Vorliegen einer Vergewaltigung für zulässig zu erklären, nachdem die Voraussetzungen durch ein Gutachterkollegium aus einem Richter, einem Fach- und einem Amtsarzt festgestellt worden seien.[31]

2. *Heidelberg, Württemberg und Baden*

Der Marburger Absprache ähnliche Modalitäten bildeten sich in Heidelberg heraus und mündeten unmittelbar in ein auf dem Verordnungswege geregeltes Verfahren. In Anbetracht der hohen Zahl von Vergewaltigungen in der unmittelbaren Nachkriegszeit[32] entschloß sich die Universitätsklinik Heidelberg, eine Abtreibung in solchen Fällen vorzunehmen, in denen das Vorliegen einer Vergewaltigung von der Schwangeren glaubhaft gemacht werden konnte. Dieses Verfahren hatte von Anfang an insofern einen halbamtlichen Charakter, als die Frauen Bescheinigungen erbrachten, die ihnen Ärzte, aber auch Dienststellen der Militärregierung, ausstellten, bei denen die Frauen die Vergewaltigung meldeten. Diese Regelung wurde durch die Verordnung der Landesverwaltung Baden vom 27. November 1945 mit Wirkung vom 31. März 1946 auf eine legale Basis gestellt.[33] Am 15. April 1946 wurde die

30 Schreiben von Richard van Basshuysen v. 1. Dezember 1947 an den Parteivorstand der SPD (AsD I 59 1946–1948 V 109 (Hessen-Kassel)).

31 Revision Sp. 220.

32 Schrank/Koch S. 200 und Koch, K.-H. S. 3, geben für den Zeitraum vom Frühjahr 1945 bis Ende 1946 732 in der Universitätsfrauenklinik Heidelberg vorgenommene Abtreibungen einer durch Vergewaltigungen entstandenen Schwangerschaft an. Die Publikationen weisen darauf hin, daß diese Fälle seit 1947 (4 Anträge) nur noch selten und seit 1949 überhaupt nicht mehr vorgekommen sind.

33 In dieser Verordnung heißt es (Text nachgedruckt in: Koch, K.-H. S. 25f.): „Wenn auch eine Unterbrechungsindikation bei Schwangerschaft nach Notzucht in dem bisherigen Recht nicht anerkannt ist, so soll doch nicht übersehen werden, daß in den gegenwärtigen Verhältnissen die Folgen der Vergewaltigung für die betroffenen Frauen so schwere sein können, daß sie einen übergesetzlichen Notstand bedeuten.
Voraussetzung für eine Unterbrechung ist aber:
1. daß das Notzuchtsdelikt Gegenstand eines staatsanwaltlichen Ermittlungsverfahrens gewesen ist;
2. der Eingriff darf nur mit Zustimmung der Schwangeren, bei Minderjährigen außerdem nur mit Zustimmung des gesetzlichen Vertreters vorgenommen werden;
3. der Eingriff darf nur durch die Universitätsfrauenklinik Heidelberg und die Landesfrauenklinik in Karlsruhe geschehen;
4. die Unterbrechung nach der 14. Woche kommt wegen des technisch großen und nicht ungefährlichen Eingriffes nicht mehr in Frage.

Verordnung durch einen Runderlaß des württembergischen Innenministeriums ersetzt. Dieser änderte das Verfahren nicht, nahm aber ausführlicher als die Verordnung zu den rechtstheoretischen Grundlagen der Regelung Stellung, indem er die gesundheitlichen Folgen der Vergewaltigung für die Frau als Rechtfertigungsgründe qualifizierte, die entsprechend der Rechtsprechung des Reichsgerichts auch der bereits anerkannten medizinischen Indikation zugrunde lagen.[34]

Zu dieser Neuregelung erfolgte am 17. Mai 1946 durch einen Erlaß des Präsidenten des Landesbezirks Baden die Ernennung der nach Landkreisen eingeteilten zuständigen Amts- und Fachärzte.[35] Der Runderlaß vom 15. April 1946 wurde aufgrund einer Anordnung der Militärregierung vom 5. Juli 1946 durch eine Bestimmung ergänzt, die vorsah, daß für jedes Verfahren, in dem ein Angehöriger der alliierten Besatzungstruppen der Tat bezichtigt wurde, eine Genehmigung der Militärregierung einzuholen war und das gesamte Verfahren bis zur Erteilung dieser Genehmigung zu ruhen hatte.[36]

3. Greifswald

Ein zunächst über die Marburger und Heidelberger Regelungen hinausgehendes Verfahren vereinbarten am 28. Mai 1945 leitende Angehörige der Greifswalder kommunalen Verwaltung.[37] An dieser Sitzung nahmen teil der Oberbürgermeister, der Bürgermeister sowie „der juristisch damals ausschlaggebende Stadtrat und Landrat", der Amtsarzt des staatlichen Gesundheitsamtes, der Beauftragte für das Gemeindewesen der Stadt Greifswald und der Direktor der Universitätsfrauenklinik. Gegen den lebhaften Einspruch der medizinischen Fachleute wurde beschlossen, „jede schwangere Frau, die eine Unterbrechung einer eingetretenen Schwangerschaft wünscht, der Frauenklinik zur Einleitung einer Schwangerschaftsunterbrechung zu überweisen." Ausdrücklich wurde bestimmt, daß der Eingriff auch ohne ärztliche Indikation und auch „unabhängig davon, ob es sich um eine Vergewaltigung oder

---

Im Falle einer eintretenden Schwangerschaft ist durch einen fachärztlichen Befund die Übereinstimmung des Schwangerschaftsgrades mit dem Notzuchtstermin festzustellen. Dieser Befund ist dem Staatsanwalt zuzuleiten. Der Staatsanwalt entscheidet, ob die Schwangerschaft die nachgewiesene Folge einer Vergewaltigung ist."

34 (Text nachgedruckt bei: Koch, K.-H. S. 26) „Eine besondere Regelung machen diejenigen Fälle notwendig, in denen die Frau bei einem Beischlaf geschwängert wurde, der den Tatbestand eines Verbrechens wider die Sittlichkeit in den Fällen der §§ 176 Nr 3 und 177 StGB erfüllt, mag auch der Schwängerer strafrechtlich nicht verfolgt werden können. Hier ist aus dem Gedanken des übergesetzlichen Notstandes heraus die Vornahme einer Schwangerschaftsunterbrechung dann als nicht strafbar anzusehen, wenn aus der durch die Vergewaltigung hervorgerufenen Schwangerschaft eine schwere körperliche oder seelische Beeinträchtigung des Befindens der Frau hervorgeht."

35 Koch, K.-H. S. 26.

36 Ebd. S. 27.

37 Vgl. S. 30 Fn. 29.

sonstwie erworbene Schwangerschaft handelt", vorzunehmen sei. Die Ärzte ließen sich schriftlich bestätigen, daß diese Regelung sie nicht verpflichtete, die Abtreibung vornehmen zu müssen.

Diese Regelung wurde auf die Initiative des Rektors der Universität und der Medizinischen Fakultät dahingehend geändert, daß der Eingriff nur nach einer Vergewaltigung vorgenommen werden durfte; und zwar erst, nachdem eine Untersuchung in der Frauenklinik vorausgegangen war, die Frau bei Polizei und Amtsgericht ein eidesstattliches Protokoll abgegeben und der Amtsarzt seine Genehmigung erteilt hatte. Die medizinische Indikation wurde weiterhin auf der Grundlage der reichsgerichtlichen Entscheidung von 1927 praktiziert.

Damit bewegte sich schließlich auch die in Pommern angewandte Verwaltungspraxis im Rahmen des in den Besatzungszonen Üblichen: Anerkennung der medizinischen Indikation und – auf sehr unterschiedlicher rechtlicher Grundlage – der Zulässigkeit eines Eingriffs, der eine durch Vergewaltigung entstandene Schwangerschaft beendete. Vor dem Hintergrund der dargestellten, außerordentlich verschiedenartigen Rahmenbedingungen verdient die Tatsache besondere Beachtung, daß sich in allen Zonen eine in ihren Auswirkungen im ganzen einheitliche Regelung des künstlichen Aborts herausbildete, und zwar selbst dort, wo unbeeinflußt von überregionalen Verwaltungseinflüssen kommunale Provisorien entstanden, die – von sehr wenigen und bald revidierten Sonderregelungen abgesehen[38] – über die Zulässigkeit der medizinischen und der kriminologischen Indikation nicht hinausgingen.

Diese Entwicklung läßt Rückschlüsse auf die gesellschaftliche Akzeptanz des Abtreibungsverbots zu. Denn grundsätzlich wäre auch vorstellbar gewesen, daß die in den letzten Kriegsmonaten einsetzende und bis in die Nachkriegszeit andauernde Paralyse der Verwaltungsstrukturen nicht nur zur Zulässigkeit der kriminologischen, sondern auch der sozialen Indikation oder der völligen Freigabe geführt haben könnte. Aus der Tatsache, daß eine solche Entwicklung nicht eintrat, wird man schließen dürfen, daß weithin die Wertvorstellung existierte, ungeborenes menschliches Leben könne nur in den Fällen seltener, extremer Grenzsituationen angetastet werden. Die Untersuchung der Rechtswirklichkeit in den Besatzungszonen begründet die Annahme, daß dieses Wertbewußtsein tiefe und allgemein anerkannte Wurzeln hatte, da es selbst unter den Bedingungen umfassender staatlicher und gesellschaftlicher Auflösungserscheinungen, welche die unmittelbare Nachkriegszeit charakterisierten, weiterbestand.

38 Dies sind die in Mecklenburg für zulässig erklärte eugenische Indikation und die dort wie in Thüringen legalisierte soziale Indikation, die dem Gesetzeswortlaut zufolge allerdings eine medizinisch-soziale Indikation war.

III. Die medizinische Beurteilung des therapeutischen Aborts (1945-1949)

1. Die ärztliche Beurteilung der medizinischen Indikation

Von der medizinisch-wissenschaftlichen Beurteilung des therapeutischen Aborts und von der ärztlichen Praxis gingen prägende Einflüsse auf die Rechtswirklichkeit aus. Denn der Begriff der von der Rechtsprechung anerkannten medizinischen Anzeigestellung ist interpretationsbedürftig. Das heißt: das Recht regelte grundsätzlich zwar die Zulässigkeit des ärztlich indizierten künstlichen Aborts; ob eine solche medizinische Indikation im Einzelfall vorlag und wie weit oder wie eng diese Anzeigestellung ärztlicherseits ausgelegt würde, bestimmte sich erstens nach dem dem medizinischen Schrifttum zu entnehmenden Stand der Fachdiskussion und zweitens nach der Art und Weise, wie diese wissenschaftlich begründeten Maßgaben in der Praxis Beachtung fanden und umgesetzt wurden.

Daß die juristisch abgesicherte Möglichkeit vorhanden sein müsse, bei Vorliegen einer medizinischen Indikation eine ärztlich angezeigte Abtreibung vornehmen zu können, war in der Ärzteschaft communis opinio. Die Diskussion unter den Medizinern konzentrierte sich im wesentlichen auf die Frage, unter welchen Bedingungen ein therapeutischer Abort geboten sei. Der Tenor der in den zeitgenössischen Fachzeitschriften und Kongressen abgegebenen Stellungnahmen läßt gegenüber der medizinischen Indikation eine außerordentlich kritische Haltung erkennen. Deren sachliche Grundlage bestand zunächst in der praktischen Erfahrung, daß der künstliche Abort als therapeutische Maßnahme oft mehr schadete als nützte, worauf der renommierte Frankfurter Gynäkologe Hans Naujoks in dem von ihm herausgegebenen und lange Zeit maßgeblichen Handbuch „Die künstliche Schwangerschaftsunterbrechung“ nachdrücklich hinwies.[39] Als ein besonderes Problem der Indikationsstellung wurde der große Unsicherheitsfaktor der medizinischen Prognose angesehen. Denn die Erfahrung lehrte, daß der therapeutische Erfolg eines künstlichen Aborts immer nur mit einer gewissen Wahrscheinlichkeit erhofft, nicht aber mit Sicherheit erwartet werden konnte.[40]

Darüber hinaus warnten die Mediziner vor den relativ hohen Mortalitäts- und Morbiditätsraten auch beim lege artis durchgeführten Abort. Die Angaben über die Letalitätsquote schwanken zwischen einem bis vier Prozent.[41] Über die Morbiditätsrate haben alle Angaben nur beschränkte Aussagekraft, weil der den Statistiken

39 Winter S. 4. Es heißt dort weiter: „Jedenfalls kann aus diesem sorgfältig kritisierten, recht großen Material der Schluß gezogen werden, daß bei ordnungsgemäßer, wissenschaftlich fundierter Indikationsstellung im allgemeinen durch die Ablehnung der Unterbrechung ein Schaden nicht angerichtet wird. Andererseits muß nochmals festgestellt werden, und das wird auch in den einzelnen Kapiteln zu erkennen sein, daß der ausgeführte Abortus arteficialis keineswegs regelmäßig die erhoffte Wendung bringt.“

40 Fecht: Recht S. 47ff.; Ders.: Arzt S. 6; Jores S. 50; Ronge: Problem § 218 S. 16.

41 Naujoks: Sterilisierung S. 312; Ders.: Probleme S. 87; Wilberg S. 31; Dörr S. 945; Erbslöh/Brandt S. 1382; Winter S. 131.

zugrundeliegende Beobachtungszeitraum unterschiedlich lang war, so daß Spätfolgen nur teilweise erfaßt wurden. Die Komplikationsquote der nach den Regeln der ärztlichen Kunst vorgenommenen Eingriffe wurde mit Werten zwischen 18% und 70% angegeben.[42] Die mit Nachdruck vorgetragene Forderung der Ärzte nach einer eng definierten, streng medizinischen Indikationsstellung muß vor dem Hintergrund dieser Sachverhalte verstanden werden.[43]

2. *Die ärztliche Beurteilung der kriminologischen und der Suizidindikation*

Mit der Frage der medizinischen Indikation hing unmittelbar das Problem zusammen, inwiefern eine ärztliche Anzeigestellung zum therapeutischen Abort aus psychiatrischen Gründen gerechtfertigt sei. Daß dieses Problem grundsätzlich zu bejahen sei, konnte spätestens seit dem Urteil des Reichsgerichts aus dem Jahr 1927 als zumindest juristisch entschieden gelten. Denn der als rechtmäßig erklärten Abtreibung hatte in dem speziellen Fall keine medizinische Indikation im engen, somatischen Sinne zugrunde gelegen, sondern eine Anzeigestellung aufgrund einer Selbstmorddrohung, die der behandelnde Arzt als „reaktive Depression“ diagnostiziert hatte.[44]

Dieser Indikation, deren Berechtigung auch dort, wo man sie befürwortete, nur unter Vorbehalten bejaht wurde, und die im übrigen umstritten war,[45] wurde vor allem aus pragmatischen Gründen von medizinischer Seite zustimmendes Interesse entgegengebracht. Denn sie eröffnete als medizinisch begründbare Indikationsstellung die Möglichkeit, auch in den Fällen einer Schwangerschaft, die auf ein Verbrechen zurückging, die Abtreibung straflos vorzunehmen. Sie fungierte damit als Substitut der kriminologischen Indikation. Obgleich die Anzeigestellung aufgrund einer „reaktiven Depression“, wie oben bereits erwähnt wurde, wissenschaftlich umstritten war,[46] wurde sie von der Ärzteschaft grundsätzlich – im Gegensatz zur kriminologischen Indikation selbst – bejaht.

---

42 Naujoks: Sterilisierung S. 312; Wilberg S. 31; Winter S. 131; Jores S. 48.

43 Parache S. 332; Binder S. 247; Wirz S. 261; Erbslöh/Brandt S. 1382; Hummel S. 22; Martin, Ed. S. 1096; Winter S. 131; Spiegler: Schwangerschaftsunterbrechung S. 298; Lönne S. 1381; Apfelthaller/Primarius S. 30f.

44 Vgl. S. 16f.

45 Glaus: Indikation S. 98; Heydt S. 325; Nordmeyer S. 213; Wieland S. 17; Scheid S. 305; Winter S. 116. Die Suizidindikation, die in der Regel als Synonym der Indikation aus reaktiver Depression verwendet wird, befürworten: Franken: Gesichtspunkte S. 32; Glaus: Indikation S. 97.

46 Binder S. 263, berichtet, daß unter 1409 abgelehnten Anträgen ein Suizidversuch bekannt geworden sei; Schrank/Koch (S. 205) nennen für eine nicht näher bezifferte Zahl von abgelehnten Anträgen, die etwa 500 betrug, ebenfalls einen Selbstmordversuch; kein Fall von Suizidversuch ist Nordmeyer (S. 213) bekannt, der in seiner Klinik vom 1. Juli 1945 bis zum 30. Juni 1946 44 Eingriffe an Frauen vorgenommen hatte, die angaben, vergewaltigt worden zu sein.

Dieser scheinbare Widerspruch erklärt sich aus dem Spannungsverhältnis zwischen zwei Überzeugungen, die in der Ärzteschaft allgemein geteilt wurden. Einerseits vertrat die Mehrheit der Ärzte die Auffassung, daß das Austragen einer aus einer Vergewaltigung hervorgegangenen Schwangerschaft der Frau nicht zumutbar sei und daß in einem solchen Fall die straffreie Möglichkeit bestehen müsse, den Eingriff zur Beendigung einer solchen Schwangerschaft vorzunehmen. Der Frauenarzt Georg Winter, der in dem Ruf stand, das „Gewissen der deutschen Gynäkologen" zu sein, wird die Ansicht seiner meisten Kollegen wiedergegeben haben, wenn er zwar die wissenschaftliche Haltbarkeit der psychiatrischen Indikation in Zweifel zog, sich aber dennoch auf den Standpunkt stellte, das es eine „unverständliche Grausamkeit" wäre, eine durch Stuprum schwangere Frau zur Austragung des Kindes zu zwingen.[47]

Zwar wurde die Abtreibung, auch die medizinisch indizierte, grundsätzlich von der Ärzteschaft als Vernichtung eines Menschenlebens angesehen.[48] Die Ablehnung der rechtlichen Institutionalisierung der Suizid- oder psychiatrischen Indikation in der Gestalt einer gesetzlich verankerten kriminologischen Indikation rührte allerdings nur mittelbar aus dem prinzipiellen Verdikt jeder Abtreibung als Tötung.[49] Der Widerstand gegen die Einführung eines solchen Gesetzes stützte sich zunächst auf das Argument, daß die Zahl der durch ein Verbrechen entstandenen Schwangerschaften schon seit 1945 stark zurückgegangen und statistisch irrelevant sei, sofern solche Fälle überhaupt noch vorkämen.[50] Ein weiteres schweres Bedenken hegten die Ärzte wegen der Mißbrauchsgefahr, die ein solches Gesetz in sich barg. Denn erfahrungsgemäß waren die Aussagen der Frauen in der Regel nicht überprüfbar und nicht in den wenigsten Fällen unglaubwürdig.[51]

Empirische Untersuchungen veranschlagten den Anteil der Anträge, denen nachweislich Falschaussagen zugrunde lagen, auf 25% bis 80%.[52] Der Tenor der zeitgenössischen medizinischen Meinungsäußerungen läßt Einigkeit in der Grundüberzeugung erkennen, daß die Beendigung einer durch ein Verbrechen begangenen Schwangerschaft ärztlich vertretbar und juristisch auch abgesichert sei. Ebenso bestand weitgehende Übereinstimmung darin, daß die schwerwiegenden Unwägbarkeiten einer gesetzlichen Regelung und die zahlenmäßige Bedeutungslosigkeit der Fälle „wohl kaum ausreichend Anlaß gibt, grundsätzliche Änderungen in juristischen

47 Winter S. 115.

48 Vgl. S. 73ff.

49 Fecht: Recht S. 44; Niedermeyer S. 168.

50 Naujoks: Sterilisierung S. 312; Hempel S. 196; Frühauf S. 589; Koch, K.-H. S. 3 u. 23; Linzenmeier S. 1109; Schrank/Koch S. 213; Spiegler: Schwangerschaftsunterbrechung S. 300f.; Seitz S. 91; Jores S. 49.

51 Ronge: S. 18; Spiegler: Ethik S. 696; Villinger S. 805; Spiegler: Schwangerschaftsunterbrechung S. 300f.; Mahr S. 106.

52 Kayser (AG 180 (1951) S. 183); Volkmann S. 20; Giesen: Grundsätzliches S. 9; Franken: Gesichtspunkte S. 31; Ders.: Berücksichtigungen, S. 150; Ähnliche Zahlen wurden in einer Diskussion während der Jenaer Gynäkologentagung vom 5. bis 6. November 1946 genannt (ZblGyn 69 (1947), S. 185ff.).

und ärztlichen Prinzipien eintreten zu lassen."[53] Daß die kriminologische Indikation diesen Anschauungen folgend im Rahmen der medizinisch indizierten Abtreibung betrieben wurde, war allgemein bekannt und, soweit ersichtlich, behördlicherseits auch geduldet.[54] Seit 1945 ist, soweit es überhaupt zu einer Anklage kam, kein einziger Fall bekannt geworden, in dem ein Arzt oder eine Frau wegen einer Abtreibung einer durch Vergewaltigung entstandenen Schwangerschaft verurteilt worden wäre.[55]

Das Landgericht Flensburg, das einen solchen Fall zu verhandeln hatte, entschied darüber hinaus in seinem Urteil vom 19. Dezember 1946, eine Abtreibung sei unter diesen Umständen nicht strafbar, weil sie „durch Notwehr geboten" sei.[56] Schließlich lassen auch die Schilderungen der regionalen Provisorien den Schluß zu, daß die Abtreibung in diesen Fällen von Behördenseite nicht nur geduldet, sondern durchaus gebilligt wurde. Denn indem Dienststellen den durch Verbrechen geschwängerten Frauen amtliche Bescheinigungen zur Vorlage bei dem den Eingriff vornehmenden Arzt ausstellten, beteiligten sie sich aktiv an dem Verfahren. Einige Landesverwaltungen, so in Bayern, Hessen, Bremen und Hamburg, machten sich diesen Standpunkt zu eigen und wiesen die Strafverfolgungsbehörden an, Abtreibungen nach Vergewaltigungsverbrechen – aber auch Abtreibungen überhaupt – nicht zu verfolgen.[57] In Bayern wurde diese Regelung, deren Anwendung innerhalb von sechs Jahren in höchstens sieben Fällen notwendig geworden war, 1951 aufgehoben.[58]

---

53 Naujoks: Sterilisierung S. 312.

54 Rech S. 14f.; Wolffson BAG Ber. Si. v. 31. Januar 1948, S. 2; Muth/Engelhardt S. 30f.

55 Vgl. S. 100.

56 Urteil des Landgerichts Flensburg vom 19. Dezember 1946, abgedruckt in: Engelhardt: Anmerkung S. 470; Das Landgericht argumentierte, die Vergewaltigung stelle nicht nur einen Angriff gegen die körperliche Unversehrtheit und den Willen der Frau im Augenblick des Gewaltakts dar, sondern enthalte einen über diesen Akt hinausgehenden Angriff. Denn ein „Angriff besteht aber solange, als der Eingriff in die Rechtsverletzung noch nicht zum Abschluß gekommen ist." Damit richte sich die Verteidigung auch gegen die Leibesfrucht, der „natürlichen Folge" des Geschlechtsaktes, die zwar selbst ein strafrechtlich besonders geschütztes Rechtsgut sei, die Verletzung eines Rechtsguts sei aber immer Gegenstand einer Notwehr. „Es kommt nach ständiger Rechtsprechung nur darauf an, daß sich die Verteidigung nicht gegen einen Dritten richtet. Dritter im Sinne der Ausführungen kann jedoch nicht die Leibesfrucht sein, und zwar auch deshalb nicht, weil sie selbst Ursache und Mittel des Angriffes auf das Rechtsgut der Freiheit ist."

57 Vgl. weiter unten die Darstellung über die Beschlüsse der Bremer Bürgerschaft. Siehe auch: Algermissen S. 20; Harmsen: Geburtenregelung S. 246; Harmsen sieht in diesen Anweisungen den entscheidenden Grund für das sprunghafte Ansteigen der kriminellen Abtreibungen (Als „kriminelle" Abtreibungen werden, dem zeitgenössischen juristischen Sprachgebrauch folgend, strafbare Abtreibungen bezeichnet).

58 Diese Angaben machte der bayerische Ministerialdirigent Rösch in den Verhandlungen der Großen Strafrechtskommission (GStRK Ns. 70 Si. v. 6. März 1958 7 S. 143).

Von weit geringerer Bedeutung als die kriminologische Indikation war für die zeitgenössische Diskussion die sogenannte eugenische Indikation. Bedeutende Gynäkologen haben gelegentlich erkennen lassen, daß sie dieser Indikation nicht vollkommen ablehnend gegenüberstanden.[59] Gegenüber den ärztlichen Befürwortern der eugenischen Indikation[60] überwogen allerdings die ablehnenden Stimmen, die sich indessen längst nicht immer aus grundsätzlichen Erwägungen dagegen aussprachen, eine solche Indikation einzuführen. Der ausschlaggebende Grund für die zurückhaltende Beurteilung der Anzeigestellung war auch ein medizinisch-technischer, nämlich die Unsicherheit hinsichtlich einer zuverlässigen Prognose eines körperlichen Schadens am Embryo beziehungsweise am Fötus.[61]

3. Die sozial-medizinische Indikation

Die stärksten Impulse in Richtung auf die ärztliche Diskussion über eine Ausdehnung der medizinischen Indikationsstellung gingen von der Frage der Berechtigung einer sozialen Indikation aus. Die Medizin lehnte eine rein soziale Indikation, das heißt die Zulässigkeit der Abtreibung in Fällen materieller Bedrängnis der Mutter oder der Familie des ungeborenen Kindes, einhellig ab.[62] Diese Ablehnung basierte zum Teil auf grundsätzlichen Erwägungen, denen zufolge die bei der sozialen Indikation vorgenommene Abwägung materieller Güter gegen ein Menschenleben indiskutabel sei und es nicht Aufgabe des Arztes sein könne, soziale Probleme mit der Kurette zu lösen. Teilweise stützte sich der Widerstand gegen eine Notlagenindikation auf das allgemein als kaum lösbar erachtete Problem, eine Kasuistik für eine solche Anzeigestellung zu definieren. Dieses Arguments bedienten sich auch entschiedene Befürworter der völligen Freigabe der Abtreibung.[63]

Ungeachtet der Ablehnung einer sozialen Indikation war unter den Fachleuten im ganzen unumstritten, daß die Lebensumstände der Schwangeren, also soziale Aspekte, im Rahmen der medizinischen Gesamtbeurteilung durchaus Platz greifen könnten,

59 Naujoks: Sterilisierung S. 310; Winter S. 112.
60 Glaus: Indikation S. 97.
61 Naujoks: Sterilisierung S. 319; Fecht: Recht S. 38; Heinrich 218 S. 9; Spiegler: Ethik S. 300; Rummel/Knorr/Olepp S. 2; Rummel S. 482; Villinger S. 803; Jores S. 50.
62 Röper S. 173; Villinger S. 804; Naujoks: Probleme S. 86; Ders.: Sterilisierung S. 308f.; Mestwerdt (AG 180 (1951) S. 341); Doerfler: Über Schwangerschaftsunterbrechung S. 270; Glaus: Indikation S. 97; Hummel S. 22; Kayser S. 194; Winter S. 113; Stoeckel (ZblGyn 69 (1947) S. 193); Schroeder (ZblGyn 69 (1947) S. 191); Strasser S. 152; Spiegler: Ethik S. 695; Ders.: Schwangerschaftsunterbrechung S. 299 u. 303; Kloesel S. 7; Lönne S. 1381; Fecht: Arzt S. 6; Jores S. 49.; Carow S. 15; Wolffson: Gutachterstelle S. 46.
63 Zuckmayer S. 51; Ronge: S. 18.

soweit sie für die Prognose der Krankheitsentwicklung von Einfluß seien.[64] Eine Reihe von Medizinern hat darüber hinausgehend sozialen Aspekten eine für jede medizinische Indikationsstellung entscheidende Bedeutung zugemessen und von einem engen Zusammenhang zwischen beidem gesprochen.[65] Unterdessen wiesen die Befürworter einer sozialen oder, wie sie im Zusammenhang mit gesundheitlichen Belangen der Schwangeren genannt wurde, einer sozial-medizinischen Indikation darauf hin, daß sie nur als zeitlich begrenzte Notlösung für eine Übergangszeit gelten solle.[66]

Den als „nichtmedizinische Indikationen“[67] bezeichneten Anzeigestellungen wie zum Beispiel der kriminologischen oder der sozial-medizinischen Indikation wurde die fachliche Anerkennung durchaus nicht verweigert. Sie waren im ganzen insoweit als Kriterien der ärztlichen Indikationsstellung anerkannt, als ihre sui generis nicht medizinischen Aspekte Einfluß auf die Gesundheit der Schwangeren haben konnten. Dies gilt insbesondere für sozial-medizinische Gesichtspunkte. Darüber hinaus bleibt für die kriminologische Indikation festzustellen, daß sie auch dann gestellt wurde, wenn eine Bedrohung der Gesundheit der Schwangeren im engeren somatischen Sinne nicht vorlag. Unabhängig von der Handhabung der medizinischen Praxis, ergibt sich schon aus der Betrachtung der Voraussetzungen der Indikationsstellung, daß deren Grundlagen sich nicht wesentlich von den Grundsätzen unterschieden, die in den Ländergesetzen der SBZ für die kriminologische oder soziale Indikation genannt wurden. Ungeachtet ihrer praktischen Umsetzung war in jenen Vorschriften auch die soziale Indikation als sozial-medizinische Anzeigestellung definiert.

Schon in der wissenschaftlichen Auseinandersetzung der vierziger Jahre zeichneten sich erste Tendenzen ab, die unter Verweis auf die Aufgabe der medizinischen Indikation im engen Sinne eine Ausweitung des Indikationenkatalogs propagierten. In diesem Zusammenhang sind zunächst die Stimmen zu nennen, die forderten, soziale und psychiatrische Aspekte, denen bislang nur mittelbar Bedeutung für die Anzeigestellung zugemessen worden war, gleichwertig neben den medizinischen Aspekt im engeren Sinne treten zu lassen.[68]

Im Zuge dieser Tendenzen wurde die Möglichkeit einer Grenzziehung zwischen medizinischer und sozialer Indikation auch grundsätzlich bestritten.[69] Diese Kritik brachte Kütemeyer auf den Punkt, indem er konstatierte, „„wenn es keine psychische und soziale Indikation gäbe, könnte man nie aus medizinisch-vitaler Indikation die

64 Triphaus S. 19; Boenheim S. 1239; Hempel S. 195f.; Gundert: Antwort S. 8; Heydt S. 323; Rummel S. 478; Naujoks: Sterilisierung S. 309f.; Röper S. 173; Winter S. 113; Strasser S. 152; Jores S. 49; Wolffson: Gutachterstelle S. 46.

65 Franken: Gesichtspunkte S. 33; Spiegler: Ethik S. 695; Ders: Schwangerschaftsunterbrechung S. 303; Wolffson: Gutachterstelle S. 45; Holdtschmidt S. 20.

66 Schwarz, H. S. 6; Westendorf (SPD) HB Prot. 22 Si. v. 26. November 1947 S. 310; Reifenberg S. 7; Strohbach S. 13.

67 Winter S. 109.

68 Meinertz Sp. 665; Schultze-Niemann/Regler S. 24; Schilf S. 25; Zur Frage S. 37.

69 Hempel S. 196.

Schwangerschaft unterbrechen'."[70] Man bestritt nicht den Tötungscharakter auch der ärztlich indizierten Abtreibung. Man forderte, nachdem die Abtreibung in Grenzen zulässig und das Tötungstabu einmal gebrochen war, die Frage der Voraussetzungen einer straflosen Abtreibung, die nun nicht mehr prinzipieller, sondern lediglich prozeduraler Natur war, nicht restriktiv zu handhaben.

4. *Die Praxis des medizinisch indizierten künstlichen Aborts in den Westzonen*

Den organisatorischen Rahmen der straffreien ärztlichen Abtreibung bildeten in allen Ländern der Westzonen – de jure – die Gutachterstellen, auch I-Kommissionen (Interruptions-Kommissionen) genannt, die durch das Erbgesundheitsgesetz in der Fassung vom 26. Juni 1935 erstmals eingerichtet worden waren. Mit Ausnahme von Rheinland-Pfalz, wo es bis 1976 keine gesonderten gesetzlichen Regelungen zum Schwangerschaftsabbruch gab,[71] galten die Feststellungsvoraussetzungen des Erbgesundheitsgesetzes für die medizinische Indikation schließlich wieder auch in den Ländern weiter, in denen das Erbgesundheitsgesetz selbst nicht mehr in Kraft war. Außer in solchen Fällen, in denen die Gefahr für Leib und Leben der Schwangeren keinen Aufschub des Eingriffs duldete, war die straflose ärztliche Abtreibung an die bei einer Gutachterstelle zu beantragende Genehmigung gebunden.

Tatsächlich wurden diese Gutachterstellen, soweit die hierzu nur spärlichen und schwer zugänglichen Quellen erkennen lassen, aber erst nach einem Zeitraum von etwa einem, oft aber auch erst zwei bis vier Jahren nach Kriegsende reorganisiert.[72] Der Verwaltungsberichterstatter im württembergischen Innenministerium Kloesel traf 1947 noch für die gesamte amerikanische Besatzungszone die Feststellung, daß das Genehmigungsverfahren noch nirgends wieder aufgenommen worden sei.[73] In Düsseldorf erfolgten erste Maßnahmen zur Wiedererrichtung der Gutachterstelle von seiten der Ärztekammer erst im Sommer 1949, nach mehrfacher Aufforderung durch den zuständigen Kreisarzt, dessen Absicht es war, „die bisher ungeordneten Verhältnisse bei ‚Schwangerschaftsunterbrechungen aus medizinischer Indikation' in geordnete

70 Kütemeyer S. 558.

71 Briefliche Auskunft von Prof. Dr. Robert Frietsch, Ministerium für Soziales und Familie, Rheinland-Pfalz, v. 1. September 1989.

72 In Bayern zum Beispiel waren die I-Kommissionen durch die Aufhebung des Erbgesundheitsgesetzes zunächst in Wegfall gekommen und erst aufgrund der am 10. März 1947 durch die Bayerische Ärztekammer ergangenen Verfügung wieder errichtet worden. Dessen ungeachtet war dem Bayerischen Ministerium des Innern noch im Mai 1949 nicht bekannt, ob diese I-Kommissionen bis zu jenem Zeitpunkt in ganz Bayern bestanden. Dies geht hervor aus einem Schreiben des Bayerischen Staatsministeriums des Innern v. 25. April 1949 an die Bayerische Landesärztekammer München und das Bayerische Staatsministerum der Justiz (ohne Bestandsbezeichnung, Az. 5108/2); siehe auch die ungenauen Angaben in: Gesetzgebung Sp. 50.

73 Kloesel S. 6.

Bahnen zu lenken."[74] Die Ärztekammer Hamburg hat dagegen schon im Jahr 1946 das Genehmigungsverfahren wieder in Gang gebracht.[75]

Es gibt eine Reihe von Hinweisen darauf, daß die straffreie medizinische Abtreibung auch dort, wo ein geregeltes Verfahren wieder funktionierte, auf eine Art und Weise und in einem Umfang praktiziert wurde, die weder den rechtlichen Voraussetzungen noch den nicht eben rigiden medizinischen Kriterien gerecht wurde. Fachleute kritisierten am Antrags- und Gutachterverfahren die zu laxe und auch mißbräuchliche Handhabung der Indikationsstellung wie auch deren Genehmigung durch die Gutachterstellen.[76] Es kam vor, daß Anträge gestellt wurden, ohne daß überhaupt eine Schwangerschaft vorlag.

Die Statistiken der Indikationen für die vorgenommenen ärztlichen Eingriffe wurden von der reaktiven Depression und der Tuberkulose angeführt,[77] obwohl die zeitgenössische Medizin die reaktive Depression nur unter großen Vorbehalten akzeptierte und die Tuberkulose als Indikation zum therapeutischen Abort einhellig ablehnte, von wenigen extrem seltenen Formen dieser Krankheit abgesehen.[78] Zudem erwiesen Untersuchungen, daß die in den Statistiken der Gutachterstellen als ärztlich indizierte Abtreibungen klassifizierten Anzeigestellungen überwiegend auf sozialen Gründen beruhten.[79] Nicht wenigen Ärzten scheint unbekannt gewesen zu sein, daß es eine reine soziale Indikation nicht gab.[80]

---

74 Verein der Ärzte Düsseldorfs: Einladung zur 5. Sitzung des Vereins am 6. Juli 1949. (Bibliothek der Ärztekammer Nordrhein (Düsseldorf)).

75 Triphaus S. 18.

76 Winter S. 3; Lönne S. 1378; Jaschke S. 418f.; Rumpf (GuF 10 (1950) S. 717); Naujoks (Ebd. S. 717); Frühauf S. 589; Naujoks: Sterilisierung S. 311.

77 Wolffson: Gutachterstelle S. 47; Schwangerschaftsunterbrechungen in Westberlin S. 175; Triphaus S. 19; Tiedemann S. 19.

78 Jahn S. 46; Wirz S. 260; Martin, Ed. S. 1095f.; Giesen: Die medizinische Indikation S. 78; Franken: Gesichtspunkte S. 32.

79 Triphaus S. 19; Tiedemann S. 19f.; daß dem so sei, wird von dem Bremer Bürgerschaftsausschuß festgestellt (Zur Frage S. 37.); Wehl S. 64; Um den Paragraphen S. 4; Jores S. 49.

80 Darauf weisen schon die Formulare für einen „Antrag aus gesundheitlicher Anzeigestellung" hin. Solche Antragsformulare, die sich sämtlich sehr ähneln und zum Teil unverändert dem 1935 eingeführten Formular entsprachen (Muth/Engelhardt S. 11) sind abgedruckt für den Bereich der Ärztekammer Westfalen-Lippe bei: Muth/Engelhardt S. 13ff.; ohne Angaben über den Geltungsbereich bei: Naujoks: Stellungnahme S. 130a-130c; für die DDR bei: Schittel S. 36–45; für den Bereich der Landesärztekammer Bayern bei: Bayerische Landesärztekammer Anlagen; außerdem lag dem Verfasser je ein von den Landesärztekammern Hessen und Niedersachsen freundlicherweise zur Verfügung gestelltes Exemplar des dort in Gebrauch gewesenen Formblattes vor. Mit Ausnahme des im Bereich der Landesärztekammer Bayerns verwendeten Formulars enthalten alle Formblätter die Belehrung, daß Anträge nur aus medizinischer Indikation beziehungsweise nicht aus sozialer Anzeigestellung möglich seien. Alle Vordrucke fragen nichtsdestoweniger nach den wirtschaftlichen Verhältnissen der Schwangeren. Die niedersächsische Landesärztekammer bemängelte, daß die Prüfung der Anträge auf Schwangerschaftsunterbrechung „zu einem großen Teil durch nicht vollständige Angaben von seiten der antrag-

Ein Grund für die unsachgemäße Verfahrensweise vieler Ärzte beim Indikationsfeststellungs- und Antragsverfahren muß wohl in der Tatsache gesehen werden, daß es bis in die Mitte der fünfziger Jahre hinein keine verbindlichen Richtlinien über die Anzeigestellungen zum ärztlich indizierten Abort gab. Zwar war Ende der vierziger Jahre das von dem namhaften Frankfurter Gynäkologen Hans Naujoks herausgegebene und erstmals 1918 erschienene Handbuch Georg Winters in der dritten Auflage herausgekommen; bis zuletzt hatte sich Winter aber vergeblich um die Sanktionierung seiner Richtlinien durch Behörden oder offizielle Stellen bemüht.[81]

Erst der 1954 auf Veranlassung des Präsidiums des Deutschen Ärztetages und unter Mitwirkung der im Wissenschaftlichen Beirat des Präsidiums vereinigten wissenschaftlichen Fachgesellschaften herausgegebene Leitfaden Naujoks' konnte ein gewisses Maß an quasi-autoritativer Gültigkeit beanspruchen, die auch für behördliche Stellen wirksam war. Bis zum Erscheinen dieses Werks nahmen diese Funktion die 1938 erschienenen Stadlerschen Richtlinien ein, die allerdings vor dem Hintergrund des zeitgenössischen medizinischen Kenntnisstandes als vollkommen überholt galten.[82] Dennoch sind diese Richtlinien, wie die unter dem Eindruck des Nachkriegselends der vierziger Jahre herausgegebenen Winterschen Richtlinien, oftmals auch von Fachleuten nicht eingehalten worden.[83]

Die Ursachen für die Praxis des ärztlich indizierten künstlichen Aborts, die, wie die Untersuchung ergeben hat, weit über das medizinisch als notwendig und mithin als zulässig Anerkannte hinausging, wurzeln sehr wahrscheinlich in den besonderen sozialen Umständen der ersten Nachkriegsjahre. Die Mehrzahl der betroffenen Ärzte sah sich offensichtlich außerstande, angesichts dieser Verhältnisse die ohnehin nicht ganz eindeutige Grenze zwischen wissenschaftlich anerkannten und nicht anerkannten Indikationen einzuhalten.

Festzuhalten bleibt indessen, daß auch diese Abweichungen von der medizinisch begründeten Norm vor dem Hintergrund der herrschenden Not in der großen Mehrzahl als medizinische Entscheidungen gewertet werden müssen, deren Legitimität man in Anbetracht des zeitgenössischen wissenschaftlichen Kenntnisstandes zwar bestreiten kann. Gleichwohl scheint es, daß jene Entscheidungen in der Regel therapeutisch motiviert waren und von den indikationsstellenden Ärzten zumindest subjektiv als – wenngleich an der Grenze des für vertretbar Gehaltenen operierende – so doch berechtigte medizinische Anzeigestellungen verstanden wurden. Unbeschadet der

---

stellenden Ärzte sehr erschwert oder gar unmöglich gemacht" werde, daß die Anträge auch aus nicht-medizinischen Gründen gestellt würden und die Antragsformulare nicht ordnungsgemäß ausgefüllt seien (Anträge S. 21). Im Gebiet der Ärztekammer des Saarlandes wurde überhaupt kein Antragsformular verwandt. Die Beantragung erfolgte dort zwischen 1945 und 1976 mit formlosen Schreiben (Briefliche Auskunft des Geschäftsführers der Ärztekammer des Saarlandes v. 21. August 1989).

81 Naujoks: Leitfaden S. V.

82 Schwaderer S. 510.

83 Wolffson: Gutachterstelle S. 46.

Tatsache, daß diese Praxis zur Theorie deutlich kontrastierte, teilte diese mit jener eine wesentliche Gemeinsamkeit. Beide orientierten sich nach wie vor grundsätzlich am Konzept der medizinischen Indikation, namentlich an der Auffassung, daß ein künstlicher Abort dann angezeigt ist, wenn die Fortsetzung der Schwangerschaft eine anders nicht abwendbare ernste Gefahr für Leben oder Gesundheit der Mutter bedeutete.

IV. Die rechtspolitische Diskussion über § 218 StGB in Deutschland (1945-1949)

1. Ursachen und Charakter der Diskussion in den Medien

Das Thema „§ 218 StGB" beschäftigte in den Nachkriegsjahren nicht nur die unmittelbar Betroffenen, sondern auch Juristen, Ärzte und Verwaltungen. Bereits kurz nach dem Kriegsende bis zur Gründung der Bundesrepublik Deutschland nahm eine breite Öffentlichkeit aufmerksam Kenntnis von den mit der Abtreibung zusammenhängenden Problemen. Die Ursachen für das öffentliche Interesse, das der Abtreibung und ihrer rechtlichen Regelung ab der zweiten Hälfte des Jahres 1946 auch außerhalb medizinischer und juristischer Fachkreise in zunehmendem Maße gezollt wurde, sind vielfältig. Eine mittelbare Wirkung wird in diesem Zusammenhang von dem Nachkriegselend ausgegangen sein, das in den Quellen allgemein als der Hauptgrund für den Anstieg der Abtreibungen – der straflosen wie der kriminellen – angesehen wurde.

Obwohl es keinerlei zuverlässige Statistiken über die kriminelle Abtreibung gab und alle diesbezüglichen Schätzungen auf mehr oder weniger – oftmals auch überhaupt nicht – begründeten Vermutungen beruhten, nahmen die Fachleute an, daß die Zahl der kriminellen wie der näher quantifizierbaren straflosen Eingriffe von 1945 bis 1950 ständig zugenommen habe und bei jährlich etwa 500.000 bis 1.000.000 lag.[84] Die gesundheitlichen Folgen dieser Abtreibungen für die Frauen waren mangels einer zuverlässigen statistischen Grundlage ebenso wenig bekannt, wurden aber allgemein sehr negativ beurteilt. Ein von den Vertretern einer Lockerung des § 218 StGB oftmals wiederholtes Argument hat in diesem Sinne die teilweise oder völlige Freigabe der Abtreibung gefordert, um auf diesem Wege eine Senkung der kriminellen Aborte und der damit verbundenen Folgen für die passiven Abtreiberinnen herbeizuführen.[85]

---

84 Doerfler: Abtreibungsseuche S. 509; Ders. (AG 180 (1951)) S. 338; Capelle S. 14; Nachkriegszeit S. 7; Dörr Sp. 943; Bergander S. 732; Sroka 218 S. 43; Rohden: Nachkriegsjahrzehnt S. 196; „Verneinen die Frauen das Leben?" In: CW v. 16. November 1950; Meinert S. 183.

85 Simson: Schweden S. 940; Rech S. 22 u. 30; Ronge S. 13; Langhans (KPD) HB Prot. 22 Si. v. 26. November 1947 S. 307f.; Reifenberg S. 7f.

Die – in der Diskussion der siebziger Jahre zentrale – Begründung für die Notwendigkeit einer Änderung des § 218 StGB, daß durch eine Lockerung der gesetzlichen Vorschriften die Zahl der künstlichen Aborte insgesamt gesenkt werden könnte, hat in der Auseinandersetzung jener Zeit keine Rolle gespielt und wurde selbst von Befürwortern einer weitgehenden Lockerung des § 218 StGB bestritten.[86] Das von dieser Intention geleitete schwedische Experiment in den vierziger Jahren ist von seinen eigenen Promotoren für vollkommen gescheitert erklärt worden.[87]

Man wird, was die Ursachen der öffentlichen Auseinandersetzung um die Abtreibung betrifft, auch nicht die Auswirkungen der allgemein bestehenden Rechtsunsicherheit unterschätzen dürfen, zum mindesten dann nicht, wenn man einen Zusammenhang zwischen der allgemeinen Akzeptanz einer Norm und der Konsequenz sieht, mit der jene Norm in den Augen der Rechtsunterworfenen von der Exekutive aufrechterhalten wird. In dieser Hinsicht steht zu vermuten, daß besondere Impulse von den Gesetzesänderungen in den Ländern der SBZ auf die Meinungsbildung in den Westzonen ausgegangen sind. Schließlich konnte der § 218 StGB auch dadurch zur Disposition gestellt erscheinen, daß in einigen Ländern der Westzonen – wenngleich durch unterschiedliche administrative Schritte – vergleichbare Rechtszustände hergestellt wurden; daß zumindest in Beziehung auf die kriminologische Indikation de facto in allen vier Zonen sehr ähnliche Verhältnisse bestanden, ist oben gezeigt worden.

Zu dem besonderen öffentlichen Interesse, das sich auf den § 218 StGB richtete, werden ebenso die Beratungen beigetragen haben, die innerhalb der Besatzungsbehörden und auch bei den deutschen Länderverwaltungen über eine Änderung des § 218 StGB im Gang waren. So wurde ein Kontrollratsentwurf, der die Einführung einer kriminologischen Indikation vorsah,[88] im Ergebnis von einem vom Kontrollrat eingesetzen Arbeitsausschuß übernommen, der vom 3. bis zum 6. Dezember 1946

86 So die SPD-Abgeordnete der Hamburger Bürgerschaft Paula Westendorf (HB Prot. 22 Si. v. 26. November 1947 S. 309).

87 Simson: Schweden S. 940; Asklund S. 107f.; Klintskog (AG 180 (1951) S. 343f.)

88 Folgender Text des Entwurfs abgedruckt in: F (1947) 5/6 S. 27: (§ 218)
„Eine Frau, die ihre Frucht im Mutterleib oder durch Abtreibung tötet, oder die Tötung durch einen anderen zulässt, wird mit Gefängnis bestraft.
Ebenso wird ein anderer bestraft, der eine Frucht im Mutterleib oder durch Abtreibung tötet.
Der Versuch ist strafbar.
Wer die im Abs. 2 bezeichnete Tat ohne Einwilligung der Schwangeren oder gewerbsmäßig begeht, wird mit Zuchthaus bestraft. Ebenso wird bestraft, wer einer Schwangeren ein Mittel oder Werkzeug zur Abtreibung der Frucht gewerbsmäßig verschafft.
Sind mildernde Umstände vorhanden, so tritt Gefängnisstrafe nicht unter drei Monaten ein."
(§ 218 a)
„Die Unterbrechung der Schwangerschaft bleibt straffrei, wenn sie
1. zur Abwendung einer ernsten Gefahr für das Leben oder die Gesundheit der Schwangeren notwendig ist, oder
2. wenn die Schwangerschaft durch Notzucht herbeigeführt ist."

in Wiesbaden tagte.[89] Ferner berieten der Rechtsausschuß und der Gesundheitsausschuß des Länderrates sowie der juristische Prüfungsausschuß bei der Abteilung für Rechtswesen des Magistrats von Groß-Berlin über dieses Thema.[90]

Besonders in der Presse wurde die Abtreibung zu einem Modethema, über das einzelne Publikationen periodisch berichteten, regelmäßig Kommentare von Juristen, Medizinern oder Prominenten abdruckten und ihre Leser zu Stellungnahmen aufforderten. Die unterschiedlichsten Vereine, Gruppen und Interessenvertretungen meldeten sich in der Öffentlichkeit mit ihrer Meinung zu Wort. Die Berichte in Tagespresse und Zeitschriften des Jahres 1947 über Demonstrations- und Diskussionsveranstaltungen zum Thema § 218 StGB, nicht selten auch innerhalb der Universitäten organisiert, sind Legion. Ein besonderes Presseecho fanden auch die Forderungen nach der Einführung nicht nur der medizinischen, sondern auch der Vergewaltigungs- und sozialen Indikation, die die kommunistische Partei in mehreren Zonen öffentlichkeitswirksam vortrug, unter anderem im Rahmen einer Kundgebung anläßlich eines Verfahrens wegen Verstoßes gegen § 218 StGB vor dem Darmstädter Landgericht im Sommer 1946.[91]

Die Auseinandersetzung über den § 218 StGB erfaßte schnell große Teile der Öffentlichkeit, dauerte über einige Jahre hinweg an und wurde zum Teil sehr kontrovers geführt. Nicht selten zielte sie auf eine Abschaffung des Paragraphen, zumindest aber auf die Zulassung der sozialen Indikation. Die Quellen vermitteln den Gesamteindruck, daß die Bestimmungen des § 218 StGB allgemein als zur Disposition gestellt betrachtet wurden. Vor diesem Hintergrund nimmt es wunder, daß eine Änderung des § 218 StGB auf dem Gebiet der Westzonen ausblieb und daß sich auf zonaler Ebene keine der größeren demokratischen Parteien nachhaltig für eine über die Anerkennung der medizinischen beziehungsweise der kriminologischen Indikation hinausgehende Änderung des § 218 StGB einsetzte. Diese Beobachtung begründet die Vermutung, daß das allgemeine Interesse an einer solchen Änderung wesentlich geringer gewesen ist, als es die Lebhaftigkeit der in den Medien geführten Kontroverse und die Radikalität zahlreicher in der Öffentlichkeit vorgetragener Forderungen hätte erwarten lassen.

2. *Die Diskussion in der SPD*

Diese Vermutung wird durch die anhand der Quellen rekonstruierbare Behandlung des Themas „§ 218 StGB“ in der SPD erhärtet. Im vorangegangenen wurde bereits erwähnt, daß die demokratischen Parteien sich auf zonaler Ebene die Forderung nach einer weitgehenden Lockerung oder völligen Aufhebung des § 218 StGB ungeachtet

89 Revision Sp. 219f.
90 Bre. Ns. v. 8. August 1947 S. 100.
91 “Zur Zeitgeschichte“. In: T vom 9. Januar 1947; S; DMGB V v. 31. Mai 1947 Nr. V-56 S. 35.

der in der Öffentlichkeit in Gang befindlichen Kontroverse nicht zu eigen machten. Eine Ausnahme hiervon bildete in gewisser Hinsicht die SPD, deren Frauenorganisation den § 218 StGB zu einem besonderen Anliegen ihrer politischen Arbeit in der Öffentlichkeit erklärte.

Die medizinische und die kriminologische Indikation wurden dabei nur ganz am Rande erwähnt. Ebensowenig finden sich in den Quellen Stellungnahmen zu anthropologischen Grundproblemen der Abtreibung. Im Mittelpunkt der Forderungen der SPD-Frauenorganisation stand die Einführung einer sozialen Indikation. Hinter diesem Postulat stand bei maßgeblichen Sozialdemokraten als eigentliches politisches Ziel die Freigabe der Abtreibung. In den für die Öffentlichkeit konzipierten Argumentationen wurde diese Absicht zwar bestritten, die Freigabe abgelehnt und die Schutzwürdigkeit auch des ungeborenen Lebens propagiert.[92] Zumindest für die beiden Parteivorstandsmitglieder, von denen in den Akten Äußerungen zum Thema § 218 StGB überliefert sind, läßt sich allerdings nachweisen, daß die Forderung nach der sozialen Indikation ein taktischer Kompromiß gewesen ist, hinter dem als eigentliches Ziel die völlige Aufhebung des § 218 StGB stand.[93] So sahen auch

92 In der Resolution der Bielefelder Sachverständigenkonferenz vom 5. bis 6. Oktober 1947 des Frauenbüros heißt es: „Jedes menschliche Leben, auch das noch nicht geborene, untersteht dem besonderen Schutz und der Verantwortung der Gemeinschaft“, zitiert in: Hermann Karl, Arbeitsgemeinschaft Sozialistischer Ärzte beim Bezirksverband Schleswig-Holstein der SPD, Manuskript eines Artikels (AsD I 64 1946–1948 X 103 (Schleswig-Holstein)); vgl. dazu Herta Gotthelf in ihrem Schreiben an das Mitglied des Parlamentarischen Rates Elisabeth Selbert v. 5. November 1948 (AsD I 59 1946–1948 V 109 (Hessen-Kassel)), in dem sie die Adressatin bittet, den Bestrebungen der CDU-Fraktion im Parlamentarischen Rat entgegenzuwirken, das ungeborene Leben mit in die Grundrechte des in der Beratung befindlichen Grundgesetzes hineinzunehmen, „dass sie uns da kein Kuckucksei legen.“ In den Vorschlägen für die Argumentation zum § 218 StGB im Parteivorstand heißt es unter Punkt 1, die SPD befürworte keineswegs die bedingungslose Freigabe der Abtreibung (Schreiben von Herta Gotthelf an Elisabeth Selbert v. 21. April 1948 (AsD I 59 1946–1948 V 109 (Hessen-Kassel)).

93 „Die vollständige Abschaffung des Paragraphen wird auf mancherlei politische Schwierigkeiten stoßen, so dass man sich wohl zunächst damit begnügen muß, seine ganz unerträglichen Härten zu beseitigen. Das könnte geschehen durch die Einführung der sogenannten sozialen Indikation, bei der einem approbierten Arzt, unter der Assistenz von Menschen, die die soziale Situation einer Mutter zu beurteilen in der Lage sind, die straffreie Unterbrechung der Schwangerschaft gestattet sein könnte. Mindestens so weit müßte jede Reform in dieser Frage gehen“ (Willi Eichler (Mitglied des Parteivorstands der SPD) Manuskript einer Denkschrift (AsD I 62 1946–1948 VIII 108)); „Auch mir erscheint die Kommission zur Beurteilung der sozialen Indikation eine etwas umständliche Angelegenheit (... .) Das Dumme ist ja, daß jede Lösung, die wir vorschlagen, eine Kompromißlösung ist, und ich persönlich hätte es auch lieber gesehen, wenn wir die soziale Indikation ohne Kommission bekommen hätten“ (Schreiben von Herta Gotthelf an Anna Stiegler v. 16. Oktober 1947 (AsD I 56 1946–1948 II 106)); „Da die vollständige Abschaffung des § 218 auf politische Schwierigkeiten stoßen würde, muß man sich zunächst damit begnügen, seine ganz unverträglichen Härten zu beseitigen. Aus diesem Grunde fordert die S.P.D. die Einführung der sozialen Indikation“ (Schreiben von Herta Gotthelf an Elisabeth Selbert v. 21. April 1948 (AsD I 59 V 109 (Hessen-Kassel)).

die Vorschläge, die Herta Gotthelf, Mitglied des Parteivorstands und Leiterin des Frauenbüros der Partei, dem Parteivorstand als Interimslösung bis zu einer erwarteten Neuregelung des § 218 StGB unterbreitete, eine de-facto-Aufhebung der Strafbarkeit der Abtreibung mit Ausnahme des gewerblichen Kurpfuschertums vor.[94]

Einiges deutet darauf hin, daß das Engagement des Frauenbüros für die soziale Indikation nicht die politische Umsetzung eines in der Partei gewachsenen politischen Willens gewesen ist, sondern daß vielmehr die Initiative zu dieser politischen Forderung von kleinen Gruppen in der SPD ausging, die ihr Anliegen in ihrer Partei erst konsensfähig machen mußten. Zwar gab es einige, den Quellen zufolge allerdings wenige lokale Parteigruppierungen, die das Thema auf eigene Initiative forcierten.[95] In einzelnen Frauengruppen der Partei war die Aufnahme der sozialen Indikation unter die politischen Ziele der Frauenbewegung lebhaft umstritten.[96] Zwar sprachen sich verschiedene vom Frauenbüro organisierte Konferenzen 1947 und 1948 für die Einführung der sozialen Indikation aus.[97] Indessen beurteilten selbst die Befürworter einer weitgehenden Lockerung des § 218 StGB die Chancen, ihre Forderung in der ganzen SPD mehrheitsfähig zu machen, pessimistisch.[98]

Dem entspricht es, daß der Parteivorstand die öffentlichkeitswirksamen Aktivitäten des Frauenbüros zur Einführung der sozialen Indikation von Anfang an mit Argwohn betrachtete. Die Parteiführung scheint sie schließlich auch deutlich gerügt zu haben, weil man befürchtete, sich mit dem Eintreten für die Lockerung des § 218 StGB in Gegensatz zur Bevölkerung zu bringen, zumal in der britischen Zone die Landtagswahlen bevorstanden. Namentlich in der Düsseldorfer SPD-Fraktion war man

---

94 Schreiben von Herta Gotthelf an Elisabeth Selbert v. 21. April 1948 (AsD I 59 1946–1948 109 (Hessen-Kassel)).

95 Schreiben von Martha Damkowski (SPD Hamburg) an Herta Gotthelf v. 4. Dezember 1946 (AsD I 58 1946–1948 IV 105 (Hamburg)); Schreiben von Maria Berns (SPD-Unterbezirk Essen) an Herta Gotthelf v. 27. Februar 1947 (AsD I 62 1946–1948 VIII, 108); Schreiben von Senator Dr. Paul Nevermann an Herta Gotthelf v. 23. April 1947 (AsD I 58 1946–1948 105 (Hamburg)).

96 Schreiben von Herta Gotthelf an Martha Giesemann v. 14. April 1947 (AsD I 55 1946–1948 I 110 (Baden-Württemberg)); Schreiben der Frauengruppe der SPD Stade an Herta Gottlelf v. 17. Dezember 1947 (AsD I 56 1946–1948 II 106); Schreiben von Martha Giesemann an Herta Gotthelf v. 14. April 1947 (AsD I 55 1946–1948 I 110 (Baden-Württemberg)); Schreiben von Grete Schmalz an Herta Gotthelf v. 16. Oktober 1947 (AsD I 62 1946–1948 VIII 108).

97 So die Tagungen der SPD-Frauen in Dortmund, Schwenningen, Fürth und Bielefeld zwischen dem Februar des Jahres 1947 und dem Frühjahr 1948 (AsD I 63 1946–1948 IX 107; AsD I 55 1946–1948 I 110; AsD I 59 1946–1948 V 109 (Hessen-Kassel); Frauenbewegung S. 53f.; AsD I 64 1946–1948 X 103 (Schleswig-Holstein)).

98 Schreiben von Herta Gotthelf an Luise Schweikert v. 30. August 1947 (AsD I 55 1946–1948 I 110 (Baden-Württemberg)); Schreiben von Luise Schweikert an Herta Gotthelf v. 23. März 1947 (AsD I 55 1946–1948 I 110 (Baden-Württemberg)); Schreiben von Martha Damkowski an Herta Gotthelf v. 31. Mai 1947 (AsD I 58 1946–1948 IV 105 (Hamburg)); Schreiben von Herta Gotthelf an Anna Stiegler v. 16. Oktober 1947 (AsD I 56 1946–1948 VIII 108).

besorgt, die CDU könnte im Wahlkampf von der Haltung der SPD zum § 218 StGB profitieren.[99] Darüber, daß die soziale Indikation ein besonders unpopuläres Thema sei, war man sich in der Partei einig. Nach der Kritik aus der Parteiführung bemühte sich die Leiterin des Frauenbüros Herta Gotthelf, die regionalen Parteigliederungen, die sich in der Frage des § 218 StGB besonders engagierten, zu einem vorerst noch vertraulichen, der Öffentlichkeit gegenüber zurückhaltenden Vorgehen zu verpflichten.[100]

Dennoch befaßte sich seit dem Herbst des Jahres 1947 auf Betreiben des Frauenbüros auch der Parteivorstand der SPD mit dem § 218 StGB.[101] In der Zeit von Anfang Oktober 1947 bis Ende April 1948 hat der Parteivorstand der SPD auf Initiative des Frauenbüros, vertreten durch dessen Leiterin Herta Gotthelf, mehrfach über Änderungsvorschläge zu § 218 StGB beraten.[102] Das strategische Ziel des Frauenbüros, die völlige Abschaffung des § 218 StGB, scheint zu keinem Zeitpunkt eine Chance gehabt zu haben, im Parteivorstand der SPD mehrheitsfähig zu werden. Selbst das Alternativziel, die Einführung einer sozialen Indikation, ließ sich nur um

---

99 Schreiben von Herta Gotthelf an Luise Schweikert v. 28. März 1947 (AsD I 55 1946–1948 I. 110 (Baden-Württemberg)); Schreiben von Grete Rudoll an Herta Gotthelf v. 6. März 1947 (AsD I 62 1946–1948 VIII 108); Schreiben von Herta Gotthelf an Martha Giesemann v. 25. Februar 1947 (AsD I 55 1946–1948 I 110 (Baden-Württemberg)).

100 Schreiben von Luise Schweikert an Herta Gotthelf v. 22. März 1947 (AsD I 55 1946–1948 I 110 (Baden-Württemberg)); Schreiben von Herta Gotthelf an Maria Berns v. 1. April 1947 (AsD I 62 1946–1948 VIII 108); Schreiben von Herta Gotthelf an Robert Görlinger v. 9. Oktober 1947 (AsD I 55 1946–1948 VIII 108); Schreiben von Herta Gotthelf an Grete Rudoll v. 10. März 1947 (AsD I 62 1946–1948 VIII 108); Schreiben von Herta Gotthelf an Gertrud Metzger v. 16. Februar 1948 (AsD I 55 1946–1948 I 110 (Baden-Württemberg)); Schreiben von Maria Berns an Herta Gotthelf v. 27. März 1947 (AsD I 62 1946–1948 VIII 108).

101 Die Verhandlungen des Vorstands über dieses Thema lassen sich nur schwer rekonstruieren, da die Vorlagen für die Vorstandsberatungen, die vom Frauenbüro erstellt wurden, weder in den Akten des Frauenbüros selbst noch in den Anlagen der Protokolle der Vorstandssitzungen erhalten sind. Außerdem enthalten die Vorstandsprotokolle keine Verlaufs-, sondern nur wenig ergiebige Ergebnisprotokolle.

102 Die nachstehende Darstellung orientiert sich an folgenden Quellen: Schreiben von Herta Gotthelf v. 8. Oktober 1947 an Dr. Braubach (AsD I 62 1946–1948 VIII 108); Schreiben von Herta Gotthelf v. 16. Oktober 1947 an Anna Stiegler (AsD I 56 1946–1948 II 106); Rundschreiben Nr. 43/47 von Erich Ollenhauer v. 3. November 1947 an die Mitglieder des Parteivorstands (AsD PV AB Prot. 1947); Rundschreiben Nr. 53/47 von Erich Ollenhauer v. 11. Dezember 1947 an die Mitglieder des Parteivorstands (AsD PV AB Prot. 1947); Protokoll der Sitzung des PV am 19. und 20. Dezember 1947 in Hannover (AsD PV AB Prot. 1947); Sitzung des Parteivorstands am 28. Januar 1948 in Hannover (AsD PV AB Prot. 1948); Schreiben von Herta Gotthelf v. 4. Februar 1948 an Hermann Karl (AsD I 64 1946–1948 X 103 (Schleswig-Holstein)); Schreiben von Herta Gotthelf v. 16. Februar 1948 an Gertrud Metzger (AsD I 55 1946–1948 I 110 (Baden-Württemberg)); Schreiben von Herta Gotthelf v. 20. Februar 1948 an Elisabeth Selbert (AsD I 59 1946–1948 V 109 (Hessen-Kassel)); Schreiben von Herta Gotthelf v. 21. April 1948 an Elisabeth Selbert (AsD I 59 1946–1948 V 109 (Hessen-Kassel)).

den Preis eines für die Leitung des Frauenbüros schweren Zugeständnisses erreichen. Um die Zustimmung der offenbar nicht wenigen grundsätzlichen Widersacher einer sozialen Indikation im Parteivorstand zu gewinnen, stimmten die Befürworter dieser Anzeigestellung der Einführung einer Kommission zur Feststellung des Vorliegens einer solchen Indikation im Einzelfall zu.

Soweit dies aus den unvollständigen Akten zu ersehen ist, hat der Parteivorstand in dieser Sache keinen abschließenden Beschluß gefaßt, sondern es bei einer Entschließung bewenden lassen, die ausdrücklich nicht in die Öffentlichkeit gelangen und nur als „Richtlinie" an die Landtagsfraktionen verteilt werden sollte. Die Behandlung des Themas § 218 StGB wurde vom Parteivorstand nach dem April des Jahres 1948 nicht mehr fortgesetzt, ohne daß sich in den Quellen Hinweise auf ein abschließendes Votum des sozialdemokratischen Führungsgremiums finden ließen. Der aus den Quellen rekonstruierbare Verlauf der Verhandlungen im Parteivorstand über eine Änderung des § 218 StGB erhärtet die auch von Angehörigen der SPD-Frauenorganisation ausgesprochene Vermutung, es sei dem Parteivorstand vor allem daran gelegen gewesen, es in der Partei nicht zu einer offenen Diskussion um den § 218 StGB kommen zu lassen.[103] Die Gründe für diese Einstellung sind sehr wahrscheinlich in der oben dargestellten Beurteilung der öffentlichen Meinung durch die Parteiführung zu suchen. Da kein Grund besteht, an der Triftigkeit dieser Einschätzung zu zweifeln, läßt sich aus den Einzelheiten der Meinungsbildung zum § 218 StGB in der SPD von Ende 1947 bis Anfang 1948 der Schluß ableiten, daß zu jener Zeit ein allgemeines Wertbewußtsein von der besonderen Schutzwürdigkeit des ungeborenen menschlichen Lebens herrschte, das zumindest so lebendig war, daß derjenige, der sich dazu öffentlich in Gegensatz stellte, sich damit zugleich in Widerspruch zu weiten Kreisen der Bevölkerung brachte.

3. Die Debatte über § 218 StGB in den Landtagen

Verlauf und Ergebnisse der Verhandlungen in verschiedenen westdeutschen Landtagen über den § 218 StGB bestätigen diese Beurteilung. So nahm der nordrhein-westfälische Landtag am 6. März 1947 einen Antrag der CDU-Fraktion an, in dem die Landesregierung beauftragt wurde, „geeignete Schritte zu unternehmen, um die Propaganda im Nordwestdeutschen Rundfunk zugunsten einer Abschaffung des § 218 StGB zu unterbinden."[104] Die Debatte des vom 4.-6. März 1947 in den Düsseldorfer Henkel-Werken tagenden Plenums zeigte, daß selbst die Parteien, die sich anderenorts für eine teilweise oder völlige Aufhebung des § 218 StGB einsetzten, sich in der öffentlichen Diskussion mit ihren Forderungen sehr schwer taten. Sie beschränkten

103 Schreiben von Gertrud Metzger v. 12. Februar 1948 an Herta Gotthelf (AsD I 55 1946–1948 I 110 (Baden-Württemberg)).
104 LT-Drs. Nr. I-77 S. 26.

sich darauf, die Einführung einer zeitlich begrenzten sozialen Indikation in Erwägung zu ziehen, ohne aber prinzipielle Kritik am Verbot der Abtreibung zu üben.[105] Die Sozialdemokraten haben es in der nordrhein-westfälischen Landtagsdebatte vermieden, den § 218 StGB als solchen in Frage zu stellen und es nicht einmal gewagt, der Aussage des CDU-Antrags, wegen der Propaganda im Rundfunk für die Abschaffung des § 218 StGB habe sich des überwiegenden Teils der Bevölkerung eine lebhafte Beunruhigung bemächtigt, zu widersprechen.

Den im Landtag vorgetragenen Stellungnahmen zufolge bestand unter den Parteien Einigkeit darüber, daß auch das ungeborene Leben schützenswert und eine Abtreibung grundsätzlich eine zu mißbilligende Handlung sei.[106] Die Vertreter der Union und des Zentrums sprachen sich grundsätzlich dagegen aus, das Tabu des Tötungsverbots zur Disposition zu stellen. Diese Position ist in den Landtagsdebatten zum § 218 StGB nicht grundsätzlich bestritten worden. Wo Sozialdemokraten, Liberale und Kommunisten dennoch vorsichtig formulierte Erwägungen vortrugen, das Prinzip des Lebensschutzes zugunsten bevölkerungspolitischer Erwägungen zurücktreten zu lassen, sollte eine Lockerung des § 218 StGB dem Bekunden nach angesichts der herrschenden Not nur für einen begrenzten Zeitraum zugelassen werden.

Während die Düsseldorfer Debatte sich auf die Rundfunkberichterstattung über den § 218 StGB richtete und nicht auf den § 218 StGB selbst, lagen der Hamburger Bürgerschaft seit Ende 1947 drei Anträge aus den Reihen von SPD und FDP vor, die zum Teil unmittelbar auf eine Außerkraftsetzung des § 218 StGB zielten. Ein Antrag der Abgeordneten Magda Langhans (KPD) und der KPD-Fraktion beabsichtigte die Aussetzung des § 218 StGB bis zu einer Neuregelung des Paragraphen. Zwei Anträge der Abgeordneten Westendorf (SPD) und König (SPD) bezweckten dagegen nur die Einsetzung öffentlicher Beratungsstellen für Ehe- und Familienfragen beziehungsweise die Freigabe von Mitteln zur Schwangerschaftsverhütung und Abtreibung.[107] Sozialdemokraten wie auch Liberale unterstützten den Antrag der KPD. Während die Anträge Nr. 51 und 52 Westendorfs und Königs nach der Überweisung vom Gesundheitsausschuß angenommen und von der Bürgerschaft beschlossen wurden,[108] wurde der Antrag Magda Langhans' zurückgestellt, da die Umsetzung dieses Antrags die landesrechtlichen Kompetenzen überschritten hätte.[109]

105 LT Sten. Ber Si. v. 6. März 1947 S. 71–77.

106 Eine Ausnahme hiervon machte der SPD-Abgeordnete Willi Eichler, der andeutete, daß sich über die Unantastbarkeit des Lebens streiten lasse (Ebd. S. 75).

107 HB Prot. 22 Si. v. 26. November 1947 S. 307: Anträge Nr. 45, 51 und 52; das Verbot dieser Mittel regelte die im juristischen Schrifttum umstrittene Polizeiverordnung des Reichsministers des Innern über Verfahren, Mittel und Gegenstände zur Unterbrechung und Verhütung von Schwangerschaften vom 21. Januar 1941 (RGBl. I S. 63).

108 BAG Ber. Si. v. 31. Januar 1948 S. 3; HB Prot. 5 Si. v. 10. März 1948 S. 110; HGVBl. Nr. 10 1948 S. 25.

109 BAG Ber. Si. v. 31. Januar 1948 S. 2f.; Bericht des bürgerschaftlichen Ausschusses für das Gesundheitswesen über 1.) den Antrag Nr. 51 von Paula Westendorf und Gen.: Öffentliche

Ebensowenig wie in Hamburg führten entsprechende Initiativen in der Bremer Bürgerschaft zu einer dauerhaften Einschränkung des § 218 StGB. Am 10. Juli 1947 stimmte die bremische Bürgerschaft einem Antrag zu, in dem der Senat beauftragt wurde, Maßnahmen zu veranlassen, daß bis zur gesetzlichen Neuregelung des Gesetzes über die Abtreibung, längstens bis zum 31. Dezember 1947, „Verhandlungstermine und Vollstreckungen wegen eines Verstoßes gegen § 218, Abs. 1 StGB. und gegen Ärzte, die Schwangerschaftsunterbrechungen unter Beachtung der Regeln der ärztlichen Kunst vorgenommen haben, ohne durch gewinnsüchtige Motive bestimmt worden zu sein, nicht stattfinden." Ferner sah der Antrag vor, daß gegen Ärzte, die unter den beschriebenen Voraussetzungen abgetrieben hatten, keine Maßnahmen zu treffen seien, „die auf Untersuchung oder Beschränkung der Berufsausübung gerichtet sind."[110]

Der Senat reagierte auf diesen Antrag, indem er bei grundsätzlicher Anerkennung der Änderungsbedürftigkeit des § 218 StGB erhebliche Bedenken gegen das Ansinnen der Bürgerschaft geltend machte. Denn erstens kämen die Auswirkungen des Beschlusses einer Nichtanwendung geltenden Strafrechts gleich, und zweitens gehe er inhaltlich weit über das hinaus, was bei den zeitgenössischen Verhandlungen über eine Änderung des Abtreibungsrechts in Aussicht genommen werde. Der Senat beklagte, daß durch den Antrag der Bürgerschaft in der Öffentlichkeit der Eindruck entstanden sei, die Abtreibung sei in Bremen allgemein straffrei geworden. Die Behörde verwies auf die den Gerichten nach § 153 StPO offenstehende Möglichkeit, von der Erhebung der Klage abzusehen beziehungsweise nach erhobener Klage mit Zustimmung der Staatsanwaltschaft das Verfahren einzustellen. Abschließend bat der Senat die Bürgerschaft, die Frage einer nochmaligen Prüfung zu unterziehen und nach einem Weg zu suchen, der juristische und gesundheitliche Folgen, die niemand verantworten könne, ausschließen werde.[111]

Die Bürgerschaft beharrte mit einem Beschluß vom 15. September 1947 indessen auf ihrem im Juli gefaßten Beschluß und setzte zudem einen fünfköpfigen Ausschuß zur Prüfung, Berichterstattung und Ausarbeitung von Vorschlägen über alle mit dem § 218 StGB zusammenhängenden Fragen ein.[112] Vier Tage später trat der Senat der von Bürgermeister Spitta vorgetragenen Auffassung bei, daß die Staatsanwaltschaften anzuweisen seien, hinsichtlich des § 218 StGB Verhandlungen und Vollstreckungen bis zum 31. Dezember 1947 nicht durchzuführen.[113]

Am 11. Dezember 1947 faßte die Bürgerschaft den Beschluß, den Senat zu beauftragen, die Geltungsdauer des Bürgerschaftsbeschlusses vom 10. Juli 1947

Beratungsstellen für Erziehungs-, Jugend-, Lebens- und Ehefragen, 2.) den Antrag Nr. 52 von Dr. König und Gen.: Freigabe von Mitteln zur Schwangerschaftsverhütung S. 1.

110 BB Beschl. v. 10. Juli 1947 S. 79.

111 BS Mitt. v. 8. August 1947 S. 100.

112 BB Beschl. v. 15. September 1947 S. 147.

113 BS Ns. v. 19. September 1947 o. S.; BS Mitt. v. 3. Oktober 1974 S. 153; BB Beschl. v. 30. Oktober 1947 S. 162; BS Ns. v. 4. November 1947 o. S.; BS Ns. v. 3. Oktober 1947 o. S.

(Aussetzung von Strafverfahren wegen § 218 StGB) „bis zur zentralen Regelung" des Abtreibungsstrafrechts zu verlängern.[114] Auf der Senatssitzung vom 16. Dezember setzte Bürgermeister Spitta den Senat von diesem Beschluß in Kenntnis und behielt sich vor, auf diesen Beschluß noch zurückzukommen, da noch gar nicht abzusehen sei, wann eine Änderung des Strafgesetzbuches erfolgen würde.[115] Einen Monat später legte Spitta dem Senat einen Entwurf einer Mitteilung vor, der der Senat umgehend zustimmte.[116] Diese Mitteilung kam nach einer ausführlichen Darstellung des gesamten Vorgangs zu dem Ergebnis, daß die Staatsanwaltschaft aufgrund der – ausführlich dargelegten – rechtlichen Voraussetzungen verpflichtet sei, wegen aller strafbaren Handlungen einzuschreiten. Zur Änderung dieser Voraussetzungen bedürfe es eines Ländergesetzes. Solange dies nicht ergangen sei, müsse nach den geltenden gesetzlichen Vorschriften verfahren werden. Daher könne der Senat den Bürgerschaftsbeschluß vom 11. Dezember 1947 nicht ausführen. Der Senat werde aber weiter darauf hinwirken, daß von den strafprozessualen Möglichkeiten sowie vom Recht der Begnadigung „in weitestem Maße Gebrauch gemacht wird."[117] Mitte März 1948 stimmte die Bürgerschaft dieser Senatsentscheidung zu.[118]

Die Behandlung des Themas § 218 StGB in den Parlamenten Nordrhein-Westfalens, Bremens und Hamburgs zeigt, daß es besonders auf seiten der Kommunisten und der Sozialdemokraten, zum Teil unterstützt von den Liberalen, Bestrebungen gab, die auf eine weitgehende Aufhebung des § 218 StGB, zumindest aber auf die Einführung einer sozialen Indikation, gerichtet waren. Allen diesen Initiativen ist gemein, daß ihre Befürworter die Abtreibung in der öffentlich geführten Diskussion grundsätzlich verurteilten und sich zum Prinzip des Lebensschutzes auch für das ungeborene Leben bekannten. Dieser Beobachtung entspricht es, daß die Änderungsbestrebungen sich zunächst nicht auf eine offen geforderte Abschaffung des § 218 StGB richteten, sondern in der Gestalt von Vorschlägen für ausnahmsweise Interimslösungen zur Überbrückung der bestehenden Notsituation vorgetragen wurden. Soweit ersichtlich, sind ernsthafte parlamentarische Versuche der Legislative, den § 218 StGB de facto außer Kraft zu setzen, in Westdeutschland zwischen 1945 und 1949 nur in den beiden Stadtstaaten unternommen worden. Selbst solche Initiativen, die sich auf starke Mehrheiten in den jeweiligen Parlamenten stützen konnten, sind schließlich gescheitert. Jene Beobachtungen bieten weitere Hinweise für die Annahme, die aus der Untersuchung der Diskussion in den Medien und aus der Meinungsbildung in der SPD gezogen wurde: Zwar bestand innerhalb bestimmter politischer Gruppen Interesse an einer Abschaffung beziehungsweise an einer weitgehenden Lockerung des § 218 StGB, aber dieses Interesse ist in der Bevölkerung offensichtlich so wenig

114 BB Beschl. v. 11. Dezember 1947.
115 BS Ns. v. 16. Dezember 1947 o. S.
116 BS Ns. v. 16. Januar 1948 o. S.
117 BS Mitt. v. 19. Januar 1948 S. 9.
118 BB Beschl. v. 11. März 1948 S. 47.

populär gewesen, daß man die konsequente öffentliche Auseinandersetzung mit dem politischen Gegner über das Thema schließlich mied.

4. Die Verhandlungen des Parlamentarischen Rates

Als einen weiteren Beleg für die im vorangegangenen aufgestellte These wird man die Tatsache werten können, daß das Thema § 218 StGB, nachdem es ein gutes Jahr im Mittelpunkt des öffentlichen Interesses gestanden hatte, ab Anfang 1948 aus der tagespolitischen Diskussion verschwand. Erst im Rahmen der Beratungen des Hauptausschusses und des Plenums des Parlamentarischen Rates gelangte es wieder zu Aktualität. Seine Behandlung in diesem Gremium verdient aus zweierlei Gründen eine detaillierte Darstellung. Erstens ist mit ihm die Frage verknüpft, ob das ungeborene Leben nach dem Willen des Grundgesetzgebers in den Grundrechtsschutz des Artikels 2 Abs. 2 Satz 1 GG miteinzubeziehen ist.[119] Die Antwort hierauf gelangte 1974 und 1975 im Rahmen des Normenkontrollverfahrens vor dem Bundesverfassungsgericht gegen die Fristenregelung zu besonderer Bedeutung.[120] Zweitens lassen sich aus den Details der Diskussion über dieses Thema im Parlamentarischen Rat weitere Rückschlüsse auf die Bedeutung des Grundwertes „Schutz des ungeborenen Lebens“ im Rahmen des zeitgenössischen Wertkonsenses ziehen.

Im Hauptausschuß des Parlamentarischen Rates setzte sich Hans-Christoph Seebohm von der Deutschen Partei, der sich bereits für ein Verbot der Todesstrafe im Grundgesetz engagiert hatte, in gleicher Weise dafür ein, außerdem in Art. 2 den Satz aufzunehmen „Das keimende Leben wird geschützt.“[121] Seiner Auffassung, die er im Hauptausschuß zum mindesten zu Protokoll geben wollte und derzufolge sich das Recht auf Leben und körperliche Unversehrtheit auch auf das ungeborene Leben erstrecke, trat namens der CDU-Fraktion deren Mitglied Weber ausdrücklich bei.[122] Demgegenüber erklärte Theodor Heuss, er „stimme an sich mit Frau Dr. Weber überein, daß der Begriff des Lebens auch auf das keimende Leben ausgedehnt ist“; aber er sei der Meinung, man dürfe „in die Verfassung selbst nicht Dinge

---

119 In der rechtspolitischen Diskussion ist diese Frage gerade unter Verweis auf die – nur unvollständig rezipierten oder irreführend wiedergegebenen – Verhandlungen des Parlamentarischen Rates wiederholt abschlägig beantwortet worden; So bei: JOCHIMSEN: Reform S. 56f.; HELDMANN: Anmerkungen S. 344; GOLDACKER S. 819; ROELLECKE S. 40; MR Bahlmann (BMJ) SA Ber. 7 WP 25 Si. v. 13. Februar 1974 S. 1481f.; JOCHIMSEN: Nachwort S. 168; soweit ersichtlich, fanden die vollständigen Protokolle des Parlamentarischen Rates bei der Erörterung dieser Frage bis 1975 nur in der Entscheidung des Bundesverfassungsgerichts vom 25. Februar 1975 Berücksichtigung (ARNDT/ERHARD/FUNCKE S. 413ff.).

120 Vgl. S. 200ff.

121 HA Ver. 42 Si. v. 18. Januar 1949 S. 533f.; zur quellenkundlichen Problematik der Stenographischen Berichte über die Verhandlungen des Hauptausschusses des Parlamentarischen Rates: REPGEN: Nachkriegsquellen S. 384ff.

122 HA Ver. 42. Si. v. 18. Januar 1948 S. 534.

hineinnehmen, die im Strafgesetzbuch als solchem geregelt sind“ und sprach sich sowohl gegen die Aufnahme der Abschaffung der Todesstrafe als auch die Erwähnung des ungeborenen Lebens aus.[123]

Aufgrund der abgegebenen Erklärungen zog Seebohm seinen Antrag zurück, nahm ihn aber wieder auf, nachdem das SPD-Mitglied Greve für sich und „die große Mehrzahl“ seiner Freunde protokollarisch festhalten ließ, daß der Hauptausschuß nicht auf Seebohms Standpunkt stehe.[124] In der darauffolgenden Abstimmung wurde der Antrag Seebohms mit elf gegen sieben Stimmen abgelehnt. Aus dem Dargelegten ergibt sich zunächst nur, daß eine Ausschußmehrheit der Ansicht war, der von Seebohm gewünschte Zusatz gehöre als strafrechtsspezifisches Problem nicht in die Verfassung. Daß der Hauptausschuß mit der Ablehnung des Seebohmschen Antrags mehrheitlich die Auffassung zurückwies, daß das ungeborene Leben durch die Verfassung geschützt sei, läßt sich aufgrund der einschlägigen Quellen nicht behaupten.

Für die Deutung der Intention des Verfassungsgebers dürften indessen nicht die in der Literatur fast ausschließlich zitierten Verhandlungen des Hauptausschusses, sondern die abschließenden Beratungen des Plenums zu dieser Frage wesentlich sein. Im Plenum des Parlamentarischen Rates wurde die Auffassung Seebohms nämlich widerspruchslos akzeptiert. In der Sitzung am 8. Mai 1949 war es die Zentrumspolitikerin Wessel, die unter Verweis auf die Abschaffung der Todesstrafe darlegte, daß „in Fortführung dieser Logik unter dem in Art. 2 zugesicherten Recht auf Leben und körperliche Unversehrtheit auch das ‚keimende Leben‘ gesehen werden“ müsse.[125] Diese Auffassung bekräftigten in derselben Sitzung Seebohm[126] und Weber,[127] die beide erklärten, daß auch das ungeborene Leben in den Grundrechtsschutz des Grundgesetzes mit einbezogen sei.

Gegen diese Erklärungen wurden von keiner Seite Einwände oder Widerspruch laut, bis Präsident Adenauer feststellte, daß zu dem Abschnitt „Grundrechte“ keine Anträge mehr vorlägen und ihn für angenommen erklärte.[128] Vor dem Hintergrund der Tatsache, daß niemand im Plenum den Ausführungen Wessels, Seebohms und Webers, die als verbindliche verfassungsrechtliche Interpretationen des Art. 2 Abs. 2 Satz 1 vorgetragen wurden, widersprach, hat man zumindest den Schluß zu ziehen, daß die im Hauptausschuß namentlich für Teile der SPD-Fraktion gegen diese Auffassung

123 Ebd. S. 535.

124 Ebd.

125 PR Sten. Ber. 10 Si. v. 8. Mai 1949 S. 214.

126 Ebd. S. 218.

127 Ebd. S. 223; In ihrer Sitzung am 22. Februar 1949 hatte die CDU/CSU-Fraktion über den Zusammenhang zwischen einem verfassungsrechtlich fixierten Verbot der Todesstrafe und dem Schutz des ungeborenen Lebens diskutiert und sich auf den Standpunkt gestellt, daß dieser Schutz bereits in Art. 2 in der Fassung der dritten Lesung des Hauptausschusses enthalten sei. Es wurde beschlossen, daß in der Plenardebatte über die Grundrechte dies noch einmal ausdrücklich behandelt werden sollte (Gotto/Hockerts/Morsey/Schwarz S. 411; vgl. Ebd. S. 126).

128 PR Sten. Ber. 10 Si. v. 8. Mai 1949 S. 226.

vorgetragenen Einwände in der abschließenden Beratung im Plenum zurückgestellt wurden.

Die Verhandlungen des Parlamentarischen Rates wurden in der Stellungnahme der Bundesregierung zum Verfahren vor dem Bundesverfassungsgericht 1974/75 dahingehend bewertet, der Versuch, den Widerspruch gegen die von Seebohm im Hauptausschuß formulierte Auffassung über eine ausdehnende Auslegung des Begriffs „Leben" ausdrücklich aus dem Weg zu räumen, sei durch die Ablehnung des Seebohmschen Antrags mißlungen.[129] Unter Berücksichtigung aller zur Entstehungsgeschichte der in Art. 2 GG niedergelegten Verfassungsnorm relevanten Verhandlungen des Parlamentarischen Rates läßt sich diese apodiktische Behauptung jedenfalls nicht aufrechterhalten.[130]

Ferner lassen sich der Behandlung dieses Themas im Plemnum des Parlamentarischen Rates weitere Belege für die in den vorangegangenen Untersuchungsabschnitten formulierte These entnehmen, daß sich die Schutznorm des § 218 StGB auf Wertvorstellungen stützte, die vom überwiegenden Teil der Bevölkerung geteilt wurden. Denn wie schon zuvor in der parteipolitischen Auseinandersetzung und in den Landtagsdebatten vermieden es die Sozialdemokraten im Parlamentarischen Rat, grundsätzliche Kritik an der Schutzwürdigkeit ungeborenen menschlichen Lebens zu üben. Im Plenum des Parlamentarischen Rates, dem das besondere Interesse der Öffentlichkeit galt, verzichteten sie schließlich vollends darauf, den Ausführungen Seebohms und Webers zu widersprechen, obwohl diese eine Verfassungsinterpretation präjudizierten, die den im Hauptausschuß erkennbaren Auffassungen einer Reihe von Sozialdemokraten entgegenstanden. Offensichtlich hielt man eine solche Stellungnahme auf seiten der Sozialdemokraten angesichts des in der Bevölkerung vorherrschenden Wertekonsenses zumindest nicht für opportun.

Dies deutet darauf hin, daß die Wertvorstellungen über die besondere Schutzwürdigkeit des ungeborenen menschlichen Lebens in breiten Kreisen der Bevölkerung anerkannt waren. Weder die besonders kritischen sozialen Rahmenbedingungen, noch die unklaren und unsicheren rechtlichen Verhältnisse, noch gezielte politische Initiativen haben es vermocht, eine grundsätzliche Revision des § 218 StGB herbeizuführen oder auch nur in greifbare Nähe rücken zu lassen. Im Wertbewußtsein des überwiegenden Teils der Bevölkerung im allgemeinen und – wie weiter oben gezeigt wurde – der Ärzteschaft im besonderen – ist die in § 218 StGB geschützte Norm offensichtlich nicht nur weithin anerkannt, sondern darüber hinaus tiefer verwurzelt gewesen, als der Tenor gegenteiliger Äußerungen in den zeitgenössischen Medien meinen lassen könnte.

---

129 Arndt/Erhard/Funcke S. 154.

130 Auch die apodiktisch vorgetragene und sehr ungenaue Behauptung, welche die Stellungnahme der Bundesregierung zum Normenkontrollverfahren vor dem Bundesverfassungsgericht 1974 enthält, gibt nur die halbe Wahrheit wieder. Dort heißt es, der Parlamentarische Rat habe die Frage, „ob" Art. 2 Abs. 2 Satz 1 GG „auch ungeborenes Leben schützt, nicht ausdrücklich entschieden" (Ebd. S. 179).

B. Abtreibungswirklichkeit und rechtspolitische Diskussion 1950-1962

I. Der Wandel der medizinischen Rahmenbedingungen

1. Die wissenschaftliche Bewertung der medizinischen Indikation

a) Notwendigkeit, Mortalitäts- und Morbiditätsrate der medizinischen Indikation

An der grundsätzlich ablehnenden Einstellung der Ärzteschaft selbst gegenüber dem therapeutischen Abort lassen sich auch für den Zeitraum zwischen dem Beginn der fünfziger und dem Anfang der sechziger Jahre keine Änderungen beobachten. Diese Haltung fand ihren Niederschlag nicht zuletzt in der überaus kritischen Behandlung des ärztlich indizierten Aborts durch das medizinische Schrifttum. Vor dem Hintergrund des zeitgenössischen Kenntnisstandes[131] verlor die medizinische Indikation zum künstlichen Abort in jenem Zeitraum fast vollkommen ihre Bedeutung und beschränkte sich seit der zweiten Hälfte der Fünfziger auf eine kleine Gruppe äußerst seltener Krankheiten. Dies war in der medizinischen Literatur die einhellige Auffassung der Fachleute, die ein solches Urteil auch für jene Krankheitsbilder geltend machten, die in der unmittelbaren Vergangenheit weithin noch als Anzeigestellungen zum ärztlichen Eingriff akzeptiert und praktiziert wurden; namentlich für die Tuberkulose, deren Berechtigung als Indikationsgrund schon in den ersten Nachkriegsjahren bestritten wurde, für gynäkologische Erkrankungen, Diabetes, Herz-und Nierenleiden.

Sehr pessimistisch wurden zudem weiterhin die Möglichkeiten einer zuverlässigen Prognose über den Verlauf der Krankheitsentwicklung der Graviden nach dem Abort oder bei Fortsetzung der Schwangerschaft beurteilt.[132] Aufgrund eines besonders umfangreichen Untersuchungsguts berichtete Naujoks, daß bei nur 4,5% aller abgelehnten Anträge zur Durchführung eines therapeutischen Aborts eine Verschlechterung des Krankheitszustandes eintrat.[133]

Die Mortalitätsrate des lege artis durchgeführten therapeutischen Aborts lag Anfang der fünfziger Jahre international zwischen 1,1% und 9,67% und wurde am

---

131 Kyank S. 626; Lindig S. 252; Moldenschardt S. 124; Tietze S. 607; Fischer, Joch.: Folgen S. 364; Aresin S. 1177; Geiser S. 1008; Uebermuth S. 1237; Hueber/Thaler S. 638f.; Idris S. 237; Roth S. 1255; Katsch S. 139; Sarre S. 136; Naujoks: Handhabung S. 1; Ullius S. 1981; Weinhöfer/Pfau S. 332; Franken: Berücksichtigungen S. 159f.; Koeniger S. 14; Riepenhausen S. 262; Wittenbeck S. 357; Wolffson: Indikationsstellung S. 27; Zacherl S. 105; Martini S. 341; Finke S. 1914; Wucherpfennig S. 37.

132 Mattner S. 114; Mayer: Rückwirkung S. 1403; Kuhr S. 34; Fecht: Arzt S. 19; Naujoks/Fritsch S. 1249.

133 Naujoks: Leitfaden S. 54.

Ende der Dekade mit 1% bis 2% beziffert.[134] Die Morbiditätsquote, der nach den Regeln der ärztlichen Kunst vorgenommenen Abtreibungen wurde, soweit sie bekannt war, für die Frühkomplikationen mit Werten zwischen fünf und 37,5% angegeben, wobei die meisten Angaben sich im Bereich der Zwanzigprozentmarke und darüber bewegen.[135] Für die Spätfolgen werden im Schrifttum Werte von 13,5% sowie 50% und 74,6% genannt.[136] Infolgedessen warnten die Mediziner vor der erheblichen Gesundheitsgefährdung, die der künstliche Abort für die schwangere Frau barg.[137]

b) *Suizid- und psychiatrische Indikation*

Im medizinischen Bereich wurde auch die kriminologische Indikation, die mit der Suizid- oder psychiatrischen Indikation zusammenhing, im ganzen übereinstimmend negativ beurteilt. Die Ärzte begegneten ihr, wo sie sie nicht vollkommen ablehnten, schon allein deswegen sehr reserviert, weil sie aufgrund der Erfahrungen aus der ärztlichen Praxis als statistisch irrelevante Größe galt.[138] Ein für die ablehnende Haltung der Fachleute entscheidender Grund liegt in der Tatsache, daß dieser Indikation die wissenschaftliche Anerkennung weitestgehend versagt blieb.[139] Denn einerseits belegten empirische Untersuchungen, daß Suizide nach abgelehnten Anträgen auf einen therapeutischen Abort entweder überhaupt nicht oder nur in verschwindend seltenen Fällen vorkamen;[140] andererseits hielt man im Falle einer psychischen Krankheit im Zusammenhang mit einer Schwangerschaft eine entsprechende Therapie für den medizinisch gebotenen Weg.[141] Wo die gesetzliche Anerkennung der sogenannten

---

134 EBD. S. 53; FRANKEN: Berücksichtigungen S. 147; FECHT: Arzt S. 3; VILLINGER/ERHARDT S. 65; ROTH S. 1254; NAUJOKS: Stellungnahme S. 129; Von den Duchschnittswerten weichen nach unten erheblich ab: MEHLAN: Letalität S. 661 (0,3-6 Promille) und AVRAY/RAICS S. 133f. (kein Todesfall).

135 MEHLAN: Morbidität S. 588; ROTH S. 1254; KOLAROVA/POKORNY S. 762.

136 EBD. S. 762; MELAHN: Spätfolgen S. 880; AVRAY/RAICS S. 133f.; ENGEL S. 1125; Naujoks nennt für ein Untersuchungsgut aus einem statistischen Zeitraum von 20 Jahren aus dem Bereich der Ärztekammer Frankfurt Komplikationen und Läsionen in einem Drittel aller behandelten Aborte, die in 2,3 % der Fälle den Tod zur Folge hatten (NAUJOKS: Leitfaden S. 54); Komplikationen in einem Drittel aller lege artis vorgenommenen Aborte zählten ebenfalls VILLINGER/ERHARDT (S. 65).

137 FRANKEN: Berücksichtigungen S. 147; GRANZOW S. 1336; HARMSEN: Übel S. 233; Hellmuth (ZblGyn 74 (1952) S. 2043); DEUTSCHER ÄRZTINNENBUND S. 132.

138 SCHWENZER: Indikationen S. 114; ZIEHEN S. 42; VILLINGER/ERHARDT S. 66.

139 LINDENBERG S. 488; Neues zur Schwangerschaftsunterbrechung S. 628; ZIEHEN S. 40; DEUTSCHE GESELLSCHAFT FÜR GERICHTLICHE UND SOZIALE MEDIZIN S. 75; DÖHNER S. 535.

140 GEISER S. 1008; IDRIS S. 237; WAIDL S. 1054; KOLLE S. 131; HOHLBEIN S. 1887; FRANKEN: Berücksichtigungen S. 150.

141 EBD.; WYSS S. 1257; VILLINGER/ERHARDT S. 66; DEUTSCHE GESELLSCHAFT FÜR GERICHTLICHE UND SOZIALE MEDIZIN S. 75.

ethischen oder der kriminologischen Indikation in das Strafgesetz von medizinischer Seite gefordert wurde, geschah dies nicht aufgrund medizinischer Argumente.[142]

2. *Die medizinische Beurteilung der eugenischen und der sozialen Indikation*

Ungeachtet der rapiden Verbesserung der allgemeinen Lebensverhältnisse zwischen dem Ende der vierziger und dem Beginn der sechziger Jahre setzte sich im medizinischen Schrifttum die schon in der unmittelbaren Nachkriegszeit sich abzeichnende Tendenz in der Bewertung der sozialen Indikation und deren Implikationen für die medizinische Indikation weiter fort. Zum einen herrschte eine fast vollkommen unbestrittene kompromißlose Ablehnung der Anzeigestellung aus bloß sozialen – das hieß für die zeitgenössischen Mediziner in erster Linie aus materiellen – Gründen in der Ärzteschaft.[143]

Diese Haltung präsentiert sich in den Quellen fast ausnahmslos als nicht näher begründete Selbstverständlichkeit, und sie scheint ein grundlegender Bestandteil des allgemeinen ärztlichen Berufsethos gewesen zu sein. Als selbständigen Indikationsgrund ließen die soziale Indikation nur Ärzte aus dem Gebiet der ehemaligen SBZ gelten, die sie nichtsdestoweniger sehr distanziert betrachteten und nur als zeitlich begrenzte, seit dem Beginn der fünfziger Jahre obsolete Notstandsregelung akzeptierten.[144] Zum anderen bestand in der Ärzteschaft aber auch Übereinstimmung darüber, daß soziale

142 Während die Stellungnahme des Deutschen Ärztinnenbundes auf eine nähere Begründung ihres Votums für die Einführung einer sogenannten ethischen Indikation in das Strafgesetzbuch verzichtete, sprach sich die Stellungnahme der Deutschen Gesellschaft für Psychotherapie und Tiefenpsychologie explizit auch dann für das Vorliegen einer Indikation aus, wenn „seelische Fehlhaltungen" gegeben seien, die „nicht klinisch geworden sind." Das Gutachten, dessen Verfassern die umfangreiche Literatur zum Thema offenbar unbekannt war (Die Verfasser wiesen im einleitenden Abschnitt darauf hin, daß für alle Aussagen zum Thema eine Basis „verallgemeinerungsfähiger Erfahrungen" fehle), nahm das Vorliegen einer Indikation a priori an, denn man müsse folgern, „daß die Auswirkungen einer Schwangerschaftsunterbrechung für die Mutter verschwindend gering sind im Vergleich zu den Folgen einer von der Konzeption an gestörten Mutter-Kind-Beziehung – wobei nochmals zu betonen ist, daß die willentliche ethische Haltung der Mutter dem trotz der abgelehnten Konzeption geborenen Kind gegenüber illusorisch ist, weil die tragende Kommunikation Mutter – Kind vornehmlich von Unbewußtem zu Unbewußtem geht und dort alle im Bewußtsein abgeblendeten, verdrängt gehaltenen negativen und aggressiven Impulse doch wahrgenommen werden" (DEUTSCHE GESELLSCHAFT FÜR PSYCHOTHERAPIE UND TIEFENPSYCHOLOGIE S. 98).

143 KRAATZ S. 144; LINDIG S. 616; NOACK: Leipziger Kommission S. 594; BERNHARD S. 424; BREY S. 1608; SCHUBERT/NAPP S. 265; HEISLER S. 358; Gesetzgebung S. 1176; NAUJOKS: Leitfaden S. 51; MÜLLER, P.-V. S. 76; WEILER (Präsident der Bayerischen Ärztekammer) S. 100; WOLFFSON: Indikationsstellung S. 26; DOERFLER: Über Schwangerschaftsunterbrechung S. 270.

144 NOACK: Schwangerschaftsunterbrechungen S. 601; SCHITTEL S. 40; WOLTER S. 133.

Faktoren bei der medizinischen Indikationsstellung stets von Bedeutung seien und gegebenenfalls auch „maßgeblich“ berücksichtigt werden müßten.[145]

Eine zwiespältige Haltung nahm die Ärzteschaft, soweit sie sich aus den Quellen erschließen läßt, der sogenannten eugenischen Indikation gegenüber ein. Die eugenische Indikation zum künstlichen Abort hatte in Deutschland insofern eine gewisse amtliche Anerkennung gefunden, als sie durch das Erbgesundheitsgesetz, das mecklenburgische Gesetz über die Unterbrechung der Schwangerschaft aus dem Jahr 1947 und durch das die Länderbestimmungen aufhebende Gesetz zum Schutze von Mutter und Kind (1950) der DDR auf eine rechtliche Grundlage gestellt worden war.

Schon in den vierziger Jahren haben namhafte Gynäkologen gelegentlich erkennen lassen, daß sie dieser Indikation nicht vollkommen ablehnend gegenüberstanden.[146] Gegenüber den ärztlichen Befürwortern der eugenischen Indikation[147] überwogen allerdings weiterhin die ablehnenden Stimmen, die sich indessen längst nicht immer aus grundsätzlichen Erwägungen dagegen aussprachen, eine solche Indikation einzuführen; der ausschlaggebende Grund für die zurückhaltende Beurteilung dieser Methode der Eugenik war auch ein medizinisch-technischer, nämlich die Unsicherheit der zuverlässigen Prognose eines körperlichen Schadens am Embryo beziehungsweise am Fötus.[148] Dieses Bedenken ist bis in die sechziger Jahre hinein ein wesentlicher Einwand gegen die eugenische Indikation geblieben, aber es zog nicht mehr als zwangsläufige Konsequenz die Ablehnung dieser Indikation nach sich.[149] Nichtsdestoweniger stützte sich die oft eher verdeckt vorgetragene Zustimmung zu dieser Anzeigestellung nicht eigentlich auf medizinische Argumente, sondern auf ein allem Anschein nach intuitiv motiviertes anthropologisches Unwerturteil über das behinderte ungeborene Leben, das an anderer Stelle untersucht wird.[150]

Auch dort, wo die eugenische Indikation offen vertreten wurde, lagen ihr nicht medizinische Erwägungen zugrunde; unter Berufung auf den Zweck der Leidensvermeidung forderte man ihre Anerkennung, um, wie es der Eugeniker Nachtsheim formulierte, durch die Abtreibung „aus religiös-ethischen Gründen die Nächstenliebe

145 Kraatz S. 145; Lindig S. 615f.; Melahn: Bild S. 601; Geiser S. 1009; Schubert/Napp S. 265; Deutsche Gesellschaft für Psychotherapie und Tiefenpsychologie S. 99; Villinger/Erhardt S. 66; Deutsche Gesellschaft für Gerichtliche und Soziale Medizin S. 76; Engisch S. 130; Franken: Berücksichtigungen S. 151; Heisler S. 358; Kuhr S. 34; Medizinisch-Wissenschaftliche Gesellschaft für Geburtshilfe und Gynäkologie S. 1968; Naujoks: Leitfaden S. 51; Weiler S. 100; Wolffson: Indikationsstellung S. 27; Ders.: Leitfaden S. 139.

146 Naujoks: Sterilisierung S. 310; Winter S. 112.

147 Glaus: Indikation S. 97.

148 Fecht: Recht S. 38; Heinrich S. 9; Spiegler: Ethik S. 300; Rummel S. 482; Rummel/Knorr/Olepp S. 2; Villinger S. 803; Jores S. 50; Naujoks: Sterilisierung S. 319.

149 Ders.: Handhabung S. 1; Wolter S. 138; Stock S. 2069; Schubert/Napp S. 265; Philipp S. 2064; Ziehen S. 41; Neues zur Schwangerschaftsunterbrechung S. 628.

150 Vgl. S. 107f.

auch auf zukünftige Generationen ausdehnen“ zu können.[151] Mit diesem Mitleidsargument wurde die eugenische Indikation von amtlicher wie von offiziöser Seite auch in der DDR gerechtfertigt.

Es ist indessen zweifelhaft, ob diese altruistisch vorgetragenen Motive tatsächlich die ausschlaggebenden waren gegenüber anderen, in diesem Zusammenhang angeführten Zielsetzungen: Erhaltung der Erwerbsfähigkeit der Frau, Erhöhung der Geburtenzahl („Sorge um den Bestand des Volkes“), „‚Verhütung‘ ungünstiger Vererbung“ und „ständige Verbesserung der Lebensbedingungen der Organismen durch körperliche und geistige Weiterentwicklung der Menschen“.[152] Der Charakter der in der DDR gesetzlich geregelten Indikation erklärt den Eifer, den einige ihrer Befürworter an den Tag legten, um den Unterschied zwischen dieser eugenischen Indikation und der nationalsozialistischen Ideologie der Rassenhygiene zu betonen.[153]

3. *Die Praxis der ärztlich indizierten Abtreibung: Indikationsstellung und Gutachterverfahren*

Ein Vergleich der im Rahmen der medizinisch-wissenschaftlichen Literatur dargestellten Erfolge bei der Erhaltung des ungeborenen Kindes auch bei schwerer Erkrankung der Mutter mit der Praxis des ärztlich indizierten Aborts zeigt, daß die Praxis in weiten Bereichen die Fortschritte der Medizin nicht mitvollzogen hat. Die Analyse der Praxis der medizinisch indizierten Abtreibung in der Bundesrepublik Deutschland[154] zwischen dem Beginn der fünfziger und der sechziger Jahre beruht auf einem umfangreichen Quellengut, das sich fast ausschließlich aus medizinisch-wissenschaftlichen Untersuchungen zum Thema zusammensetzt. Die in den Publikationen vorgetragene Kritik wurde von verschiedenen Ärztekammern in ihren Grundzügen übernommen und an ihre Klientel weitergegeben.[155] Sie richtete sich gleichermaßen gegen das Antragsgebaren der Ärzte wie gegen die Verfahrensweise der Gutachterstellen, deren Kompetenz schon allein deswegen erheblichen Zweifeln ausgesetzt war, weil innerhalb des Bundesgebietes gravierende Unterschiede in der

151 NACHTSHEIM: Schwangerschaftsunterbrechung aus eugenischer Indikation? S. 2065.

152 STOLTENHOFF S. 266 u. 273; MÜLLER-HEGEMANN/RIEPENHAUSEN/STOLTENHOFF S. 274; MATZEN S. 622; MÜLLER-HEGEMANN: Die psychiatrisch-neurologischen Indikationen S. 241; DERS.: Theoretische Grundlagen S. 250;

153 EBD. S. 242ff.; STOLTENHOFF S. 265.

154 Die den westdeutschen Untersuchungsergebnissen sehr ähnlichen Erfahrungen in der DDR werden im folgenden mit berücksichtigt.

155 WEILER S. 100ff.; BAYERISCHE LANDESÄRZTEKAMMER S. 3ff.; BUNDESÄRZTEKAMMER S. 137; DOERFLER: Abtreibungsseuche S. 509ff.

Begutachtungspraxis der einzelnen Stellen zutage getreten waren,[156] die auch die Forderung nach Revision des Untersuchungsverfahrens laut werden ließen.[157] Die Kritik bezog sich zunächst auf die medizinische Anzeigestellung selbst, die allgemein als unzureichend begründet und zu lax charakterisiert wurde.[158] Verschiedenenorts wurde darüber hinaus der Vorwurf erhoben, die Ärzte entschlössen sich zu leicht zur Abtreibung, ohne sich um die Möglichkeiten einer Therapie überhaupt erst zu kümmern.[159] Bei einer beträchtlichen Anzahl von Schwangeren, deren Antrag bereits als medizinisch indiziert von den Gutachterstellen genehmigt war, weigerten sich Kliniken, den Eingriff vorzunehmen, weil der Antrag offensichtlich unbegründet war. Dieser Anteil betrug selbst in Hamburg, das wegen seiner lockeren Praxis des ärztlichen Aborts in der Literatur oft kritisiert wurde, zwanzig Prozent.[160]

---

156 Ebd. S. 509f.; Finke S. 368; Mayer: Rückwirkung S. 1402; Neues zur Schwangerschaftsunterbrechung S. 628; Naujoks: Handhabung S. 15; Naujoks/Fritsch S. 1249; Ramsauer S. 226; Wolffson: Leitfaden S. 139; ähnliche Kritik richteten die Ärzte in der DDR und im sowjetischen Sektor Berlins an die dortigen Gutachterstellen: Wolter S. 595; Medizinisch-Wissenschaftliche Gesellschaft für Geburtshilfe und Gynäkologie S. 1927f.; Noack: Schicksal S. 600; daß die Gutachterstellen sich in bedeutendem Umfang nicht an den medizinischen Richtlinien zum therapeutischen Abort orientierten, zeigte Irmgard Kesselböhmer in ihrer Untersuchung über die Gutachterpraxis in der Provinz Westfalen für den Zeitraum von 1945 bis 1949. Dem Untersuchungsergebnis kommt bei der Beurteilung der Praxis im Bundesgebiet um so größere Bedeutung zu, als gerade in Westfalen im Vergleich zu anderen Landesteilen nur relativ wenige therapeutische Aborte vorgenommen wurden, weswegen es in der Literatur als Beispiel für eine ausgesprochen restriktiv gehandhabte Praxis galt. Dies ist als ein weiterer Hinweis darauf zu werten, daß die kritisierte Handhabung der ärztlich indizierten Abtreibung kein regional begrenztes Phänomen gewesen ist; die Verfasserin wies außerdem darauf hin, daß Gutachterstellen – wenngleich in begrenztem Umfang – Anträge genehmigten, die aufgrund unverschleierter nicht-medizinischer Indikationen (kriminologische, soziale, eugenische) gestellt worden waren (Kesselböhmer S. 1518f.); Siehe auch: Schwenzer: Technik S. 826; Doerfler: Abtreibungsseuche S. 509; Anselmino S. 695; Naujoks: Indikationen S. 839; Ders.: Handhabung S. 15; Rohden: Nachkriegsjahrzehnt S. 199; Winter/Meyran S. 1146; Waldeyer S. 32.

157 Schubert/Napp S. 263.

158 Schwenzer: Technik S. 825; Ders. Indikationen S. 116; Bernhard S. 432; Döhner S. 534; Hauser S. 102; Franken: Berücksichtigungen S. 147; Gutzeit S. 305; Fecht: Arzt S. 19; Naujoks/Fritsch S. 1249; Zacherl S. 103; „Abtreibung: Von 200 eine". In: S v. 23. November 1960. Schubert/Napp S. 262; Goecke S. 126; Naujoks: Indikationen S. 839; Ders.: Richtlinien S. 136ff.; der Vorsitzende des vom Bayerischen Ärztetag eingesetzten „Ausschusses für Schwangerschaftsunterbrechungsfragen", Hermann Doerfler, scheute sich nicht, öffentlich die Feststellung auszusprechen, in der Ärzteschaft seien „vielfach" noch „sehr irrige Meinungen aus den Jahren um 1900" anzutreffen (Abtreibungsseuche S. 510); Gesenius S. 773.

159 Naujoks: Richtlinien S. 136ff.; Goecke S. 126; Rohden: Nachkriegsjahrzehnt S. 196; Naujoks: Handhabung S. 16.

160 Ebd. S. 15; Brodmeier S. 94; Schubert/Napp S. 266.

Die Tuberkulose[161] gab statistisch weiterhin einen der Hauptgründe für die Indikationsstellung ab, obgleich kein Zweifel darüber bestand, daß diese Krankheit, von extrem seltenen Erscheinungsformen abgesehen, kein Indikationsgrund war.[162] Dasselbe galt für Herzerkrankungen, die in den Statistiken über genehmigte therapeutische Aborte nichtsdestoweniger eine bedeutende Rolle spielten.[163] In der Fachliteratur wies man zudem darauf hin, daß unter dem Titel der medizinischen Indikation in bedeutendem Umfang Abtreibungen durchgeführt würden, die tatsächlich auf einer sozialen, eugenischen oder kindlichen Anzeigestellung beruhten.[164] Einem Hinweis Nachtsheims aus dem Jahr 1958 zufolge ist die Abtreibung eines mutmaßlich behinderten Kindes in West-Berlin „auf das positive Gutachten eines anerkannten Humangenetikers hin auf Wunsch der Mutter und des Ehemannes" straflos möglich gewesen.[165]

---

161 Daß die Tuberkulose, deren Berechtigung als Indikationsgrund schon in der Mitte der dreißiger Jahre in Deutschland heftig bestritten wurde, ihre Anerkennung als Indikation zum therapeutischen Abort medizinischen Aussagen verdanke, die sich bis zuletzt nicht auf eine solide statistische Basis stützen konnten, führte SCHLAPPER aus (S. 137).

162 MAYER: Rückwirkung S. 1402; SOHR S. 245; FREY S. 361; MEDIZINISCH-WISSENSCHAFTLICHE GESELLSCHAFT FÜR GEBURTSHILFE UND GYNÄKOLOGIE S. 1927f., 1929ff., 1934, 1967ff. BRÜNING S. 36; DIBBELT S. 32; FINKE S. 1913f.; NOACK: Nachbehandlungen S. 716; RUDOLF S. 605; RUSSEL S. 119; WINLELMANN S. 76; WUCHERPFENNIG S. 37; MILLER S. 113; SCHLAPPER S. 137; NAUJOKS: Handhabung S. 16; NEUMANN: Lungentuberkulose S. 122; DERS.: Schwangerschaftsunterbrechung S. 1003; Das „Zentralkommitee zur Bekämpfung der Tuberkulose in der britischen Zone" stellte auf seiner Tagung am 23. September 1949 fest, daß „die Schwangerschaftsunterbrechung wegen L.Tbk. keinesfalls als eine Form der Behandlung der L.Tbk. angesehen werden, sondern nur noch in ganz besonders gelagerten Ausnahmefällen in Betracht kommen" könne (SCHWADERER S. 239); KESSELBÖHMER S. 1518 berichtet, daß die mit Tuberkulose begründeten Eingriffe in Westfalen mit 25 % die Statistik der Genehmigungsgründe anführten; diese 25 % nehmen sich indessen noch verhältnismäßig niedrig aus neben den Angaben von MARTIUS (47 %), STOECKEL (40 %) und DOEDERLEIN (37 %) (EBD. S. 1518); SCHWENZER (Technik S. 826) nennt für den Bereich der Ärztekammer Frankfurt über den Zeitraum von 1949 bis 1956 40 %; WOEDERHOFF S. 35; BOENHEIM S. 1239; BRÜNING S. 36; Mayer (AG 180 (1951) S. 335f.); Schwangerschaftsunterbrechungen in Westberlin S. 133; DIBBELT S. 32; NAUJOKS: Indikationen S. 839; DERS.: Richtlinien S. 136ff.; ROHDEN: Nachkriegsjahrzehnt S. 203f.

163 JACOBI/IKLER/SCHLIEF S. 134ff.; MAYER: Rückwirkung S. 1404; SCHMID S. 103; WOEDERHOFF S. 35; BRÜNING S. 36; Schwangerschaftsunterbrechungen in Westberlin S. 133; NAUJOKS: Richtlinien S. 136ff.

164 KEPP: Zur Frage der Schwangerschaftsunterbrechung S. 98; NACHTSHEIM: Schwangerschaftsunterbrechung aus eugenischer Indikation? S. 2065; Neues zur Schwangerschaftsunterbrechung S. 628; HARMSEN: Mitteldeutschland S. 26; HOLTORFF S. 170; NAUJOKS: Handhabung S. 1; MÜLLER, P.-V. S. 17; PETERS: Gesetz S. 222; LINDIG S. 615f.; MR Schwalm RA Ns. 254 Si. v. 26. Juni 1962 S. 31; NORPOTH S. 26; VELHAGEN S. 617; BECKER, W.: Schwangerschaftsunterbrechung in rechtlicher Sicht S. 106f. In diesem Zusammenhang muß auch die Begründung der Indikation mit „allgemeiner Schwäche" gezählt werden, die in einigen Gebieten als häufigste beziehungsweise zweithäufigste Angabe unter den genehmigten Anträgen rangierte (SCHUBERT/NAPP S. 264f.; NAUJOKS: Indikationen S. 839).

165 NACHTSHEIM: Schwangerschaftsunterbrechung aus eugenischer Indikation? S. 2065.

Es gibt Indizien, daß dies nicht nur in Berlin möglich war. Darauf deutet ein Hinweis an den antragstellenden Arzt, der sich auf der ersten Seite des Formulars zum „Antrag aus gesundheitlicher Anzeigestellung" befindet, das im Bereich der Ärztekammer Westfalen-Lippe in Gebrauch war: „Anträge aus ‚eugenischer Anzeigestellung' sind nicht an die Gutachterstelle, sondern an den Amtsarzt zu richten."[166] Die Feststellung, daß unter dem Titel der medizinischen Anzeigestellung auch andere Indikationsgründe zur Geltung kamen, wurde indessen meist nicht mit Kritik verbunden, soweit sie sich auf die Berücksichtigung der kriminologischen und der eugenischen Indikation bezog.

Die Mitberücksichtigung sozialer Aspekte dagegen ist, sofern sie als gesundheitlich unbegründet und daher als nicht-medizinische Anzeigestellung qualifiziert wurde, wesentlich kritischer beurteilt worden.[167] Insbesondere beobachteten die Fachleute, daß die Indikationsstellung in vielen Fällen, in denen sie medizinisch nicht vertretbar war, auf dem Wege der nicht exakt definierbaren psychiatrischen Indikation, zum Beispiel aufgrund der reaktiven Depression, vorgenommen wurde[168].

Eine vorsichtige Auswertung der zeitgenössischen Kritik an der Praxis des Indikationsfeststellungs- und Gutachterverfahrens muß im Auge behalten, daß die kritische Betrachtung einer bestimmten Situation oftmals die Abweichungen vom Normalzustand fokussiert und unterdessen die Normalität des Gesamtbildes aus den Augen verliert. Die Möglichkeit, daß die zeitgenössische Kritik ein tendenziös verzerrtes Abbild der medizinischen Wirklichkeit wiedergeben könnte, verliert indes in Anbetracht einiger struktureller Merkmale dieser Kritik erheblich an Wahrscheinlichkeit: Die einschlägigen Arbeiten erstreckten sich auf das gesamte Bundesgebiet und sind nicht regional eingrenzbar; die Kritik wurde nicht etwa nur von möglicherweise interessierter, der Abtreibung besonders ablehnend gegenüber stehender Seite geführt, sondern im Gegenteil gerade auch von Ärzten, die sich im übrigen für eine rechtliche Regelung des medizinisch indizierten Aborts einsetzten und die maßgeblichen Anteil daran hatten, daß die Indikationen als wissenschaftlich abgesichert gelten konnten; schließlich wurde die Kritik nicht nur von einer großen Anzahl einzelner Ärzte geübt, sondern ebenso, zum Teil in scharf ermahnender Form, von medizinischen Gesellschaften sowie den Bundes- und Landesärztekammern. Es muß daher als sehr wahrscheinlich gelten, daß die in der zeitgenössischen ärztlichen Kritik beschriebene Situation ein im wesentlichen authentisches Abbild der zeitgeschichtlichen Wirklichkeit bietet.

---

166 Ein Exemplar des Formulars ist abgedruckt in: MUTH/ENGELHARDT S. 13-15.

167 Eine Ausnahme bildete in dieser Hinsicht die Stellungnahme des Deutschen Ärztinnenbundes e.V., die unter Umständen auch die reine soziale Indikation als Grund für die Anzeigestellung zum ärztlich indizierten Abort akzeptierte (DEUTSCHER ÄRZTINNENBUND S. 132f.).

168 IDRIS S. 237; NÖLLE S. 315; SOHR S. 245; NAUJOKS: Richtlinien S. 136ff.; DERS.: Indikationen S. 839; SCHMID, H. S. 99; WOEDERHOFF S. 35; Schwangerschaftsunterbrechungen in Westberlin S. 133; ROHDEN: Nachkriegsjahrzehnt S. 205.

In der medizinischen Literatur wurden für die offensichtlichen Mängel in der Praxis des Indikationsstellungs- und Begutachtungsverfahrens Nachlässigkeit und Inkompetenz einer großen Anzahl von Kollegen verantwortlich gemacht. Dieser Begründungsversuch kann indessen nicht ganz befriedigen, denn es ist wenig wahrscheinlich, daß die umfangreiche in den Fachzeitschriften veröffentlichte Literatur zum Thema ebenso wie das Engagement der Bundes- und Landesärztekammern und der verschiedenen medizinischen Kongresse völlig ins Leere gegangen sein sollten. Dies scheint um so unwahrscheinlicher, als die vorgetragene Kritik sich nicht nur auf die Ärzteschaft im allgemeinen beschränkte, sondern sich auch auf die Gutachterstellen richtete, bei denen man von Berufs wegen eine überdurchschnittliche Kompetenz, zumindest aber das augenscheinlich oftmals fehlende, für eine gutachterliche Tätigkeit elementare Fachwissen voraussetzen darf.

Zudem weisen auch die im wissenschaftlichen Schrifttum erwähnten konfessionell bedingten Unterschiede in der Verfahrenspraxis[169] darauf hin, daß man deren Ursachen nicht nur in der medizinischen Kompetenz der einzelnen Ärzte, sondern auch in der persönlichen Einstellung der Mediziner zur Abtreibungspraxis zu suchen haben wird. Diese Einstellung ist in den ersten Nachkriegsjahren einer Reihe von Einflüssen ausgesetzt gewesen, die teils nachweislich, teils sehr wahrscheinlich, dazu beitrugen, daß das unter den Ärzten weithin vertretene Verdikt der Abtreibung aufgelockert wurde und die Zahl der Eingriffe in erheblichem Umfang zunahm. Als solche durch die besondere Nachkriegssituation bedingte Einflüsse müssen das vorübergehend sprunghafte Ansteigen der Vergewaltigungsverbrechen, das für Nachgeborene kaum vorstellbare soziale Elend mit seinen gesundheitlichen Implikationen sowie die verbreitete Rechtsunsicherheit gewertet werden.

Es ist zu vermuten, daß die durch diese Einwirkungen veränderte Handhabung der Abtreibungspraxis durch viele Ärzte, wie sie sich unter den erwähnten Bedingungen ausgeformt hatte, sich im Zuge der Konsolidierung der sozialen und rechtlichen Verhältnisse nicht wieder kongruent zu dieser Entwicklung zum vormalig bestehenden Zustand wandelte. Man hat daher mit der Möglichkeit zu rechnen, daß der vorübergehende, mehrere Jahre andauernde Ausnahmezustand, als den man die Situation der unmittelbaren Nachkriegszeit auffassen muß, in der Mentalität eines nicht unerheblichen Teils der Ärzteschaft Veränderungen herbeigeführt hatte, deren Konsequenzen die für sie ursächlichen Bedingungen lange überdauert haben. In dem unübersehbaren Spannungsverhältnis zwischen der verhältnismäßig lockeren Praxis und dem allenthalben erkennbaren ärztlichen Unwerturteil über die Abtreibung liegt ein wesentliches Merkmal der medizinischen Gesamtsituation.

Für die medizinische Beurteilung des therapeutischen Abortes in den Jahren zwischen dem Kriegsende und dem Beginn der sechziger Jahre bleibt als wesentliches Charakteristikum festzuhalten, daß die von der Wissenschaft als medizinisch indiziert anerkannte Abtreibung nicht nur die ärztliche Indikation im engeren Sinne, sondern

169 Ebd. S. 199.

die sozial-medizinische und de facto auch die kriminologische Indikation umfaßte; darüber hinaus muß man annehmen, daß in einem nicht näher quantifizierbaren Umfang auch die – freilich nur in den seltensten Fällen als solche deklarierte – eugenische Indikation angewandt wurde. In der ärztlichen Praxis wurden die Grenzen der wissenschaftlich anerkannten Indikationen, die für sich gesehen schon einer extensiven Definition der medizinischen Anzeigestellung gleichkamen, in bedeutendem Umfang nicht eingehalten. Damit steht fest, daß von einer restriktiv gehandhabten, oder, wie auch behauptet wurde, nur die vitale Indikation akzeptierenden medizinischen Praxis des ärztlich indizierten Aborts schon für die Jahre von 1945 bis zum Beginn der Sechziger die Rede nicht sein kann.[170]

II. Die Abtreibung in der rechtspolitischen Auseinandersetzung (1950-1962)

1. Der öffentliche Disput um die Lockerung des § 218 StGB

Die beschriebene medizinische Praxis der straffreien Abtreibung ist wahrscheinlich als ein weiterer wichtiger Grund dafür anzusehen, daß das Thema § 218 StGB nach 1948 aus der öffentlichen Diskussion verschwand. Diese Praxis wurde nicht nur den Anforderungen einer weit definierten medizinischen Indikation gerecht, sie gestattete de facto, wenngleich auf Umwegen, die Regelung der ohnehin seltenen kriminologischen Indikation und in begrenztem Umfang der nicht unumstrittenen eugenischen Anzeigestellung. Inhaltlichen Widerspruch konnte diese Praxis nur unter solchen Gegnern des § 218 StGB hervorrufen, die das grundsätzliche Verbot der Abtreibung ablehnten und die entweder die Einführung der nicht-medizinischen sozialen Indikation oder aber die völlige Freigabe des künstlichen Aborts anstrebten. Während letzteres in der Öffentlichkeit indiskutabel erschien, hatte erstere Forderung zwar in der SPD Unterstützung gefunden, sich aber auch dort nicht durchsetzen können.

Zu der Ablehnung, mit der die Ärzteschaft und in ihrem Gefolge weite Teile der Öffentlichkeit einer Ausdehnung der zulässigen Abtreibung auf nicht-medizinische oder nicht im engeren Sinne medizinische Indikationen begegnete, trugen in erheblichem Maß die ausschließlich negativen Erfahrungen bei, die mit solchen Initiativen im Ausland gemacht worden waren. Einer der ersten Staaten, die eine de-facto-Freigabe der Abtreibung eingeführt hatten, war 1917 die Sowjetunion. Diese Lockerung wurde 1936 wieder rückgängig gemacht, nachdem nicht nur die Gesamtzahl der Eingriffe, sondern auch die Zahl der Pfuscheraborte um ein Vielfaches angestiegen war und beides für die abortierenden Frauen zu verheerenden gesundheitlichen Konsequenzen geführt hatte.[171] Schrittweise weitete auch Schweden am Ende der dreißiger,

---

170 Vgl. S. 109.

171 Müller, P.-V. S. 60; Fecht: Recht S. 12ff.; Hartmann: Ehrfurcht S. 272; Villinger S. 803; Aich S. 6; Metag S. 8; Rummel: 218 S. 3; Jores S. 49.

in der Mitte der vierziger und zu Beginn der fünfziger Jahre seine Gesetze zu einer Indikationenregelung aus, die schließlich die medizinische, die eugenische, die Vergewaltigungs- und eine sogenannte – sehr weit definierte und praktizierte – medizinisch-soziale Indikation vorsah.

Die schwedischen Gesetze verfolgten zunächst das Ziel, die Gesamtzahl der künstlichen Aborte zu senken, und als sich dies auf diesem Wege als unmöglich erwies, zumindest die kriminellen Abtreibungen zu verringern und schließlich ganz auszumerzen.[172] Keines der drei Teilziele der Reform, die ähnlich konzipiert und mit denselben Zielsetzungen in Dänemark durchgeführt wurde, konnte erreicht werden. Es stieg nicht nur die Gesamtzahl der Abtreibungen binnen zehn Jahren um bis zu 1500%, sondern auch der Umfang der kriminellen Eingriffe nahm nicht ab.[173] Diese Erfahrungen bestätigten sich in anderen Staaten, in denen das Verbot der Abtreibung ganz oder teilweise aufgehoben worden war und nicht nur die Zahl der zulässigen, sondern auch die der kriminellen Abtreibungen sich binnen kurzem erhöhte.[174] Die Auffassung, daß das Abtreibungsproblem sich nicht auf dem Wege einer Lockerung der gesetzlichen Bestimmungen lösen oder auch nur entschärfen lasse, war eine medizinisch unumstrittene Erkenntnis.[175]

Darüber hinaus hatten sich seit dem Ende der vierziger Jahre die strukturellen Rahmenbedingungen zu ändern begonnen, die seinerzeit die materiellen Voraussetzungen für die Forderung nach Einführung einer sozialen Indikation gebildet hatten. Die allgemeine Not wich seit den fünfziger Jahren einer wirtschaftlichen Entwicklung, die einer wachsenden Zahl von Menschen einen langsam aber stetig zunehmenden Wohlstand sicherte. Dieser Umstand wirkte sich sowohl auf die Zahl der kriminellen wie auch auf die der straffreien ärztlichen Abtreibungen unmittelbar aus; es galt als sicher, daß die Abtreibungszahlen seit dem Ende der vierziger Jahre im ganzen Bundesgebiet rückläufig waren.[176]

Eingedenk der weitgehenden Einigkeit, die über die Ablehnung der sozialen Indikation bestand, konnte das Problem der Straffreiheit des medizinisch indizierten

172 Asklund S. 106ff.; Simson: Schwedens Weg S. 1121f.; Ders.: Schweden S. 940f.

173 Ebd. S. 941; Schwenzer: Indikationen S. 116; Bernhard S. 422; Brey S. 1608; Schwangerschaftsunterbrechung in Schweden S. 241; Durand-Wever: Abortbekämpfung S. 2340; Harmsen: Mitteldeutschland, Einleitung, ohne Seitenzählung u. S. 67; Schulz S. 1991; Grömig S. 13; Lauer S. 148; Ausland S. 1176; Rohden: Nachkriegsjahrzehnt S. 202; Finke S. 1914; Herzberg S. 498ff.; Asklund S. 107; Nachkriegszeit S. 7.

174 Mehlan: Abortprobleme S. 2f.; Ders.: Abortsituation S. 862; Szendi/Lakatos/Toth S. 752f.; Kampf dem Abort S. 4; 5 Millionen Schwangerschaftsunterbrechungen S. 37; Harmsen: Aufhebung S. 45ff.

175 Märker S. 1409; Naujoks: Handhabung S. 19; Schulz S. 1991; Brüning S. 36.

176 Rohden: Statistische Untersuchungen S. 2245; Nachkriegszeit S. 7; Rohden: Nachkriegsjahrzehnt S. 200; Schultze, K. W.: Abortus-Ursachen S. 1267 berichtet anhand von Material aus der Städtischen Frauenklinik Bremerhaven, daß die Zahl der Abtreibungen aufgrund von medizinischen Indikationen zwischen 1949/51 und 1964/65 um das 28fache zurückgegangen sei.

Abortes und seiner Grenzfälle der Vergewaltigungs- und der eugenischen Indikation im Grunde als praktisch gelöst betrachtet werden. Die bestehende Regelung – Weitergeltung des § 218 StGB bei Zulässigkeit der medizinischen Indikation aufgrund des Reichsgerichtsurteils von 1927 beziehungsweise aufgrund der teilweise noch in Kraft befindlichen Vierten Ausführungsverordnung – wies gleichwohl einige strafrechtssystematische und rechtsdogmatische Unebenheiten auf.

Dieser Umstand nährte die besonders von akademischen Kritikern vorgetragene Forderung, sich nicht mit einer praktischen Lösung zu begnügen, sondern sie abschließend im Strafgesetzbuch zu regeln. Vom theoretischen Standpunkt war dieses Anliegen zweifelsohne begründet, und wo die Frage juristisch diskutiert wurde, ging es weniger darum, ob eine neue strafgesetzliche Regelung beispielsweise eine medizinische Indikation umfassen sollte, sondern darum, wie diese rechtlich zu gestalten sei: als Rechtfertigungsgrund, als Entschuldigungsgrund, als Schuldausschließungs- oder als Strafausschließungsgrund. Da hinter diesem theoretischen Anliegen keine praktische Handlungsnotwendigkeit für den Gesetzgeber stand, hat es bis zum Ende der fünfziger Jahre von dieser Seite keine Initiativen gegeben.

Die Möglichkeit zu solchen Initiativen lag in den Jahren 1952 und 1953 im Rahmen der parlamentarischen Beratung über den „Entwurf eines Dritten Strafrechtsänderungsgesetzes“, des sogenannten Strafrechtsbereinigungsgesetzes, besonders nahe.[177] In der Begründung des Entwurfs heißt es, die Gesetzesänderungen seien notwendig, weil das StGB noch eine Reihe von Vorschriften enthalte, „deren Einfügung oder Umgestaltung durch den nationalsozialistischen Gesetzgeber mit demokratischen Grundsätzen nicht zu vereinbaren ist oder aus anderen Gründen nach einer Änderung verlangt.“ Die im Rahmen der in Art. 1 des Entwurfs vorgesehene Streichung des § 218 Abs. 3 Satz 2 StGB[178] wird ausschließlich mit der Anpassung des Strafgesetzbuchs an Art. 102 GG begründet (Abschaffung der Todesstrafe). Im Vergleich zur Fassung des § 218 StGB in der Fassung vom 18. Mai 1926[179] hatte der Gesetzgeber insofern eine Verschärfung des § 218 StGB in der Fassung vom 18. März 1943[180] beibehalten, als die Drittabtreibung, die 1926 zum Vergehen zurückgestuft worden war, in der Regel ihren Verbrechenscharakter behielt. Im Zusammenhang mit der Beibehaltung der 1943 eingeführten Derivate des Verbs „abtöten“ anstelle von „töten“ in das Gesetz wurde bereits darauf hingewiesen, daß weder in der Begründung des Regierungsentwurfs, noch in der Lesung im Bundestag, in der Antragsbegründung zur Einberufung des Vermittlungsausschusses durch den Präsidenten des Bundesrates oder im Bericht des Ausschusses für Rechtswesen und Verfassungsrecht Initiativen oder Andeutungen zu einer Änderung des § 218 StGB erkennbar sind. Daraus wird

177 BT-Drs. Nr. 3713 v. 29. September 1952.
178 „Hat der Täter dadurch die Lebenskraft des deutschen Volkes fortgesetzt beeinträchtigt, so ist auf Todesstrafe zu erkennen.“
179 RGBl. I S. 239.
180 Ebd. S. 169.

man schließen können, daß es in der ersten Hälfte der fünfziger Jahre in keiner Bundestagsfraktion ernsthafte Bestrebungen gab, den Wesensgehalt des § 218 StGB zu ändern.

Ebensowenig wie im Parlament ist der § 218 StGB in den Bundestagsparteien ein wichtiges Thema gewesen, abgesehen von wenigen bekannt gewordenen Beschlüssen regionaler Untergliederungen der SPD, in denen gelegentlich auch die Abschaffung des § 218 StGB gefordert wurde.[181] Zu tagespolitischer Aktualität gelangte das Thema Abtreibung vorübergehend durch die Aufdeckung einer großen Anzahl von Abtreibungen in Weinheim und Garmisch-Partenkirchen und die sich daran anschließenden, in der Presse negativ kommentierten behördlichen Nachforschungen.[182] In diesem Presseecho liegt vermutlich auch der Grund für die zeitlich unmittelbar auf diese Ereignisse folgende Aufhebung der Meldepflicht über Fehlgeburten in den Bundesländern Baden-Württemberg, Bremen, Niedersachsen und Schleswig-Holstein.[183]

2. *Die Auseinandersetzung um die Einführung einer kriminologischen Indikation (1958-1962)*

In das Zentrum des Medieninteresses rückte das Thema „Abtreibung" erst wieder zu Beginn der sechziger Jahre im Zusammenhang mit der durch die Verhandlungen der Großen Strafrechtskommission aktuell gewordenen Frage der Einführung einer

181 „SPD-Versammlung gegen den § 218". In: StZ v. 18. Juni 1951; Ende 1954 beauftragte der Unterausschuß des Rechtspolitischen Ausschusses des Ausschusses für Frauenfragen das Frauenbüro mit der Ausarbeitung von Vorschlägen zu § 218 StGB (Kurzprotokoll des Ausschusses für Frauenfragen der SPD am 12. Dezember 1954 (AsD ZFP 1954-1464/1477)).

182 „Weinheim". In: BR v. 3. März 1951; „Gestehen Sie doch". In: S v. 21. Februar 1951; Harmsen: Geburtenregelung S. 246; Dirks: Weinheim S. 1.

183 Verordnung vom 3. Juni 1953 über die Aufhebung der Anzeigepflicht bei Schwangerschaftsunterbrechungen, Fehl- und Frühgeburten in den Regierungsbezirken Südbaden und Südwürttemberg-Hohenzollern (BWGBl. 1953 Nr. 13 S. 84; Sammelblatt für Rechtsvorschriften des Bundes und der Länder 1953 Nr. 27 S. 640); Verordnung vom 16. Januar 1953 über die Aufhebung der Anzeigepflicht für Schwangerschaftsunterbrechungen, Fehl- und Frühgeburten (GBl. Bremen 1953 Nr. 3 S. 8; Sammelblatt für Rechtsvorschriften des Bundes und der Länder 1953 Nr. 6 S. 8); Verordnung vom 12. September 1952 über die Aufhebung der Anzeigepflicht für Schwangerschaftsunterbrechungen, Fehl- und Frühgeburten (GVBl. Niedersachsen 1952 Nr. 23 S. 163; Sammelblatt für Rechtsvorschriften des Bundes und der Länder 1952 Nr. 39 S. 1149); Verordnung vom 2. März 1953 über die Aufhebung der Anzeigepflicht für Schwangerschaftsunterbrechungen, Fehl- und Frühgeburten (GVBl. Schleswig-Holstein 1953 Nr. 7 S. 17; Sammelblatt für Rechtsvorschriften des Bundes und der Länder 1953 Nr. 12 S. 241). Da in den meisten Abtreibungsfällen Nachbehandlungen erforderlich wurden, bildeten die Meldungen von Fehlgeburten, die dann unter Umständen auf das Vorliegen einer künstlichen Fehlgeburt überprüft werden konnten, den wichtigsten Anknüpfungspunkt für die Ermittlungen der Strafverfolgungsbehörden.

kriminologischen Indikation. Die Vorschläge der Sachbearbeiter des Bundesjustizministeriums für die Beratungen der Kommission enthielten unter dem Titel „Ärztliche Eingriffe und Heilbehandlung" nicht nur Bestimmungen über die gesetzliche Regelung der medizinischen Indikation (§ 340: „Ärztlich gebotene Unterbrechung der Schwangerschaft"), sondern auch einen Vorschlag zur Einführung einer kriminologischen Indikation (§ 341: „Gerichtlich zugelassene Unterbrechung der Schwangerschaft").[184] Diese Vorschläge beruhten auf der „Vorläufigen Zusammenstellung" für den Entwurf des Besonderen Teils eines Strafgesetzbuches, die die Unterkommission der Großen Strafrechtskommission beschlossen hatte.[185] Es wurde bereits darauf hingewiesen, daß die Notwendigkeit einer gesetzlichen Absicherung der medizinischen Indikation weitestgehend unstreitig war. Wie noch zu zeigen sein wird, konzentrierte sich die in der Großen Strafrechtskommission geführte Debatte zu dieser Indikation nicht auf das Ob, sondern auf das Wie der rechtlichen Regelung. Im einzelnen ging es dabei um die Alternative zwischen Ausschluß der Tatbestandsmäßigkeit oder Einführung eines Rechtfertigungsgrundes für die ärztlich indizierte Abtreibung.[186]

Die „Vorläufige Zusammenstellung" behandelte die kriminologische Indikation im Rahmen der Bestimmungen über die „Ärztliche Schwangerschaftsunterbrechung" (§ 327).[187] Demgegenüber regelten die von den Sachbearbeitern des Bundesjustizministeriums vorgelegten Vorschläge diesen Sachverhalt in einem eigenständigen Paragraphen über die „Gerichtlich zugelassene Unterbrechung der Schwangerschaft" (§ 341), der der Bestimmung über die „Ärztlich gebotene Unterbrechung der Schwangerschaft" (§ 340) folgte.[188] Die Diskussion in der Großen Strafrechtskommission über die Einführung einer solchen Bestimmung in das Strafgesetzbuch war zwar kontrovers. Die gegen eine kriminologische Indikation gerichteten Bedenken, die von einer Reihe von Kommissionsmitgliedern geltend gemacht wurden, waren indessen weniger grundsätzlicher Natur. Sie stützten sich vor allem auf die sehr hoch eingeschätzte Mißbrauchsgefahr und auf die Tendenzen zu einer weitergehenden Ausweitung des Indikationenkatalogs, die man von der Einführung einer solchen Vorschrift befürchtete.[189] Trotz dieser Bedenken sprach sich die Kommission in einem Beschluß, der vor dem Hintergrund der in der vorangegangenen Diskussion

184 GStRK Ns. 7 S. 359.
185 GStRK Ns. 5 S. 298f.
186 Vgl. S. 78f.
187 Dies bezieht sich nur auf die Systematik, nicht auf die Sache selbst. Denn obgleich die kriminologische Indikation als Abs. 2 formal im Rahmen der medizinischen Indikation geregelt wurde, war der in dieser Bestimmung vorgesehene Ausschluß der Rechtswidrigkeit der Abtreibung nicht an das Vorliegen einer medizinischen Anzeigestellung gebunden, sondern daran, daß „das Gericht auf Antrag der Schwangeren die Unterbrechung der Schwangerschaft für zulässig erklärt hat" (GStRK Ns. 5 S. 299).
188 GStRK Ns. 7 S. 359.
189 GStRK Ns. 70 Si. v. 6. März 1958 7 S. 138ff.

ausgetauschten Argumente überraschen muß, in einmütiger Weise für die Aufnahme der kriminologischen Indikation in das Strafgesetzbuch aus.[190]

Als § 166 („Unterbrechung einer aufgezwungenen Schwangerschaft") fand die kriminologische Indikation Aufnahme in den vom Bundesministerium der Justiz überarbeiteten „Entwurf eines Strafgesetzbuchs nach den Beschlüssen der Großen Strafrechtskommission in erster Lesung" (E 1959).[191] Als § 160 wurde sie ebenfalls in den Entwurf des Jahres 1960 aufgenommen.[192] Sie war aber nicht mehr, anders als die Bestimmungen über die „Ärztliche Unterbrechung der Schwangerschaft wegen Gefährdung der Schwangeren", in dem von der Bundesregierung den am Gesetzgebungsverfahren beteiligten Organen im selben Jahr zugestellten Entwurf enthalten[193] und auch nicht in dem von der Bundesregierung beschlossenen Entwurf des Jahres 1962 vorgesehen.[194] In der Entwurfsbegründung des E 1960 wurde für die Entscheidung über die ersatzlose Streichung des § 160 keine Erklärung gegeben. In den Entwurfstexten heißt es an den entsprechenden Stellen lediglich „entfällt".

An der kriminologischen Indikation entzündete sich zu Beginn der sechziger Jahre zunächst der politische und in der Folge auch der in der breiten Öffentlichkeit geführte Streit über die Einführung der kriminologischen Indikation. Zu den Eigentümlichkeiten dieser zum Teil polemisch geführten Auseinandersetzung gehört die offensichtliche Disproportionalität zwischen der Verbissenheit, mit der diese Diskussion ausgetragen wurde, und der Tatsache, daß die Abtreibung einer durch ein Vergewaltigungsverbrechen gezeugten Schwangerschaft in der Rechtswirklichkeit kein ungelöstes Problem darstellte.

Denn wie im Rahmen der Behandlung der medizinischen Praxis des straflosen künstlichen Aborts bereits hervorgehoben wurde, betrachtete man die kriminologische Indikation weitestgehend als ein zahlenmäßig irrelevantes, gegebenenfalls im Rahmen der medizinischen Indikation regelbares Problem. Obwohl derartige Eingriffe bekanntermaßen von Ärzten vorgenommen wurden, war in Westdeutschland seit 1945 kein einziger Fall bekannt, in dem ein Arzt oder eine Frau wegen eines solchen Eingriffes belangt worden wäre.[195]

In das Zentrum des öffentlichen Interesses rückte das Thema durch die kontroverse Behandlung dieser Frage im Bundesrat. Die Vertreter Niedersachsens hatten im Unterausschuß des Rechtsausschusses der Länderkammer den Antrag gestellt, den § 160 in der Fassung des E 1959 in den E 1962 einzufügen, der dem Bundesrat

---

190 Mit der einzigen Ausnahme von Prof. Paul Bockelmann, der sich der Stimme enthielt (GStRK Ns. 70 Si. v. 6. März 1958 7 S. 146).

191 GStRK Ns. 12 S. 596.

192 BR-Drs. Nr. 270/60 (Entwurf eines Strafgesetzbuches (StGB) – E 1960 – mit Begründung).

193 Ebd. S. 38.

194 BR-Drs. Nr. 200/62 v. 22. Juni 1962 S. 38 (Entwurf eines Strafgesetzbuches (StGB) (E 1962), mit Begründung – Bundesratsvorlage).

195 Schmid, H. H. S. 103f.; Max Güde zit. in: Johann Georg Reissmüller: „Wo Sittengesetz und Not aufeinanderprallen". In: FAZ v. 1. Februar 1963 vgl. S. 36f. u. 100.

von der Bundesregierung zugeleitet worden war. Dieser Antrag wurde gegen die Stimmen der Vertreter Baden-Württembergs, Bremens, Hessens, Niedersachsens und Schleswig-Holsteins bei Stimmenthaltung des Vertreters Bayerns abgelehnt.[196] Wenige Tage später beschloß indessen der Ausschuß für Innere Angelegenheiten, wiederum auf Antrag des Vertreters Niedersachsens, gegen die Stimmen der Vertreter Hamburgs und Nordrhein-Westfalens bei Enthaltung der Vertreter Baden-Württembergs, Bayerns und Rheinland-Pfalz', dem Bundesrat die Aufnahme des § 160 in das E 1962 zu empfehlen.[197]

Kurz nachdem der Ausschuß für Innere Angelegenheiten diesen Beschluß gefaßt hatte, entschied der Rechtsausschuß, sich die Behandlung der §§ 157 bis 162 des Entwurfs für eine gesonderte Beratung vorzubehalten. Dies betraf insbesondere die Frage, ob die Bestimmung über den künstlichen Abort nach einer aufgezwungenen Schwangerschaft in der Fassung des E 1959 in den Entwurf eingefügt werden solle, wie der Ausschuß für Innere Angelegenheiten es vorgeschlagen hatte.[198] In seiner nächsten Sitzung beschloß der Rechtsausschuß auf Antrag des niedersächsischen Ministers von Nottbeck gegen die Stimmen der Vertreter Nordrhein-Westfalens, Rheinland-Pfalz' und des Saarlandes bei Stimmenthaltung der Vertreter Bayerns und Berlins, in den Entwurf nach § 159 den von Niedersachsen vorgeschlagenen § 160 einzufügen.[199] Diese Empfehlung wurde indessen nach einer Aussprache im Plenum vom Bundesrat nicht angenommen.[200]

---

196 UA Si. v. 7.-11. Mai 1962 S. 9.

197 AIA Ns. 230 Si. v. 13./14. Juli 1962 S. 8ff.; RA-Drs. Nr. 200/1/62 v. 27. Juni 1962 S. 1 u. 19-20.

198 RA Ns. 253 Si. v. 18.-20. Juni 1962 S. 21.

199 RA Ns. 254 Si. v. 26. Juni 1962 S. 30ff.; der Wortlaut dieses Paragraphen, der im ganzen von wenigen Abweichungen dem des § 166 E 1959 entspricht, bestimmte im einzelnen:
„§ 160
Unterbrechung einer aufgezwungenen Schwangerschaft
(1)Die Abtötung einer Leibesfrucht durch einen Arzt ist nicht nach § 140 strafbar, wenn
1. das Gericht festgestellt hat, daß jemand, wenn auch ohne Schuld, an der Frau
a) eine Notzucht (§§ 204, 205),
b) eine Schändung (§ 207), während sie geisteskrank, bewußtlos, willenlos oder zum Widerstand körperlich unfähig war, oder
c) eine künstliche Übertragung von Samen eines anderen als des Ehemannes (§ 203) ohne ihre Einwilligung begangen hat und dringende Gründe für die Annahme sprechen, daß die Schwangerschaft auf der Tat beruht,
2. die Schwangere in den Eingriff einwilligt und
3. seit dem Ende des Monats, in den der Beginn der Schwangerschaft fällt, nicht mehr als zwölf Wochen verstrichen sind.
(2)Die Feststellung nach Abs. 1. Nr. 1 ist nur zulässig, wenn die Schwangere oder ihr gesetzlicher Vertreter sie binnen fünf Wochen nach dem Zeitpunkt beantragt, in dem der Antragsberechtigte von der Tat Kenntnis erlangt hat.
(3)Abs. 1 ist nicht auf Beteiligte anzuwenden, die zu der Zeit, zu der sie handelten, wissen, daß das Gericht die in Abs. 1 Nr. 1 bezeichneten Voraussetzungen irrig festgestellt hat."

200 BR Sten. Ber. 248 Si. v. 12./13. Juli 1962 S. 140ff.

Familienminister Franz Josef Wuermeling begründete die ablehnende Haltung der Bundesregierung gegenüber der Einführung einer kriminologischen Indikation in das Strafrecht vor allem mit der Sorge, daß der „Schutzwall um das unantastbare Gut des Rechtes auf Leben" durch die Zulassung jener Indikation eingerissen werde. Denn wenn man diese Anzeigestellung gesetzlich verankere, müsse man dies konsequenterweise auch für die eugenische und die soziale tun.[201] Ungeachtet dieser und anderer in scharfer Form vorgetragenen Bedenken gegen eine kriminologische Indikation aus den Reihen der Union[202] stand der Arbeitskreis für Allgemeine und Rechtsfragen der Bundestagsfraktion der CDU/CSU einer gesetzlichen Regelung indessen weitaus offener gegenüber, als diese Stellungnahmen es vermuten lassen. Max Güde (CDU) schloß in einem vor dem Arbeitskreis gehaltenen Referat eine gesetzliche Rechtmäßigkeitserklärung eines künstlichen Aborts bei einer durch Vergewaltigung entstandenen Schwangerschaft zwar aus.[203] Er hielt es aber, ohne daß man einen solchen Eingriff für sittlich erlaubt halten müsse, für möglich, in diesen Fällen Straffreiheit vorzusehen.

Parteiuntergliederungen von SPD und FDP, einzelne Politiker aller im Bundestag vertretenen Parteien sowie Interessenverbände sprachen sich in öffentlichen Erklärungen für die Einführung einer kriminologischen Indikation in das Strafgesetz aus oder zogen eine solche Vorschrift zumindest öffentlich in Erwägung.[204] Während die in den Medien geführte Auseinandersetzung um die Einführung einer kriminologischen Indikation in den Strafgesetzbuchentwurf, der in der vierten Wahlperiode nicht mehr verabschiedet werden konnte, ab 1963 wieder abebbte, wurde die Debatte in Fachpublikationen besonders von Rechtslehrern, Medizinern und Theologen weitergeführt.

Zeitgleich mit und in unmittelbarer chronologischer Folge auf diese Debatte stellten Autoren wie beispielsweise Maihofer, Baumann, Kaufmann, Janssen und van Oyen grundsätzliche Überlegungen zur Lockerung des § 218 StGB an. Die Meinungsbildung und politische Willensbildung bis in die siebziger Jahre wurde durch diese Reflexionen

---

201 Franz Josef WUERMELING: „Jedes Leben verdient Schutz". In: WaS v. 9. September 1962; Wuermeling (BPA Abt. Nachrichten Rundfunkaufnahme Deutsche Gruppe Wort SWF v. 10. Oktober 1962 18.40 Uhr Tagesspiegel).

202 „Barzel wendet sich gegen die ethische Indikation". In: DZ v. 15. Oktober 1962.

203 Dies und das Folgende nach: AK Ns. Si. v. 9. Oktober 1962 S. 2ff. (ACDP VIII-002-063/2).

204 FRAUENGEMEINSCHAFT DER SPD SÜDBAYERN o. S.; DPA 183/152 ID v. 8. März 1963 (Dr. Müller-Emmert (SPD)); HEINEMANN: Stellungnahme S. 110; Adolf ARNDT: „Die Grenze des weltlichen Staates". In: HA v. 20. Oktober 1962; DEUTSCHER AKADEMIKERINNENBUND S. 5; FRAUENGRUPPE DER FDP BREMEN S. 8; Heidi FLITZ: Leserbrief. In: WaS v. 16. September 1962; „FDP erwägt eigenen Entwurf". In: FNP v. 16./17. Juni 1971; „Diskussion um Paragraph 160". In: BN v. 31. August 1962; „Ethische Indikation" S. 611; LANDESFRAUENAUSSCHUSS DER FDP NIEDERSACHSEN S. 5; LANDESFRAUENUSSCHUSS DER FDP NORDRHEIN-WESTFALEN S. 5; THOMAS DEHLER: „Staatsmacht darf nicht das Gewissen ersetzen". In: We v. 6. Oktober 1962; Walter GRESS: Leserbrief. In: S v. 22. August 1962; Annemarie RENGER: „Um die ethische Indikation". In: Fre v. 26. Oktober 1962; Gottfried ARNOLD: „Soll die Mutter entscheiden?" In: RP v. 28. März 1963; „CDU contra Kirchen". In: DT v. 29. Januar 1963; Straffreiheit S. 48f.

nachweisbar maßgeblich beeinflußt. Man wird daher sagen können, daß die Debatte der Jahre 1960 bis 1962 für die weitere Diskussion eine Katalysatorwirkung gehabt hat und daß vor allem hierin die eigentliche Bedeutung dieser Auseinandersetzung für die weitere Meinungsbildung zur Abtreibung in Westdeutschland liegt. Denn die Frage der Zulässigkeit einer gesetzlich geregelten kriminologischen Indikation bildete, wie in den folgenden Kapiteln im einzelnen dargelegt werden wird, den methodischen Anknüpfungspunkt, von dem ausgehend unter anderen die zuvor erwähnten Autoren weiterreichende Überlegungen anstellten. Diese richteten sich in der Essenz nicht nur gegen die Strafbarkeit der Abtreibung einer durch ein Verbrechen entstandenen Schwangerschaft, sondern gegen die Strafbarkeit der Abtreibung überhaupt.

C. Menschenbild und Wertbegriff in der Abtreibungsdiskussion 1945-1962

I. Anschauungen über den Beginn des Menschseins

1. Mensch von Anfang an

a) Die Fertilisation als hinreichende Bedingung menschlicher Persönlichkeit und Individualität

Für die allgemeine anthropologische Beurteilung der Abtreibung durch die Zeitgenossen ist die verbreitete und im ganzen unbestrittene Überzeugung charakteristisch, daß jede Abtreibung eine Tötung sei.[205] „Tötung" muß im zeitgenössischen Kontext durchaus als Vernichtung eines Menschenlebens verstanden werden, auch wenn – oder gerade weil – das Objekt der als Tötung qualifizierten Handlung nur selten ausdrücklich genannt wurde. Wo es erwähnt wurde, war allerdings gelegentlich von der Abtreibung im Sinne der Tötung eines „menschlichen Wesens", „einer menschlichen Leibesfrucht" oder „eines menschlichen Lebens" die Rede.[206] Man kann in diesen Formulierungen erste Ansätze der in den späten sechziger und in den siebziger Jahren unternommenen Versuche sehen, eine Aufspaltung des Begriffs

---

205 STOCK S. 2069; SCHRÖDER S. 295; MÜLLER, P.-V. S. 1; WEISSER S. 666; FECHT: Erwiderung S. 7; DERS.: Recht S. 27f.; LANGEN S. 11; SCHIFFER S. 50; WINTER S. 113; STRASSER S. 7 u. 14; KLOESEL S. 5; ALGERMISSEN S. 12; KIRCHLICHE OSTKONFERENZ S. 240; Recht S. 86; Diskussion S. 5; AICH S. 6; METAG S. 8; STRATENWERTH Tötung S. 51; GIESEN: Indikation S. 85; DERS.: Grundsätzliches S. 12; HEINRICH S. 3; GUARDINI S. 9; PETERS: Lehre S. 498; RUMMEL/KNORR/OLEPP S. 2; Prof. Bockelmann (GStRK Ns. 72 Si. v. 8. März 1958 7 S. 192).

206 MAYER: Rückwirkung S. 1402; NAUJOKS/WOLF S. 30f.; STOCK S. 2068; ENGISCH S. 130; FRANKEN: Berücksichtigungen S. 147; BARTH S. 474; REIFENBERG S. 7.

des ungeborenen Lebens in menschliches Leben einerseits und in den des Menschen andererseits zu etablieren. Diese Ansätze scheinen zwischen 1945 und 1962 allerdings kaum reflektiert, sondern intuitiv motiviert gewesen zu sein, zumal die sprachlich angedeutete Differenzierung einer inhaltlichen Begründung entbehrte.

Im Gegensatz dazu kommt in zahlreichen Quellen die Überzeugung zum Ausdruck, daß auch das ungeborene, beziehungsweise, wie es in der zeitgenössischen Sprache oft hieß, das „keimende" Leben, ein lebendiger Mensch, ein „Mensch im vollen Sinne" sei.[207] Dieser Beurteilung entspricht die vor allem von Ärzten hervorgehobene Überzeugung, daß eine Abtreibung nichts anderes sei als „Tötung eines heranwachsenden Kindes", „eines individuellen Lebens" oder schlicht „Kindesmord."[208]

Daß die Abtreibung eine Tötung sei, wurde auch dort zugegeben, wo man sich unumwunden für die Abschaffung des § 218 StGB, zumindest aber gegen seine zeitgenössische Gestalt oder gegen das Lebensrecht des ungeborenen Kindes, aussprach.[209] Die nicht im engeren Sinne der juristischen Terminologie mißzuverstehende vielerorts erhobene Klage, Abtreibung sei Mord,[210] erscheint vor diesem Hintergrund nicht als Polemik, sondern als rhetorische Zuspitzung einer weithin geteilten zeitgenössischen Überzeugung.

Diese Überzeugungen beriefen sich auf die naturwissenschaftlich begründete Auffassung von der zäsurlosen Einheit des gesamten individualmenschlichen Entwicklungsprozesses und die daraus abgeleitete seinsmäßige Identität des Lebens von der Befruchtung der Eizelle bis zum Tod des Menschen. Der Mensch bleibe seine gesamte biologische Entwicklung hindurch immer derselbe Mensch;[211] das Leben nach der Geburt sei nichts anderes als das Leben vor der Geburt, verschieden sei nur die konkrete Situation, die Offensichtlichkeit des Eingriffes, der noch nicht so weit fortgeschrittene Eintritt des noch nicht geborenen Menschen in das soziale Leben und die sich daraus erklärende stärkere Versuchung zur Tötung.[212]

---

207 Fecht: Erwiderung S. 6f.; Barth: S. 474; Recht S. 86; Giesen: Indikation S. 77; „Um den § 218". In: P v. 9. Februar 1947; Guardini S. 17; Martini S. 342; Stratenwerth: Schwangerschaftsunterbrechung S. 887; Wolffson: Indikationsstellung S. 26.

208 Ebd.; Loeffler S. 2066; Philipp S. 2063; Schwenzer: Indikationen S. 113; Stratenwerth: Schwangerschaftsunterbrechung Sp. 887; Peters: Juristen S. 37; Jahrhundert S. 372; Harmsen: Elternschaft S. 245.

209 Ebbinghaus: Rechtsfähigkeit S. 39; Oyen S. 199; Seitz S. 91; Zuckmayer S. 50.

210 Fecht: Arzt S. 17; Ders.: Erwiderung S. 7; Lornberg S. 372; Häring: Gesetz S. 1009; Niedermeier S. 25ff.; Dore Liefke: „§218." In: FR. v. 29. März 1951; Martini S. 342; Hirschmann: Beurteilung S. 67; „Abtreibung: Von 200 eine". In: S. v. 23. November 1960; Siegmund: Beseelung Sp. 294; Pilz Sp. 96; Algermissen S. 21; Kirchliche Ostkonferenz S. 241; Fecht: Recht S. 5; Uebler: Schutz S. 3; Wurm S. 123; Otto B. Roegele: „Die Stimme des Arztes: Gedanken zum § 218". In: RhM v. 12. April 1947; Hemming S. 29; Leonard Uebler: „Im Kampf gegen den weißen Tod." In: StWB U. 31. August 1947; Jores S. 51; I. Morgan: „Paragraph 218". In: P v. 16. Februar 1947; Stratenwerth: Tötung S. 58.

211 Ders.: Schwangerschaftsunterbrechung S. 887; Hartmann S. 256; Litz S. 6.

212 Peters: Lehre S. 497.

Diese Anschauungen gingen einher mit einer naturwissenschaftlich fundierten Kritik des Begriffs „Werden", der von der Sache her, aber auch in sprachlicher Hinsicht – man denke an die verbreitete Bezeichnung „werdendes Leben" anstelle von „ungeborenes Leben" – von zentraler Bedeutung war. In diesem Zusammenhang wurde darauf hingewiesen, daß die biologischen Entwicklungsphasen Reifestufen ‚des' und nicht ‚zum' Menschen[213] seien, wie ja auch der Mensch „schon am Leben ist und nicht erst ein lebendes Wesen im Laufe der Fetalzeit wird."[214] Für die besondere Schutzwürdigkeit des ungeborenen Lebens schon in seinem frühesten embryologischen Stadium wurde darüber hinaus geltend gemacht, daß die befruchtete Eizelle von der Fertilisation an entelechisch auf die gesamte weitere humanbiologische Entwicklung hin angelegt sei,[215] daß sie über die entscheidende spezifisch menschliche Potenz verfüge[216] beziehungsweise, wie man es pointiert formuliert hat, daß der Mensch von Anfang an „in potentia fertig"[217] sei.

In diesem gedanklichen Kontext ist auch der Begriff der Beseelung zu verstehen, der besonders im katholischen Raum als das entscheidende Merkmal des Menschseins bewertet wurde, wobei in der Moraltheologie stets strittig blieb, ob eine Simultan- oder eine Sukzessivbeseelung anzunehmen sei.[218] Anders als die zeitgenössische Kritik dieses Begriffs vermuten lassen könnte, orientierte er sich durchaus an biologischen Daten wie Befruchtung und genetischer Determination.[219] Indem die „Geistseele von Anfang an als das Gestaltungsprinzip des Leibes" interpretiert wurde,[220] knüpfte die Lehre von der Beseelung an die naturwissenschaftlich begründete Auffassung von der im Erbmaterial der befruchteten Eizelle beschlossen liegenden Entelechie des Lebewesens an. Romano Guardini erläuterte diesen Zusammenhang, indem er den „Organismus" als eine unzertrennbare Einheit zweier Strukturgestalten definierte: die beiden Elemente jener Einheit seien einerseits die „Baugestalt", die Gleichzeitigkeit, in welcher sich verschiedene Gebilde zu einer Gesamtstruktur zusammenfügten. Das heißt, daß jedes Einzelmoment von vornherein auf das Gesamtgefüge hin geformt sei. Das andere Element bestehe in der „Werdegestalt", in dem Nacheinander der zu durchlaufenden Stadien, deren Phasen auf das Ganze der durch die Baugestalt determinierten Entwicklungsfolge hingeordnet seien. Daß diese beiden Elemente eine unzertrennbare Einheit bildeten, daß also auch schon der Embryo ein Mensch

---

213 Wertenbruch S. 200.

214 Naujoks/Wolf S. 41.

215 Engelhardt S. 134; Wertenbruch S. 199f; Häring: Gesetz S. 1008; Martini S. 342; Seelig S. 93.

216 Hirschmann: Beurteilung S. 71; Giesen: Grundsätzliches S. 11; Guardini S. 26; Jores S. 51.

217 Gritschneder: Du sollst nicht töten! o. S.

218 Siegmund: Beseelung Sp. 294; Pilz Sp. 96; „Um den § 218". In: P v. 9. Februar 1972; „Abtreibung: Von 200 eine". In: S v. 23. November 1960.

219 Niedermeyer S. 130f.; Otto B. Roegele: „Die Stimme des Arztes: Gedanken zum § 218". In: RhM v. 12. April 1947; I. Morgan: „Paragraph 218". In: P v. 16. Februar 1947; Stelzenberger S. 233.

220 Häring: Gesetz S. 1008.

sei, begründete Guardini mit dem Argument, daß „jedes Element vom Ganzen her bestimmt ist und umgekehrt das Ganze jedes Elements bedarf."[221]

Als die in der Diskussion weithin verwendeten Synonyme der „Beseelung" können die Derivate der Begriffe „Individuum" und „Person" gelten, die später, wie noch gezeigt wird,[222] den Terminus „Beseelung" auch aus der moraltheologischen Auseinandersetzung über Fragen der Hominisation verdrängten. Beide Begriffe gewannen eine bis in die siebziger Jahre hinein wachsende Bedeutung als zentrale Kriterien für das Menschsein und die Schutzwürdigkeit des ungeborenen Lebens. Der Auffassung, das ungeborene Leben sei bereits ab der Befruchtung einzigartiges und mithin individuelles Leben,[223] ist bis zum Beginn der sechziger Jahre kaum widersprochen worden. Gleiches gilt für die aus der Individualität abgeleitete Anschauung, daß dem Ungeborenen auch eine Personqualität zukomme.[224]

b) Die Negation der Persönlichkeitsrechte des ungeborenen menschlichen Individuums

Seit dem Ende der fünfziger Jahre wurden allerdings Einwände laut, die mit unterschiedlichen Argumenten bestritten, daß die auch von ihren Kritikern nicht a priori geleugnete Personalität des ungeborenen Lebens rechtlich geltend gemacht werden könne. In diesem Sinne äußerte sich der evangelische Theologe Prof. Karl Janssen (Münster) in einem 1960 in der Zeitschrift für Evangelische Ethik veröffentlichten Aufsatz, der eine lebhafte Kontroverse auslöste.[225] Janssen räumte ein, daß man im Ungeborenen vor dem Hintergrund des Rechtsbewußtseins wie auch der „menschlichen Tatsachen" kaum etwas anderes als einen Menschen sehen könne. Er bestritt aber, daß es damit schon „in rechtlicher und sozialer Hinsicht" als „rechtsfähige Person" zu qualifizieren sei, indem er ein Argument anführte, das in der späteren Auseinandersetzung bis in die siebziger Jahre hinein zentrale Bedeutung gewann: ausgehend von der Behauptung, daß die Tatsache der Vergewaltigung auch die Personqualität des aus ihr hervorgegangenen Lebens verändere, entwickelte Janssen eine Argumentation, die das Selbstbestimmungsrecht der Frau auf ein Verfügungsrecht über das Kind ausdehnte. Während in patriarchalischen Gesellschaftsformen die Frau nur eine „‚passive Kausalität' des menschlichen Lebens" gewesen sei, habe sich durch das Partnerschaftsverhältnis der Gegenwart auch ein Wandel in der Qualität der Mutterschaft eingestellt. Diese vollziehe sich nun „als eigene Aktivität der Frau, als Tat, nicht mehr als mehr oder weniger passive Hinnahme eines männlichen Zeugungsaktes."[226]

221 Guardini S. 24f.

222 Vgl. S. 307ff.

223 Mahr S. 103; Peters: Juristen S. 37; Loeffler S. 2066; Guardini S. 13; Martini S. 342.

224 Ebd. S. 17f.; Koch, H.-J. S. 2294; Wertenbruch S. 199f.; Martini S. 344; Mayer: Persönlichkeit S. 900ff.; Heinrich S. 3; Jores S. 51.

225 Janssen S. 65ff.

226 Ebd. S. 68.

Von daher folgerte der Verfasser, daß die Personqualität des ungeborenen Menschen eingeschränkt sei, um für die Frau die Möglichkeit zu reklamieren, „von dem Bestimmungsrecht über die eigene Person" Gebrauch zu machen.[227] Das vom Verfasser gewählte Ausgangsproblem, nämlich die aus der Vergewaltigung herrührende extreme Notlage der Frau, erweist sich bei näherer Betrachtung als Anlaß, nicht aber als unbedingt konstitutive Bedingung für seine Überlegungen. Denn diese würden schließlich auch dann greifen, wenn die Ablehnung der Schwangerschaft von seiten der Frau durch andere Gründe motiviert wäre. Tatsächlich liegt hier eine Argumentation vor, die – unter Berufung auf eine emanzipatorisch angelegte Gesellschaftskritik – die Personqualität des ungeborenen Menschen, die grundsätzlich nicht bezweifelt wird, dem Selbstbestimmungsrecht der Frau unterordnet.

Zu ähnlichen Ergebnissen gelangte aufgrund ganz anderer Überlegungen Bundesrichter Ludwig Martin, der sich die Auffassung zu eigen machte, daß dem Ungeborenen eigene Persönlichkeit nur deshalb nicht zuerkannt werde, weil es „noch nicht ‚unabhängig vom Leben der Mutter in menschlicher Weise lebt'".[228] Da indessen nicht näher definiert wurde, was „in menschlicher Weise" bedeutet und da im Kontext das Ungeborene ausdrücklich als „eigenständiges Lebewesen" und als „Mensch" bezeichnet wurde, geriet die Frage, ob der Mensch noch im Körper der Mutter oder schon außerhalb dessen lebt, zum entscheidenden Kriterium dafür, ob ihm eine Personalität „zuerkannt" wird oder nicht. Um den Menschen selbst, um das Wesen des Ungeborenen, ging es im Grunde gar nicht. Auf den Punkt gebracht bedeutet dies, daß für die Zuerkennung der Personalität an einen Menschen nicht ausschlaggebend ist, ob beziehungsweise wann er ein Mensch ist, sondern *wo* er es ist.

Dies ist rechtspositivistisch argumentiert. Denn die Meinung, daß die Existenz der Personalität eines Menschen davon abhänge, ob er geboren sei oder nicht, wird nicht mit naturwissenschaftlichen Argumenten begründet. Sie wird in Anknüpfung an ein durch Überlieferung etabliertes juristisches Begriffsverständnis, demzufolge das Leben des Menschen mit der Geburt beginne, behauptet. Dieses Verständnis beruht auf einer Tradition, der stoische Vorstellungen über das ungeborene Leben zugrundeliegen, die über das römische Recht Eingang in die deutsche Rechtsgeschichte fanden. Ihre Rudimente haben, wie noch zu zeigen sein wird, bis in die Gegenwart ihren Einfluß auf das positive Recht und die juristische Diskussion behalten.

Die Frage der Person- und damit der Menschqualität war in den fünfziger Jahren im Rahmen der Vorarbeiten zur geplanten Strafrechtsreform Gegenstand der Beratungen der mit dem Entwurf eines Strafgesetzbuches befaßten Sachbearbeiter des Bundesjustizministeriums. Dabei ging es um die Frage, ob die Vorschläge der Großen Strafrechtskommission zur Regelung des Notstandes der „Konvention der Menschenrechte und Grundfreiheiten" vom 4. November 1950, die in der Bundesrepublik 1953

227 Ebd. S. 70.
228 Martin, L. S. 468.

in Kraft getreten war, entgegenstünden.[229] Die Sachbearbeiter prüften im einzelnen, inwieweit die Abtreibung aus medizinischer Indikation und die Perforation, das heißt die Tötung des Kindes während der Geburt zur Rettung des Lebens der Mutter, eine Tötungshandlung darstelle und insofern mit der Konvention nicht vereinbar sei.

Die Ministerialbeamten bejahten in beiden Fällen das Vorliegen einer Tötungshandlung, hielten zumindest aber die Abtreibung für vereinbar mit der Konvention, weil diese, „wie sich schon aus dem Wort ‚everyone‘ (‚personne‘) in Abs. 1 Satz 1 ergibt, die (fertige) menschliche Person und nicht die Leibesfrucht schützt.“ Warum die Leibesfrucht keine menschliche Person sei, wurde von den Juristen nicht zu begründen versucht; in dem in Klammern eingefügten Attribut „fertige“, das von den Bearbeitern ebenfalls nicht erläutert wurde, wird man einen rechtfertigenden Hinweis auf die grundlegende Reichsgerichtsentscheidung aus dem Jahr 1927 erkennen sollen. Dieser Hinweis stützt die vorgetragene Argumentation sachlich allerdings nicht, da die offenbar angesprochene reichsgerichtliche Entscheidung ebenfalls darauf verzichtet hatte, ihren an zentraler Stelle eingeführten Begriff des „fertigen“ Menschen zu begründen.[230]

Die Vermutung, daß die Sachbearbeiter des Justizministeriums in diesem Zusammenhang vom angestrebten Ziel, namentlich der gesetzlichen Zulassung zumindest der medizinischen Indikation, her argumentierten, wird durch die Stellungnahme der Ministerialbeamten zur Perforation bestätigt. Denn das in der Geburt befindliche Kind wurde von den Sachbearbeitern, in Übereinstimmung mit der herrschenden juristischen Meinung, „als (fertiger) Mensch und nicht als Leibesfrucht“ angesehen. Nichtsdestoweniger hielten sie die Perforation mit der Menschenrechtskonvention für vereinbar, „wenn man – entgegen dem deutschen strafrechtlichen Sprachgebrauch – auch das Kind in der Geburt noch nicht unter den Begriff ‚everyone‘ (‚personne‘) einordnen müßte.“

Rechtliche Regelungen und Bewertungen werden hier nicht primär ausgehend von den diesen Regelungen zugrundeliegenden, zum Teil naturwissenschaftlich nachprüfbaren Tatsachen vorgenommen, sondern in Anlehnung an tradierte, obgleich nicht wirklichkeitsadäquate juristische Setzungen. Dabei kann es nicht nur geschehen, daß den traditionell etablierten rechtsdogmatischen Aspekten ungeachtet ihrer sachlichen Fragwürdigkeit ein Vorrang gegenüber zwar naturwissenschaftlich fundierten, aber im Ergebnis unerwünschten Erwägungen gegeben wird. Wie das zuletzt genannte Beispiel darüber hinaus zeigt, läßt sich eine Bereitschaft beobachten, im Interesse des angestrebten juristischen Regelungserfolgs unangenehme Tatsachen nicht nur nicht zur Kenntnis zu nehmen, sondern sie durch eine – gelegentlich semantisch konstruierte – Fiktion zu ersetzen.

In diesen Zusammenhang gehört die gleichfalls in der Großen Strafrechts-

229 Dies und das Folgende nach: GStRK Ns. Umdruck J 15 Anhang Nr. 26 2 S. 81–83.
230 Vgl. S. 16f.

kommission geführte Diskussion um den Vorschlag, für die medizinisch indizierte Abtreibung das Vorliegen der Tatbestandsmäßigkeit der Abtreibung zu verneinen, um den den Eingriff ausführenden Arzt nicht „als einen bloß ‚gerechtfertigten Abtreiber'" darstellen zu müssen.[231] Diese Debatte steht in der historischen Kontinuität der in der Rechtswissenschaft seit langem geführten Auseinandersetzung über die Frage, ob die angestrebte strafrechtliche Regelung der medizinischen Indikation auf dem Wege eines Tatbestandsausschlusses oder durch die Einführung eines Rechtfertigungsgrundes verwirklicht werden solle. Von den Befürwortern dieses Regelungsvorschlags wurde zur Begründung angeführt, daß bei einem komplexen Rechtsgut „auf den sozialen Sinn" der Handlung abgestellt werden müsse.[232]

Dieser Auffassung lag die Ansicht zugrunde, daß es möglich sei, „Sachverhalte nicht nur als Naturvorgänge", das heißt, nicht als das, was sie positiv tatsächlich sind, zu beurteilen.[233] Dieser Vorschlag begnügte sich nicht damit, daß eine Tötung im Rahmen der medizinischen Indikation gerechtfertigt wäre, sondern forderte, daß eine Tötung unter Umständen keine Tötung im Sinne des Gesetzes sein dürfe. Im Kern ist hier nicht die positive Existenz einer Tatsache die Bedingung für deren Akzeptanz, sondern die Motivationen, die die Ursachen des Zustandekommens dieser Tatsache beeinflußt haben. Die Kommission widmete der Diskussion über diesen Vorschlag beachtlichen Raum, lehnte ihn schließlich mit großer Mehrheit ab und brachte damit zum Ausdruck, daß sie jede Abtreibung, auch in rechtlicher Hinsicht, als Tötung betrachtete.

Die Einsicht in die Methode der juristischen Beurteilung öffnet den Blick für das Spannungsverhältnis zwischen naturrechtlichem und rechtspositivistischem Denken. Die Naturrechtslehre behauptet, daß bestimmte Normen sittlich und rechtlich unabhängig von der Aufnahme in das positive Recht gültig seien. Der Mensch komme nicht

---

231 GStRK Ns. 69 Si. v. 5. März 1958 7 S. 118.

232 Prof. Lange (GStRK Ns. 69. SitzgV. 5. März 1958 7 S. 119); Prof. Schmidt führte zur Begründung aus, er habe nie behauptet, „daß bei einer ärztlichen Schwangerschaftsunterbrechung die Leibesfrucht nicht abgetötet werde. Dies ist mit der Typenkorrektur selbstverständlich niemals gemeint gewesen. Vielmehr bedeutet sie, daß gewisse Tatbestände, die soziale Sinneinheiten erfassen und bewerten, auf Sinneinheiten von ganz anderer Art nicht anwendbar sein sollen, auch wenn die Kausalabläufe die gleichen sind. Es wird hier nicht irgendetwas fingiert, sondern es geht darum, den Sinn des Gesetzes richtig zu erfassen. Es werden nicht Tatsachen durch ein gesetzgeberisches Dekret seinswidrig geleugnet, sondern es wird die Möglichkeit einer außerordentlich verschiedenartigen Sinnbedeutung behauptet, die bei Handlungen gegeben sein kann, die sich als Bedingungen zum Eintritt eines Erfolges (Tod der Leibesfrucht) erweisen. Natürlich bewirkt der eine Schwangerschaft unterbrechende Arzt den Tod der Leibesfrucht genauso, wie das die abtreibende Engelmacherin auch tut. Aber die Schwangerschaftsunterbrechung, zu der sich der Arzt aufgrund alles dessen entschließt, was ihm ärztliches Wissen und ärztliche Pflichten befehlen, ‚ist' etwas anderes als das, was die Engelmacherin tut. Deshalb darf nicht nur, sondern muß das Gesetz sagen, daß ärztlich gebotene Schwangerschaftsunterbrechung nicht ‚Abtreibung' im Sinne des Gesetzes ist" (Ebd. S. 120).

233 Prof. Gallas (Ebd. S. 129).

zufällig und sekundär zu seinem Recht, zum Beispiel zu seinem Recht auf Leben, sondern das Rechte-Haben sei in einem ursprünglichen Im-Recht-Sein begründet, das vor allem aus einer Ursache resultiert: aus der rein physischen Existenz des Menschen.[234]

Dem rechtspositivistischen Denken liegt demgegenüber die Lehre[235] zugrunde, daß es allein beim Staat liege, ob und wie er von seinem Vermögen der Rechterzeugung Gebrauch mache und daß, wenn die Rechtsperson demnach ein Geschöpf des staatlichen Willens sei, dieser ihr auch zugleich Anfang und Ende setzen müsse. Auch darin gebe es keine Bindung an natürliche Tatsachen, „sondern nur das Faktum der positiven Entscheidung." „Sie könnte auch anders lauten. Für die herrschende Rechtslehre liegt darin kein Problem der wissenschaftlichen Erkenntnis, sondern nur die Frage, ob es ‚rechtspolitisch' zweckmäßig war, diesen Zeitpunkt zu wählen." Wenn das positive Recht daher vom ‚Menschen' spreche, so verstehe es darunter nicht das natürlich-wirkliche Wesen Mensch, sondern den Menschen im Rechtssinne, dessen Begriff es selber aufstelle, das heißt „in Wahrheit eine begriffliche Fiktion."

Zwar gelten diese Aussagen im engeren Sinne besonders für den § 1 BGB, anderen Gesetzen kann ein abweichender Menschenbegriff zugrundeliegen. Prinzipiell ist aber kein Grund zu sehen, warum der Gesetzgeber von der ihm durch diese Theorie zugebilligten Möglichkeit, sich mit ihm zweckmäßig erscheinenden Fiktionen über das Natürlich-Wirkliche hinwegzusetzen, nicht auch in anderen Rechtsbereichen Gebrauch machen sollte. Daß eine Bereitschaft hierzu unter den Juristen in bezug auf den § 218 StGB tatsächlich bestand, ist oben mit Blick auf das Reichsgerichtsurteil aus dem Jahr 1927 bereits gezeigt worden und wurde auch in den Verhandlungen der Großen Strafrechtskommission an verschiedenen Punkten deutlich erkennbar; man wird diese Bereitschaft nicht zuletzt auf die Ausstrahlung jenes rechtspositivistischen Denkens zurückzuführen haben.

2. Veränderte Anschauungen über den Beginn der menschlichen Existenz

a) Die Negation des Menschseins ungeborenen Lebens

Von der herrschenden Auffassung, daß die Abtreibung grundsätzlich als Tötung einer individuellen menschlichen Persönlichkeit zu bewerten sei, muß die Ansicht einer sehr kleinen Minderheit unterschieden werden, die das ungeborene Leben zumindest für einen bestimmten Zeitraum seiner Embryonalentwicklung nicht als menschliches Leben beziehungsweise nicht als Menschen und die Abtreibung folglich nicht als

234 Müller/Halder S. 205f.

235 Als solche qualifiziert und wie im folgenden dargestellt bei: Naujoks/Wolf S. 51ff.

Tötung betrachtete. Die für diese Ansicht vorgetragenen Begründungen widersprachen, obwohl gelegentlich auch von Ärzten und Medizinprofessoren vorgetragen, medizinisch unstrittigen Tatsachen.[236]

Auch wurde – wie schon in der Auseinandersetzung in der Weimarer Republik – eine Drei- beziehungsweise Viermonatsgrenze gefordert, sei es für eine Aufhebung des § 218 StGB, sei es für die Zulassung der sozialen Indikation innerhalb dieser Frist.[237] Diese Forderung läßt indessen keine Rückschlüsse auf das Menschenbild der Befürworter einer solchen Frist zu. Insbesondere besagt die Frist nichts darüber, ob das Ungeborene bis zum Ablauf einer solchen Frist noch nicht als Mensch angesehen wurde. Anthropologische Begründungen sind für diese Frist nicht gegeben worden.

Ebensowenig ließ sich die Große Strafrechtskommission, welche die Frage der Fristen im Zusammenhang mit der vorgesehenen kriminologischen Indikation erörterte, bei der Festsetzung der Frist von anthropologischen Gesichtspunkten leiten. Zur Debatte standen die Einführung einer Drei- oder einer Fünfmonatsfrist, innerhalb derer die von einem Arzt vorgenommene Abtreibung einer durch ein Vergewaltigungsverbrechen entstandenen Schwangerschaft unter besonders geregelten Voraussetzungen straffrei sein sollte.[238] Die Frage der anthropologischen Qualität des ungeborenen Lebens ist in dieser Diskussion nicht angesprochen worden.

Ausschlaggebend für die Überlegungen der Kommission, die sich am Ende für die Fünfmonatsfrist entschied, waren ausschließlich verfahrenstechnische Gründe. Eine besondere Bedeutung maßen die Kommissionsmitglieder der zunehmenden Gefährdung der Gesundheit der Schwangeren bei einem nach dieser Frist vorgenommenen Eingriff zu. Der Tenor der Verhandlungen begründet die Vermutung, daß die Kommission, wenn das Gesundheitsrisiko ein geringeres gewesen wäre, grundsätzlich auch einen noch späteren Abtreibungstermin akzeptiert hätte. Tatsächlich bedeutete diese 20-Wochen-Regelung mindestens eine 24-Wochen-Frist und reichte damit in den Bereich der Lebensfähigkeit des Fötus außerhalb des mütterlichen Körpers hinein.

Denn abgesehen von den medizinischen Schwierigkeiten der genauen Bestimmung eines Schwangerschaftsalters sah der § 166 des nach erster Lesung erstellten Entwurfs schließlich folgendes vor: die Tötung der Leibesfrucht durch einen Arzt

---

236 Zu diesen Stellungnahmen ist die These zu rechnen, der Tötungsvorwurf könne in Beziehung auf die Abtreibung nicht aufrecht erhalten werden, weil ein Wesen, das noch nicht geatmet habe, noch nicht gelebt habe und deswegen auch nicht „Person im menschlichen Sinne" sei, ohne daß dieses Kriterium definiert würde (GUNDERT: Gedanken S. 4; daß das Ungeborene bis zum siebten Monat nicht lebe, behauptete: SCHILF S. 25f.); desgleichen auch die Unterscheidungen zwischen ungeborenem und geborenem Leben, die – ohne weitere Begründungen zu geben – sich auf die gemutmaßte fehlende „körperliche Empfindung" oder die Differenzierung zwischen der Existenz „bestehenden und keimenden Lebens" beriefen (EBD.; REIFENBERG S. 7).

237 SCHILF S. 26; Fritz GEISHARDT (stellvertretender Leiter des Berliner Hauptsozialamtes): „Indikationen zwecklos". In: T v. 9. März 1947; (Zentralverwaltung für das Gesundheitswesen in der SBZ): " Zur Zeitgeschichte". In T v. 9. Januar 1947; ZILLMER S. 2100.

238 Dies und das Folgende nach: GStRK Ns. 70 Si. v. 6. März 1958 7 S. 147f.

sollte neben anderen Voraussetzungen dann nicht strafbar sein, wenn „seit dem Ende des Monats, in den der Beginn der Schwangerschaft fällt, nicht mehr als zwanzig Wochen verstrichen sind.“[239] Daß die Bearbeiter der Frage nach der anthropologischen Qualität des ungeborenen Lebens in diesem Zusammenhang nur eine nachrangige Bedeutung zollten, geht zudem aus der Anmerkung zu dieser Bestimmung in einer Fußnote hervor: „Die Dauer der Frist ist nach Anhörung von Sachverständigen nachzuprüfen.“[240] Offenkundig war diese Anhörung bis zur Veröffentlichung des Entwurfs noch nicht erfolgt.

Demgegenüber gab es auch solche Unterscheidungsansätze, die an biologische Daten anknüpften und die die Lebensfähigkeit des Ungeborenen außerhalb des mütterlichen Körpers zum entscheidenden Kriterium für die anthropologische Qualität erklärten.[241] Die wertmäßige Unterscheidung zwischen geborenem und ungeborenem Leben aufgrund der Lebensfähigkeit beschränkte sich indessen auf den bloßen Hinweis des biologischen Faktums der Lebensfähigkeit, ohne zu begründen, warum sich aus diesem Faktum eine unterschiedliche Wertigkeit ableiten lasse. Wenn Begründungen gegeben wurden, entpuppte sich nicht die Lebensfähigkeit des Kindes, sondern die ab diesem Schwangerschaftsstadium besonders hohe gesundheitliche Gefährdung der Mutter bei einer Abtreibung als der eigentliche Grund für die getroffene Unterscheidung.[242] Das besagt aber ebenso wie das Kriterium der Lebensfähigkeit außerhalb des mütterlichen Körpers nichts über das Wesen des Ungeborenen und auch nichts über die Begründung der behaupteten Wesensverschiedenheit.

b) Soziale Konventionen als Konstituens der Menschwerdung

Seltener, aber von grundlegender Bedeutung für die Richtung der künftigen Diskussion, waren Überlegungen, welche die rechtlich relevante Zuerkennung der anthropologischen Qualität „Mensch“ von dem Niveau der beobachtbaren geistigen Aktivität des menschlichen Lebewesens abhängig machten. In diesem Sinne vertrat der Marburger Kantianer Julius Ebbinghaus Ende der fünfziger Jahre die These von der „rechtlichen Absurdität der Personifizierung des partus nondum editus“.

Die Prämisse dieser Behauptung lag in der Definition des Menschen durch Ebbinghaus: Ob ein Wesen ein Mensch sei, bestimme sich durch seine Fähigkeit, aufgrund seines Willens, das heißt, mit der „Fähigkeit eines lebenden Wesens zur vernünftigen

239 GStRK Ns. Anhang B, Entwurf eines Strafgesetzbuchs nach den Beschlüssen der Großen Strafrechtskommission in erster Lesung zusammengestellt und überarbeitet vom Bundesministerium der Justiz (E 1959) 12 S. 596.

240 Ebd. Fn. 2.

241 Schilf S. 26; Rech S. 26.

242 Mikulicz-Radecki S. 132.

Bestimmung seines Handelns“, zu agieren.[243] Das Ungeborene Leben habe einen solchen Willen aber nicht. Denn als bewiesen könne gelten, „daß kein Wesen, das vom Leben eines anderen Wesens im ganzen Umfange seiner Lebensmöglichkeit abhängig ist“ – dies gelte für das Ungeborene als „mulieris portio vel viscerum“ –, „einen Willen haben kann.“[244] Da außerdem empirisch nicht feststellbar sei, ab wann ein Wesen nach einem Willen handele, müsse ein zweifelsfreies Kriterium gefunden werden. Dies sei die Geburt.

Indem sie die biologischen Sachverhalte ausblendete, führte diese Argumentation mit dem Begriff des Willens ein metabiologisches Kriterium ein, das seinem Wesen nach eine nicht aus dem biologischen Sachverhalt selbst resultierende Setzung ist. Ebbinghaus rechnete zwar unterschwellig mit der Inkompatibilität von biologischen Tatsachen und angestrebtem Ergebnis, denn er räumte ein, daß der Zeitpunkt, von dem an das propagierte Kriterium des Willens erfüllt sei, nicht mit der behaupteten Zäsur der Geburt übereinstimmen müsse. Diese Friktion überbrückte er durch eine neue Setzung, die als Kriterium des Menschseins ihrem Charakter nach eine soziale Konvention ist, namentlich durch die Vereinbarung des Kriteriums „Geburt“.

Diese Überlegungen weisen Tendenzen auf, die in der Diskussion bis 1960 in dieser Deutlichkeit nicht hervorgetreten waren und die auf die Auseinandersetzung seit der zweiten Hälfte der sechziger Jahre bestimmenden Einfluß gewonnen haben: die anthropologische Bewertung orientierte sich nicht primär an biologischen Sachverhalten, sondern an mit diesen nicht unmittelbar zusammenhängenden ideologischen Kriterien; wo diese Kriterien in ein Spannungsverhältnis zu den biologischen Sachverhalten traten, bestand die Bereitschaft, sich über letztere zugunsten der ersteren hinwegzusetzen.[245]

Solche Tendenzen zur Neudefinition des Menschen haben die herrschende Auffassung in den vierziger und fünfziger Jahren zunächst kaum beeinflußt. Diese betrachtete

243 Ebbinghaus: Rechtsfähigkeit S. 40 u. 46; Dieselbe Argumentation auch in: Ders.: Lebensrecht S. 93ff.; neben dem „Willen“ nannte Ebbinghaus als ein weiteres Kriterium ein Merkmal, das in der Diskussion der sechziger Jahre in der Gestalt des „Bewußtseins“ im selben Zusammenhang zentrale Bedeutung erlangte: das Ungeborene sei kein vollwertiger Mensch, da es „sich selbst nicht kennt“ (Ebd. S. 39); eine ähnliche Argumentation bei: Roth-Stielow S. 9: „Jeder Mensch ist Mensch kraft seines Geistes, der ihn abhebt von der unpersönlichen Natur und ihn aus eigener Entscheidung dazu befähigt, seiner selbst bewußt zu werden, sich selbst zu bestimmen sowie sich und die Umwelt zu gestalten.“

244 Ebbinghaus: Rechtsfähigkeit S. 40.

245 Ebbinghaus hielt es im übrigen für „das unzweifelbare Recht“ des Staates, „‚mit Rücksicht auf seine Selbsterhaltung‘“ die Abtreibung unter Strafe zu stellen. Auch sei nicht einzusehen, warum der Staat nicht zu einem „Notmittel“, nämlich zum „Zwang auf ein bestimmtes Kindersoll für zeugungsfähige Ehegatten“ greifen können solle. Der legitime Zwang, den man der Frau zum Gebären auferlege, sei etwas ganz anderes als der Zwang zum Austragen nicht gewollten Lebens, da man der „Frau nur dasjenige abfordert, was in vollem Einklange mit ihrer Bestimmung als Mensch sehr wohl Gegenstand ihres eigenen Willens sein kann“ (Ebbinghaus: Lebensrecht S. 94).

die Zeugung als den Beginn des Lebens eines Menschen und lehnte äußere Kriterien als willkürlich gesetzt ab.[246] Dieser Überzeugung entsprach es, daß auch für das Ungeborene die Unantastbarkeit des in sich selbst begründeten Eigenwertes des Lebens, dessen Menschenwürde und Menschenrechte, beansprucht wurden.[247]

3. Der Standpunkt der evangelischen und der katholischen Kirche in Deutschland

Diese Überzeugungen bildeten zugleich die Grundlagen für die Haltung, die die beiden großen christlichen Glaubensgemeinschaften in Deutschland der Abtreibung gegenüber einnahmen. Die beiden Kirchen haben nach 1945 bis in die siebziger Jahre eine im ganzen einheitliche und nur in Marginalien voneinander unterscheidbare Position gegenüber der Abtreibung vertreten. Sowohl in der evangelischen als auch in der katholischen Kirche wurden alle Indikationen zum künstlichen Abort entschieden abgelehnt. Eine Ausnahme von diesem Verdikt bildete die medizinische Indikation, die, sofern es sich um die – freilich seltene – Ausformung der vitalen Indikation handelte, im kirchlichen Raum außerordentlich unterschiedlich beurteilt wurde.[248] Obwohl beide Kirchen in ihren offiziellen Verlautbarungen die medizinische Indikation nicht billigten, haben sie zu keinem Zeitpunkt in irgendeiner autorisierten Stellungnahme ein strafrechtliches Verdikt des therapeutischen Aborts gefordert. Diese Gemeinsamkeit beruhte auf dem Grundsatz der Unantastbarkeit des Lebensrechtes eines jeden Menschen, dem dieses Recht allein kraft seiner Existenz zukomme. Stärker als in späteren Jahrzehnten wurde im kirchlichen Raum die Unantastbarkeit des

246 Markant und im ganzen repräsentativ für die zeitgenössische Meinung: NAUJOKS/WOLF S. 146: „Der Mensch lebt und ist Mensch, sobald die Lebenstätigkeit als solche begonnen hat. Jedes Erfordernis, das mehr als einen lebenden Menschen (nämlich darüber hinaus besondere ‚Zeichen' oder einen bestimmten Grad der Entwicklung) verlangt, führt dazu, Menschen, die dem nicht genügen, vom Begriff ihrer selbst und von der Rechtsfähigkeit auszuschließen. ‚Beseeltheit', ‚Lebensfähigkeit', ‚Herzschlag', ‚Geborensein', ‚Atmung' können daher nicht entscheidend sein. Wesen und Sein des Menschen hängen nicht vom ‚Wie', sondern allein vom ‚Was' ab. Jede abweichende Auffassung ist Willkür, die ebensogut die Volkszugehörigkeit, Weltanschauung oder politische Haltung, die Rasse, Religion oder Konfession zum entscheidenden Merkmal erklären kann."

247 PETERS: Juristen S. 38; DINTER S. 307; Konrad LEGAT: „Avantgardisten des Todes? Zur Auseinandersetzung um den § 218". In: RhM v. 8. März 1947; AICH S. 6; FRANKEN: Gesichtspunkte S. 26; GUARDINI S. 17f.; WRAGE S. 108f.; FRANKEN: Berücksichtigungen S. 147; BECKER, W.: Schwangerschaftsunterbrechung S. 107; SPIEGLER: Schwangerschaftsunterbrechung S. 299; WOLFFSON: Gutachterstelle S. 48; FECHT: Arzt S. 58; HEINRICH S. 7; SCHMIDT, E.: § 218 S. 207; FISCHER, Jos. S. 10; PILZ Sp. 98; LOEFFLER S. 2066; I. MORGAN: „Paragraph 218". In: P v. 16. Februar 1947.

248 EBD.; AMMANN S. 10; LANDESKIRCHENRAT S. 72; BARTH S. 479f.; KIRCHLICHE OSTKONFERENZ S. 240; FRUHSTORFER S. 10f.; HARTMANN S. 266ff.; HEINRICH S. 11; HIRTENBRIEF S. 237; STRATENWERTH: Gebot S. 321; DERS.: Tötung S. 60; UEBLER: Schutz S. 4; WENZEL: § 218 S. 1f; NIEDERMEYER S. 161ff.; ALGERMISSEN S. 25.

Grundrechts auf Leben mit dem Hinweis auf die Gottunmittelbarkeit des Menschen und dem daraus folgenden Tötungsverbot begründet.[249]

Zu dieser transzendenten und mithin menschlichem Zugriff entzogenen Verankerung der Grundrechte sahen sich die Kirchen besonders durch die Erfahrungen mit den zeitgenössischen Ausformungen des totalitären Materialismus verpflichtet.[250] Diese Überzeugung ist, wie noch zu zeigen sein wird,[251] bis zu der Auseinandersetzung in den siebziger Jahren die Essenz der kirchlichen Aussagen zum Thema Abtreibung geblieben.[252] Einige der – sehr seltenen – protestantischen Kritiker eines durchgängigen Abtreibungsverbots haben sehr genau erkannt, daß der Kern dieser Argumentation nicht in irgendeinem konfessionsspezifischen Glaubensgrundsatz, sondern in der Bejahung eines transzendent begründeten, vorstaatlichen und damit unantastbaren Grundrechts auf Leben besteht. Konsequenterweise begründeten sie ihre Kritik, indem sie entgegen jeder naturrechtlichen Argumentation die Existenz eines solchen Tötungsverbots grundsätzlich bestritten.[253]

---

249 Ebd. S. 19ff.; Landeskirchenrat S. 71; Kirchliche Ostkonferenz S. 239f.; Fecht: Recht S. 58; Vernichtung S. 3; Heinrich S. 3; Peters: Abtreibung S. 73; Stratenwerth: Tötung S. 51; Uebler: S. 4; Ders.: „Im Kampf gegen den weißen Tod." In: StWB v. 31. August 1974. Theodor Wenzel: „Auszug aus einer Radioansprache". In: NZ v. 9. Oktober 1947; Wurm S. 123.

250 Algermissen S. 26 u. 36f.; Landeskirchenrat S. 71; Guardini S. 10 u. 16f.; I. Morgan: „Paragraph 218". In: P v. 16. Februar 1947; „Um den § 218". In: P v. 9. Februar 1947; Wurm S. 123; Gritschneder: Du sollst nicht töten! o. S.

251 Vgl. S. 204ff.

252 Stellvertretend für eine Fülle solcher Äußerungen aus dem Raum der katholischen Kirche sei hier auf folgende Ausführungen Pius XII. verwiesen: „Inoltre ogni essere umano, anche il bambino nel seno materno, ha il diritto alla vita immediatamente da Dio, non dai genitori, nè da qualsiasi società o autorità umana. Quindi non vi è nessun uomo, nessuna autorità umana, nessuna scienza, nessuna ‚indicazione' medica, eugenica, sociale, economica, morale, que possa esibire o dare un valido titolo giuridico per una diretta deliberata disposizione sopra una vita umana innocente, vale a dire una disposizione, che miri alla sua distruzione sia come a scopo, sia come a mezzo per un altro scopo, per sè forse in nessun modo illecito. (... .) Perciò, quando questa practica ebbe principio, la Chiesa dichiarò formalmente essere contrario al diritto naturale e divino positivo, e quindi illecito, l'uccidere, anche se per ordine della publica autorità , coloro che, sebbene innocenti, ma piuttosto ne divengono un aggravio. La vita di un innocente è intangibile, e qualunque diretto attentato o aggressione contro di essa è violazione di una delle leggi fondamentali, senza le quali non è possibile una sicura convivenza umana" (AAS 18 (1951) S. 838f.; Autorisierte Übersetzung mit Verbesserungen nach dem Original in: Utz/Groner S. 512); vgl. Enzyklika „Casti connubii" v. 31. Dezember 1930: „at quae possit umquam causa valere ad ullo modo excusandam directam innocentis necem? De hac enim hoc loco agitur. Sive ea matri infertur sive proli, contra Dei praeceptum est vocemque naturae: ‚Non occides!'" (Denziger S. 725).

253 Barth S. 479; Oyen S. 138f.

II. Unantastbarkeit oder Wägbarkeit menschlichen Lebens: Die extensive Dynamik des Güterabwägungsdenkens

Der im vorangegangenen dargestellten Überzeugung standen Tendenzen entgegen, bei grundsätzlicher Anerkennung dieser Auffassung in Ausnahmesituationen Unterschiede in der Wertigkeit von Menschenleben anzunehmen. Daß dies möglich sein müsse, war die unterschwellig zum Ausdruck kommende, aber nur selten offen vorgetragene Meinung zahlreicher Ärzte. So weit zu sehen ist, traf dies für den Großteil der Ärzteschaft zu, welche die Abtreibung im übrigen aus den oben dargelegten Motiven grundsätzlich als ethisch verwerflich ablehnte. Dieser häufig in den Quellen beobachtbare Zwiespalt erklärt sich durch das Dilemma, dem sich ein Arzt, der eine Abtreibung aus vitaler medizinischer Indikation vornehmen zu müssen meinte, lange Zeit gegenübergesehen hatte: der unter Umständen zur Rettung des mütterlichen Lebens als notwendig erachtete Eingriff bleibt unter der Prämisse der Gleichwertigkeit von ungeborenem und geborenem Leben eine ethisch nicht zu rechtfertigende Tötungshandlung. Diese Situation erklärt die in den Quellen anklingende, eher intuitiv motivierte und nur sehr selten argumentativ begründete Meinung, das Leben des ungeborenen Kindes sei dem der Mutter gegenüber minderwertig.

Vor dem Hintergrund der weiter oben dargestellten medizinischen Fortschritte verlor dieser Konflikt zwar erheblich an Brisanz, und man könnte bezweifeln, ob sich das Problem nach 1950 in dieser Weise überhaupt noch stellte. Aber indem die Vornahme einer solchen Abwägung menschlichen Lebens grundsätzlich denkbar geworden und in der medizinischen wie juristischen Praxis anerkannt war, wurde ein Abwägungsspielraum eröffnet, der seinem Wesen nach eine extensive Dynamik aufwies. Im Gegensatz zur Darstellung in zahllosen Veröffentlichungen, die sich mit Problemen der medizinischen Indikation beschäftigten, ist diese seit den ersten Ansätzen ihrer rechtlichen Etablierung nie eine reine vitale Indikation gewesen, das heißt nur in solchen Fällen zulässig, in denen eine Gefahr für das Leben der Mutter nicht auf andere Weise abwendbar war. Weder der Entwurf aus dem Jahr 1918 noch das Reichsgerichtsurteil von 1927 ließen die Abtreibung allein dann zu, wenn das Leben der Mutter auf andere Weise nach menschlichem Ermessen nicht mehr erhalten werden könnte, wenn also Leben gegen Leben stand. Sie gestatteten den Eingriff auch dann, wenn eine „Gefahr für Leib oder Leben"[254] beziehungsweise „eine im Sinne des § 224 StGB. schwere Gesundheitsschädigung"[255] gegeben zu sein schien.

Schon aufgrund ihrer juristischen Definition bedeutete die medizinische Indikation zum künstlichem Abort daher nicht nur eine Abwägung von Leben gegen Leben, sondern – wie auch die Untersuchung der medizinischen Praxis gezeigt hat – in

254 RT Anlg. XIII. Legislaturperiode II. Session v. 4. Juli 1918 325 S. 2504–2509 u. S. 2504 (Nr. 1701–2002 u. Nr. 1717 § 1 des Entwurfs).

255 RGSt 61 (1928) S. 255.

der Regel eine Abwägung zwischen der Gesundheit der Mutter und dem Leben des Kindes.

Indessen hat die Betrachtung der medizinischen Usancen darüber hinaus erwiesen, daß die Gefährdung der mütterlichen Gesundheit durch die Schwangerschaft auch dann, wenn die Abtreibung aufgrund einer medizinischen Indikation vorgenommen wurde, keineswegs mit Sicherheit höher sein mußte als die mit den Folgen des Eingriffs verbundenen Risiken. Die dem Quellenzeugnis zufolge in der medizinischen Praxis übliche Abwägung war daher diejenige zwischen einer nach nur unsicher bestimmbaren Wahrscheinlichkeiten gemutmaßten höheren Gefährdung der mütterlichen Gesundheit durch die Schwangerschaft und dem Leben des ungeborenen Kindes.

Daß der durch die medizinische Indikation eröffnete Abwägungsspielraum in der Folge zugunsten immer neuer und weiter gefaßter Kriterien ausgedehnt wurde,[256] ist keine ihrem inneren Prinzip, der Rechtsgüterabwägung, uneigentliche Verfremdung dieser Konzeption, sondern liegt durchaus in deren Logik. Dieser Prozeß läßt sich in den Quellen dort gut nachverfolgen, wo man sich nicht mit der nicht näher begründeten Behauptung, daß das mütterliche Leben höherwertiger sei als das des Kindes,[257] zufriedengab, sondern wo man versuchte, für diese Ansicht Gründe zu finden. Diese Begründungen beriefen sich zunächst auf die Bedeutung der Mutter für die Versorgung der Familie und der übrigen Kinder.[258] Sie verwiesen damit auf die soziale Nutzenfunktion der Mutter, die höher eingestuft wurde als die des ungeborenen Kindes.

Hendrik van Oyen führte zu dem dieser Wertung zugrunde liegenden Denken 1960 in der Zeitschrift für Evangelische Ethik aus: Das Tötungsverbot an schuldlosen Menschen gelte nicht in einem „absoluten, von jeder konkreten Lage gelösten Sinne",[259] und es gebe keine andere Lösung, als das sittlich Gebotene am Wertgehalt der Objekte zu messen, mit denen man es zu tun habe. Menschen gemäß ihrem Wertgehalt zu messen sei zwar merkwürdig: „Aber es läßt sich nicht leugnen, daß wir es im Leben mit ganz bestimmten Sozialbereichen, Institutionen oder Ordnungen zu tun haben, die einen bestimmten Wertgehalt für die Gemeinschaft ausdrücken." Obzwar beiden Menschen, dem geborenen wie dem ungeborenen, die Menschenwürde gleichermaßen eigne, sei unbestreitbar, daß „dem Menschen eine verschiedene Wertstufe zukommt."

---

256 Die Konzeption der medizinischen Indikation liegt noch der in den siebziger Jahren Gesetz gewordenen erweiterten Indikationenregelung zugrunde, die auch die sogenannte kindliche wie auch die Notlagenindikation umfaßt; das Prinzip der Güterabwägung ist gelegentlich auch von Befürwortern der Fristenregelung zur Begründung ihres Modells in Anspruch genommen worden.

257 Goecke S. 124; Philipp S. 2023; Becker, W.: Schwangerschaftsunterbrechung S. 105; Heisler S. 358; Naujoks: Leitfaden S. 2; Ders.: Sterilisierung S. 307; Ders.: Probleme S.85; Ronge: S. 5; Rech S. 14f.; Schilf S. 25f.

258 Binder S. 245f.; Glaus: Indikation S. 98; Hempel S. 196; Meinertz S. 660; Schmidt, E.: § 218 S. 207; Martini/Egenter S. 344.

259 Dies und das folgende nach: Oyen S. 197ff.

Van Oyens Thesen illustrieren die extensive Dynamik dieses Güterabwägungsdenkens in besonders plastischer Weise, denn der Verfasser beschränkte die „Grenzfälle", auf die er seine Theorie der Wertung angewendet wissen wollte, keineswegs auf die Fälle der medizinischen oder der kriminologischen Indikation. Er unterzog das ungeborene Kind weitergehend einem Vergleich mit dem „Wertkomplex" der Institution Ehe und beurteilte deren soziale Wertigkeit in Übereinstimmung mit seinen Prämissen ebenfalls höher als die des Kindes.

Aus der Ansicht, daß ungewollte Kinder eine Gefahr für diese Ehe darstellten und daß jener Gefahr wegen der inneren „Gefährdung der Ehe im stetigen Gebrauch antikonzeptioneller Mittel" nicht durch Empfängnisverhütung zu begegnen sei, leitete er eine Legitimation der Abtreibung als Mittel der Geburtenregelung ab. Van Oyen räumte ein, daß man es hier mit einer „sozialen Indikation" zu tun habe, sah aber für den eine solche Indikation stellenden Arzt keine Schwierigkeit darin, „formal-juristisch den Akt auf Rechnung einer medizinisch-psychiatrischen Indikation" unterzubringen. Am Ende dieser Überlegungen, an deren Anfang die nur für Grenzfälle geforderte soziale Abwägung und Höherbewertung des geborenen Lebens vorgenommen wurde, stand die ebenfalls sozial begründete Höherbewertung eines von Unannehmlichkeiten freien ehelichen Sexuallebens gegenüber dem Lebensrecht des als solchen voll anerkannten Menschen.

Die oben zitierte Veröffentlichung bildet im Vergleich zu anderen Quellen aus jenen Jahren insofern eine Ausnahme, als sie ein besonders anschauliches und kompaktes Beispiel für die argumentative Grundstruktur der extensiven Dynamik des Güterabwägungsdenkens bietet. Ihr gedanklicher Kern, daß es nämlich möglich sei, anhand sozialer Kriterien zwischen minder- und höherwertigem menschlichem Leben zu unterscheiden, war, wie oben bereits gezeigt wurde, für den Vergleich zwischen Mutter und Kind fast schon Allgemeingut. Nicht weniger häufig wurde diese Unterscheidung in den Quellen auch auf eine andere Gruppe angewendet, der man die anthropologische Qualität „Mensch" grundsätzlich nicht absprach: namentlich auf geistig oder körperlich Behinderte.

Romano Guardini warnte kurz nach dem Ende des Nationalsozialismus vor den Auswirkungen der jüngsten historischen Einflüsse auf das Bewußtsein von der Unantastbarkeit des Lebens: Niemand solle zu schnell annehmen, er sei von diesen Einflüssen unberührt geblieben. Die Unbefangenheit, mit der in den Quellen unkritisch von der „Minderwertigkeit" behinderter Menschen, und zwar geborener Menschen, die Rede ist, scheinen dieses Monitum zu bestätigen.[260] Dasselbe gilt für die Disqualifizierung solcher Menschen als „lebensunwert"[261]. Diese Attribute wurden allem Anschein

260 Guardini S. 10; Glaus: Indikation S. 98; Rummel S. 482; Ammann S. 10; Eichler, Willi: Der Paragraph 218 (Manuskript) (AsD I 62 1946–1948 VIII 108); Herr S. 23; Becker, W.: Schwangerschaftsunterbrechung S. 108; Fecht: Arzt S. 15 u. 16; Seelig S. 96; Müller, P.-V. S. 16.

261 Kepp: Frage S. 98; Loeffler S. 2066; Philipp S. 2063; Stock S. 2069; Seelig S. 93; Schmidt, E.: § 218 S. 209; Gesenius S. 773; Feuerprobe S. 183; Naujoks: Sterilisierung S. 310.

nach oftmals beiläufig und unreflektiert verwendet; bei manchen Autoren wird man sogar sicher sein können, daß sie sich von der diesen Begriffen zugrundeliegenden Anschauung distanziert haben würden. Ein markantes Merkmal des zeitgenössischen Meinungsspektums liegt indessen schon allein in der Tatsache, daß diese Begriffe vergleichsweise häufig und an zentralen Stellen intuitiv gebraucht wurden. Man kann aus dieser Beobachtung schließen, daß diese Termini wahrscheinlich – wie die ihnen zugrundeliegenden Vorstellungen – bis zu einem gewissen Grad allgemein akzeptiert waren und daß sie im allgemeinen Bewußtsein nicht als in besonderer Weise diskreditiert galten.

Wo die Gründe der Minderbewertung behinderter Menschen näher erläutert wurden, erwiesen sie sich ausschließlich oder zum mindesten im überwiegenden Maß als soziale Nützlichkeitsaspekte.[262] Dieser Definition zufolge ist die eugenische Indikation in erster Linie eine soziale, oder, wie man sie auch bezeichnet hat, eine gesellschaftliche Indikation.[263] Denn die Gesellschaft bestimmt, den zitierten Quellen zufolge vorwiegend nach Nützlichkeitserwägungen, die Kriterien für die Zuerkennung des Lebensrechts.

Schon in der ersten Hälfte des Untersuchungszeitraums wurden Stimmen laut, die die Anwendung dieser Kriterien auch auf gesunde, aber von einzelnen oder Gruppen in der Gesellschaft unerwünschte Menschen forderten; sei es, weil diese Menschen „kein großer Gewinn für die Menschheit sein" würden,[264] sei es, weil man von ihnen „soziale Insuffizienz" erwartete.[265] Kritiker einer über die Zulassung der medizinischen Indikation hinausgehenden Lockerung des § 218 StGB im allgemeinen und der eugenischen Indikation im besonderen haben diese Bestrebungen wiederholt mit den Massenmorden durch Euthanasie in der Zeit des Nationalsozialismus verglichen.[266]

---

262 Ebd.: Es handele sich um die Frage, „ob es zu verantworten ist, ein Kind zur Welt kommen zu lassen, das infolge ererbter Krankheiten nicht imstande sein würde, körperlich und geistig ein selbständiges und nützliches Leben zu führen, das für die Umgebung eine dauernde Quelle schwerster Sorgen und für die Familie als auch für die Allgemeinheit eine psychische und finanzielle Belastung darstellt"; Eichler, Willi: Der Paragraph 218 (Manuskript) (AsD I 62 1946–1948 VIII 108): die ihrem Kontext nach eugenische, von Eichler aber als soziale Indikation bezeichnete Anzeigestellung liege vor, wenn „das zu erwartende Kind entweder ein untaugliches Mitglied der Gesellschaft sein wird, oder dass die sozialen Verhältnisse seiner nächsten Umgebung so sein werden, dass aller Wahrscheinlichkeit (sic) für dieses Kind und andere aus seiner Geburt nur Übles erwachsen würde"; siehe auch: Müller-Hegemann: Theoretische Grundlagen S. 250; Stoltenhoff S. 266 u. 273; Müller-Hegemann/Riepenhausen/Stoltenhoff S. 274; Matzen S. 622; Müller-Hegemann: Die psychiatrisch-neurologischen Indikationen S. 241.

263 Reifenberg S. 7.

264 Warum? S. 24.

265 Indikationen S. 599.

266 Ditfurth S. 348ff.; Konrad Legat: „Avantgardisten des Todes? Zur Auseinandersetzung um den § 218". In: RhM v. 8. März 1947; Strasser S. 21; Dinter S. 306; Herbert Wendel: „Heiligkeit des Lebens". In: T v. 9. März 1947. Reifenberg S. 7; Aich S. 6; Giesen: Grundsätzliches S. 12; Guardini S. 12; Mahr S. 103; Lönne S. 1381; Schmidt, E.:

Die in der juristischen und medizinischen Praxis etablierte Güterabwägung blieb in der Theorie nicht auf die Anwendung in medizinischen, kriminologischen oder sogenannten eugenischen Grenzfällen beschränkt. Der Versuch, die intuitiv als gerechtfertigt betrachtete Durchbrechung des Tötungstabus in Grenzsituationen rational zu begründen, hatte eine grundsätzliche Relativierung dieses Tabus zur Folge. Diese Relativierung war zwar zunächst nur unter strengsten Kriterien und nur für bestimmte Grenzsituationen gedacht. Aber indem diese Kriterien eingeführt, akzeptiert und etabliert wurden, war die Frage der Definition dieser Kriterien kein prinzipielles Problem mehr, sondern eine Ermessensfrage.

Die für bestimmte Grenzsituationen entwickelten Kriterien wurden folglich im Laufe der Zeit von den ihnen ursprünglich zugrundegelegten Bedingungen abstrahiert. Dies bedeutete, daß die eigentliche Frage nicht mehr hieß, ob ein ungeborener Mensch überhaupt getötet werden dürfe, sondern unter welchen Voraussetzungen dies zulässig sein solle. Daß die Kriterien, nach denen diese Frage beantwortet wurde, nicht auf die Lebensgefahr, in die eine Mutter durch eine Schwangerschaft geraten konnte, beschränkt blieben, sondern daß diese Kriterien – wie der Kreis derer, die sie definierten –, inhaltlich und personell immer weiter ausgedehnt wurden, stellt keine qualitative, sondern eine bloß quantitative Veränderung dar. Der entscheidende qualitative Sprung war getan, als in Abkehr von dem Grundsatz der Unantastbarkeit des menschlichen Lebens dieses menschliche Leben unter bestimmten Bedingungen zur Disposition gestellt wurde; die Frage, wer hier unter welchen Bedingungen ein Verfügungsrecht habe, erwies sich demgegenüber als nachrangig.

III. Wert und Norm

Daß das ungeborene dem geborenen Leben grundsätzlich gleich zu achten sei, ist über den gesamten Untersuchungszeitraum hinweg eine Überzeugung gewesen, zu deren grundsätzlich normativer Geltung sich auch die große Mehrheit der Befürworter einer weitgehenden Lockerung des § 218 StGB zumindest dem Vernehmen nach bekannte. Auch die Begründung des von den Fraktionen der FDP und der SPD 1973 im Deutschen Bundestag eingebrachten Entwurfes einer Fristenregelung berief sich auf diesen Grundsatz.[267]

Dem entspricht, daß ein Unwerturteil über die Abtreibung auch dort ausgesprochen wurde, wo man sich für die Einführung einer erweiterten Indikationenregelung oder

---

§ 218 S. 209; DERS.: Schwangerschaftsunterbrechung S. 297; JORES S. 49 u. 51; I. MORGAN: „Paragraph 218". In: P v. 16. Februar 1947; GRITSCHNEDER: Du sollst nicht töten! o. S.; FRÜHAUF S. 589; FISCHER, Jos. S. 11; HÄRING: Gesetz S. 1009; PETERS: Juristen S. 40; NORPOTH S. 26.

267 BT-Drs Nr. 7/375 v. 21. März 1973 S. 8.

für die weitgehende Aufhebung des § 218 StGB engagierte.[268] Der Meinungswandel über die Zulässigkeit der Abtreibung stellt sich auch unter diesem Aspekt nicht primär als eine Auseinandersetzung über die Anerkennung des ethischen Grundwertes selbst dar. Das muß nicht bedeuten, daß diese Überzeugung von jedermann, der ihr nicht öffentlich und grundsätzlich widersprach, auch tatsächlich geteilt wurde. Zum mindesten kann aber als gewiß gelten, daß über diese Überzeugung ein allgemeiner gesellschaftlicher Konsens bestand, der so grundlegend war, daß sich derjenige diskreditiert haben würde, der sich von dem Unwerturteil über die Abtreibung selbst distanziert hätte. Der zunächst bedeutsamere Aspekt der Einstellungsveränderung bewegte sich um folgende Fragen: erstens, gehören bestimmte Grundwerte, die per definitionem als ethische oder moralische Überzeugungen aufgefaßt wurden, als strafrechtlich kodifizierte und damit für jedermann verbindliche Norm in das Gesetz? Zweitens, sind von diesen Grundsätzen Ausnahmen möglich? Die erste Frage richtet sich auf das Verhältnis von Ethik und positivem Recht und damit auf das Problem des institutionellen Verbindlichkeitsanspruchs als grundsätzlich anerkannte ethische Normen.

1. Ethos und positives Recht

Im vorangegangenen wurde bereits die enge Verflechtung angedeutet zwischen der Diskussion über die Verbindlichkeit von Grundwerten einerseits und der Frage, ob solche Werte für das staatliche Recht im allgemeinen wie für das Strafrecht im besonderen maßgeblich sein dürfen, andererseits. Zwar setzte die Diskussion über das Verhältnis von Ethos und Recht erst ab der Mitte der sechziger Jahre mit Konsequenz und in einem für die Meinungsbildung zur Abtreibung maßgeblich werdenden Umfang ein. Die in einem wesentlich kleineren Rahmen sich entwickelnde Debatte zu diesem Thema vor 1962 verdient gleichwohl schon deswegen Beachtung, weil sie sich im wesentlichen – wenngleich unter Verwendung einer anderen Terminologie – um

268 GUNDERT: Antwort S. 9; MÜLLER-HEGEMANN: Theoretische Grundlagen S. 250; RONGE: S. 13; Langhans (KPD) HB Prot. 22 Si. v. 26. November 1947 S. 308; Westendorf (SPD) HB Prot. 22 Si. v. 26. November 1947 S. 310; ZUCKMAYER S. 50; SONDERMANN: Indikation S. 2259; NEDELMANN S. 115; AE S. 25; Dr. Rolinski SA Ber. 6 WP 10. April 1972 S. 2225; vgl. hierzu auch folgende Stellungnahmen, mit denen sich Vertreter einer Fristenregelung moralisch von strafrechtlichen Regelungen der Abtreibung im allgemeinen und der Fristenregelung im besonderen distanzierten: Dr. Timm (SPD) SA Ber. 7 WP 15 Si. v. 26. September 1973 S. 682; Dr. de With (SPD) Sten. Ber. 7 WP 33 Si. v. 17. Mai 1973 S. 1761; Prof. Maihofer (FDP) Sten. Ber. 7 WP 95 Si. v. 25. April 1974 S. 6354; Dr. Focke (SPD) EBD. S. 6402 u. 6404; Groß (FDP) EBD. S. 6413; Funcke (FDP) EBD. S. 6389; Ostman von der Leye (SPD) EBD. S. 6421; Prof. Pross SA Ber. 6 WP 75 Si. v. 11. April 1972 S. 2254; Kleinert (FDP) Sten. Ber. 7 WP 96 Si. v. 26. April 1974 S. 6472; Bundeskanzler Brandt (SPD) EBD. S. 6481; Prof. Maihofer (FDP) EBD. S. 6491; Bundesjustizminister Vogel (SPD) BR Sten. Ber. 406 Si. v. 31. Mai 1974 S. 208; Ministerpräsident Kühn BR Sten. Ber. 406 Si. v. 31. Mai 1974 S. 209; Berger, Liselotte: Redemanuskript S. 1 (ACDP I-462–008/3).

dieselben Punkte bewegte wie in den sechziger und siebziger Jahren, indessen aber zu anderen Resultaten führte. Denn – wie weiter unten zu zeigen sein wird – die bis zum Beginn der siebziger Jahre etablierte Auffassung, nicht ethische Belange, sondern das Kriterium der Sozialschädlichkeit solle für die Gestaltung des Strafrechts maßgeblich sein, konnte sich bis zum Beginn der sechziger Jahre nicht durchsetzen. Forderungen, die in bezug auf die Abtreibung verlangten, daß ethische Grundsätze im Strafrecht keinen Platz haben dürften, hat es zwar gegeben; sie werden unten im Zusammenhang mit der Untersuchung der Wertediskussion näher behandelt. Im Vergleich zu gegenteiligen Standpunkten wurde diese Ansicht allerdings nur sehr selten vertreten, abgesehen davon, was noch wichtiger ist, daß bis zum Anfang der sechziger Jahre politische Entscheidungsträger sich jene Ansicht – im Gegensatz zu späteren Jahren – nicht öffentlich zueigen machten.

Zu den allgemein anerkannten Grundsätzen gehörte die Überzeugung, daß ethische Normen dem Strafgesetz nicht nur zugrundelägen, sondern daß von einem solchen Strafgesetz selbst eine das sittliche Bewußtsein der einzelnen Mitglieder einer Rechtsgemeinschaft positiv beeinflussende Wirkung ausgehe. Dieser Anschauung von der sittenbildenden Funktion des Strafgesetzes lag die Auffassung voraus, daß die Ansicht, die sich die Menschen darüber bildeten, was recht und was unrecht sei, sich nicht zu geringen Teilen daran ausrichte, was im Gesetz als Unrecht mit Strafe bedroht werde und was nicht. Umgekehrt nahm man an, daß aus der Straffreiheit eines bestimmten Verhaltens von vielen Menschen die sittliche Billigung dieses Verhaltens gefolgert werden könne.[269]

Daraus wurde allerdings nicht der Schluß gezogen, daß das Strafrecht in Übereinstimmung stehen müsse mit der allgemeinen Sittlichkeit, deren gesellschaftliches Vorhandensein im ganzen nicht in Zweifel gezogen wurde.[270] Vor allem aus dem kirchlichen Raum, besonders von Katholiken, wurde darauf hingewiesen, daß rechtliche Straffreiheit und sittliche Erlaubtheit zwei verschiedene Dinge seien und daß längst nicht alles Gesetz werden müsse, was die Ethik gebiete;[271] „darin braucht kein Mangel des Strafrechtes zu liegen."[272]

---

269 AMMANN S. 10; MUCKERMANN S. 7; AICH S. 6; HIRSCHMANN: Beurteilung S. 79; PETERS: Juristen S. 60; BORNIKOEL S. 126; KOCH, H.-J. S. 2296; BECKER, W.: Schwangerschaftsunterbrechung S. 107.

270 Die Forderung, daß der Staat bezüglich der Abtreibung nicht erlauben könne, was nach Gottes Gesetz verboten sei, und daß das Strafgesetzbuch mit der „überall und für alle Zeiten gültigen sittlichen Ordnung" übereinstimmen müsse, ist auch im katholischen Raum eine Mindermeinung gewesen. Sie wurde bis in die fünfziger Jahre hinein von einigen Moraltheologen vorgetragen, aber – soweit zu sehen ist – von der Kirche selbst überhaupt nicht erhoben.

271 AMMANN S. 10; PETERS: Abtreibung S. 73; BRIX-SCHINDEL S. 28; MUCKERMANN S. 7; WENZEL: § 218 S. 2; PILZ S. 99; PETERS: Juristen S. 46; GRITSCHNEDER: Strafgesetzbuch-Entwurf S. 394.

272 HARTMANN S. 270.

Indessen bestand weitestgehende Übereinstimmung darin, daß sittliche Gebote dann durch das Strafgesetz kodifiziert werden müßten, wenn sie der Sicherung fundamentaler Grundrechte dienten. Hierunter wurde das Abtreibungsverbot gefaßt, das als Tötungsverbot den Schutz des Grundrechts auf Leben strafrechtlich abzusichern habe. In diesem Sinne wurde die Auffassung vertreten, der strafrechtlich kodifizierte Lebensschutz für das ungeborene Leben durch § 218 StGB diene dem Schutz des Lebens überhaupt.[273] Denn das menschliche Leben lasse sich nur in klaren Grundlinien sichern, und es werde kein Halten mehr geben, wenn von dem klaren Prinzip des Tötungsverbots gesetzlich geregelte Ausnahmen zugelassen würden.[274]

2. *Grundwerte und Zweckmäßigkeitsdenken*

Die Forderung nach der Aufgabe eines sittlichen Grundsatzes zugunsten pragmatischer Kriterien nahm die Tatsache, daß in einem nicht näher bekannten Umfang gegen die Norm verstoßen wurde, zum Anlaß, unter Ignorierung „des ethisierenden Beiwerks" die Aufgabe des Tabus zu fordern. Als neues handlungsleitendes Kriterium wurde die zum „Grundprinzip" erhobene „Zweckmäßigkeit aller Maßnahmen" vorgeschlagen.[275] Nicht in jedem Fall, wo die Einschränkung der Grundnorm mit dem Eintreten für ein „Realitätsprinzip" begründet wurde, ist dieses Postulat auch mit der ausdrücklichen Minderbewertung ethischer Aspekte einhergegangen.[276]

Indessen entspricht eine solche Minderbewertung der Logik des Zweckmäßigkeitsdenkens, und sie ist in diesem Zusammenhang oft genug – wenngleich in unterschiedlicher Schärfe – zum Ausdruck gebracht worden. Das Spektrum dieser Äußerungen reicht von der Ansicht, „Anschauungen" müßten hinter Notwendigkeiten

---

273 Ebd. S. 267; Martini/Egenter S. 351; Hirschmann: Beurteilung S. 71; Ders.: Du sollst nicht töten S. 7; Giesen: Strafwürdigkeit S. 253; Frühauf S. 589; Algermissen S. 12; Benfey-Kunert S. 48.

274 Frühauf S. 590; „Um den § 218". In: P v. 9. Februar 1947; Algermissen S. 26; Guardini S. 13 u. 16f.; Spiegler: Schwangerschaftsunterbrechung S. 303; Peters: Abtreibung S. 73; Otto B. Roegele: „Die Stimme des Arztes: Gedanken zum § 218". In: RhM v. 12. April 1947; Aich S. 6; Konrad Legat: „Avantgardisten des Todes? Zur Auseinandersetzung um den § 218". In: RhM v. 8. März 1947; Dinter S. 309; Gritschneder: Du sollst nicht töten! o. S.; Miller S. 114; Norpoth S. 26; Peters: Gesetz S. 222; Martini/Egenter 351; Häring: Ehe S. 110.

275 Ronge: S. 12: „So wie die Verhältnisse nun einmal liegen, ist nicht darüber zu diskutieren, ob abgetrieben werden darf oder nicht, sondern lediglich darüber, daß abgetrieben wird und was dagegen zu tun ist. (... .) Das führt die Diskussion auf die Grundlage, auf der überhaupt ein Verhandeln möglich ist, nämlich auf die der Zweckmäßigkeit aller Maßnahmen, und entkleidet auch die strafrechtliche Erörterung des ethischen Beiwerks, indem sie auf das Grundprinzip zurückführt, nämlich Verbrechen zu verhüten und damit letzten Endes sich selbst überflüssig zu machen"; ähnliche Argumentation bei: Paula Westendorf (SPD) HB Prot. 22 Si. v. 26. November 1947 S. 309.

276 Reifenberg S. 7.

zurücktreten,[277] über die These, die Praxis müsse vor „irgendein Ethos" gehen[278] bis hin zu der Auffassung, moralische Aspekte seien für die Beurteilung des Sachverhalts kaum oder überhaupt nicht von Bedeutung.[279]

Gegen die Betonung solcher Nützlichkeits- und Zweckmäßigkeitsaspekte richtete sich die scharfe Kritik nicht nur rigoroser Kritiker der Abtreibung, sondern auch solcher Zeitgenossen, die sich im übrigen für eine begrenzte Lockerung des § 218 StGB aussprachen.[280] Ein Argument dieser Kritik, das besonders von der katholischen Moraltheologie in diesem Zusammenhang angeführt wurde, berief sich auf den ethischen Grundsatz, daß auch ein guter Zweck ein in sich unsittliches Mittel nicht heilige.[281] Jene Einwände zogen oftmals Parallelen zwischen dem zweck- und nützlichkeitsorientierten Denken und der Ideologie des Nationalsozialismus und warnten davor, absolute Grundsätze zugunsten eines Zweckdenkens aufzugeben, dessen Inhalte dann der Definition durch den Staat vorbehalten blieben.[282]

277 Wilkening (FDP) HB Prot. 22 Si. v. 26. November 1947 S. 314.

278 Zuckmayer S. 50.

279 Warum? S. 24; Die „ethische Indikation" S. 565; „Die Abtreibung als Massennotstand". In: Ku v. 17. November 1953; im selben Sinne forderte der niedersächsische Minister von Nottbeck 1962 im Bundesratsplenum, man solle bei der Beratung der Einführung einer Notzuchtsindikation „weltanschauliche", im zeitgenössischen Sprachgebrauch ein Synonym für „ethische" oder „moralische" Grundsätze nicht zu sehr in den Vordergrund stellen, denn die des einen seien nicht immer die des anderen; „Es kommt ausschließlich darauf an", für ganz bestimmte Fälle die gesetzlich abgesicherte Möglichkeit zur Abtreibung zu schaffen (BR Sten. Ber. 248 Si. v. 12./13. Juli S. 154); der in der päpstlichen Enzyklika „Casti connubii" formulierte Grundsatz, daß selbst die Staatsgewalt nicht das Recht habe, das Leben der Mutter oder des Kindes zu vernichten, bezeichnete der „Spiegel" als eine „weder für die medizinische noch für die juristische Praxis besonders aufschlußreiche Passage" („Abtreibung: Von 200 eine". In: S v. 23. November 1960).

280 Rummel S. 484; Recht S. 86; Heun S. 6; Schmidt, E.: Schwangerschaftsunterbrechung S. 297; Martini/Egenter S. 342; Konrad Legat: „Avantgardisten des Todes? Zur Auseinandersetzung um den § 218". In: RhM v. 8. März 1947; Frühauf S. 589; Aich S. 6; Becker, W.: Schwangerschaftsunterbrechung S. 103 u. 108; Jores S. 51; Sondermann sprach von einem „seit dem Beginn unseres Jahrhunderts herrschenden nihilistischen Pragmatismus" (Sondermann: Indikation S. 2259).

281 Miller S. 114; Stelzenberger S. 235; Pilz S. 98.

282 Als ein Beispiel von vielen sei hier Romano Guardini zitiert (Guardini S. 17): „Sobald in solchen Dingen der absolute Grundsatz fällt und an dessen Stelle ein praktisches Urteil über Nützlichkeit und Schädlichkeit tritt, kommt alles ins Gleiten. Eine Indikation nach der anderen kann angemeldet werden und für jede wird eine Fülle der nachdrücklichsten Begründungen zur Verfügung stehen, von den Techniken der Durchführung nicht zu reden. Das heißt aber: das sittliche Denken mit seiner Unterscheidung von Recht und Unrecht kapituliert vor ‚dem Leben' und dessen Zwecken, wie es im Staat verkörpert ist." Daß der Abkehr vom Grundsatz der Unantastbarkeit des Lebens zugunsten anderer Interessen das Prinzip des „Recht ist, was nützt" zugrundeliege, monierte Hartmann (Hartmann S. 266).

Während auf der einen Seite gefordert wurde, daß das Problem der Lockerung des § 218 StGB aus der Ratio und nicht auf der Grundlage religiöser oder weltanschaulicher Bindungen zu lösen sei,[283] machten andere gerade die „übersteigerte Rationalisierung“[284] des Zeitgeistes als eine Ursache für die Relativierung von Grundwerten verantwortlich. Dieser Anschauung zufolge bestimmte sich jener Zeitgeist durch den „Exzeß der Tatmenschen“[285], durch das „Autonomieverlangen des prometheischen Menschen“, der aus eigener Kraft wirken und der wertindifferenten Welt überhaupt erst einen Sinn geben wolle.[286]

Demgegenüber wurde gerade auch von juristischer Seite die Mahnung ausgesprochen, daß sittliche Normen – deren Notwendigkeit man voraussetzte – nur dann existieren könnten, wenn die Irrationalität, das heißt die Nicht-mehr-Hinterfragbarkeit bestimmter Grundwerte respektiert werde.[287] Die Relativierung, welcher der Grundwert „Unantastbarkeit des Lebens“ zunehmend unterworfen war, ist den Zeitgenossen gerade mit Blick auf die Abtreibung durchaus bewußt gewesen. Kritiker dieses Prozesses haben in ihm eine gefährliche Erosionserscheinung gesehen, ohne sich allerdings eine schlüssige Erklärung für die Ursachen dieses zeitgeschichtlichen Phänomens geben zu können.[288] Für das Abtreibungsproblem wurde dieser Prozeß als unmittelbare Ursache verantwortlich gemacht.[289]

---

283 Die „ethische Indikation“ S. 103.

284 Rummel S. 484.

285 Fischer, Jos. S. 11.

286 Lang-Hinrichsen: Betrachtungen S. 721; es heißt dort weiter: „Der ‚heroische‘ oder ‚prometheische‘ Mensch meine, in der Welt ein Chaos vorzufinden, das er mit seiner eigenen ordnenden Kraft erst gestalten wolle. Die Welt werde von ihm Zielen zugeführt, die er selbst bestimme. Nicht im Auftrag Gottes, sondern in eigener Machtvollkommenheit trete er der Welt gegenüber.“

287 Becker. W.: Schwangerschaftsunterbrechung S. 103; Herbert Wendel: „Heiligkeit des Lebens“. In: T v. 9. März 1947; Schmidt, E.: § 218 S. 210; in diesem Sinne ist auch die Auffassung der Abgeordneten Weber zu verstehen, die unter Bezugnahme auf die Erfahrungen mit dem Nationalsozialismus im Plenum des Parlamentarischen Rates äußerte, „unveräußerliche Rechte des Menschen müßten als von Gott gegeben, zumindest aber als metaphysisch verankert angesehen werden, da sie sonst keinen Bestand haben könnten“ (PR Sten. Ber. 10 Si. v. 8. Mai 1949 S. 223).

288 Hoimar von Ditfurth schrieb in einem Aufsatz über das Euthanasieproblem, mit dem er die Abtreibung in engen Zusammenhang brachte, über die Relativierung des sittlichen Tötungsverbots (Ditfurth S. 348f.): „Es handelt sich hier um eine typische Krise für alles sittliche Gesetz überhaupt. Die ihm innewohnende, es ursprünglich konstituierende Weisheit gerät allzuleicht während des täglichen Gebrauchs in Vergessenheit. Das Gesetz wird schnell zu einer Formel, zu einem fertigen Rezept für bestimmte Situationen. Eines Tages steht der Mensch mit der ihrer inneren Begründung durch Vergeßlichkeit und Oberflächlichkeit entleerten Regel da, die ihn Umwege machen läßt, deren Grund er nicht mehr einsieht. Es kommt der Augenblick, in dem die ‚Vernunft‘ revoltiert, man macht es zu einer Prestigefrage menschlicher Würde, sich über Gebote hinwegzusetzen, deren Sinn man nicht mehr versteht. Es ist das die sogenannte ‚Aufklärung‘. Erst die Folgen der Gefährdung, die solches Außerachtlassen der Weisheit sittlicher Gebote unausweislich, gesetzmäßig nach sich zieht, pflegen den Menschen dann darüber aufzuklären, daß die scheinbare Unvernunft

Das Problem, ob es Grundwerte geben müsse, die dem menschlichen Zugriff entzogen bleiben sollten, sei es, weil sie ihrem Wesen nach transzendent begründet seien, sei es, weil eine ethische Vernunft es gebiete, erweist sich in der historischen Betrachtung der Meinungsbildung zur Abtreibung als wertethische Abstrahierung der Positionen zur Abtreibung selbst. Die Frage, ob es zulässig sei, unter bestimmten, wie auch immer definierten Umständen ungeborenes Leben zu töten, ist in dem Maße bejaht worden, in dem die Auffassung an Boden gewann, daß auch der Grundwert der Unantastbarkeit des Lebens nicht jeder Disposition durch den Menschen entzogen, sondern unter sich wandelnden gesellschaftlichen Bedingungen modifizierbar sei. In diesem Sinne wurde eine „wirklichkeitsnahe Moral"[290] propagiert und die Ablösung der Grundwerte durch veränderbare „Gesetze und Ordnungen"[291] verlangt.

Diese nicht immer guten Gewissens vertretene[292] Auffassung lag auch der Forderung zugrunde, der § 218 StGB, der die strafrechtliche Absicherung des Grundwertes darstellte, müsse in Anpassung an die jeweils herrschenden Verhältnisse der Zeit verändert werden.[293] Dieses Postulat beschränkte sich in der Folge nicht mehr allein darauf, die Modifikation solcher Grundwerte und deren strafrechtlicher Absicherung für den Fall einer extremen gesamtgesellschaftlichen Notsituation, wie sie in den Nachkriegsjahren bestand, zu verlangen.

Wie oben in einem anderen Zusammenhang schon gezeigt worden ist, wurde das unter ganz bestimmten – ausnahmezustandähnlichen – Bedingungen formulierte Kriterium für die Berechtigung, von der Norm abzuweichen, von den ihm ursprünglich zugrundeliegenden Voraussetzungen abstrahiert. Die abstrakte Essenz der Forderung besteht darin, daß der Fundamentalwert des sittlichen Tötungsverbots aufgrund von Kriterien modifizierbar sei, welche die Gesellschaft stets neu zu definieren habe. Diese Kriterien waren nach der Abstraktion nicht mehr an die engen Grenzen gebunden, die ihnen vormals als konkrete, situationsimmanente Auflagen zugrundegelegt worden waren.

---

des übertretenen Gesetzes durch die eigene mangelhafte Nachdenklichkeit vorgetäuscht wurde."

289 Schmidt, E.: Schwangerschaftsunterbrechung S. 297; Ders.: § 218 S. 210; Mayer: Medizin S. 1293; Ders.: Ehrfurcht S. 753ff.; Metag S. 8; Aich S. 6; Lönne S. 1378; Jaschke S. 419; Renzel S. 29; Harmsen: Mitteldeutschland S. 6; Naujoks: Handhabung S. 17.

290 Reifenberg S. 7.

291 Haag S. 25.

292 Hempel S. 196: „Wenn wir schon zugestehen wollen, daß man sich unter Einhaltung gewisser gesetzähnlicher Uebereinkünfte am werdenden menschlichen Leben soll vergreifen dürfen, so müssen die Begründungen hierfür auch den Umständen entstammen dürfen, unter denen die Betroffenen zu leben gezwungen sind."

293 Karl, H. (Mitglied der Arbeitsgemeinschaft sozialistischer Ärzte beim Bezirksverband der SPD Schleswig-Holstein) (AsD I 64 1946–1948 X 103); Westendorf (SPD) HB Prot. 22 Si. v. 26. November 1947 S. 308; Wilkening (FDP) HB Prot. 22 Si. v. 26. November 1947 S. 313; Reifenberg S. 7; Sroka S. 44; Gundert: Antwort S. 8; Holtschmidt S. 21; Schilf S. 26; Rech S. 30.

Auf die am Anfang dieses Prozesses stehende Forderung, der § 218 StGB müsse in existentiellen Notlagen revidiert werden, folgte verhältnismäßig kurze Zeit später – zu einer Zeit, zu der im übrigen von der ursprünglich bestehenden materiellen Not nicht mehr die Rede sein konnte – das inzwischen politisch etablierte Postulat: Der § 218 StGB müsse „der veränderten politischen, sozialen, wirtschaftlichen und weltanschaulichen Situation“ angepaßt werden.[294] Wenn der Vertreter der Bundesregierung zehn Jahre später die Abtreibung eines Kindes aufgrund einer Notlagenindikation, die konzeptionell auf dem Güterabwägungsgedanken basierte, im Bundesrat als unmittelbaren Ausfluß des Sozialstaatsgebots präsentierte, bewegte er sich damit in der Tradition des zuvor beschriebenen Denkens.[295]

Grundsätzlich betrachtet waren die Kriterien, die man einer teilweisen Außerkraftsetzung des Grundwertes damit zugrundelegte, ihrem Wesen nach beliebig. In der gesellschaftlichen Praxis würde die Durchsetzung dieses Postulats bedeuten, daß die Gültigkeit von Grundwerten sich nach einer Kasuistik bestimmte, die sich an einem durch Mehrheitsfindung zu ermittelnden gesellschaftlichen Konsens orientieren müßte. Dieser Konsens wäre – entsprechend den Verschiebungen der ihm zugrundeliegenden gesellschaftlichen Mehrheiten – einem ständigen Wandel unterworfen; und mit ihm die Definition der Verbindlichkeit von Grundwerten, wie das Lebensrecht eines Menschen.

---

294 NOTTBECK: Schuld S. 2084; Hinter der häufig in den Quellen anzutreffenden These, der Staat habe nur unter den genannten Bedingungen ein Recht, eine Abtreibung zu bestrafen, steht die auch von Janssen formulierte Anschauung, daß nur dann, wenn die Gesellschaft – in nicht näher beschriebenem Maße – Hilfestellung leiste, das ethische Unwerturteil über die Abtreibung sich überhaupt aufrechterhalten lasse (JANSSEN S. 71). Die Äußerungen von Nottbecks und Janssens beschreiben die zwei Ebenen desselben Denkens: von Nottbeck die strafrechtliche, Janssen die ethische. Die Abtreibung wird nicht deswegen verurteilt, weil sie eine Tötungshandlung ist, die in das Lebensrecht eines anderen Menschen eingreift; sondern sie unterliegt dann einem Unwerturteil, wenn sie unter Mißachtung der Bedingungen vorgenommen wird, welche die Gesellschaft geschaffen hat. Geschützt wird hier nicht mehr das Lebensrecht des ungeborenen Menschen, sondern das für die Gesellschaft reklamierte Recht, die Bedingungen für die Gewährung oder Nicht-Gewährung dieses Grundrechts zu definieren.

295 UA Ns. 28./29. Februar 1972 S. 29: „Der Schutz des werdenden Lebens erscheint nicht mehr geboten, wenn höherwertige Rechtsgüter diesem Schutz entgegenstehen. Im Falle des § 219 d ist dies neben der freien Willensentscheidung der Schwangeren das objektive Kriterium der schwerwiegenden Notlage. Das Sozialstaatsprinzip gebietet nicht nur geeignete Hilfen an die Schwangere, sondern es gestattet, jedenfalls in den unter § 219 d Nr. 2 aufgezeigten Grenzen, auch einen Abbruch der Schwangerschaft und damit einen Eingriff in das werdende Leben.“

TEIL 3

Vom Strafgesetzbuchentwurf 1962 zur Fristen- und Indikationenregelung 1974/76

A. Die straflose Abtreibung als soziale und medizinische Realität (1962-1974/76)

I. Die medizinische Beurteilung der Indikationen zum therapeutischen Abort

Der bereits zwischen 1945 und 1962 zu beobachtende Bedeutungsverlust des therapeutischen Aborts als medizinisches Problem[1] setzte sich in den sechziger und siebziger Jahren weiter fort. Die medizinische Indikation war nur noch vergleichsweise selten überhaupt Gegenstand fachlicher Abhandlungen. Die Zahl der mehr oder weniger anerkannten Anzeigestellungen war weiter zurückgegangen, die vitale Indikation galt als die große Ausnahme, und aus dem vorhandenen statistischen Material zogen Fachleute den apodiktisch vorgetragenen Schluß, daß aus der Ablehnung des therapeutischen Aborts im Einzelfall kein Schaden entstehe.[2] Im Hinblick auf die kriminologische Indikation machten besonders Ärzte, aber auch Juristen geltend, daß sie in der Diskussion überbewertet werde und nur sehr selten vorkomme.[3] Eine Überprüfung von 2300 Strafurteilen wegen Verstoßes gegen § 218 StGB in Hamburg aus dem Zeitraum zwischen 1911 und 1962 ergab, daß den Strafverfolgungsbehörden kein einziger Fall bekannt war, in dem ein wegen einer Abtreibung vernommener Arzt angegeben hätte, die Schwangerschaft sei die Folge eines Vergewaltigungsverbrechens gewesen.[4] Von juristischer Seite wurde darauf hingewiesen, daß es in der Praxis nie zu einem Strafverfahren wegen einer Abtreibung einer durch ein Vergewaltigungsverbrechen entstandenen Schwangerschaft komme.[5] Von mehreren Ärzten ist die gesetzliche Verankerung dieser Anzeigestellung entschieden zurückgewiesen worden.[6]

Die Suizidindikation wurde von Fachleuten mehrheitlich abgelehnt unter Verweis darauf, daß keine Fälle bekannt seien, in denen es nach einer Ablehnung des Antrages auf einen therapeutischen Abort zum angedrohten Selbstmord gekommen sei.[7] In

---

1 Vgl. S. 56ff.

2 Müller/Stucki o. S.; Muth/Engelhardt S. 168; Indikationen S. 597; Jacobi/Kröger/Schwarz S. 14; Kessler S. 244; Prof. Hiersche SA Ber. 6 WP 74 Si. v. 10. April 1972 S. 2178.

3 Degenhardt S. 3359f.; Böhm/Mehring S. 989; Volbracht S. 383; Westphalen: Weg S. 451; Strutz: Schwangerschaftsbeseitigung S. 802; Ehrenbrandt S. 3; Müller, C.: Indikation S. 52; Brox S. 64; Kaufmann: Bestimmungen S. 476; Harmsen: Erfahrungen S. 37; Becker, W.: Problem S. 1850.

4 Krüger RA Ns. 254 Si. v. 26. Juni 1962 S. 31.

5 Strutz: Indikation S. 159; Kaufmann: Schuld S. 315.

6 Rudolf Degkwitz: „Zur ‚etischen Indikation'. In: RhM v. 9. August 1963; Giesen: Versuch S. 48; Muth/Engelhardt S. 31; Renzel S. 30.

7 Wanner S. 245; Prof. Schulte SA Ber. 6 WP 74 Si. v. 10. April 1972 S. 2169; Degkwitz kritisierte, für die Beurteilung der medizinischen Indikation bei neurologischen oder psychiatrischen Krankheiten gebe es „keine genügenden Unterlagen" (Unterlagen S. 225); Mende S. 46.

der ärztlichen Beurteilung der eugenischen beziehungsweise kindlichen Indikation setzten sich die schon in den fünfziger und sechziger Jahren deutlich erkennbaren Tendenzen durch, die diese Anzeigestellung nicht grundsätzlich, sondern nur insoweit ablehnten, als sie die wissenschaftlichen Prognosemöglichkeiten über das tatsächliche Vorliegen eines körperlichen Schadens am Embryo für zu gering erachteten. Während diese Indikation vormals wegen der Unsicherheit der Prognose abgelehnt worden war, wurde sie nunmehr trotz dieser Bedenken befürwortet.[8]

Darüber hinaus fand die Indikation engagierte Befürworter.[9] Ein entschiedenes ärztliches Nein zu ihr findet man in den Quellen nur selten.[10] Die pränatale Diagnose zur Erkennung von Chromosomenanomalien, auf deren Ergebnisse hin gegebenenfalls ein künstlicher Abort erfolgte, kam seit dem Ende der sechziger Jahre in Europa zunehmend in Gebrauch.[11]

Begründet wurde diese Indikation im wesentlichen mit zwei Argumenten: erstens mit dem Hinweis auf das Kind selbst, das „keine Chance für ein ihm zumutbares Leben" habe;[12] zweitens wurde die Belastung für die Mutter angeführt und das Bestreben, „die Familie und die Gesellschaft von der ideellen und materiellen Fürsorge" für das behinderte Kind zu befreien.[13] In diesen Zusammenhang gehört gleichfalls die Diskussion der gesetzlichen Zulassung einer Altersindikation für Schwangere, die mindestens 38 Jahre alt sind. Diese Indikation hätte die Vornahme der ärztlichen Abtreibung allein aufgrund des Alters der Mutter ermöglicht, mit dem gesundheitliche Risiken für das Kind verbunden sein könnten.[14]

Die ärztliche Diskussion über den therapeutischen Abort wies in bezug auf die Definition der Indikationen Ausweitungstendenzen auf, die nicht allein in der zunehmenden Akzeptanz einer Erweiterung des Indikationenkatalogs zum Ausdruck kamen, sondern die sich zudem vereinzelt in einer definitorischen Ausfaserung des Indikationsbegriffs selbst niederschlugen. Die Unerwünschtheit eines Kindes beziehungsweise finanzielle Probleme der Familie, in die es hineingeboren würde, gerieten gelegentlich zu Kriterien einer medizinisch-sozialen Indikation.[15] Daß bei

---

8 Dietel: Schwangerschaftsunterbrechung S. 174; Ehrenbrandt S. 3; ohne Begründung befürwortet von: Knörr S. 1505; Habenicht S. 690.

9 Nachtsheim: Erbgesundheitspflege S. 325; Langmann S. 2644.

10 Büchner, F.: Frühentwicklung S. 118.

11 Schmid, W. S. 1379.

12 Dietel: Röteln S. 689; Ders.: Schwangerschaftsunterbrechung S. 174; Prof. Bickel SA Ber. 6 WP 74 Si. v. 10. April 1972 S. 2189.

13 Heiss: Strafgesetz S. 77; Ahrens S. 13; Grünwald S. 197.

14 Kind/Eidenbenz S. 1221; Rett S. 50; Prof. Bickel SA Ber. 6 WP 74 Si. v. 10. April 1972 S. 2190.

15 Poettgen: Reform S. 496f.: Der Beginn der personalen Existenz könne im Bereich des ärztlichen Denkens nur von einem dialogischen Personenbegriff her verstanden werden. „Aber genau dieses elementare dialogische Verhältnis ist bei der unerwünschten Schwangerschaft gestört und daher die Entwicklung der leibseelischen Integrität des werdenden Menschen gefährdet. Somit ist der therapeutische Abort eine echte ärztliche Aufgabe";

der medizinischen Indikation grundsätzlich soziale Aspekte mit zu berücksichtigen seien,[16] wurde häufig festgestellt und nicht bestritten. Die rein soziale Indikation jedoch stieß bis zum Ende der sechziger Jahre unter Ärzten auf deutliche Ablehnung.[17]

Über die Morbidität beim therapeutischen Abort wurden weiterhin sehr unterschiedliche Angaben in der Literatur gemacht, was unter anderem darin seinen Grund hat, daß sämtliche Untersuchungen zu diesem Problem auf Statistiken mit beschränkter Aussagefähigkeit beruhen, die nur einen Ausschnitt aus der medizinischen Wirklichkeit darstellen. Die Kenntnisse über somatische Spätschäden und über seelische Folgen des klinischen Aborts waren in den sechziger Jahren spärlich.[18] Die Schätzungen der durch einen klinischen Abort verursachten irreparablen Gesundheitsschäden für die Frau bewegten sich zwischen 15% und 50%.[19] In der ersten Hälfte der siebziger Jahre wurde die Quote der operativen Komplikationen mit 14,2% beziehungsweise 10% bis 20% angegeben.[20] 66,1% aller klinischen Eingriffe verliefen entzündlich, in etwa 30% aller Eingriffe träten Spätkomplikationen auf.[21] Im sowjetischen Sektor Berlins und in der DDR betrug die durchschnittliche Arbeitsunfähigkeit nach einem lege artis vorgenommenen Abort neunzehn Tage.[22] Außerdem wurde darauf hingewiesen, daß die Abtreibung negative Folgewirkungen auf spätere Schwangerschaften haben könne, weil sie die Gefahr einer Extrauterinschwangerschaft erhöhe, und daß sie nachfolgende Geburten unter Umständen kompliziere.[23] Die Bagatellisierung dieser gesundheitlichen Risiken in der Öffentlichkeit[24] rief zum Teil scharfe Kritik der Ärzte hervor.[25]

II. Abtreibung als Mittel der Bevölkerungspolitik

In der juristischen Diskussion über den § 218 StGB gab es verschiedene Auffassungen zu der Frage, worin das Rechtsgut des Paragraphen im einzelnen zu erkennen sei.

---

vgl. Ders.: Aspekte S. 841; Wolff forderte neben der medizinischen, Notzuchts-, Alters-, Suizid- und sozialen Anzeigestellung auch eine Indikation „pro infantibus", wenn ein Kind in ein „krankes, asoziales, seelisch gestörtes oder finanziell schwaches Milieu hineingeboren wird" (Wolff S. 2958); ähnlich: Indikationen S. 599.

16 Schmid, H. H. S. 103f.; Hanack: Eingiffe S. 52; Heiss: Abort S. 116; BT-Drs. Nr. 6/3434 v. 15. Mai 1972 S. 17; Habenicht S. 690.

17 Ebd.; Muth/Engelhardt S. 21; Schlegel S. 740; Schäfer S. 50; als Mittel der Bevölkerungspolitik wurde sie gefordert von: Nachtsheim: Interruptio S. 1635.

18 Degkwitz: Einfluß S. 155; Kepp: Empfängnisverhütung S. 52.

19 Mende S. 35f.

20 Lunow/Isbruch/Hamm S. 52; Kirchhoff: Komplikationen S. 2790ff.

21 Ebd.; Altmann S. 1083.

22 Zwahr S. 143.

23 Cernoch S. 1791; Lembrych S. 167.

24 Zum Beispiel: Schwarzer: Nachwort S. 143: „Das Unterbrechen der Schwangerschaft ist, medizinisch gesehen, geringfügiger als das Herausnehmen der Mandeln."

25 Heinrich-Adolf Krone: „Schwangerschaftsabbruch". In: RhM v. 2. März 1973; Kepp: Humanität S. 18ff.

Während ursprünglich weitgehender Konsens darüber bestand, daß der § 218 StGB als einziges Rechtsgut den Lebensschutz des Ungeborenen beinhalte, häuften sich seit den vierziger Jahren die Stimmen, die bevölkerungspolitische Aspekte in den Rechtsgüterschutz des § 218 StGB einbezogen sahen. Wo behauptet wurde, daß der § 218 StGB auch das Rechtsgut der Erhaltung und Vermehrung des Volkes umfasse beziehungsweise umfaßt habe,[26] blieben die Gründe für die Herleitung dieser Ratio legis unklar. Bevölkerungspolitische Aspekte fanden auch Eingang in die medizinische Diskussion über den § 218 StGB und wurden sowohl für als auch gegen die Aufrechterhaltung des Gesetzes geltend gemacht.

Neben dem oben erläuterten Hauptargument der Befürworter des § 218 StGB, dieses Gesetz sichere das individuelle Lebensrecht eines Menschen, spielte der bevölkerungspolitische Aspekt zwar nur eine untergeordnete Rolle. Nichtsdestoweniger wurden die Mahnungen, es gehe bei der Verhinderung der Abtreibung auch um die „biologische Bestandserhaltung", um die „Lebensfrage unseres Volkes" und das „Interesse der Selbsterhaltung", mit unterschiedlicher Eindringlichkeit vorgetragen.[27] Auf der anderen Seite beriefen sich in den vierziger und fünfziger Jahren ebenso jene auf bevölkerungspolitische Argumente, die sich für eine Lockerung beziehungsweise für eine Abschaffung des § 218 StGB engagierten. In diesem Zusammenhang wurde auf das Bevölkerungswachstum, die Erhaltung der Gebärfähigkeit der Frauen und sogenannte erbhygienische, das heißt eugenische Erwägungen verwiesen.[28]

Während die bevölkerungspolitischen Aspekte in der Argumentation der Befürworter des § 218 StGB ihre Bedeutung seit der zweiten Hälfte der fünfziger Jahre fast vollkommen verloren, zeichnete sich seit der zweiten Hälfte der sechziger Jahre eine entgegengesetzte Entwicklung auf seiten der Vertreter einer Lockerung des Paragraphen ab. Erwägungen über Maßnahmen gegen die drohende Überbevölkerung, gesundheitspolitische Bedenken, die Möglichkeit, „eugenisch bedeutungsvolle Ergebnisse zu erzielen", aber auch volkswirtschaftliche Gesichtspunkte wurden in der Diskussion über den § 218 StGB angeführt.[29] Führende Vertreter einer Instru-

---

26 Zillmer S. 2099; Becker, W.: Strafrechtsreform S. 1590; Peters: Strafrecht S. 26f.

27 Harmsen: Empfängnisverhütung S. 28; Wessel (Zentrum) LT Sten. Ber. 5 Si. v. 4.–6. März 1947 S. 72; Zillken (CDU) LT Sten. Ber. 5 Si. v. 4.–6. März 1947 S. 73; Doerfler (AG 180 (1951) S. 339); Hummel S. 22; Aich S. 6; Metag S. 8; Anton Schwan: „§ 218 – ein hochpolitischer Fall". In: SU v. 25. Februar 1947. Fecht Arzt S. 3ff.; Ders.: Recht S. 7 u. 20f.; Doerfler: Abtreibungsseuche S. 509; Schlegel S. 740; Wagner S. 304.

28 Wilkening (FDP) HB Prot. 22 Si. v. 26. November 1947 S. 313; Wolf S. 188f.; Seitz S. 91; Müller, P.-V. S. 274; Wolter S. 133; Bocklelmann S. 214; Härdle (SPD) LT Sten. Ber. 5 Si. v. 4.–6. März 1947 S. 74; Prinz (KPD) Ebd. S. 73.

29 Hunger S. 2757; Schütze S. 2756 u. 2727; Hellmann o. S.; Bauer S. 38; Dotzauer S. 45; Hegenscheidt: Problematik S. 44ff.; Dietel: Schwangerschaftsunterbrechung S. 176; Schultze: Abortsituation S. 3980; Wolfgang Holz: „Die Abtreibung ist human und realisierbar". In: FAZ v. 28. März 1973; Prof. Brocher SA Ber. 6 WP 74 Si. v. 10. April 1972 S. 2203; MR Hortskotte SA Ber. 7 WP 23 Si. v. 16. Januar 1974 S. 138; Nachtsheim: Überbevölkerung S. 32; Ders.: Erbgutdegeneration S. 4.

mentalisierung der Abtreibung zu bevölkerungspolitischen Zwecken verwiesen in diesem Zusammenhang auf die ihres Erachtens vorbildlichen Verhältnisse in Japan und Großbritannien.[30] Wie weiter unter im einzelnen dargestellt wird, stagnierten die Abtreibungszahlen in diesen Ländern auf einem sehr hohen Niveau, nachdem sie in den ersten Jahren nach der Gesetzesänderung eine rapide Aufwärtsentwicklung aufgewiesen hatten. Daraus hat man zu schließen, daß dem Schutz des ungeborenen Lebens neben dem bevölkerungspolitischen, auf Geburtenregelung zielenden Aspekt nur eine äußerst geringfügige beziehungsweise überhaupt keine Bedeutung beigemessen wurde. Denn es ist evident, daß sich die Tötung ungeborenen Lebens zur Begrenzung des Bevölkerungswachstums einerseits und der Schutz dieser Menschen andererseits gegenseitig ausschließen. Dieses Ergebnis kann auf die Fristenregelung erstreckt werden, soweit sie unter Anführung bevölkerungspolitischer Aspekte begründet worden ist.

Das Argument, die Abtreibung müsse als Mittel einer auf Geburtenbeschränkung zielenden Bevölkerungspolitik nutzbar sein, fand 1974 Eingang in die Stellungnahme des Deutschen Bundestages im Normenkontrollverfahren vor dem Bundesverfassungsgericht.[31] Zwar bezeichnete die Stellungnahme den künstlichen Abort in einem Nebensatz als „schon in medizinischer Hinsicht höchst bedenkliches Mittel der Familienplanung." Gleichwohl läßt der Tenor des Kontextes keinen Zweifel an der grundsätzlich positiven Beurteilung der Abtreibung als legitimes Mittel zur Durchsetzung des Rechtes auf „Familienplanung". Auch eine vom Bundesminister für Jugend, Familie und Gesundheit herausgegebene Studie über „Demographische und sozialmedizinische Auswirkungen der Reform des § 218" zieht die Abtreibung als Ersatz für versäumte Empfängnisverhütung in Betracht und erwartet, daß die Geburtenkontrolle nach einer Lockerung des § 218 StGB in großem Umfang mittels der Abtreibung betrieben werde.[32]

Auf die Meinungsbildung über die Abtreibung haben diese Vorstellungen einen mittelbaren Einfluß ausgeübt. Wie bereits gesagt wurde,[33] gab es im allgemeinen Rechtsbewußtsein der westdeutschen Bevölkerung ein grundsätzliches Unwerturteil über die Abtreibung, das auch die Vertreter einer weitgehenden Lockerung des § 218 StGB bekundeten.[34] Dieser Beobachtung entspricht es, daß die gesetzliche Zulassung der Abtreibung in den allermeisten Fällen, auch von den Befürwortern der Fristenregelung, dem Bekunden nach nur für Ausnahmesituationen gefordert wurde. Mit dieser Grundeinstellung war das bevölkerungspolitische Postulat, Abtreibungen in massenhaftem Umfang, ohne jede Rücksichtnahme auf den Wert des ungeborenen Lebens, zur Begrenzung der Bevölkerungszahl durchzuführen, unvereinbar. Dementsprechend erlangte dieses Argument in der politischen Debatte im ganzen

30 Ders.: Schlußwort S. 2760; Ders.: Geburtenkontrolle S. 26; Ders.: Bevölkerungepolitik S. 436f.; Ders.: Interruptio S. 1634 u. 1636.

31 Dies und das Folgende nach: Arndt/Erhard/Funcke S. 202f.

32 Jürgens/Pieper S. 21f. u. 61f.

33 Vgl. S. 55.

34 Vgl. S. 91 Fn. 268.

keine nennenswerte Bedeutung. Der eigentliche Einfluß der bevölkerungspolitisch motivierten Stellungnahmen auf die allgemeine Meinungsbildung muß deswegen als mittelbar bewertet werden und hat zunächst insofern gewirkt, als er die Abtreibung unbefangen und ohne Rücksicht auf das Schutzgut des § 218 StGB instrumentalisierte und auf diese Weise dazu beitrug, das Tabu, das hinsichtlich der Freigabe der Abtreibung oder auch nur einer weitreichenden Lockerung des § 218 StGB bestand, aufzubrechen.

Außerdem etablierte sich im Zuge dieser Argumentationen eine Betrachtungsweise, die in der Abtreibung eine Option der Geburtenregelung sah, nicht die beste zwar, aber eine mögliche. Maßgebliche Vertreter der bevölkerungspolitischen Argumentation wiesen selbst auf diesen Zusammenhang hin und stellten die Möglichkeit in Aussicht, daß durch die Zulassung der Abtreibung als Instrument der Geburtenregelung nur noch „Wunschkinder“ zur Welt kämen.[35] Die Forderung, daß die Geburtenregelung auch die Abtreibung mit einschließen solle, fand seit den sechziger Jahren in zunehmendem Maße Befürworter, die dieses Postulat mit unterschiedlicher Entschiedenheit vertraten.[36] Indem es Eingang in den 1970 von auch politisch einflußreichen Strafrechtslehrern veröffentlichten Alternativ-Entwurf und in die Vorstellungen führender Politiker fand, übte es einen mittelbaren Einfluß auf das Gesetzgebungsverfahren im allgemeinen und auf den von diesen Vertretern favorisierten Fristenregelungsentwurf im besonderen aus.[37]

III. Die Praxis der straffreien Abtreibung

Wie die Beschreibung der Praxis des therapeutischen Aborts in den vierziger und in den fünfziger Jahren gezeigt hat, gingen seit 1950 sowohl die kriminellen wie die straffreien Abtreibungen im Zuge der Konsolidierung der Lebensverhältnisse beständig zurück. Diese Entwicklung setzte sich in den sechziger Jahren weiter fort.[38] Auf der anderen Seite veränderte sich die Praxis der medizinischen Antrags-, Begutachtungs- und Genehmigungsverfahren qualitativ sehr wahrscheinlich nicht wesentlich. In dem Maße, in dem sich diese Praxis den medizinischen Möglichkeiten angepaßt hatte – was nur sehr zögernd geschehen war – und die Anzahl der anerkannten Indikationen zurückging, stieg der Anteil der aufgrund einer psychiatrischen Anzeigestellung genehmigten Aborte.

---

35 Nachtsheim: Interruptio S. 1634; vgl. S. 326.

36 Fischer, Joch.: Geburtenregelung S. 135; Schubnell S. 142; Bockelmann S. 214; Frank Arnau: „Ein heißes Eisen“. In: AZ v. 30. September 1963; Langmann S. 2644; Bauer S. 38.

37 Der Alternativ-Entwurf, verfaßt von einem Kollegium namhafter deutscher Strafrechtslehrer, sah im Gegensatz zum damaligen § 218 StGB eine Regelung vor, die im ganzen den später im Deutschen Bundestag eingebrachten Fristenmodellen entsprach. Vgl.: Rudolf S. 534; Funcke: Möglichkeiten S. 147.

38 Schubert/Mauss S. 16.

Seit dem Beginn der siebziger Jahre zeichnete sich bei den aufgrund einer medizinischen Indikation gestellten Anträgen eine gegenläufige Entwicklung ab. Die Zahl der erteilten Genehmigungen stieg in den Jahren 1968 bis 1975 von 2826 auf 17814 Fälle jährlich.[39] In Berlin verdoppelte sich die Zahl der bei der Ärztekammer eingegangenen Anträge seit 1972 binnen Jahresfrist. Der „Abtreibungsboom" bei den straflosen von Ärzten vorgenommenen Abtreibungen in der Bundesrepublik Deutschland wurde auf den seit dem Beginn der siebziger Jahre mit zunehmender Schärfe und Publizität ausgetragenen Disput über den § 218 StGB zurückgeführt.[40]

Als ein weiteres Indiz für die Praxis des therapeutischen Aborts wird man zu werten haben, daß die kriminologische Indikation weitestgehend im Rahmen der medizinischen Anzeigestellung praktiziert wurde. Auf die Kleine Anfrage des Abgeordneten Vogel (Ennepetal) (CDU) und der Fraktion der CDU/CSU antwortete Bundesminister Jahn (SPD), es gebe kein statistisches Material über Verfahren wegen Abtreibung nach Vergewaltigungsverbrechen, so daß das Ministerium annehme, solche Schwangerschaften würden aufgrund der medizinischen Indikation abgetrieben. Seit 1952 liege der Bundesregierung kein statistisches Material über „Fälle vor, in denen eine Schwangerschaft auf Vergewaltigungsverbrechen zurückzuführen war"; solche Fälle seien zudem außerordentlich selten.[41] Daß therapeutische Aborte nach Vergewaltigungen aufgrund psychiatrischer Indikationen von den Gutachterstellen genehmigt wurden, bestätigten Fachveröffentlichungen zum Thema ebenso wie einige Sachverständige in der Anhörung des Strafrechtssonderausschusses.[42]

Die psychiatrische Indikation, die inzwischen einen großen Anteil der Genehmigungsgründe ausmachte,[43] wird indessen aufgrund der außerordentlichen Seltenheit von Schwangerschaften nach Vergewaltigungsverbrechen nur in einer verschwindend geringen Zahl von Fällen als Substitut der kriminologischen Indikation fungiert haben. Daß sie dennoch den größten Indikationsprozentsatz ausmachte, obwohl, wie oben gezeigt wurde, die reaktive Depression beziehungsweise die Suizidindikation

---

39 Bundesminister für Jugend, Familie und Gesundheit: Tabelle (ACDP VIII-002–019/1); Übersicht 13.

40 DPA 73 ID v. 15. März 1973.

41 BT-Drs. Nr. 6/2025 v. 25. März 1971 S. 4.

42 Strutz: Schwangerschaftsbeseitigung S. 109; Noll S. 19 u. 20; Kohlhaas S. 279; Bruck S. 135; Dr. Ahrens SA Ber. 6 WP 75 Si. v. 11. April 1972 S. 2267; Dr. Dr. Hagedorn Ebd. S. 2271; daß in der Mitte der sechziger Jahre noch aus der Nachkriegszeit stammende Anweisungen an die Staatsanwaltschaften bestanden hätten, bei Abtreibungen aufgrund einer kriminologischen Indikation nicht zu ermitteln, berichtet, ohne Quellen zu nennen: Kaufmann: Bestimmungen S. 476.

43 Wilkitzki/Lauritzen S. 12; MR Horstkotte SA Ber. 7 WP 28 Si. v. 13. März 1974 S. 1576; Prof. Schulte SA Ber. 6 WP 74 Si. v. 10. April 1972 S. 2196; Prof. Prill Ebd. S. 2173; MR Harsdorf SA Ber. 7 WP 24 Si. v. 23. Januar 1974 S. 1438; Schulte: Vorwort S. 9; Schulte/Schulte/Schulte S. 1; Mende S. 11; Rauschke S. 116; Falck S. 71; DPA 186 ID v. 19. April 1973; Schreiben der Initiativgruppe „Ärzte gegen § 218" v. 2. April 1974 an alle Bundestagsabgeordneten S. 2 (ACDP 0/068/33–10).

nicht als wissenschaftlich anerkannte Anzeigestellungen gelten können,[44] läßt nur den Schluß zu, daß offensichtlich der größte Anteil der genehmigten Abtreibungen nicht aufgrund einer medizinischen Indikation im engeren, klassischen Sinne, sondern aus anderen Gründen vorgenommen wurde. Dieser Umstand war – im Gegensatz zu den vierziger, fünfziger und auch noch den sechziger Jahren – von medizinischer Seite keiner vehementen Kritik mehr ausgesetzt. Einige Ärztegruppen bezichtigten sich in den siebziger Jahren öffentlich, die Bestimmungen des § 218 StGB auf dem Wege der psychiatrischen Indikation zu umgehen.[45] Aus der Beobachtung, daß, soweit ersichtlich, weder von seiten der Ärztekammern noch der Behörden etwas zur Änderung dieser Praxis unternommen worden ist, hat man zu schließen, daß sie allgemein geduldet war.

Ähnliches galt für die Handhabung der eugenischen Indikation, die nicht nur dann praktiziert wurde, wenn die Gesundheitsschädigung sicher prognostiziert werden konnte, sondern auch dann, wenn die Indikation zum Beispiel aufgrund einer Rötelninfektion gestellt wurde und die Wahrscheinlichkeit, daß das ungeborene Kind geschädigt würde, verhältnismäßig gering war.[46] Daß die eugenische Indikation in der Ärzteschaft weitgehend anerkannt sei und auch praktiziert werde, bestätigten die Sachverständigen Dr. Dr. Hagedorn, Dr. Ahrens und Prof. Degenhardt vor dem Strafrechtssonderausschuß.[47] Mit dem Hinweis auf diese Praxis begründeten die Vertreter der Länder Bayern und Rheinland-Pfalz im Bundesrat ihren Antrag, die kindliche Indikation aus dem Entwurf der Bundesregierung zu streichen.[48]

Während in den ersten Dekaden des Untersuchungszeitraums in der Antragsstellungs- wie in der Genehmigungspraxis starke Tendenzen einer Mitbewertung sozialmedizinischer Aspekte festgestellt wurden, scheint die Einbeziehung sozialer Aspekte im Rahmen der medizinischen Indikationsstellung Ende der sechziger beziehungsweise zu Beginn der siebziger Jahre die Regel geworden zu sein. Dies

---

44 Vgl. S. 35f., 100. Mende schrieb zu diesem Problem 1968, die Suizidindikation sei seit jeher umstritten und in Zweifel gezogen worden. Selbst wenn eine solche Gefahr gegeben sein sollte, sei noch die Frage zu klären, ob eine Abtreibung zu bejahen sei, oder ob nicht eine stationäre Behandlung geboten sei. „Die suizidalen Tendenzen entspringen zumeist der aktuellen Stimmungslage infolge einer übermächtig scheinenden Konfliktsituation. Sie lassen sich oft schon bei der ambulanten Untersuchung im ersten therapeutischen Gespräch wirksam eindämmen. In seltenen Fällen kann darüber hinaus ein Klinikaufenthalt notwendig sein." Diese Behandlungsmethode sei in Tübingen durchgehend mit Erfolg angewandt worden. „Eine spezielle ‚Selbstmordindikation' läßt sich also kaum jemals überzeugend begründen" (MENDE: Schwangerschaftsabbruch S. 44ff.).

45 DPA 143 ID/KU u. 144 ID/KU v. 15. März 1973; Schreiben der Initiativgruppe „Ärzte gegen § 218" v. 2. April 1974 an alle Bundestagsabgeordneten S. 2 (ACDP 0/068/33–10).

46 DIETEL: Röteln S. 689; KREBS S. 361; VOLBRACHT S. 384; GEILEN: Leben S. 149.

47 Prof. Degenhardt SA Ber. 6 WP 74 Si. v. 10. April 1972 S. 2186; Dr. Dr. Hagedorn SA Ber. 6 WP 75 Si. v. 11. April 1972 S. 2271; Dr. Ahrens EBD. S. 2262.

48 RA Ns. 380 Si. v. 8. März 1972 S. 59f.

belegen zum einen die Hinweise in der medizinischen und juristischen Fachliteratur.[49] Zum anderen wurde diese Tatsache von den ärztlichen Sachverständigen vor dem Bundestagsausschuß hervorgehoben.[50] Diese Praxis ist, wie sich im Verlauf der Sachverständigenanhörung vor dem Strafrechtssonderausschuß herausstellte, von den Behörden nicht nur toleriert, sondern gelegentlich durchaus gefördert worden.

Der Leiter der Bonner Gutachterstelle, Dr. Dr. Hagedorn, erläuterte, daß sich die Gutachter in einem besonderen Fall an den im Bundesjustizministerium zuständigen Ministerialrat Horstkotte gewandt hätten und daß dieser sie in einem langen Gespräch davon überzeugt habe, „daß nirgendwo geschrieben stehe, daß nicht schon heute die Lebensumstände der Frau berücksichtigt werden dürften.“ Horstkotte habe das anhand der psychiatrischen Indikation klargemacht.[51] Derselbe Ministerialrat wandte sich in den Beratungen des Strafrechtssonderausschusses gegen den seines Erachtens zu eng gefaßten Begriff „Schaden“ im Zusammenhang mit der medizinischen Indikation, wie sie der Entwurf der Bundesregierung vorsah.

Horstkotte machte diesen Einwand besonders für solche Fälle geltend, „die in der heutigen Gutachterpraxis eine erhebliche Rolle spielen“ und nannte einige Beispiele, die vor dem Hintergrund der zeitgenössischen medizinischen Kriterien sämtlich als soziale Indikationen gelten können.[52] Daß die sozialen Faktoren im Rahmen der medizinischen Indikation berücksichtigt werden müßen, machten die Vertreter Hessens und Hamburgs im Bundesrat geltend.[53] Daß solche Fälle tatsächlich bundesweit „im Vordergrund standen“, war der Bundesregierung bekannt. Befürworter und Gegner einer weitreichenden Änderung des § 218 StGB inner- und außerhalb des Bundestages haben diesen Sachverhalt ihren Argumentationen dienstbar gemacht.[54]

Die verhältnismäßig lockere Handhabung der Indikationen im Rahmen der Genehmigungspraxis der Gutachterstellen wird an der verschiedenenorts bezeugten Tatsache deutlich, daß die Ausführung genehmigter Abtreibungen von Ärzten immer wieder

49 Hungar S. 76, 79 u. 88; Denig/Schwarz S. 459f.; Noll S. 19f.; Mandt S. 3423; Becker, W.: Soziale Indikation S. 47; Ders.: Schwangerschaftsabbruch S. 592; Ders.: Abbruch S. 1368; Dietel: Schwangerschaftsunterbrechung S. 174 u. 176.

50 Prof. Kepp SA Ber. 6 WP 74 Si. v. 10. April 1972 S. 2125; Prof. Schulte Ebd. S. 2197; Dr. Ahrens SA Ber. 6 WP 75 Si. v. 11. April 1972 S. 2262 Dr. Dr. Hagedorn Ebd. S. 2274.

51 Ebd. S. 2271.

52 MR Horstkotte SA Ber. 7 WP 26 Si. v. 21. Februar 1974 S. 1523; im selben Sinne äußerte sich Horstkotte in: SA Ber. 7 WP 28 Si. v. 13. März 1974 S. 1576.

53 UA Ns. 28./29. Februar 1972 S. 18f.

54 Sten. Ber. 7 WP 165 Si. v. 18. April 1975 Anlage 74 S. 11602* (Antwort des Parlamentarischen Staatssekretärs Zander (SPD) auf die schriftlichen Fragen des Abgeordneten Götz (CDU)); Dr. Müller-Emmert (SPD) Sten. Ber. 7 WP 33 Si. v. 17. Mai 1973 S. 1783; Neumeister (CDU) Sten. Ber. 7 WP 95 Si. v. 25. April 1974 S. 6361; Heiss: Strafgesetz S. 77; ebenso hat man die Äußerung Liselotte Funckes zu verstehen, der Gesetzentwurf der Abgeordneten Dr. Heck und Genossen führe zu einer gesetzlichen Fixierung des Status quo; dieser Entwurf ließ – im Rahmen der medizinischen Anzeigestellung – alle übrigen Indikationen zu, sofern sie medizinisch begründbar seien (FDK Jg. 485/75 v. 15. September 1975).

aufgrund unzureichender Indikationsbegründungen abgelehnt wurde.[55] Die Dauer des Genehmigungsverfahrens betrug nach den Angaben beteiligter Ärzte von der Antragstellung bis zur Genehmigung zwischen fünf Stunden und drei Tagen, bis zur Vornahme des Eingriffs fünf Tage.[56] Dr. Dr. Hagedorn berichtete vor dem Strafrechtssonderausschuß, daß der Antrag und das Zeugnis im Land Nordrhein-Westfalen als Verwaltungsakt angesehen würden und daß die Gutachterstelle regelmäßig eine Rechtsmittelbelehrung erteile. Von den 20% aller von der Gutachterstelle abgelehnten Anträge aus medizinischer Indikation seien 50% nach einem Widerspruch aufgehoben worden, so daß die Gutachterstelle ihre Entscheidung revidieren mußte.[57]

Die Durchsicht der einschlägigen Quellen, unter denen die medizinischen Fachveröffentlichungen einen besonders großen Anteil ausmachen, läßt keinen Zweifel daran, daß sämtliche Indikationen, die während des Gesetzgebungsverfahrens in den siebziger Jahren Gegenstand der Diskussion waren, bereits im Rahmen der medizinischen Indikation praktiziert wurden. Zahl und Ausführlichkeit der Belege weisen darüber hinaus darauf hin, daß die Vornahme von Abtreibungen aufgrund einer sozialen, eugenischen oder kriminologischen Indikation unter dem Titel der medizinischen Anzeigestellung keinesfalls eine lediglich tolerierte Ausnahmeerscheinung war.

Dieser Sachverhalt war nicht nur den medizinischen Fachleuten bekannt, die diese Feststellung inzwischen im Gegensatz zu früheren Jahren kaum noch mit Kritik verbanden. Obgleich diese Sachverhalte in der Auseinandersetzung über die Gesetzentwürfe kaum gewürdigt wurden, ist nicht anzunehmen, daß diese Situation den politischen Entscheidungsträgern unbekannt war. Von Politikern und Publizisten wurde dessenungeachtet die Behauptung vorgetragen, die Rechtswirklichkeit der Abtreibung stelle sich dar als ein totales Verbot des künstlichen Aborts, von dem nur im Fall der – im Kontext als strenge ausgegebenen – medizinischen Indikation Ausnahmen möglich seien. Diese Tatsachenbehauptung ist mit der medizinisch-sozialen Wirklichkeit, soweit sie sich aus den Quellen rekonstruieren läßt, nicht in Einklang zu bringen.[58]

---

55 Prof. Kepp SA Ber. 74 Si. v. 10. April 1972 S. 2156; Dr. Dr. Hagedorn SA Ber. 75 Si. v. 11. April 1972 S. 2269; Schubert/Mauss S. 16.

56 Boldt S. 113; Dr. Ahrens SA Ber. 6 WP 75 Si. v. 11. April 1972 S. 2266; Dr. Dr. Hagedorn Ebd. S. 2269.

57 Ebd. S. 2267.

58 Mit der vitalen Indikation identifizierte die medizinische Anzeigestellung: Schwarzer: Nachwort S. 142; daß das Gutachterverfahren sich nicht auf die Untersuchung der persönlichen und familiären Lebensverhältnisse erstrecke, behauptete noch 1970 der Alternativ-Entwurf in seiner Begründung (AE S. 28f.); als Abbild der „derzeitigen Rechtswirklichkeit" gaben die Verfasser des ersten im Deutschen Bundestag eingebrachten Fristenregelungsentwurfs noch 1972 aus, es bestehe ein „totales Verbot des Schwangerschaftsabbruches, es sei denn, der Fall der klassischen medizinischen Indikation läge vor" (BT-Drs. Nr. 6/3137 v. 9. Februar 1972 S. 3); dasselbe wurde in dem 1973 von den Fraktionen der FDP und SPD eingebrachten Fristenregelungsentwurf behauptet (BT-Drs. Nr. 7/375 v. 21. März 1973 S. 6); daß das geltende Recht einen „Schwangerschaftsabbruch" nur dann zulasse, „wenn er erforderlich ist, um ernste Lebens- oder Gesundheitsgefahr von der Schwangeren

B. Die Diskussion über § 218 StGB nach 1962

I. Die faktische Einschränkung des § 218 StGB durch die juristische Umbewertung der Nidation

Wie gezeigt worden ist, setzte sich die Diskussion über den § 218 StGB und die damit zusammenhängenden Probleme in einer engeren Fachöffentlichkeit auch dann kontinuierlich fort, wenn die Massenmedien nicht in nennenswertem Umfang Notiz von dem Thema Abtreibung nahmen. So rückte die Abtreibung nach 1962 schnell wieder aus dem Zentrum der öffentlichen Aufmerksamkeit und war, wenngleich in größerem Maß als bis 1960, wieder Gegenstand einer Diskussion, die vornehmlich unter Fachleuten der juristischen, medizinischen und anderer Disziplinen geführt wurde. Während es in der ersten Hälfte der sechziger Jahre vor allem die kriminologische Indikation gewesen war, welche die Diskussion über den § 218 StGB am Leben erhalten hatte, war es in der zweiten Hälfte des Jahrzehnts die Debatte über die zunehmend Verbreitung findenden Nidationshemmer und die damit einhergehende Uminterpretation der strafgesetzlichen Bestimmungen über die Abtreibung.

Im Zentrum der Diskussion stand die Neubewertung der Begriffe „Nidation", „Leibesfrucht" und „Schwangerschaft". Die Ursache für diese Debatte, die schließlich zu einer juristischen Neuinterpretation dieser Termini führte, lag nicht in neuen medizinischen oder biologischen Erkenntnissen über die Frühentwicklung des Embryos, sondern in der zunehmenden Verbreitung sogenannter Nidationshemmer. Darunter versteht man mechanisch oder medikamentös wirkende Mittel (Intrauterinpessare, Schleifen, Spiralen oder Präparate wie die „Pille-danach"), welche die als „Nidation" oder auch „Implantation" bezeichnete Einnistung der bereits befruchteten Eizelle in der Gebärmutterschleimhaut verhindern und so die Vernichtung der Zygote herbeiführen. Einige dieser Methoden zur Geburtenkontrolle hatte es bereits in der Zeit vor dem Zweiten Weltkrieg gegeben. In Deutschland wurden diese Mittel, die aufgrund ihrer materiellen Beschaffenheit in katastrophalem Ausmaß schwerste Gesundheitsschäden bei ihren Anwenderinnen auslösten, auf Betreiben der deutschen Gynäkologen verboten. In den sechziger Jahren fanden in zunehmendem Maße Nidationshemmer Verbreitung, die dieses gesundheitliche Risiko erheblich herabsetzten und die als wirksames und – vor allem für Männer – bequemes Mittel der Geburtenkontrolle

---

abzuwenden", bemerkte 1973 einleitend auch der Gesetzentwurf der Abgeordneten Dr. Müller-Emmert, Dürr, Dr. Bardens und Genossen (BT-Drs. Nr. 7/443 v. 4. März 1973 S. 1); inhaltlich identisch, aber in anderem Wortlaut ebenso der Entwurf eines Fünften Gesetzes zur Reform des Strafrechts (5. StrRG) der Bundesregierung im Jahr 1972 (BT-Drs. Nr. 6/3434 v. 15. Mai 1972 Vorblatt); ähnlich wird die Situation der „derzeitigen Rechtswirklichkeit" 1972 in einem „Entwurf für einen Gruppenantrag zur Änderung der Vorschriften zur Bestrafung der Abtreibung" der Arbeitsgruppe „Strafrechtsreform" im Arbeitskreis VII (Rechtswesen) der SPD-Bundestagsfraktion v. 27. Februar 1972 S. 5 (AsD PS 179) beschrieben als „totales Verbot des Schwangerschaftsabbruches, es sei denn der Fall einer medizinischen Indikation liege vor."

angesehen wurden. Diese Verfahren galten, schon allein unter juristischen Aspekten, insofern als sehr problematisch, als bis in die zweite Hälfte der sechziger Jahre keine Klarheit darüber bestand, ob sie den Straftatbestand des § 218 StGB erfüllten.

Gegner und Befürworter jener Methoden der Geburtenkontrolle stimmten darin überein, daß der Beginn des Lebens bis zu der Diskussion über die Nidationshemmer im ganzen unumstritten war und daß diese Auseinandersetzung ursächlich von dem Interesse bestimmt wurde, diese Mittel zu legalisieren.[59] Daß es sich bei diesen Tendenzen um eine „Neuinterpretation" und eine „einschränkende Auslegung" des Paragraphen handelte, haben auch diejenigen nicht bestritten, die sie befürworteten.[60] Vor allem die auf die Initiative von Juristen zurückgehenden ersten Begründungsansätze, die Vernichtung eines Embryos vor der Nidation aus dem Straftatbestand des § 218 StGB herauszunehmen, räumten ein, daß menschliches Leben von der Befruchtung an bestehe. Vermittels sehr unterschiedlicher Begründungsversuche wurde indessen in Zweifel gezogen, ob das ungeborene Leben auch vor der Nidation schon Rechtsgut des § 218 StGB sein solle. Träfe dies nicht zu, wäre die Vernichtung einer befruchteten Eizelle vor der Nidation keine Abtreibung im Sinne des Gesetzes.

Diese Umdeutung des durch § 218 StGB geschützten Rechtsguts stützte sich im wesentlichen auf zwei Interpretationsstränge; erstens auf eine Argumentation, die fast ausschließlich auf dem Wege einer semantisch orientierten Gesetzesauslegung zu der Umbewertung des Begriffs „Leibesfrucht" gelangte; zweitens auf biologische und anthropologische Erwägungen. Im Vordergrund der juristischen Umbewertung standen unterdessen stets die exegetischen Aspekte, die sich die biologisch-anthropologischen Argumente, soweit sie diese überhaupt heranzogen, lediglich ergänzend nutzbar machten.

Im Interesse einer Neuinterpretation führte eine Reihe von Juristen[61] gegen die herrschende Auslegung der Begriffe „Leibesfrucht" und „Schwangerschaft" sogenannte „grammatikalische Gründe"[62] an. Einerseits anerkannten sie ausdrücklich die biologische Tatsache, daß das menschliche Leben mit der Befruchtung beginnt. Andererseits vertraten sie die Ansicht, damit sei noch nicht dargetan, daß dieses Leben schon in den Rechtsgüterschutz des § 218 StGB eingeschlossen sei. Diese Auffassung wurde mit der These begründet, daß sprachlich und historisch unter einer „Ab-treibung"[63] die Zerstörung der organischen Verbindung zwischen der Mutter und

---

59 Brandl S. 1f.; Kirchhoff: Pessare S. 2325; Becker, W.: Problematik S. 410; Ders.: Abbruch S. 1374f.; Ders.: Deutschland S. 136; Hanack: Problematik S. 505 u. 506; Heller S. 85; Schultze: Abortsituation S. 3982; Scheck S. 18f.; Bemmann S. 89; Müller-Emmert: Problematik S. 112; Ermecke S. 30f.; Lang-Hinrichsen: Rechtsschutz S. 365f.; Ruff S. 24f.; Kienapfel S. 176f.; Bundesgeschäftsstelle S. 8; Arndt: Problematik S. 108; „Abtreibung: Massenmord oder Privatsache?". In: S. v. 21. März 1973 (Interview mit Bundesgesundheistministerin Käthe Strobel); Geilen: Grenzpeobleme S. 129.

60 Lüttger S. 448.

61 Ebd. S. 450; Geilen: Grenzprobleme S. 145ff.; Geilen: Leben S. 129ff.; Schwalm (Brandl S. 78f.); Schwalm: Beginn S. 1556ff.

62 Lüttger S. 451.

63 Ebd. S. 449.

der befruchteten Eizelle zu verstehen sei, wie auch das Wort „Konzeption" (von „concipere" = „festhalten")[64] zeige.

Auch die Formulierung „‚ihre' Leibesfrucht" lasse erkennen, daß das Ei nicht nur durch den mütterlichen Organismus beherbergt werde, „sondern daß es mit ihm i. S. einer untrennbaren Symbiose verwachsen ist."[65] „Frucht bedeutet nach seinem ursprünglich aus der Botanik entnommenen Wortsinn ein durch Befruchtung entstandenes, im Fruchthalter seiner Reifung entgegensehendes Gebilde."[66] Da eine solche Verbindung vor der Nidation nicht existiere, müsse vor der Implantation der Eizelle in die Gebärmutterschleimhaut weder eine „Leibesfrucht" noch eine „Schwangerschaft" im Sinne des Gesetzes vorliegen. Die Vernichtung einer befruchteten Eizelle vor deren Nidation erfülle daher nicht zwangsläufig den Straftatbestand der Abtreibung.[67]

Gegen diese Auslegung wurde eingewandt, daß sie eine Argumentation vom erwünschten Ergebnis her sei. Denn sie erschließe aus dem Wortlaut, wie der § 218 StGB zu interpretieren sei, und leite so aus den Begriffen den Sinn ab, den sie zuvor in sie hinein gelegt habe. Welchen Sinn das einzelne Tatbestandsmerkmal habe, sei aber vom geschützten Rechtsgut her, also teleologisch zu entscheiden. Die eigentliche Frage sei also, „welchen sozialen Lebensraum der Gesetzgeber schützen will." Es gehe nicht darum, juristisch den Beginn ‚der Schwangerschaft' festzustellen, sondern nach dem Beginn des Lebens zu fragen.[68] Die Diskussion leide daran, daß man „aus durchaus respektablen Gründen – des praktischen Handelns des Arztes etwa – „von Begriffen ausgehe, um die es eigentlich nicht gehe, beispielsweise von „Schwangerschaft". „Worum es bei dem Rechtsschutz geht, das ist doch die werdende Person, die geschützt werden soll, aber nicht der abstrakte Begriff ‚Leibesfrucht'."[69] Der Vorwurf, jene Argumentationen seien „reine Wortspielereien mit Gesetzesbegriffen", blieb ihren Vertretern auch von solchen Juristen nicht erspart, die im übrigen eine Nidationsgrenze befürworteten.[70]

Den Neuinterpretationen des Gesetzeswortlauts lag die methodische Voraussetzung zugrunde, daß die juristische Bewertung bestimmter Lebenssachverhalte zunächst von der Frage auszugehen habe, wie der einschlägige gesetzliche Tatbestand auszulegen sei. Dabei bleibt es von nachrangiger Bedeutung, ob die juristische Auslegung des positiven Rechts – denn ausschließlich um ein Auslegungsproblem

64 Geilen: Grenzprobleme S. 146.
65 Ebd.; sehr ähnlich: Schwalm (Brandl S. 78f.); Schwalm: Beginn S. 1557.
66 Lay S. 468.
67 Zum Teil stützten sich diese Darlegungen auf humanbiologisch nicht haltbare Tatsachenbehauptungen, wie beispielsweise auf die stoische und in die Rechtstradition eingegangene Anschauung, das Ungeborene sei ein Teil der Eingeweide der Mutter und auf die Meinung, die Zygote erhalte erst nach der Nidation die zu ihrer Weiterentwicklung notwendigen Impulse (Lüttger S. 450; Lay S. 468 u. 470.).
68 Lang-Hinrichsen: Rechtsschutz S. 366ff.; Becker, W.: Problematik S. 411; ähnlich: Leiner S. 51.
69 Prof. Hinrichsen SA Ber. 6 WP 74 Si. v. 10. April 1972 S. 2181.
70 Hanack: Problematik S. 505.

handelt es sich unter dieser Voraussetzung – mit den den Lebenssachverhalt bedingenden naturwissenschaftlich überprüfbaren Tatsachen übereinstimmt. Die auslegerische Prärogative wird so dem positiven Recht, nicht der Wirklichkeit zugewiesen. Die dargelegten Interpretationsmodelle stellten nicht die Frage nach dem Beginn des Lebens in den Mittelpunkt ihrer Überlegungen, sondern die Frage nach dem Beginn des Lebens im auszulegenden Sinne des Gesetzes. Die Vertreter dieser Methode ließen keinen Zweifel daran, daß für sie nicht entscheidend sei, von wann an das menschliche Leben humanbiologisch existiere, sondern wann es „strafrechtlich" beginnen „soll".[71]

Dieser semantischen Methode lag die von Lüttger näher begründete Überlegung voraus, daß Begriffe wie Leibesfrucht und Schwangerschaft außer ihrem biologischen Hintergrund einen spezifisch strafrechtlichen Sinngehalt hätten, also juristische Begriffe seien „und der kompetenten juristischen Auslegung unterliegen."[72] Lüttger verwies in diesem Zusammenhang auf die strafrechtsdogmatische Unterscheidung zwischen dem Rechtsgut und dem Handlungsobjekt, auf die Norm des § 218 StGB. Das Rechtsgut, Bestandteil der im Strafrecht abstrakt gedachten Lebensgüter des einzelnen oder der Gemeinschaft, und das Handlungsobjekt, der konkrete Gegenstand, an dem sich die Tat vollziehe, könnten deckungsgleich sein, müßten es aber nicht. In bezug auf den § 218 StGB bedeute dies: Es bestehe eine Diskrepanz zwischen dem weitergreifenden Rechtsgut „werdendes Leben" und dem enger gefaßten Handlungsobjekt „Leibesfrucht". Diese Diskrepanz begründete Lüttger mit dem Argument, daß die Leibesfrucht als juristischer Begriff „trotz seines biologischen Gehalts" mit „juristischen Interpretationsmethoden zu bestimmen" sei. Dem Einwand, das menschliche Leben sei ein kontinuierlicher Vorgang, begegnete Lüttger mit dem Hinweis darauf, es gehe darum, ob die Einnistung des befruchteten Eies in der Gebärmutter eine „biologische Station ist, der von Rechts wegen der Charakter einer Zäsur für die Bestimmung des Begriffs ‚Leibesfrucht' beigemessen werden kann." Die Möglichkeit, strafrechtlich gesetzte Zäsuren auch dann zu schaffen, wenn sie von der Sache her problematisch sind, begründete Lüttger mit dem – rechtspositivistischen und einer außerjuristischen Begründung entbehrenden – Hinweis, daß es im Recht für solche Zäsuren bereits Präzedenzfälle gebe.

Die Wirkung dieser Argumentation, die im Ergebnis in der zeitgenössischen Literatur vielerorts vertreten wurde, liegt darin, daß die feine Unterscheidung zwischen den tatsächlichen biologischen Gegebenheiten und ihrer juristischen „Neuinterpretation" von der Mehrzahl der Rezipienten nicht mitvollzogen worden ist. Wie weiter unten zu zeigen sein wird, etablierte sich in der Öffentlichkeit die Meinung, die Nidation sei nicht nur eine juristisch so interpretierbare, sondern eine embryologische „Zäsur".

Dieses für die Meinungsbildung prägende Mißverständnis ist wohl nicht ganz zufällig. Wie erläutert, führte der Verfasser des erwähnten Artikels selbst den Begriff

---

71 Geilen: Grenzprobleme S. 146; Ders.: Leben S. 129; Schwalm: Beginn S. 1556f.; ähnlich: Eser: Strafrecht S. 460; Lüttger S. 445.

72 Dies und das Folgende nach: Ebd. S. 446ff.; ähnlich: Schwalm, der bemerkte, er habe sich seine Meinung über den embryologischen Sachverhalt unabhängig von medizinischen Erkenntnissen gebildet (Beginn S. 1559).

der „Zäsur“ zunächst unter dem Vorbehalt ein, daß der Nidation lediglich „von Rechts wegen“ ein „Zäsurcharakter“ beigemessen werden „kann“. Das bedeutet, daß die Nidation keine Zäsur *ist*, sondern als solche juristisch interpretierbar. Das heißt außerdem, daß die biologischen Tatsachen eine solche Interpretation nicht unbedingt nahelegen, sondern daß man sie ihnen beimessen „kann“. Schon im nächsten Abschnitt und auf den folgenden Seiten desselben Artikels finden diese Vorbehalte indessen keine Erwähnung mehr. Die Rede ist allein noch von der „Zäsur“ und nicht mehr von dem „von Rechts wegen“ so interpretierbaren „Zäsur*charakter*“.

Biologisch beziehungsweise anthropologisch orientierte Versuche, einen grundsätzlichen Unterschied zwischen der eingenisteten und der noch nicht eingenisteten befruchteten Eizelle zu begründen, stützten sich im wesentlichen auf drei Argumente: Erstens wurde – vor dem Hintergrund der oben behandelten Ansätze zur Neudefinition der Begriffe „Leibesfrucht“ und „Schwangerschaft“ – auf das Fehlen einer Wechselbeziehung zwischen Zygote und Mutter vor der Nidation hingewiesen.[73] Zweitens beriefen sich diese Stimmen auf die biologische Tatsache, daß etwa 30% bis 50% aller befruchteten Eizellen vor der Nidation zugrunde gehen und schlossen daraus, daß die Zygote vor der Implantation schon deswegen nicht im gleichen Maße schützenswert sei wie nach der Einnistung, weil sie etwas „Fakultatives“ habe.[74] Drittens wurde – besonders von verschiedenen Moraltheologen – geltend gemacht, daß der Lebensschutz ein Individualschutz sei, daß aber die befruchtete Eizelle so lange noch kein Individuum sei, wie die Möglichkeit einer Mehrlingsbildung durch die Zygote bestehe. Dies sei bis zur Nidation der Fall.[75]

Diesen Versuchen, die Nidation als anthropologisch-biologische Zäsur innerhalb der Embryonalentwicklung zu begründen, ist indessen aufs ganze gesehen die inhaltliche Anerkennung versagt geblieben. Dazu trug einerseits diejenige Kritik bei, die auf die mit der Befruchtung einsetzende zäsurlose Kontinuität der Entwicklung einer einmaligen und unwiederholbaren genetischen Kombination hinwies.[76] Die Einwände gegen eine Neubewertung der Nidation richteten sich auch auf inhaltliche Schwächen jener Argumentationen. Hinsichtlich der Wechselbeziehung zwischen Zygote[77] und

73 Mende S. 214; Lüttger S. 450; Lay S. 470; Ringeling S. 579.

74 Ebd. Harmsen: Familienplanung S. 201; Zimmer S. 7; Geilen: Grenzprobleme S. 147; Auer: Orientierung S. 195; Schmitt: Überlegungen S. 357; Rahner S. 287.

75 Ebd.; Eser: Diskussion S. 246; Vodopivec S. 223ff.; Heller S. 86; Auer: Orientierung S. 194; Geilen: Grenzprobleme S. 147; zur Frage der Individualität siehe: S. 370ff.

76 Alfred Püllmann: „Wann beginnt das keimende Leben?“. In: HAZ v. 4. November 1967; dort zit.: Prof. Richard Kepp; Becker, W.: Problematik S. 410ff.; Lang-Hinrichsen: Rechtsschutz S. 370; Strutz: Intrauterinpessare S. 87f.; Köhne S. 14; Koester S. 413 u. 425; Wagner S. 303; Scheck S. 23f.; Jachertz S. 2203; Bemmann S. 89; Funcke: Unmenschlichkeit S. 86; Döpfner/Dietzfelbinger S. 28f.; Ermecke S. 31; Martin, N. S. 340; Derbolowsky SA Ber. 6 WP 74 Si. v. 10. April 1972 S. 2227.

77 Als Zygote wird die befruchtete Eizelle nach der Verschmelzung von Ei- und Samenzelle bezeichnet.

mütterlichem Organismus wurde geltend gemacht, daß diese schon vor der Implantation nachweisbar sei.[78]

Der Zeitpunkt der Nidation ist weniger ein Punkt als eine Phase von einer gewissen zeitlichen Dauer innerhalb der Embryonalentwicklung. Die Einnistung wurde in der Diskussion zumeist auf den dreizehnten beziehungsweise vierzehnten Tag datiert und von Fachleuten als zeitlich nicht genau definierbar bezeichnet.[79] Hinzu trat die Tatsache, daß das als Individuation bezeichnete Entwicklungsstadium der befruchteten Eizelle, von dem an eine Mehrlingsbildung ausgeschlossen ist, der Implantation zwar zeitlich sehr nahe kommt, mit dieser aber nicht identisch ist.[80] Bezüglich der Mehrlingsbildung erhoben Fachleute den Einwand, daß sie erstens auch noch nach der Nidation möglich sei und daß sie zweitens nur in etwa 1,2% aller Schwangerschaften auftrete. Damit werde aus der Situation der „Minorität" ein gegen die „Majorität" gerichtetes Gesetz aufgestellt.[81]

Auch Befürworter einer Nidationsgrenze verhehlten nicht, daß sie diese Zäsur als biologisch unbegründet ansähen. Sie hegten in dieser Hinsicht zumindest erhebliche Vorbehalte und wollten die Nidationshemmer vor allem als „vernünftige" beziehungsweise „praktische" Mittel der Geburtenkontrolle rechtlich absichern.[82] Dem zunächst besonders von einigen Juristen vorgetragenen Bedenken, „ob wir es verantworten können, mit dem Festhalten an der bisherigen Auslegung des Begriffes der Leibesfrucht uns einer billigen, unschädlichen und sozialethisch noch einigermaßen vertretbaren Möglichkeit der Geburtenregelung entgegenzustellen",[83] haben sich die Zeitgenossen offenbar nicht entziehen wollen.

Obwohl die humanbiologisch ausgerichteten Argumentationen für die Zulassung der Nidationshemmer weder die Fachleute noch den größten Teil derjenigen, die sie vortrugen, überzeugten, ist ein entschiedener Widerstand gegen die rechtliche Billigung jener Mittel nicht in Gang gekommen. Es scheint, daß sich in dieser Frage vor allem Praktikabilitäts-und Nützlichkeitserwägungen durchgesetzt haben, die das Gebot des Lebensschutzes zurückdrängten. Als symptomatisch für die Art und Weise, wie man sich ärztlicherseits mit diesem Ergebnis abfand, können die Äußerungen des späteren Vizepräsidenten der Deutschen Gesellschaft für Gynäkologie, Prof. Heinz Kirchhoff, gelten. Kirchhoff ließ zwar keinen Zweifel an seiner Überzeugung, daß die Nidationsgrenze eine „willkürlich gesetzte Zäsur" sei, bezeichnete sie dennoch – ohne dies zu begründen – als eine für Ärzte und Juristen „gleichermaßen akzeptable Lösung", welche die Nidationshemmer sicher binnen kurzem zu einem verbreiteten

---

78 Kepp: Intrauterinpessare S. 76; Prof. Hiersche SA Ber. 6 WP 74 Si. v. 10. April 1972 S. 2176f.

79 Prof. Zander Ebd. S. 2168; Prof. Hinrichsen Ebd. S. 2148; Prof. Prill Ebd. S. 2171.

80 Prof. Hinrichsen Ebd. S. 2148.

81 Prof. Hiersche Ebd. S. 2177.

82 Heller S. 85; Schultze: Abortsituation S. 3982; Wimmer S. 91; Schwalm (Brandl S. 73); Schweitzer S. 537; Strutz: Intrauterinpessare S. 89f.; Döring S. 2395f.; Hiersche/Hiller/Friedberg S. 299; Böckle: Theologische Fragen S. 43f.; Eser: Strafrecht S. 460f.; Schwalm: Beginn S. 1558.

83 Ebd. S. 1557.

Verhütungsmittel werden ließen, das er persönlich aber aus Achtung vor dem ungeborenen Leben nicht anwenden wolle.[84]

In der Öffentlichkeit wurde diese Auffassung zwar nicht allenthalben ausgesprochen, aber doch im Grundsatz geteilt. Unterdessen überbrückten zahlreiche Befürworter der Einführung einer Nidationsgrenze den Zwiespalt zwischen der humanbiologischen Problematik und dem Interesse, die Nidationshemmer rechtlich zu ermöglichen, indem sie diesen Widerspruch aus ihren Überlegungen ausklammerten und auf einer kriminalpolitischen Ebene argumentierten: Die Nidationshemmer seien de lege lata schon unter dem alten § 218 StGB kein Problem, beziehungsweise es stehe dem Gesetzgeber frei, die Anwendung dieser Mittel de lege ferenda strafrechtlich nicht zu verfolgen, weil ihre wirksame Anwendung kaum beweisbar und ihre Tolerierung daher ein Gebot der Rechtsklarheit und Rechtssicherheit sei. Dieses Argument, das es ermöglichte, die Nidationshemmer straffrei zu stellen, ohne sich auf die humanbiologischen Implikationen einzulassen, fand schließlich auch Eingang in den Alternativ-Entwurf[85] und in die Gesetzentwürfe der Bundesregierung, der CDU-Fraktion und des Abgeordneten Dr. Heck und Genossen.[86]

Im Ergebnis bestand in der medizinischen und juristischen Fachöffentlichkeit weitgehend Übereinstimmung darin, daß die Vernichtung einer befruchteten Eizelle vor der Nidation strafrechtlich nicht als Abtreibung verfolgt werden solle. Dieses Ergebnis gründete sich im ganzen allerdings auf kriminalpolitische und andere pragmatische Erwägungen und nicht etwa auf die biologisch nicht stichhaltige Meinung, der Eingriff sei bis zur Implantation keine Abtreibung. Diese Unterscheidung ist von der Meinungsbildung, insbesondere im Rahmen der politischen Willensbildung, in der Folge nur selten zur Kenntnis genommen und schließlich vollends vernachlässigt worden.

Wo Befürworter einer die soziale Indikation einschließenden Indikationenregelung oder der Fristenregelung darauf verwiesen, es sei allgemein anerkannt, daß die Schwangerschaft erst mit der Nidation beginne, vermieden sie es, die näheren Gründe dafür zu nennen.[87] Der Erste Bericht des Sonderausschusses für die Strafrechtsreform zu dem von den Abgeordneten Dr. Müller-Emmert und Genossen eingebrachten Gesetzentwurf begründete die Notwendigkeit einer Änderung des § 218 StGB darüber hinaus mit neueren medizinischen und anthropologischen Erkenntnissen über

84 Kirchhoff: Konflikt S. 2956; Ders.: Pessare S. 2325; vgl.: Kepp (Präsident der Deutschen Gesellschaft für Gynäkologie): Humanität, 18ff.; ähnlich: Schultze: Abortsituation S. 3982: Die Ärzteschaft habe sich aus „praktischen Gründen" der juristischen Auffassung angeschlossen, eine Leibesfrucht existiere erst ab der Nidation.

85 AE MehrV § 105 Abs. 1 1 S. 30 u. S. 31; AE MindV § 105 Abs. 1 S. 38 u. S. 39.

86 Schmitt: Geburtenregelung S. 533; Dr. Heck SA Ber. 6 WP 76 Si. v. 12. April 1972 S. 2316; Strafrechtskommission der Ekd S. 238; BT-Drs. Nr. 7/554 v. 11. Mai 1973 S. 6; BT-Drs. Nr. 7/1984 (neu) v. 24. April 1974 S. 5; Dr. Heck (CDU) Sten. Ber. 7 WP 33 Si. v. 17. Mai 1973 S. 6325; Köster (CDU) SA Ber. 7 WP 15 Si. v. 26. September 1973 S. 679; BT-Drs. Nr. 6/3434 v. 15. Mai 1972 S. 15.

87 Roxin S. 180f.; Döring S. 2395; Müller-Emmert: Problematik S. 112; Dr. de With (Parteivorstand der Spd: Außerordentlicher Parteitag S. 9).

die Entwicklung des befruchteten Eies.[88] Die unter ganz spezifischen juristischen Voraussetzungen vorgenommene strafrechtliche Deutung der Begriffe erschien damit als das, was sie eben nicht war: als humanbiologisch begründete Auffassung.

Sowohl für die öffentliche Meinungsbildung als auch für die parlamentarische Willensbildung war die rechtliche Zulassung der Nidationshemmer ein wichtiges Präjudiz, das die Auseinandersetzung über die Änderung des § 218 StGB beeinflußte. Wenngleich diese Tendenzen nicht unmittelbar auf eine grundlegende Lockerung der Abtreibungsbestimmungen hinzielten, so haben sie den diesbezüglichen Bemühungen doch insofern Vorschub geleistet, als sie den Lebensschutz für die Ungeborenen bis zu einem bestimmten Zeitpunkt der Embryonalentwicklung aufhoben. Damit war das Prinzip des umfassenden strafrechtlichen Grundrechtsschutzes für das ungeborene Leben durchbrochen. Vom Grundsatz her betrachtet lautete die Frage nun nicht mehr, ob die strafrechtliche Sanktionierung der Vernichtung des ungeborenen Lebens für eine bestimmte Frist aufgehoben werden könne, sondern wie diese Frist im einzelnen bemessen sein solle.

II. Stellungnahmen aus den Bundestagsparteien zu § 218 StGB (1962-1970)

Auf die Meinungsbildung in den Parteien hat die Diskussion über die Nidationshemmer in den sechziger Jahren keine bemerkbaren Auswirkungen gehabt.[89] Diese Beobachtung korrespondiert mit dem Umstand, daß eine durchgreifende Änderung des § 218 StGB auf den Bundesparteitagen der im Parlament vertretenen Parteien

---

88 Im einzelnen räumte der Bericht ein, daß der Gesetzgeber des Jahres 1871 die Verschmelzung der Keimzellen als den Beginn der Leibesfrucht angesehen habe. Unter den neueren medizinischen und anthropologischen Erkenntnissen werden neben dem Zugrundegehen vieler Zygoten vor der Nidation „die technischen und medikamentösen Einwirkungsmöglichkeiten zur Verhinderung der Nidation“ als „entscheidende zusätzliche Erkenntnisse“ angeführt. Dieser Logik zufolge bestimmt sich das Wesen des Definiendums entscheidend durch die sich wandelnden Möglichkeiten zu seiner Vernichtung (BT-Drs. Nr. 7/1982 v. 10. April 1974 S. 4); derselbe Gedanke liegt ebenfalls den entsprechenden Ausführungen in den Berichten des Strafrechtssonderausschusses über den Fraktionsentwurf der FDP und der SPD zugrunde sowie dem Entwurf der CDU/CSU-Fraktion (BT-Drs. Nr. 7/1981 (neu) v. 24. April 1974 S. 4; BT-Drs. Nr. 7/1983 v. 10. April 1974 S. 4); nicht so die Begründung des Heck-Entwurfs, die sich hier auffallend von den im übrigen teilidentischen „Vorbemerkungen“ der übrigen Ausschußberichte unterscheidet (BT-Drs. Nr. 7/1984 (neu) v. 24. April 1974 S. 4); daß die herrschende ärztliche Auffassung entsprechend der „überwiegenden Auslegung“ in der Jurisprudenz zwischen dem Beginn des Lebens und dem der Schwangerschaft „im engeren Sinne“ unterscheide, behauptete ebenso, ohne dies zu erläutern oder Belege zu nennen, die Begründung des Entwurfs der Bundesregierung (BT-Drs. Nr. 6/3434 v. 15. Mai 1972 S. 15).

89 Wie weiter unten noch gezeigt wird, wurde erst ab dem Beginn der siebziger Jahre von verschiedenen Politikern zur Begründung einer Änderung des § 218 StGB auf die angegebene Notwendigkeit verwiesen, im Zuge einer solchen Novellierung auch die Nidationshemmer zu legalisieren (S. 319f. u. S. 321f.).

bis 1970 kein Thema gewesen ist. Auch in der SPD, in der es in den vierziger Jahren starke Tendenzen für eine weitgehende Änderung des § 218 StGB gegeben hatte, war der Paragraph seit dem Ende der Auseinandersetzung um die sogenannte ethische Indikation im Jahr 1962 bis zum Beginn der siebziger Jahre kein vorrangiges politisches Thema.

Zwar lassen sich für einzelne oder kleinere Gruppen von Parteimitgliedern nach 1962 Änderungsbestrebungen nachweisen. Soweit ersichtlich, gingen diese Tendenzen indessen über die Einführung einer kriminologischen Indikation nicht hinaus.[90] Im Jahr 1964 antwortete der SPD-Bundestagsabgeordnete Ulrich Lohmar auf die Frage nach der Haltung in der SPD zur sogenannten ethischen Indikation sehr zurückhaltend: Es sei unmöglich, diese Frage für die SPD als Ganzes zu beantworten, da dies eine Gewissensentscheidung sei, die die SPD nicht durch Parteibeschlüsse regele. Lohmar könne sich vorstellen, daß unter Sozialdemokraten zu dieser Frage mehrere Auffassungen bestünden. „Es kann und wird daher keine Einstellung ‚der' SPD zur ethischen Indikation geben."[91]

Sofern führende Sozialdemokraten nach 1965 zu einer Änderung des § 218 StGB Stellung nahmen, äußerten sie sich nur in bezug auf die Notwendigkeit einer kriminologischen Indikation.[92] Manfred Worm, dessen Untersuchung über „SPD und Strafrechtsreform" 1968 veröffentlicht wurde, faßte seine Betrachtungen zum Aspekt § 218 StGB in dem Urteil zusammen, daß die Sozialdemokraten dem Thema „soziale Indikation" nur sehr wenig Bedeutung beimäßen und bezeichnete diese Haltung der SPD als Ausdruck „allgemein anerkannter Rechtsüberzeugungen".[93] Diese Bewertung erfährt eine Bestätigung in einer Arbeit des Juristen Wilderich Freiherr Ostmann von der Leye „Zur Reform des Besonderen Teils des Strafgesetzbuches". Ostmann von der Leye gehörte seit 1957 der SPD an, war ab 1969 Mitglied des Bundestages und saß als Vertreter der sozialdemokratischen Fraktion im Sonderausschuß für die Strafrechtsreform, wo er sich für die Fristenregelung engagierte.

In seiner 1968 publizierten Arbeit stellte er den Überlegungen zum Lebensschutz die Bemerkung voraus, schon der „Gedanke, auch nur einen Teil vom Lebensschutz auszuschließen, ist für eine Kulturnation so unwürdig, daß man jede Diskussion darüber ablehnen sollte."[94] Eine gesetzliche Rechtfertigung von Indikationen lehnte der Verfasser ebenso ab wie eine soziale Indikation, die er nur für ganz „extreme Fälle denkbar" hielt. In dieses Bild fügt sich die Antwort, mit der die Minister Ehmke

---

90 Heinemann: S. 109f.; DPA 183/152 ID v. 28. März 1963 (Dr. Müller-Emmert (SPD)); Parteivorstand der Spd: Parteitag S. 1062.

91 Lohmar S. 64.

92 Müller-Emmert: Chancen S. 714f.; „Schuld ohne Strafe?". In: S. v. 10. April 1967.

93 Worm S. 147f.

94 Dies und das Folgende nach: Ostmann von der Leye: Reform S. 62.

(SPD) und Strobel (SPD)[95] auf ein Schreiben der Arbeitsgemeinschaft sozialdemokratischer Frauen des Unterbezirks Frankfurt noch 1969 reagierten, in dem die völlige Entscheidungsfreiheit der Frau über eine Abtreibung gefordert wurde.[96] Die Minister antworteten zurückhaltend, die Gesetzesänderung in der kommenden Legislaturperiode in Angriff nehmen zu wollen; die einzelnen Voraussetzungen der Zulässigkeit der Abtreibungen seien aber noch zu klären.

Auch in der FDP verlor das Thema § 218 StGB mit dem Abklingen der tagespolitischen Auseinandersetzung um die Abtreibung nach 1962 rasch an Bedeutung. Hinweise auf dieses Thema, das auch unter den Freien Demokraten kontrovers diskutiert wurde, sind in den Akten des Frauenreferates der Partei äußerst selten und beschränken sich auf Bemerkungen zur kriminologischen Indikation.[97] Im übrigen ist die Abtreibung in der FDP bis zum Beginn der siebziger Jahre kein politisches Thema von besonderer Bedeutung gewesen. Zwar gibt es Hinweise darauf, daß die bestehende Regelung des § 218 StGB von der FDP als änderungsbedürftig erachtet wurde,[98] aber solche Äußerungen gab es zu jener Zeit auch von seiten der SPD und der CDU/CSU. In einer von der FDP-Bundestagsabgeordneten Edda Heuser geleiteten Fernsehdiskussion über den § 218 StGB, die am 22. Januar 1969 aufgezeichnet und am 3. Februar 1969 im Fernsehen ausgestrahlt wurde, war die Frage einer Änderungsbedürftigkeit des Paragraphen noch ganz auf die Erörterung einer kriminologischen Indikation beschränkt.[99]

Wie in den beiden anderen Bundestagsparteien ging das Interesse an einer Beschäftigung mit der Änderung des § 218 StGB auch in der CDU/CSU nach 1962 erheblich zurück und beschränkte sich, soweit es erkennbar wurde, auf die Frage der sogenannten ethischen Indikation. Verschiedene Unionspolitiker, so Max Güde, die schleswig-holsteinische Sozialministerin Ohnesorge, die Landtagsabgeordnete Annemarie Schuster, Bundesministerin Schwarzhaupt und der saarländische Justizminister

---

95 Ehmke war – als Nachfolger des am 5. März 1969 in Berlin zum Bundespräsidenten gewählten Dr. Dr. Gustav Heinemann – von März bis Oktober 1969 Bundesminister der Justiz. Von Oktober 1969 bis Dezember 1972 war er Chef des Bundeskanzleramtes und Minister für besondere Aufgaben, von Dezember 1972 bis Mai 1974, also bis zur Neubildung des Kabinetts durch Helmut Schmidt, Bundesminister für Forschung und Technologie und Post- und Fernmeldewesen. Käte Strobel war von 1966 bis 1972 Bundesminister für Gesundheitswesen beziehungsweise Bundesminister für Familie, Jugend und Gesundheit (Fraktion der SPD im Deutschen Bundestag S. 32, 35, 40, 51 u. 55).

96 Dies und das Folgende nach: „Prof. Ehmke erklärt sich einig". In: FR v. 19. Juli 1969.

97 Schreiben des Frauenreferats der FDP an Emmy Diemer-Nicolaus v. 13. Juli 1966 (FrR ADL A-5 Lfd. Nr. 66 Bl. 51): „Die Freien Demokraten haben von Anfang an die Auffassung vertreten, daß die sogenannte Ethische Indikation zur Straflosigkeit einer Schwangerschaftsunterbrechung führen muß, weil dies auch in vielen anderen Ländern der Fall ist."

98 SA Ber. 5 WP 144 Si. v. 26. März 1969 S. 3195f.

99 „§ 218". In: HA v. 31. August 1963.

von Lantz sprachen sich zwischen 1963 und 1967 zum Teil mehrfach öffentlich für die Einführung einer kriminologischen Indikation in das Strafgesetzbuch aus.[100]

Gerhard Stoltenberg, von dem Organ der Humanistischen Union („Vorgänge") im Jahr 1964 zur Entscheidung der CDU zur sogenannten ethischen Indikation befragt, wich einer klaren Antwort mit dem Hinweis aus, daß zur Zeit geprüft werde, ob in bestimmten Grenzsituationen Ausnahmen von der „verpflichtenden Norm" des unbedingten Lebensschutzes möglich seien.[101] Daß die Abtreibung ein Unrecht sei und nur in Grenzfällen wie zum Beispiel der kriminologischen Indikation straflos bleiben könne, weil die Austragung der Schwangerschaft für die Frau in ihrer besonderen Lage möglicherweise unzumutbar sei, schrieb noch im Oktober des Jahres 1970 Ernst Benda, der Vorsitzende des Arbeitskreises für Rechtsfragen der CDU/CSU-Fraktion im Deutschen Bundestag.[102]

Das relative Desinteresse der im Bundestag vertretenen Parteien an einer umfassenden Änderung des § 218 StGB erklärt, warum in den sechziger Jahren ähnlich weitreichende Gesetzesinitiativen, wie sie dem Parlament seit 1972 vorlagen, nicht zur Debatte standen. Zwar wurde die Abtreibung in den Jahren 1968 und 1969 im Rahmen eines von den Abgeordneten Diemer-Nicolaus, Güde, Dehler, Wilhelmi und Genossen eingebrachten Strafgesetzbuchentwurfs[103] im Sonderausschuß für die Strafrechtsreform erörtert. Dabei ging es indessen nicht unmittelbar um die Abtreibung selbst, sondern im Rahmen einer Reform des Allgemeinen Teils um die Frage, ob die Abtreibung mit in den Kreis derjenigen Straftaten aufgenommen werden solle, die dem Personalitätsprinzip unterlagen. Im Gegensatz zum Territorialitätsprinzip, das eine Straftat nur dann ahndet, wenn sie im Geltungsbereich des Gesetzes begangen wird, erstreckt sich das Personalitätsprinzip auch auf solche Taten, die zwar im Ausland, aber von jemandem begangen werden, „der zur Zeit der Tat Deutscher ist und im Inland seinen Wohnsitz oder gewöhnlichen Aufenthaltsort hat."[104] Der Vertreter des Bundesjustizministeriums, Ministerialrat Sturm, wies darauf hin, daß die entscheidende Frage sei, „ob dem werdenden Leben der deutsche Strafrechtsschutz ins Ausland mitgegeben werden sollte. Das Bundesjustizministerium bejahe diese Frage."[105] Obleich der Vorschlag des Ministeriums keine Mehrheit bekam, wurde der Auffassung, daß das Strafrecht das ungeborene Leben schütze, von keinem der anwesenden Vertreter der Fraktionen der SPD oder FDP widersprochen.

---

100 „CDU contra Kirchen". In: DT v. 29. Januar 1963; Die Diskussion S. 49; Johann Georg Reissmüller: „Wo Sittengesetz und Not aufeinanderprallen". In: FAZ v. 1. Februar 1963; „Frau Schwarzhaupt für ethische Indikation". In: AZ v. 2. Juli 1965; „Ethische Indikation zulassen". In: SAZ v. 21. November 1966; „Gesetz mit doppelbödiger Moral?". In: DT v. 16. August 1965; Schreiben v. Max Güde an die Mitglieder der CDU/CSU-Fraktion v. 10. Mai 1967, S. 6f. (ACDP 0/068/33-7).

101 Stoltenberg S. 64f.

102 Benda S. 21.

103 BT-Drs. Nr. 5/32 v. 11. November 1965.

104 SA Ber. 5 WP 118 Si. v. 24. Oktober 1968 S. 2368.

105 Ebd.

Während der Beratungen im Frühjahr 1969 zum Ersten Strafrechtsreformgesetz vom 25. Juni 1969, das die Abtreibung vom Verbrechen zum Vergehen herabstufte,[106] gaben zwar Vertreter aller Bundestagsfraktionen zu Protokoll, eine umfassende Änderung des Paragraphen sei damit nicht überflüssig geworden. Sie machten indessen keine Angaben über die Zielsetzung oder den Inhalt einer etwaigen Änderung.[107] Der Vertreter des Justizministeriums stimmte diesen Erklärungen zu und deutete an, daß sich in diesem Zusammenhang die Frage der Einführung von Indikationen stelle. Daß diese nicht nur die medizinische, „und die sogenannte ethische Indikation", sondern auch „die schwierige Problematik der eugenischen und der sozialen Indikation" berühren werde, kündigte Minister Jahn (SPD) im November 1969 vor dem Strafrechtssonderausschuß an.[108] Reaktionen in Medien und Öffentlichkeit, die sich mit dem Maß an Aufmerksamkeit messen ließen, welches das Thema „Abtreibung" ab 1971 erlangte, wurde diesen Äußerungen nicht zuteil.

III. Der Alternativ-Entwurf (1970)

Im Jahr 1970 legte eine Gruppe liberaler Strafrechtslehrer den Besonderen Teil eines „Alternativ-Entwurfs" vor, der die „Straftaten gegen die Person" regelte. Auf die Meinungsbildung in den Bundestagsparteien und in der Folge auch auf das Gesetzgebungsverfahren gewann dieser Entwurf maßgeblichen Einfluß. Denn sowohl hinsichtlich seiner Bestimmungen als auch im Blick auf die rechtspolitischen Argumente, die zu seiner Begründung vorgetragen wurden, entsprach der Mehrheitsvorschlag dieser Gruppe in seinen Grundzügen den Fristenregelungsmodellen, die 1972 und 1973 als Gesetzentwürfe in den Deutschen Bundestag eingebracht worden sind. Bis zum Sommer des Jahres 1971 hatten ein Bundesparteitag, der Bundesfachausschuß für Innen- und Rechtspolitik und der Bundesvorstand der Freien Demokraten beschlossen, diesen Entwurf als Gesetzesinitiative in den Bundestag einzubringen.

Auch der Entwurf der Bundesregierung aus dem Jahr 1972, der in der siebten Wahlperiode, am 4. März 1973 als Gruppenantrag der Abgeordneten Dr. Müller-Emmert, Dürr, Dr. Bardens und Genossen eingebracht wurde, war, wie aus der Begründung der Regierungsvorlage hervorgeht, besonders vom Alternativ-Entwurf angeregt.[109] Oben wurde bereits darauf hingewiesen, daß zu den Verfassern des Alternativ-Entwurfs Personen gehörten, die in den folgenden Jahren an exponierter Stelle die innerparteiliche Meinungsbildung in der FDP maßgeblich beeinflußt haben. An erster Stelle ist hier Prof. Werner Maihofer zu nennen, seit 1970 Mitglied des Präsidiums der FDP, seit 1971 Vorsitzender der Programmkommission für die Freiburger Thesen zur Gesellschaftspolitik und Bundesminister. Ebenso Prof. Jürgen

106 BGBl. I S. 645.
107 SA Ber. 5 WP 144 Si. v. 26. März 1969 S. 3196f.
108 SA Ber. 6 WP 2 Si. v. 27. November 1969 S. 3.
109 BT-Drs. Nr. 7/443 v. 4. März 1973; BT-Drs. Nr. 6/3434 v. 15. Mai 1972 S. 8.

Baumann, der in der entscheidenden Phase der innerparteilichen Willensbildung zum § 218 StGB stellvertretender Vorsitzender des FDP-Bundesfachausschusses für Inneres und Recht war, sowie Prof. Ulrich Klug, der diesem Gremium zur selben Zeit wie Baumann als Vertreter des FDP-Landesverbandes Nordrhein-Westfalen angehörte.

Der Alternativ-Entwurf legte einen Mehrheits- und einen Minderheitsvorschlag zur rechtlichen Regelung der Abtreibung vor. Jener bestimmte in § 105 AE MehrV im wesentlichen,[110] daß die in den ersten drei Monaten nach der Empfängnis vorgenommene „Schwangerschaftsunterbrechung" mit Freiheitsstrafe bis zu einem Jahr bestraft werde, es sei denn „daß die Schwangere die Unterbrechung 1. innerhalb von vier Wochen nach der Empfängnis selbst vornimmt oder durch einen anderen vornehmen läßt oder 2. im zweiten oder dritten Monat nach der Empfängnis von einem Arzt vornehmen läßt, nachdem sie die Beratungsstelle aufgesucht hat." § 106 AE MehrV sah vor, daß eine später als drei Monate nach der Empfängnis vorgenommene Abtreibung mit Freiheitsstrafe bis zu drei Jahren oder Geldstrafe geahndet werde, es sei denn, daß die Schwangere sie durch einen Arzt vornehmen lasse und die Abtreibung notwendig sei, um eine ernste Gefahr für Leib oder Leben der Schwangeren abzuwenden oder die „Wahrscheinlichkeit besteht, daß das Kind geistig oder körperlich schwer geschädigt sein würde." Die Voraussetzungen für die beiden letztgenannten Möglichkeiten müßten durch eine ärztliche Gutachterstelle festgestellt werden. § 107 AE MehrV bestimmte, daß das Fehlen einer gutachterlichen Stellungnahme bei einer Abtreibung nach § 106 AE MehrV oder das Nicht-Aufsuchen der Beratungsstelle bei einer Abtreibung nach § 105 AE MehrV als Ordnungswidrigkeit mit einer Geldbuße bis zu 500 DM geahndet werden „kann".

Der Grundgedanke dieses Vorschlags bestand nach der Begründung der Vorlage im Entwurf darin, daß dem Entschluß einer Frau zur Abtreibung und dessen Verwirklichung nur dadurch entgegengewirkt werden könne, „daß der Schwangeren in den Grenzen des Möglichen Hilfe bei der Behebung der materiellen, sozialen und familiären Schwierigkeiten gewährt wird, die sie zur Schwangerschaftsunterbrechung drängen, und daß ihr durch eine persönliche Beratung und offene Aussprache eine überlegte und verantwortliche Entscheidung ermöglicht wird." Die Beratung sollte, um ihrer zentralen Bedeutung für dieses Modell gerecht werden zu können, für die Frau einerseits verpflichtend sein und andererseits dadurch ungehindert zugänglich werden, daß man die Abtreibung für einen gewissen Zeitraum von der Strafbarkeit freistellte. Die bei der Frau belassene Entscheidungsfreiheit über die Abtreibung wurde vor allem mit der Erwägung begründet, daß sie sich nur unter dieser Voraussetzung bereitfinden werde, die Beratung in Anspruch zu nehmen. Nur so würden die Beratungsstellen der ihnen zugedachten „Funktion zur Eindämmung der Abtreibung" gerecht werden können, jedenfalls wirksamer als „die plumpe Drohung mit dem Strafgesetz."[111] Eine Indikationenregelung lehnten die Verfasser des Mehrheitsvorschlags ab, weil ein Indikationenkatalog „in gewissem Sinne gesetzliche Willkür" schaffen und durch die

---

110 Dies und das Folgende nach: AE S. 30.
111 AE MerhV S. 27.

bestehen bleibende Strafdrohung die Frau von der Inanspruchnahme der Beratung abhalten werde.

Gegen den Mehrheitsvorschlag richtete sich die Kritik der Minderheit der am Alternativ-Entwurf beteiligten Strafrechtler, daß jener die Straflosigkeit der Abtreibung „lediglich an die Voraussetzung der Einhaltung eines Verfahrens“ knüpfe. Der Lebensschutz sei daher in all denjenigen Fällen aufgegeben, in denen die Schwangere von der Beratungsstelle nicht überzeugt werden könne.[112] Wirksamere Hilfen versprachen sich die Verfasser des Minderheitsvorschlags dagegen von Gutachter- und Mütterhilfsstellen, die es in Teilen der Bundesrepublik bereits seit längerem gab und deren erfolgreiche Arbeit in Fachkreisen bekannt und anerkannt war. Schließlich bemängelten die Verfasser am Mehrheitsentwurf, daß er die schwangere Frau, die ihr Kind zur Welt bringen wolle, schutzlos den finanziell motivierten Pressionen des Ehemannes oder eines anderen aussetze.

Im Unterschied zum Mehrheitsvorschlag sah § 106 AE MindV vor, daß der „Abbruch der Schwangerschaft“ dann „straflos“ sei, „wenn der Schwangeren die Austragung der Schwangerschaft unter Berücksichtigung der gesamten Lebensumstände nicht zumutbar ist.“[113] Dies sei „insbesondere“ dann der Fall, wenn der Eingriff notwendig sei, um eine ernste Gefahr für Leib oder Leben der Schwangeren abzuwenden, wenn die Schwangere zur Zeit der Empfängnis das sechzehnte Lebensjahr noch nicht vollendet habe, wenn die Schwangere durch die Austragung der Schwangerschaft die Versorgung ihrer „anderen“ Kinder gefährden würde, wenn die Schwangerschaft durch eine rechtswidrige Handlung aufgezwungen sei oder wenn es wahrscheinlich sei, daß das Kind geistig oder körperlich schwer geschädigt sein würde. Die Vornahme des Eingriffs sollte an die Genehmigung einer Gutachterstelle gebunden sein und mußte in den ersten drei Monaten der Schwangerschaft erfolgen. Nur in den Fällen der medizinischen oder eugenischen Indikation sollte die Abtreibung über diesen Zeitraum hinaus zulässig sein, im letzteren Fall nur bis zum Ende des sechsten Monats.

C. Die Selbstbezichtigungskampagne (1971)

Obgleich die Regelungsvorschläge, welche die beiden Varianten des Alternativ-Entwurfs für die Abtreibung vorsahen, von den Medien aufmerksam zur Kenntnis genommen wurden, ist die intensive öffentliche Auseinandersetzung, die seit der zweiten Hälfte des Jahres 1971 in Gang kam, nicht durch den Alternativ-Entwurf selbst ausgelöst worden. Größeres Aufsehen erregte in der Öffentlichkeit ein Vorschlag, den die „Humanistische Union“ zur Neuregelung der Abtreibung im Sommer

112 Dies und das Folgende nach: AE MindV S. 37f.
113 Dies und das Folgende nach: AE MindV S. 40.

1970 verbreitete.[114] Dieser Organisation gehörten auch Koalitionspolitiker an, die später maßgeblich am Zustandekommen der Fristenregelung beteiligt waren, so die Sozialdemokratin Dr. Helga Timm und der Freidemokrat, Justizsenator und Mitverfasser des Alternativ-Entwurfs, Prof. Ulrich Klug, der mehrere Jahre Vorsitzender der „Humanistischen Union" war.[115] Der Vorschlag dieser Organisation sah die Freigabe der Abtreibung in den ersten drei Schwangerschaftsmonaten vor. Später sollte der Eingriff durch einen Arzt dann vorgenommen werden dürfen, wenn die Schwangere zur Zeit der Empfängnis noch nicht sechzehn Jahre alt war oder eine Gutachterstelle das Vorliegen einer medizinischen oder sogenannten kindlichen Indikation festgestellt hatte. Im Gegensatz zum Alternativ-Entwurf lehnte der Vorschlag der „Humanistischen Union" jedwede Beratung als ineffizient und als eine die Frau in die Illegalität treibende Maßnahme ab.

Die für die Entwicklung der Meinungsbildung wesentliche Bedeutung dieses Vorschlags liegt darin, daß er in erheblichem Maß dazu beitrug, die Massenmedien für das Thema Abtreibung zu interessieren und es damit in die breite Öffentlichkeit zu tragen. Die besondere Aufmerksamkeit, die der Vorschlag der „Humanistischen Union" in den Medien auf sich zog, ging einher mit ebenso ausführlich in der Presse verbreiteten Berichten über die Aktivitäten dieser Organisation. Bereits im Frühjahr 1969 hatte die „Humanistische Union" öffentliche Diskussionen zum Thema Abtreibung veranstaltet, über die in der Presse berichtet wurde.[116] Die aus der „Humanistischen Union" hervorgegangene „Frauenaktion 70" organisierte bereits im Sommer 1970 zusammen mit linksextremen Frauengruppen Demonstrationen und forderte die völlige Streichung des § 218 StGB.[117]

Eine allem Anschein nach gut geplante spektakuläre Aktion der „Humanistischen Union" lenkte schließlich auch das besondere Interesse der Massenmedien bundesweit auf das Thema „Abtreibung". Anfang 1971 veranstaltete die Evangelische Akademie Bad Boll eine Tagung über die Reform des § 218 StGB, an der neben zahlreichen Ärzten namhafte Strafrechtler (Prof. Jürgen Baumann und Prof. Arthur Kaufmann) und Gynäkologen (Prof. Hanns Dietel, Präsident der Deutschen Gesellschaft für Gynäkologie) sowie Rechtsexperten der Bundestagsfraktionen teilnahmen (Dr. Adolf Müller-Emmert, Vorsitzender des Sonderausschusses für die Strafrechtsreform). Der Vorschlag zu dieser Veranstaltung war wohl vom Justizministerium an die Evangelische Kirche herangetragen worden.[118] Nach Darstellung der Tagungsleitung[119] wurde die Veranstaltung von Angehörigen der „Frauenaktion 70" und der „Humanistischen Union" zu einer Demonstration genutzt und zu einer öffentlichkeitswirksamen Darstellung des eigenen Standpunkts umfunktioniert. Die Veranstaltungsleitung wurde davon

---

114 HU-Vorschlag S. 297ff.

115 Kürschners Volkshandbuch S. 92; Schwarzer: § 218 S. 27.

116 Friedrich Karl Fromme: „Reformbedürftiger Paragraph 218". In: FAZ v. 21. März 1969.

117 Frankfurter Frauenaktion 70 S. 299f.

118 Europäische Ärzteaktion 1 S. 13.

119 Schreiben von Klaus Rassmann v. 23. Februar 1972 (soll wohl heißen: 1971) an Siegfried Ernst (Europäische Ärzteaktion 1 S. 17-19).

vollkommen überrascht, zumal sich einige Teilnehmer der „Humanistischen Union" unter falscher Berufsbezeichnung zu der Tagung angemeldet hatten. Unter der Führung von Dr. Renate Lepsius, die 1972 für die SPD in den Bundestag gewählt wurde, beschlossen die Teilnehmer der „Frauenaktion 70" und der „Humanistischen Union" eine an Bundesjustizminister Jahn adressierte Resolution, die auch von den anwesenden Professoren Baumann und Kaufmann unterzeichnet wurde. Die Resolution forderte die Einführung einer Fristenregelung.[120] Peter Jacobi zufolge, der die Ereignisse in Bad Boll aus der Sicht der „Humanistischen Union" beschreibt,[121] verzichtete die Gruppe um Frau Dr. Lepsius aus taktischen Erwägungen darauf, die völlige Streichung des § 218 StGB zu verlangen (was ihr eigentliches Anliegen war), „um wenigstens einen teil der liberalen teilnehmer zu einer unterschrift zu bewegen" und so eine bessere Außenwirkung der Resolution sicherzustellen. Presse, Rundfunk und Fernsehen haben über diese Forderungen berichtet und der Aktion der „Humanistischen Union" schließlich zu einer breiten Öffentlichkeit verholfen.[122]

Gleichwohl erreichten diese und andere Aktionen der Frauenemanzipationsgruppen, zu denen auch das Kölner „Frauenforum", die Stuttgarter „Frauenbefreiungsbewegung", die „Rote Frauenfront München", der „Weiberrat" aus Frankfurt und der „Sozialistische Frauenbund Westberlin" gehörten, – der Selbsteinschätzung von Angehörigen dieser Gruppen zufolge – bis 1971 keine anhaltende „Breitenwirkung".[123] Der „Startschuß für die Frauenkampagne gegen das Abtreibungsverbot"[124] und damit der Durchbruch in das Zentrum des öffentlichen Interesses ist die Selbstbezichtigungskampagne gewesen, welche die Illustrierte „Stern" im Juni 1971 publizierte. Die Veröffentlichung des „Stern"[125] folgte dem Vorbild einer Selbstbezichtigungsaktion,

---

120 Frauenaktion 70/Humanistische Union S. 82f.; Europäische Ärzteaktion 1 S. 16.

121 Jacobi, P. S. 79.

122 Schreiben von Klaus Rassmann v. 23. Februar 1972 (soll wohl heißen: 1971) an Siegfried Ernst (Europäische Ärzteaktion 1 S. 19); für die Berichterstattung über die von der Humanistischen Union und Frauenaktion 70 in Bad Boll vorgetragenen Meinungen und Behauptungen beispielhaft: Werner Birkenmaier: „Der Paragraph 218 ist Klassenstrafrecht". In: StZ v. 22. Februar 1971; Friedrich Deich: „Abtreibung: Der letzte Ausweg". In: We v. 24. Februar 1971.

123 Dürkop/May S. 715f.

124 Krieger S. 40f.

125 Im Wortlaut: „Jährlich treiben in der Bundesrepublik rund eine Million Frauen ab. Hunderte sterben, zehntausende bleiben krank und steril, weil der Eingriff von Laien vorgeommen wird. Von Fachärzten gemacht, ist die Schwangerschaftsunterbrechung ein einfacher Eingriff. Frauen mit Geld können gefahrlos im In- und Ausland abtreiben. Frauen ohne Geld zwingt der Paragraph 218 auf die Küchentische der Kurpfuscher. Er stempelt sie zu Verbrecherinnen und droht ihnen mit Gefängnis bis zu fünf Jahren. Trotzdem treiben Millionen Frauen ab – unter erniedrigenden und lebensgefährlichen Umständen. Ich gehöre dazu. – Ich habe abgetrieben. Ich bin gegen den Paragraphen 218 und für Wunschkinder. Wir Frauen wollen keine Allmosen vom Gesetzgeber und keine Reform auf Raten! Wir fordern die ersatzlose Streichung des Paragraphen 218! Wir fordern umfassende sexuelle Aufklärung für alle und freien Zugang zu Verhütungsmitteln! Wir fordern das Recht auf die von den Krankenkassen getragene Schwangerschaftsunterbrechung!"

an der sich im April des Jahres in Frankreich 343 Frauen, darunter Prominente wie Simone de Beauvoir, Françoise Sagan und Jeanne Moreau, beteiligt hatten.[126]

Die Initiative zur Imitation dieser Selbstbezichtigungskampagne ging nicht vom „Stern" selbst aus, sondern ist von Angehörigen der oben erwähnten Frauengruppen, nach den Angaben verschiedener Quellen namentlich durch Alice Schwarzer, an die Redaktion der Illustrierten herangetragen worden.[127] Desgleichen wurden die zuerst veröffentlichten 374 Selbstbezichtigungen der Abtreiberinnen, zu denen Prominente wie Romy Schneider und Senta Berger gehörten, nicht von der Redaktion des „Stern", sondern vor allem von der „Frauenaktion 70", dem „Sozialistischen Frauenbund", den „Roten Frauen" und von der „Humanistischen Union" gesammelt.[128]

Alice Schwarzer zufolge hat der „Stern", „der den spektakulären Aspekt der Sache rasch erkannte," sogleich in den Vorschlag der Feministinnen eingewilligt. Bereits in einem frühen Stadium der „Aktion 218", zu der sich die oben genannten Gruppen zusammengefunden hatten,[129] erklärte sich das Blatt bereit, „einen eventuellen Selbstbezichtigungs-Appell mit dem vollständigen Text" und „300 bis 400 Namen der Frauen in einem angemessenen Kontext" zu veröffentlichen.[130] Die Organisatoren der Selbstbezichtigungskampagne hatten sich der Schwierigkeit gegenüber gesehen, daß es in der Bundesrepublik zu jenem Zeitpunkt keine Frauengruppe gab, die stark genug gewesen wäre, die Aktion zu tragen.

Um diesem Problem zu begegnen, hatte Alice Schwarzer den Kontakt zwischen dem „Sozialistischen Frauenbund Westberlin" und einer Münchener „Emanzipationsgruppe" hergestellt, welche die Kampagne zunächst trugen.[131] Vertreterinnen aus der SPD, FDP und den Gewerkschaften versuchte man ebenfalls für eine Beteiligung an der Aktion zu gewinnen, erhielt aber nur Absagen. Auf seiten der Frauengruppen scheinen zunächst Vorbehalte gegen eine Zusammenarbeit mit dem „Stern" bestanden zu haben, weil man sich über die vermutlich eher auflagenorientierten Motive der Illustrierten keine Illusionen machte. „Dennoch erschien es legitim, ein Massenmedium als Vehikel und als Forum für die Selbstanzeigen nach französischem Vorbild zu benutzen. Der durchschlagende Erfolg der Kampagne hat den Entschluß gerechtfertigt."[132] Die im „Stern" veröffentlichten Selbstbezichtigungen rückten das Thema „§ 218 StGB" schlagartig in das Zentrum des öffentlichen Interesses. Die sorgfältig geplante Aktion wurde nach der Erstpublikation der Selbstbezichtigungen systematisch koordiniert weitergeführt und zu einer bundesweiten Kampagne ausgedehnt. Im

---

126 Auf diesen Zusammenhang weisen hin: DÜRKOP/MAY S. 716; FRIEDRICHSEN S. 29; KRIEGER S. 41.

127 EBD.

128 EBD. RUSCH S. 104; SCHWARZER: Nachwort S. 145ff.

129 DÜRKOP/MAY S. 716.

130 SCHWARZER: Nachwort S. 145; DERS.: So fing es an, S. 23.

131 EBD. S. 148.

132 DÜRKOP/MAY S. 716.

„Stern" bezichtigten sich später rund tausend weitere Frauen der Abtreibung[133]: „die Frauen hatten ihr Forum und der ‚Stern' seinen Skandal."[134]

Ähnliche Selbstbezichtigungen, denen sich auch Männer anschlossen, die nach eigenem Bekunden bei der Vermittlung oder Bezahlung von Abtreibungen behilflich gewesen waren, wurden in den folgenden Wochen von weiteren Zeitschriften und Gruppierungen in großem Umfang organisiert.[135] Die Zahl derjenigen, die binnen weniger Wochen nach der „Stern"-Veröffentlichung ihre Unterschrift für Erklärungen gegen den § 218 StGB zur Verfügung stellten, wurde mit etwa 100.000 Frauen und Männern angegeben.[136] Einige Publikationen, so die Zeitschrift „Jasmin" und die „Bild-Zeitung", forderten ihre Leser zu Stellungnahmem zu § 218 StGB auf. Binnen kurzem stand das Thema „Abtreibung" im Zentrum des öffentlichen Interesses. Unmittelbar danach beschäftigte die Änderung des § 218 StGB auf Bundesebene die entsprechenden Gremien der im Parlament vertretenen Parteien, besonders der Regierungskoalition, der FDP und der SPD.

Die medienwirksamen Aktionen der Emanzipationsgruppen[137] begleiteten das Gesetzgebungsverfahren bis zu seinem Abschluß und fanden schließlich auch die zumindest mittelbare Unterstützung aus dem Raum der Koalitionsparteien. Zu diesen Aktivitäten gehörte die von Alice Schwarzer 1974 mit initiierte[138] Ausstrahlung eines Films über eine Abtreibung in der Fernsehsendung „Panorama". 14 Mitglieder einer „Initiativgruppe gegen den Paragraphen 218" trieben das Kind einer 34jährigen Mutter ab. Diese Abtreibung war gefilmt worden und sollte am 11. März 1973 in „Panorama" gezeigt werden.[139] „Sinn der Sache" war es, „Panorama"-Moderator Peter Merseburger zufolge, „die Scheu vieler Frauen vor einem solchen Eingriff zu

133 Friedrichsen S. 30.

134 Schwarzer: So fing es an S. 23.

135 Rusch S. 90ff.

136 Friedrichsen S. 30.

137 Die fragwürdigen Umstände, die das Zustandekommen kollektiver und einzelner Meinungsbekundungen und Selbstbezichtigungen in den Medien begleiteten, scheint die Effizienz der Kampagne nicht beeinträchtigt zu haben. Zu den Methoden, deren sich der „Stern" bei der Sammlung von Unterschriften bediente: Schaetzing S. 2202; Von den 37 angeblichen Hamburger Ärzten und Medizinalassistenten, die sich im „Spiegel" der Abtreibung bezichtigt hatten („Hiermit erkläre ich...". In: S v. 11. März 1974) – diese Aktion wurde parallel zur „Panorama"-Sendung (siehe unten) organisiert – war zumindest bei der Gesundheitsbehörde und der Ärztekammer niemand bekannt (Thomas Wolgast: „Keiner kennt die Namen der Ärzte". In: MüM v. 13. März 1974). Ferner hatte der „Stern" gemeldet, Bundespräsident Dr. Gustav Heinemann befürworte die Freigabe der Abtreibung innerhalb der ersten drei Schwangerschaftsmonate. Obwohl das Bundespräsidialamt diese Meldung dementierte und der „Stern" zusagte, diese Richtigstellung zu drucken, wurde sie von dem Magazin – entgegen dieser Zusage – nicht veröffentlicht (DPA 150 ID v. 18. August 1971).

138 Schwarzer: § 218 S. 6; Thomas Wolgast: „Keiner kennt die Namen der Ärzte". In: MüM v. 13. März 1974.

139 Dies und das Folgende nach: Thomas Wolgast: „Keiner kennt die Namen der Ärzte". In: MüM v. 13. März 1974; „Protest gegen den Paragraphen 218". In: GA v. 11. März 1974; DPA 312 ID v. 15. März 1974; DPA 306/301 ID v. 15. März 1974; „Abtreibung: Aufstand der Schwestern". In: S. v. 11. März 1974.

mindern."[140] Ein Münchener Ehepaar, das sich mit der Bitte an die Abtreiber gewandt hatte, das Kind adoptieren zu dürfen, wurde mit der Antwort beschieden, es solle sich ein anderes Kind suchen.[141] Wegen massiver Proteste in der Öffentlichkeit wurde der Film von der ARD zunächst abgesetzt. In den dritten Programmen des NDR konnte er schließlich doch gesendet werden, nachdem ein von Vertretern der CDU im Verwaltungsrat des NDR gestellter Antrag auf Absetzung abgelehnt worden war.

Das Engagement der Frauenemanzipationsgruppen und ihres Umfeldes, deren Kampagne für die Abtreibungsdiskussion einen entscheidenden Katalysatoreffekt hatte, war indessen nicht durch dieselben Anliegen motiviert, welche die Debatte bis dahin weitgehend geprägt hatten und die sich vornehmlich auf eine Lockerung des § 218 StGB richteten. Jene Gruppen bekämpften die strafrechtlichen Bestimmungen über die Abtreibung als Bestandteil des bestehenden Gesellschaftssystems.[142] Themen wie „Lebensschutz" und Begriffe wie „Lebensrecht", die den Legitimationskern des Alternativ-Entwurfs bildeten und die schließlich auch die Diskussion über die bis 1975 im Deutschen Bundestag eingebrachten Gesetzentwürfe zu § 218 StGB prägten, finden sich in den Argumentationen der Emanzipationsgruppen und ihres Umfeldes nicht.

Die Forderungen dieser Gruppen, die aus einer ideologisch motivierten und auf Systemveränderung ausgerichteten Gesellschaftskritik resultierten, wurden zu Beginn der siebziger Jahre nur von außerparlamentarischen Randgruppen erhoben, deren gesellschaftspolitische Bedeutung marginal war. Im geplanten Zusammenwirken mit Teilen der Massenmedien gelang es ihnen, der Auseinandersetzung in der Öffentlichkeit und in den parlamentarischen Parteien eine Richtung zu geben, welche die öffentliche

---

140 Vgl. die Ankündigung dieses Films im Spiegel: „Wie undramatisch" die Abtreibung „nach der neuen Methode (gemeint ist die im Film dargestellte Absaugmethode, d. Verf.) sein kann, sollen Deutschlands Frauen jedenfalls schon bald erfahren" (Ebd.).

141 Ludwig Martin: „Das verhöhnte Gesetz". In: RhM v. 29. März 1974.

142 Im Nachwort zu ihrem 1971 erschienenen Buch gegen den § 218 StGB bezeichnete Alice Schwarzer den Paragraphen als „eine der Hauptstützen der frauenspezifischen Unterdrückung" (Schwarzer: Nachwort S. 133f.). Ähnlich vermutete Claudia Pinl hinter dem § 218 StGB den rechtspolitischen Versuch, „die Frauen unter allen Umständen auf ihre biologischen Funktionen festzulegen", weil sich diese Festlegung als „herrschaftssicherndes, gesellschaftsstabilisierendes Element" erwiesen habe (Pinl S. 258; zur behaupteten herrschaftssichernden Funktion des § 218 StGB siehe auch: Howard/Krauss/Mühlbauer/Schäpercloos/Schlösser/Link-Schreiber S. 121). Besonders nach dem Willen der beiden Kirchen, so die Theologin Dorothee Sölle, müsse die Strafbarkeit der Abtreibung „ein Druckmittel gegen die Frau bleiben. Sie muß ein subtiles Instrument der finanziellen Ausbeutung, der moralischen Demütigung und der Lebensgefährdung bleiben" (Sölle S. 156); ähnlich: Jochimsen: § 218 S. 14. Ebenso wurde die zentrale Bedeutung hervorgehoben, die das Verbot der Abtreibung für die angeblich besonders gegen die Frau gerichteten Repressionsmechanismen der kapitalistischen Produktionsverhältnisse habe (Dürkop/May S. 707; Howard/Krauss/Mühlbauer/Schäpercloos/Schlösser/Link-Schreiber S. 117). Einige Autoren kritisierten den § 218 StGB darüberhinaus als ein Instrument, das die Frau zur „Reproduktion der Arbeiterklasse und aller anderen Werktätigen einschließlich ihrer Reservearmeen" verpflichte (Dürkop/May S. 707).

Meinungs- und politische Willensbildung - die sich bis dahin fast vornehmlich um Indikationenmodelle bewegte – sonst wahrscheinlich nicht genommen hätte.

D. Der parlamentarische Streit über § 218 StGB und die Gesetzentwürfe von 1971 bis 1973

I. Die Beschlußfassung in den Bundestagsparteien

1. Die Beschlußfassung in der FDP

Im Zuge der parlamentarischen Debatte über § 218 StGB wurden im Deutschen Bundestag zwischen 1972 und 1975 acht Gesetzentwürfe eingebracht. Zwei dieser Entwürfe, der Gruppenantrag von FDP- und SPD-Abgeordneten vom 2. Februar 1972 (Fristenregelung) und die Regierungsvorlage vom 15. Mai 1972 (Indikationenregelung), wurden noch in der sechsten Wahlperiode eingebracht, konnten aber nicht mehr vor Ende der Legislaturperiode beraten werden. Die Fristenregelungsentwürfe sahen im wesentlichen, entsprechend dem Alternativ-Entwurf, die Straffreiheit der Abtreibung innerhalb der ersten drei Monate nach der Empfängnis vor. Das Indikationenmodell des Regierungsentwurfs enthielt Regelungen über die medizinische, kriminologische, kindliche und eine der sozialen Indikation vergleichbare Notlagenindikation. In der sechsten Wahlperiode wurde der Regierungsentwurf als Gruppenantrag (4. April 1973), der Fristenregelungsentwurf als FDP/SPD-Fraktionsantrag (21. März 1973) eingebracht.

Im Mai 1973 folgten ein Entwurf der CDU/CSU-Fraktion (11. Mai 1973) und ein Gruppenantrag von 28 Unionsabgeordneten (15. Mai 1973). Beide Entwürfe sahen eine Indikationenregelung auf der Grundlage einer medizinischen Anzeigestellung vor. Während die Fraktionsvorlage eine selbständige kriminologische Indikation enthielt und die kindliche grundsätzlich in die medizinische mit einbezog, berücksichtigte der Gruppenantrag diese Anzeigestellungen nur insofern, als sie unter medizinischen Aspekten relevant wurden, nicht aber schon für sich allein.

Mit den Stimmen der Koalitionsparteien verabschiedete der Deutsche Bundestag am 26. April 1974 die von den Fraktionen der SPD und FDP vorgelegte Fristenregelung. 193 Abgeordnete der Unionsfraktion und die CDU/CSU-regierten Bundesländer beantragten beim Bundesverfassungsgericht ein Normenkontrollverfahren. Das Gericht erklärte die Fristenregelung in seinem am 25. Februar 1975 verkündeten Urteil für verfassungswidrig. Nach der Kassation brachten die Fraktionen von Koalition und Opposition im Herbst 1975 wiederum jeweils einen Entwurf ein. Beide Vorlagen sahen eine sehr weit auslegbare Indikationenregelung vor, unterschieden sich aber durch die Verfahrensbestimmungen. Am 12. Februar 1976 beschloß der Bundestag gegen die Stimmen der Opposition den Indikationenentwurf der Koalitionsfraktionen.

Diejenigen Vorschläge zu einer Änderung des § 218 StGB, die seit der zweiten Hälfte des Jahres 1971 sowohl die außerparlamentarische Auseinandersetzung als auch das Gesetzgebungsverfahren bestimmten, kamen aus dem Raum der FDP. Die im folgenden nachzuzeichnende Beschlußfassung innerhalb dieser Partei tendierte im Vergleich zum sozialdemokratischen Koalitionspartner bereits zu einem relativ frühen Zeitpunkt zu einer Fristenregelung. Im Juni 1970 stellte der Landesverband Nordrhein-Westfalen auf dem Bundesparteitag der Freien Demokraten in Bonn den Antrag, die Bundestagsfraktion möge prüfen, ob der vierte Band des Alternativ-Entwurfs, der eine Fristenregelung vorsah, dem Bundestag als Gesetzesvorlage eingereicht werden könne. Insbesondere kam es den Antragstellern auf eine Änderung der bestehenden Bestimmungen über die Abtreibung an. Dieser Antrag wurde vom Bundesparteitag angenommen.[143] Bereits im September 1970 forderte die FDP-Bundestagsabgeordnete Dr. Diemer-Nicolaus in der „Freien Demokratischen Korrespondenz" die Einführung der Vergewaltigungs- und einer sogenannten kindlichen Indikation sowie die Zulassung der Abtreibung bis zum dritten Monat.[144]

In der ersten Juniwoche des Jahres 1971, unmittelbar nach dem Beginn der Selbstbezichtigungskampagne im „Stern",[145] entschied der freidemokratische Bundesfachausschuß für Innen- und Rechtspolitik, er halte „grundsätzlich die Mehrheitslösung des sogenannten Alternativentwurfs für die optimale Lösung".[146] In dem Ausschuß, dem als stellvertretender Vorsitzender und als Vertreter des Landesverbandes Nordrhein-Westfalen auch die Mitverfasser des Alternativ-Entwurfs, die Professoren Baumann und Klug angehörten, konnte allerdings keine einheitliche Meinung über die Frage hergestellt werden, ob die Straffreiheit der Abtreibung durch einen Arzt bis zum dritten Monat an den Besuch einer Beratungsstelle gebunden sein solle. Der Ausschuß hegte außerdem offensichtlich erhebliche Zweifel an der Bereitschaft des Koalitionspartners, diesen Entwurf mitzutragen. Denn er ersuchte den Fraktionsvorsitzenden der FDP, in Verhandlungen mit dem Fraktionsvorstand der SPD dafür einzutreten, „zumindest einzelnen Abgeordneten" die Einbringung des Entwurfs zu ermöglichen.

Kurz darauf bat Prof. Werner Maihofer, ebenfalls Mitverfasser des Alternativ-Entwurfs, die Änderung des § 218 StGB in der für Ende des Monats anberaumten Bundesvorstandssitzung zu behandeln.[147] In dieser Sitzung beschloß das Gremium, sich der Haltung des Bundesfachausschusses anzuschließen, der sich dafür ausgesprochen hatte, die entsprechenden Vorschläge des Alternativ-Entwurfs der Strafrechtsprofessoren im Bundestag einzubringen. Die Fraktion werde sich bemühen, mit dem Koalitionspartner zu einer Einigung zu kommen. Falls diese Einigung nicht „im

143 Anträge und Beschlüsse des 21. Ordentlichen Bundesparteitages der Freien Demokratischen Partei vom 22. bis 24. Juni 1970 (ADL A1-408 Bl. 111).

144 Diemer-Nicolaus (FDK Jg. 268/70 v. 1. September 1970).

145 Einzelne Mitglieder der FDP wie auch Teile der Jungdemokraten hatten sich 1970 an den Aktionen der Frauenemanzipationsgruppen beteiligt (Dürkop/May S. 715f.).

146 BFA EProt Si. v. 4. Juni 1971 (ADL 4112/ÜP 11/18) S. 3.

147 Vermerk von Reinhard Schmidt-Küntzel für Herrn Büsing v. 25. Juni 1971 (BV Prot. ADL 164).

wesentlichen" aufgrund der FDP-Vorstellungen möglich sei, werde die Fraktion nach der Sommerpause einen eigenen Entwurf vorlegen.[148]

Mitte Juni 1971 wiederholte die Vizepräsidentin des Deutschen Bundestages und Präsidiumsmitglied der FDP, Liselotte Funcke, die Ankündigung, daß, falls sich SPD und FDP nicht auf einen Entwurf einigen könnten, der die Straflosigkeit der Abtreibung bis zum dritten Monat vorsehe, die FDP einen eigenen Entwurf in den Bundestag einbringen werde.[149] Unter ständigem Verweis auf diese Option führte die FDP in der zweiten Hälfte des Jahres 1971 Verhandlungen mit der SPD.[150] Prof. Klug erklärte Mitte September vor dem Arbeitskreis VII der SPD-Bundestagsfraktion, die Entscheidung für die Fristenlösung sei im zuständigen Arbeitskreis der FDP einstimmig gefallen. Für die Liberalen sei ein Abweichen von diesem Modell und eine Hinwendung zu einer Indikationenregelung ausgeschlossen. Er persönlich halte die Indikationenlösung für indiskutabel.[151]

Ihren Druck auf den großen Koalitionspartner hielten die Freien Demokraten weiterhin aufrecht. Auf Antrag des Bundesvorstandes der Deutschen Jungdemokraten beschloß der Parteitag, die Bundestagsfraktion der FDP aufzufordern, „bei den Koalitionsverhandlungen mit der SPD nach der Bundestagswahl 1972 auf die Aufnahme der Reform des § 218 StGB im Sinne der ‚Fristenlösung' in die Koalitionsvereinbarungen zu bestehen."[152] Mitte Dezember waren SPD- und FDP-Fraktion übereingekommen, den Gesetzentwurf zur Änderung des § 218 StGB im Sinne einer Fristenregelung aus der Mitte der Koalitionsfraktionen im Bundestag einzubringen. Dieses Verhandlungsergebnis wurde von Bundesvorstand und Bundestagsfraktion einhellig begrüßt. Nur drei der anwesenden Parteimitglieder enthielten sich der Stimme.[153]

2. *Die Beschlußfassung in der SPD*

a) *Gemäßigte Änderungsbestrebungen zum § 218 StGB in der SPD bis zum Herbst 1971*

In der SPD war eine Änderung des § 218 StGB noch während des Saarbrücker Bundesparteitages Mitte Mai 1970 kein Thema. Der Ortsverein Marl-Ost brachte einen Antrag ein, in dem die Bundesregierung aufgefordert wurde, einen Bericht über das Abtreibungsproblem in der Bundesrepublik Deutschland zu erstellen. Dieser Bericht sollte nach dem Willen der Antragsteller Aufschluß geben über die sozialen

---

148 Januar-Juli 1971, Schreiben von Wolfgang Lüder an die Mitglieder des Bundesvorstandes der Jungdemokraten v. 12. Juli 1971 (BV Prot. ADL 164).

149 „FDP erwägt eigenen Entwurf". In: FNP v. 16./17. Juni 1971.

150 DPA 78 ID v. 15. September 1971.

151 AKR 58 Si. v. 14. September 1971 S. 30 (AsD PS 182).

152 23. Ordentlicher Bundesparteitag der F.D.P vom 2. bis 4. Oktober 1972 in München (ADL A1-460 Bl. 50 u. 112).

153 Ergebisniederschrift der Sitzung von Bundesvorstand und Bundestagsfraktion am 11. Dezember 1972 (ADL 170 1972 II).

Hintergründe von Abtreibungen, über die Mortalität und Morbidität nach nicht lege artis vorgenommenen Abtreibungen sowie über „Vorschläge, durch welche Maßnahme sozial- und rechtspolitischer Art Abhilfe geschaffen werden kann."[154] Der Parteitag überwies diesen Antrag an die Bundestagsfraktion, ohne das Thema „§ 218 StGB" weiter zu diskutieren.

Der stellvertretende SPD-Fraktionsvorsitzende und Rechtsexperte der Fraktion, Martin Hirsch, erklärte in einem Schreiben an den Vorsitzenden der Deutschen Bischofskonferenz, Julius Kardinal Döpfner, seine Auffassung, „daß auch dem werdenden Leben jeder erdenkliche, also auch strafrechtliche Schutz gewährt und gesichert werden muß." Die eugenische und soziale Indikation sollten nicht ins Strafrecht aufgenommen werden.[155] Er übte öffentlich scharfe Kritik an den Befürwortern eines Fristenmodells in der eigenen Partei.[156] Der Fraktionsvorsitzende der SPD-Fraktion im Bundestag, Herbert Wehner, antwortete noch im November des Jahres 1970 auf die Frage, ob eine Straffreiheit der Abtreibung während der ersten drei Schwangerschaftsmonate geplant sei, „daß es keine von der Regierung zu verantwortende Fassung eines auch nur in die Nähe dieser Befürchtungen kommenden Entwurfs gibt. Das muß man sehen."[157]

Zur gleichen Zeit sprach sich Bundesfamilienministerin Käte Strobel gegenüber ihrem Parteivorstand gegen die Einführung einer rein sozialen Indikation aus, die auch der Referentenentwurf des Bundesjustizministeriums nicht vorsehen wollte.[158] In einem Interview, das Bundesjustizminister Jahn (SPD) im Januar 1971 der Katholischen Nachrichten-Agentur gab, betonte er, daß die grundgesetzliche Ordnung der Bundesrepublik Deutschland auch das werdende Leben schütze und daß die Gesetzgebung seines Hauses sich daran orientiere. Der Frage, ob Abtreibung Mord sei, wich der Minister aus, ohne ihr zu widersprechen.[159]

Die grundsätzliche Frage der Änderungsbedürftigkeit des § 218 StGB wurde in der Sozialdemokratischen Partei, soweit sie bejaht wurde, bis zum Beginn der siebziger Jahre eher zurückhaltend betrachtet. Aufgrund der Äußerungen einzelner Vertreter der Partei ist zu vermuten, daß die Ansicht überwog, daß dieser Paragraph im Rahmen der Strafrechtsreform änderungsbedürftig sei und daß eine solche Novelle

154 Parteivorstand der Spd: Parteitag (11.-14. Mai 1970) S. 989.

155 Brief des Stellvertretenden Vorsitzenden der Sozialdemokratischen Bundestagsfraktion, Martin Hirsch, an den Vorsitzenden der Deutschen Bischofskonferenz Julius Kardinal Döpfner, Erzbischof von München und Freising, v. 16. Oktober 1970 S. 2, zit. nach: Tallen S. 42, dort keine nachprüfbare Quellenangabe.

156 „An der Heiligkeit des Lebens muß festgehalten werden". In: We v. 28. Juni 1971.

157 KNA Nr. 22 v. 6. November 1970.

158 „Eine rein soziale Indikation, die nicht von einer Gesundheitsgefährdung der Schwangeren abhängt, sollte nicht vorgesehen werden. Sie stößt auf den begründeten Einwand, daß den hier zugrunde liegenden Problemen auf andere Weise durch die Allgemeinheit begegnet werden kann und muß" (Material zur Reform des § 218, zusammengestellt von Käte Strobel und Gerhard Jahn, an die Mitglieder des Parteivorstandes versandt am 15. September 1971, 10. September 1971 (AsD PV NB Prot. 34 S. 12.); Erläuterungen zu dem Referentenentwurf eines Fünften Gesetzes zur Reform des Strafrechts (AsD PS 181) S. 31.

159 Aktuelle Fragen S. 10f.

die Einführung einer sogenannten ethischen Indikation mit einschließen solle. Da sich nur vereinzelt sozialdemokratische Repräsentanten zu dem Thema zu Wort meldeten, muß man annehmen, daß auch das Parteiinteresse an einer Änderung des § 218 StGB verhältnismäßig gering war. Darüber hinaus ist aus der Beobachtung, daß, so weit zu sehen ist, die Einführung anderer Indikationen nicht zur Sprache gebracht wurde, zu folgern, daß die soziale Indikation in der SPD ernstlich nicht zur Debatte stand. Die Behandlung des Themas auf dem Saarbrücker Parteitag (11.-14. Mai 1970), der das Thema „Abtreibung“ nur indirekt und am Rande tangierte, bestätigt die Vermutung, daß die Änderung des § 218 StGB bei weitem nicht zu den politischen Fragen gehörte, denen das vornehmliche oder auch nur besondere Interesse der Delegierten oder der Parteimitglieder galt.

b) Der Umschwung der Meinungsbildung in der SPD ab dem Sommer 1971

Erst im Zuge der Selbstbezichtigungskampagne häuften sich die Vorstöße einzelner SPD-Untergliederungen oder der SPD nahestehender Gruppen in Richtung auf eine völlige beziehungsweise teilweise Freigabe der Abtreibung. Unmittelbar nach Beginn der Kampagne im „Stern“ bezichtigten sich 18 Redakteure der SPD-nahen „Hamburger Morgenpost“ der Beihilfe zur Abtreibung und forderten ihre Leser zu ähnlichen Selbstbezichtigungen auf.[160] Etwa drei Wochen darauf veröffentlichte dieselbe Zeitung 221 Selbstbezichtigungen von Frauen und Männern. Der Landesparteitag der SPD in Schleswig-Holstein forderte in Husum die Einführung einer generellen Straffreiheit für Abtreibungen bis zum dritten Monat und einer Altersindikation bis zum sechzehnten Lebensjahr. Ein von den SPD-Arbeitsgemeinschaften in Göttingen gebildeter Initiativkreis sprach sich für die Freigabe der Abtreibung innerhalb der ersten vier Schwangerschaftsmonate und für die Einführung einer Altersindikation für Schwangere bis zum 15. und ab dem 48. Lebensjahr aus. Die Freigabe der Abtreibung in den ersten vier Schwangerschaftsmonaten forderten ebenfalls Mitglieder der SPD-Projektgruppe „Emanzipation“ und der Arbeitsgemeinschaft Sozialdemokratischer Frauen. Die ersatzlose Streichung des § 218 StGB verlangten der Jungsozialisten-Beirat im SPD-Parteibezirk Hannover und die Jungsozialisten des Unterbezirks Groß-Gerau.

Wenige Wochen nach dem Beginn der Selbstbezichtigungskampagne, am 20. Juni 1971, berieten Parteirat, Parteivorstand und Kontrollkommission der SPD über eine Änderung des § 218 StGB. Entscheidungen für oder gegen ein bestimmtes Gesetzesmodell, namentlich eine Indikationen- oder Fristenregelung, kamen während dieser Sitzung nicht zustande. Es wurde beschlossen, die ersatzlose Streichung des § 218 StGB abzulehnen; die Überlegungen der Sozialdemokraten seien von folgenden Zielsetzungen bestimmt: Erstens sei das Leben „- auch das werdende Leben -“ durch die Gesellschaft zu schützen; zweitens werde das geltende Strafrecht dieser Forderung nicht gerecht, und drittens bedürfe eine Änderung des § 218 StGB sorgfältig ausgewogener Lösungen.[161]

---

160 Dies und das Folgende nach: Rusch S. 90ff.
161 Arndt: Problematik S. 106.

Das vier Tage nach dieser Sitzung beratende Präsidium beschloß, die Diskussion über eine Änderung des § 218 StGB einzuleiten und entschied unterdessen, die Vorlage eines Referentenentwurfes, mit dem nur der von Bundesjustizminister Jahn (SPD) angekündigte Indikationenentwurf gemeint sein kann, vorerst zurückzustellen.[162] Die Diskussion im Präsidium wurde in der ersten Julisitzung mit einleitenden Referaten der Minister Jahn und Strobel begonnen.[163] Jahn schloß in seinen Ausführungen zwei Möglichkeiten einer Gesetzesänderung von vornherein aus: einerseits die Beibehaltung des bestehenden Zustands, andererseits die Einführung einer „sogenannten ‚großen Lösung'", namentlich der Fristenregelung. Der Bundesjustizminister hielt nur eine „kleine Lösung" eines erweiterten Indikationenkatalogs für möglich, der neben einer sozial-medizinischen eine kriminologische, eine kindliche und eine von dieser unterschiedene genetische Indikation umfassen sollte.

Das Präsidium, das die von Jahn vorgeschlagene Indikationenregelung als „keine schlechte Ausgangsbasis" beurteilte, unterstützte den Vorschlag des Ministers, binnen kurzem im Kabinett einen Beschluß herbeizuführen, so daß die Fertigstellung eines Referentenentwurfes, der dann nach etwa acht Wochen vorliegen würde, in Angriff genommen werden könne. In der Sitzung wurde das allgemeine Interesse deutlich, die Beschlußfassung zum § 218 StGB möglichst schnell voranzutreiben, um zu vermeiden, daß dieses Thema Gegenstand des nächsten Wahlkampfes würde. Im übrigen verständigte sich das Präsidium darauf, daß es selbst und das Kabinett noch vor der Sommerpause durch den Bundesjustizminister unterrichtet werden solle und diesem „ihren Rat geben" sollten. Erst im Anschluß daran plante man, Fraktion, Parteirat und Parteivorstand in die Meinungsbildung miteinzubeziehen.[164]

Noch bevor das Präsidium am 23. September 1971 sein Einverständnis zu der Veröffentlichung des im Bundesjustizministerium vorbereiteten Referentenentwurfs gab,[165] beriet der zuständige Arbeitskreis der SPD-Bundestagsfraktion in Gegenwart der am Alternativ-Entwurf beteiligten Professoren Grünwald, Kaufmann und Klug über das Thema.[166] Der Arbeitskreis faßte in dieser Sitzung keine Beschlüsse, nahm aber die nicht ohne sachliche Schärfe vorgetragenen Ausführungen Prof. Klugs zur Kenntnis. Klug ließ keinen Zweifel daran, daß es für die FDP zu der vorgeschlagenen Fristenregelung keine Alternative gebe.

Am 16. September 1971 beschloß das Präsidium der SPD, den für die Sitzung am 20. des Monats vorgesehenen Tagesordnungspunkt nicht an diesem Termin im Präsidium, sondern im Oktober – in einer gemeinsamen Sitzung von Parteirat, Parteivorstand und Kontrollkommission – zu behandeln.[167] Bereits im Juni 1971 hatten sich einzelne Politiker und Gruppen innerhalb der SPD in der Öffentlichkeit

---

162 Präs. Si. v. 24. Juni 1971 S. 3 (AsD PV NB Prot. 21).
163 Dies und das Folgende nach: Präs. Si. v. 1. Juli 1971 S. 6ff. (AsD PV NB Prot. 21).
164 Protokollauszug aus: Präs. Si. v. 20. Juni 1971, bei: Präs. Si. v. 16. September 1971 o. S. (AsD PV NB Prot. 22).
165 Präs. Si. v. 23. September 1971 S. 2 (AsD PV NB Prot. 22).
166 AKR 58 Si. v. 14. September 1971 (AsD PS 182).
167 Präs. Si. v. 16. September 1971 S. 1 (AsD PV NB Prot. 22).

gegen eine Indikationenregelung und für eine Fristenregelung bei der Neugestaltung des § 218 StGB ausgesprochen, so der Abg. Dr. de With (SPD) im Informationsdienst seiner Partei,[168] der Bundesfrauenausschuß in seiner Stellungnahme Anfang Juli 1971, außerdem die Abgeordneten Marie Schlei (SPD), Karl-Heinz Hansen (SPD) und die Vorsitzende des Bundesfrauenausschusses, Annemarie Renger (SPD).[169]

Trotz des sich abzeichnenden innerparteilichen Widerstands ließ Minister Jahn (SPD) Anfang September 1971 einen Referentenentwurf in der Öffentlichkeit vorstellen, der eine sozial-medizinische, eine genetische und eine sogenannte ethische Indikation umfaßte.[170] Dieser Entwurf, der von seiten der FDP scharfer Polemik ausgesetzt war,[171] wurde auf der vom Präsidium beschlossenen Parteiratssitzung am 17. Oktober 1971 behandelt, an der auch Parteivorstand und Kontrollkommission beteiligt waren.[172] In der vier Stunden langen Diskussion sprach sich die überwiegende Mehrheit des Parteirats gegen den Jahn-Entwurf aus. Zu einer abschließenden Meinungsbildung in der SPD führte auch dieses Treffen nicht, da – nach der Darstellung des SPD-Pressedienstes – eine Mehrheit eine Abstimmung über das Thema abgelehnt habe, „weil die Meinungsbildung innerhalb des Gremiums wie überhaupt innerhalb der Partei noch nicht abgeschlossen sei."[173]

c) Die Entscheidung für das Fristenmodell

Eine Veränderung der Situation in der SPD brachte der Außerordentliche Parteitag, der vom 18. bis zum 20. November 1971 in Bonn stattfand. Daß der § 218 StGB von diesem Gremium überhaupt behandelt wurde, war insofern eine Überraschung, als der § 218 StGB zunächst nicht zur Behandlung durch den Außerordentlichen Parteitag vorgesehen war. Die Antragskommission hatte dem Parteitag empfohlen, zahlreiche Anträge, welche die ursprünglich vorgesehenen Parteitagsthemen nicht betrafen, nicht zu behandeln und an den Parteivorstand mit der Maßgabe zu überweisen, geeignete Themen in die Gesetzgebungsarbeit der Bundestagsfraktion zu übernehmen.[174] Auf

---

168 Hans de WITH: „Welche Möglichkeiten zur Reform des Abtreibungsparagraphen zeichnen sich ab?" In: Inf. Ausg. 385 v. 18. Juni 1971.

169 BUNDESFRAUENAUSSCHUSS DER SPD: „Stellungnahme in der Sitzung vom 1. Juli 1971". In: Pressemitteilung der SPD v. 2. Juli 1971; Dr. de With (SPD) (Inf. Ausg. 540 v. 7. September 1971); Schlei (SPD) (Inf. Ausg. 554 v. 15. September 1971); DPA 186 ID v. 16. September 1971; Karl-Heinz HANSEN: „Objekt der Ärztejustiz". In: Vo v. 23. September 1971; SPD Press. P/XXVI/199 v. 18. Oktober 1971; „SPD-Abgeordnete rügt Eppler". In: FR v. 31. Dezember 1971.

170 RE S. 3ff.

171 FDK Ausg. 103 v. 8. Dezember 1971: Das „Reförmchen" Jahns sei eine „großzügige Verhöhnung der Frau"; DPA 121 ID v. 13. April 1972 (Funcke (FDP)).

172 Die Aufzeichnungen über diese Sitzung sind in den Protokollsammlungen der beteiligten Parteigremien nicht auffindbar.

173 „SPD-Parteirat: Keine abschließende Meinung zu 218-Reform". In: SPD Press. P/XXVI/199 v. 18. Oktober 1971.

174 PARTEIVORSTAND DER SPD: Außerordentlicher Parteitag S. 28.

Initiative der Delegierten Gert Lüttgert (Hessen-Süd), Barbara Stolterfoth (Berlin) und Karsten Voigt (Hessen-Süd) beschloß der Parteitag jedoch, nach den vorgesehenen Themenbereichen als vierten Komplex das Thema „§ 218 StGB" zu behandeln.

Gleich zu Beginn der Debatte kündigte der Parteivorsitzende Bundeskanzler Willy Brandt an, sich an der Abstimmung über den vorliegenden Antrag, der eine Fristenregelung bezweckte, nicht beteiligen zu wollen. Außerdem wies er einleitend darauf hin, daß er Bundesjustizminister Jahn (SPD), dessen Haus einen erweiterten Indikationenentwurf plante, nicht zumuten werde, etwas anderes zu tun als einen Entwurf in den Bundestag einzubringen, der Jahns eigener Überzeugung entspreche. Gleichzeitig kündigte Brandt bereits an, daß im Bundestag auch andere Entwürfe zur Diskussion stehen würden. Der Fristenregelung räumte er im Bundestag keine Chancen auf eine Mehrheit ein.[175] In der darauffolgenden Abstimmung wurde der Fristenregelungsantrag mit großer Mehrheit angenommen.[176]

Bereits im Oktober, nach der gemeinsamen Sitzung von Parteivorstand, Parteirat und Kontrollkommission, hatten fünf Strafrechtspolitiker der SPD-Bundestagsfraktion eine Arbeitsgruppe „218" gebildet, die einen Entwurf im Sinne der Fristenregelung auszuarbeiten begann. Diese Arbeiten waren Ende Januar 1972 abgeschlossen.[177] Versuche, ihn unverzüglich im Bundestag einzubringen, wurden von der Fraktionsführung zurückgewiesen.[178] Herbert Wehner (SPD) begründete die Ablehnung mit dem Hinweis, der Gruppenantrag müsse nochmals überarbeitet werden. Das gemeinsame Bemühen habe dem Ziel zu gelten, den Gruppenantrag im richtigen zeitlichen Zusammenhang mit der Kabinettsvorlage einzubringen.[179]

Das taktische Vorgehen der Fraktionsführung orientierte sich vor allem an der Haltung der FDP,[180] von der bereits erklärt worden war, daß die Befürworter eines Fristenmodells auch einen Rücktritt Bundesjustizminister Jahns (SPD) in Kauf nehmen würden.[181] Wie Wehner vor der Fraktion mitteilte, hatten sich die Liberalen nur unter größten Anstrengungen das Zugeständnis abringen lassen, auf die Einbringung eines eigenen Antrages im Deutschen Bundestag zu verzichten. Diese Darstellung wurde von anderen sozialdemokratischen Abgeordneten nachdrücklich bestätigt. Wehner und andere mißtrauten den Liberalen und rechneten damit, daß, wenn man sich zu sehr für die Fristenregelung engagiere, die FDP ihre Zusage brechen und sich absprachewidrig doch zu einem eigenen Antrag entschließen könnte. Dieser Beurteilung scheint die Annahme zugrunde gelegen zu haben, daß die Liberalen um die Publizität als profilierte Reformpartei fürchten könnten, die sie sich von ihrer Initiative zur Änderung des § 218 StGB versprächen, wenn zu viele sozialdemokratische Parlamentarier diesen

175 Ebd. S. 641f.

176 Ebd. S. 638ff.

177 Die Arbeit der SPD-Bundestagsfraktion an der Reform des § 218 S. 2f. (AsD PV NB Prot. 1053); SPD Fr. Si. v. 1. Februar 1972 S. 1f. (AsD PV NB Prot. 1053).

178 Dies und das Folgende nach: SPD Fr. Si. v. 1. Februar 1972 S. 1f., (AsD FS Prot. 1053).

179 Gruppenantrag zur Fristenregelung und der Regierungsentwurf.

180 Das Folgende nach: SPD Fr. Si. v. 4. Februar 1972 S. 1ff. (AsD FS Prot. 1053); SPD Fr. Si. v. 1. Februar 1972 S. 1f. (AsD FS Prot. 1053).

181 DPA 303 ID v. 2. März 1972 (Funcke (FDP)).

Entwurf in der Öffentlichkeit unterstützten. Vor allem aus jenem Grund votierten verschiedene Mitglieder der Fraktion für ein „ausgewogenes Unterschriftenvolumen" unter den Gruppenantrag. Die Fraktion entschied schließlich, daß der Gruppenantrag nach Vorliegen des Kabinettsentwurfs von Dr. de With (SPD) und Karl Wienand (SPD) veröffentlicht werden solle. Dieser Entwurf wurde am 9. Februar 1972, an dem Tag, an dem das Kabinett den von Bundesjustizminister Jahn (SPD) vorgelegten Entwurf beschloß und Bundeskanzler Brandt (SPD) ihn an den Präsidenten des Bundesrates übersandte,[182] von 51 Abgeordneten der SPD- und der FDP-Fraktion im Deutschen Bundestag eingebracht.[183]

Bereits wenige Wochen später nahm der Sonderausschuß für die Strafrechtsreform die Beratungen über die beiden Gesetzentwürfe auf und veranstaltete im April 1972 eine öffentliche Sachverständigenanhörung. In der wegen des Verlustes der parlamentarischen Mehrheit durch die sozialliberale Koalition beendeten sechsten Wahlperiode konnte das Gesetzgebungsverfahren nicht mehr zum Abschluß gebracht werden. Die Fraktion der SPD ging in der siebten Wahlperiode (1972 bis 1976) zügig daran, das Gesetzgebungsverfahren erneut in Gang zu bringen. In der Fraktionssitzung am 20. März 1973 begründete Dr. de With (SPD) einen dem Fristenmodell des Gruppenantrags der sechsten Legislaturperiode entsprechenden Entwurf, den er in Übereinstimmung mit dem Fraktionsvorstand in der Form eines gemeinsamen Fraktionsantrags zusammen mit der Fraktion der FDP einzubringen empfahl.[184] Noch bevor sich Befürworter eines Indikationenentwurfs vor der Fraktion geäußert hatten, hob Dr. de With (SPD) mit Nachdruck hervor – wahrscheinlich mit Blick auf die Dissidenten in der Fraktion –, daß es während des Gesetzgebungsverfahrens vor allem darauf ankommen werde, im Fall eines Einspruchs des Bundesrates „die Kanzlermehrheit" zusammenzubringen.

Dagegen trug Dr. Adolf Müller-Emmert (SPD) den Einwand vor, ob man den Vertretern des alten Regierungsentwurfs nicht besser gerecht werde, indem man beide Entwürfe, den Jahn-Entwurf und die Fristenregelung, als Gruppenanträge einbringe. Dem hielt Herbert Wehner eine Argumentation entgegen, die sich wiederum von der Sorge leiten ließ, daß die FDP hierzu nicht bereit sein und einen eigenen Antrag einbringen könnte. Wehner ließ keinen Zweifel daran, daß dies – offensichtlich aus Gründen des Parteiprestiges – verhindert werden müsse. Denn, wie Dr. de With (SPD) feststellte, es sei „schlecht denkbar", daß SPD-Abgeordnete sich dem FDP-Antrag zugesellten.

Nachdem der Fraktionsentwurf von FDP und SPD, der Gruppenantrag Dr. Müller-Emmert und die beiden Entwürfe aus den Reihen der Unionsfraktion[185] im Deutschen Bundestag eingebracht waren, richtete sich die Diskussion in der SPD-Fraktion

182 „Fünftes Gesetz zur Reform des Strafrechts vom Bundeskabinett beschlossen". In: RIBJ v. 9. Februar 1972.

183 BT-Drs. Nr. 6/3137 v. 9. Februar 1972 S. 2.

184 Dies und das Folgende nach: SPD Fr. Si. v. 20. März 1973 S. 17ff. (AsD FS Prot. VII 1056).

185 Vgl. S. 151ff. u. 155ff.

auf den von Dr. Müller-Emmert (SPD) vorgetragenen Vorschlag, zwei Modelle zur Grundlage der Beratung im Strafrechtssonderausschuß zu machen, um dem Bundestag zur zweiten und dritten Beratung zwei geschlossene Regelungsmodelle zuzuleiten.[186] Diesem Vorschlag lag vermutlich die taktische Erwägung zugrunde, daß, wenn dem Fristenregelungsantrag in den weiteren Beratungen nur ein Indikationenentwurf gegenüberstehen würde, es möglich sein könnte, eine Mehrheit der Unionsabgeordneten zur Unterstützung eines solchen Entwurfs zu bewegen. Vermutlich aufgrund des entgegengesetzten Kalküls, nämlich eine Mehrheitsbildung durch einen Kompromiß unter den Befürwortern eines Indikationenmodells zu verhindern, beschloß die Mehrheit der Fraktion, alle vier Entwürfe, also auch die der Opposition, im Strafrechtssonderausschuß zu behandeln. Diese Position wurde von der Fraktion dahingehend ausgeweitet, daß nicht nur alle vier Entwürfe im Ausschuß behandelt, sondern auch alle vier Anträge dem Bundestag zur Entscheidung vorgelegt werden müßten.[187] Noch Ende Dezember 1973 wurden in der Fraktion lebhafte Debatten über Kompromißmöglichkeiten zwischen dem Fristen- und dem Indikationenmodell geführt.

Diese Gespräche scheinen nicht zuletzt schon deswegen kaum je eine wirkliche Chance gehabt zu haben, weil für die Befürworter einer Fristenregelung keine echte Motivation bestand, sich mit den Vertretern des Indikationenmodells in der eigenen Fraktion auf Kompromisse einzulassen. Denn zu jenem Zeitpunkt brauchten die Anhänger des Fraktionsantrags keine ernsthafte Sorge mehr zu hegen, die notwendige Bundestagsmehrheit zu erlangen, zumal bereits ein halbes Jahr vor der vorläufig abschließenden Abstimmung im Bundestag eine Reihe von Befürwortern einer Indikationenregelung in der SPD-Fraktion beteuerten, für den Fraktionsentwurf zu stimmen, wenn der Gruppenantrag Dr. Müller-Emmert – was mit hoher Wahrscheinlichkeit seit langem anzunehmen war – eine Mehrheit der Stimmen des Deutschen Bundestages nicht auf sich würde vereinigen können.

3. Die Beschlußfassung in der CDU/CSU

a) Die gesetzgeberische Passivität der CDU/CSU bis 1972

Wie weiter oben ausgeführt wurde, unterschieden sich die in den sechziger Jahren von der CDU/CSU vertretenen Positionen nicht grundsätzlich von den Haltungen zum § 218 StGB, die von der SPD beziehungsweise aus der FDP bis 1970 bekannt waren und die bis zum Beginn der siebziger Jahre die Politik dieser beiden Parteien bestimmten. Wie die Vertreter der Sozialdemokraten und der Liberalen hatten auch die CDU/CSU-Mitglieder in den Beratungen des Strafrechtssonderausschusses im Frühjahr 1969 zu erkennen gegeben, daß sie eine Änderung des geltenden § 218 StGB

186 Dies und das Folgende nach: SPD Fr. Si. v. 15. Mai 1973 S. 7ff. (AsD FS Prot. VII 1056).
187 Dies und das Folgende nach: SPD Fr. Si. v. 3. Dezember 1973 S. 1ff. (AsD FS Prot. VII 1056).

befürworteten.[188] Vor dem Hintergrund dieser Sachverhalte werden von der Presse noch bis Ende 1972 geäußerte Erwartungen verständlich, daß es einen Brückenschlag zwischen der SPD und der CDU auf der Grundlage einer Indikationenregelung geben werde.[189] Die Chancen für eine Einigung zwischen SPD und CDU, die sich ursprünglich wohl auf eine breite innenpolitische Basis hätte stützen können, scheinen indessen durch die Auswirkungen der Selbstbezichtigungskampagne auf die Meinungsbildung in der SPD erheblich vermindert worden zu sein.

Die Initiative zur innerparteilichen Meinungsbildung über eine Änderung des § 218 StGB ging nicht eigentlich von den Unionsparteien selbst aus. Angesichts der verstärkten Diskussion in der Öffentlichkeit sah sich der zuständige Arbeitskreis I der CDU/CSU Mitte Juni 1971 veranlaßt, die Meinungsbildung der Fraktion einzuleiten und baldmöglichst eine Stellungnahme herbeizuführen.[190] Es wurde beschlossen, zunächst das Büro des Arbeitskreises mit der Erstellung eines „Thesenpapiers" zu beauftragen, das dem Arbeitskreis als Grundlage für weitere Beratungen dienen sollte. Vier Tage nach der Sitzung der SPD-Führungsgremien, die – wie oben bereits dargestellt – kurz nach dem Beginn der Selbstbezichtigungskampagne tagten, ohne eine Entscheidung für einen bestimmten Änderungsvorschlag zum § 218 StGB zu treffen, legte der Arbeitskreis für Rechtsfragen der CDU/CSU-Fraktion Thesen zum § 218 StGB vor.

Diese Thesen umfaßten zunächst die Feststellung, auch das ungeborene Leben sei ein durch das Grundgesetz geschütztes unantastbares Rechtsgut, eine zeitweise Freigabe der Abtreibung sei daher unmöglich.[191] Zweitens beginne der Schutz des ungeborenen Lebens mit der Schwangerschaft, deren Beginn noch zu bestimmen sei. Drittens könne die Vernichtung einer Leibesfrucht nur dann als gerechtfertigt angesehen werden, wenn Leben oder Gesundheit der Frau in Gefahr seien. Viertens: „In weiteren sehr eng abzugrenzenden Fällen kann eine Straflosigkeit der Abtreibung allenfalls unter dem Gesichtspunkt, ob der Frau das Austragen der Schwangerschaft zugemutet werden kann, geregelt werden, sofern die Abtreibung innerhalb eines zu begrenzenden Zeitraums zu Beginn der Schwangerschaft vorgenommen wird."

Die schließlich veröffentlichte Fassung des Thesenpapiers schwächte zwei Aussagen, die in den weitergehenden Entwurfsfassungen noch vorhanden waren, wieder ab:

188 SA Ber. 5 WP 144 Si. v. 26. März 1969 S. 3195f.

189 Heinzgünther Klein: „Brückenschlag zur Reform des § 218". In: WK v. 26. Juli 1971; „CDU-Experte sieht Einigung im Streit um § 218". In: We v. 26. Juli 1971; BPA/Abt. Nachrichten Ref. II/4 Deutsche Gruppe ZDF/28. November 1971/19.55/Bonner Perspektiven S. 1.

190 AK KProt. Si. v. 15. Juni 1971 S. 2 (ACDP VII-004-A 2392).

191 Dies und das Folgende nach: Thesen des Arbeitskreises zur Diskussion über die Problematik der Abtreibung. Vom Vorsitzenden des Arbeitskreises v. 22. Juni 1971 (ACDP 0/068/33-7).

Die in These 2 des Entwurfs ausgesprochene Festlegung auf die Nidation[192] als Beginn der Schutzwürdigkeit ist in der schließlich veröffentlichen Fassung zurückgenommen worden. Die in These 5 des Entwurfs formulierte Ablehnung einer eugenischen Indikation ist in der publizierten Version ebenfalls nicht mehr enthalten.

Das Vorgehen der Parteigremien der Union läßt das Bestreben erkennen, zu jenem Zeitpunkt eine Festlegung in der Frage des § 218 StGB möglichst zu vermeiden. So entschied der Arbeitskreis, die von ihm am 22. Juni 1971 beschlossenen, nunmehr noch vier Thesen, der Fraktion zwar vorzutragen, eine Verabschiedung zum gegenwärtigen Zeitpunkt indessen zu vermeiden.[193] Den Grund für diese Entscheidung wird man vermutlich in der Beurteilung der Meinungsbildung innerhalb der SPD zu erblicken haben, die im Arbeitskreis I Ende Juni 1971 als „nach allen Seiten offen" und damit als kompromißfähig eingeschätzt wurde.[194] Mindestens bis Ende September änderte sich diese Beurteilung durch den Arbeitskreis I nicht, zumal inzwischen Berichte über die Fehlentwicklungen der englischen Regelung[195] vorlagen, die die Einführung einer ähnlichen Regelung in der Bundesrepublik Deutschland in den Augen der Arbeitskreismitglieder unwahrscheinlich erscheinen ließ.[196]

Der von Minister Jahn (SPD) 1971 vorgestellte Entwurf wurde von dem Vorsitzenden des Arbeitskreises für Allgemeine und Rechtsfragen, Friedrich Vogel, mit „Zustimmung in den Grundzügen, aber Bedenken in Einzelfragen" aufgenommen.[197] Vogel begrüßte das Bekenntnis des Entwurfs zum verfassungsrechtlich gebotenen Schutz des ungeborenen Lebens und stimmte auch einer ausgeweiteten medizinischen Indikation zu. Den Stand der Meinungsbildung innerhalb der CDU/CSU

192 In dem Entwurf zu den „5 Thesen" des Arbeitskreises I zum § 218 StGB (maschinenschriftlich, handschriftlich korrigiert) v. 22. Juni 1971 (ACDP VIII-002-019/1), hatte es zunächst geheißen: „Solange es keine gesicherten Erkenntnisse darüber gibt, wann das Leben beginnt, muß der Schutzbeginn des werdenden Lebens spätestens im Augenblick der Vereinigung des befruchteten Eies mit dem mütterlichen Organismus (Schwangerschaft) einsetzen." In der korrigierten Fassung heißt es demgegenüber weniger verbindlich, aber nach allen Seiten offen: „Der Schutz setzt mit dem Beginn der Schwangerschaft ein. Der Zeitpunkt, an dem die Schwangerschaft beginnt, muß unter Berücksichtigung der Erkenntnisse der dafür Sachverständigen bestimmt werden" („5 Thesen zum § 218 StGB" v. 22. Juni 1971, maschinenschriftlich, handschriftlich korrigiert S. 1 (ACDP VII-004-A 2392)).

193 AK KProt. Si. v. 22. Juni 1971 S. 2 (ACDP VII-004-A 2392); diese Thesen wurden der CDU/CSU-Fraktion im Deutschen Bundestag am selben Tag, dem 22. Juni 1971, von Friedrich Vogel vorgetragen (Schreiben des Parlamentarischen Geschäftsführers Josef Rösing v. 8. Juli 1971 an die Mitglieder der CDU/CSU-Fraktion im Deutschen Bundestag (ACDP VII-004-A2392)).

194 Arbeitskreis für Allgemeine und Rechtsfragen: Arbeitspapier zur Frage des § 218 StGB (Abtreibung) v. 30. Juni 1971 S. 8 (ACDP VIII-005-048/3).

195 Diese 1967 eingeführte Regelung sah eine weitgefaßte Indikationenregelung vor, deren Praxis nach der Meinung sowohl von Befürwortern eines Indikationenmodells als auch von Anhängern einer Fristenregelung im Ergebnis einem Fristenmodell gleichkam.

196 AK KProt. Si. v. 21. September 1971 S. 3 (ACDP VII-004-A 2392).

197 DPA 145 ID v. 26. Oktober 1971.

zu den anderen Indikationen beschrieb Vogel dahingehend, daß die eugenische Indikation wohl eher auf Ablehnung stoße, während die kriminologische Indikation teiweise Zustimmung finde. Einigkeit bestehe auf seiten der Union darin, daß die soziale Indikation gegen die medizinische abgegrenzt werden müsse. Einen eigenen CDU/CSU-Entwurf stellte Vogel nicht in Aussicht.

Der Hauptausschuß der CDU-Frauenvereinigung befürwortete in einer Stellungnahme Mitte November allein die Einführung einer medizinischen Indikation und sprach sich gegen eine soziale Anzeigestellung aus. Für solche Fälle, in denen das Austragen einer Schwangerschaft „für die Frau eine unzumutbare Härte bedeutet, sollte von Strafe abgesehen werden können.“[198] Dieselbe Haltung nahm die CSU-Frauenunion ein.[199]

Erst Ende des Jahres äußerte sich auch der Bundesvorstand der CDU zur Neufassung des § 218. Ein Beschluß vom 9. Dezember 1971 betonte die Gleichwertigkeit von ungeborenem und geborenem Leben und sprach sich von daher sowohl gegen die Freigabe der Abtreibung wie gegen die Fristenregelung aus.[200] In Ausnahmefällen könne die Schwangerschaft aber zu einer so schweren Konfliktsituation führen, daß für deren Regelung eine Änderung des § 218 StGB erforderlich sei. Dies gelte für Fälle der medizinischen Indikation und für sehr eng abzugrenzende Fälle einer kriminologischen Indikation. In anderen „außergewöhnlichen Konfliktsituationen“ solle den Gerichten die Möglichkeit eingeräumt werden, von Strafe abzusehen. Der Beginn des strafrechtlichen Schutzes des ungeborenen Lebens wurde auf die Nidation gelegt. Die Feststellung einer Indikation sollte der Entscheidung eines von der zuständigen Ärztekammer bestellten Gutachtergremiums bedürfen.

b) Die Politik des Abwartens: Kompromißhoffnungen

Seit dem Beginn des Jahres 1972 artikulierte sich in der Union zunehmender Widerspruch gegen den Entwurf der Bundesregierung, der sich besonders gegen die geplante Indikation der „allgemeinen Notlage“ (soziale Indikation) richtete. Das Bedenken, diese Indikation könne ausufern, so daß sich in der Praxis kein Unterschied mehr zur Freigabe der Abtreibung einstellen werde, stand im Mittelpunkt der Kritik, die der Sprecher der CDU/CSU-Fraktion im Deutschen Bundestag übte.[201] Gleichzeitig wurde betont, daß die CDU/CSU den Regierungsentwurf weiter prüfen werde.

Unterdessen sprach sich der Arbeitskreis für Allgemeine und Rechtsfragen noch Ende Februar gegen die Vorlage eines eigenen Entwurfs aus.[202] Bis in die zweite Märzhälfte berichtete die Presse über Informationen aus Bonn, denen zufolge die Union nicht plane, einen eigenen Entwurf zum § 218 StGB vorzulegen, sondern

198 „CDU-Frauenvereinigung zu § 218“. In: DUD v. 15. November 1971.

199 Katholischer Arbeitskreis S. 390.

200 Dies und das folgende nach: Beschluß (ACDP 0/068/33-7).

201 Presseerklärung des Sprechers der CDU/CSU-Fraktion des Deutschen Bundestages v. 10. Februar 1972 (ACDP 0/068/33-7).

202 AK KProt. Si. v. 22. Februar 1972 S. 2 (ACDP VII-004-A2392).

weiterhin einen Kompromiß auf der Grundlage eines „‚vertretbaren, verantwortbaren, ausgewogenen'" Entwurfs anstrebe. Offenbar hielt man es in der Unionsfraktion für unwahrscheinlich, daß einer der beiden bereits eingebrachten Entwürfe, der Regierungsentwurf oder der Gruppenentwurf, im Bundestag eine Mehrheit auf sich würde vereinigen können.[203]

Ende Februar nahm der Arbeitskreis I Einzelberatungen zur Änderung des § 218 StGB auf. Einigkeit bestand darüber, daß der Strafrechtsschutz mit dem Abschluß der Nidation beginnen solle und daß die medizinische Indikation de lege ferenda auch psychiatrische Krankheitsbilder umfassen müsse. Eingehende und kontroverse Diskussionen wurden über die Einführung einer kriminologischen Indikation geführt, gegen die insbesondere geltend gemacht wurde, daß die gesetzliche Verankerung dieser Anzeigestellung schon aufgrund der rechtlich geregelten Zulässigkeit der Nidationshemmer überflüssig sei. Dennoch entschied sich der Arbeitskreis mit zehn zu fünf Stimmen, die Aufnahme einer solchen Indikation in das Strafgesetzbuch zu befürworten.[204] Während die Einführung einer sozialen Indikation in diesem Gremium diskutiert, aber nicht befürwortet wurde, konnte über die „eugenische Indikation" bis mindestens Anfang Mai 1972 im Arbeitskreis keine Einigkeit hergestellt werden. Man verständigte sich schließlich darauf, die Entscheidung über diese Anzeigestellung vom Verlauf der Beratungen des Sonderausschusses für die Strafrechtsreform abhängig zu machen.[205] Offensichtlich hielt der Arbeitskreis für Allgemeine und Rechtsfragen der CDU/CSU-Bundestagsfraktion zu jenem Zeitpunkt eine Einigung auf einen Indikationenentwurf mit zumindest Teilen der Koalition noch für möglich. Er blieb weiterhin darauf bedacht, weitreichende Festlegungen in Einzelfragen der Gesetzesänderung zu vermeiden, um sich die Möglichkeit zu einem solchen Kompromiß offenzuhalten.

c) Der späte Entschluß zum eigenen Entwurf

Diese Politik wurde von der Meinungsbildung innerhalb der SPD überholt, die zunehmend eine Fristenregelung favorisierte. Ende März wies deshalb Friedrich Vogel, Vorsitzender des Arbeitskreises I der CDU/CSU-Bundestagsfraktion, auf die Notwendigkeit einer Initiative der Fraktion im Zusammenhang mit dem § 218 StGB hin.[206] Offenbar wurde eine Gesetzesinitiative durch einen eigenen Entwurf in der

---

203 DPA 74 ID v. 18. März 1972.

204 AK KProt. Si. v. 29. Februar 1972 S. 2f. (ACDP VII-004-A2392).

205 AK KProt. Si. v. 14. März 1972 S. 3 (ACDP VII-004-A2392); AK KProt. Si. v. 3. Mai 1972 S. 3 (ACDP VII-004-A2392); während beispielsweise Friedrich Vogel (KNA Nr. 28 v. 24. Oktober 1972 S. 6), die Bayerische Staatsregierung (Bauer BR Sten. Ber. 378 Si. v. 24. März 1973 S. 495) und die Landesregierung Baden-Württembergs (UA Ns. 28./29. Februar 1972 S. 24ff.) die Behandlung der eugenischen Indikation de lege ferenda im Rahmen der medizinischen Indikation bereits 1972 öffentlich befürworteten, sprach sich der Vertreter des Landes Rheinland-Pfalz im Bundesrat aus grundsätzlichen Erwägungen gegen die Einführung einer solchen Indikation aus (MR Tummes RA Ns. 380 Si. v. 8. März 1972 S. 22f. u. 59f.).

206 AK KProt. Si. v. 20. März 1973 (ACDP VIII-001-022/1).

letzten Märzwoche und Anfang April, zu einem Zeitpunkt also, nachdem bereits beide Anträge aus den Reihen der Koalitionsparteien im Parlament eingebracht waren,[207] abschließend vorbereitet. Am 2. April des Jahres 1973 bekräftigte der kleine Parteitag der Union, der Bundeshauptausschuß der CDU, die Entschließung des Bundesvorstandes der CDU vom 9. Dezember 1971 und lehnte die Fristenregelung erneut ab.[208] In dieser Sitzung ist wohl der Beschluß gefaßt worden, einen eigenen Gesetzentwurf im Deutschen Bundestag einzubringen. Denn unmittelbar nach diesem Beschluß legte der Arbeitskreis I einen ersten Entwurf als „Diskussionsgrundlage" zur Vorbereitung der Meinungsbildung der Unions-Fraktion vor.[209]

Die Arbeiten an dieser Vorlage liefen offensichtlich bis unmittelbar vor ihrer Veröffentlichung unter erheblichem Zeitdruck. Denn erst am 7. Mai 1973 beschlossen Landesvorstand und Landesgruppe der CSU in einer gemeinsamen Sitzung die Grundposition der Partei – Befürwortung einer weitgefaßten medizinischen Indikation unter Mitberücksichtigung der kriminologischen Indikation.[210] Dieser Entwurf wurde erst nach fünfstündiger, offenbar kontrovers geführter Debatte von der CDU/CSU-Fraktion verabschiedet. Noch einen Tag vor der abschließenden Beratung und Beschlußfassung über einen eigenen Fraktionsentwurf wurde den Fraktionsmitgliedern eine Alternativvorlage des Abg. Gottfried Köster (CDU) zugestellt, die eine weitdefinierte medizinische Indikationenregelung vorsah.[211] Im Gegensatz zum Fraktionsentwurf der CDU/CSU berücksichtigte dieses Modell, das in der Folge als Heck-Entwurf im Bundestag eingebracht wurde, die kindliche und die kriminologische Anzeigestellung nur insofern, als sie im Hinblick auf die Gesundheit der Mutter tatsächlich medizinisch begründbar waren. Gegen den am folgenden Tag in den Bundestag eingebrachten Gesetzentwurf des Arbeitskreises I stimmten 21 Fraktionsmitglieder, die den von dem Abg. Köster (CDU) vorgelegten Antrag befürworteten. Zwei Abgeordnete traten für die Fristenregelung ein.[212]

Wenngleich es nicht leicht ist, die Meinungsbildung der Bundestagsparteien zuverlässig zu rekonstruieren, lassen sich doch einige zusammenfassende Feststellungen

---

207 Sowohl der Gruppenantrag Dr. Müller-Emmert als auch der Fraktionsentwurf von FDP und SPD wurde am 21. März 1973 im Deutschen Bundestag eingebracht.

208 Beschluß des Bundeshauptausschusses der CDU v. 2. April 1973 zum § 218 StGB (ACDP 0/068/33-7).

209 Entwurf eines Fünften Gesetzes zur Reform des Strafrechts (5. StRG), am 3. Mai 1973 vom Vorsitzenden des Arbeitskreises I (Innen- und Rechtspolitik) an die Mitglieder der CDU/CSU-Fraktion im Deutschen Bundestag versandt (ACDP VIII-005-048/3).

210 Schreiben des Parlamentarischen Geschäftsführers Leo Wagner (CSU-Landesgruppe der CDU/CSU-Bundestagsfraktion) v. 9. Mai 1973 an die Mitglieder der CDU/CSU-Fraktion im Deutschen Bundestag (ACDP VIII-002-019/1).

211 Antrag des Abgeordneten Köster (CDU) in der Fraktionssitzung am 10.Mai 1973 (den Fraktionsmitgliedern am 9. Mai 1973 durch Friedrich Vogel zugeleitet) (ACDP VIII-002-019/1).

212 DPA 073 ID v. 11. Mai 1973; eine von diesen Abgeordneten war sehr wahrscheinlich Liselotte Berger (CDU), die sich anderenorts bereits für eine Fristenregelung ausgesprochen hatte (Berger, Liselotte: Redemanuskript, o. Dat., vermutlich 1971/72 (ACDP I-462-008/3)).

treffen. Es konnte gezeigt werden, daß die Änderung des § 218 StGB sehr wahrscheinlich bis zum Beginn der siebziger Jahre in keiner der im Bundestag vertretenen Parteien ein vorrangiges politisches Ziel war. Bezüglich der Änderungen, wie sie dann in der Mitte der siebziger Jahre Gesetz wurden, steht fest, daß diese mindestens bis zum Ende der sechziger Jahre – abgesehen von der kriminologischen Indikation – in den gesetzgeberischen Initiativen und Beschlüssen der Bundestagsparteien nicht zur Debatte standen. Die Gründe für die Änderung dieser Grundhaltung lassen sich nicht mit Gewißheit nachweisen. Es gibt jedoch Indizien für die Annahme, daß die rechtspolitische Thematisierung einer Änderung des § 218 StGB im Sinne einer Fristenregelung zu nicht geringem Teil durch ein parteitaktisches Profilierungskalkül motiviert gewesen ist.

Diese Hypothese wird durch folgende Überlegungen gestützt: Die chronologische Kongruenz zwischen der Selbstbezichtigungskampagne in den Medien und wichtigen Phasen in den quellenmäßig nachvollziehbaren Entscheidungsprozessen innerhalb der Koalitionsparteien ist unübersehbar. Zwar war das Thema bereits vor dem Juni des Jahres 1971 in einzelnen Parteigremien von FDP und SPD behandelt worden. In beiden Parteien beginnt indessen die für die innerparteiliche Meinungs- und Willensbildung ausschlaggebende Entscheidungsphase erst unmittelbar nach den Ereignissen des Sommers 1971. Zwischen der Kampagne und der Änderung der innerparteilichen Willensbildung dürfte daher zumindest insofern ein kausaler Zusammenhang bestehen, als Liberale und Sozialdemokraten ihre Beschlußfassung zum Thema „§ 218 StGB" nunmehr forcierten. Möglicherweise stand dahinter der Versuch, die in der Öffentlichkeit in Gang gekommene Bewegung für die eigenen parteipolitischen Ziele nutzbar zu machen.

Diese für beide Parteien gemeinsamen Feststellungen bedürfen jedoch einer Differenzierung. Denn während die FDP verhältnismäßig frühzeitig auf eine Änderung des § 218 StGB festgelegt war, zeichnete sich in der SPD erst im Anschluß an die Selbstbezichtigungskampagne – und, wie man anzunehmen haben wird, beeinflußt durch diese Aktionen – ein Meinungsumschwung zugunsten eines Fristenmodells ab. Daß die Befürworter der Fristenregelung in der weiteren innerparteilichen Willensbildung wie auch im Gesetzgebungsverfahren schließlich die Oberhand über die Verfechter eines Indikationenmodells gewannen, kann nicht allein auf die Mehrheitsverhältnisse in der Fraktion der SPD zurückgeführt werden. Denn von nicht minderer Bedeutung für die Willensbildung im Deutschen Bundestag war, daß der alte Regierungsentwurf in der neuen Legislaturperiode nicht mehr als Kabinettsentwurf, sondern nur noch als Guppenantrag eingebracht wurde. Außerdem dürften für den Gang der parlamentarischen Willensbildung folgende verfahrenstechnische Rahmenbedingungen von nicht unerheblicher Bedeutung gewesen sein.

Erstens wurde der Fristenregelungsentwurf von 1973 entsprechend den Beschlüssen der SPD-Fraktion nicht – wie der Entwurf Dr. Müller-Emmert – als Gruppenantrag, sondern als Antrag der beiden Fraktionen der Regierungskoalition eingebracht; zweitens wurden alle vier Entwürfe zur Beratung an den Strafrechtssonderausschuß überwiesen; drittens wurden alle vier Entwürfe im Bundestag zur Entscheidung gestellt. Durch diese Taktik verhinderten die Befürworter einer Fristenregelung in der SPD-Fraktion einerseits den grundsätzlich möglichen Kompromiß zwischen der Mehrheit der Unionsfraktion und den Vertretern einer Indikationenregelung in der SPD auf der Basis des Gruppenantrags Dr. Müller-Emmert. Denn die der Union gebotene Möglichkeit, das gesamte Gesetzgebungsverfahren hindurch ihre eigenen Entwürfe vertreten zu können, mußte zulasten ihrer Bereitschaft gehen, auch um den Preis großer Zugeständnisse den Kompromiß mit der Gruppe um Dr. Adolf Müller-Emmert (SPD) und Gerhard Jahn (Marburg) (SPD) zu suchen. Diese verfahrenstechnische Ausgangslage präjudizierte bereits die zu erwartende Situation bei der parlamentarischen Schlußabstimmung: Die allein noch mehrheitsfähige Alternative zum FDP/SPD-Fraktionsentwurf würde nicht der Indikationenentwurf Dr. Müller-Emmert, sondern der CDU/CSU-Fraktionsentwurf sein. Daß in einer solchen Situation von den Befürwortern des alten Regierungsentwurfs in der SPD-Fraktion die von Dr. de With (SPD) bereits zu Beginn der parlamentarischen Beratungen angemahnte „Kanzlermehrheit" verweigert werden würde, konnte als unwahrscheinlich gelten.

Die Unionsparteien standen zwar bereits am Ende der sechziger Jahre einer begrenzten Änderung des § 218 StGB nicht ablehnend gegenüber, machten aber keine Anstalten, von sich aus dazu die Initiative zu ergreifen. Erst spät, nachdem sich abzeichnete, daß ein Kompromiß auf der Grundlage des von der Bundesregierung vorgelegten Entwurfs nicht möglich sein würde, entschloß sich die CDU/CSU-Fraktion, einen eigenen Indikationenentwurf einzubringen. Die zugänglichen Quellen geben keinen sicheren Aufschluß über die Gründe, die die verantwortlichen Unionspolitiker veranlaßten, diese passive Politik bis zu jenem späten Zeitpunkt zu verfolgen.

Die Union befand sich insofern in einer unvorteilhaften Lage, als ihr Entwurf offenkundig nicht der Überzeugung von der Notwendigkeit einer Änderung des § 218 StGB entsprungen war. Vielmehr scheint sowohl der Gesetzentwurf der CDU/CSU-Fraktion wie auch der Gruppenantrag Dr. Heck aus dem Erfordernis erwachsen zu sein, den bereits vorliegenden Entwürfen aus den Reihen der Koalition, die man nicht mittragen wollte, eine Alternative gegenüber zu stellen. Offenbar hielt man es nicht für möglich, eine Ablehnung der Koalitionsentwürfe in der Öffentlichkeit vertreten zu können, ohne diesen Entwürfen etwas Eigenes entgegenzusetzen. Man wird in diesem Zusammenhang den psychologischen „Reform"-Druck hoch einzuschätzen haben, der sich im Zuge der Selbstbezichtigungskampagne in der öffentlichen Meinung aufstaute. Wie weiter unten[213] noch gezeigt wird, sind die im Rahmen dieser Kampagne zu zentraler Bedeutung gelangten Sachargumente für eine weitgehende Änderung des § 218 StGB in tatsächlicher Hinsicht kaum haltbar; namentlich die Behauptungen über den Umfang der kriminellen Abtreibungen, über die Morbidität und Mortalität solcher Eingriffe sowie der durch eine Lockerung des § 218 StGB zu erreichende bessere Lebensschutz des ungeborenen Kindes unterliegen erheblichen Zweifeln. Ungeachtet dessen etablierten sich die angeblichen Tatsachenbehauptungen in der Öffentlichkeit aber schnell als allgemein anerkannte Fakten. Dies trug entscheidend dazu bei, daß binnen kurzem die kaum noch hinterfragte und allseits vertretene

---

213 Vgl. S. 226ff.

Meinung vorherrschend wurde, daß es bei dem geltenden Recht keinesfalls bleiben könne.

Aus diesen Umständen ergab sich für die Unionsfraktion ein Problem, das ihr Engagement für ihre Gesetzesvorlagen sowohl in der Öffentlichkeit wie im Parlament bis 1976 belastete: Um eine ihr nicht vertretbar erscheinende gesetzliche Neuregelung des § 218 StGB zu verhindern, legte sie schließlich Entwürfe vor, die nicht in erster Linie durch ein aktives strafrechtgestaltendes Interesse motiviert waren, sondern die eine eher passive Reaktion auf ebensolche Initiativen darstellten. Vermutlich ohne eine weiterreichende Änderung des § 218 StGB politisch zu wollen, brachte man einen eigenen Vorschlag in die Diskussion über den § 218 StGB ein, weil man sich der in der Öffentlichkeit herrschenden Meinung von der Notwendigkeit einer solchen Änderung nicht entziehen zu können glaubte.

Daraus resultierte eine Schwäche der CDU/CSU-Entwürfe, die überall dort offen zutage trat, wo von seiten der Union Versuche unternommen wurden, die Notwendigkeit ihrer gesetzgeberischen Vorschläge zu begründen. Solche Argumente waren: es bestehe eine Rechtsunsicherheit auf seiten der Ärzteschaft, eine allgemein unklare Rechtslage kennzeichne die rechtliche Situation in der Bundesrepublik Deutschland, das geltende Recht mache keine Ausnahme vom Tötungsverbot, die Rechte der Frau würden außer acht gelassen.[214] Vor dem Hintergrund der Untersuchungsergebnisse zur Praxis der straffreien Abtreibung in der Bundesrepublik Deutschland zwischen 1962 und 1976 wird offenkundig, daß diese Legitimationsversuche weitgehend gegenstandslos waren. Beide Entwürfe aus den Reihen der Union sahen im Zusammenhang mit der medizinischen Indikation auch die eugenische und kriminologische Indikation vor und hätten gegenüber der ohnehin schon bestehenden Rechtswirklichkeit aufs ganze gesehen keine wesentlichen Änderungen bedeutet. Für die Gesetzesvorlagen der Union entstanden aus dieser Situation erhebliche Legitimations- und Glaubwürdigkeitsprobleme, die sich, wie an gegebener Stelle gezeigt wird, in der Folge auch in rechtspolitischen Detailfragen äußerten und die bis zum Schluß des Gesetzgebungsverfahrens nicht ausgeräumt werden konnten.

---

214 Erhard (CDU) (BPA/AN Nachrichten Hessischer GF v. 6. Februar 1972/11.30/he Frankfurter Gespräch); Bundesgeschäftsstelle S. 6; BT-Drs. Nr. 7/1984 (neu) v. 24. April 1974 S. 10 (Erster Bericht des Sonderausschusses für die Strefrechtsreform zu dem von den Abgeordneten Dr. Heck, Köster, Dr. Becker (Mönchengladbach), Dr. Blüm, Dr. Jahn (Münster), Nordlohne, Carstens (Emstek) (CDU) und Genossen eingebrachten Entwurf eines Fünften Gesetzes zur Reform des Strafrechts (5. StrRG)); dasselbe in: BT-Drs. Nr. 7/1983 v. 10. April 1974 S. 14 S. 14; Beschluß des Landesparteitages vom 18. März 1973 S. 2 (ACDP 0/068/33-7); Verhülsdonk (CDU) Sten. Ber. 7 WP 33 Si. v. 17. Mai 1973 S. 1816; Dr. Eyrich (CDU) SA Ber. 7 WP 15 Si. v. 26. September 1973 S. 677; Köster (CDU) Sten. Ber. 7 WP 95 Si. v. 25. April 1974 S. 6398; Prof. Carstens (Fehmarn) (CDU) Sten. Ber. 7 WP 104 Si. v. 5. Juni 1974 S. 6929; Spranger (CSU) Sten. Ber. 7 WP 221 Si. v. 12. Februar 1976 S. 15334; Ministerpräsident Dr. Goppel (CSU) BR Sten. Ber. 406 Si. v. 31. Mai 1974 S. 405.

II. Das Gesetzgebungsverfahren 1972 und seine Wiederaufnahme in der neuen Legislaturperiode 1973

Im Zuge der seit der Selbstbezichtigungskampagne von 1971 forcierten Meinungsbildungsprozesse in den Bundestagsparteien wurden noch in der sechsten Wahlperiode zwei Gesetzentwürfe im Bundestag eingebracht: ein Fristenregelungsentwurf einer Gruppe von FDP- und SPD-Abgeordneten (9. Februar 1972) und eine Regierungsvorlage, die eine Indikationenregelung vorsah (15. Mai 1972). Diese Entwürfe wurden vom Bundestag zur Beratung an den Sonderausschuß für die Strafrechtsreform überwiesen. Die Einsetzung dieses Ausschusses war vom Plenum des Deutschen Bundestages in seiner Sitzung vom 5. November 1969 beschlossen worden.[215] Dieses Gremium beschloß im März 1972, Mitte April eine öffentliche Anhörung zur Änderung des § 218 StGB zu veranstalten, zu der etwa 30 „Sachverständige und Auskunftspersonen" eingeladen werden sollten: Embryologen, Gynäkologen, Genetiker, Kinderärzte, Psychiater, Psychotherapeuten, Psychologen, Gerichtsmediziner, Soziologen, Leiter von Gutachterstellen, Mitglieder von Beratungsstellen, Fachleute für Sozialarbeit, „Vertreter von Kirchen und Weltanschauungen" und Vertreter anderer Gruppen.[216] Die Kriterien, nach denen die „Sachverständigen" ausgewählt wurden, gehen aus den Ausschußberatungen nicht hervor. Einiges deutet darauf hin, daß die Fachkompetenz für die Auswahl nur von beschränkter Bedeutung war und daß einige der zur Anhörung Geladenen sich einzelnen Ausschußmitgliedern vor allem durch ihre Gesinnung empfahlen. Dies lassen – neben der fachlichen Qualifikation – schon die Vorträge und Antworten einiger „Sachverständiger" erkennen, deren Inhalt sich auf die Äußerung persönlicher Meinungen und Mutmaßungen beschränkte. Einige von ihnen trugen gelegentlich auch Tatsachenbehauptungen vor, die mit den entsprechenden herrschenden Auffassungen im wissenschaftlichen Schrifttum unvereinbar waren. Beispielhaft seien hier der Sexualforscher Prof. Dr. Brocher und die Soziologin Prof. Dr. Pross erwähnt. Brocher, der nach eigenem Bekunden das Meinungsbild in der Deutschen Gesellschaft für Psychotherapie und Tiefenpsychologie referierte, stützte seine Ausführungen zu einem nicht geringen Teil auf eine Umfrage, die zwischen 1956 und 1958 unter den Mitgliedern dieser Vereinigung erhoben worden war. Dementsprechend sind beispielsweise Brochers Angaben zur Problematik des sogenannten Pfuscheraborts vor dem sozial-medizinischen Kenntnisstand von 1972 nicht aufrechtzuerhalten. Dasselbe gilt für Brochers Angabe, unerwünschte Kinder hätten „keine Chance zur Sozialentwicklung" ebenso wie für seine Behauptung, es sei eine „durchgängige Auffassung", daß eine Streichung des § 218 StGB zu

215 SA Ber. 6 WP 1 Si. v. 13. November 1969.
216 SA Ber. 6 WP 73 Si. v. 16. März 1973 S. 2135.

einer dauerhaften Senkung der Abtreibungszahlen führen werde.[217] Prof. Dr. Pross erklärte in der Anhörung, es gebe keine zuverlässigen Angaben über die Entwicklung der Abtreibungszahlen nach erfolgter Gesetzesänderung im Ausland.[218] Frau Pross war das zu diesem Problem vorhandene umfangreiche wissenschaftliche Schrifttum[219] offensichtlich nicht bekannt. Ihre Darlegungen beruhten auf einer Umfrage unter „Stern"-Leserinnen aus dem Jahr 1966. Rahmenbedingungen und Methode dieser Befragung waren bereits kurz nach deren Veröffentlichung Gegenstand ärztlicher Kritik.[220] Frau Pross selbst veranschlagte die Aussagefähigkeit ihrer Untersuchungsergebnisse nicht sehr hoch, indem sie in der Anhörung einleitend betonte, sie seien „statistisch nicht repräsentativ".[221] Es hat den Anschein, daß besonders die Nicht-Mediziner und -Biologen unter den Geladenen ausgewählt wurden, weil man von ihnen erwartete, daß sie bestimmte Positionen vertreten. In der ausführlichen und weitgehend unkritischen Berichterstattung über die Anhörung in den Medien erschienen diese Meinungen im Kontext qualifizierter Stellungnahmen und konnten so als wissenschaftlich begründete Erkenntnisse erscheinen. Daß die Abgeordneten des Deutschen Bundestages sich bei den Beratungen vor allem von den in der Anhörung gewonnenen Erkenntnissen leiten lassen haben könnten, ist schon deswegen sehr zweifelhaft, weil schließlich die Dreimonatsgrenze der Fristenregelung Gesetz wurde,

---

217 SA Ber. 6 WP 74 Si. v. 10. April 1972 S. 2203ff. Wie weiter oben bereits festgestellt wurde, war den Verfassern der Stellungnahme, auf die Brocher sich bezog, der einschlägige Forschungsstand offenbar nicht bekannt, so daß sie schon zum Zeitpunkt ihrer Erstveröffentlichung in den fünfziger Jahren als überholt gelten konnte (S. 58 Fn. 142). Ähnliche Angaben zum Pfuscherabort wie Prof. Dr. Brocher machten Dr. Groeger vom Evangelischen Zentralinstitut in Berlin (SA Ber. 6 WP 75 Si. v. 11. April 1972 S. 2277f.) und Frau Schöffel vom Verband alleinstehender Mütter (SA Ber. 6 WP 76 Si. v. 12. April 1972 S. 2352); zur wissenschaftlichen Beurteilung dieser Sachverhalte vgl. in dieser Arbeit: S. 235ff.

218 SA Ber. 6 WP 74 Si. v. 11. April 1972 S. 2261.

219 Vgl. S. 245ff.

220 Die Aufforderung zur Teilnahme an dieser Befragung wurde veröffentlicht in: Helge Pross: „Wie war das bei Ihnen?". In: Ste v. 5. Juni 1966. Der von Prof. Pross formulierte Text ist außerordentlich oberflächlich, sehr tendenziös und abtreibungsfreundlich gehalten. Sein Tenor vermittelt den Eindruck, daß es der Befragung um die Ermittlung von Daten geht, die sich als Argumente für eine Abschaffung des Abtreibungsverbots verwenden lassen. Schon von daher sind grundsätzliche Zweifel an der Vorurteilslosigkeit und damit an der wissenschaftlichen Seriosität der Umfrage begründet. Ferner macht der Text unhaltbare Zahlenangaben über den Umfang der Dunkelziffer („mindestens" eine Million, eventuell sogar drei Millionen). Dasselbe gilt für die Daten zu den Folgen der kriminellen Abtreibung. Der von Prof. Pross genannte Wert (jährlich stürben 15.000 Frauen an den Folgen eines solchen Eingriffs) weicht um mehrere Tausend Prozent von den statistisch begründeten Angaben ab (vgl. S. 236f.). Dieser Irrtum wäre indessen leicht zu vermeiden gewesen, weil die angebliche Zahl von 15.000 infolge einer Abtreibung gestorbenen Frauen sogar die Gesamtzahl der jährlich im Bundesgebiet verstorbenen Frauen im gebärfähigen Alter übersteigt (vgl. Ebd.). Zur ärztlichen Kritik an der Befragung von Prof. Pross.: Pross S. 14ff.

221 SA Ber. 6 WP 74 Si. v. 11. April 1972 S. 2251.

obwohl sich keiner der angehörten Mediziner oder Embryologen in der Lage sah, diese juristische Zäsur naturwissenschaftlich oder anthropologisch zu rechtfertigen.

Diese Öffentliche Anhörung fand an drei Sitzungstagen (10. bis 12. April 1972) in Bonn statt.[222] Das Gesetzgebungsverfahren konnte in der sechsten Wahlperiode nicht mehr zum Abschluß geführt werden und fiel dem Diskontinuitätsprinzip zum Opfer, nachdem der Bundestag – wie geplant – Bundeskanzler Brandt (SPD) am 22. September 1972 das Vertrauen verweigert hatte und nach einem kurzen, aber mit Vehemenz geführten Wahlkampf am 19. November 1972 der neue Bundestag gewählt wurde, in dem SPD und FDP nun über eine deutliche Mehrheit verfügten.[223]

Zu Beginn der siebten Wahlperiode, am 18. Januar 1973, erläuterte Bundeskanzler Brandt (SPD) in seiner Regierungserklärung, die Bundesregierung gehe nach ihren Gesprächen mit den Koalitionsfraktionen davon aus, daß die Neugestaltung des § 218 StGB aufgrund von Vorschlägen aus der Mitte des Parlaments beraten und verabschiedet werden könne.[224] Damit war angekündigt, daß die Bundesregierung keinen eigenen Entwurf vorlegen werde. Der Regierungsentwurf wurde jedoch – mit geringfügigen Änderungen – am 4. März 1973 als Gruppenantrag von den Abgeordneten Dr. Müller-Emmert, Dürr, Dr. Bardens und Genossen sowie von 24 weiteren Fraktionskollegen eingebracht.[225] Am 21. März folgte die Einbringung des Gesetzentwurfs der Fraktionen von FDP und SPD, ein Fristenregelungsmodell.[226] Am 11. beziehungsweise am 15. Mai wurden der Entwurf der CDU/CSU-Fraktion beziehungsweise der Gruppenantrag der Abgeordneten Dr. Heck, Köster, Dr. Unland, Dr. Becker (Mönchengladbach), Dr. Blüm, Dr. Jahn (Münster), Nordlohne, Carstens (Emstek) und Genossen – unterzeichnet von 22 Mitgliedern der Fraktion – eingebracht.[227]

Bei der ersten Beratung im Deutschen Bundestag wurden diese Gesetzentwürfe am 17. Mai 1973 auf Vorschlag des Ältestenrates an den federführenden Sonderausschuß für die Strafrechtsreform und an den Ausschuß für Jugend, Familie und Gesundheit überwiesen.[228] Die Obleute der Fraktionen im Strafrechtssonderausschuß verständigten sich darauf, die Vorlagen so zu beraten, daß, wenn einer von ihnen die Mehrheit bekäme, er sofort beschlossen werden können sollte.[229] Über die Verfahrensweise bei der Weiterbehandlung der Entwürfe sollten am Ende der Beratungen die Fraktionen entscheiden.

Die Modalitäten der Weiterbehandlung waren aus folgenden Gründen von besonderer Bedeutung: Die Geschäftsordnung des Deutschen Bundestages sah verbindlich vor, daß der Ausschuß, dem ein Entwurf zur Beratung überwiesen wurde, deren

222 SA Ber. 6 WP 74 bis 76 Si. v. 10.–12. April 1972 S. 2141–2368.
223 Jäger S. 86ff.; Hillgruber S. 127 u. 133.
224 Sten. Ber. 7 WP 7 Si. v. 18. Januar 1973 S. 132.
225 BT-Drs. Nr. 7/443 v. 4. März 1973.
226 BT-Drs. Nr. 7/375 v. 21. März 1973.
227 BT-Drs. Nr. 7/554 v. 11. Mai 1973 u. BT-Drs. Nr. 7/561 v. 15. Mai 1973.
228 Sten. Ber. 7 WP 33 Si. v. 17. Mai 1973 S. 1760.
229 Dies und das Folgende nach: SA Ber. 7 WP 15 Si. v. 26. September 1973 S. 669.

Ergebnis in einem schriftlichen oder mündlichen Bericht an den Bundestag zusammenzufassen hat.[230] Als Drucksache lag dem Haus dann in jedem Fall ein Antrag des Ausschusses vor. Er lautete entweder auf unveränderte Annahme des Gesetzentwurfes, auf Annahme gemäß den Entwürfen des Ausschusses oder auf Ablehnung. Im Fall der vorliegenden Beratung hätte die konsequente Anwendung dieses Modus bedeutet, daß von den vier Vorlagen überhaupt nur eine an den Bundestag zurück überwiesen und dort weiterberaten worden wäre. Vor dem Hintergrund der Mehrheitsverhältnisse im Sonderausschuß wäre es mehr als fraglich gewesen, ob der am Ende übrig bleibende Mehrheitsentwurf eine Fristenregelung gewesen wäre, zumal die Vertreter einer solchen Lösung im Ausschuß in der Minderheit waren.

Der Vorsitzende des Strafrechtssonderausschusses, Dr. Adolf Müller-Emmert (SPD), trug vor dem Beginn der Generaldebatte in dem Gremium daher seine persönliche Auffassung vor, derzufolge die Geschäftsordnung es „bei vernünftiger Auslegung" auch zulasse, daß nicht nur der Entwurf, der im Ausschuß die Mehrheit finde, sondern auch eventuell übrig bleibende Minderheitenentwürfe dem Plenum textlich voll ausformuliert vorgelegt würden. Dann habe die Mehrheit des Bundestages zu entscheiden. Dr. Müller-Emmert (SPD) schlug vor, diese Geschäftsordnungsfrage durch die Fraktionen verbindlich klären zu lassen.[231]

Über die Frage, ob der Ausschuß dem Bundestag, ohne sich für einen der vorliegenden Entwürfe entschieden zu haben und ohne dem Bundestag seine Meinung zu unterbreiten, alle vier Vorlagen zur Beratung ins Plenum zurückgeben könne, entspann sich im Sonderausschuß eine lebhafte Auseinandersetzung, die beinahe zu einem Eklat geführt hätte. Denn der Obmann der CDU/CSU-Fraktion, Dr. Eyrich, erwog, nicht in die Generaldebatte einzutreten, wenn der Ausschuß ohnehin nicht beabsichtige, sich eine eigene Meinung zu bilden, die er dem Bundestagsplenum vorzuschlagen gedenke.[232] Nach einer kurzen Sitzungsunterbrechung einigten sich die Ausschußmitglieder darauf, daß zwar auch die Auffassungen etwaiger Mindermeinungen im Bericht an das Parlament Erwähnung finden sollten, daß dies aber nicht ausschließe, daß der Ausschuß sich auf nur ein oder zwei Vorschläge einige.[233]

Tatsächlich erhielten am Ende der Ausschußberatungen alle Entwürfe im Ausschuß mehr Nein- als Ja-Stimmen, so daß der Sonderausschuß sich nicht in der Lage sah, dem Bundestag gemäß § 60 Abs. 2 der Geschäftsordnung „bestimmte Beschlüsse zu empfehlen."[234] Damit war es dem Bundestag übertragen, die Entwürfe in der Fassung, die sie in den Ausschußberatungen erhalten hatten, in zweiter und dritter Beratung zu behandeln und – in einer von ihm festzulegenden Reihenfolge – darüber abzustimmen. Die Fassungen, die dem Bundestag schließlich zur Beratung vorlagen, waren zwar vom Ausschuß beschlossen, entsprachen indessen nicht jeweils der

---

230 TROSSMANN: Bundestag S.107; DERS.: Parlamentsrecht S. 414 u. 420 Rdn. 7.1.
231 Müller-Emmert (SPD) SA Ber. 7 WP 15 Si. v. 26. September 1973 S. 669.
232 Dr. Eyrich (CDU) EBD. S. 669f.
233 Dr. Müller-Emmert (SPD) und Dr. Eyrich (CDU) EBD. S. 673.
234 BT-Drs. Nr. 7/1983 v. 10. April 1974 S. 4; BT-Drs. Nr. 7/1981 (neu) v. 24. April 1974 S. 4; BT-Drs. Nr. 7/1984 (neu) v. 24. April 1974 S. 4; BT-Drs. Nr. 7/1982 v. 10. April 1974 S. 4.

Auffassung der Ausschußmehrheit, sondern der Auffassung derjenigen Abgeordneten, die den jeweiligen Entwurf im Ausschuß vertraten. Denn das Gremium war übereingekommen, in den Ausschußberatungen die Abstimmung und Festlegung der jeweiligen Endfassung der Vorlage ihren Befürwortern zu überlassen, weil sonst die Konzeption eines jeden Entwurfs in einer für seine Vertreter unannehmbaren Weise verändert worden wäre. Die schriftlichen Berichte des Sonderausschusses zu den einzelnen Entwürfen wiesen sämtlich „Vorbemerkungen" auf, die in unterschiedlichem, aber gleichwohl überraschendem Maß teilidentische Ausführungen zu den Grundlagen der jeweiligen Gesetzesanträge enthielten.

III. Die 1972/73 im Deutschen Bundestag eingebrachten Gesetzentwürfe

1. Der Gruppenantrag Dr. Müller-Emmert (1973)

Der Gesetzentwurf vom 4. März 1973, den der Abg. Dr. Adolf Müller-Emmert (SPD) zusammen mit 26 anderen Fraktionskollegen einbrachte, war weitgehend identisch mit dem früheren Regierungsentwurf, auf dessen Begründung er sich vollständig bezog.[235] Am 15. Mai 1972 war der vom Kabinett beschlossene Entwurf aus dem Bundesjustizministerium Gerhard Jahns (SPD) von Bundeskanzler Brandt (SPD) an den Präsidenten des Deutschen Bundestages zur Beschlußfassung zugeleitet worden.[236] Dieser Entwurf, in Literatur und Presse auch als Jahn-Entwurf bezeichnet, hatte von seiner erstmaligen Veröffentlichung in der Gestalt eines Referentenentwurfs im Herbst 1970 bis zur Beschließung als Regierungsvorlage bereits eine durch zahlreiche Veränderungen gekennzeichnete Entstehungsgeschichte durchlaufen. Die Einzelheiten der Genese dieses Entwurfs sind der wissenschaftlichen Untersuchung vorerst entzogen, weil das Bundesjustizministerium die Genehmigung zur Einsichtnahme in die einschlägigen Akten verweigert.

Daß der Entwurf zum Zeitpunkt seiner Veröffentlichung bereits eine bewegte Geschichte hinter sich hatte, wird man zum einen aus Hinweisen schließen dürfen, daß sich das Bundeskabinett erst auf die zwölfte Vorlage verständigen konnte, die Justizminister Jahn (SPD) ihm unterbreitete.[237] Zum andern läßt die im Referentenentwurf vom September 1971 noch nicht vorgesehene Aufnahme der Regelung über den „Abbruch der Schwangerschaft aus allgemeiner Notlage" in die Regierungsvorlage vom März 1972 erkennen, wie sehr der Entwurf in verhältnismäßig kurzer Zeit verändert worden ist. Nach der Begründung der Regierungsvorlage war es das vorrangige Ziel der vorgeschlagenen Änderung des § 218 StGB, die Vorschriften über die Abtreibung neuzugestalten, „weil sie die Notlagen, in denen sich eine Schwangere

235 BT-Drs. Nr. 7/443 v. 4. März 1973 S. 8.
236 BT-Drs. Nr. 6/3434 v. 15. Mai 1972 S. 1.
237 Presseerklärung des Sprechers der CDU/CSU-Fraktion im Deutschen Bundestag v. 10. Februar 1972 (ACDP 0/068/33–7).

befinden kann, in zu geringem Maße berücksichtigen und damit auch der Problematik der illegalen Abtreibung nicht gerecht werden."[238]

Hierzu sah der Entwurf im wesentlichen Folgendes vor: Abtreibung sollte grundsätzlich weiterhin strafbar sein, ausgenommen den Fall, daß sie „angezeigt ist, um von der Schwangeren eine Gefahr für ihr Leben oder die Gefahr einer schwerwiegenden Beeinträchtigung ihres Gesundheitszustandes abzuwenden", wobei „die gegenwärtigen und künftig zu erwartenden Lebensverhältnisse der Schwangeren zu berücksichtigen" sein sollten.[239] Wenn seit dem Beginn der Schwangerschaft, den der Entwurf – wie unten näher dargestellt wird[240] – auf das Ende der Nidation verlegte, nicht mehr als 20 Wochen vergangen waren, sollte ein „Abbruch der Schwangerschaft wegen Schädigung der Leibesfrucht" dann nicht strafbar sein, wenn „das Kind infolge einer Erbanlage oder infolge schädlicher Einflüsse vor der Geburt an einer nicht behebbaren Schädigung seines Gesundheitszustandes leiden würde, die so schwer wiegt, daß von der Schwangeren eine Fortsetzung der Schwangerschaft nicht verlangt werden kann."[241]

Wenn seit dem Beginn der Schwangerschaft im Sinne des Gesetzes nicht mehr als zwölf Wochen verstrichen waren, sollte eine Abtreibung auch dann nicht strafbar sein, wenn dringende Gründe für die Annahme sprächen, daß die Schwangerschaft auf sexuellem Mißbrauch von Kindern, auf Vergewaltigung oder auf sexuellen Mißbrauch Widerstandsunfähiger beruhe.[242] Innerhalb derselben Frist sollte die Abtreibung auch dann straffrei sein, wenn die Schwangere einwillige und „der Abbruch der Schwangerschaft angezeigt ist, um von der Schwangeren die Gefahr einer schwerwiegenden Notlage abzuwenden, sofern die Gefahr nicht auf eine andere für die Schwangere zumutbare Weise abgewendet werden kann."[243] Der Regierungsentwurf bestimmte ferner, daß eine Abtreibung aus den genannten Gründen erst dann vorgenommen werden könne, nachdem „ein ärztlicher Berater den Arzt, der den Eingriff vorzunehmen beabsichtigt, darüber beraten hat, ob die Voraussetzungen dieser Vorschriften vorliegen" und wenn das Ergebnis dieser Beratung schriftlich niedergelegt worden sei.[244]

Eine obligatorische Beratung sah die Regierungsvorlage im ausdrücklichen Gegensatz zum Alternativ-Entwurf nach eigenem Bekunden deswegen nicht vor, weil eine solche Beratung auf die Frauen nicht überzeugend wirken könne und „als bloße Formalie betrachtet werden" müßte.[245] Mit ähnlichen Gründen rechtfertigte der Entwurf, daß er weder Gutachterstellen noch Gutachterkommissionen vorsah. „Er vermeidet sorgfältig jede Regelung, die bei der Schwangeren den Eindruck erwecken könnte, sie

238 BT-Drs. Nr. 7/443 v. 4. März 1973 Vorblatt.
239 BT-Drs. Nr. 6/3434 v. 15. Mai 1972 S. 2.
240 Vgl. S. 264ff.
241 BT-Drs. Nr. 6/3434 v. 15. Mai 1972 S. 3.
242 Ebd.
243 Ebd.
244 Ebd. S. 4.
245 Ebd. S. 11.

werde einer behördlichen Kontrolle oder Registrierung unterworfen."[246] Der wichtigste Einwand, mit dem der Regierungsentwurf der Fristenregelung begegnete, bestand darin, daß jenes Modell zu einem Schwinden des allgemeinen Bewußtseins von der Schutzwürdigkeit des ungeborenen Lebens führen müsse. Wenn die Gesellschaft das werdende Leben als „schutzwürdiges Rechtsgut von vergleichsweise hohem Rang" anerkenne, könne sie dessen Vernichtung nicht in das Belieben eines Einzelnen stellen. Auch sei die Dreimonatsgrenze völlig willkürlich.[247]

Der Entwurf des Gruppenantrags Dr. Müller-Emmert unterschied sich von der Regierungsvorlage erstens dadurch, daß er die passive Abtreiberin grundsätzlich von der Strafbarkeit ausnahm. Der Gesetzgeber dürfe berücksichtigen, „daß auch in den Fällen ungerechtfertigten Schwangerschaftsabbruchs die Schwangere sich häufig in einer gewissen Konfliktsituation befinden wird."[248] Zweitens verzichtete der Entwurf der siebten Wahlperiode darauf, eine ärztliche Meldepflicht in einem Bundesgesetz zu statuieren, weil dies ohnehin den Ländern überlassen bleiben müsse.[249] Dieser Entwurf passierte den Strafrechtssonderausschuß hinsichtlich seiner Bestimmungen über die Zulässigkeit der Abtreibung im wesentlichen unverändert. Die zeitliche Begrenzung der Bestimmung über den „Abbruch der Schwangerschaft wegen Schädigung der Leibesfrucht" (§ 219 a) war indessen vom Ausschuß ersatzlos gestrichen worden.[250]

2. *Die Fristenregelungsentwürfe (1972/73)*

Am 21. März 1973 folgten die Koalitionsfraktionen mit der Einbringung eines Entwurfs, der in der Öffentlichkeit als „Fristenregelung" oder auch „Fristenlösung" bezeichnet wurde.[251] Dieses Gesetzesmodell stand während des Gesetzgebungsverfahrens im Mittelpunkt sowohl der außerparlamentarischen Auseinandersetzung über den § 218 StGB wie auch der Debatte im Deutschen Bundestag. Seine Bestimmungen waren weitgehend identisch mit denjenigen, die der Antrag vorsah, den eine Gruppe von Abgeordneten aus den Reihen der FDP- und der SPD-Fraktion noch in der sechsten Wahlperiode am 9. Februar 1972 im Bundestag eingebracht hatte.[252] Die Konzeption dieser Entwürfe knüpfte an den Mehrheitsvorschlag des Alternativ-Entwurfs an. Über die „Zielsetzung" der Vorlage hieß es im Vorblatt der Bundestagsdrucksache der sechsten Wahlperiode: „Der Entwurf strebt einen wirksamen Schutz für das werdende Leben an, der mit den geltenden strafrechtlichen Bestimmungen nicht mehr gewährleistet ist. Es ist das Ziel, kriminelle Aborte zu senken und auf die Dauer die Zahl der Aborte überhaupt einzudämmen."[253]

---

246 Ebd.
247 Ebd. S. 9.
248 BT-Drs. Nr. 7/443 v. 4. März 1973 S. 8.
249 Ebd. S. 8.
250 BT-Drs. Nr. 7/1982 v. 10. April 1974 S. 26.
251 BT-Drs. Nr. 7/375 v. 21. März 1973.
252 BT-Drs. Nr. 6/3137 v. 9. Februar 1972.
253 Ebd. Vorblatt.

Dieses Ziel nannte ebenso der Fristenregelungsentwurf der siebten Wahlperiode.[254] Zu diesem Zweck sah der Fraktionsantrag vom 21. März 1973 die Straffreiheit der Abtreibung bis zum Ende des dritten Monats vor, wenn der Eingriff mit Einwilligung der Schwangeren und nach ärztlicher Beratung von einem Arzt vorgenommen wurde. Später als nach dem Ende des dritten Monats sollte die Abtreibung straffrei sein, wenn „der Abbruch nach den Erkenntnissen und Erfahrungen der medizinischen Wissenschaft angezeigt ist, um ernste Gefahr für Leben oder Gesundheit der Schwangeren abzuwehren" oder wenn „dringende Gründe für die Annahme sprechen, daß das Kind geistig oder körperlich schwer geschädigt sein würde und seit der Empfängnis nicht mehr als 22 Wochen verstrichen sind." Die Voraussetzungen für diese Fälle sollten durch eine ärztliche Gutachterstelle festgestellt werden müssen.[255]

Der zur Rechtfertigung der Straffreiheit der Abtreibung in den ersten drei Monaten vorgebrachte Grundgedanke entsprach der Begründung des Alternativ-Entwurfs: Der bestehende § 218 StGB erfülle seine Schutzwirkung gegenüber dem ungeborenen Leben nicht, er müsse daher durch eine andere Regelung ersetzt werden. Diesen Zweck erreiche allein die vorgesehene Bestimmung, weil nur die zeitlich begrenzte Straffreiheit die Möglichkeit eröffne, daß die Schwangere die qualifizierte ärztliche Beratung annehme. Und nur „durch eine sachgemäße Beratung, die bisher am meisten gefehlt hat, kann die Möglichkeit vergrößert werden, daß die Schwangere mehr als bisher eine positive Entscheidung für das werdende Leben in ihr fällt."[256]

Die Konzeption des am 21. März 1973 im Deutschen Bundestag eingebrachten Entwurfs entsprach ungeachtet einiger Änderungen im einzelnen derjenigen Fassung, die der Strafrechtssonderausschuß in seinem Ersten Bericht über diese Vorlage dem Bundestag empfahl. Hinsichtlich der Beratung bestand ein Unterschied zwischen der ursprünglichen und der dem Plenum empfohlenen Fassung in der Aufnahme des § 218 c in den Entwurf. § 218 der ursprünglichen Fassung erklärte die Abtreibung unter anderem dann für nicht strafbar, wenn sie mit Einwilligung der Schwangeren „nach ärztlicher Beratung von einem Arzt vorgenommen wird."[257] § 218 c der dem Deutschen Bundestag zur Beschließung vorgelegen Fassung band die Straffreiheit der von einem Arzt vorgenommenen Abtreibung in den ersten drei Monaten daran, „daß die Schwangere 1. sich wegen der Frage des Abbruchs ihrer Schwangerschaft vorher an einen Arzt oder eine hierzu ermächtigte Beratungsstelle gewandt hat und dort über die zur Verfügung stehenden öffentlichen und privaten Hilfen für Schwangere, Mütter und Kinder unterrichtet worden ist, insbesondere über solche Hilfen, die die Fortsetzung der Schwangerschaft und die Lage von Mutter und Kind erleichtern, und 2. ärztlich beraten worden ist."[258] Durch eine solche Beratung sei es „möglich, wenn nicht gar wahrscheinlich, die Frau zu einer positiven Einstellung zur Schwangerschaft zu bringen."[259]

254 BT-Drs. Nr. 7/375 v. 21. März 1973 S. 6.
255 Ebd. S. 3; vgl. BT-Drs. Nr. 6/3137 v. 9. Februar 1972 S. 1.
256 BT-Drs. Nr. 7/375 v. 21. März 1973 S. 7; vgl. BT-Drs. Nr. 6/3137 v. 9. Februar 1972 S. 4.
257 BT-Drs. Nr. 7/375 v. 21. März 1973 S. 3.
258 BT-Drs. Nr. 7/1981 (neu) v. 24. April 1974 S. 26.
259 Ebd. S. 11.

3. Die Unionsentwürfe (1973)

Aus den Reihen der Unionsabgeordneten wurden im Mai 1973 zwei Entwürfe im Deutschen Bundestag eingebracht. Ein Antrag wurde von der Fraktion der CDU/CSU vorgelegt, der andere von den Abgeordneten Dr. Heck, Köster, Dr. Becker (Mönchengladbach), Dr. Blüm, Dr. Jahn (Münster), Nordlohne, Carstens (Emstek) und Genossen, die sich auf den Fraktionsentwurf nicht hatten verständigen können.[260] Der Fraktionsentwurf betonte in der vom federführenden Ausschuß beschlossenen Fassung einleitend, daß das ungeborene Leben wie das geborene ein „unantastbares Rechtsgut" sei, das durch die Rechtsordnung geschützt werden müsse. Andererseits könne eine Schwangerschaft eine Frau in eine so ungewöhnliche Konfliktsituation bringen, daß es angezeigt erscheine, wenn der Staat in solchen Ausnahmefällen die Fortführung nicht mit Mitteln des Strafrechts erzwinge.[261]

Der Fraktionsentwurf der CDU/CSU bestimmte – bei grundsätzlich weiter bestehender Strafbarkeit der Abtreibung –, daß ein Eingriff in folgenden Fällen nicht strafbar sein solle: erstens, wenn eine ähnlich den übrigen Entwürfen definierte gesundheitliche Gefährdung der Mutter vorliege (§ 218 b); zweitens, im Falle einer aufgezwungenen Schwangerschaft, die an dieselben Voraussetzungen gebunden wurde wie im Entwurf Dr. Müller-Emmert (§ 218 c); drittens bestimmte die Vorschrift, daß „in der Regel" die Voraussetzungen für einen „Abbruch der Schwangerschaft aus medizinischen Gründen" auch dann vorlägen, „wenn nach den Erkenntnissen der medizinischen Wissenschaft eine hohe Wahrscheinlichkeit für die Annahme spricht, daß das Kind infolge einer Erbanlage oder schädlicher Einflüsse vor der Geburt an Siechtum oder einer gleich schweren dauernden Schädigung seiner Gesundheit leiden würde." Die sogenannte kindliche Indikation, die keiner zeitlichen Begrenzung auf eine Frist unterlag, fungierte damit, im Gegensatz zur kriminologischen Indikation, nicht als eigenständige Anzeigestellung, sondern als Unterfall der medizinischen Indikation.[262]

Außerdem sah der Fraktionsentwurf vor, daß das Gericht von einer Bestrafung nach § 218 StGB absehen könne, wenn „die Schwangere in außergewöhnlicher Bedrängnis gehandelt" habe und „sich dieser Bedrängnis nicht in zumutbarer Weise entziehen" habe können.[263] Mit Zustimmung der Unionsabgeordneten war diese Kann-Bestimmung während der Beratungen des Strafrechtssonderausschusses zunächst in eine Muß-Bestimmung umgewandelt worden.[264] Diese Änderung wurde wenig später auf Antrag der Vertreter der CDU/CSU-Fraktion wieder zurückgenommen.[265] Ferner bestimmte dieser Entwurf, daß die Abtreibung erst vorgenommen werden dürfe, „nachdem 1. die Schwangere mindestens drei Tage vor dem Schwangerschaftsabbruch

260 Vgl. S. 156.
261 BT-Drs. Nr. 7/1983 v. 10. April 1974 S. 1; vgl. BT-Drs. Nr. 7/554 v. 11. Mai 1973 S. 1.
262 BT-Drs. Nr. 7/1983 v. 10. April 1974 S. 26f.
263 Ebd. S. 26.
264 SA Ber. 7 WP 28 Si. v. 13. März 1974 S. 1559.
265 SA Ber. 7 WP 30 Si. v. 27. März 1974 S. 1653.

durch ein Mitglied einer behördlich ermächtigten und zur Beratung geeigneten Beratungsstelle insbesondere über die zur Verfügung stehenden öffentlichen und privaten Hilfen für Schwangere, Mütter und Kinder beraten worden ist und 2. eine aus mindestens zwei Ärzten und einer weiteren Person zusammengesetzte Gutachterstelle in einem schriftlichen Gutachten dazu Stellung genommen hat, ob die Voraussetzungen des § 218 b oder des § 218 c vorliegen" (§ 218 f).[266]

Der als „Heck-Entwurf" bekannt gewordene Gesetzesantrag einer Gruppe von Mitgliedern der CDU/CSU-Fraktion läßt schon in der Formulierung der „Zielsetzung" erkennen, worin er sich wesentlich von dem Entwurf der Unionsfraktion unterscheidet. Letzterer begründete die Notwendigkeit der Gesetzesänderung damit, daß eine Schwangerschaft die Frau in eine „so ungewöhnliche Konfliktsituation" bringen könne, daß es angezeigt erscheine, wenn der Staat die Fortsetzung der Schwangerschaft nicht mit strafrechtlichen Mitteln erzwinge. Diese Aussage wurde im Heck-Entwurf auf Situationen eingeschränkt, in denen die körperliche und psychische Gesundheit der Frau durch die Schwangerschaft schwer beeinträchtigt werde. Andererseits ging dieser Entwurf insofern über die Zielsetzungen aller übrigen Indikationenmodelle hinaus, als er zum Ausdruck brachte, daß in solchen Fällen die Fortsetzung der Schwangerschaft nicht nur nicht erzwungen werden sollte, sondern daß dies nicht geschehen „darf".[267]

Dem Heck-Entwurf lag die Auffassung zugrunde, daß vor dem Hintergrund der von allen Entwürfen anerkannten Gleichwertigkeit von geborenem und ungeborenem Leben Ausnahmen von den Bestimmungen des § 218 StGB nur auf der Grundlage einer Güterabwägung im Rahmen der medizinischen Indikation in Betracht kommen könnten. Die Entstehung einer Schwangerschaft gegen den Willen der Frau, die Erwartung eines Gesundheitsschadens des Kindes, körperliche, soziale oder andere Umstände, deren Bedeutung der Entwurf nicht grundsätzlich in Abrede stellte, könnten daher nicht schon für sich allein, sondern nur dann zu einer Straffreiheit führen, „wenn infolge dieser Umstände dem Lebensrecht des ungeborenen Kindes eine Gefahr für Leben oder Gesundheit der Mutter gegenübersteht."[268] Dementsprechend bestimmte § 218 b des vom Strafrechtssonderausschuß beschlossenen Entwurfs („Abbruch der Schwangerschaft aus medizinischen Gründen"), daß eine Abtreibung nicht strafbar sei, wenn die Schwangere einwillige und „der Abbruch der Schwangerschaft nach den Erkenntnissen der medizinischen Wissenschaft angezeigt ist, um von der Schwangeren eine Gefahr einer schweren Beeinträchtigung ihrer körperlichen oder psychischen Gesundheit abzuwenden."[269] Ferner sah auch der Heck-Antrag eine mit den entsprechenden Bestimmungen des CDU/CSU-Fraktionsentwurfs identische Bedrängnisklausel (§ 218 a) sowie eine Beratungs- und Begutachtungsbestimmung (§ 218 e) vor.[270]

---

266 BT-Drs. Nr. 7/1983 v. 10. April 1974 S. 28.

267 BT-Drs. Nr. 7/1984 (neu) v. 24. April 1974 S. 1; wie in den anderen Entwürfen dagegen: BT-Drs. Nr. 7/561 v. 15. Mai 1973 S. 1.

268 Ebd. S. 5.

269 BT-Drs. Nr. 7/1984 (neu) v. 24. April 1974 S. 22.

270 Ebd. S. 22 u. 23f.

E. Von der Verabschiedung der Fristenregelung am 26. April 1974 bis zum Gesetz vom 21. Mai 1976

I. Die Verabschiedung des Fristenregelungsgesetzes (1974)

1. Die parlamentarischen Entscheidungen

a) Die Abstimmungen am Ende der zweiten und dritten Lesung (25./26. April 1974)

Es wurde bereits auf die besondere Bedeutung verfahrenstechnischer Fragen bei parlamentarischen Beratungen über die Änderung des § 218 StGB hingewiesen.[271] Dementsprechend war die Frage der Reihenfolge, in der über die vom Ausschuß zurückgekommenen vier Entwürfe abgestimmt werden sollte, in den Fraktionssitzungen der SPD ein beherrschendes Thema.[272] Am 22. und 23. April 1974 wurde diese Frage eingehend diskutiert,[273] bis am 24. April 1974 der zuvor vom Ältestenrat des Bundestages gefaßte Beschluß mitgeteilt wurde.[274]

Der Ältestenrat schlug dem Plenum entsprechend der Ausschußempfehlung vor,[275] alle vier Entwürfe in den vom Ausschuß erarbeiteten Fassungen zur Grundlage der zweiten Lesung zu machen und damit von § 127 der Geschäftsordnung des Deutschen Bundestages abzuweichen. Das Plenum stimmte diesem Vorschlag, der auf eine Initiative der Bundestagsvizepräsidentin Liselotte Funcke (FDP) zurückging,[276] am 25. April 1974 mit der erforderlichen Zweidrittelmehrheit zu.[277] Des weiteren schlug der Ältestenrat vor, am Ende der zweiten Lesung mit einem Stimmzettel abzustimmen, auf dem alle vier Entwürfe mit einem Kreis versehen und zusätzlich die Worte „Ablehnung aller Entwürfe" abgedruckt waren. Stimmenthaltung sollte durch die Abgabe eines unbeschrifteten Stimmzettels erfolgen. Falls keiner der vier Anträge die erforderliche absolute Mehrheit erhielt, sollten die beiden Entwürfe mit den meisten Stimmen in eine Stichentscheidung kommen. Der Entwurf, der dann die meisten Stimmen erhalten sollte, würde Grundlage der dritten Lesung des Geseztes werden. Auch diese Abstimmungsmodalitäten, die gleichfalls von der Geschäftsordnung abwichen, wurden vom Plenum mit Zweidrittelmehrheit beschlossen.

Dieser Regelung der Geschäftsordnungsfragen folgte in der zweiten Lesung am 25. April eine ausführliche Generaldebatte, die im ganzen sachlich, aber nicht ohne jede

---

271 Vgl. S. 149ff.

272 Aufgrund der oben (S. 14f.) erläuterten Quellenlage waren dem Verfasser nur die Sitzungsprotokolle der sozialdemokratischen Fraktion im Deutschen Bundestag zugänglich.

273 Dies und das Folgende nach: SPD Fr. Si. v. 22. April 1974 (AsD FS Prot. VII 1059) S. 1ff. u. SPD Fr. Si. v. 23. April 1973 (AsD FS Prot. VII 1059) S. 1f.

274 SPD Fr. Si. v. 24. April 1974 (AsD FS Prot. VII 1059).

275 Dies und das Folgende nach: Renger (SPD) Sten. Ber. 7 WP 95 Si. v. 25. April 1974 S. 6331f.

276 Tallen S. 234.

277 Sten. Ber. 7 WP 95 Si. v. 25. April 1974 S. 6331.

polemische Schärfe geführt wurde und an der sich zahlreiche Abgeordnete beteiligten, die in der parlamentarischen Diskussion bis dahin nicht hervorgetreten waren. Die Sitzung wurde erst um 1.08 Uhr in der Nacht von Bundestagsvizepräsident Dr. Schmitt-Vockenhausen (SPD) geschlossen. In der ersten, namentlichen Abstimmung über alle vier Entwürfe erhielt keiner der Anträge die absolute Mehrheit von 249 Stimmen.[278] Für den Fraktionsentwurf von FDP und SPD stimmten 233 uneingeschränkt Stimmberechtigte (und 14 Berliner Abgeordnete), für den Gruppenantrag Dr. Müller-Emmert 35 (und 2 Berliner Abgeordnete), für den Heck-Entwurf 62 (und 4 Berliner Abgeordnete) und für den Entwurf der CDU/CSU-Fraktion 161 (und 2 Berliner Abgeordnete).

In der Stichentscheidung zwischen dem Fraktionsantrag aus den Koalitionsparteien und dem Entwurf der CDU/CSU-Fraktion erhielt ersterer eine Mehrheit von 245 uneingeschränkt Stimmberechtigten (und 14 Berliner Abgeordneten) gegenüber 219 uneingeschränkt Stimmberechtigten (und 6 Berliner Abgeordneten) für den Oppositionsantrag. Mit Nein stimmten 15 uneingeschränkt Stimmberechtigte (und ein Berliner Abgeordneter), 13 uneingeschränkt Stimmberechtigte (und ein Berliner Abgeordneter) enthielten sich der Stimme. Damit wurde der Fristenregelungsentwurf Grundlage der auf den nächsten Tag angesetzten dritten Lesung. In der Schlußabstimmung am 26. April wurde der vorliegende Entwurf mit 247 uneingeschränkt Stimmberechtigten (und 14 Berliner Abgeordneten) gegen die Stimmen von 233 uneingeschränkt Stimmberechtigten (und 7 Berlinern) angenommen. Zehn Abgeordnete des Deutschen Bundestages, darunter ein Berliner, enthielten sich der Stimme.[279] Der Fristenregelungsentwurf war damit angenommen.

Die knappen Abstimmungsergebnisse lassen erkennen, daß die Entscheidung des Deutschen Bundestages für die Fristenregelung hauptsächlich durch das Abstimmungsverhalten jener SPD-Abgeordneten ermöglicht wurde, die bis zur Stichwahl am 25. April den Gruppenantrag Dr. Müller-Emmert unterstützt hatten. Dieses Abstimmungsverhalten ist keineswegs selbstverständlich; immerhin hatten sich diese Bundestagsabgeordneten dem Fristenregelungsentwurf über Jahre hinweg hartnäckig gegen die Mehrheit der eigenen Fraktion widersetzt, zumal die von ihnen unterstützten

278 Dies und das Folgende nach: Ebd. S. 6440ff.

279 Diese Enthaltungen waren sämtlich SPD-Stimmen. Von den Parlamentariern, die in der ersten Abstimmung am 25. April für den Entwurf Dr. Heck gestimmt hatten, lehnten die Abgeordneten Dr. Czaja, Dr. Kunz (Weiden), Pfeffermann, Vollmer und Amrehn in der Stichentscheidung beide Entwürfe, also auch den Unionsantrag, ab (Sten. Ber. 7 WP 95 Si. v. 25. April 1974 S. 6445). In der Schlußabstimmung am 26. April stimmte der Abg. Czaja für den Antrag seiner Fraktion, während Dr. Kunz (Weiden) bei seinem Nein blieb (wie übrigens auch die Berliner CDU-Abgeordneten Berger und Dr. Schulz, die für die Fristenregelung stimmten). Es enthielten sich weiterhin die Abgeordneten Pfeffermann, Volmer und Amrehn sowie Dr. Becker (Mönchengladbach), der in der vorangegangenen Abstimmung noch für den Unionsentwurf votiert hatte (Sten. Ber. 7 WP 96 Si. v. 26. April 1974 S. 6444 u. 6503).

Entwürfe die Fristenregelung als grundgesetzwidrig qualifizierten.[280] Dennoch stimmten 12 dieser Abgeordneten bereits in der Stichentscheidung am 25. April für die Fristenregelung.[281] 14 Sozialdemokraten enthielten sich der Stimme[282], nur neun Abgeordnete lehnten sowohl den Unionsentwurf als auch die Fristenregelung ab.[283] In der Abstimmung nach der dritten Lesung am 26. April 1974 blieben schließlich nur noch acht von diesen 35 Abgeordneten bei ihrem Nein.[284] Zehn Abgeordnete dieser Gruppe enthielten sich der Stimme[285], sechzehn stimmten schließlich für den Fraktionsantrag der Koalitionsparteien.[286] Die Hintergründe dieses Abstimmungsverhaltens, das der Fristenregelung schließlich die parlamentarische Mehrheit sicherte, sind im folgenden näher zu untersuchen.

b) *Das Abstimmungsverhalten der Gruppe Müller-Emmert*

Bereits zu Beginn der innerparteilichen Beschlußfassung zur Änderung des § 218 StGB, während des Außerordentlichen Parteitages im November 1971, sprach sich der Fraktionsvorsitzende Herbert Wehner (SPD) mit Nachdruck dafür aus, daß die parlamentarische Abstimmung über dieses Gesetz ohne Fraktionszwang und unter Respektierung der Gewissensentscheidung des einzelnen Abgeordneten erfolgen müsse.[287] Dies ist bis zur Verabschiedung der Fristenregelung durch den Deutschen Bundestag die offizielle Position der Partei geblieben. Unter den Sozialdemokraten, besonders unter den Befürwortern eines Fristenmodells, war diese Haltung indessen stets umstritten. Schon Wehners deutliche Stellungnahme wurde durch eine engagiert vorgetragene Gegenansicht veranlaßt. Die Parteitagsdelegierte Herta Däubler-Gmelin (SPD) hatte nämlich erklärt, sie würde es sehr bedauern, „wenn unter dem Vorwand der ausschließlichen Gewissensentscheidung des einzelnen" die Erörterung der mit der

280 So die Begründung des Regierungsentwurfs, auf die sich die Begründung des Entwurfs Dr. Müller-Emmert bezieht (BT-Drs. Nr. 6/3434 v. 15. Mai 1972 S. 9).

281 Die Abgeordneten Dr. Eppler, Halfmeier, Huber, Kaffka, Lautenschlager, Matthöfer, Müller (Mülheim), Porzner, Rapp (Göppingen), Sander, Schmidt (Wattenscheid), Simon (Sten. Ber. 7 WP 95 Si. v. 25. April 1974 S. 6443f.).

282 Die Abgeordneten Ahlers, Dr. Bardens, Dürr, Dr. Farthmann, Haehser, Jahn (Marburg), Dr. Nölling, Scheu, Dr. Schweitzer, Dr. Vogel (München), Dr. Wernitz, Wüster, Sieglerschmidt (Ebd. S. 6445).

283 Die Abgeordneten Fiebig, Gerlach, Leber, Lemp, Metzger, Dr. Müller-Emmert, Dr. Schmitt-Vockenhausen, Dr. Stienen, Wilhelm (Ebd. S. 6445).

284 Die Abgeordneten Fiebig, Leber, Lemp, Dr. Müller-Emmert, Dr. Nölling, Dr. Schmitt-Vockenhausen, Dr. Stienen, Wilhelm (Sten. Ber. 7 WP 96 Si. v. 26. April 1974 S. 6504).

285 Die Abgeordneten Ahlers, Dürr, Dr. Fahrtmann, Gerlach (Emsland), Jahn (Marburg), Metzger, Scheu, Dr. Vogel (München), Dr. Wendt, Sieglerschmidt (Sten. Ber. 7 WP 95 Si. v. 25. April 1974 S. 6504).

286 Die Abgeordneten Dr. Bardens, Dr. Eppler, Halfmeier, Huber, Kaffka, Lautenschlager, Matthöfer, Müller (Mülheim), Porzner, Rapp (Göppingen), Sander, Schmidt (Wattenscheid), Dr. Schweitzer, Simon, Dr. Wernitz, Wüster (Sten. Ber. 7 WP 96 Si. v. 26. April 1974 S. 6504).

287 Parteivorstand der Spd: Außerordentlicher Parteitag S. 22.

Abtreibung verbundenen sozialen und politischen Probleme bei der parlamentarischen Entscheidung in den Hintergrund gedrängt werde. Im Kontext: wenn aufgrund einer persönlichen Gewissensentscheidung von SPD-Abgeordneten die Fristenregelung nicht Gesetz werden sollte.[288] Wie Tallen gezeigt hat, ist zwischen dem November 1971 und dem April 1974 innerparteilich auf die Befürworter der Indikationenregelung ein so erheblicher Druck ausgeübt worden, der mit dem proklamierten Grundsatz des Respekts vor der Gewissensentscheidung jedes Abgeordneten schwerlich vereinbar scheint. Tallen weist darauf hin, daß bereits der Fraktionsbeschluß für die Fristenregelung mit der Beteuerung Wehners, das Thema § 218 StGB sei keine Sache für Fraktions- und Parteitagsbeschlüsse, unvereinbar ist.[289] Er führt eine Reihe von Anträgen verschiedenster Parteigliederungen an, mit denen versucht wurde, ein einheitliches Stimmverhalten im Sinne der Fristenregelung zu erzwingen, und die gegen prominente Anhänger des Indikationenentwurfs wie die Abg. Dr. Müller-Emmert und Bundesjustizminister Jahn persönliche Angriffe richteten, zum Teil verbunden mit Rücktrittsforderungen.

Die internen Protokolle der Sitzungen des Arbeitskreises „Rechtswesen" und der Bundestagsfraktion bestätigen, daß ein solcher informeller „Meinungsdruck"[290] tatsächlich bestand, und zwar nicht nur außerhalb der Fraktion. Die Warnungen an die Adresse der Dissidenten sind unmittelbar vor der Bundestagsentscheidung erheblich forciert worden. Bereits am 15. September 1971 erntete der Abg. Sieglerschmidt (SPD), der sich auf das Recht der Gewissensentscheidung berief, offenen Widerspruch seiner Fraktionskolleginnen Schlei und Dr. Timm.[291] In den Fraktionssitzungen vor der zweiten und dritten Lesung im Bundestag[292], in denen über die ausschlaggebenden Verfahrensmodalitäten, besonders über die Abstimmungsreihenfolge, beraten wurde, warnten die Abg. Schulte, Dr. Timm, Krockert, Brandt(Grolsheim), Wrede, Friedrich und Möller, gegenüber den Befürwortern des Gruppenantrags Dr. Müller-Emmert mit Nachdruck: Es sei mit aller Deutlichkeit darauf hinzuweisen, daß die Verfahrensfrage nicht als Gewissensfrage einzustufen sei (Schulte), es sei „politisch untragbar", wenn durch die Abstimmungsreihenfolge die Durchsetzung des Koalitionsentwurfs vereitelt werde (Timm); Gründe der politischen Taktik hätten keine mindere Qualität als Gewissensgründe (Friedrich).

Ähnlich äußerten sich die Abg. Schlei, Krockert und Brandt (Grolsheim). Der Begriff des Gewissens dürfe nicht mißbraucht werden, und die Berufung auf das Gewissen sei in diesem Zusammenhang unberechtigt; denn die Frage der Gewissensentscheidung sei in der Vergangenheit mit der größten Toleranz behandelt worden, jetzt aber gehe es darum, die Einheit der Partei herzustellen. Der Abg. Wrede verlangte, diejenigen, die nicht für die Fristenregelung stimmen wollten, sollten sich

---

288 Ebd. S. 21.
289 Dies und das Folgende nach: Tallen S. 275ff.
290 Ebd. S. 279.
291 AKR 59 Si. v. 15. September 1971 (AsD PS 182) S. 5.
292 Dies und das Folgende nach: SPD Fr. Si. v. 25. April 1974 (AsD FS Prot. 1059) S. 1ff. u. SPD Fr. Si. v. 22. April 1974 (AsD FS Prot. 1059) S. 1ff.

vor der Fraktion zu erkennen geben. Holger Börner warnte die Anhänger der Indikationenregelung ausdrücklich davor, mit der Opposition zu stimmen. Der bis dahin nach außen um unbedingte Respektierung der persönlichen Gewissensentscheidung bemühte Fraktionsvorsitzende Wehner übte scharfe Kritik an der Bundestagsrede Dr. Müller-Emmerts (SPD). Wehner warf Dr. Müller-Emmert vor, sich in seiner Rede, die sich mit der Fristenregelung auseinandersetzte, gegen die Fraktionsmehrheit gestellt zu haben, und forderte ihn auf, sich stattdessen kritisch mit den Anträgen der Opposition zu befassen. Dr. Müller-Emmert war von dem Abg. Köster (CDU) zugetragen worden, daß Wehner, der dies leugnete, ihn während jener Rede im Bundestag als „neuen Hupka" bezeichnet habe. Der Abg. Dr. Hupka (CDU) hatte seit 1969 der SPD-Fraktion angehört und war im Frebruar 1972 zur Unionsfraktion übergewechselt.

Auch in den Medien wurde von interessierter Seite die Kritik an einer gegen die Fristenregelung gerichtete Gewissensentscheidung der SPD-Abgeordneten vor der Abstimmung im April 1974 verschärft. Die „Süddeutsche Zeitung" mahnte, zwar liege eine Gewissensentscheidung vor: „Aber das Gewissen umschließt die gesamte soziale Organisation. Für die SPD-Fraktion stellt sich am Schluß die Frage der Disziplin."[293] Ebenso brachte Rudolf Augstein in einem Spiegel-Leitartikel („Gewissen ist Macht") seine Sorge zum Ausdruck, die Abgeordneten um Dr. Müller- Emmert (SPD) könnten bis zur Schlußabstimmung „nicht zur Vernunft kommen".[294] Auch die „Frankfurter Rundschau" empfahl den Bundestagsabgeordneten am Tag vor der zweiten Lesung, „ihr Gewissen an der Realität unseres Lebens zu schärfen, ehe sie entscheiden."[295] Der „Vorwärts" hatte bereits im Februar gewarnt, daß das „Gewissen kein heißer Draht zu Gott" sei.[296] Die „Frankfurter Rundschau berichtete über führende SPD-Politikerinnen, die noch unmittelbar vor der Verabschiedung der Fristenregelung die Dissidenten in ihrer Fraktion öffentlich dazu aufforderten, das Fristenmodell „nicht zu blockieren" und zu prüfen, „ob sie das Scheitern einer Reform des Paragraphen 218 verantworten könnten."[297]

Unter dem Druck dieser Situation gaben einige Angehörige der Minderheit, die den Gruppenantrag Dr. Müller-Emmert unterstützt hatten, noch in den Fraktionssitzungen Erklärungen ab, in denen sie gegenüber ihrer Fraktion versicherten, bei einem Scheitern ihres eigenen Entwurfs – was mit hoher Wahrscheinlichkeit erwartet werden konnte – gegebenenfalls für, zumindest aber nicht gegen die Fristenregelung zu stimmen. Antje Huber versicherte der Fraktion dies stellvertretend für alle Dissidenten.

Einige dieser Abgeordneten, so Huber, Eppler, Scheu, Rapp und Prof. Schweitzer sahen sich veranlaßt, dieses Abstimmungsverhalten gegenüber der von ihnen bis dahin abgelehnten Fristenregelung in der Form von persönlichen Erklärungen auch öffentlich, im Plenum, zu rechtfertigen.[298] Der Tenor dieser Erklärungen lautete,

293 Klaus Dreher: „Gewissensfreiheit und Parteidisziplin". In: SZ v. 18. April 1974.
294 Rudolf Augstein: „Gewissen ist Macht". In: S v. 22. April 1974.
295 Werner Holzer: „Das Gewissen und der § 218". In: FR v. 24. April 1974.
296 Werner Hill: „Das Gewissen ist kein heisser Draht zu Gott". In: Vo v. 17. Januar 1974.
297 „Können Sie ein Scheitern einer 218-Reform verantworten?" In: FR v. 25. April 1974.
298 Sten. Ber. 7 WP 96 Si. v. 26. April 1974 S. 6497ff.

man habe sich nach dem Scheitern des Gruppenantrags Dr. Müller-Emmert vor der Alternative gesehen, entweder der Fristenregelung zuzustimmen oder die Reform völlig scheitern und damit alles beim alten zu lassen.

Dementgegen hat es in Anbetracht der Hintergründe dieser Entscheidung wohl eher als wahrscheinlich zu gelten, daß die Anhänger des Gruppenantrags Dr. Müller-Emmert sich unter dem Druck der Partei und der Fraktion dazu entschlossen, die Mehrheitsbildung zugunsten des Koalitionsentwurfs im Parlament nicht zu verhindern. Obwohl der Indikationenentwurf der Abgeordnetengruppe Dr. Müller-Emmert dem Antrag der CDU/CSU-Fraktion sowohl in der Grundkonzeption wie auch in einer Reihe von zentralen Einzelaspekten wesentlich näher stand als dem Fristenmodell der Koalitionsfraktionen, scheint für die Minderheit der SPD-Fraktion aus Gründen der Parteiräson zu keinem Zeitpunkt ein Arrangement mit der Opposition auf Kosten des Fraktionsentwurfs ernsthaft in Frage gekommen zu sein. Da diese Politik bis zur Verabschiedung der Fristenregelung durchgehalten wurde, konnten die Befürworter der Fristenregelung ihrem Modell schließlich die notwendige Mehrheit sichern. Die vom Deutschen Bundestag am 26. April 1974 verabschiedete auf die ersten drei Monate begrenzte Freigabe der Tötung ungeborenen Lebens ist deswegen eine durch Parteiräson mehrheitsfähig gewordene Entscheidung gewesen.

c) Der Einspruch des Bundesrats und die Zurückweisung der christlich-demokratischen Kompromißangebote durch die Koalition

Der Rechtsausschuß des Bundesrats, in dem die von den Koalitionsparteien regierten Länder, darunter auch Berlin, die Mehrheit hatten, empfahl am 2. Mai 1974 dem Bundesrat, dem Gesetz zuzustimmen. Für den Fall jedoch, daß der Vermittlungsausschuß angerufen werden sollte, unterbreitete der Rechtsausschuß verschiedene Änderungsvorschläge.[299] Am 10. Mai stellten die unionsregierten Länder Bayern, Baden-Württemberg, Rheinland-Pfalz, Saarland und Schleswig-Holstein im Plenum den Antrag, den Vermittlungsausschuß anzurufen. Ziel des Anrufungsbegehrens war die Ersetzung der vom Bundestag verabschiedeten Bestimmungen durch eine Vorschrift, die dem CDU/CSU-Fraktionsentwurf in der Fassung der Bundestagsdrucksache 7/1983 entsprach.[300] Dieser Antrag wurde angenommen.[301]

Wenngleich die Vertreter der Union im Vermittlungsausschuß die Kompromißbereitschaft der Koalition sehr pessimistisch beurteilten,[302] versuchten sie, die Regierungsparteien zumindest zu einem Gespräch über einen solchen Kompromiß zu bewegen. Namentlich der schleswig-holsteinische Minister Dr. Schwarz (CDU) unternahm zu diesem Zweck in der Ausschußsitzung vom 21. Mai 1974 erhebliche

299 RA Ns. 407 Si. v. 2. Mai 1974 S. 6ff.; BR-Drs. Nr. 329/1/74 v. 3. Mai 1974.
300 BR-Drs. Nr. 329/2/74 v. 9. Mai 1974.
301 BR Sten. Ber. 405 Si. v. 10. Mai 1974 S. 154; BR-Drs. Nr. 329/74 v. 26. April 1974.
302 Vermerk von Minister Dr. Schwarz zum Vermittlungsausschuß über § 218 v. 13. Mai 1974 (ACDP VIII-002-019/2).

Anstrengungen.[303] Er erklärte, falls die Befürworter einer Fristenregelung überhaupt bereit seien, sich auf ein Gespräch einzulassen, könne man nicht nur über Rahmen und Inhalt der Indikationen verhandeln, sondern selbstverständlich auch über die Fristenregelung selbst, zum Beispiel was die Beratung der Schwangeren angehe. Aber auch die damit in Aussicht gestellte Möglichkeit, durch ein Entgegenkommen in verfahrenstechnischen Fragen die grundsätzliche Zustimmung der Opposition zum Fristenmodell selbst zu erlangen, machte die Befürworter des verabschiedeten Gesetzes nicht vehandlungsbereit. Die Vertreter der Regierungsparteien, so Liselotte Funcke (FDP), Dürr (SPD), Wienand (SPD), Schäfer (SPD) und Halstenberg (SPD), ließen keinen Zweifel an ihrer kategorischen Ablehnung jedes Kompromisses.

Auch der von Justizminister Dr. Schwarz (CDU) unterbreitete Vorschlag, zumindest einen Unterausschuß mit dem Auftrag einzusetzen, etwaige Annäherungs- oder Vermittlungsmöglichkeiten zu prüfen, wurde mit der von Liselotte Funcke (FDP) gegebenen knappen Begründung abgelehnt, es bestehe keine Vermittlungsmöglichkeit. Der vom Vermittlungsausschuß beschlossene Antrag lautete daher: „Das vom Deutschen Bundestag in seiner 96. Sitzung am 26. April 1974 beschlossene Fünfte Gesetz zur Reform des Strafrechts (5. StrRG) – Drucksachen 7/375, 7/1981 (neu) – wird bestätigt."[304] Daraufhin versagte der Bundesrat in seiner Sitzung am 31. Mai 1974 dem Gesetz seine Zustimmung und erhob, falls das Gesetz nicht zustimmungspflichtig sein sollte, vorsorglich Einspruch.[305] Dieser Einspruch wurde am 5. Juni 1974 vom Deutschen Bundestag zurückgewiesen.[306] In der Öffentlichkeit wurde im Zusammenhang mit der Prüfung des Gesetzes durch den Bundespräsidenten von Gerüchten berichtet, wonach es nicht sicher sei, ob Dr. Heinemann das Gesetz unterschreiben werde.[307] Vom Bundespräsidialamt selbst wurden diese Nachrichten zumindest so ernst genommen, daß das Staatsoberhaupt persönlich diesbezüglichen Spekulationen in den Medien mehrfach, zuletzt in einer Erklärung zur Unterzeichnung des Gesetzes, entgegentrat:[308] Ihm obliege zu prüfen, ob das Gesetz „formal einwandfrei zustande gekommen sei." Es stehe ihm nicht zu, seine Unterschrift unter ein solches Gesetz davon abhängig zu machen, ob es seinen persönlichen Vorstellungen entspreche. Es sei Sache des Bundesverfassungsgerichts, die Vereinbarkeit der Vorschrift mit dem Grundgesetz zu prüfen. Nach Unterzeichnung und Ausfertigung durch den Bundespräsidenten am 18. Juni konnte das Gesetz im Bundesgesetzblatt am 21. Juni verkündet werden und tags darauf in Kraft treten.[309]

---

303 VA KProt. 12 Si. v. 21. Mai 1974 S. 7ff.

304 BR-Drs. Nr. 390/74 v. 21. Mai 1974; BT-Drs. Nr. 7/2151 v. 21. Mai 1974.

305 BR Sten. Ber. 406 Si. v. 31. Mai 1974 S. 214; BR-Drs. Nr. 390/74 v. 21. Mai 1974; BT-Drs. Nr. 7/2181 v. 31. Mai 1974.

306 Sten. Ber. 7 WP 104 Si. v. 5. Juni 1974 S. 6949; BR-Drs. Nr. 439/74 v. 6. Juni 1974.

307 DPA 100 ID v. 11. Juni 1974.

308 Bu Nr. 73 v. 20. Juni 1974; DPA 153 ID v. 15. Juni 1974; DPA 141 ID v. 18. Juni 1974.

309 BGBl. I Nr. 63 v. 21. Juni 1974 S. 1300. Gemäß Artikel 12 sollte das Gesetz am Tage nach seiner Verkündung in Kraft treten.

Der Abg. Dürr (SPD) erklärte später vor dem Deutschen Bundestag, von der Union sei keine Initiative zu Kompromißvorschlägen ausgegangen.[310] Dementgegen behauptete der Vorsitzende der CDU/CSU-Fraktion, Prof. Carl Carstens, die Union habe schon während der zweiten und dritten Lesung das Gespräch mit der Koalition gesucht, sei aber ablehnend beschieden und auf die Einigungsmöglichkeit im Vermittlungsausschuß verwiesen worden. Im nachhinein wisse man, daß dies nicht ernst gemeint gewesen sei.[311]

Es ist anzunehmen, daß die Opposition Wege zu einer solchen Einigung gesucht hat. Diese Vermutung stützt sich auf Stimmen in der Union, die im Interesse eines solches Kompromisses forderten, daß im Vermittlungsausschuß ein Indikationenkatalog im Sinne eines „erweiterten Indikationsmodells" vorgeschlagen werden müsse, der über die vom Fraktionsentwurf der CDU/CSU vorgesehenen Indikationen weit hinauszugehen habe.[312] Daß diese Initiativen durchaus ernst zu nehmen waren, hat man der Tatsache zu entnehmen, daß die Meinungsbildung ab 1975 innerhalb der Union, welche die de facto schließlich im Entwurf vom 23. Oktober 1975 enthaltene soziale Indikation favorisierte, auf diese Ansätze zurückging.[313]

Auf der anderen Seite kann kaum ein Zweifel daran bestehen, daß es ein besonderes Anliegen der Koalition war, einen solchen Kompromiß nach Möglichkeit zu verhindern. Diese These findet ihre Bestätigung nicht allein in der Haltung der Koalition im Vermittlungsausschuß. Auch im Plenum des Bundestags und Bundesrats gaben Vertreter der Regierungsparteien zu verstehen, daß die Suche nach einem Kompromiß sinnlos sei, weil es einen Kompromiß überhaupt nicht geben könne und weil man deshalb nicht mehr bereit sei, sich noch sachlich mit diesem Problem auseinanderzusetzen.[314] Auch erscheint es sehr fraglich, ob ein solcher Kompromiß für die Koalition innenpolitisch noch akzeptabel hätte sein können, nachdem sie die vier Jahre andauernde, erbittert geführte Auseinandersetzung, die schließlich zu einer großen Kraftprobe zwischen Oppositions- und Regierungsparteien wurde, für sich entschieden hatte.

2. *Die Anrufung des Bundesverfassungsgerichts (Juni 1974)*

In den Monaten März und April 1974, also unmittelbar vor und während der zweiten und dritten Lesung des Fünften Strafrechtsreformgesetzes, deuteten Abgeordnete der CDU/CSU im Deutschen Bundestag an, daß die Fraktion im Fall der Verabschiedung

310 Sten. Ber. 7 WP 104 Si. v. 5. Juni 1974 S. 6927.

311 Ebd. S. 6928.

312 Schreiben von Alfred Seidel v. 15. Mai 1974 an Ministerpräsident Dr. Alfons Goppel (ACDP I-379-028/1).

313 Vgl. S. 186ff.

314 von Schoeler (FDP) Sten. Ber. 7 WP 104 Si. v. 5. Juni 1974 S. 6930; Ministerpräsident Kühn (SPD) BR Sten. Ber. 406 Si. v. 31. Mai 1974 S. 209.

der Fristenregelung eine Verfassungsklage erwäge.[315] Unmittelbar nach der Unterzeichnung des Gesetzes durch den Bundespräsidenten, am 18. Juni 1974, kündigte die Bundestagsfraktion der CDU/CSU durch ihren rechtspolitischen Sprecher, Friedrich Vogel, an, daß sie Verfassungsklage erheben werde.[316] Am 20. Juni 1974 ging beim Bundesverfassungsgericht ein Antrag der Landesregierung Baden-Württembergs auf Erlaß einer einstweiligen Anordnung ein. Damit sollte die Inkraftsetzung des Gesetzes bis zur Entscheidung in einem Normenkontrollverfahren verhindert werden.[317] Die baden-württembergische Landesregierung begründete ihren Antrag damit, die Fristenregelung gebe das verfassungsrechtliche Prinzip der Unantastbarkeit und Schutzwürdigkeit auch des ungeborenen Lebens an einer wichtigen Stelle auf, indem sie das ungeborene Leben scheinbar legal dem Schutz der Rechtsgemeinschaft entziehe. Die Zahl der zu erwartenden Eingriffe werde erheblich zunehmen und die „verhaltenslenkende Kraft von Strafgesetzen" werde Schaden nehmen, wenn ein Gesetz, das am Ende für verfassungswidrig erklärt werden könne, zeitweilig vollzogen worden sein sollte. Dagegen bedeute die zeitweilige Nichtanwendbarkeit des Gesetzes nur, daß die schon seit Jahrzehnten umstrittene Reform des § 218 StGB noch nicht zum Tragen komme. Dies müsse aber „im Vergleich zu dem hohen Rechtswert des werdenden Lebens ohne weiteres hingenommen werden."

Der Erste Senat des Bundesverfassungsgerichtes setzte noch am 20. Juni eine mündliche Verhandlung auf den folgenden Nachmittag an.[318] In der öffentlichen Sitzung vom 21. Juni 1974, in der sich die Landesregierungen von Rheinland-Pfalz und des Saarlandes dem Antrag Baden-Württembergs anschlossen, verkündete das Gericht folgende Entscheidung[319]: Erstens trete § 218 a in der Fassung des Fünften Gesetzes zur Reform des Strafrechts vom 18. Juni 1974 (BGBl. I. S. 1297) einstweilen nicht in Kraft. Zweitens seien die § 218 b (medizinische und kindliche Indikation) und § 219 („Abbruch der Schwangerschaft ohne Beratung") des Strafgesetzbuches in der Fassung des Gesetzes auch auf künstliche Aborte in den ersten zwölf Wochen nach der Empfängnis anzuwenden. Außerdem erklärte das Gericht eine innerhalb der ersten zwölf Wochen nach der Empfängnis vorgenommene Abtreibung dann für nicht strafbar, „wenn an der Schwangeren eine rechtswidrige Tat nach § 176 Strafgesetzbuch (sexueller Mißbrauch von Kindern), § 177 Strafgesetzbuch (Vergewaltigung) oder § 179 Strafgesetzbuch (sexueller Mißbrauch Widerstandsunfähiger) vorgenommen worden ist und dringende Gründe für die Annahme sprechen, daß die Schwangerschaft auf der Tat beruht." Drittens sollten gerichtlich anhängige Strafverfahren wegen einer Tat, die nach § 218 a StGB nicht strafbar wäre, bis zur Entscheidung des

---

315 Dr. Jaeger (CSU) Sten. Ber. 7 WP 95 Si. v. 25. April 1974 S. 6420; Friedrich Vogel (DPA 006 ID v. 30. März 1974).

316 DPA 179/175 ID v. 18. Juni 1974.

317 Verlautbarung der Pressestelle des Bundesverfassungsgerichts v. 20. Juni 1974 (ARNDT/ERHARD/FUNCKE S. 6); Verfahren über den Erlaß einer einstweiligen Anordnung (EBD. S. 1ff.).

318 Verlautbarung der Pressestelle des Bundesverfassungsgerichts v. 20. Juni 1974 (EBD. S. 6).

319 Niederschrift über die mündliche Verhandlung (EBD. S. 7f.); Urteil des Ersten Senats des BVerfG v. 21. Juni 1974 (EBD. S. 9ff.).

Bundesverfassungsgerichts über die Vereinbarkeit dieser Vorschrift mit dem Grundgesetz ausgesetzt werden. Dasselbe wurde viertens hinsichtlich rechtskräftig verhängter Strafen bestimmt, die nach diesem Paragraphen nicht strafbar wären.

Der Senat begründete seine Entscheidung mit der Erwägung, daß, wenn eine einstweilige Anordnung nicht erginge, die Fristenregelung aber später als verfassungswidrig erklärt werden sollte, „in der Zwischenzeit unter der Deckung einer verfassungsmäßigen Norm in einer ungewissen Zahl von Fällen sich entwickelndes menschliches Leben zerstört" würde. Angesichts des hohen Wertes, den die Verfassung dem menschlichen Leben beimesse, „wäre dies ein schwer erträgliches Ergebnis." Die Nachteile, die den von der Anordnung Betroffenen erwüchsen, würden nicht verkannt. Ihnen werde aber, soweit sie besonders schwer wögen, durch die differenzierende Regelung Rechnung getragen, die das Gericht für solche Fälle vorgesehen habe. Diese nach dem Gesetz zunächst auf drei Monate befristete Anordnung wurde dreimal verlängert und blieb schließlich bis zur Verkündung des Urteils am 25. Februar 1975 in Kraft.[320]

II. Das Normenkontrollverfahren vor dem Bundesverfassungsgericht (1974/75)

1. Argumente und Gegenargumente: Antragsteller und Äußerungsberechtigte zur Verfassungsmäßigkeit der Fristenregelung

Mit Schreiben vom 21. Juni 1974 beantragten 192 der Mitglieder der Fraktion der CDU/CSU im Deutschen Bundestag, vertreten durch den Abg. Rechtsanwalt Benno Erhard und Prof. Lerche (München), beim Bundesverfassungsgericht festzustellen, daß das Fünfte Gesetz zur Reform des Strafrechts vom 18. Juni 1974 „mit dem Grundgesetz unvereinbar und daher nichtig ist."[321] Wenig später, am 3. Juli 1974, beantragte die Landesregierung von Baden-Württemberg, das Fünfte Strafrechtsreformgesetz vom 18. Juni 1974 im Wege der abstrakten Normenkontrolle auf seine Vereinbarkeit mit dem Grundgesetz zu prüfen.[322] Ihr folgten am 25. Juli 1974 die Landesregierung des Saarlandes,[323] am 27. Juli 1974 die Bayerische Staatsregierung,[324] am 27. August 1974 die Landesregierung von Schleswig-Holstein[325] und

---

320 Verlautbarung der Pressestelle des Bundesverfassungsgerichts v. 10. September 1974 (Ebd. S. 12); Verlautbarung der Pressestelle des Bundesverfassungsgerichts v. 6. Dezember 1974 (Ebd. S. 12); Verlautbarung der Pressestelle des Bundesverfassungsgerichts v. 20. Januar 1974 (Ebd. S. 12).

321 Antrag des Prof. Dr. Manfred Abelein, MdB, und 191 weiterer Mitglieder des Deutschen Bundestages (Ebd. S. 15). Diesem Antrag trat der Abg. Kai Uwe von Hassel am 14. Oktober 1974 bei (Ebd. S. 48).

322 Antrag der Landesregierung von Baden-Württemberg v. 3. Juli 1974 (Ebd. S. 65-105).

323 Antrag der Regierung des Saarlandes v. 25. Juli 1974 (Ebd. S. 106).

324 Antrag der Bayerischen Staatsregierung v. 27. Juli 1974 (Ebd. S. 107).

325 Antrag der Landesregierung von Schleswig-Holstein v. 27. August 1974 (Ebd. S. 128ff.).

am 27. September 1974 die von Rheinland-Pfalz.[326] Auf Beschluß des Ersten Senats des Bundesverfassungsgerichts wurden die Verfahren zur gemeinsamen Verhandlung und Entscheidung verbunden.[327]

In den Antragsbegründungen, ebenso wie in den Gegenstellungnahmen der Bundesregierung und der Mehrheit des Deutschen Bundestages, wurden die Argumente für und gegen die Fristenregelung in umfangreichen Schriftsätzen vor dem Gericht ausgebreitet. Soweit die Karlsruher Verhandlungen einzelne Aspekte unserer problemgeschichtlichen Untersuchung berühren, werden sie an gegebener Stelle noch zu behandeln sein. Hier geht es zunächst um jene verfassungsrechtlichen Aspekte, die der Erste Senat selbst in den Mittelpunkt stellte, die den Tenor des späteren Urteils bestimmten und die schließlich als verfassungsrechtliche Vorgaben für das 1975 wieder aufgenommene Gesetzgebungsverfahren den Rahmen bildeten.

Es geht um insgesamt neun Fragen, die für den zweiten Teil der auf den 18. bis zum 19. November 1974 angesetzten mündlichen Verhandlung formuliert worden waren:

- Schützt Art. 2 Abs. 2 Satz 1 GG auch das ungeborene Leben?
- Enthält Art. 2 Abs. 2 Satz 1 GG nur ein Abwehrrecht, oder ist der Staat verpflichtet, aktiv zum Schutze des Lebens tätig zu werden?
- Ist es verfassungsrechtlich zulässig, zwischen verschiedenen Entwicklungsstufen des ungeborenen Lebens und zwischen dem Leben vor und nach der Geburt zu unterscheiden?
- Wie weit geht der nicht nachprüfbare Prognosespielraum des Gesetzgebers bei der Beurteilung der Auswirkungen solcher Maßnahmen?
- Kann oder muß der Gesetzgeber bei seiner Entscheidung – zumindest bei zweifelhafter Prognose – auch andere Kriterien wie zum Beispiel das Recht der Mutter auf freie Entfaltung ihrer Persönlichkeit heranziehen?
- Ergeben sich aus einer etwaigen Schutzverpflichtung des Staates konkrete Handlungspflichten?
- Falls der Staat die Abtreibung grundsätzlich unter Strafe stellen muß, in welchem Umfang muß er pönalisieren?
- Muß oder darf der Gesetzgeber in den Fällen der im Gesetzgebungsverfahren erörterten vier Indikationen von Strafe absehen?
- Falls eine generelle verfassungsmäßige Pflicht zur Pönalisierung nicht besteht: Genügen die im Fünften Gesetz zur Reform des Strafrechts vorgesehenen Maßnahmen allein oder in Verbindung mit anderen Maßnahmen, um die Schutzverpflichtung des Staates zu erfüllen?[328]

---

326 Antrag der Regierung des Landes Rheinland-Pfalz v. 27. September 1974 (Ebd. S. 131ff.).

327 Beschluß des Verfassungsgerichts – Erster Senat – v. 19. Juli 1974 (Ebd. S. 220); Verfügung des Präsidenten des Bundesverfassungsgerichtes als Vorsitzender des Ersten Senats v. 10. Oktober 1974 mit 2 Anlagen (Ebd. S. 221ff.).

328 Verfügung des Präsidenten des Bundesverfassungsgerichtes als Vorsitzender des Ersten Senats v. 10. Oktober 1974 mit 2 Anlagen (Ebd. S. 223f.); Die mündliche Verhandlung vor dem Ersten Senat des Bundesverfassungsgerichts: Tonband-Wortprotokoll der mündlichen Verhandlung am 18. und 19. November 1974 (Ebd. S. 243f.).

Die Kernfrage, ob Art. 2 Abs. 2 Satz 1 GG („Jeder hat das Recht auf Leben und körperliche Unversehrtheit.") auch das ungeborene Leben schütze, war in der Diskussion bis zum Jahr 1974 sehr unterschiedlich beantwortet und im Bundesrat bestritten worden.[329] Andererseits haben im Bundestag auch die Befürworter des Referentenentwurfs und seiner Nachfolgemodelle wiederholt hervorgehoben, daß dieser Schutz sich auch auf das ungeborene Leben erstrecke. Auch die Begründung des Fraktionsantrags von FDP und SPD von 1973 bestritt dies nicht.[330]

Die von Bundesjustizminister Hans Jochen-Vogel am 20. Juni 1974 nach der Verkündung des Fristenregelungsgesetzes aufgestellte Behauptung, daß „alle relevanten gesellschaftlichen und politischen Kräfte in unserem Lande" am Ende der Beratungen einig gewesen seien, daß der Art. 2 Abs. 2 Satz 1 GG auch das ungeborene Leben schütze,[331] findet in den Schriftsätzen und Ausführungen des Normenkontrollverfahrens nur eine eingeschränkte Bestätigung. Sie traf insofern zu, als sowohl die Anträge und Begründungen der 192 Unionsabgeordneten als auch Baden-Württembergs, des Saarlandes, Bayerns und von Rheinland-Pfalz ihren Argumentationen jene Auffassung zugrundelegten.[332] Die Antragsteller gingen in diesem Punkt einig mit dem Bundesjustizministerium und dem Schriftsatz der Bundesregierung vom 15. September 1974.[333]

Im Gegensatz dazu stand aber die Position, die in der Stellungnahme der Mehrheit des Deutschen Bundestages vom 30. September 1974 zwar nicht offen bezogen, aber in ihren Umrissen deutlich erkennbar ist.[334] Während die Stellungnahme der Bundesregierung sich nicht mit letzter Klarheit zu der Frage äußerte, ob das ungeborene Leben

329 Anhänger der Fristenregelung behaupteten am Anfang und am Ende des Gesetzgebungsverfahrens, das Grundgesetz enthalte keinerlei Aussagen über den Schutz des ungeborenen Lebens und bestritten, daß Artikel 2 Absatz 2 Satz 1 des Grundgesetzes auch das ungeborene Leben schütze (UA Ns. 28./29. Februar 1972 S. 15; BR Sten. Ber. 406 Si. v. 31. Mai 1974 S. 205).

330 UA Ns. 28./29. Februar 1972 S. 29; BT-Drs. Nr. 6/3434 v. 15. Mai 1972 S. 28; Erläuterungen zu dem Referentenentwurf eines Fünften Gesetzes zur Reform des Strafrechts, o. Dat., vermutlich Oktober 1971 (AsD PS 181) S. 4; Dr. Müller-Emmert (SPD) Sten. Ber. 7 WP 33 Si. v. 17. Mai 1973 S. 1779; Bundesjustizminister Jahn (SPD) Ebd. S. 1799; Arndt: Recht S. 335; Ders.: Problematik S. 110; Bundesjustizminister Jahn (SPD) BR Sten. Ber. 378 Si. v. 24. März 1972 S. 492; BT-Drs. Nr. 7/375 v. 21. März 1973 S. 6f.; Prof. Maihofer (FDP) Sten. Ber. 7 WP 95 Si. v. 25. April 1974 S. 6356; Bundesjustizminister Jahn (SPD) Sten. Ber. 96 Si. v. 26. April 1974 S. 6490; Prof. Maihofer (FDP) Ebd. S. 6491.

331 Bundesjustizminister Vogel (SPD) (SPD Press. P/XXIX/114 v. 20. Juni 1974).

332 Begründung des Antrages vom ... Juli 1974 (Arndt/Erhardt/Funcke S. 16f.); Begründung des Antrages v. 25. Juli 1974 (Ebd. S. 72f.); Antrag der Regierung des Saarlandes v. 25. Juli 1974 (Ebd. S. 106); Begründung des Antrages vom 23. Oktober 1974 (Ebd. S. 112); Antrag der Landesregierung von Schleswig-Holstein v. 27. Juli 1974 (Ebd. S. 128); Antrag der Regierung des Landes Rheinland-Pfalz v. 27. September 1974 (Ebd. S. 133f.).

333 Stellungnahme der Bundesregierung v. 15. September 1974 (Ebd. S. 149ff.); Bundesjustizminister Vogel (SPD) (Ebd. S. 299); Bundesminister der Justiz: Fünftes Gesetz zur Reform des Strafrechts; hier: verfassungsrechtliche Prüfung des sogenannten Fristenmodells im Zusammenhang mit der Ausfertigung und Verkündung des Gesetzes v. 7. Juni 1974 S. 6 u. 8 (AsD PS 177).

334 Dies und das Folgende nach: Stellungnahme des Deutschen Bundestages v. 30. September 1974 (Arndt/Erhardt/Funcke S. 181f.).

durch Art. 2 Abs. 2 Satz 1 GG nur als Rechtsgut geschützt sei oder ob ihm durch diese Verfassungsbestimmung ein Grundrecht gewährt werde, behauptete die Stellungnahme des Bundestages kategorisch, die Verfassung könne „nicht dahin interpretiert werden, daß sie dem ungeborenen Leben Grundrechte einräume."

Der Bundestag bemühte sich zwar, dieser These einiges von ihrer Schärfe durch die nachgeschobene Feststellung zu nehmen, dies präjudiziere noch nicht die Antwort auf die Frage, ob das ungeborene Leben durch Art. 2 Abs. 2 Satz 1 des GG geschützt sei. Bei genauerem Hinsehen wird indessen deutlich, daß auch diese Frage von der Parlamentsmehrheit nicht eindeutig bejaht wurde. Die Stellungnahme verstand sich lediglich dazu, der „heute in der Lehre überwiegenden Meinung" nicht zu widersprechen. Diese Aussage wurde im folgenden durch einen weiteren, einschneidenden Vorbehalt relativiert: Mit der Annahme der verfassungsrechtlichen Schutzwürdigkeit, so die Stellungnahme, sei noch nicht entschieden, „wann der Rechtsschutz beginnt, welcher Art er zu sein hat und wie er verschiedenen Adressaten gegenüber zu differenzieren ist." Ein vorbehaltloses Bekenntnis zum verfassungsrechtlich gebotenen Schutz ungeborenen menschlichen Lebens weist die Stellungnahme des Deutschen Bundestags folglich nicht auf.

In der juristischen Fachliteratur ist gelegentlich die Auffassung vertreten worden, daß, selbst wenn das in Art. 2 Abs. 2 Satz 1 GG garantierte Grundrecht sich auf das ungeborene Leben erstrecke, dies den Staat noch nicht zum aktiven Schutz dieses Grundrechtes gegen Eingriffe von seiten Dritter verpflichte. Diese Meinung wurde mit dem Hinweis darauf begründet, daß die Grundrechte im klassischen und historisch gewachsenen Sinne Abwehrrechte gegen unmittelbare Eingriffe des Staates in die Freiheitssphäre des Bürgers darstellten. Die Verfassungsnorm schütze deswegen das ungeborene Leben vor Angriffen staatlicherseits, nicht aber – und das sei bei der Abtreibung in der Regel der Fall – gegen Angriffe durch Dritte.[335]

Demgegenüber machten die Antragsteller geltend, daß Art. 2 Abs. 2 Satz 1 GG sich nicht nur gegen den unmittelbaren staatlichen Eingriff richte und nicht nur ein Abwehrrecht im engeren Sinne darstelle, sondern darüber hinaus die Verfassungsgrundlage für einen „‚positiven' Schutzanspruch" begründe.[336] Unbeschadet der Frage, ob diese Auffassung damit begründet werden könne, daß das ungeborene Leben ein Grundrechtsträger sei – was die Stellungnahme des Bundestages ausdrücklich verneinte –, stützten die Antragsteller ihre Auffassung, im Einklang mit der Bundesregierung,[337] auch auf den Hinweis, daß die in den Grundrechten

335 Vgl.: Marschall S. 505; Abweichende Meinung der Richterin Rupp-von Brünneck und des Richters Dr. Simon zum Urteil des Ersten Senats des Bundesverfassungsgerichts v. 25. Februar 1975 (Arndt/Erhard/Funcke S. 431).

336 Begründung des Antrages v. ... Juli 1974 (Ebd. S. 19f.); vgl.: Begründung des Antrages v. 25. Juli 1974 (Ebd. S. 84f.); Begründung des Antrages v. 23. Oktober 1974 (Ebd. S. 112f.); Antrag der Landesregierung von Schleswig-Holstein v. 27. August 1974 (Ebd. S. 129); Antrag der Regierung des Landes Rheinland-Pfalz v. 27. September 1974 (Ebd. S. 134).

337 Stellungnahme der Bundesregierung v. 15. September 1974 (Ebd. S. 154).

zum Ausdruck kommenden objektiven Wertentscheidungen beziehungsweise deren Wertgehalt jedenfalls prinzipiell für alle Bereiche des Rechts verbindlich seien.[338]

In der sich an diesen Sachverhalt anschließenden Frage, ob sich aus der staatlichen Schutzverpflichtung konkrete Handlungspflichten für den Gesetzgeber im allgemeinen und eine Pflicht zur Pönalisierung im besonderen ergäben, schieden sich die Geister. Bundesregierung und Bundestag führten aus: Auch wenn das ungeborene Leben in Art. 2 Abs. 2 Satz 1 GG als schutzwürdiges Rechtsgut mit einbezogen sei, ergebe sich daraus noch nicht die Verpflichtung zu den gleichen Schutzvorkehrungen wie für geborenes Leben, geschweige denn eine Verpflichtung zur generellen Pönalisierung der Abtreibung.[339] Beide machten geltend, daß die Strafdrohung im Rahmen der dem Gesetzgeber zur Verfügung stehenden Möglichkeiten den schwersten Eingriff gegenüber dem Einzelnen darstelle, daß sie aber nicht die einzige und auch längst nicht die wirksamste Option innerhalb des ihm offenstehenden Instrumentariums sei. Sie dürfe nur dort herangezogen werden, wo keine besseren Wege zur Verwirklichung der obersten Grundwerte in Betracht gezogen werden könnten.

Der Gesetzgeber müsse sich deshalb nicht für einen durchgängigen strafrechtlichen Schutz des ungeborenen Lebens entscheiden, sofern der Schutz auf andere Weise den Anforderungen der Schutzwürdigkeit und Schutzbedürftigkeit des ungeborenen Lebens entspreche. Jene anderen Möglichkeiten sehe die Fristenregelung im Rahmen der gesetzlich geregelten Beratung und der mit dem Strafrechts-Ergänzungsgesetz auf den Weg gebrachten sozialpolitischen Maßnahmen vor. Damit diese Hilfsmöglichkeiten von den Schwangeren angenommen würden und zum Tragen kommen könnten, sehe das Fünfte Strafrechtsreformgesetz die Rücknahme der Strafdrohung innerhalb der ersten drei Schwangerschaftsmonate vor.[340]

Ferner leiteten die Stellungnahmen der Bundesregierung und des Deutschen Bundestages die Zulässigkeit eines vom Schutz des geborenen Lebens verschiedenen Strafrechtsschutzes für das ungeborene Leben aus einer unterschiedlichen Bewertung dieser beiden Rechtsgüter ab.[341] Während die Stellungnahme der Bundesregierung die Behauptung, ungeborenes und geborenes Leben seien nicht gleichwertig, nur implizit, wenn auch unmißverständlich bekundete, wurde sie in der Äußerung des Bundestages explizit ausgesprochen. Begründet wurde dies unter Berufung auf die in den Stellungnahmen nicht weiter hinterfragte Behauptung, daß diese unterschiedliche

---

338 Begründung des Antrages v. ... Juli 1974 (Ebd. S. 20); vgl.: Begründung des Antrages v. 25. Juli 1974 (Ebd. S. 77 u. 84); Antrag der Landesregierung von Schleswig-Holstein v. 27. August 1974 (Ebd. S. 129); Antrag der Regierung des Landes Rheinland-Pfalz v. 27. September 1974 (Ebd. S. 134); Justizminister Dr. Bender (CDU) (Ebd. S. 245).

339 Stellungnahme der Bundesregierung v. 15. September 1974 (Ebd. S. 156); Stellungnahme des Deutschen Bundestages v. 30. September 1974 (Ebd. S. 182f.).

340 Stellungnahme der Bundesregierung v. 15. September 1974 (Ebd. S. 152ff.); Stellungnahme des Deutschen Bundestages v. 30. September 1974 (Ebd. S. 183 u. 205ff.); vgl. Prof. Ehmke (SPD) (Ebd. S. 273 u. 275); Bundesjustizminister Vogel (SPD) (Ebd. S. 299f.).

341 Dies und das Folgende nach: Stellungnahme der Bundesregierung v. 15. September 1974 (Ebd. S. 156); Stellungnahme des Deutschen Bundestages v. 30. September 1974 (Ebd. S. 183 u. 205f.).

Bewertung „seit jeher“ in der differenzierten Ausformung der Straftatbestände zum Ausdruck gekommen sei und auch in der Strafpraxis der Gerichte Anerkennung gefunden habe. Des weiteren wurde die Verschiedenartigkeit des Schutzes von ungeborenem und geborenem Leben mit der besonders engen Verbindung zwischen Mutter und ungeborenem Kind begründet.

Dementgegen behaupteten die Antragsteller, daß Art. 2 Abs. 2 Satz 1 GG tatbestandlich keine Differenzierungen kenne. Die spezielle Grundrechtsnorm könne nur bejaht oder verneint werden, zumal auch in der biologischen und medizinischen Wissenschaft anerkannt sei, daß die Entwicklung des menschlichen Organismus strikt kontinuierlich sei und dem genetischen Code folge.[342]

Die Antragsteller vertraten weiterhin die Auffassung, daß der durch die Verfassung gebotene Schutz des ungeborenen Lebens „prinzipiell umfassend“ sein müsse. Sie behaupteten weder, daß es einen Verfassungszwang zu einem ganz bestimmten gesetzgeberischen Verhalten gebe noch bestritten sie, daß der Gesetzgeber bei der Gestaltung dieses Schutzes einen gewissen „Bewegungs-“ beziehungsweise „Ermessensspielraum“ habe. Dieser unterliege aber erheblichen verfassungsrechtlichen Begrenzungen, die von der Fristenregelung dadurch evident mißachtet würden, daß diese mit dem generellen Verzicht auf Strafschutz innerhalb der ersten drei Schwangerschaftsmonate das Schutzgut in die völlig freie Disposition der Mutter stelle. Der Wegfall der Strafsanktion hinterlasse „eine relevante Schutzlücke“, die dem Schutzgebot der Verfassung direkt zuwider laufe.[343] Ergänzend fügten die Antragsteller diesem Argument hinzu, daß internationale Erfahrungen die Prognose begründeten, daß die Gesamtzahl der Abtreibungen im Zuge der Einführung der Fristenregelung in erheblichem Umfang zunehmen werde.[344]

Diesem Einwand begegnete die Gegenseite mit einem inhaltlichen und einem verfassungsrechtlichen Argument: Erstens zog sie die statistische Solidität jener Prognosen in Zweifel und bestritt, daß die Gesamtzahl der Abtreibungen unter den Bedingungen einer Fristenregelung auf Dauer höher sein werde als im Rahmen einer Indikationenregelung.[345] Zweitens wies sie darauf hin, daß – unbeschadet der umstrittenen Prognosen – folgendes nicht außer Betracht gelassen werden dürfe: Wenn der Gesetzgeber gezwungen werde, entgegen seiner sachlichen Urteilsbildung und

---

342 Dies und das Folgende nach: Begründung des Antrages v. ... Juli 1974 (Ebd. S. 18); vgl.: Begründung des Antrages v. 25. Juli 1974 (Ebd. S. 76f.); Begründung des Antrages v. 23. Oktober 1974 (Ebd. S. 112); Prof. Rudolphi (Ebd. S. 319).

343 Begründung des Antrages v. ... Juli 1974 (Ebd. S. 23f. u. 26f.); vgl.: Begründung des Antrages v. 25. Juli 1974 (Ebd. S. 95 u. 97f.); Begründung des Antrages v. 23. Oktober 1974 (Ebd. S. 118f.); Antrag der Regierung des Landes Rheinland-Pfalz v. 27. September 1974 (Ebd. S. 134ff.); Prof. Ossenbühl (Ebd. S. 253).

344 Begründung des Antrages v. ... Juli 1974 (Ebd. S. 99ff.); Begründung des Antrages v. 23. Oktober 1974 (Ebd. S. 117f.); Prof. Rudolphi (Ebd. S. 263f).

345 Stellungnahme der Bundesregierung v. 15. September 1974 (Ebd. S. 163ff.); Stellungnahme des Deutschen Bundestages v. 30. September 1974 (Ebd. S. 212ff.); Prof. Ehmke (SPD) (Ebd. S. 279); Prof. Jürgens (Ebd. S. 297f.); Bundesjustizminister Vogel (SPD) (Ebd. S. 299f.).

Überzeugung Regelungen zu treffen, die von ihm nicht als in gleicher Weise wirksam erachtet würden, werde die verfassungsmäßige Aufgabe des Parlaments eingeschränkt. Der Gesetzgeber sei bei Regelungen, die in die Zukunft wirkten, ganz allgemein darauf angewiesen, sich ein Urteil darüber zu bilden, ob die von ihm getroffenen Maßnahmen zur Erreichung des gesetzten Ziels geeignet seien. Hinsichtlich der Fristenregelung beruhten diese Erwägungen auf einleuchtenden und tragfähigen Erwägungen. Aus prognostischen Überlegungen angeführte Gründe, daß diese Einschätzung zu bezweifeln und ein geringerer Schutz als bei einer anderen gesetzlichen Regelung der Abtreibung zu befürchten sei, könnten demgegenüber „verfassungsrechtlich" nicht überzeugen.[346]

Dem setzten die Antragsteller entgegen, diese Argumente könnten selbst dann nicht durchgreifen, wenn ihre prognostischen Prämissen zuträfen, weil die Fristenregelung nur dann denkbar sei, wenn einzelne Leben gegen andere einzelne Leben beziehungsweise Gesundheitsgüter abgewogen würden. Dies sei aber zumindest fragwürdig, wenn nicht unzulässig; denn rechne man Leben gegen Leben auf, zähle man also gewissermaßen ab, so entferne man sich von der Maßgeblichkeit des individuellen Lebens und des individuellen Grundrechts und lenke den Blick auf eine Art institutioneller Betrachtung des Rechts auf Leben. Dies aber stelle den beherrschenden und primären individualrechtlichen Gehalt des in Art. 2 Abs. 2 GG garantierten Grundrechtes in Frage. Die der Fristenregelung zugrunde gelegte allgemeine Tragfläche der kriminalpolitischen Erwägungen sei daher verfassungsrechtlich durchaus zerbrechlich.[347]

Vor dem Hintergrund der eminenten Bedeutung, die dem Begriff des Selbstbestimmungsrechtes der Frau in der öffentlichen Auseinandersetzung und in der parlamentarischen Debatte zukam,[348] nimmt es wunder, daß sowohl die Stellungnahme der Bundesregierung als auch die des Deutschen Bundestages diesen Begriff an den einschlägigen Stellen vermeiden. Während in dem Schriftsatz der Bundesregierung der Begriff der „Selbstverantwortung schwangerer Frauen" verwendet wird, rekurriert die Äußerung des Bundestages auf die „Eigenverantwortlichkeit des mündigen Menschen und Bürgers".[349]

Ein weiterer, scheinbar wesentlicher Kontrast zu diesem Aspekt der Diskussion deutet sich in der Bewertung der Verantwortung der Schwangeren in beiden Stellungnahmen an. Denn beide Schriftsätze konzedieren diesem Aspekt zwar eine „entscheidende verfassungsrechtliche Bedeutung" und geben an, daß „zunächst von der Selbstverantwortung der Frau auszugehen" sei, schränken diese Aussage indessen

---

346 Stellungnahme der Bundesregierung v. 15. September 1974 (Ebd. S. 165).

347 Begründung des Antrages v. ... Juli 1974 (Ebd. S. 34f.); Begründung des Antrages v. 25. Juli 1974 (Ebd. S. 99).

348 Vgl. S. 335ff.

349 Dies und das folgende nach: Stellungnahme der Bundesregierung v. 15. September 1974 (Arndt/Erhard/Funcke S. 150); Stellungnahme des deutschen Bundestages v. 30. September 1974 (Ebd. S. 204).

insofern ein, als sie konstatieren, daß ihr nicht „die Bedeutung eines allein ausschlaggebenden Maßstabes beigelegt" werden könne und daß dies nicht heiße, „daß individuelle Freiheit unbeschränkt wäre oder sein könnte." Also verzichteten die Schriftsätze der Bundesregierung und der Mehrheit des Bundestages vor dem Verfassungsgericht zunächst darauf, die Fristenregelung mit dem postulierten Selbstbestimmungsrecht der Frau zu rechtfertigen.

Dies widersprach der von den Befürwortern der Fristenregelung außerhalb des Normenkontrollverfahrens vorgetragenen Argumentation insofern, als dort eben nicht die Einschränkung getroffen wurde, daß das Recht der Schwangeren auf freie Persönlichkeitsentfaltung seine Grenze an der Menschenwürde und dem Lebensrecht des ungeborenen Kindes finde. Dies ist gleichwohl nur ein scheinbarer Widerspruch, weil weder die Stellungnahme der Bundesregierung noch die des Bundestages klarstellten, mit welchen Auswirkungen auf die Gestaltung des Strafrechts die beiden Grundsätze – die ja zunächst in einem Widerspruch zueinander stehen – aufeinander abgestimmt und in Einklang gebracht werden sollten. Ungeachtet der angegebenen Einschränkung der Rechte der Schwangeren lassen sich die Äußerungen von Bundesregierung und Bundestag ohne weiteres dahingehend auslegen, daß dem Recht der Schwangeren auf die freie Entfaltung ihrer Persönlichkeit eben doch ein grundsätzlicher Vorrang gegenüber dem Lebensschutz für das ungeborene Kind einzuräumen sei.

Gegen den von den Befürwortern der Fristenregelung in der Öffentlichkeit propagierten Vorrang des Selbstbestimmungsrechts der Schwangeren richteten sich die Argumentationen zur Darlegung der Verfassungswidrigkeit der Antragsteller. Die Begründung des baden-württembergischen Antrags bezeichnete die „Eigenentscheidung der Schwangeren" nach dem Gesetzentwurf der Koalitionsfraktionen und den Diskussionsbeiträgen der parlamentarischen Debatte als den Kern der Fristenlösung und „zugleich verfassungsrechtlich als den springenden Punkt".[350] Denn es sei die unbestreitbare Konsequenz der Fristenregelung, daß die Schwangere über die Tötung ungeborenen Lebens allein entscheide und daß sie diese Entscheidung gegenüber niemandem zu verantworten habe. Das Selbstbestimmungsrecht der Schwangeren könne aber keinesfalls grenzenlos sein. Durch die Fristenregelung werde es zu einem Fremdbestimmungsrecht, indem ungeborenes Leben der Willkür eines Menschen ausgeliefert werde. Diese bedingungslose Auslieferung – und nicht umgekehrt eine Beschränkung des Selbstbestimmungsrechts der Schwangeren – sei mit der Menschenwürde nicht vereinbar. Die Fristenregelung sei deshalb evident verfassungswidrig.

Im einzelnen begründeten die Antragsteller ihre Auffassung mit der Lehre von der praktischen Konkordanz und des nach beiden Seiten schonendsten Ausgleichs, der zufolge kollidierende Rechtsgüter einander so zugeordnet werden müßten, „daß jedes

---

350 Dies und das Folgende nach: Begründung des Antrages v. 25. Juli 1974 (Ebd. S. 79ff.); vgl.: Begründung des Antrages v. 23. Oktober 1974 (Ebd. S. 114); Antrag der Landesregierung von Schleswig-Holstein v. 27. August 1974 (Ebd. S. 129); Justizminister Dr. Bender (CDU) (Ebd. S. 246); Prof. Lerche (Ebd. S. 248f.); Minister Waschbüsch (CDU) (Ebd. S. 270).

von ihnen Wirklichkeit gewinnt."[351] Dem Gesetzgeber sei hierbei durchaus ein Bewertungsraum gelassen. Indes laufe es auf die totale Verkehrung dieser Grundsätze hinaus, wenn einem der kollidierenden Güter generell der absolute Vorrang eingeräumt werde. Entsprechend der Rechtsprechung des Bundesverfassungsgerichts machten die Antragsteller geltend, die schwächere Norm dürfe nur so weit zurückgedrängt werden, wie es logisch und systematisch zwingend erscheine; ihr sachlicher Grundwertgehalt müsse in jedem Fall respektiert werden. Die Verabsolutierung von Grundrechtspositionen „wäre das Ende der grundrechtlichen Wertordnung." Die Abwägung von Grundrechtspositionen sei jenes Verfassungsprinzip, nach welchem der Gesetzgeber das Grundrecht auf Leben des ungeborenen Kindes mit den Grundrechtspositionen der Mutter in „Konkordanz" bringen müsse. Prof. Lerche brachte die in diesem Punkt ansetzende Kritik der Antragsteller in der mündlichen Verhandlung vor dem Bundesverfassungsgericht zum Ausdruck, indem er geltend machte, daß es zu einem solchen Ausgleich bei der Fristenregelung gerade nicht komme. Denn diese bestehe darin, daß während der Frist, in welche die Großzahl aller Abtreibungen falle, der Entscheidung der Frau ein rechtlich absoluter Vorrang eingeräumt werde. „Das ist kein Ausgleich, sondern das Gegenteil des Ausgleichs, die Reduzierung des Rechtsstatus des wehrlosen Lebens auf Null."

2. *Das Urteil des Bundesverfassungsgerichts vom 25. Februar 1975*

Das am 25. Februar 1975 vom Bundesverfassungsgericht verkündete Urteil enthielt folgende Leitsätze:[352] Das sich im Mutterleib entwickelnde Leben stehe als selbständiges Rechtsgut unter dem Schutz der Verfassung (Art. 2 Abs. 2 Satz 1 GG). Die Schutzpflicht des Staates verbiete nicht nur unmittelbare staatliche Eingriffe in das sich entwikelnde Leben, sondern gebiete dem Staat auch, sich schützend und fördernd vor dieses Leben zu stellen. Die Verpflichtung des Staates, das werdende Leben in Schutz zu nehmen, bestehe auch gegenüber der Mutter. Der Lebensschutz der Leibesfrucht genieße grundsätzlich für die gesamte Dauer der Schwangerschaft Vorrang vor dem Selbstbestimmungsrecht der Schwangeren und dürfe nicht für eine bestimmte Frist in Frage gestellt werden. Der Gesetzgeber könne die grundgesetzlich gebotene rechtliche Mißbilligung der Abtreibung zwar auch auf andere Weise zum Ausdruck bringen als mit dem Mittel der Strafdrohung. Entscheidend sei aber, ob die Gesamtheit der dem Schutz des ungeborenen Lebens dienenden Maßnahmen einen der Bedeutung des zu sichernden Rechtsgutes entsprechenden tatsächlichen Schutz gewährleiste. Im äußersten Falle, wenn der von der Verfassung gebotene Schutz auf keine andere Weise erreicht werden könne, sei der Gesetzgeber verpflichtet, zur Sicherung des sich entwickelnden Lebens das Mittel des Strafrechts einzusetzen.

351 Dies und das Folgende nach: Begründung des Antrages v. ... Juli 1974 (Ebd. S. 33f.); Begründung des Antrages v 25. Juli 1974 (Ebd. S. 82); Begründung des Antrages v. 23. Oktober 1974 (Ebd. S. 113f.) Prof. Lerche (Ebd. S. 249).

352 Dies und das Folgende nach: Urteil des Ersten Senats des Bundesverfassungsgerichtes v. 25. Februar 1975 (Ebd. S. 388ff.).

Eine Fortsetzung der Schwangerschaft sei unzumutbar, wenn der Eingriff erforderlich sei, um von der Schwangeren eine Gefahr für ihr Leben oder die Gefahr einer schwerwiegenden Beeinträchtigung ihres Gesundheitszustandes abzuwenden. Darüber hinaus stehe es dem Gesetzgeber frei, andere außergewöhnliche Belastungen für die Schwangere, die ähnlich schwer wiegen, als unzumutbar zu werten und in diesen Fällen „den Schwangerschaftsabbruch straffrei zu lassen." Das Fünfte Gesetz zur Reform des Strafrechts vom 18. Juni 1974 sei der verfassungsrechtlichen Verpflichtung, das werdende Leben zu schützen, nicht in dem gebotenen Umfang gerecht geworden.

In der Begründung führte das Urteil aus, Art. 2 Abs. 2 Satz 1 GG schütze auch das sich im Mutterleib entwickelnde Leben als selbständiges Rechtsgut, weil eine biologische Zäsur innerhalb der Entwicklung menschlichen Lebens unmöglich sei und „jeder" im Sinne von „jeder Lebende" verstanden werden müsse. Gegenüber dem Einwand, der Begriff „jeder" bezeichne in der Umgangssprache nur die „fertige" menschliche Person, wiesen die Richter darauf hin, daß „jeder" – in Übereinstimmung mit der Rechtsprechung des Bundesverfassungsgerichts – extensiv auszulegen sei. Denn in Zweifelsfällen sei diejenige Auslegung zu wählen, welche die juristische Wirkungskraft der Grundrechtsnorm am stärksten entfalte. Außerdem erhelle die Entstehungsgeschichte des Art. 2 GG im Parlamentarischen Rat, daß das ungeborene Leben ausdrücklich einbezogen worden sei. Über die Schutzwürdigkeit des ungeborenen Lebens habe auch bei den Beratungen des Fünften Gesetzes zur Reform des Strafrechts Einigkeit bestanden.

Die Frage, ob das Ungeborene bereits selbst ein Grundrechtsträger sei oder nicht, ließ das Gericht mit der Begründung offen, daß dies nicht entschieden werden müsse. Denn nach der ständigen Rechtsprechung des Bundesverfassungsgerichts enthielten die Grundrechtsnormen nicht nur subjektive Abwehrrechte des einzelnen gegen den Staat, sondern verkörperten zugleich eine Werteordnung, die als verfassungsrechtliche Grundentscheidung für alle Bereiche des Rechts gelte. Ob und in welchem Umfang der Staat zu rechtlichem Schutz des werdenden Lebens von Verfassungs wegen verpflichtet sei, könne deshalb schon aus dem objektiv-rechtlichen Gehalt der grundrechtlichen Normen erschlossen werden. Die Schutzpflicht des Staates gelte auch gegenüber der Mutter. Nach dem Prinzip des schonendsten Ausgleichs konkurrierender grundgesetzlich geschützter Positionen unter Berücksichtigung des Grundgedankens des Art. 19 Abs. 2 GG[353] müsse deshalb dem Lebensschutz des Ungeborenen der Vorzug gegeben werden, und zwar für die gesamte Dauer der Schwangerschaft.

Das Gericht stellte fest, daß die Mißbilligung der Abtreibung in der Rechtsordnung klar zum Ausdruck kommen müsse. Es müsse der falsche Eindruck vermieden werden, „als handele es sich beim Schwangerschaftsabbruch um den gleichen sozialen Vorgang wie etwa den Gang zum Arzt zwecks Heilung einer Krankheit oder gar um eine rechtlich irrelevante Alternative zur Empfängnisverhütung." Der Staat dürfe sich seiner Verantwortung auch nicht durch Anerkennung eines rechtsfreien Raumes entziehen, indem er sich der Wertung enthalte und diese der eigenverantwortlichen Entscheidung des Einzelnen überlasse.

353 „In keinem Falle darf ein Grundrecht in seinem Wesensgehalt angetastet werden."

Wie der Staat schütze, müsse der Gesetzgeber entscheiden. Auch für den Schutz des ungeborenen Lebens gelte der Vorrang der Prävention vor der Repression. Es sei daher Aufgabe des Staates, in erster Linie sozialpolitische und fürsorgerische Mittel zur Sicherung des ungeborenen Lebens einzusetzen. Ob der Staat auch Strafrechtsmaßnahmen einsetze oder nicht, könne nicht von der vereinfachten Fragestellung aus beantwortet werden, ob der Staat bestimmte Handlungen bestrafen müsse. Notwendig sei eine Gesamtbetrachtung. Unter Verweis auf die Rechtsgeschichte entschied das Gericht, daß der Gesetzgeber grundsätzlich nicht verpflichtet sei, zum Schutz des ungeborenen Lebens dieselben strafrechtlichen Mittel einzusetzen wie zum Schutz des geborenen Lebens. Die Strafe sei nur eine ultima ratio, die vom Gesetzgeber allerdings dann eingesetzt werden müsse, wenn andere Mittel nicht hülfen. „Er ist nicht gehindert, unter Beachtung der oben angegebenen Gesichtspunkte die grundsätzlich gebotene Mißbilligung des Schwangerschaftsabbruchs auch auf andere Weise zum Ausdruck zu bringen als mit dem Mittel der Strafdrohung."

Unter Verweis auf die zuvor getroffene Feststellung, daß die Verpflichtung des Staates zum Schutz des ungeborenen Lebens auch gegenüber der Mutter bestehe, räumte das Urteil ein, daß der Einsatz des Strafrechts an dieser Stelle besondere Probleme entstehen lasse, zumal sich für die Schwangere im Einzelfall schwere, mitunter lebensbedrohliche Konfliktsituationen ergeben könnten. Denn das Lebensrecht des Ungeborenen könne zu einer Belastung der Frau führen, die wesentlich über das normalerweise mit einer Schwangerschaft verbundene Maß hinausgehe.

Hier ergebe sich die Frage der Zumutbarkeit, mit anderen Worten die Frage, ob der Staat auch in solchen Fällen mit dem Mittel des Strafrechts die Austragung der Schwangerschaft erzwingen dürfe. Das Gericht führte aus, daß in einer solchen Konfliktlage, die im allgemeinen auch keine eindeutige moralische Beurteilung zulasse und in der die Entscheidung zur Abtreibung einer Schwangerschaft den „Rang einer achtenswerten Gewissensentscheidung" haben könne, der Gesetzgeber zur besonderen Zurückhaltung verpflichtet sei. Wenn er in diesen Fällen das Verhalten der Schwangeren nicht als strafwürdig ansehe und auf das Mittel der Kriminalstrafe verzichte, so sei das jedenfalls als Ergebnis einer dem Gesetzgeber obliegenden Abwägung auch verfassungsrechtlich hinzunehmen.

Solche Konfliktsituationen setzten allerdings Umstände erheblichen Gewichts voraus, die dem Betroffenen die Erfüllung seiner Pflicht so außergewöhnlich erschwerten, daß sie von ihm billigerweise nicht erwartet werden könne. Unzumutbar erscheine eine Fortsetzung der Schwangerschaft insbesondere in Fällen der medizinischen Indikation. Das Gericht führte im folgenden aus, daß nicht nur die Fälle der kindlichen und kriminologischen Indikation, sondern auch die Indikation der allgemeinen Notlage hierher eingeordnet werden könne. „Bei der Regelung dieses Indikationsmodells muß der Gesetzgeber den straffreien Tatbestand so umschreiben, daß die Schwere des hier vorauszusetzenden sozialen Konflikts deutlich erkennbar wird und – unter dem Gesichtspunkt der Unzumutbarkeit betrachtet – die Kongruenz dieser Indikation mit anderen Indikationsfällen gewahrt bleibt." In allen anderen Fällen bleibe die Abtreibung strafwürdiges Unrecht.

Die Unvereinbarkeit des Fünften Gesetzes zur Reform des Strafrechts begründeten die Richter mit dem Argument, es werde der Verpflichtung zum Schutze des ungeborenen Lebens aus Art. 2 Abs. 2 Satz 1 GG „nicht in dem gebotenen Umfang gerecht." Im einzelnen führte das Gericht hierzu aus, es dürfe den Gesetzgeber nicht ersetzen, aber es habe zu prüfen, ob der Gesetzgeber das Erforderliche getan habe, um Gefahren von dem zu schützenden Rechtsgut abzuwenden. Grundsätzlich sei die Intention des Gesetzgebers, angesichts des nicht sehr wirkungsvollen § 218 StGB alter Fassung durch Prävention statt durch Repression Besserungen zu bewirken, zu begrüßen.

Indessen komme die verfassungsrechtlich gebotene Mißbilligung der Abtreibung in den Bestimmungen des Fünften Gesetzes zur Reform des Strafrechts nicht zum Ausdruck. Ferner sei durch die völlige Aufgabe des Strafrechtsschutzes innerhalb der ersten drei Schwangerschaftsmonate eine Schutzlücke entstanden, die ungeborenes Leben der willkürlichen Entscheidung preisgebe. Auch könne das ungeborene Leben keiner zahlenmäßigen Abwägung unterworfen werden. Eine solche Anschauung stelle den von der Verfassung geforderten Rechtsschutz für das konkrete einzelne Menschenleben zurück zugunsten einer sozialtechnischen Verwendung des Gesetzes als einer gezielten Aktion des Gesetzgebers zur Erreichung eines bestimmten gesellschaftspolitisch erwünschten Zieles, der „Eindämmung der Abtreibungsseuche". Indessen dürfe der Effizienz der Regelung im ganzen der Grundrechtsschutz im einzelnen nicht geopfert werden. „Das Gesetz ist nicht nur Instrument zur Steuerung gesellschaftlicher Prozesse nach soziologischen Erkenntnissen und Prognosen, es ist auch bleibender Ausdruck sozialethischer und – ihr folgend – rechtlicher Bewertung menschlicher Handlungen; es soll sagen, was für den Einzelnen Recht und Unrecht ist." Im übrigen stellte das Gericht fest, daß einer solchen – prinzipiell abzulehnenden – Gesamtrechnung eine verläßliche Grundlage fehle und daß es darüber hinaus Belege für statistische Entwicklungen gebe, die eher das Gegenteilige erwarten lasse.

Ferner bemängelte das Bundesverfassungsgericht die in § 218 c Abs. 1 StGB vorgesehene Beratung und Unterrichtung der Schwangeren als nicht geeignet, auf eine Fortsetzung der Schwangerschaft hinzuwirken. Diese Bestimmung, so das Gericht, bleibe hinter den Vorstellungen des Alternativ-Entwurfs der sechzehn Strafrechtler zurück. Im einzelnen könne die Bestimmung dahin gedeutet werden, daß die Beratungsstellen nur informieren sollten, ohne auf den Motivationsprozeß gezielt Einfluß zu nehmen. Auf eine solche Einflußnahme komme es indessen entscheidend an, wenn der Beratung ein Schutzeffekt zugunsten des ungeborenen Lebens zukommen solle. Die Ausgestaltung des Gesetzes weise im einzelnen Mängel auf, die einen solchen effektiven Schutz nicht erwarten ließen.

Schließlich kritisierte das Gericht die Bestimmung des § 218 c Abs. 1 Nr. 1, der zufolge die Unterrichtung über die zur Verfügung stehenden öffentlichen und privaten Hilfen für Schwangere, Mütter und Kinder von jedem Arzt vorgenommen werden dürfe. Denn von einem Arzt könne eine zuverlässige Unterrichtung über die gerade im Einzelfall bestehenden Ansprüche und Möglichkeiten nicht erwartet werden, zumal dazu häufig individuelle Bedürftigkeitsermittlungen erforderlich seien. Die Ärzte seien für solch eine Beratungstätigkeit weder nach ihrer Berufsausbildung qualifiziert noch stehe ihnen die für eine individuelle Beratung notwendige Zeit zur Verfügung. Besonders bedenklich sei zudem, daß die Unterrichtung über soziale Hilfen von demselben Arzt vorgenommen werden könne, der die Abtreibung ausführen solle. Denn da nach dem Ergebnis der bisherigen Umfragen und nach den Stellungnahmen repräsentativer ärztlicher Standesgremien angenommen werden müsse, daß die Mehrzahl der Ärzte die Vornahme eines nicht indizierten künstlichen Abortes ablehnen werde, würden sich vor allem solche Ärzte zur Verfügung stellen, die in der Abtreibung entweder ein gewinnbringendes Geschäft sähen oder dem Wunsch der Schwangeren geneigt seien, weil sie darin lediglich eine Manifestation des Selbstbestimmungsrechts oder ein Mittel zur Emanzipation der Frau sähen. In beiden Fällen sei eine Beeinflussung der Schwangeren von seiten des Arztes im Sinne einer Fortsetzung der Schwangerschaft sehr unwahrscheinlich. Weiterhin sei den Erfolgsaussichten der Beratung abträglich, daß der Unterrichtung und Beratung der Eingriff unmittelbar folgen könne, ohne daß eine ernsthafte Auseinandersetzung der Schwangeren mit den ihr in der Beratung vermittelten Argumenten zu erwarten sei.

Zusammenfassend hob das Gericht hervor, daß dem Grundgesetz Prinzipien zugrunde lägen, die sich nur aus der geistig-sittlichen Auseinandersetzung mit dem vorangegangenen System des Nationalsozialismus erklären ließen. Gegenüber der Allmacht des totalitären Staates, der schrankenlose Herrschaft über alle Bereiche des sozialen Lebens für sich beansprucht habe und für den bei der Verfolgung seiner Staatsziele die Rücksicht auch auf das Leben des Einzelnen grundsätzlich nicht von Bedeutung gewesen sei, habe das Grundgesetz eine wertgebundene Ordnung aufgerichtet, die den einzelnen Menschen und dessen Würde in den Mittelpunkt aller ihrer Regelungen stelle. Dem liege die Vorstellung zugrunde, daß der Mensch in der Schöpfungsordnung einen eigenen Wert besitze, der die unbedingte Achtung vor dem Leben jedes einzelnen Menschen, auch dem scheinbar sozial ‚wertlosen', unabdingbar fordere und der es deshalb ausschließe, solches Leben ohne rechtfertigenden Grund zu vernichten. Diese Grundentscheidung der Verfassung bestimme die Gestaltung und Auslegung der gesamten Rechtsordnung. Auch der Gesetzgeber sei ihr gegenüber nicht frei; gesellschaftspolitische Zweckmäßigkeitserwägungen, selbst staatspolitische Notwendigkeiten könnten diese Schranke nicht überwinden. „Auch ein allgemeiner Wandel der hierüber in der Bevölkerung herrschenden Anschauungen – falls er überhaupt festzustellen wäre – würde daran nichts ändern können."

In einer Abweichenden Meinung widersprachen die dem Senat angehörenden Richter Rupp-von Brünneck und Dr. Simon dem Urteil in wesentlichen Punkten.[354] Die beiden Richter erhoben gegen die Mehrheit des Senats den verhalten vorgetragenen Vorwurf, gegen das Gebot verfassungsrichterlicher Selbstbeschränkung verstoßen zu haben. Sie kritisierten, daß der Gedanke der objektiven Wertentscheidung nicht zum Vehikel werden dürfe, um spezifisch gesetzgeberische Funktionen in der Gestaltung der Sozialordnung auf das Bundesverfassungsgericht zu verlagern.

---

354 Dies und das Folgende nach: Abweichende Meinung der Richterin-Rupp von Brünneck und des Richters Dr. Simon zum Urteil des Ersten Senats des Bundesverfassungsgerichts v. 25. Februar 1975 (ARNDT/ERHARD/FUNCKE S. 430ff.).

Das Gericht dürfe dem Gesetzgeber nur dann entgegentreten, „wenn er eine Wertentscheidung ganz außer acht gelassen hat oder die Art und Weise ihrer Realisierung offensichtlich fehlsam ist." Das stärkste Bedenken des Sondervotums richte sich dagegen, daß erstmals in der verfassungsgerichtlichen Rechtsprechung eine objektive Wertentscheidung dazu dienen solle, eine Pflicht des Gesetzgebers zum Erlaß von Strafnormen zu postulieren. Die Richter Rupp-von Brünneck und Dr. Simon gelangten zu dem Urteil, daß die teilweise Zurücknahme der Strafdrohung auf Erwägungen beruhe, die gerade unter dem Gesichtspunkt des besseren Lebensschutzes Gewicht hätten und – zumindest bei einer verbesserten Beratungsregelung – keinesfalls als offensichtlich fehlsam widerlegbar seien. Deshalb habe der Gesetzgeber den Versuch wagen dürfen, „die jetzigen unhaltbaren Zustände im Wege der Beratungs- und Fristenlösung zu reformieren, auch wenn eine sichere Prognose der weiteren Entwicklung nicht möglich ist."

III. Die Wiederaufnahme des Gesetzgebungsverfahrens

1. Reaktionen auf den Urteilsspruch

Der ursprünglich auf den 29. Januar 1975 festgelegte Termin der Urteilsverkündung wurde Mitte Januar auf den 25. Februar 1975 verschoben. Währenddessen spannte sich die öffentliche Stimmung in Erwartung eines die Fristenregelung ablehnenden Urteils zunehmend an.[355] Es waren Gerüchte aufgekommen, denen zufolge die Fristenregelung als mit dem Grundgesetz unvereinbar erklärt werde. Verschiedene Politiker sahen sich durch die Entscheidung zu scharfen Angriffen gegen das Bundesverfassungsgericht veranlaßt. So der Hamburger Justizsenator und Mitverfasser des Alternativ-Entwurfs, Prof. Ulrich Klug, der im „Stern" mit der Aufforderung zitiert wurde, die Gerichtsentscheidung zu mißachten.[356] Schon vor der Urteilsverkündung hatte die Vizepräsidentin des Deutschen Bundestages, Liselotte Funcke (FDP), vehement Kritik an der Möglichkeit geübt, daß das höchste deutsche Gericht die Fristenregelung für verfassungswidrig erklären könnte.[357] Von seiten der Union trugen ihr diese – als

355 Verlautbarung der Pressestelle des Bundesverfassungsgerichts vom 20. Januar 1974 (Ebd. S. 384).

356 Christine Heide: „§ 218: Wir beugen uns dem Urteil nicht!" In: Ste v. 6. März 1975.

357 DPA 016 ID v. 2. Februar 1975 (Funcke (FDP)); DPA 252 ID v. 26. Januar 1975 (Schuchardt (FDP)); DPA 162 ID v. 27. Januar 1975 (Schuchardt (FDP)); DPA 230/227 ID v. 28. Januar 1975 (Oberlandesgerichtspräsident Wassermann, Bundesvorsitzender der Arbeitsgemeinschaft sozialdemokratischer Juristen).

Versuch der massiven Einflußnahme auf die richterliche Urteilsbildung kritisierten – Äußerungen Rücktrittsforderungen vom Amt des Bundestagsvizepräsidenten ein.[358]

a) Die Reaktionen in der FDP

Die Bundestagsparteien reagierten äußerlich zurückhaltend auf das Urteil. Bereits am 22. Februar 1975 erklärte der Bundesvorsitzende der FDP, Genscher, vor dem Bundeshauptausschuß seiner Partei, es komme besonders darauf an, sich nicht „in einen von der Öffentlichkeit nicht akzeptierten Streit mit dem Bundesverfassungsgericht" einzulassen.[359] Genscher kündigte an, daß es neben dem Urteil ein Sondervotum geben werde und bat seine Parteikollegen eindringlich, die Partei nicht durch Einzeläußerungen in der einen oder anderen Weise festzulegen, sondern sich an die Sprachregelung zu halten, die eine von Liselotte Funcke (FDP) geleitete Arbeitsgruppe ausarbeiten werde. Ob das Urteil noch Raum für eine gesetzliche Regelung lasse, die die FDP mittragen könne, müsse die gründliche Prüfung des Urteils zeigen.

b) Die Reaktionen in der SPD

In der am Tage der Urteilsverkündung stattfindenden Sitzung der SPD-Fraktion im Deutschen Bundestag gelangte man erst nach einer kontrovers geführten Diskussion zu dem Entschluß, der Entscheidung des Bundesverfassungsgerichts mit Zurückhaltung zu begegnen, und nicht, wie unter anderen von den Abg. Dr. Farthmann (SPD) und Däubler-Gmelin (SPD) gefordert, eine „Warnung" an das Gericht zu adressieren beziehungsweise das Urteil offen anzugreifen.[360] Der Fraktionsvorsitzende Wehner (SPD) ließ keinen Zweifel daran, daß man auf die inzwischen von Oppositionsseite ergangenen Gesprächsangebote zu interfraktioneller Zusammenarbeit bei der Fortsetzung des Gesetzgebungsverfahren nicht reagieren werde.

Wehner (SPD) wandte sich ebenso gegen die unter anderen von Prof. Ehmke (SPD) vorgetragene restriktive Beurteilung der Entscheidung, der zufolge nur noch die medizinische, kindliche, kriminologische und – unter strengen Auflagen – die soziale Indikation möglich seien. Auch wenn der Rahmen eng sei, so Wehner (SPD), müsse der Gesetzgeber alle verbleibenden Möglichkeiten prüfen. Denn „andernfalls käme man in die Nähe der demonstrierenden Ohnmacht." In der von dem sozialdemokratisch geführten Bundesjustizministerium veröffentlichten, im Tenor zurückhaltenden Stellungnahme zur höchstrichterlichen Entscheidung hieß es schließlich, daß die Bundesregierung – unbeschadet ihres Festhaltens an ihren für die Fristenregelung vorgetragenen Argumenten – das Urteil des Bundesverfassungsgerichts respektiere. Es komme im weiteren Gesetzgebungsverfahren darauf an, „unter Würdigung aller Aspekte der bisherigen Reformdebatte in den vom Bundesverfassungsgericht gezogenen Grenzen eine gesetzliche Regelung zu suchen, die die auch vom Bundesverfassungsgericht anerkannte Konfliktsituation in angemessener Weise löst."[361]

358 DPA 227 ID v. 28. Januar 1974.

359 Dies und das Folgende nach: BHA Sten. Ns. Si. v. 22. Februar 1975 S. 13f. (ADL A 12-17 Bl. 15-16).

360 SPD Fr. Si. v. 25. Februar 1975 (AsD FS Prot. VII 1061) S. 3ff.

361 RIBJ v. 25. Februar 1975 S. 1f.

Aufgrund des schnellen Vorgehens der FDP sah sich der geschäftsführende Vorstand der SPD-Fraktion am 28. Februar 1975 gezwungen, provisorisch eine Arbeitsgruppe zu benennen, die – in Zusammenarbeit mit dem Koalitionspartner – die sich aus dem Urteil ergebenden Notwendigkeiten und Möglichkeiten prüfen sollte.[362] Am 14. April 1975 nahm der Fraktionsvorstand einen Bericht dieser Arbeitsgruppe entgegen.[363] Noch vor der Sommerpause des Bundestages sollten die Arbeitsgruppen der Koalitionsfraktionen beratungs- und beschlußreife Gesetzentwürfe vorlegen. Der Fraktionsvorsitzende Wehner betonte erneut, von dem „Gerede der Opposition" über eine Gesetzesänderung auf breiter parlamentarischer Grundlage dürfe man sich nicht beeindrucken lassen.

Auf umso mehr Kritik stieß in der Fraktion eine – inzwischen von der Opposition begrüßte[364] – Analyse des Karlsruher Urteils, die das Bundesjustizministerium veröffentlicht hatte[365] und von der sich verschiedene Fraktionsangehörige umgehend und in der gebotenen Rücksicht auf den Umstand, daß der verantwortliche Minister ihr Parteigenosse war, distanzierten.[366] Die Auswertung hatte ergeben, daß eine außerstrafrechtliche Mißbilligung der Abtreibung nur unter sehr konkreten und nicht bloß formalen oder theoretischen Bedingungen erreichbar sein werde. „Eine rechtliche Lösung, die diesen Anforderungen nicht genügt, wird in der Bundesrepublik Deutschland nicht möglich sein." Ein nichtstrafrechtliches Modell, das sich auf die Wirksamkeit von Beratung und Hilfe verlasse, enthalte nicht das vom Gericht in jedem Fall geforderte Element der Mißbilligung. Nur eine strafrechtliche Indikationenregelung komme daher noch in Betracht.

Ferner gelangte die Auswertung zu dem Ergebnis, daß das Urteil eine unbeschränkte Straffreiheit der Frau nicht zulasse und daß nur eine solche Lösung möglich erscheine, die in differenzierter Form Voraussetzungen für ein Absehen von Strafe festlege. Hinsichtlich der Notlagenindikation folgerte die Analyse, daß der einer solchen Indikation zugrunde liegende Konflikt unter dem Gesichtspunkt der Unzumutbarkeit ebenso schwer wiegen müsse wie die bei den anderen Indikationen vorausgesetzte Bedrängnis und daß dies durch die gesetzliche Umschreibung des Sachverhalts deutlich gemacht werden müsse. Zum Begutachtungsverfahren ergab die Auswertung, daß bei allen Indikationen eine sachkundige, vom Staat verantwortete Prüfung ihrer Voraussetzungen nötig sei. Bezüglich der Beratung resümierte sie unter anderem, daß in den Fällen der sozialen Indikation „ein Arzt alleine regelmäßig kein qualifizierter Berater sein können" werde. Grundsätzlich müsse die Beratung eine

---

362 SPD Fr. Si. v. 11. März 1975 (AsD FS Prot. VII 1061) S. 20.

363 Dies und das Folgende nach: SPD Fr. Si. v. 15. April 1975 (AsD FS Prot. VII 1061) S. 7f.

364 DPA 247 ID v. 10. April 1975 (Vogel).

365 Dies und das Folgende nach: Bundesministerium der Justiz: Auswertung des Urteils des Bundesverfassungsgerichts vom 25. Februar 1975 (1 BvF 1-6/74) zur Verfassungsmäßigkeit des Fünften Gesetzes zur Reform des Strafrechts vom 18. Juni 1975 (BGBl. I S. 1297) v. 8. April 1975 (AsD PS 177) S. 1ff.

366 DPA 247 ID v. 10. April 1975 (Terjung); CDU für soziale Indikation. In: FNP v. 11. April 1974; Dr. de With (SPD) (SPD Press. P/XXX/72 v. 17. April 1975); Terjung (SPD) (SPD Press. Ausg. 285 v. 11. April 1975).

Tendenz in Richtung auf Fortsetzung der Schwangerschaft haben; auf eine neutrale Beratung dürfe sie sich nicht beschränken.

Von dieser Analyse, die auf Bitte der Arbeitsgruppe der SPD angefertigt worden war, distanzierte sich Bundesjustizminister Vogel vor der Fraktion. Die Auswertung decke sich weder mit seiner Meinung noch mit der Auffassung der Bundesregierung. Eine Veröffentlichung sei trotzdem erfolgt, weil es erfahrungsgemäß nicht möglich sei, derartige Papiere längere Zeit unter Verschluß zu halten.[367]

Der von der Fraktion der SPD eingesetzten Arbeitsgruppe, die in Zusammenarbeit mit einer Gruppe aus der Fraktion der FDP einen neuen Gesetzentwurf ausarbeiten sollte, gehörten neben Hermann Dürr, der bis 1974 den Gruppenantrag Dr. Müller-Emmert unterstützt hatte, drei Verfechter der Fristenregelung an (Dr. Timm, Prof. Ehmke, Dr. Penner).[368] Am 17. Juni stellte Hermann Dürr (SPD) der Fraktion die grundsätzlichen Punkte vor, über die zwischen den Koalitionspartnern Einigkeit hergestellt werden konnte:[369] Die Abtreibung werde weiterhin grundsätzlich strafbar bleiben, innerhalb der ersten dreizehn Tage bleibe der Eingriff straffrei und es werde eine weit gefaßte sozial-medizinische Indikation geben, die auch insbesondere im Fall einer kindlichen, kriminologischen und Notlagenindikation vorliegen solle. Außerdem werde der Gesetzentwurf eine Bedrängnisklausel und – unter bestimmten Bedingungen – eine Straffreiheit der Frau vorsehen.

Der Fraktionsvorsitzende Wehner (SPD) hob im Anschluß an die Präsentation dieser Grundsätze vor, es komme darauf an, „der FDP nicht jene Wiese zu überlassen, auf der sie grase“ und widersprach mit Nachdruck Stimmen aus der Fraktion, die anregten festzustellen, welchen eigenen Regelungsgehalt ein solches Gesetz gegenüber dem Bundesverfassungsgerichtsurteil noch habe: Niemand, so Wehner (SPD), solle in einem Gesetz ein Urteil legalisieren; die SPD habe keine Politik der verbrannten Hände zu betreiben, sondern den Frauen zu helfen. Am 24. September 1975 billigte der Fraktionsvorstand den Entwurf, der in der Fraktion offenbar nicht unumstritten war, und unterbreitete ihn tags darauf in der Presse.[370] Am 8. Oktober 1975 brachten die Fraktionen der SPD und FDP ihren Entwurf eines Fünfzehnten Strafrechtsänderungsgesetzes im Deutschen Bundestag ein.[371]

Koalitionsabgeordnete wiesen darauf hin, daß das Ziel einer Änderung des § 218 StGB unverändert fortgelte. Vertreter dieser Fraktionen hoben in der Öffentlichkeit hervor, daß dieses Ziel weiterhin in der Verbesserung des Lebensschutzes für das

---

367 SPD Fr. Si. v. 15. April 1975 (AsD FS Prot. VII 1061) S. 8.

368 SPD Fr. Si. v. 3. Juni 1975 (AsD FS Prot. VII 1063) S. 4.

369 Dies und das Folgende nach: SPD Fr. Si. v. 17. Juni 1975 (AsD FS Prot. VII 1063) S. 3ff.

370 SPD Fr. Si. v. 30. September 1975 (AsD FS Prot. VII 1063) S. 7 u. 18; SPD Fr. Si. v. 4. November 1975 (AsD FS Prot. VII 1064) S. 9: Dr. Timm (SPD), die den Entwurf in der Sitzung des Deutschen Bundestages am 7. November 1975 begründen würde, berichtete der Fraktion, daß sie den Entwurf einbringen werde, räumte aber ein, es sei „nicht ganz leicht, den Entwurf für die ganze Fraktion positiv darzustellen. Sie wolle sich aber bemühen, die ganze Breite der Überzeugungen und Meinungen der Fraktion darzustellen.“

371 BT-Drs. Nr. 7/4128 v. 8. Oktober 1975.

ungeborene Leben zu sehen sei,[372] wenngleich die diesbezüglichen Aussagen sich gelegentlich darin widersprachen, ob darunter nur die Verringerung der kriminellen Abtreibungen[373] oder der Gesamtzahl der Eingriffe[374] zu verstehen sei. In § 218 a sah der Fraktionsentwurf eine „Indikation zum Schwangerschaftsabbruch" vor, die in Absatz 1 eine sozial-medizinische Anzeigestellung unter Berücksichtigung der gegenwärtigen und künftigen Lebensverhältnisse vorsah.[375] Absatz 2 bestimmte, daß die Gefahr einer schwerwiegenden Beeinträchtigung des körperlichen oder seelischen Gesundheitszustandes der Schwangeren im Sinne des Absatzes 1 „auch" im Falle einer kindlichen und kriminologischen Indikation sowie dann vorliege, wenn der „Abbruch der Schwangerschaft sonst angezeigt ist, um von der Schwangeren die Gefahr einer Notlage abzuwenden, die so schwer wiegt, daß von der Schwangeren die Fortsetzung der Schwangerschaft nicht verlangt werden kann." Diese Vorschrift unterlag einer Zwölf-Wochen-Frist.

In der ersten Lesung dieses Gesetzesantrags kritisierte Dr. Eyrich (CDU) diese Regelung: Durch die Einfügung des Wortes „auch" habe die Koalition einen neuen Tatbestand geschaffen, der über eine sozial-medizinische Indikation weit hinaus gehe. Dagegen haben Mitglieder der SPD-Fraktion wiederholt darauf hingewiesen, daß der Indikationstatbestand des neuen Entwurfs im Kern nur eine „übergreifende Gesundheitsindikation" kenne, die die drei übrigen, in Absatz 2 der Vorlage angesprochenen Indikationen als Bestandteile der medizinischen Indikation mit umschließe. Auch die Notlagenindikation sei keine soziale Anzeigestellung im üblichen Sinne, sondern lasse sich eher auf den Begriff der sozial-medizinischen Indikation bringen, der sich an die

372 SPD Inf. Ausg. 882 v. 22. Oktober 1975; Penner (SPD) (SPD Inf. Ausg. 132 v. 5. Februar 1976); Dr. Timm (SPD) Sten. Ber. 7 WP 238 Si. v. 6. Mai 1976 S. 16657; von Schoeler (FDP) Ebd. S. 16660; SA Ber. 7 WP 77 Si. v. 28. Januar 1976 (Anlage 1) S. 2460; Dr. Bardens (SPD) SA Ber. 7 WP 73 Si. v. 3. Dezember 1975 S. 2363; Dr. Penner (SPD) Ebd. S. 2359; Dr. Bardens (SPD) SA Ber. 7 WP 71 Si. v. 26. November 1975 S. 2344; Dr. Penner (SPD) Ebd. S. 3251; Dürr (SPD) VA KProt. 30 Si. v. 18. März 19 76 S. 47; Dr. Timm (SPD) Sten. Ber. 7 WP 201 Si. v. 7. November 1975 S. 13877; Dr. Penner (SPD) Ebd. S. 13895, 13896 u. 13894; von Schoeler (FDP) Ebd. S. 13891; Dr. Focke (SPD) Ebd. S. 13898; Bundesjustizminister Vogel (SPD) Sten. Ber. 7 WP 221 Si. v. 12. Februar 1976 S. 15354; Dr. Müller-Emmert (SPD) Ebd. S. 15331 u. 15334; von Schoeler (FDP) Ebd. S. 15325 u. 15326; Rapp (SPD) Ebd. S. 15343 u. 15344; Funcke (FDP) Ebd. S. 15353; Schlei (SPD) Sten. Ber. 7 WP 181 Si. v. 19. Juni 1975 S. 12653; BT-Drs. Nr. 7/4128 v. 8. Oktober 1975 S. 3 u. 6; vgl. dagegen Justizsenator Prof. Ulrich Klug (BR Sten. Ber. 432 Si. v. 12. März 1976 S. 81), der im Widerspruch zu den im vorangegangenen angeführten Quellen, soweit sie sich auf die Zielrichtung der Beratung beziehen, darauf insistierte, daß die Beratung eine „wertfreie, objektive", nicht auf die Erhaltung des ungeborenen Kindes gerichtete sein solle; eine lebensschutzorientierte Zielsetzung kritisierte Klug als „ideologische Aufladung" der Beratung.

373 SPD Inf. Ausg. 882 v. 22. Oktober 1975; Dürr (SPD) (SPD Press. P/XXX/113 v. 19. Juni 1975 S. 3); DPA 107 ID v. 28. September 1975 (Dürr (SPD)).

374 Dr. de With (SPD) (SPD Press. P/XXX/209 v. 31. Oktober 1975); Funcke (FDP) Sten. Ber. 7 WP 221 Si. v. 12. Februar 1976 S. 15352.

375 Dies und das Folgende nach: BT-Drs. Nr. 7/4128 v. 8. Oktober 1975 S. 3.

Definition anlehne, die der Deutsche Ärztetag in seiner Entschließung vom Oktober 1973 einer umfassenden sozial-medizinischen Indikation zugrunde gelegt habe.[376]

Wie im folgenden gezeigt wird, ist diese Umschreibung nicht mehr wesentlich von den Indikationstatbeständen zu unterscheiden, die der gegen Ende Oktober 1975 von der Unionsfraktion Im Deutschen Bundestag eingebrachte Indikationenentwurf aufwies. Der Kern der Auseinandersetzung über die einzelnen Gesetzentwürfe verlagerte sich damit zusehends von der Ausgestaltung der Indikationstatbestände auf die Regelung des Indikationsfeststellungs- und Beratungsverfahrens. Welche Konzeption der SPD/FDP-Fraktionsentwurf in dieser Hinsicht vorsah und inwiefern sich diese von dem Unionsmodell unterschied, soll im Anschluß an die Darstellung der Meinungsbildung in der CDU/CSU näher untersucht werden.

c) Die Reaktionen in der CDU/CSU

Die Bundesverfassungsgerichtsentscheidung vom 25. Februar 1975 bedeutete für die Fraktion der CDU/CSU im Deutschen Bundestag keine wesentliche Verbesserung der eigenen Position. Zum einen beließ das Urteil dem Gesetzgeber einen Spielraum, der weit über das hinausging, was die Unionsfraktion in ihrem Entwurf zu akzeptieren bereit gewesen war. Zum anderen hatte die Koalition bereits deutlich zu erkennen gegeben, daß sie gewillt war, diesen Spielraum bis an die Grenze des noch verfassungsrechtlich Zulässigen auszuschöpfen.[377]

Daß der neue Koalitionsentwurf der verfassungswidrigen Fristenregelung so nahe wie möglich kommen solle, haben in der Öffentlichkeit mehrere Sozialdemokraten unzweideutig zum Ausdruck gebracht.[378] Es stand zu erwarten, daß, wollte die Union das Gesetzgebungsverfahren wirksam beeinflussen, sie der Gegenseite in einem Maße

---

376 DPA 108 ID v. 17. August 1975 (Dr. Timm (SPD)); Dürr (SPD) (SPD Press. P/XXX/113 v. 19. Juni 1975); SPD Inf. Ausg. 512 v. 17. Juni 1975; Dr. Timm (SPD) Sten. Ber. 7 WP 201 Si. v. 7. November 1975 S. 13878; Dr. Penner (SPD) Ebd. S. 13895; von Schoeler (FDP) Ebd. S. 13886; Dr. Müller-Emmert (SPD) Sten. Ber. 7 WP 221 Si. v. 12. Februar 1976 S. 15329; Dr. Penner (SPD) SA Ber. 7 WP 71 Si. v. 26. November 1975 S. 2347; Dr. Bardens (SPD) Ebd. S. 2344; Dr. Bardens (SPD) SA Ber. 7 WP 76 Si. v. 21. Januar 1976 S. 2427; BT-Drs. Nr. 7/4128 v. 8. Oktober 1974 S. 3 u. 6; vgl. ebenso bei der FDP: Mischnick (FDK Jg. 551/75 v. 8. Oktober 1975); FDK Jg. 554/75 v. 8. Oktober 1975.

377 Dr. Penner (SPD) Sten. Ber. 7 WP 201 Si. v. 7. November 1975 S. 13894; Dr. Müller-Emmert (SPD) Sten. Ber. 7 WP 221 Si. v. 12. Februar 1976 S. 15329; Mischnick (FDP) (FDK Jg. 231/75 v. 21. April 1975; FDK Jg. 359/75 v. 19. Juni 1975); von Schoeler (FDP) Sten. Ber. 7 WP 201 Si. v. 7. November 1975 S. 13889; Bundesfamilienministerin Dr. Focke (SPD) erklärte auf der Bundeskonferenz der Arbeitsgemeinschaft sozialdemokratischer Frauen in Braunschweig im Mai 1975, man müsse „so viel herausholen, wie das Bundesverfassungsgerichtsurteil nur irgend hergibt" („Niederlage für alle Frauen". In: FR v. 24. Mai 1975).

378 Dürr (SPD) (SPD Press. P/XXX/113 v. 19. Juni 1975); Prof. Ehmke (SPD) (Ko Nr. 6 Juni 1975); DPA 108 ID v. 17. August 1975 (Dr. Timm (SPD)); Timm (SPD) zit. in: „Indikationenemodell mit Generalklausel. Ankündigung der SPD". In: GA v. 18. August 1975.

entgegenkommen müßte, das ihre bisherige Position wesentlich überschreiten würde. Von vornherein erschien sehr fraglich, ob diejenigen in der Fraktion, die bislang den Gruppenantrag Dr. Heck befürwortet hatten, bereit sein würden, einen solchen Kompromiß mitzutragen. Es ist zu vermuten, daß die mit der Änderung des § 218 StGB vornehmlich befaßten Fraktionsmitglieder sich über das durch die politischen Rahmenbedingungen vorgezeichnete Dilemma eines solchen innerfraktionellen Spagats sehr früh im klaren waren.

Bereits vor der Urteilsverkündung verständigte sich die Fraktion darauf, auch im Falle einer Feststellung der Verfassungswidrigkeit der Fristenregelung in öffentlichen Reaktionen „ein hohes Maß an Mäßigung und Zurückhaltung" zu wahren und die anderen Parteien sowie die Bundesregierung zu gemeinsamen Gesprächen aufzufordern, in denen ein Weg zu einer breiten Parlamentsmehrheit gesucht werden könne. Gleichzeitig sollte der Arbeitskreis I nach den Vorschlägen eines von der deutschen Ärzteschaft formulierten Entwurfs[379] den Versuch unternehmen, die Fraktion möglichst auf einen einheitlichen Kurs zu bringen. Die Aussichten hierauf wurden indessen – insbesondere mit Blick auf die Haltung der Gruppe um Dr. Bruno Heck – skeptisch beurteilt. Sehr wahrscheinlich aufgrund der Erwägung, daß diese Gruppe einem auf dem Ärztemodell aufbauenden Modell ohnehin nicht folgen werde, entschloß man sich, vorerst darauf zu verzichten, einen eigenen Entwurf einzubringen.[380] Nachdem das Urteil verkündet war, hielt der Arbeitskreis I der Fraktion daran fest, zunächst seine Bemühungen um eine Verständigung mit der Koalition fortzusetzen und nur dann einen eigenen Entwurf vorzulegen, falls die Koalition eine solche Initiative ergreifen würde. Dies sollte besonders für den Fall gelten, daß die Fraktionen von SPD und FDP einen Entwurf einbringen würden, der das Urteil des Bundesverfassungsgerichts voll ausschöpfe. Auch von der Erarbeitung einer eigenen Vorlage wurde weiterhin abgesehen, zumal weder dem alten Fraktionsentwurf noch dem Ärztemodell Chancen auf eine umfassende Zustimmung in der eigenen Fraktion eingeräumt wurden.[381]

379 Dieser als „erweitertes Indikationsmodell" bezeichnete und von dem Präsidenten der Deutschen Ärztekammer, Prof. Hans J. Severing, unterbreitete Entwurf sah im einzelnen vor: Grundsätzlich sollte der künstliche Abort nur dann rechtmäßig sein, wenn eine ernsthafte Gefahr für das Leben oder die Gesundheit der Mutter zu befürchten sei. In diese Indikation könnten folgende weitere Möglichkeiten einbezogen werden: „Die ernsthafte Sorge, ein schwergeschädigtes Kind zur Welt zu bringen. Dadurch können sowohl psychische wie somatische Gefährdungen der Gesundheit der Mutter entstehen." Ferner sollten berücksichtigt werden durch „Vergewaltigung zustandegekommene Schwangerschaft" und: „Sozialmedizinische Umstände. Darunter wäre folgendes zu verstehen: Wenn soziale Bedingungen, deren Beseitigung nicht möglich ist, eine Gefährdung der Gesundheit der Mutter ernsthaft befürchten lassen, so muss die sozialmedizinische Indikation anerkannt werden" (Hans J. Sewering: „Erweitertes Indikationenmodell" v. 29. April 1974 (ACDP I-379-028/1)).

380 Schreiben von Friedrich Vogel v. 3. März 1975 an Karl Carstens (ACDP VIII-002-019/3); AK KProt. Si. v. 18. Februar 1975 (ACDP VIII-001-023/1) S. 1.

381 AK KProt. Si. v. 11. März 1975 (ACDP VII-004-A 2392) S. 1; AGR EProt. Si. v. 11. März 1975 (ACDP VII-004-A 2392) S. 1; AGR EProt. Si. v. 18. März 1975 (ACDP VII-004-A 2392) S. 1.

Wahrscheinlich ab Anfang April 1975 wich die Unionsfraktion von dieser defensiv ausgerichteten Linie ab und schickte sich an, die politische Initiative zurückzugewinnen. Es ist das Bemühen erkennbar, einerseits den durch das Bundesverfassungsgericht eröffneten gesetzgeberischen Spielraum nicht voll auszunutzen und andererseits zu vermeiden, daß die Politik der Union in der öffentlichen Meinung lediglich als Nein zu den Initiativen der Koalitionsfraktionen erschien.[382] Die Arbeitsgruppe „Recht" hatte für die Zeit nach Ostern 1975 die Bildung einer weiteren, kleineren Arbeitsgruppe in Aussicht genommen, deren Aufgabe die Erarbeitung eines Gesetzentwurfs sein würde. Ihr sollten die Abg. Dr. Heck (CDU), Köster (CDU), Dr. Eyrich (CDU), Dr. Jaeger (CSU), Erhard (Bad Schwalbach) (CDU) und Dr. Lenz (CDU) sowie Vertreter einiger CDU/CSU-regierten Länder angehören, darunter insbesondere Vertreter des Landes Baden-Württemberg.[383]

d) *Der Einfluß der baden-württembergischen Gesetzentwürfe auf die Willensbildung in der Unionsfraktion*

Spätestens Anfang Juni 1975 lag ein Referentenentwurf zur Reform des § 218 StGB aus dem baden-württembergischen Staatsministerium vor, der neben einer medizinischen, kindlichen und kriminologischen Anzeigestellung auch eine Indikation zum „Abbruch der Schwangerschaft aus sozialmedizinischen Gründen" vorsah. Diese Vorschrift besagte, daß eine innerhalb der ersten zwölf Schwangerschaftswochen mit Einwilligung der Schwangeren von einem Arzt vorgenommene Abtreibung nicht strafbar sein solle, wenn sie nach den Erkenntnissen der medizinischen Wissenschaft angezeigt sei, „um von der Schwangeren die Gefahr einer schwerwiegenden Notlage abzuwenden, die zu einer Beeinträchtigung ihres Gesundheitszustandes führen kann, und die Gefahr nicht auf eine andere für die Schwangere zumutbare Weise abgewendet werden kann."[384]

Sowohl innerhalb der Arbeitsgruppe als auch in der Fraktion entwickelte sich in der ersten Juni-Hälfte eine zum Teil in sehr kontroverser Form geführte Diskussion über die Frage, ob ein neuer Unionsentwurf noch hinter dem durch das Bundesverfassungsgericht gesetzten geltenden Recht zurückbleiben könne, oder ob nicht sämtliche Indikationen – auch die soziale – in einer gesetzgeberischen Initiative der Fraktion Berücksichtigung finden müßten.[385]

---

382 Schreiben von Kurt Biedenkopf v. 1. April 1975 an Karl Carstens (ACDP VIII-022-018/5); Vermerk: Betr. § 218: Sitzung des Präsidiums vom 21. April 1975 v. 18. April 1975 (ACDP I-379-028/1); Vermerk: Betr. Vorgehen § 218 v. 7. Mai 1975 (ACDP I-379-028/1).

383 AGR EProt. Si. v. 18. März 1975 (ACDP VII-004-A 2392).

384 Referentenentwurf für ein Gesetz zur Reform des § 218 StGB (ACDP I-379-028/1) (mit Schreiben von MDirig. Benz aus dem Staatsministerium Baden-Württemberg v. 30. Mai 1975 an Helga Wex) S. 2f.

385 AG Prot. Si. v. 5. Juni 1975 (ACDP VIII-022-018/5) S. 1ff.; Schreiben von Dr. Bruno Heck v. 5. Juni 1975 an Karl Carstens (ACDP 08-002-114/4); Schreiben von Hans Ministerpräsident Dr. Filbinger (CDU) v. 11. Juni 1975 an Karl Carstens (ACDP 08-002-114/4).

Die Bereitschaft der Union, die Aufnahme einer sozialen Indikation in den eigenen Gesetzentwurf zu erwägen, war nicht neu, sondern schon früh der Koalition signalisiert worden. Bereits in den Jahren 1973 und 1974 hatte der Obmann der CDU/CSU-Fraktion im Straferechtssonderausschuß, Dr. Eyrich, auf die Kompromißmöglichkeiten hingewiesen, die in der Frage der Notlagenindikation zwischen Teilen der Koalition und der Opposition bestanden.[386] Dr. Eyrich (CDU) erklärte, auch die Union habe an dem Problem der sozialen Indikation nicht vorübergehen können und deswegen die „Härteklausel" in ihren Entwurf aufgenommen, die dem Richter die Möglichkeit gebe, „bei seiner Entscheidung zu berücksichtigen, daß die Frau keinen anderen Ausweg als den des Abbruchs der Schwangerschaft mehr gesehen hat."

Dr. Eyrich (CDU) betonte, daß, wenn dies der Inhalt der sozialen Indikation sei, viele Mißverständnisse und Schwierigkeiten, die einer einvernehmlichen Regelung möglicherweise im Wege stünden, ausgeräumt werden könnten. Aufgabe des Ausschusses sei es, die von der Union vorgeschlagene Härteklausel „in der Diskussion einmal mit der sozialen Indikation in Verbindung zu bringen und zu klären, ob und in welcher Form hier Boden für eine übereinstimmende Meinung zu finden wäre." Diese Position, die Dr. Eyrich auch vor dem Plenum bekundet hatte,[387] ist von der Union während des gesamten Gesetzgebungsverfahrens beibehalten worden. Insofern richteten sich auch die von Oppositionsvertretern vorgetragenen Bedenken gegen diese Indikation nicht grundsätzlich gegen die Einführung einer Indikation der allgemeinen Notlage, sondern gegen die einer solchen Bestimmung immanente Mißbrauchsgefahr.

Staatssekretär Bauer aus dem Bayerischen Staatsministerium der Justiz deutete bereits im März 1972 vor dem Bundesratsplenum an, daß er der Indikationenregelung des Regierungsentwurfs im allgemeinen wie der Notlagenindikation im besonderen grundsätzlich nicht ablehnend gegenüberstehe, sondern sie vor allem wegen der Gefahr der Ausuferung des Indikationsstellungsverfahrens in der Praxis negativ beurteile.[388] Desgleichen ließ die 1972 von der CDU-Bundesgeschäftsstelle herausgegebene Dokumentation über den Stand der Reform des § 218 StGB eine grundsätzlich positive Haltung gegenüber der Notlagenindikation erkennen und lehnte diese nicht prinzipiell ab.[389] Noch die nach der Verabschiedung der Fristenregelung im Deutschen Bundestag von seiten der CDU/CSU unternommenen Bemühungen, auf dem Wege des Vermittlungsverfahrens zwischen Bundesrat und Bundestag einen Kompromiß mit der Koalition herbeizuführen, sahen die Möglichkeit hierzu vor allem in der verstärkten Aufnahme sozialer Aspekte in den Indikationenkatalog.[390]

---

386 Dies und das Folgende nach: Dr. Eyrich (CDU) SA Ber. 7 WP 15 Si. v. 26. September 1973 S. 678.

387 Sten. Ber. 7 WP 33 Si. v. 17. Mai 1973 S. 1771.

388 BR Sten. Ber. 378 Si. v. 24. März 1972 S. 495.

389 Bundesgeschäftsstelle S. 7.

390 Ministerpräsident Dr. Stoltenberg (CDU) BR Sten. Ber. 405 Si. v. 10. Mai 1974 S. 148; Ministerpräsident Dr. Filbinger (CDU) BR Sten. Ber. 406 Si. v. 31. Mai 1974 S. 206; Justizminister Dr. Schwarz (CDU) VA KProt. 12 Si. v. 21. Mai 1974 S. 8; Ministerpräsident Dr. Filbinger (CDU) („Neue Initiative zur Reform des § 218". In: We v. 24. Juni 1974).

Am 11. Juni 1975 leitete der Vorsitzende des Arbeitskreises I der Fraktion der CDU/CSU, Friedrich Vogel, einen in der Arbeitsgruppe erarbeiteten Entwurf den Mitgliedern der Bundestagsfraktion zu.[391] Dieser Entwurf, der im ganzen dem später von der Unionsfraktion eingebrachten Modell entsprach und der wohl eine abgeschwächte Fassung der baden-württembergischen Vorlage war, sah eine medizinische Indikation vor, die die gegenwärtigen und künftig zu erwartenden Lebensverhältnisse der Schwangeren berücksichtigte. Er übernahm damit eine Formulierung des Regierungsentwurfs von 1972 und des Gruppenantrags Dr. Müller-Emmert von 1973.

Diese Vorlagen hatten jene Formulierung ihrerseits von dem Referentenentwurf des Jahres 1971 adaptiert, in dessen Erläuterung der sozial-medizinische Charakter dieser Indikation ausdrücklich hervorgehoben worden war.[392] In der Unionsfraktion selbst konnte über diesen Entwurf, der zunächst nicht verabschiedet wurde, sondern als Verhandlungsposition für die erwarteten Gespräche mit der Koalition dienen sollte, keine Einigkeit erzielt werden.[393] Der Abg. Dr. Heck (CDU) warf der Landesregierung Baden-Württembergs, die an der Konzeption dieses Entwurfes maßgeblichen Anteil hatte, öffentlich vor, sich mit der Bundestagsfraktion „zu wenig" abgestimmt zu haben und kritisierte diese Regelungsvorschläge, wenn man die soziale Indikation haben wolle, solle man sich nicht das Feigenblatt der sozial-medizinischen Indikation umhängen lassen.[394]

Am 9. Oktober 1975, einen Tag nach der Einbringung des Koalitionsmodells im Deutschen Bundestag, übersandte Ministerpräsident Dr. Filbinger (CDU) an den Vorsitzenden der CDU/CSU-Fraktion einen weiteren Gesetzentwurf und bat Prof. Carstens, sich dafür zu verwenden, „daß sich die Fraktion diesen Entwurf zu eigen macht."[395] Diese Vorlage entspricht weitgehend dem Gesetzesantrag, den die Unionsfraktion am 23. Oktober 1975 schließlich im Bundestag einbrachte, so daß man jenen Entwurf sehr wahrscheinlich als die Version anzusehen haben wird, aus der die schließlich von der Fraktion verabschiedete Fassung hervorgegangen ist.

Hinsichtlich der Anzeigestellungen unterschieden sich die beiden Entwürfe vor allem durch die unterschiedliche Ausgestaltung der medizinischen Indikation voneinander. Der im Bundestag eingebrachte Entwurf sah einen extrem weit gefaßten „sozialmedizinischen Indikationsbereich" vor, dem die Fälle der kindlichen oder kriminologischen Indikation gleichgeordnet wurden.[396] Ähnlich wies das baden-württembergische Modell eine Bestimmung über den „Abbruch aus medizinischen Gründen" (§ 218 b)

391 Entwurf zur Änderung des § 218 StGB (ACDP VIII-002-019/3).

392 Erläuterungen zu dem Referentenentwurf eines Fünften Gesetzes zur Reform des Strafrechts, o. Dat., vermutlich Oktober 1971 (AsD PS 181) S. 31.

393 AK KProt. Si. v. 18. Juni 1975 (ACDP VIII-001-023/1) S. 1; Notizen über die Fraktionssitzung am 18. Juni 1975 (ACDP VIII-002-019/3) S. 2ff.

394 DPA 028 ID v. 21. Juni 1975; BPA/AN SDR v. 21. Juni 1975 12.45 Uhr S. 46.

395 Schreiben von Ministerpräsident Dr. Filbinger (CDU) v. 9. Oktober 1975 an Karl Carstens (ACDP 08-002-114/4); Entwurf eines Gesetzes zur Änderung des Fünften Gesetzes zur Reform des Strafrechts (ACDP 08-002-114/4).

396 Vgl. S. 190f.

auf, die eine auf die ersten drei Schwangerschaftsmonate begrenzte sozial-medizinische Indikation (Absatz 1) gleichwertig neben eine unbefristete medizinische Indikation (Absatz 2) stellte. Nach Absatz 1 sollte der mit Einwilligung der Schwangeren von einem Arzt innerhalb von zwölf Wochen seit Schwangerschaftsbeginn vorgenommene Eingriff dann nicht strafbar sein, wenn er „angezeigt ist, um von der Schwangeren eine unter Berücksichtigung ihrer gegenwärtigen und künftig zu erwartenden Lebensverhältnisse außergewöhnlich schwere Belastung abzuwenden, die nach den Erkenntnissen der medizinischen Wissenschaft eine erhebliche Beeinträchtigung ihres Gesundheitszustandes besorgen läßt und die auf andere ihr zumutbare Weise nicht abwendbar ist."[397]

Die Begründung führte zu dieser Bestimmung aus, daß die in den Lebensverhältnissen der Schwangeren begründete „Gefahr einer schwerwiegenden Notlage für sich allein nicht genüge, um den Schwangerschaftsabbruch von vornherein straflos zu stellen."[398] Der Eingriff sollte nach dem Entwurf künftig jedoch „rechtmäßig" sein, falls die im Text umrissene Belastung „nach sozialmedizinischen Erkenntnissen erhebliche gesundheitliche Beeinträchtigungen der Schwangeren, namentlich solche auf psychischem Gebiet, besorgen läßt."

Auch wenn diese Indikation „weil sie bei den sozialen Lebensumständen der Schwangeren ansetzt, einen anderen Ausgangspunkt als die medizinische Indikation im herkömmlichen Sinne hat", setze sie doch voraus, daß ein über besondere sozialmedizinische Kenntnisse verfügender Arzt aufgrund einer Prüfung im Einzelfall hinreichend konkrete Gesundheitsgefährdungen von nicht unerheblichem Gewicht aufzuzeigen vermöge, die mit der Fortsetzung der Schwangerschaft einhergingen.

„Die vom Tatbestand vorausgesetzte, außergewöhnlich schwere Belastung der Schwangeren muß also immerhin eine gewisse Nähe zum herkömmlichen Bereich der medizinischen Indikation aufweisen." Sowohl die – im Rahmen einer medizinischen Indikation ungewöhnliche – Dreimonatsfrist, als auch die in ihrer vagen Unverbindlichkeit kaum greifbaren Periphrasierungen des Tatbestandes sowie die Tatsache, daß die Bestimmung über die sozial-medizinische Indikation schon gesetzessystematisch nicht als Unterfall der medizinischen Indikation behandelt wurde, begründen, daß dieser Entwurf im Kern als eine Notlagenindikation bewertet werden muß. Dies kann als umso wahrscheinlicher gelten, als dieser Entwurf sowohl hinsichtlich der Fristsetzung als auch mit Blick auf die Systematik der Vorlage vom Mai desselben Jahres ähnelte, die ausdrücklich von einer Notlagenindikation sprach.[399] Wäre es, wie die Begründung angab, dem Oktober-Entwurf tatsächlich nur um die rechtliche Ermöglichung einer den psychiatrischen Aspekt mitumfassenden Indikation zu tun gewesen, hätte er sich angesichts der Praxis des therapeutischen Aborts selbst erübrigt.[400]

---

397 Entwurf eines Gesetzes zur Änderung des Fünften Gesetzes zur Reform des Strafrechts (ACDP 08-002-114/4) S. 4f.

398 Dies und das Folgende nach: Entwurf eines Gesetzes zur Änderung des Fünften Gesetzes zur Reform des Strafrechts (ACDP 08-002-114/4) S. 24f.

399 Vgl. S. 186f.

400 Vgl. S. 105ff.

Der am 23. Oktober 1975 von der CDU/CSU-Fraktion des Deutschen Bundestages eingebrachte Gesetzentwurf enthielt schließlich in § 218 a eine Vorschrift über den „Abbruch der Schwangerschaft aus medizinischen Gründen", die in Absatz 1 eine Anzeigestellung aufwies, welche – wie die baden-württembergischen Vorlagen – die Berücksichtigung der gegenwärtigen und künftigen Lebensverhältnisse der Schwangeren einbezog.[401] Wie in den baden-württembergischen Entwürfen forderte die Bestimmung nicht mehr das Vorliegen einer „schwerwiegenden", sondern nur noch eine „erhebliche" Beeinträchtigung des körperlichen oder psychischen Zustandes. In der Einleitung zu der Begründung des Entwurfs wurde diese Anzeigestellung als ein „sozial-medizinischer Indikationsbereich" bezeichnet, der zusammen mit der ebenfalls straffreien eugenischen und kriminologischen die „umfassende medizinische Indikation" bildete. Konzeptionell standen die medizinische Indikation „neben" den anderen, das heißt, diese sollten nicht mehr Unterfälle jener sein.[402] Das bedeutet, daß der Unionsentwurf die Regelung einer – im klassischen Sinne – selbständigen „medizinischen" Indikation nicht mehr vorsah und die übrigen Indikationen innerhalb des sogenannten sozial-medizinischen Bereichs als selbständige, von der medizinischen Indikation separate Anzeigestellungen behandelte.

Auf diesen Sachverhalt deutet gleichermaßen die Tatsache, daß § 218 a in einem dritten Absatz bestimmte, daß eine aufgrund der in Absatz 1 geregelten Indikation vorgenommene Abtreibung nur dann nicht strafbar sei, wenn sie innerhalb von zwölf Wochen seit der Empfängnis vorgenommen werde, außer bei Gefahr des Todes oder einer schweren Gesundheitsschädigung der Mutter.

Abgesehen davon, daß – unscheinbarerweise am Ende des Paragraphen – die Zwölfwochenfrist des baden-württembergischen Entwurfs hier wieder erscheint, bleibt festzuhalten: Diese Bestimmung bedeutet implizit, daß die nach dem Entwurf straffreie Abtreibung nicht nur dann zulässig ist, wenn sie erforderlich ist, um von der Schwangeren die Gefahr einer „erheblichen Beeinträchtigung ihres körperlichen oder physischen Gesundheitszustandes" abzuwenden. Also regelt der Gesetzentwurf auch nichtmedizinische Indikationen. Folglich sah dieser Entwurf – da die kriminologische Indikation gesondert geregelt war und die kindliche nicht unter die Dreimonatsfrist fiel – neben der medizinischen, kriminologischen und kindlichen auch eine soziale Indikation vor.

Diese Schlußfolgerung wird durch die Erläuterung bestätigt, die der Obmann der CDU/CSU-Fraktion im Strafrechtssonderausschuß, Dr. Eyrich, vor dem Deutschen Bundestag gab: Der Fraktionsentwurf sehe vor, daß die Abtreibung in solchen Fällen nicht strafbar sein solle, in denen sich die Schwangere in einer „‚sozialen Notlage'" befinde.[403] Einen weiteren Beleg für diese Deutung des Unionsentwurfs wird man in den Ausführungen der Entwurfsbegründung zu erblicken haben, die von der „sozial-medizinischen Notsituation der Schwangeren" ausgehend schließlich von einer „schwerwiegenden Notlage" spricht und an dieser Stelle wörtlich mit der Begründung

---

401 BT-Drs. Nr. 7/4211 v. 32. Oktober 1975 S. 3.

402 Ebd. S. 7.

403 Dr. Eyrich (CDU) Sten. Ber. 7 WP 201 Si. v. 7. November 1975 S. 13882.

des Oktober-Entwurfs aus Baden-Württemberg übereinstimmt.[404] Daß der Konzeption dieses Entwurfs im Kern eine Notlagenindikation zugrundelag, ist eingangs ausgeführt worden.

Dies begründet die These, daß kein wesentlicher Unterschied zwischen den Indikationstatbeständen des Koalitions- und Oppositionsentwurfs bestand. Aus der Perspektive der Meinungsbildung seit 1973 in der Union haftet dieser Feststellung weniger Überraschendes an, als auf den ersten Blick zu vermuten wäre. Denn im Grunde ist dies der Abschluß eines Meinungswandels, dessen Tendenzen sich seit 1973 abzeichneten.[405] Beide Entwürfe des Jahres 1975, Koalitions- und Oppositionsvorlage, beruhten also auf einer extensiv ausgelegten sozial-medizinischen Indikation. Auch das läßt sich in die – weiter unten im einzelnen zu beschreibende – Annäherung der Unionsfraktion an die Position der Koalitionsentwürfe einordnen.[406]

Diese Annäherung mündete schließlich in der weitgehenden Übereinstimmung der Indikationstatbestände beider Entwürfe 1975. Der politische Unterschied zwischen Koalitions- und Oppositionsmodell dürfte nicht in der Frage bestanden haben, welche Schwangerschaftskonfliktfälle gesetzlich von der Strafbarkeit auszunehmen seien, sondern in der Regelung der Verfahrensfragen gesucht werden müssen. Dies ist im folgenden zu untersuchen.

2. *Die Auseinandersetzung über das Indikationsstellungs- und Beratungsverfahren*

Der Koalitionsentwurf bedroht in § 218 b denjenigen mit Strafe, der eine Abtreibung vornimmt, ohne daß die Schwangere sich mindestens drei Tage vor dem Eingriff wegen der Frage des Abbruchs ihrer Schwangerschaft an einen Berater gewandt hat und dort über die zur Verfügung stehenden öffentlichen und privaten Hilfen für Schwangere, Mütter und Kinder beraten worden ist. Beraten werden soll insbesondere über solche Hilfen, die die Fortsetzung der Schwangerschaft und die Lage von Mutter und Kind erleichtern. Außerdem soll sich die Schwangere von einem Arzt über die ärztlich bedeutsamen Gesichtspunkte informieren lassen.[407] Berater im Sinne dieser Bestimmung sind eine von einer Behörde oder Körperschaft, Anstalt oder Stiftung des öffentlichen Rechts anerkannte Beratungsstelle oder ein Arzt, der nicht selbst den Schwangerschaftsabbruch vornimmt.

Dieser Arzt muß entweder einer anerkannten Beratungsstelle angehören oder von einer Behörde, Körperschaft, Anstalt oder Stiftung des öffentlichen Rechts als Berater anerkannt sein; oder er läßt sich durch Beratung mit einem Mitglied einer anerkannten Beratungsstelle, einer Sozialbehörde oder auf andere Weise über die im Einzelfall zur Verfügung stehenden Hilfen unterrichten. Im Falle einer medizinischen Indikation gilt die in § 218 b Abs. 1 des Entwurfs vorgesehene Beratungspflicht nicht.

404 BT-Drs. Nr. 7/4211 v. 23. Oktober 1975 S. 7 u. 9.
405 Vgl. S. 253ff., 260ff. u. 270ff.
406 Vgl. S. 251ff.
407 BT-Drs. Nr. 7/4128 v. 8. Oktober 1975 S. 3.

Der Entwurf der CDU/CSU-Fraktion im Deutschen Bundestag sah folgendes Verfahren vor: Der Eingriff soll erst vorgenommen werden dürfen, nachdem die Schwangere mindestens drei Tage vor dem Abbruch der Schwangerschaft durch eine behördlich ermächtigte Beratungsstelle über die zur Verfügung stehenden öffentlichen und privaten Hilfen für Schwangere, Familien, Mütter und Kinder unterrichtet, auf die grundsätzliche Pflicht zur Achtung des Lebensrechts des Kindes vor der Geburt hingewiesen und darüber belehrt worden ist, welche Gründe in ihrem Fall für die Fortsetzung der Schwangerschaft sprechen.

Zweitens hat sich die Schwangere ärztlich beraten lassen. Schließlich haben zwei ermächtigte Ärzte den Arzt, der den Schwangerschaftsabbruch vorzunehmen beabsichtigt, darüber zu beraten, ob die Voraussetzungen des § 218 a vorliegen, und das Ergebnis der Beratung schriftlich begründet mitzuteilen. Die beiden Ärzte müssen, soweit das für die Beurteilung der Voraussetzungen des § 218 a Abs. 1 Nr. 3 erforderlich ist, eine Auskunft einer behördlich ermächtigten Beratungsstelle besonders über die zur Verfügung stehenden Hilfen einholen. Die Landesregierungen sollten durch das Gesetz befugt werden, durch Rechtsverordnung die Voraussetzungen der Ermächtigung von Beratungsstellen und Ärzten nach Absatz 1 zu regeln und die hierfür zuständige Stelle zu bestimmen. Auch im Unionsentwurf gilt die Beratungspflicht dann nicht, wenn durch den mit seiner Einhaltung verbundenen Aufschub eine Gefahr für Gesundheit oder Leben der Mutter entstehen könnte.[408]

Wie gesagt bewegte sich die rechtspolitische Auseinandersetzung vor allem um die Verfahrensregelung. Der Vorsitzende des Ausschusses für Inneres und Recht der CDU/CSU-Fraktion, Friedrich Vogel, wies mehrfach darauf hin, daß der Weg zu einem Kompromiß zwischen Opposition und Koalition über eine Einigung in der Verfahrensfrage führe.[409] Desgleichen betonte der Obmann der CDU/CSU-Fraktion im Strafrechtssonderausschuß, Dr. Heinz Eyrich, daß die Fassung der Indikationen in einem solchen Gesetz noch nicht einmal der entscheidende Punkt sei. Dieser Aspekt sei zweitrangig, wenn gewährleistet werde, daß die Feststellung der Indikationen durch jemand erfolge, der die erforderlichen Voraussetzungen dafür biete.[410]

Die Kritik der Union wandte gegen das vom Koalitionsentwurf vorgesehene Verfahren ein, daß es die gesamte Entscheidung über das Vorliegen einer Indikation einem Arzt überlasse, der sich nicht als für eine solche Beurteilung kompetent zu erweisen brauche. Eine solche Regelung genüge den Anforderungen des Bundesverfassungsgerichts nicht.[411] Sehr ähnlich argumentierten die Vertreter der Union gegen die Ausgestaltung der Beratung im Fraktionsentwurf. Die Beratung werde im Rahmen des

408 BT-Drs. Nr. 7/4211 v. 23. Oktober 1975 S. 4.

409 DPA 088 ID v. 22. Oktober 1975; BPA/AN DLF v. 22. Oktober 1975/12.00 Uhr (Information am Mittag); CDU/CSU Press. v. 14. Oktober 1975; DPA 004 ID v. 11. Oktober 1975.

410 SA Ber. 7 WP 71 Si. v. 26. November 1975 S. 2344; vgl. Dr. Eyrich (CDU) Sten. Ber. 7 WP 201 Si. v. 7. November 1975 S. 13883.

411 Vogel (Ennepetal) (CDU) (CDU/CSU Press. v. 18. Juni 1975); Vogel (Ennepetal) (CDU) (CDU/CSU Press. v. 25. September 1975); Biedenkopf (CDU) (CDU/CSU Press. v. 29. September 1975); DPA 004 ID v. 11. Oktober 1975; Neumeister (CDU) Sten. Ber. 7 WP 221 Si. v. 12. Februar 1976 S. 15342.

vorgesehenen Verfahrens zu einem „eher formalen Erfordernis für das Übergehen zum Indikationsfeststellungsverfahren", zu einem schlichten „Zulässigkeitserfordernis" und mithin zu einer „Farce".[412] Denn nach dem Fraktionsentwurf sei jeder Arzt ohne Rücksicht auf seine – in der Regel mangelhafte – fachliche Qualifikation, Kompetenz und zeitlichen Möglichkeiten zur Feststellung und Beratung über die soziale Seite der Indikation berechtigt.[413] Weiterhin trat die Unionsfraktion für eine klare Trennung von Indikationsfeststellung und Beratung ein, nicht zuletzt deswegen, weil sich beide in ihrer Zielrichtung entgegenstehen könnten.[414]

Einige Koalitionsabgeordnete wiesen diese Kritik aus der Union als „ein beinahe böses Mißtrauen gegenüber unserer Ärzteschaft" zurück[415] und setzten ihr die Auffassung entgegen, man könne davon ausgehen, daß die Ärzte im allgemeinen den durch das Gesetz gestellten Anforderungen in genügender Weise gerecht würden.[416] Soweit diese Begründung von Politikern vorgetragen wurde, die zuvor die Fristenregelung vertreten hatten, ist daran zu erinnern, daß gerade diejenigen Argumente, mit denen sie nun mehr die besondere Eignung der Ärzte für diese Aufgabe begründet wurde, von ihnen bis 1975 grundsätzlich bestritten worden waren. Die Argumentation, der Arzt sei im allgemeinen weder seiner Qualifikation nach noch nach seinen zeitlichen Möglichkeiten dazu befähigt, das Vorliegen einer Notlagenindikation festzustellen, war ein zentraler Einwand der Anhänger der Fristenregelung, insbesondere gegen die vom Gruppenantrag Dr. Müller-Emmert vorgesehenen Notlagenindikation, gewesen.

So hatte sich Liselotte Funcke (FDP) damals vor dem Parlament über die Notlagenindikation mokiert, ob etwa der Arzt sich Verdienstbescheinigung, Wohnungsskizze und Familienbuch zeigen lassen solle, „bevor er sich entscheidet, in einer gerichtlich nachprüfbaren Entscheidung, durch die er mit dem halben Bein im Gerichtssaal steht?"[417] An der Indikationsstellung durch einen Arzt, der nicht an das Votum irgendeiner Gutachterstelle gebunden sein sollte, hatte sie kritisiert, daß damit jeder Arzt ohne weitere Qualifikationen entscheidungsbefugt werde.[418] In diesem Punkt ging sie einig mit einer Reihe von Medizinern und von Sachverständigen,

---

412 Vogel (Ennepetal) (CDU) Ebd. S. 15323; Neumeister (CDU) Ebd. S. 15341; Köster (CDU) Ebd. S. 15347.

413 Vogel (Ennepetal) (CDU) Ebd. S. 15324; Neumeister (CDU) Ebd. S. 15341; Spranger (CSU) Ebd. S. 15335; Köster (CDU) Ebd. S. 15374.

414 Vogel (Ennepetal) (CDU) Ebd. S. 15323; Köster (CDU) Ebd. S. 15348.

415 Engelhard (FDP) Ebd. S. 15337f.; vgl. von Schoeler (FDP) Ebd. S. 15327.

416 Dr. Bardens (SPD) Ebd. S. 15320; Dr. Müller-Emmert (SPD) Ebd. S. 15332; Dr. Timm (SPD) Sten. Ber. 7 WP 201 Si. v. 7. November 1975 S. 13879; Dr. Focke (SPD) Ebd. S. 13898.

417 Funcke (FDP) Sten. Ber. 7 WP 95 Si. v. 25. April 1974 S. 6392.

418 Sten. Ber. 7 WP 33 Si. v. 17. Mai 1973 S. 1804; dieselbe Kritik in: FDK Ausg. 103, 8. Dezember 1971 S. 2: der Verfasser kritisierte in scharfen Wendungen, daß dem Arzt durch den Jahn-Entwurf „Entscheidungen über soziale und kriminologische Gesichtspunkte abverlangt werden."

die eine solche Regelung in der Ausschußanhörung abgelehnt hatten, weil der Arzt in der Regel nicht kompetent sei.[419]

Der offenkundige Widerspruch zwischen solchen frühen Äußerungen und den jetzt angeführten Argumenten löst sich am leichtesten, wenn man annimmt, daß der Beratung – entgegen häufigen Behauptungen[420] – keine zentrale Bedeutung zukam. Es paßt dazu, daß die Rolle der Ärzte im Indikationsfeststellungs- und Beratungsverfahren gelegentlich gerade nicht mit der ihrer Kompetenz begründet wurde. Vielmehr berief man sich darauf, die Ärzte müßten schon deswegen herangezogen werden, weil es in absehbarer Zeit kein funktionsfähiges Beratungssystem geben werde.[421]

Daraus ergibt sich für die Entstehung dieser Regelung im Fraktionsentwurf der Regierungsparteien: Weil man ein annähernd zufriedenstellend funktionierendes Beratungssystem innerhalb eines überschaubaren Zeitraumes nicht schaffen zu können glaubte, wurden tragende Funktionen einem anderen Personenkreis zugewiesen, obgleich gegen dessen Qualifikation jene Bedenken bestanden, welche die große Mehrheit der Anhänger des Koalitionsentwurfs bis 1975 selbst geteilt hatte. Das beeinträchtigt natürlich auch die Überzeugugskraft der Lebensschutz-Argumentation, mit der die Verfahrensregelung öffentlich legitimiert wurde.[422] Der Fraktionsentwurf war der Versuch, trotz der Vorgaben des Bundesverfassungsgerichts eine Regelung zu schaffen, die weiterhin den Zielen der Fristenregelung verpflichtet blieb.

3. Die Frage der generellen Straffreiheit der Schwangeren

Das zweite wichtige Thema der Debatte war die Frage der generellen Straffreiheit der Schwangeren. Der Unionsentwurf bestimmte in § 218 h wie seine Vorläufer, daß das Gericht von einer Bestrafung der Schwangeren nach § 218 absehen könne, wenn die Schwangere in außergewöhnlicher Bedrängnis gehandelt habe und wenn sie sich dieser nicht in zumutbarer Weise habe entziehen können. Bei anderen an der Abtreibung beteiligten Personen solle das Gericht nur dann von Strafe absehen können, wenn der Eingriff von einem Arzt vorgenommen werde.[423] Dagegen sah der Koalitionsentwurf in § 218 Abs. 3 vor, daß die Schwangere straffrei bleibe, „wenn der Schwangerschaftsabbruch nach der Beratung (§ 218 b Abs. 1 Nr. 1, 2) von einem

419 Fromm, Ernst (Präsident der Deutschen Ärztekammer), Interview mit der Katholischen Nachrichten-Agentur am 2. Mai 1972 (Katholischer Arbeitskreis S. 428); Heller S. 87; Dr. Dr. Hagedorn SA Ber. 6 WP 75 Si. v. 11. April 1972 S. 2268; Dr. Groeger Ebd. S. 2276; Dr. Ahrens Ebd. S. 2262.

420 Penner (SPD) (SPD Inf. Ausg. 132, 5. Februar 1976); von Schoeler (FDP) Sten. Ber. 7 WP 238 Si. v. 6. Mai 1976 S. 16659; Dr. Timm (SPD) Ebd. S. 16657; Dr. Timm (SPD) Sten. Ber. 7 WP 201 Si. v. 7. November 1975 S. 13877.

421 Dr. Focke (SPD) Ebd. S. 13898; Dr. Timm (SPD) Ebd. S. 13878; von Schoeler (FDP) Ebd. S. 13890; Dürr (SPD) VA KProt. 30 Si. v. 18. März 1976 S. 47.

422 Vgl. S. 242ff.

423 BT-Drs. Nr. 7/4211 v. 23. Oktober 1975 S. 4f.

Arzt vorgenommen worden ist und seit der Empfängnis nicht mehr als 22 Wochen verstrichen sind."[424]

In der Praxis bedeutete dies, daß eine Schwangere straffrei blieb, wenn sie sich vor dem Eingriff hatte beraten lassen und wenn sie einen Arzt gefunden hatte, der bereit war, die Abtreibung durchzuführen. Die Konzeption für eine solche Regelung war nicht neu. Bereits im August des Jahres 1972 hatte der Vertreter Hessens im Rechtsausschuß des Bundesrats eine ähnliche Initiative unternommen und den Antrag gestellt, die Bundesregierung im weiteren Verlauf des Gesetzgebungsverfahrens prüfen zu lassen, „wie in geeigneter Weise der Täterkreis des § 219 f so einzugrenzen ist, daß die Schwangere in keinem Fall nach dieser Vorschrift bestraft werden kann."[425] Dieser Antrag wurde vom Rechtsausschuß mit den Stimmen der unionsregierten Länder – mit Ausnahme Baden-Württembergs – abgelehnt. Er wurde erst gestellt, nachdem der von Hessen und Hamburg vorgelegte Fristenregelungsentwurf abgelehnt worden war. Das begründet die Annahme, daß dieser Antrag bereits 1972 die „kleine Lösung" war, welche von den Anhängern des Fristenmodells dann angestrebt wurde, wenn sich ihr eigentliches Ziel nicht verwirklichen ließ. 1975 wurde die generelle Straffreiheit von der Koalition zunächst mit demselben Argument begründet, das im vorangegangenen Gesetzgebungsverfahren die Fristenregelung angeführt worden war: die Straffreiheit der Schwangeren eröffne den Weg zur Beratung.[426]

Ministerialdirigent Bahlmann (BMJ) wies im Strafrechtssonderausschuß darauf hin, daß diese gesetzliche Regelung dennoch „insgesamt" eine klare Mißbilligung krimineller Abtreibungen enthalte.[427] Daß diese Regelung einer verfassungsrechtlichen Prüfung standhalten werde, weil der Eingriff vom Gesetzgeber „als rechtswidrig bezeichnet" werde, hob im Strafrechtssonderausschuß ebenso Ministerialdirigent Dr. Sturm (BMJ) hervor.[428] Die zumindest formalrechtlich erkennbare Mißbilligung des Eingriffs war von großer Bedeutung, weil sie zu den Auflagen des Bundesverfassungsgerichts gehörte.

Der Abg. Dr. Eyrich (CDU) kritisierte diese Regelung, weil sie den Versuch mache, eine Handlung zu mißbilligen, ohne in strafrechtlicher Hinsicht die Konsequenz aus dieser Mißbilligung zu ziehen. Man müsse daher fragen, ob eine solche Mißbilligung irgendeinen Sinn habe.[429] Die Straffreiheit der Schwangeren bedeute

424 BT-Drs. Nr. 7/4128 v. 8. Oktober 1975 S. 3.

425 RA Ns. 380 Si. v. 8. März 1972 S. 66 (vgl. UA Ns. 28./29. Februar 1972 S. 37).

426 Bundesjustizminister Vogel (SPD) Sten. Ber. 7 WP 221 Si. v. 12. Februar 1976 S. 15355; Eilers (Bielefeld) (SPD) Ebd. S. 15340; von Schoeler (FDP) Ebd. S. 15325; Dr. Müller-Emmert (SPD) Ebd. S. 15330; Bundesjustizminister Vogel (SPD) Sten. Ber. 7 WP 201 Si. v. 7. November 1975 S. 13896; Dr. Penner (SPD) Ebd. S. 13887; Dr. Penner (SPD) SA Ber. 7 WP 71 Si. v. 26. November 1975 S. 2351.

427 SA Ber. 7 WP 73 Si. v. 3. Dezember 1975 S. 2362; vgl. Dr. Müller-Emmert (SPD) Ebd. S. 2370; vgl. von Schoeler (FDP) Ebd. S. 2369: die Straffreiheit trage der Konfliktsituation der Frau Rechnung, „ohne jedoch das grundsätzlich negative Verdikt des Schwangerschaftsabbruches abzulehnen."

428 MDirig. Dr. Sturm (BMJ) SA Ber. 7 WP 72 Si. v. 27. November 1975 S. 2353.

429 Dr. Eyrich (CDU) Ebd. S. 2353.

eine verkappte Fristenregelung.[430] Dem Einwand, daß der Strafausschließungsgrund konstruiert sei, begegnete Dr. Müller-Emmert (SPD) mit dem Hinweis, dies festzulegen, sei die Aufgabe des Gesetzgebers. Der Strafausschließungsgrund liege darin, daß die Schwangere sich zwei Beratungen unterzogen habe, ohne sich davon überzeugen zu lassen, daß bei ihr keine Indikation vorliege. Wenn die Frau dennoch die Abtreibung wolle, sei für sie eine echte Gewissenskollision gegeben. Dies sei eine gesetzgeberische Begründung, „die ohne weiteres akzeptiert werden könne."[431]

Ähnlich argumentierte Ministerialrat Laufhütte (BMJ): Jede Frau, die einen Schwangerschaftsabbruch wünsche, handle aus einer Situation, die sie selbst – subjektiv – als Notlage empfinde. Wenn sie sich zu einem Berater begebe und schließlich dem Arzt zuwende, der den Abbruch vornehme, so könne sie generell davon ausgehen, daß dieser nicht dolos handele, sondern er ihre Situation als abbruch-rechtfertigend ansehe. Gehe man hiervon aus – wobei es sicher Ausnahmen geben werde – und unterstelle man, daß die Frau ihre vorgesehenen Verpflichtungen erfüllt habe, könne man die Frau straffrei lassen, weil sie alles getan habe, was das Gesetz verlange.[432]

Diese Begründungsversuche widersprechen sich insofern selbst, als sie die Straffreiheit nominell mit einer besonderen Konfliktsituation rechtfertigen, tatsächlich aber die Straffreiheit nicht von dem Vorliegen einer solchen Situation, sondern allein von der Einhaltung formaler Kriterien abhängig machen. Insofern entspricht die Logik dieser Begründung dem Prinzip, auf dem auch die Fristenregelung basierte. Das gleiche gilt für die von Dr. Penner (SPD) angeführte Erläuterung, das Motiv der Koalition für § 218 Abs. 3 sei es gewesen sicherzustellen, „daß das Risiko der Indikationsstellung nicht zu Lasten der Schwangeren gehen solle."[433] Hinter diesem Gedanken steht das Gegenteil der Mißbilligung der Abtreibung, nämlich die der Fristenregelung zugrundeliegende Vorstellung von einer Art „Rechtsanspruch" der Schwangeren auf Tötung des Ungeborenen.

Die zur Rechtfertigung der generellen Straffreiheit angeführten Erläuterungen lassen allenthalben erkennen, daß man sich des Umstandes bewußt gewesen ist, daß der Grat zwischen Verfassungsmäßigkeit und Verfassungswidrigkeit ein außerordentlich schmaler war. Daß man sich dennoch zu diesem Schritt entschloß, dürfte nicht zuletzt auf eine gewisse Trotzhaltung zurückzuführen sein, mit der sich die Koalition in diesem Punkt dem Bundesverfassungsgericht widersetzte. Der Abg. Dr. Penner (SPD) erklärte dazu: Das Bundesverfassungsgericht zeige Neigungen, den ihm gesetzlich zugewiesenen Aufgabenbereich „gleichsam durch eigene, nicht legitimierte Machtvollkommenheit zu erweitern."[434] Dem sei entgegenzutreten. Der Gesetzgeber

---

430 Sten. Ber. 7 WP 201 Si. v. 7. November 1975 S. 13883.

431 SA Ber. 7 WP 71 Si. v. 26. November 1975 S. 2349; ebenso argumentierte: Ostman von der Leye (SPD) Ebd. S. 2350; MDirig. Dr. Sturm (BMJ) SA Ber. 7 WP 72 Si. v. 27. November 1975 S. 2353; MDir Bahlmann (BMJ) SA Ber. 7 WP 73 Si. v. 3. Dezember 1975 S. 2361; Dr. Müller-Emmert (SPD) Ebd. S. 2370.

432 SA Ber. 7 WP 72 Si. v. 27. November 1975 S. 2355.

433 Dr. Penner (SPD) SA Ber. 7 WP 71 Si. v. 26. November 1975 S. 2351.

434 SA Ber. 7 WP 201 Si. v. 7. November 1976 S. 13894.

solle sich nicht an Auflagen halten, mit denen das Bundesverfassungsgericht seine Kompetenz überschritten habe.[435]

IV. Das Scheitern der Kompromißbestrebungen und die Entstehung des Gesetzes vom 21. Mai 1976

Vor dem Hintergrund dieser Differenzen zwischen Opposition und Koalition ist die parlamentarische Meinungsbildung zu betrachten, an die große Teile der Öffentlichkeit die Hoffnung auf einen Kompromiß knüpften. Wir heute wissen, daß für eine einvernehmliche Regelung des § 218 StGB nach dem Bundesverfassungsgerichtsurteil tatsächlich keine begründeten Aussichten bestanden. Wie das Problem der Verfahrensfragen und der generellen Straffreiheit der Schwangeren gezeigt hat, bestanden die inhaltlichen Sachkonflikte weiter fort. Ex post ist daher die historische Möglichkeit eines Ausgleichs zwischen den rechtspolitischen Zielvorstellungen von Opposition und Koalition sehr vorsichtig zu beurteilen.

Die unmittelbar nach dem 25. Februar 1975 von der Unionsfraktion an die Regierungsparteien gerichteten Aufforderungen zur gemeinsamen Erarbeitung eines neuen Gesetzentwurfs[436] wurden bis zum Oktober 1975, also noch nachdem der Koalitionsentwurf eingebracht war, aufrechterhalten.[437] Dabei gab die Opposition hinsichtlich des Indikationenkatalogs ihre grundsätzliche Distanz zu den Positionen der Koalition auf und stimmte – um den hohen Preis der Geschlossenheit der Bundestagsfraktion[438] – der De-facto-Einführung einer sozialen Indikation zu. Anders verhielt sie sich in der Verfahrensfrage: dort unterschied sich ihre Position grundsätzlich von der Haltung der Koalition. Gleichwohl zeigte sie sich auch in dieser Frage nicht unflexibel.

Entsprechend einem von der Fraktion erteilten Sondierungsauftrag richtete Friedrich Vogel Anfang Juli 1975 in zwei gleichlautenden Schreiben an die Fraktionsvorsitzenden Wehner (SPD) und Mischnik (FDP) ein Angebot zu Gesprächen über den § 218 StGB.[439] Die interfraktionell geführten Gespräche, an denen die Abg. von

---

435 Dr. Penner (SPD) SA Ber. 7 WP 71 Si. v. 26. November 1975 S. 2351.

436 Gemeinsame Erklärung von Helmut Kohl und Franz-Josef Strauß zur Bundesverfassungsgerichtsentscheidung vom 24. Februar 1975 (ACDP 0/068/33-7); „Kohl regte gemeinsame 218-Erklärung an". In: FNP v. 7. April 1975; „CDU für soziale Indikation". In: FNP v. 11. April 1975; DPA 168 ID v. 25. Februar 1975 (Carstens (Fehmarn)(CDU)); DPA 064 ID v. 26. Februar 1975 (Dr. Lenz (CDU)); DPA 247 ID v. 10. April 1975; DPA 253 ID v. 14. April 1975.

437 DPA 208 ID v. 8. September 1975 (Vogel (Ennepetal)(CDU)); CDU/CSU Press. v. 29. September 1975; DPA 004 ID v. 11. Oktober 1975 (Vogel (Ennepetal)(CDU)).

438 Denn diese stimmte im Deutschen Bundestag nicht geschlossen für den Fraktionsentwurf der CDU/CSU (Vgl. S. 241).

439 Schreiben von Friedrich Vogel v. 3. Juli 1975 an Herbert Wehner (ACDP VIII- 002-019/3); Schreiben von Friedrich Vogel v. 3. Juli 1975 an Wolfgang Mischnick (ACDP VIII-002-019/3).

Schoeler (FDP), Dr. Timm (SPD), Funcke (FDP), Dürr (SPD), Dr. Eyrich (CDU), Spranger (CSU) und Vogel (Ennepetal) (CDU) teilnahmen, erwiesen bald, daß der Schwerpunkt der bevorstehenden parlamentarischen Auseinandersetzung in der Frage der Verfahrensregelung liegen werde.[440] Nach Vogel sind die Einigungsbemühungen an diesem Punkt schließlich gescheitert.[441] Frau Funcke (FDP) machte den Erfolg der Gespräche über eine einvernehmliche Regelung davon abhängig, daß die Opposition der „vollen Ausschöpfung des vom Verfassungsgericht abgesteckten Entscheidungsraums" zustimme.[442] Weil die Opposition hierzu nicht bereit gewesen sei, wurde sie von den Abg. von Schoeler (FDP) und Funcke (FDP) später für den Mißerfolg der interfraktionellen Verhandlungen beziehungsweise für das Scheitern eines „Kompromisses" verantwortlich gemacht.[443]

Wenn der mögliche Kompromiß aus Koalitionssicht darin zu bestehen hatte, daß die Opposition ihre eigene Position völlig aufgab und die Bedingungen der Regierungsfraktionen ohne Abstriche akzeptierte, ist kaum anzunehmen, daß auf seiten der Koalition ein ernsthaftes Interesse an einem Einvernehmen mit den Unionsparteien vorhanden war. Dies bestätigen einige interne Äußerungen führender Koalitionspolitiker.[444]

Es wurde bereits ausgeführt, daß Herbert Wehner grundsätzlich nicht auf die von der Opposition unternommenen Kompromißbestrebungen eingehen wollte. Eine ähnliche Taktik scheint Liselotte Funcke (FDP) bestimmt zu haben. Sie schalt zwar die Opposition im Bundestag, einen interfraktionellen Kompromiß verhindert zu haben; in dem internen Bericht jedoch, den sie ihrem Bundesvorstand über die Beratungen zum § 218 StGB erstattete, wertete sie es als einen wesentlichen Erfolg, daß es gelungen sei, eine Einigung zwischen der SPD und der CDU/CSU verhindert zu haben.[445]

Die Gründe für diese Haltung sind wohl besonders darin zu erblicken, daß die sozialliberale Koalition den rechtspolitischen Zielsetzungen der Fristenregelung verpflichtet blieb. Darüber hinaus läßt besonders die Haltung Wehners (SPD) erkennen, daß dieser den politischen Kompromiß auch aus allgemein parteitaktischen Gründen ablehnte, denn er engagierte sich gegen einen eventuellen Kompromiß schon zu einem Zeitpunkt, als sich noch gar nicht absehen ließ, wie weit die Kompromißbereitschaft der Union gehen würde. Offensichtlich überwog das Interesse, öffentlich als endgültiger Sieger aus einer lange und nicht ohne Härte geführten innenpolitischen Auseinandersetzung hervorzugehen, das Interesse an einem parlamentarischen Kompromiß, der

---

440 AK KProt. Si. v. 16. September 1975 (ACDP VII-004-A 2392) S. 1; Schreiben von Friedrich Vogel v. 8. Oktober 1975 an Karl Carstens (ACDP 08-002-114/4); Vogel (Ennepetal) (CDU) (CDU/CSU Press. v. 18. Juni 1975); vgl. Dr. Eyrich (CDU) SA Ber. 7 WP 71 Si. v. 26. November 1975 S. 2344.

441 DPA 088 ID v. 22. Oktober 1975 (Vogel).

442 Funcke (FDP) (FDK Ausg. 192 v. 15. Oktober 1975).

443 Funcke (FDP) Sten. Ber. 7 WP 221 Si. v. 12. Februar 1975 S. 15354; von Schoeler (FDP) Ebd. S. 15326.

444 Vgl. S. 184 Fn. 376 u. 377.

445 Brieflicher Bericht von Ingrid Matthäus v. 15. Juli 1975 über die Sitzung des Bundesvorstandes der FDP vom 21. Juni 1975 (BV Prot. ADL 177 (1975)).

möglicherweise auch die Zustimmung der großen Mehrheit der Bevölkerung gefunden hätte.

Vor diesem Hintergrund fand die Erste Beratung der beiden neuen Entwürfe am 7. November 1975 statt, in der das Plenum die Vorlagen an die zuständigen Ausschüsse (Sonderausschuß für die Strafrechtsreform (federführend); Ausschuß für Jugend, Familie und Gesundheit) überwies. Im Laufe der Plenardebatte, die um einiges polemischer war als der Auftakt der Beratungen im Mai 1973, hielten Koalitionspolitiker der Opposition entgegen, sie könne sich gegenüber den Frauen „vom Geist der Bevormundung nicht lösen",[446] während Unionsabgeordnete den Vorwurf erhoben, die Regierungsparteien versuchten durch juristische Kunstgriffe zu verschleiern, daß ihr Entwurf den Anforderungen des Bundesverfassungsgerichts nicht gerecht werde.[447] In derselben Sitzung begründete der Abg. Dr. Bruno Heck (CDU), warum er und andere Christdemokraten den Antrag ihrer eigenen Fraktion nicht unterstützen würden: Es sei nicht von der Hand zu weisen, daß die Fassung des § 218 a auch durch den Fraktionsentwurf der CDU/CSU unter der Überschrift der medizinischen Indikation zunächst dem Wortlaut des Gesetzes nach das Tor der medizinischen Indikation lediglich für die schweren Fälle der sozialen Indikation öffne, daß aber danach in der Praxis durch dieses Tor hindurch die soziale Indikation überhaupt praktiziert werde.[448]

Der Strafrechtssonderausschuß nahm noch am 26. November 1975 die Beratungen der beiden Entwürfe auf und schloß sie – in sechs Sitzungen[449] – bis Ende Januar 1976 ab. Am 12. Februar, wenige Tage nach der letzten Ausschußsitzung, die am 28. Januar stattgefunden hatte, beriet das Plenum in zweiter und dritter Lesung. Die Lesungen, die wesentlich weniger Zeit in Anspruch nahmen als 1974, bewegten sich nicht nur um Sachfragen, sondern wurden von Koalition und Opposition noch einmal dazu genutzt, die bereits in der Ersten Lesung erhobenen Vorwürfe zu wiederholen und sich gegenseitig die Verantwortung für das Scheitern eines Kompromisses zuzuweisen. Es kennzeichnet die Debatte, daß – entgegen den parlamentarischen Gepflogenheiten – nicht die Bundesregierung das letzte Wort hatte, sondern Herbert Wehner, der sich bis dahin an der Sachdiskussion im Plenum nicht beteiligt hatte und der vor der Abstimmung die Gelegenheit ergriff, der Opposition destruktive Politik und Konzeptionslosigkeit vorzuwerfen.[450]

Während die Unionsfraktion darauf verzichtete, ihren Entwurf zur Abstimmung zu stellen, wurde der Koalitionsantrag mit 234 Ja-Stimmen und 14 Berliner Abgeordneten gegen 181 Nein-Stimmen und 6 Berliner Abgeordnete angenommen.[451] Das Abstimmungsbild stellte sich wesentlich geschlossener dar als in allen vorangegangenen Parlamentsentscheidungen zum Fünften Gesetz zur Reform des Strafrechts: Außer Freiherrn Ostman von der Leye (SPD), der eine Indikationenregelung nicht mittragen

446 von Schoeler (FDP) Sten. Ber. 7 WP 201 Si. v. 7. November 1975 S. 13888.
447 Dr. Eyrich (CDU) Ebd. 1975 S. 13882.
448 Dr. Heck (CDU) Ebd. S. 13893.
449 SA Ber. 7 WP 71., 72., 73., 75., 76. u. 77 Si.
450 Sten. Ber. 7 WP 221 Si. v. 12. Februar 1976 S. 15356.
451 Ebd. S. 15358f.

wollte,[452] stimmte kein Abgeordneter der Koalitionsfraktionen gegen den Antrag; außerdem votierten die Unionsabgeordneten Frau Berger (Berlin), Wohlrabe und Sick für den Entwurf. Die CDU/CSU-Fraktion stimmte, von diesen drei Abgeordneten abgesehen, geschlossen mit Nein.

Daraufhin beschloß der Bundesrat am 12. März 1976[453] auf Empfehlung seines Rechtsausschusses (federführend) und seines Ausschusses für Jugend, Familie und Gesundheit,[454] die Anrufung des Vermittlungsausschusses und verlangte, das vom Bundestag beschlossene Gesetz durch eine Vorschrift zu ersetzen, die dem Unionsentwurf der vom 23. Oktober 1975 entsprach. Der Vermittlungsausschuß entschied dagegen am 18. März 1976, dem Plenum die Bestätigung seines Beschlusses vom 12. Februar 1976 vorzuschlagen.[455] Der Bundesrat reagierte auf diese Entscheidung am 9. April 1976 mit einem Einspruch gegen das Gesetz.[456] Diesen wies der Deutsche Bundestag in seiner 238. Sitzung am 6. Mai mit der erforderlichen Mehrheit zurück.[457] Nach der Ausfertigung des Gesetzes durch den Bundespräsidenten am 18. Mai wurde es am 21. Mai im Bundesgesetzblatt verkündet,[458] um tags darauf in Kraft zu treten.

452 Vgl. S. 291f.
453 BR-Drs. Nr. 140/76 (Beschluß) v. 12. März 1976 S. 1ff.
454 BR-Drs. Nr. 140/1/76 v. 25. Februar 1976 S. 1ff.
455 BR-Drs. Nr. 215/76 v. 26. März 1976.
456 BR-Drs. Nr. 215/76 (Beschluß) v. 9. April 1976.
457 Sten. Ber. 7 WP 238 Si. v. 6. Mai 1976 S. 16662; BR-Drs. Nr. 356/76 v. 21. Mai 1976.
458 BGBl. I Nr. 56 v. 21. Mai 1974 S. 1215.

TEIL 4

Die rechtsphilosophischen, rechtspolitischen und anthropologischen Grundzüge der Diskussion über § 218 StGB (1962-1976)

A. Die Trennung von Sittlichkeit und Strafrecht im Streit über die Änderung des § 218 StGB (1962-1976)

Der Streit über die eventuelle Einführung einer kriminologischen Indikation in das Strafgesetzbuch zu Beginn der sechziger Jahre hatte eine rechtsphilosophische Grundsatzdebatte ausgelöst. Kern dieser Auseinandersetzung war die Frage, ob in unserem demokratischen Staat bestimmte ethische Grundwerte für jedermann verbindlich sind, oder ob sich der pluralistische Staat jedes ethischen Urteils enthalten müsse. Diese rechtsphilosophische Diskussion schuf die Voraussetzungen für die rechtspolitische Akzeptanz von Überzeugungen, deren Auswirkung auf die parlamentarische Willensbildung sich bis in die Einzelberatungen hinein nachweisen läßt. Begonnen wurde diese Diskussion von renommierten Rechtslehrern. Hierzu zählen die Professoren Jürgen Baumann und Werner Maihofer, die nach 1970 die Meinungsbildung in wichtigen politischen Gruppen maßgeblich beeinflußt haben und deren Argumente binnen kurzem von Politikern übernommen wurden. Ihren Niederschlag fanden diese rechtsphilosophischen Überzeugungen in schlagwortartigen Begriffen wie „Wertneutralität des pluralistischen Staates", „ethisches Minimum" oder „Sozialschädlichkeit". Sie gelangten damit zu unmittelbarem Einfluß auf die rechtspolitische Entscheidung.

I. Die antikirchliche Polemik

Die Vertreter einer weitgehenden Wertneutralität des Staates richteten ihre Kritik zunächst nicht unmittelbar gegen den § 218 StGB selbst, sondern gegen eine Anschauung, von der sie behaupteten, daß sie dem Paragraphen zugrundeliege. Danach stelle die Pönalisierung der Abtreibung die strafrechtliche Kodifizierung einer ethischen Überzeugung dar, die nur von einer Teilgruppe innerhalb der Gesellschaft vertreten werde. Als diese Gruppe bezeichnete man die christlichen Glaubensgemeinschaften im allgemeinen[1] und die katholische Kirche im besonderen[2]. Die Kritik spitzte sich auf

---

1 ALBRECHT S. 2261. DURAND-WEVER: Strafgesetzentwurf S. 4; „Ethische Indikation zulassen". In: FAZ v. 21. November 1966 (dort zitiert: Jürgen Baumann); KAUFMANN: Strafrechtsreform S. 39; Heinz ZAHRNT: „Freiheit für die Frau". In: We v. 6. Oktober 1962; HORNIG S. 46; PLACK S. 317; DPA 267 ID v. 23. Februar 1972; SOZIALDEMOKRATISCHE WÄHLERINITIATIVE S. 5; MARSCHALL S. 499; OTT S. 77f.; Werner HOLZER: „Das Gewissen und der § 218". In: FR v. 24. April 1974; JACOBI, P. S. 76: Der § 218 sei in der Bundesrepublik „in erster linie ein humanes und nur für christlich indoktrinierte frauen ein künstlich geschaffenes problem"; SCHEUNEMANN S. 155; SÖLLE S. 155; Joseph SCHOLMER: „Unheilige § 218-Allianz. In: Vo v. 27. Februar 1975; Schreiben des Arbeitskreises für Gleichberechtigung und Emanzipation an alle Mitglieder des Deutschen Bundestages v. 28. März 1973 (ACDP 0/069/33-10).

2 Gerd FISCHER: „Frauen in Not". In: NRZ v. 31. August 1962; Die „ethische Indikation"

den Vorwurf zu, es werde kirchlicherseits vom Staat verlangt, „er solle die Sünde als solche bestrafen.“[3] Daß „kirchliche Kreise“ der Allgemeinheit ihre „Weltanschauung“ aufzwingen wollten[4] und daß so „eine moral-theologische These zum allgemeingültigen Gesetz erhoben werden“ solle,[5] haben auch maßgebliche Politiker behauptet. In den siebziger Jahren ließen Bundespräsident Heinemann, die Vizepräsidentin des Deutschen Bundestages, Frau Funcke (FDP), sowie Bundeskanzler Brandt erkennen, daß die Kirche ihrer Auffassung nach vom Staat beim § 218 StGB die Durchsetzung kirchlicher Sittengesetze durch das Strafgesetz fordere.[6]

Dies ist bis in die Gegenwart hinein ein zentrales Argument in der Abtreibungsdiskussion geblieben. Zur Besonderheit des Topos von der spezifischen Gruppenethik gehört, daß er fast immer wie eine Selbstverständlichkeit, ohne sachliche Begründung vorgebracht wurde und wird. Offenbar wird für diese Aussage eine gewisse

---

S. 565; „Ethische Indikation zulassen“. In: FAZ v. 21. November 1966; Pornographie und Abtreibung S. 366; Blau S. 246; Schueler: Sitte S. 46; Schuhmann S. 1160f.; KNA Nr. 176 v. 10. September 1962/B Inland (Walter, Landessozialpfarrer der Landeskirche Rheinland); Maihofer: Menschenbild S. 16; Gebhardt/Pomeroy/Martin/Christenson S. 189; Mandt S. 3422; Maihofer: Reform S. 79; Hegenscheidt: Problematik S. 44; Hans Werner Kettenbach: „Umkämpfter § 218“. In: KStA v. 24. April 1974; Lothar Münn: „Den § 218 ersatzlos streichen“. In: T v. 4. September 1971; Krauss S. 1510; Schmid, R.: 218 S. 563ff.

3 Kaufmann: Strafrechtsreform S. 39.

4 Nottbeck: Schuld S. 2084.

5 Annemarie Renger: „Um die ethische Indikation“. In: SPD Press. P/XVII/213 v. 19. Oktober 1962; „Schuld ohne Strafe?“. In: S v. 10. April 1967 (dort zit.: Gustav Heinemann). Daß nach katholischer Auffassung das Leben der Mutter hinter dem des Kindes zurückstehen müsse, erklärte, ohne eine Begründung für diese Behauptung zu geben, Gustav Heinemann (Gustav Heinemann: „Straffreiheit sollte nicht überfordert werden“. In: NRRZ v. 4. Mai 1963; Groß (FDP) Sten. Ber. 7 WP 95 Si. v. 25. April 1975 S. 6412; von Schoeler (FDP) Ebd. S. 6347; in diesem Sinne richtete die SPD-Bundestagsabgeordnete Lenelotte von Bothmer an Kardinal Höffner den Vorwurf, dieser verlange, daß der Staat sich der katholischen Kirche unterwerfe, daß man aber nicht in einem Kirchenstaat lebe (Bothmer, Lenelotte von: Offener Brief an Kardinal Höffner, Fernschreiben (ACDP/0/068/33-5 S. 1f.)); Minister Scheel (FDP) erklärte gegenüber dem „Stern“ zur Begründung der Fristenregelung: „Es kann nicht Aufgabe des Staates sein, theologische Moralvorstellungen im Gesetzestext zu verankern, um sie dadurch allgemein bindend vorzuschreiben“ („FDP zu § 218: Dieser Paragraph muß weg!“ In: Ste v. 11. Juli 1971).

6 Bundeskanzler Brandt (SPD) Sten. Ber. 7 WP 96 Si. v. 26. April 1974 S. 6480; Bundespräsident Gustav Heinemann (SZ v. 29. März 1973).: „Es könne und dürfe nicht Aufgabe des Staates sein, als verlängerter Arm der Kirche die auf Glauben und geistlicher Erkenntnis gründenden ethischen und moralischen Auffassungen der Christen mit seinen Mitteln, das heißt auf dem Wege weltlicher Gesetzgebung, zu erzwingen“; die Vizepräsidentin des Deutschen Bundestages erklärte in diesem Zusammenhang vor dem Parlament: „Solange wir im konstantinischen Zeitalter die Übereinstimmung von Kirche, Staat und weltlicher Macht hatten, hat die weltliche Macht abgedeckt, was kirchlich gebotene Lebensregel war. (... .) Dies können wir heute nicht mehr“ (Funcke (FDP) Sten. Ber. 7 WP 33 Si. v. 17. Mai 1973 S. 1806); dieselben Thesen in: Liselotte Funcke: „Entscheidung bei der Frau“. In: CW v. 29. März 1974; vgl. Dr. Renate Lepsius (SPD) (Inf. Ausg. 323 v. 26. März 1974 S. 1f.).

Aufnahmebereitschaft der Öffentlichkeit vorausgesetzt. Es ist zu vermuten, daß dieser Topos durch seine ständige Wiederholung in der Öffentlichkeit nach und nach akzeptiert worden ist. Er bedeutet seit den siebziger Jahren wohl die schlagkräftigste Legitimation für die Notwendigkeit einer „Reform"[7] des § 218 StGB.

Indessen zeigt das Studium der einschlägigen Quellen, daß diese Behauptungen seit den sechziger Jahren weder in den maßgeblichen Verlautbarungen der Kirchen noch in den Äußerungen einzelner autoritativer kirchlicher Vertreter Rückhalt finden. Dies gilt nicht nur für die protestantischen Kirchen, sondern auch für die katholische. Denn eine Forderung im Sinne der oben zitierten Behauptungen läßt sich weder in den Verlautbarungen der katholischen Bischofskonferenzen, noch in den Stellungnahmen einzelner Bischöfe oder sonstiger kirchlicher Stellen, Verbände und Organisationen seit der zweiten Hälfte der fünfziger Jahre finden. Hingegen gibt es eine Fülle von Dokumenten, welche die gegenteilige Ansicht bezeugen.

Es wurde bereits oben[8] die von Moraltheologen in den fünfziger Jahren – auch zum § 218 StGB vertretene – Auffassung behandelt, daß Sittengesetz und Strafgesetz keineswegs identisch seien und sein müßten. § 218 StGB sei aber kein Sittengebot, sondern enthalte ein Tötungsverbot. Als solches sichere er das Grundrecht auf Leben, ein elementares Rechtsgut. Dies sei von so großer Bedeutung für die Gemeinschaft, daß es eines besonderen, das heißt strafrechtlichen Schutzes bedürfe. Den gleichen Standpunkt hat die katholische Kirche in verschiedenen Hirtenworten und anderen offiziellen Stellungnahmen seit 1962 und besonders in der Auseinandersetzung seit 1970 mehrfach formuliert.

Kardinal Döpfner erläuterte in der Silvesterpredigt des Jahres 1962, es sei eine „bedauerliche, folgenschwere Verkennung der Wirklichkeit", die Position der katholischen Kirche zur Abtreibung als eine spezielle Eigenlehre zu verstehen; es gehe nicht um Fragen des katholischen Glaubens, „sondern um grundlegende Werte der menschlichen Gesellschaft" als solcher.[9] In der ersten Stellungnahme zur Diskussion um § 218 StGB vom 23. September 1971 stellte die Deutsche Bischofskonferenz ausdrücklich fest, es „sei zweifellos richtig, daß nicht alles, was ethisch verwerflich ist, vom Staat bestraft werden kann", und richtig sei auch, daß die Wirkung von Gesetzen fragwürdig werde, wenn diese nicht vom breiten Ja zu den ethischen Werten getragen werde. Beim § 218 StGB gehe es aber nicht um christliche Moral, sondern um den „fundamentalen Wert" allen menschlichen Lebens und damit um die Frage nach der Geltung dieser „elementaren sittlichen Werte".[10]

---

7 Vgl. S. 225 Fn. 93.

8 Vgl. S. 92f.

9 DÖPFNER: Silvesterpredigt S. 49; ähnlich: DERS.: „Ethische Indikation ist bewußte Tötung". In: DT v. 21. September 1962.

10 Wort der Deutschen Bischofskonferenz zur Verantwortung für das Leben (KATHOLISCHER ARBEITSKREIS S. 23); Die Bischöfe erkannten an, daß es „ernste Konfliktfälle" gebe, bezweifelten aber, ob es eine Gewähr dafür gebe, „daß der Extremfall des Gewissenskonfliktes nicht zum Vorwand der Gewissenlosigkeit wird"; wie weiter unten noch gezeigt werden

Die 1970 von Kardinal Döpfner und dem bayerischen Landesbischof Hermann D. Dietzfelbinger als Vorsitzender des Rates der EKD gemeinsam herausgegebene Schrift „Das Gesetz des Staates und die sittliche Ordnung" enthält dementsprechend ein klares prinzipielles Bekenntnis zum „Weltanschauungs- und Gesinnungspluralismus" und seiner Bedeutung für die Ausgestaltung des staatlichen Rechts,[11] Die gleiche Position ist vom Kommissariat der deutschen Bischöfe,[12] von einzelnen Bischöfen,[13] von katholischen Laienorganisationen[14] und von Moraltheologen[15] wiederholt hervorgehoben worden. Döpfner erläuterte den gleichen Standpunkt 1973 erneut allen Mitgliedern des Deutschen Bundestages.[16]

---

wird, haben die Bischöfe einer Straffreiheit der Abtreibung in bestimmten Situationen nicht widersprochen.

11 DÖPFNER/DIETZFELBINGER S. 11: „Allgemein wird heute anerkannt, daß weder die spezifisch christlichen Wertvorstellungen noch die Wertvorstellungen anderer Weltanschauungsgruppen durch die staatlich gesetzte Rechtsordnung verwirklicht werden können. Wo man dies dennoch versucht, kann es zu einer den Raum der freien Gewissensentscheidung des einzelnen einschränkenden Rechts- und Gesellschaftsordnung kommen. Religionen oder Weltanschauungen dürfen nicht der Versuchung erliegen, sich mit den Mitteln der staatlichen Rechtsordnung als alleinberechtigt durchzusetzen. Der moderne Weltanschauungs- und Gesinnungspluralismus läßt die rechtliche Fixierung spezifischer Moralvorstellungen immer problematischer werden. Soweit die Rechtsordnung dem einzelnen Verhaltensnormen auferlegt, muß sie diesen Pluralismus berücksichtigen."

12 Stellungnahme des Kommissariats der deutschen Bischöfe zum Schutze des werdenden Lebens vom 23. Juni 1971 (KATHOLISCHER ARBEITSKREIS S. 172); Prälat Wilhelm Wöste, Leiter des Kommissariats der Deutschen Bischöfe (EBD S. 391).

13 Ansprache Kardinal Döpfners in der Sendung „Zum Sonntag" des Bayerischen Rundfunks am 3. Juli 1971 (EBD S. 92); Interview mit Lorenz Kardinal Jaeger (EBD. S. 101); Interview mit Joseph Kardinal Höffner (EBD S. 105); Interview mit Franz Hengsbach, Bischof von Essen (EBD S. 139); Interview mit Johannes Pohlschneider, Bischof von Aachen (EBD S. 143); Heinrich Tenhumberg, Bischof von Münster Artikel in der Kirchenzeitung für das Bistum Münster vom 12. Dezember 1971 (EBD S. 162); Erklärung von Kardinal Döpfner vor der Bundespressekonferenz am 17. April 1974 (EUROPÄISCHE ÄRZTEAKTION 1 S. 189); Statement Kardinal Döpfners, Bundespressekonferenz v. 20. Mai 1976 (EBD. S. 201).

14 Stellungnahme des Katholischen Zentralinstitutes für Ehe- und Familienfragen in Köln vom 27. Dezember 1971 (KATHOLISCHER ARBEITSKREIS S. 184); Flugblatt der Katholischen Frauengemeinschaft – Diözesanverband Köln – in Verbindung mit dem Presseamt des Erzbistums Köln (EBD. S. 273); Solche Argumentationen in der sonstigen Literatur bei: LISSEK/RAABE S. 25; NELL-BREUNING S. 256; Max GÜDE: „Sittliche Überzeugungen binden den Gesetzgeber". In: We v. 6. Oktober 1962; MÜLLER. C.: Indikation S. 55.

15 Klaus Demmer (Recht auf Leben S. 1ff.) betonte die Notwendigkeit für die Moraltheologie, so zu argumentieren, daß deren Argumente auch für den Nicht-Glaubenden nachvollziehbar seien. Demmer stellt im folgenden fest, daß die Ordnung des Gesetzes gegenüber der Wirklichkeit „immer defizient" sei und daß stets Raum für Ermessensentscheidungen bestehen müsse, aber: „Je fundamentaler die Rechtsgüter", „um so eindeutiger und engmaschiger muß das geschriebene Gesetz sein."

16 „Die deutschen Bischöfe bemühen sich nicht um die Durchsetzung einer ausschließlich katholischen Auffassung. Vielmehr geht es um die Überzeugung, die von Menschen aller Weltanschauungen und Religionen geteilt wird und zu der sich die Bundesrepublik in ihrem

Diese Aussage lag auch dem Gemeinsamen Wort der Deutschen Bischofskonferenz und des Rates der EKD vom November 1973 zugrunde, das sich expressis verbis zu der „Verpflichtung des Staates zur weltanschaulichen Neutralität in einer pluralistischen modernen Gesellschaft" bekennt.[17] Daß dies die Position der Kirchen sei, wurde im Bundestag mehrfach und ausführlich erläutert.[18] Der kirchliche Standpunkt ist also wiederholt und unmißverständlich vorgetragen worden. Er muß allen mit dem Thema näher Befaßten bekannt gewesen sein. Dennoch wurde von seiten der Regierungsparteien fortlaufend die gegenteilige Behauptung verbreitet, was die kirchlicherseits tatsächlich eingenommene Position diskreditierte.

Darüber hinaus haben wichtige Gremien der FDP Angriffe auf die katholische Kirche nicht allein gegen deren angebliche Auffassung zur Abtreibung gerichtet, sondern auch dagegen, daß die Kirche sich überhaupt Gehör verschaffte. Es ging um den kirchlichen Öffentlichkeitsanspruch. Im Entwurf einer Erklärung des Bundesfachausschusses der FDP für Innen- und Rechtspolitik hieß es zu den Stellungnahmen Kardinal Höffners, es müsse „alles vermieden werden, daß durch seine Erklärung das irrationale Schwergewicht der Kirche im politischen Raum zur Wirkung gebracht wird bei gesellschaftlichen Fragen, von denen die Kirchenfürsten weniger verstehen als andere Gruppen in unserem Land."[19]

Nun ist darüber hinaus gelegentlich,[20] vor allem in der Stellungnahme des Deutschen Bundestages vom 30. September 1975 für Karlsruhe,[21] die These vertreten worden, daß die Naturrechtslehre als ein „Rückgriff auf kirchliche oder religiöse Überzeugungen" in einem demokratischen Staat keine Bedeutung für die Auslegung

---

Grundgesetz bekannt hat, daß nämlich menschliches Leben in jeder Phase zu schützen ist" (Schreiben des Vorsitzenden der Deutschen Bischofskonferenz Julius Kardinal Döpfner v. 2. Mai 1973 an Fritz Burgbacher (ACDP I-158-078/2)).

17 Gemeinsames Wort der Deutschen Bischofskonferenz und des Rates der EKD v. 29. November 1973 (Europäische Ärzteaktion 1 S. 89).

18 Dr. Jaeger (CSU) Sten. Ber. 7 WP 95 Si. v. 25. April 1974 S. 6416; Dr. Blüm (CDU) Ebd. S. 6425; Prof. Mikat (CDU) Sten. Ber. 7 WP 96 Si. v. 26. April 1974 S. 6485; Wilkens (Oberkirchenrat) SA Ber. 6 WP 76 Si. v. 12. April 1972 S. 2334; in der Anhörung im Strafrechtssonderausschuß führte der Vertreter des Kommissariats der Deutschen Bischöfe, Prof. Bökmann, zu diesem Thema aus: „das Recht auf Leben ist ganz unbeschadet davon, ob ich das sage, ob die Kirche das sagt, ein Recht, das generell uns als Menschen verpflichtet. Nehmen wir mal die urethische Regel, die allen Völkern, wie bestimmte Forschungen gezeigt haben, vertraut ist, die goldene Regel: Was du nicht willst, was man dir tu, das füg auch keinem anderen zu. Wir wissen, daß Friedensordnungen von Kulturnationen nur auf der Basis solcher Regeln bestehen, ihren Verpflichtungsgrund also nicht in Offenbarungen oder Sondermeinungen haben, sondern aus der Natur menschlichen Soziallebens. Daß für uns von der Kirche her zweifellos verstärkende Motive eine Rolle spielen, ist sicher" (Ebd. S. 2321).

19 BFA EProt. Anlage zum Protokoll der Sitzung v. 6. April 1972 (ADL 4217).

20 Ringeling S. 583f.; Oyen S. 497; vgl. auch: Hornig S. 35.

21 Dies und das Folgende nach: Stellungnahme des deutschen Bundestages vom 30. September 1974 (Arndt/Erhard/Funcke S. 183 mit Bezug auf S. 179).

des Rechts haben könne. Diese Behauptung läßt die eigentliche Stoßrichtung der antikirchlichen Kritik erkennen. Sie richtet sich nicht gegen eine angeblich glaubensspezifische Gruppenethik, sondern gegen ein – besonders von der katholischen Kirche verfochtenes – naturrechtliches Axiom. Es besagt, daß dem Menschen ein Recht auf Leben schon allein kraft seiner physischen Existenz eigne und daß dieses Recht jeder menschlichen Verfügungsgewalt entzogen sei.[22]

II. Ethik und Pragmatik

Indem sich die Kritik am § 218 StGB gegen das Tötungsverbot wendete, zielte sie auf ein ethisches Prinzip ab. Sie weist damit Tendenzen auf, die schon vor 1962 bemerkbar waren. Dabei wurde die Berechtigung bestimmter moralischer Grundsätze nicht a priori verneint, aber zugunsten von Zweckmäßigkeitserwägungen relativiert. Dahinter stand zunächst die unterschiedlich konsequent vorgetragene, aber latente Bereitschaft, ethisch-moralische Probleme mit zunehmender Selbstverständlichkeit hintanzustellen und anderen Aspekten, die oft als „sachlich", „vernünftig" oder, wie es besonders häufig geschah, als „praktisch" qualifiziert wurden, den Vorrang zu geben.[23] Pragmatik wird damit handlungsleitendes Prinzip.

Die dann fast unvermeidliche Verneinung oder Vernachlässigung ethischer Gesichtspunkte bei der Beurteilung der Abtreibung bediente sich oft der Argumentationsfigur der rhetorischen Hyperbel. Gerade wo die Ethik als handlungsleitendes Kriterium abgelehnt wurde, vermied man es, „die" Ethik oder „die" Moral direkt anzugreifen, sondern wandte sich gegen religiöses oder weltanschauliches „Pathos", gegen „anachronistische Voreingenommenheiten", gegen „Tabus" oder „Nebel von Weltanschauung", die angeblich über der Diskussion lasteten.[24]

Hinter dieser Polemik stand die schon in den vierziger und fünfziger Jahren formulierte Überzeugung, daß auch grundlegende Werte von den Einstellungsveränderungen der Gesellschaft abhängig seien. Da man nicht in einer „statischen, sondern in einer dynamischen Gesellschaft" lebe, träten in der Wirklichkeit neue Werte als Konkurrenten alter auf, indem „vernachlässigte Gesichtspunkte unter veränderten sozial-ökonomischen Bedingungen mit größerer Relevanz vorgetragen werden", woraus sich ein Wertekonflikt ergebe, „der als solcher von einem progressiven Standpunkt aus

22 Zur Naturrechtslehre vgl. S. 79f.

23 Familienplanung S. 3495f.; Habenicht S. 118; Hunger S. 2758; Schwalm: Beginn S. 79; Pinl S. 257; Antweiler S. 201; Becker, W.: Frage S. 802; Ders.: Abbruch S. 1376; Kaupen S. 16; Bauer S. 38; Marschall S. 499; Geilen: Grenzprobleme S. 149; Schweitzer S. 537; Wessels S. 61f.; Poettgen: Aspekte S. 840.

24 Zum Beispiel: Baumann: Reform S. 65f.; Schulte/Schulte/Schulte S. 111; Schulte S. 9; Nachtsheim: Familienplanung S. 333; Werner Birkenmeier: „Der Paragraph 218 ist Klassenstrafrecht". In: StZ v. 22. Februar 1971.

nur begrüßt werden kann."[25] Von diesem Wandel wurden auch sittliche Grundwerte, wie das Tötungsverbot und die Definition des Menschen nicht ausgenommen.[26]

Die grundsätzliche Ablehnung der strafrechtlichen Kodifizierung bestimmter Grundwerte, die, wie das Tötungsverbot, der Norm des § 218 StGB zugrunde lagen, ließ sich indessen kaum auf eine konkrete Kritik dieser Werte selbst ein. Sie beschränkte sich in der Regel auf den allgemein gehaltenen Einwand, § 218 StGB sei ein Tabu, eine tradierte, irrationale Setzung, die einer rational orientierten Revision unterzogen werden müsse.[27] Koalitionspolitiker haben die Forderung nach einer Enttabuisierung aufgenommen[28] und mit dem Hinweis auf die Notwendigkeit einer gesellschaftlichen Emanzipation verbunden.[29] Bundeskanzler Brandt bezeichnete den § 218 StGB als Beispiel für „unsinnige Tabus, Vorurteile und Verbote."[30] Dem wurde die „Überzeugung von der Selbstgesetzgebung der Vernunft" entgegengestellt.[31] Diese Irrationalismuskritik beschränkte sich übrigens nicht auf das strafrechtliche Institut des § 218 StGB, sondern wurde auch unmittelbar auf die Wertschätzung des ungeborenen Lebens erstreckt.[32]

Demgegenüber machten besonders die Anhänger einer Indikationenregelung geltend, daß das Lebensrecht jedes Menschen nur dann wirklich gesichert sei, wenn es tabuisiert bleibe.[33] Der Soziologe Martin[34] wandte ein, daß die Rolle eines Tabus unter anderem eben darin bestehe, etwas in seinem Gebrauch, in seiner Verwendungsmöglichkeit und in seinem unterlegten Sinn „eindeutig" zu machen und damit „‚moralisch' zu definieren", so daß es nicht mehr „in Frage gestellt" werden könne. Enttabuisierung bedeute wachsende Schutzlosigkeit vor Zugriff. Als inhärenter Teil

25 Werner Hill: „Das Gewissen ist kein heißer Draht zu Gott". In: Vo v. 17. Januar 1974.

26 Arndt: Problematik S. 107; Antweiler S. 194; Hans Gerlach: „Ein Notausgang?". In: KStA v. 27. April 1974; Barczay S. 247f.

27 Kaiser S. 1526; Volbracht S. 383; Robert Leicht: „Das Abtreibungstabu ist heute unglaubwürdig". In: SZ v. 11. April 1970; Rotter S. 180; Becker, Ch. ohne Seitenzählung; Hegenscheidt: Problematik S. 44; Ders.: Schwangerschaftsunterbrechungen S. 46.

28 Eilers (Bielefeld) (SPD) Sten. Ber. 7 WP 96 Si. v. 26. April 1974 S. 6470; von Schoeler (FDP) Sten. Ber. 7 WP 221 Si. v. 12. Februar 1976 S. 15324f.; Dr. Timm (SPD) Sten. Ber. 7 WP 238 Si. v. 6. Mai 1976 S. 16657; von Bothmer (SPD) Sten. Ber. 7 WP 95 Si. v. 25. April 1974 S. 6413.

29 Ebd.

30 Parteivorstand der Spd: Außerordentlicher Parteitag S. 112.

31 Hegenscheidt: Gesetzgebung S. 39.

32 Prof. Tobias Brocher vom Gießener Institut für Sexualforschung beklagte vor dem Strafrechtssonderausschuß die „Überschätzung des Begriffs ‚werdendes und keimendes Leben'", worin eine „Mythologisierung oder Idealisierung biologisch ja ganz anderer Tatsachen" zum Ausdruck komme; im Gegensatz dazu sei es doch so, „daß biochemische Vorgänge hier ganz nüchtern zu beurteilen sind" (SA Ber. 6 WP 74 Si. v. 10. April 1972 S. 2205); vgl. Brandt (Grolsheim) (SPD) SA Ber. 76 Si. v. 12. April 1972 S. 2360f.

33 Dr. Blüm (CDU) Sten. Ber. 7 WP 95 Si. v. 25. April 1974 S. 6425; Eser: Reform S. 724; Norbert Blüm: „Wir müssen uns dem Urteil beugen". In: Qui v. 13. Februar 1975.

34 Dies und das Folgende nach: Martin, N. S. 339f.

der Säkularisierung gebe sie sich zwar als gleichbedeutend mit modern, fortschrittlich und progressiv. Auch der Mensch werde enttabuisiert. „Es ist aber die Frage zu stellen, ob der Mensch nicht ‚bewußt' möglichen ‚Fortschritt' begrenzen muß, um letzte ‚Tabus' aufrecht zu erhalten, damit sich beliebigen Zugriffen zu entziehen und Mensch bleiben zu können."

Diesen grundsätzlichen Überlegungen entsprach die konkrete Warnung vor einer Dammbruchwirkung, die der Präzedenzfall der Tötungserlaubnis gegenüber dem ungeborenen Leben für den Lebensschutz überhaupt haben könnte. Mit der Durchbrechung des durchgängigen gesetzlichen Tötungsverbots werde eine Einbruchstelle in das Prinzip des Lebensschutzes geschaffen, die leicht zu weiterer Erosion führen könne.[35] Damit werde eine Entwicklung ermöglicht, die nach einiger Zeit auch das Lebensrecht gesellschaftlicher Minderheiten wie alter oder behinderter Menschen tangiere. An ihrem Ende stehe dann „in gleicher Weise das grundsätzliche Bekenntnis, daß das geborene menschliche Leben unantastbar sei", man lasse aber für bestimmte als Notlagen empfundene Ausnahmesituationen die Tötung zu.[36] In diesem Sinne wies Prof. Alois Heck vor dem Strafrechtssonderausschuß darauf hin, daß die Fristenregelung „in letzter Konsequenz" die „Aufgabe von Prinzipien" bedeute, „die das Töten überhaupt verbieten." Wenn der Gesetzgeber „in ‚einem' Fall sein Angebot wirksamen Rechtsschutzes zurücknimmt, warum nicht auch in anderen Fällen? Daß dies im Augenblick noch nicht so ist, hängt einzig von Ermessensentscheidungen ab, die auch einmal umgeworfen werden können, ohne daß der Gesetzgeber die innere Logik seines Rechtssystems verlassen müßte."[37]

---

35 WÄCHTER S. 159; BÖCKENFÖRDE S. 162; SCHROEDER S. 106; AUER: Überlegungen S. 117; Hermann Schäufele, Erzbischof von Freiburg: Aufruf an alle Katholiken der Erzdiözese Freiburg v. 25. Juni 1971 (KATHOLISCHER ARBEITSKREIS S. 135); Wort der Deutschen Bischofskonferenz zur Verantwortung für das menschliche Leben v. 23. September 1971 (EBD. S. 23); Vogel (Ennepetal) (CDU) Sten. Ber. 7 WP 96 Si. v. 26. April 1974 S. 6475; Prof. Mikat (CDU) EBD. S. 6484; Vogel (Ennepetal) (CDU) Sten. Ber. 7 WP 221 Si. v. 12. Februar 1976 S. 15321; BT-Drs. Nr. 7/1984 (neu) v. 24. April 1974 S. 6; Prof. Degenhardt SA Ber. 6 WP 74 Si. v. 10. April 1972 S. 2188; Prof. Siebel SA Ber. 75 Si. v. 11. April 1972 S. 22421; Spranger (CSU) Sten. Ber. 7 WP 95 Si. v. 25. April 1974 S. 6388; Dr. Blüm (CDU) EBD. S. 6425; Verhülsdonk (CDU) EBD. S. 6429; daß eine solche Gefahr der „Lückenaufreißung" bestehe, räumte auch BAUMANN ein (Schutz S. 30); für ebensowenig bewiesen wie ihr Gegenteil und daher als Argument vollkommen untauglich bezeichnete sie der FDP-Abgeordnete Groß (Sten. Ber. 7 WP 95 Si. v. 25. April 1974. 6412); ähnlich argumentierte Prof. Pross vor dem Strafrechtssonderausschuß, indem sie auf den sozialpädagogischen Wert der Abtreibung verwies: „dieses ‚Dammbruch-Argument', das eher ein Argument der Diffamierung ist, müßte man eher umkehren", weil „jemand, der diese Dinge einmal durchexerziert hat, ein konkreteres Verhältnis zum schwachen oder oder nicht unmittelbar lebensfähigen Leben haben kann, als jemand, der diese Erfahrung nicht besitzt" (SA Ber. 6 WP 75 Si. v. 11. April 1972 S. 2260).

36 Dr. Heck (CDU) Sten. Ber. 7 WP 95 Si. v. 25. April 1974 S. 6352.

37 Prof. Heck SA Ber. 6 WP 76 Si. v. 12. April 1972 S. 2315f.

Die Bereitschaft, ethische Grundsatzentscheidungen zugunsten von Zweckmäßigkeitserwägungen weitgehend zu relativieren, fand in den sechziger und siebziger Jahren zunehmend Eingang in das juristische Schrifttum über eine Änderung des § 218 StGB. Die diesen Vorstellungen zugrunde liegenden Zweckmäßigkeitskriterien wurden nicht mehr wie vor 1962 für Grenzsituationen beansprucht, sondern mit dem allgemeinen kriminalpolitischen Anliegen begründet, daß der Gesetzgeber sich über ethische Grundsätze hinwegsetzen könne, um ein kriminalpolitisch wünschenswertes Ergebnis zu erzielen.[38] Diesem Argument liegt die von namhaften Juristen vertretene Überzeugung zugrunde, daß eine strafrechtliche Norm, die angeblich mehr Schaden als Nutzen stifte, revisionsbedürftig sei und daß eine solche Revision die gesetzliche Zulassung der Verletzung des Grundwertes mit ins Kalkül ziehen dürfe.[39]

Diese utilitaristische Tendenz liegt beiden Varianten des Alternativ-Entwurfs von 1970 zugrunde. In der juristischen Fachliteratur fand er in der Folge in leicht abgewandelter Form Anerkennung: das verfassungsmäßig garantierte Grundrecht auf Leben gelte auch für das ungeborene Leben und müsse auch hier besonders geschützt werden; wie dieser grundsätzlich anerkannte Schutz gestaltet werde und ob dieser Grundsatz teilweise aufgehoben werden könne, wenn im ganzen dadurch ein besserer Schutz erreicht werde, sei jedoch dem Gesetzgeber anheimgestellt.[40]

Solche Überlegungen beruhten auf der hypothetischen Behauptung, daß der § 218 StGB seine Schutzfunktion nicht mehr erfülle und daß nur durch eine Lockerung des Paragraphen eine Senkung der Abtreibungszahlen bewirkt werden könne. Diese Erwägungen sind für die Begründung der sozialen Indikation und der Fristenregelung von eminenter Bedeutung gewesen. In der Verhandlung vor dem Bundesverfassungsgericht war dies eines der zentralen Argumente der Regierungsparteien. Denn Politiker der Koalition hatten sich diese kriminalpolitischen Anschauungen schnell zu eigen gemacht und in der Öffentlichkeit vertreten. Die Vizepräsidentin des Deutschen Bundestages, Liselotte Funcke (FDP), erklärte 1973, das Problem, ob zur Abwehr bestimmter Handlungen (konkret: der Abtreibung), eine Strafbestimmung notwendig sei, „ist keine Grundsatz-, sondern eine Zweckmäßigkeitsfrage."[41] Dem entspricht es, daß die Fristenregelung nicht zuletzt unter Verweis auf ihre angeblich optimale

---

38 Baumann: Reform S. 65 u. 66; Heiss: Strafgesetz S. 81; Baumann: Schutz S. 30; Eser: Strafrecht S. 460f.; Ders.: Reform S. 727; Roxin S. 179.

39 Baumann: Schutz S. 16 u. 30; Kaufmann: Bemerkungen S. 50; ähnlich: Antweiler S. 199; Roxin S. 179; Grünwald S. 203f.

40 Strutz: Schwangerschaftsbeseitigung S. 108; Roellecke S. 42; MDir Bahlmann (BMJ) SA Ber. 7 WP 25 Si. v. 13. Februar 1974 S. 1478; Ebd. S. 1481; Bundesjustizminister Dr. Vogel (SPD) BR Sten. Ber. 406 Si. v. 31. Mai 1974 S. 208; Innenminister Weyer (FDP) BR Sten. Ber. 405 Si. v. 10. Mai 1974 S. 149; Arbeitsgruppe „Strafrecht" im Arbeitskreis VII (Rechtswesen) der SPD-Bundestagsfraktion v. 27. Februar 1972, Entwurf für einen Gruppenantrag zur Änderung der Vorschriften zur Bestrafung der Abtreibung (AsD PS 179) S. 5.

41 Liselotte Funcke: „Tiefen die keine Strafandrohung erreicht". In: We v. 29. März 1973.

Praktikabilität befürwortet wurde.[42] Im Bundestag verhehlten auch Vertreter der Koalitionsfraktionen nicht, daß die Fristenregelung sittlich sehr problematisch sei, verwiesen aber zu deren Rechtfertigung auf die „praktischen Gegebenheiten" oder auf die „Wirklichkeit", der es gerecht zu werden gelte.[43] Man hat die Fristenregelung durch Prädikate wie „ethisch-pragmatische" oder „situationsethische" Regelung charakterisiert. Daß die Fristenregelung mit solchen Attributen gegen den Vorwurf der generellen „Entsittlichung"[44] verteidigt werden sollte, gibt zu erkennen, daß offenbar das Bewußtsein, sich zugunsten von problematischen Zweckmäßigkeitserwägungen über ethische Normen hinwegzusetzen, vorhanden war.[45]

Der Bundestagsabgeordnete Ostman von der Leye (SPD) benutzte im Strafrechtssonderausschuß den später auch von anderen übernommenen Begriff der situationsethischen Entscheidung, welche die Fristenregelung ermöglichen solle.[46] Dies war kaum mehr als ein semantisches Alibi. Der Parlamentarier gebrauchte den Terminus im Plenum und im Ausschuß zwar oft und als zentrales Argument. Indessen hat er den Begriff nirgends definiert und jedenfalls nie erläutert, worin dessen ethischer Gehalt liege. Einer diesbezüglichen Entgegnung Prof. Bökmanns im Strafrechtssonderausschuß widersprach Ostman von der Leye (SPD) nicht. Jener hatte gesagt, es falle ihm schwer, den Fristenregelungsentwurf situationsethisch getragen zu sehen, weil eine Ethik immerhin den Anspruch erhebe, das Verhalten nach Grundsätzen, Prinzipien oder rational begründbaren Motiven zu gestalten; dies sei hier offensichtlich nicht der Fall. Situationsethik solle im Zusammenhang mit der Fristenregelung wohl heißen: Eine Situation erscheine so schwer, daß man meine, man könne zur Abtreibung schreiten. Dies aber sei eigentlich nicht Ethik, sondern ein Sich-Bestimmen-Lassen von der Situation.[47]

---

42 Rainer Klose: „Die Fristenlösung ist klarer". In: MüM v. 27. April 1974; Däubler-Gmelin (Parteivorstand der Spd: Parteitag (18.-20. November 1971) S. 20); Dr. Groeger SA Ber. 6 WP 75 Si. v. 11. April 1972 S. 2279; Prof. Brocher SA Ber. 6 WP 74 Si. v. 10. April 1972 S. 2204.

43 Prof. Maihofer (FDP) Sten. Ber. 7 WP 95 Si. v. 25. April 1974 S. 6345; Dr. de With (SPD) Ebd. S. 6384; Rapp (SPD) Sten. Ber. 7 WP 221 Si. v. 12. Februar 1976 S. 6481; Ostman von der Leye (SPD) SA Ber. 6 WP 76 Si. v. 12. April 1972 S. 2321.

44 Ebd.

45 Kriele: Urteil S. 73; siehe auch Ostman von der Leye (SPD), Belege vgl. folgende Fußnote!

46 Ostman von der Leye (SPD) Sten. Ber. 7 WP 95 Si. v. 25. April 1974 S. 6421; Ostman von der Leye (SPD) SA Ber. 6 WP 75 Si. v. 11. April 1972 S. 2264; Ostman von der Leye (SPD) SA Ber. 6 WP 76 Si. v. 12. April 1972, 2343; Ostman von der Leye (SPD) SA Ber. 7 WP 30 Si. v. 27. März 1974 S. 1639; SA Ber. 7 WP 22 Si. v. 7. Dezember 1973 S. 1335f.; Ostman von der Leye (SPD) SA Ber. 6 WP 76 Si. v. 12. April 1972 S. 2321; Fiebig (SPD) Ebd. S. 2323.

47 Prof. Bökmann Ebd. S. 2323.

III. Sittlichkeit und Strafrecht: Der Begriff des ethischen Minimums

Der Begriff „Pluralismus“ begann erst in der zweiten Hälfte der sechziger Jahre, die Diskussion über den § 218 StGB zu bestimmen. Die ihm zugrunde liegende Idee war jedoch schon zu Beginn des Jahrzehnts erkennbar. Ihr Kern bestand in dem Postulat, daß der Staat keine moralische Auffassungen zur Grundlage seiner Strafgesetzgebung machen dürfe, die nicht von allen Gruppen der Gesellschaft geteilt würden.[48] Diese Forderung ist seit der zweiten Hälfte der sechziger Jahre unter Verweis auf Begriffe wie „Pluralismus“, „pluralistische Gesellschaft“, „weltanschauliche Neutralität“ oder „Wertneutralität“ erhoben worden. Das Pluralismus-Postulat bezog seine Legitimation aus der Berufung auf das Toleranzgebot, ohne Rücksicht auf die Frage, ob es eine Toleranzgrenze geben könne und falls ja, wo diese anzusetzen sei.

Einige haben der Toleranz absolute Priorität eingeräumt. Sie gelte grundsätzlich gegenüber jeder anderen ethischen Auffassung, also auch selbst dann, wenn die Bedeutung irgendeines Ethos a priori geleugnet werde.[49] Diese Meinung forderte die Entmoralisierung des Strafrechts. Sie bedeutete die radikale Fortführung eines Gedankens, der im Zusammenhang mit der Diskussion über die kriminologische Indikation in der ersten Hälfte der sechziger Jahre Verbreitung gefunden hat. Werner Maihofer[50] hatte es 1964 als einen „mit unserer Auffassung von freiheitlicher: nonkonformistischer und pluralistischer Gesellschaft unvereinbaren ethischen Rigorismus“[51] bezeichnet, wollte der Gesetzgeber auch die Abtreibung im Falle einer kriminologischen Indikation im künftigen Gesetzbuch unter Strafe stellen. Denn dies zwinge den Richter, auch dann ein „schuldig“ zu sprechen, wenn „‚stellvertretende Gewissensurteile‘“ gar nicht mehr möglich seien. Maihofer forderte, das kriminell strafbare Verhalten auf einen „‚Grundbestand des ethischen Minimums‘ oder der einfachen Sittlichkeit zu beschränken, über den in unserer Gesellschaft eine eindeutige Überzeugung der moralischen Unwertigkeit (Amoralität) besteht.“[52] Diesen Standpunkt teilte Maihofer mit anderen zeitgenössischen Juristen, deren Vorstellungen Schlüsselbegriffe wie

48 SONDERMANN: Indikation S. 2259; JURISTINNENBUND S. 4; DEUTSCHER FRAUENRING S. 3; NOTTBECK: Straffunktion S. 59.

49 EBD.; SCHUELER: Sitte S. 46; GRÜNDLER S. 2135; MÜLLER-EMMERT: Chancen S. 714; HEISS: Strafgesetz S. 81; Dr. Penner (SPD) Sten. Ber. 7 WP 201 Si. v. 7. November 1975 S. 13894.

50 Strafrechtler und Rechtsphilosoph, 1972 Bundesminister ohne Geschäftsbereich, 1974 bis 1978 Bundesinnenminister, seit 1970 im Präsidium der FDP, 1971 Vorsitzender der Programmkommission für die Freiburger Thesen zur Gesellschaftspolitik.

51 MAIHOFER: Menschenbild S. 16; das Argument gegen die Weglassung der kriminologischen Indikation im E 1962, der Gesetzgeber erfülle in diesem Falle nicht „die Forderung der nonkonformistischen pluralistischen Demokratie“ auch bei: DERS.: Reform S. 79.

52 EBD. S. 79; siehe auch: DERS.: Menschenbild S. 16; dort gebraucht der Verfasser den Begriff „Kernbereich der einfachen Sittlichkeit“.

„ethisches Minimum“, „einfache Sittlichkeit“ oder „elementare Sittlichkeit“ zugrunde lagen.[53]

Obwohl diese Termini in der politischen Diskussion schnell hervorragende Bedeutung erlangten, wurde nur sehr selten versucht, sie inhaltlich genauer zu bestimmen. Eigentliche Definitionen für diese Schlagworte gab man weder mit Blick auf konkrete Inhalte noch in bezug auf abstrakte Voraussetzungen. Auch die Maihofersche Erläuterung ist keine Definition, weil nicht feststeht, worüber „in unserer Gesellschaft eine eindeutige Überzeugung der moralischen Unwertigkeit (Amoralität) besteht“ oder wie und durch wen diese Überzeugung ermittelt werden soll. Dasselbe läßt sich auch an den Definitionsansätzen anderer Autoren beobachten.[54]

Die definitorische Unschärfe des „ethischen Minimums“ erlaubte es, daß sich Politiker mit sehr unterschiedlichen Vorstellungen über den § 218 StGB dieses Begriffs bedienten.[55] Da bei den meisten Politikern dem generellen Bekenntnis zum Prinzip des „ethischen Minimums“ keine inhaltliche Klärung dieses Begriffs folgte, besonders dann, wenn er als Argument für eine möglichst weitreichende Lockerung des § 218 StGB herangezogen wurde, zeigt sich, daß der Konsens tatsächlich nur ein verbaler

---

53 Jeschek S. 34f.; Kaufmann: Bestimmungen S. 477; Simon S. 177; Hornig S. 47; Kaufmann: Strafrechtsreform S. 38; Schwalm: Beginn S. 1558; Wächter S. 70; der Begriff des ethischen Minimums stammt ursprünglich wohl von Georg Jellinek, der ihn um die Jahrhundertwende in seinem Werk über „Die sozialethische Bedeutung von Recht, Unrecht und Strafe“ eingeführt hatte.

54 „Beschränkung der Strafbarkeit auf Handlungen, die nach den Anschauungen einer elementaren, allen Rechtsgenossen gemeinsamen oder wenigstens verstehbaren Sittlichkeit für die Gemeinschaft unerträglich sind“ (Jescheck S. 34f.); „Gewährleistung eines allen zumutbaren ethischen Minimal- und Kernbereichs“ (Schwalm: Beginn S. 1558); Strutz: Indikation S. 135f.: Der Staat solle nur solche Handlungen mit Sanktionen belegen, „die den elementaren, alltäglich gelebten und geübten Grundüberzeugungen der Gemeinschaft widersprechen“; Strutz wohl in Anlehnung an Maihofer: Menschenbild S. 16: „Grundbestand der alltäglich gelebten und geübten ‚einfachen Sittlichkeit‘“; konkreter dagegen, aber die Abtreibung – implicite – einschließend: Kaufmann: Bestimmungen S. 477: „die Regeln der einfachen, elementaren Sittlichkeit: du sollst nicht töten, nicht rauben, nicht stehlen, nicht Gewalt antun“; Eser: Diskussion S. 248 definiert das ethische Minimum als untere „Toleranzgrenze“, die auch im pluralistischen Staat für jedermann verbindlich sein müsse; diese Definition ähnlich in: Ders.: Reform S. 725; Linke S. 102: Das Gesetz solle nur „das Minimum“ erzwingen, dessen Preisgabe menschliches Zusammenleben unmöglich machen werde.

55 von Schoeler (FDP) Sten. Ber. 7 WP 33 Si. v. 17. Mai 1973 S. 1775; Sieglerschmidt (SPD) Sten. Ber. 7 WP 95 Si. v. 25. April 1974 S. 6415; Dr. Heck (CDU) Ebd. 1974 S. 6452; Dr. Blüm (CDU) Ebd. S. 6425; Dr. Schmitt-Vockenhausen (SPD) Ebd. S. 6428; Prof. Mikat (CDU) Sten. Ber. 7 WP 96 Si. v. 26. April 1974 S. 6487; Brandt (SPD) Ebd.: S. 6481; Dr. Heck (CDU) Sten. Ber. 7 WP 201 Si. v. 7. November 1975 S. 13892; Minister Becker (CDU) BR Sten. Ber. 378 Si. v. 24. März 1972, S 494; Minister Becker (CDU) BR Sten. Ber. 406 Si. v. 31. Mai 1974 S. 211; Heck, Bruno: Auch Europa braucht das Recht auf Leben (Manuskript einer am 22. Februar 1976 in Innsbruck gehaltenen Rede) S. 2 (ACDP I-022-012/2): Es komme darauf an, daß die Rechtsordnung „jenes Minimum an moralischer Substanz signalisiert, ohne das ein freier Staat nicht lebensfähig ist.“

war. Das trat sofort offen zutage, wenn es darum ging, sich über die Grenze des „ethischen Minimums“ zu verständigen.

Oppositionspolitiker und sozialdemokratische Anhänger einer Indikationenregelung haben in den siebziger Jahren die Auffassung vertreten, daß dieses „ethische Minimum“ zumindest die Garantie des Grundrechts auf Leben und daher die grundsätzliche Strafbarkeit der Abtreibung umfassen müsse.[56] Verschiedene Abgeordnete spitzten dies auf die Formulierung zu, daß es in Fragen des Lebensschutzes auch in einem pluralistischen Staat keinen Pluralismus und keine Wertneutralität geben dürfe, zumal das Grundgesetz selbst keine wertneutrale, sondern an verbindliche Grundwertentscheidungen gebundene Ordnung sei; hierzu gehöre eines jeden Menschen Recht auf Leben, das zudem die Grundlage aller anderen Rechte bilde.[57] Dieses Argument machten auch Vertreter der katholischen Kirche geltend[58], und die Berufung auf ein solchermaßen definiertes „ethisches Minimum“ ist das eigentliche Kardinalargument aller christlichen Kirchen gewesen. „Nicht jede Verletzung einer sittlichen Verpflichtung bedarf der strafrechtlichen Verfolgung. Das Verbot der Tötung menschlichen Lebens ist aber als ein sittliches Axiom von so fundamentaler Bedeutung für die menschliche Gemeinschaft, daß es zugleich im Recht des Staates verankert sein muß“, stellten Döpfner und Dietzfelbinger 1970 fest.[59]

---

56 Dr. Eyrich (CDU) Sten. Ber. 7 WP 33 Si. v. 17. Mai 1973 S. 1767; Sieglerschmidt (SPD) Sten. Ber. 7 WP 95 Si. v. 25. April 1974 S. 6415; Dr. Blüm (CDU) Ebd. S. 6425; Dr. Schmitt-Vockenhausen (SPD) Ebd. S. 6428.

57 Bundesjustizminister Jahn (SPD) (KNA-Interview) S. 3; Bundesjustizminister Jahn (SPD) Sten. Ber. 7 WP 33 Si. v. 17. Mai 1973 S. 1800; Dr. Eyrich (CDU) Ebd. S. 1767; Dr. Schmitt-Vockenhausen (SPD) Sten. Ber. 7 WP 95 Si. v. 25. April 1974 S. 6424; Dr. Eyrich (CDU) Ebd. S. 6337; Dr. Jaeger (CSU) Ebd. S. 6417; Verhülsdonk (CDU) Ebd. S. 6429; Prof. Mikat (CDU) Sten. Ber. 7 WP 96 Si. v. 26. April 1974 S. 6485; Vogel (Ennepetal) (CDU) Ebd. S. 6475; Spranger (CSU) Sten. Ber. 7 WP 221 Si. v. 12. Februar 1976 S. 15334; MDir Bahlmann (BMJ) SA Ber. 7 WP 25 Si. v. 13. Februar 1974 S. 1478; Minister Becker (CDU) BR Sten. Ber. 406 Si. v. 31. Mai 1974 S. 211.

58 Erklärung von Julius Kardinal Döpfner v. 17. April 1974 vor der Bundespressekonferenz (Europäische Ärzteaktion 1 S. 190); Gemeinsames Wort der Deutschen Bischofskonferenz und des Rates der EKD (Ebd. S. 88); „Erklärung der Deutschen Bischofskonferenz“. In: FR v. 5. Februar 1976.

59 Döpfner/Dietzfelbinger S. 29; dieselbe Argumentation bei: Ansprache in der Sendung „Zum Sonntag“ des Bayerischen Rundfunks v. 3. Juli 1971 von Julius Kardinal Döpfner (Katholischer Arbeitskreis S. 92); Interview mit Joseph Kardinal Höffner (Ebd. S. 105); Auszug aus einer Ansprache v. 20. Juni 1971 von Heinrich Tenhumberg, Bischof von Münster, in Sankt Marien in Recklinghausen (Ebd. S. 150); der von der Deutschen Bischofskonferenz zur Anhörung im Sonderausschuß des Deutschen Bundestages für die Strafrechtsreform entsandte Sachverständige Prof. Bökmann führte zu dieser Frage aus: „Auch der weltanschaulich plural getragene Staat würde für seine Rechts- und Friedensordnung absolut an Glaubwürdigkeit verlieren, wenn er unter Hinweis auf die Pluralität nicht mehr an einem für alle verbindlichen Ethos und Anspruchsniveau festhalten würde, das sich auch ausdrückt in der Gestaltung des Rechts. Sie sprachen vorhin von minimalen Rechtsgütern, die im Sinne eines ethischen Minimums tatsächlich alle

In der politischen Debatte wiederholte sich also, was zuvor in der rechtswissenschaftlichen Diskussion beobachtet worden war: die Anhänger einer Änderung des § 218 StGB bedienten sich eines Begriffs, den sie nicht näher definierten und dessen rhetorische Wirksamkeit gerade in seiner Unbestimmtheit lag. Sie verweigerten die Antwort auf die präzise Frage, ob nicht ein „ethisches Minimum“ zumindest das Recht auf Leben enthalten müsse. Folglich wird man in diesem Begriff eine Leerformel zu sehen haben, ein Schlagwort, das gestattete, die Reduzierung strafgesetzlich kodifizierter ethischer Normen zu fordern, ohne sich verbindlich auf eine Reduktionsgrenze festlegen zu müssen.

Mit dieser begrifflichen Unschärfe korrespondieren Auffassungen, die auch einem auf ein Minimum reduzierten ethischen Konsens nur eine mäßige Verbindlichkeit für den Gesetzgeber beimaßen und ethischen Normen im Strafgesetz nicht nur in bezug auf deren Umfang, sondern ganz grundsätzlich skeptisch, wenn nicht ablehnend gegenüber standen.[60] Seit 1970 mehrten sich Stimmen, die forderten, daß ethische

---

verpflichten sollen (... .) Das bedeutet aber nicht ein minimales Ethos oder ein Restethos, sondern das bedeutet ein Minimum an Beständen, die zweifellos gefüllten Wertcharakter haben und unter die (... .) auch das Recht auf Existenz eines jeden Menschen, auch des ungeborenen, fallen muß“ (SA Ber. 6 WP 76 Si. v. 12. April 1972 S. 2333); siehe auch: Hofmann S. 30ff.

60 Prof. Baumann sprach sich auf einer Tagung der Friedrich-Naumann-Stiftung 1962 gegen eine „Überethisierung unseres Strafrechts“ aus mit der weiterführenden Begründung, es könne nicht Aufgabe des Strafrechts sein, ethische Postulate durchzusetzen; zit. in: Dettmar Cramer: „Müssen Kinder der Gewalt geboren werden?“ In: FAZ v. 27. Oktober 1962; Baumann: Indikation S. 227; Baumann meint, daß der Staat, der nicht Erzeuger „sittlichen und moralischen Verhaltens sei, auch nicht dessen Erzwinger sein könne“; „Richtiger Ausgangspunkt ist also, daß das Strafrecht, und zwar von kriminalpolitischen Überlegungen ausgehend, über § 160 eigenverantwortlich und durch Grundgesetz und Sittengesetz allenfalls angeleitet, aber nicht gebunden zu entscheiden hat“; desgleichen stellte Baumann 1967 fest, daß auch das ethische Minimum den Gesetzgeber zur Aufstellung von Strafrechtsnormen dort nicht veranlassen dürfe, wo sie kriminalpolitisch ungünstig wirke; den im Zusammenhang mit der Kritik an einer weitgehenden Lockerung des § 218 StGB oftmals verbundenen Hinweis auf das Tötungsverbot des 5. Gebots verwarf Baumann mit der Feststellung, mit diesem Hinweis „treibt man nicht Kriminalpolitik, sondern Ethik“ (Baumann: Reform S. 65 u. 66); ebenso: Baumann in der mündlichen Verhandlung vor dem Bundesverfassungsgericht 1974 (Arndt/Ergard/Funcke S. 291 „und es ist wohl auch nicht zu leugnen, daß die Anerkennung einer sozialen Indikation bei § 218 StGB schweren sittlichen Bedenken begegnen muß. Die Berechtigung oder Nichtberechtigung der geltenden Regelung kann aber letztlich nur vom Standpunkt der sozialen Zweckmäßigkeit aus beurteilt werden.“ Den Mehrheitsentwurf des Alternativ-Entwurfes, der eine Fristenregelung vorsah, begründete Baumann mit dem ausdrücklichen Hinweis: „Die Mehrheitslösung des Alternativ-Entwurfs läßt den moralischen Bereich unberührt.“ Baumann ließ im Kontext keinen Zweifel daran, daß Abtreibung Tötung sei (Baumann: Schutz S. 15ff.); vgl. Kaufmann: Schuld und Strafe S. 317: Der Gesetzgeber habe nicht die Frage zu beantworten, ob die Abtreibung sittlich einwandfrei sei, sondern ob er sie straflos lassen solle; mit der Begründung, das Strafrecht habe nicht den Schutz des Ungeborenen um des Ungeborenen selbst willen zu schützen, forderte der am Alternativ-Entwurf beteiligte

Aspekte bei der Gestaltung des § 218 StGB überhaupt keine Berücksichtigung mehr finden dürften und daß – was auf dasselbe hinausläuft – das Strafgesetz einen Entscheidungsraum bieten müsse, mit dem alle leben könnten beziehungsweise „der für alle möglichen ethischen Entscheidungen ausreicht.“[61]

Dies wurde kausal mit dem Pluralismus-Begriff verknüpft[62] und gelegentlich sogar unter Berufung auf den Art. 1 Abs. 1 GG begründet. Dem Begriff der Menschenwürde liege ein Menschenbild zugrunde, das durch „das Vorhandensein sittlicher Autonomie“ geprägt werde.[63] Eine solche Autonomie impliziert eo ipso die Möglichkeit der autonomen Entscheidung des einzelnen gegen jedes Ethos. Im Parlament haben verschiedene Mandatsträger die gesetzliche Absicherung dieser Option im Strafrecht zu ihren zentralen rechtspolitischen Zielen gezählt.[64] Diese Vorstellungen sind allerdings

---

Hanack, stattdessen auf „soziale Gesichtspunkte“ abzustellen, was im Kontext heißt: nicht etwa auf sittliche; Hanack brachte sein Postulat auf die Formel, „Strafrecht als ultima ratio der Sozialpolitik“ (Problematik S. 506); ebendiese Formel verwandte Werner Maihofer vor dem Bundestag: Für die FDP sei das Strafrecht „die Ultima Ratio der Sozialpolitik“ (Sten. Ber. 7 WP 96 Si. v. 26. April 1974 S. 6492); vgl. KRIELE: Entscheidungen S. 222: Kriele, damals ein Befürworter der Fristenregelung, kritisiert das Urteil des Bundesverfassungsgerichts mit der Bemerkung, es verstehe das Strafgesetzbuch wohl als „Volkslehrbuch des ethischen Minimums“.

61 HEGENSCHEIDT: Schwangerschaftsunterbrechungen S. 46; Roderich RIEFENRATH: „Der Staat hat nicht für die Moral zu sorgen“. In: FR v. 27. August 1970; HEGENSCHEIDT: Problematik S. 44; HARTUNG S. 337; KUHN S. 394; ebenso erklärte der Strafrechtsausschuß des Deutschen Anwaltsvereins in der Begründung seines Plädoyers für eine Herausnahme der bis zum sechsten Monat vorgenommenen Abtreibungen aus dem Tatbestand des § 218 StGB, er gehe nicht von weltanschaulich oder sonstwie begründeten Ansichten seiner Mitglieder darüber aus, ob die Abtreibung „im ethischen Sinne“ Recht oder Unrecht sei (Stellungnahme des Strafrechtsausschusses des Deutschen Anwaltsvereins vom 8. Oktober 1973 zum Problem der Abtreibung (ACDP 0/068/33-10)); Hans ROBINSOHN: „Und manche reden glatt von Mord“. In FR. v. 15. Oktober 1971; GOLDACKER S. 820; Bundesrichter Woesener, zit. in: THIEMANN S. 63f.; LINKE S. 102; HELDMANN: Abschaffung S. 210; daß ein moralisches Urteil über eine Abtreibung ungerechtfertigt sei, meint apodiktisch die Sachverständige Soziologin Prof. Helge Pross (SA Ber. 6 WP 75 Si. v. 11. April 1972 S. 2254).

62 ACKERMANN S. 300; LÜTTGER S. 448; SCHWALM: Beginn S. 1558; HORNIG S. 47; HEISS: Strafgesetz S. 81; Lothar MÜNN: „Den § 218 ersatzlos streichen!“ In: T v. 4. September 1971; Schreiben des Arbeitskreises für Gleichberechtigung und Emanzipation an alle Mitglieder des Deutschen Bundestages v. 28. März 1973 (ACDP 0/068/33-10); OTT S. 77f.

63 STÖCKER: Paragraph S. 169; daß die strafrechtliche Sanktion des § 218 StGB „der Geltung autonomer Normen in der Gesellschaft im Wege“ stehe, war auch die Auffassung der Katholiken in der SOZIALDEMOKRATISCHEN WÄHLERINITIATIVE (S. 4).

64 Kleinert (FDP) Sten. Ber. 7 WP 96 Si. v. 26. April 1974 S. 6473: Die Vorstellungen der FDP über die Gestaltung des § 218 StGB seien „nicht von ethischen Erfordernissen bestimmt“; Dr. Lepsius (SPD) (zit. bei: Werner BIRKENMEIER: „Der Paragraph 218 ist Klassenstrafrecht“. In: StZ v. 22. Februar 1971): „Auf der Ebene der ethischen Diskussion diskutieren wir erst gar nicht.“ Von Schoeler (FDP) vertrat vor dem Bundestag den Standpunkt, daß „keine sittliche Wertvorstellung“ Anspruch habe, vom Staat für alle rechtsverbindlich gemacht zu werden (Sten. Ber. 7 WP 33 Si. v. 17. Mai 1973 S. 1775); Innenminister Weyer (FDP) erklärte im Bundesrat, weltanschauliche Momente gehörten nicht in die verfassungs- und

nicht unwidersprochen geblieben. Es hat jedoch den Anschein, daß sie erst relativ spät ernst genommen wurden, als eine Reihe von Koalitionsabgeordneten sich diesen Standpunkt zu eigen machte. Verschiedene Autoren, besonders katholische Moraltheologen, vertraten die These, daß eine völlige Entkoppelung strafrechtlicher von ethischen Normen nicht möglich sei. Das Recht komme nicht ohne jede Rückbindung an sozialethische Normen aus, denn weil es eine normative Funktion habe, könne es nicht ethisch wertfrei sein.[65] Klaus Demmer[66] argumentierte, auch wenn es nicht unmittelbar Aufgabe des Rechts sei, moralische Gesinnung zu erwirken, könne es gar nicht anders, als an eine moralische Entscheidung und Einsicht zu appellieren, weil sich nur so sein spezifisches Ziel endgültig sicherstellen lasse. Eine Rechtsordnung, die „das unabsichtliche und vielleicht auch zwecklose Bezeugen moralischer Werte verleugnet", sinke zur Inhumanität ab, denn der Mensch bedürfe einer unverrückbaren Werteinstanz, die seiner Augenblicksverfügung entzogen sein müsse; „nur so ist er vor den ihm innewohnenden Tendenzen zur Selbstdestruktion sicher."

Die Frage, ob ein innerer Zusammenhang zwischen rechtlicher und sittlicher Norm bestehe, nahm in der Sachverständigenanhörung des Deutschen Bundestages vom 10.-12. April 1972 einen beträchtlichen Raum ein. Die Professoren Heck und Bökmann, die das Kommissariat der deutschen Bischöfe vertraten, wiesen darauf hin,[67] daß ein Recht, dessen ethischer Kern völlig ausgehöhlt sei, sich selbst in Frage stelle. Das Recht drücke im allgemeinen das sittliche Anspruchsniveau einer Gesellschaft aus. Insofern bestehe Übereinstimmung darin, daß im Grundgesetz niedergeschrieben sei, was das Staatsvolk grundlegend verbinde. Dies sei genau das, was in einer pluralen Gesellschaft ein sittliches Minimum sein müsse, ein Minimum

rechtspolitische Bewertung (BR Sten. Ber. 405 Si. v. 10. Mai 1974 S. 150); Minister Lehners stellte fest, das Recht brauche für eine Norm wie den bestehenden § 218 StGB einen besonderen Rechtsgrund, an den seine Garantenstellung anknüpfen könne. „Die natürliche Tatsache, daß eine Schwangerschaft eingetreten ist, reicht dafür in einem weltanschaulich neutralen Staat nicht aus" (BR Sten. Ber. 405 Si. v. 10. Mai 1974 Anlage 1 S. 187); in diesen Zusammenhang gehört auch die von verschiedenen Befürwortern der Fristenregelung wiederholt vertretene Auffassung, daß dieses Regelungsmodell im erklärten Gegensatz zu den Indikationsentwürfen keine inhaltliche oder moralische Wertung der Abtreibung vornehme (von Schoeler (FDP) SA Ber. 7 WP 30 Si. v. 27. März 1974 S. 1637 u. 1639; von Schoeler (FDP) Sten. Ber. 7 WP 33 Si. v. 17. Mai 1973 S. 1775; Funcke (FDP) Ebd. S. 1805; Dr. Timm (SPD) Ebd. S. 1812; von Schoeler (FDP) Sten. Ber. 7 WP 95 Si. v. 25. April 1974 S. 6345); daß die Fristenregelung sittliche und moralische Fragen weder berühre oder präjudiziere, noch irgendetwas über die Billigung der Abtreibung besage, bekräftigten: Mischnick (FDP) (FDK Jg. 142/73 v. 28. März 1973; FDK Jg. 403/72 v. 27. Oktober 1972); von Schoeler (FDP) (BPA/AN Hess. RF v. 25. März 1973/11.30/Gö Frankfurter Gespräch); FDK Jg. 391/71 v. 1. Dezember 1971; Horst Krockert (SPD) Thesen zur „Fristen"-Regelung bei der Strafbarkeit des Schwangerschaftsabbruchs (§§ 218 StGB) v. 15. Februar 1972 (ACDP VIII-002-018/4) S. 1.

65 Auer: Überlegungen S. 125.

66 Dies und das Folgende nach: Demmer S. 6ff.

67 SA Ber. 6 WP 76 Si. v. 12. April 1972 S. 2319ff.

zwar, aber doch ein sittliches. „Das Herz des Verpflichtungscharakters des Rechts ist ethischer Natur.“ Den gleichen Standpunkt vertrat in derselben Sitzung Oberkirchenrat Wilkens (EKD), der betonte, daß Recht und sittliche Norm zwar nicht deckungsgleich seien, daß sich bei näherem Hinsehen aber herausstelle, daß rechtliche und sittliche Norm je nach Rechtsgebiet von unterschiedlicher Nähe zueinander seien; gerade im Elementarbereich von Leben und Tod sei die These vom Spielraum zwischen Ethik und Recht nur beschränkt verwendbar.[68]

Der Saarbrücker Soziologe Prof. Siebel machte – unter ausdrücklicher Wendung gegen Baumann – die Auffassung geltend, daß sich Staat und Moral nicht auseinanderdividieren ließen. Weil das Strafrecht wesentliche Direktiven für das Handeln gebe, könne man sich nicht auf einen eingeschränkten Begriff der Moral einlassen, der diese allein einer Konfession oder einem individuellen Gewissen übertrage. Sondern Moral sei grundsätzlich im Verhältnis des Individuums zu seiner sozialen Gruppe gegeben. In diesem Bereich komme das moralische Verhalten zum Ausdruck. Deswegen sei der Staat eine „moralische Instanz“ und müsse dies auch bleiben. Wenn der Staat glaube, darauf verzichten zu können, so komme er in die Lage dessen, der eine moralische Stellungnahme verweigere, obwohl diese vom Sachverhalt her erforderlich sei. „Ein solches Verhalten ist unmoralisch. Folglich ist ein sich amoralisch dünkender Staat auch ein unmoralischer Staat.“[69]

Auf diese Argumentationen haben die Anhänger einer weitgehenden Lockerung des § 218 StGB nicht geantwortet. Ernstzunehmende Einwände gegen das rechtsphilosophische Herzstück der Legitimation einer umfassenden Änderung des Paragraphen blieben folglich und insofern ungeklärt. Anscheinend scheuten die Vertreter der völligen Trennung von Strafrecht und Moral den rechtspolitischen Dialog über diese zentrale Fragen.

IV. Die normbildende Funktion des Strafrechts

Mit dem Streit darüber, ob ethische Normen strafrechtlich kodifiziert werden dürften, hing die Frage zusammen, ob eine Kodifizierung überhaupt normbildend auf die Menschen wirke. Ein solcher Zusammenhang wäre ein Präjudiz für die Aufnahme allgemein anerkannter ethischer Grundwerte in das Strafrecht. Hierzu zählt, Politikern aller Parteien zufolge,[70] das grundsätzliche Unwerturteil über die Abtreibung. Ein Zusammenhang zwischen strafrechtlichen Normen und Rechts- oder Unrechtsbewußtsein

68 Ebd. S. 2334.
69 SA Ber. 6 WP 75 Si. v. 11. April 1972 S. 2242ff.
70 Vgl. S. 91 Fn. 268.

der Menschen wurde auch von denjenigen, die für eine weitgehende Lockerung des § 218 StGB eintraten, nicht immer bestritten.[71]

Dieser Frage kam in der Diskussion der fünfziger und sechziger Jahren nur untergeordnete Bedeutung zu. Sie wurde zu jener Zeit übereinstimmend positiv beantwortet.[72] In den siebziger Jahren geriet die These der sittenbildenden Funktion des Strafrechts jedoch in das Zentrum der Debatte, ohne wirklich strittig zu sein. Zwar gab es vereinzelte Gegenstimmen.[73] Die meisten Juristen, Ärzte, Soziologen, andere Wissenschaftler und Politiker teilten jedoch die Ansicht, daß eine Strafandrohung eine entsprechende moralische Orientierung bewirke.[74]

Ein solcher „prohibitorischer Charakter des Gesetzes" wurde auch im § 218 StGB gesehen.[75] Von weitreichenden Lockerungen dieses Paragraphen erwartete man folglich einen negativen Einfluß auf das allgemeine Bewußtsein von dem schützenswerten Grundrecht des Ungeborenen auf Leben.[76] Selbst Anhänger einer sozialen Indikation und Vertreter der Fristenregelung haben diesen Zusammenhang anerkannt.[77]

71 SIMON S. 175f.; Dr. Focke (SPD) Sten. Ber. 7 WP 95 Si. v. 25. April 1974 S. 6402; Kleinert (FDP) Sten. Ber. 7 WP 96 Si. v. 26. April 1974 S. 6472; KRIELE: Urteil S. 78.

72 Vgl. S. 92f.; KATILA S. 208f.; Gottfried ARNOLD: „Soll die Mutter entscheiden?" In: RP v. 28. März 1963.

73 Bundesjustizminister Jahn (SPD) Sten. Ber. 7 WP 33 Si. v. 17. Mai 1973 S. 1767; die Vertreter Hessens und Hamburgs erklärten im Unterausschuß des Rechtsausschusses des Bundesrates, Befürchtungen, die Einführung der Fristenregelung werde zu einer laxeren Einstellung gegenüber dem ungeborenen Leben führen, seien „reine Spekulation" (UA Ns. Si. v. 28./29. Februar 1972 S. 15); SOZIALDEMOKRATISCHE WÄHLERINITIATIVE S. 4; der in der Sozialdemokratischen Wählerinitiative engagierte Theologieprofessor Norbert Greinacher erläuterte vor dem Parteitag der SPD 1974 seine Ablehnung jeder „Gesetzesethik" und setzte dieser die sittliche Verantwortung des einzelnen entgegen, die erst die persönliche „Emanzipation" ermögliche (PARTEIVORSTAND DER SPD: Parteitag (10.-14. April 1973) S. 113); ebenso: Kleinert (FDP) Sten. Ber. 7 WP 96 Si. v. 26. April 1974 S. 6472; Schnellbrief des BMJ (Az: 1004 E (2460) – 335/74) an Chef des Bundeskanzleramtes, Bundesminister des Innern, Bundesminister für Jugend, Familie und Gesundheit, Bundesminister für Sozialordnung, 22. August 1974 (Äußerung des BMJ zum Normenkontrollverfahren) S. 48f.

74 SA Ber. 6 WP 75 Si. v. 11. April 1972 S. 2242; SA Ber. 6 WP 74 Si. v. 10. April 1972 S. 2197; ähnlich: BÖCKENFÖRDE S. 159; SPAEMANN: Recht S. 77; DERS.: Ende S. 114ff.; MARTIN, N. 338; Zur Reform S. 439; SA Ber. 6 WP 76 Si. v. 12. April 1974 S. 2316; Wex (CDU) Sten. Ber. 7 WP 95 Si. v. 25. April 1974 S. 6409; Dr. Heck (CDU) EBD. S. 6352; Spranger (CSU) EBD. S. 6388; Werner (CDU) EBD. S. 6432; Dr. Eyrich (CDU) EBD. S. 6337; SA Ber. 7 WP 15 Si. v. 26. September 1973 S. 681; vgl. Erläuterungen zu dem Referentenentwurf eines Fünften Gesetzes zur Reform des Strafrechts, o. Dat., vermutlich Oktober 1971 (AsD PS 181) S. 6: Dadurch, daß die Fristenregelung die Abtreibung in den ersten drei Monaten als rechtlich gebilligt erscheinen lasse, werde das allgemeine Bewußtsein von der Schutzwürdigkeit des ungeborenen Lebens beeinträchtigt werden.

75 PRILL S. 621.

76 STRAFRECHTSKOMMISSION DER EKD S. 240; FRAUENKNECHT S. 12; SCHWEITZER S. 536; Wort der Deutschen Bischofskonferenz zur Verantwortung für das menschliche Leben v. 23. September 1971 (KATHOLISCHER ARBEITSKREIS S. 23); RECHTSAUSSCHUSS DER EVANGELISCHEN FRAUENARBEIT IN DEUTSCHLAND zur Reform des §218 StGB v. 30. November 1971 (ACDP 0/068/33-9); Sten. Ber. 7 WP 33 Si. v. 17. Mai 1973 S. 1767; Minister Becker (CDU)

Die Forderung zumindest nach der Einführung einer erweiterten Indikationenregelung bestritt eine abtreibungsvermindernde Wirkung des § 218 StGB nicht grundsätzlich, betrachtete sie indessen nicht für ausreichend und hielt es für möglich, die Rechtseffektivität des Gesetzes durch eine teilweise, unterschiedlich definierte Rücknahme der Strafandrohung zu erhöhen.[78]

Andere, Befürworter der Fristenregelung, verneinten diesen Zusammenhang mit dem Hinweis auf die angeblich große Zahl der kriminellen Abtreibungen. Aus dieser Mutmaßung wurde die Tatsachenbehauptung abgeleitet, daß § 218 StGB versagt habe,

---

BR Sten. Ber. 378 Si. v. 24. März 1972 S. 494; Ministerpräsident Dr. Filbinger (CDU) BR Sten. Ber. 406 Si. v. 31. Mai 1974 S. 207; in der Begründung des Antrages an das Bundesverfassungsgericht vom 25. Juli 1974 (Arndt/Erhard/Funcke S. 93) wurde hierzu ausgeführt: „Ebenso wie eine Rechtsnorm das ihr entsprechende sozialethische Werturteil in der Gesellschaft stärkt und sichert, so schwächt aber die Aufhebung einer Rechtsnorm die ihr entsprechende sozialethische Wertüberzeugung in der Bevölkerung." Dies gelte umsomehr für das 5. StrRG, da es für die Tötung ungeborenen Lebens nicht nur die Strafandrohung aufhebe, sondern diese Tötung rechtlich erlaube und in mannigfacher Weise unterstütze, „damit also die sozialethische Mißbilligung der Vernichtung ungeborenen Lebens sogar in Frage stellt oder gar leugnet. (... .) Die vorrechtlichen sozialen Verhaltensnormen werden daher, soweit sie die Achtung und den Schutz ungeborenen Lebens gebieten, nach Inkrafttreten des § 218 a zunehmend an Geltungskraft einbüßen und der das 5. StrRG beherrschenden verfassungswidrigen Anschauung Platz machen, daß das Selbstbestimmungsrecht der Frau auch das Recht einräume, ihr noch ungeborenes Kind innerhalb der ersten 12 Schwangerschaftswochen zu töten"; vgl.: Begründung des Antrages vom 23. Oktober 1974 S. 116; Antrag der Landesregierung von Rheinland-Pfalz vom 27. September 1974 Ebd. S. 135f.; Prof. Odersky (Ebd. S. 259).

77 Grünwald S. 202; die Soziologin Prof. Pross erklärte vor dem Strafrechtssonderausschuß, sie sei sicher daß sich durch die Fristenregelung „die kollektive Einstellung verschieben werde" (SA Ber. 6 WP 75 Si. v. 11. April 1972 S. 2259); die Begründung des Gesetzentwurfes der Bundesregierung aus dem Jahr 1972 führt gegen die Fristenregelung an, sie werde zu einem Schwinden des Bewußtseins von der Schutzbedürftigkeit des ungeborenen Lebens führen (BT-Drs. Nr. 6/3434 v. 15. Mai 1972 S. 9); dasselbe bekräftigte Minister Jahn (SPD) im Bundesrat (BR Sten. Ber. 378 Si. v. 24. März 1972 S. 492); im Ersten Bericht des Sonderausschusses für die Strafrechtsreform zu dem von den Abg. Dr. Müller-Emmert, Dürr, Dr. Bardens und Genossen eingebrachten Entwurf eines Fünften Gesetzes zur Reform des Strafrechts: „Hinzu kommt der sehr viel umfassendere und weitergehende Einfluß, den das Strafrecht schon allein dadurch, daß es mit einer Strafnorm eine Wertentscheidung trifft und ein schützenswertes Rechtsgut als solches ausweist, auf die Bewußtseinsbildung der Allgemeinheit hat" (BT-Drs. Nr. 7/1982 (neu) v. 10. April 1974 S. 10); dieselbe Auffassung kommt, in abgeschwächter Form, zum Ausdruck im Ersten Bericht des Sonderausschusses für die Strafrechtsreform zu dem von den Fraktionen der SPD, FDP eingebrachten Entwurf eines Fünften Gesetzes zur Refom des Strafrechts: „Es wird auch nicht verkannt, daß das Strafrecht auch eine bewußtseinsbildende Wirkung und das bloße Bestehen einer Strafnorm Einfluß auf Wertvorstellungen und Verhaltensweisen der Bevölkerung haben kann" (BT-Drs. Nr. 7/1881 (neu) v. 24. April 1974 S. 10); vgl. auch: Stellungnahme der Bundesregierung vom 15. September 1974 (Arndt/Erhard/Funcke S. 148); vgl. die Ausführungen Prof. Rudolphis vor dem Bundesverfassungsgericht (Ebd. S. 260); Prof. Baumann (Ebd. S. 295).

78 Grünwald S. 203; Rudolphi S. 116; Schmidt, R. S. 307; Eser: Diskussion S. 244.

weil ihm die Bevölkerung in eklatantem Maß die Rechtsgefolgschaft verweigere. Er müsse deshalb geändert werden.[79]

Umgekehrt wurde für die Fristenregelung geltend gemacht, daß durch sie das gesetzte Recht und das „Verhalten der Mehrheit" in „größere Übereinstimmung" gebracht werde, weil die Mehrheit die Abtreibung in den ersten drei Monaten nicht als kriminelles Unrecht ansehe.[80] Hinter dieser Argumentation stand die Auffassung, das Recht müsse den sich wandelnden Vorstellungen der Gesellschaft folgen und sich an diese anpassen, auch wenn es um Grundwertefragen gehe. Bereits vor 1962 war die Lockerung des § 218 StGB mit dieser Begründung gefordert worden.[81]

Dagegen richtete sich die grundsätzliche Kritik besonders der Gegner der sozialen Indikation und der Fristenregelung. Ihr Einwand zielte weniger auf die (unbewiesene) Behauptung ab, daß sich die Grundeinstellung der Bevölkerung zur Abtreibung tatsächlich gewandelt habe,[82] sondern auf die schlechthinnige Gültigkeit der Norm. Ein Fundamentalwert wie das Lebensrecht gelte unabhängig vom Wertebewußtsein der Bevölkerung.

So verlangte der Soziologe Siebel vor dem Strafrechtssonderausschuß, einzelne gesetzliche Regelungen seien auch gegen den Willen einer Mehrheit aufrechtzuerhalten, wenn sie „zentrale strategische Funktionen für die Erhaltung sozialer Systeme

---

79 Hanack: Problematik S. 506; Baumann: Schutz S. 16 u. 30; Rechtasusschuss der Evangelischen Frauenarbeit S. 3; ebenso die Vertreter Hessens und Hamburgs im Bundesrat (UA Ns. Si. v. 28./29. Februar 1972 S. 14; Fiebig (SPD) SA Ber. 6 WP 75 Si. v. 11. April 1972 S. 2244; Prof. Brocher Ebd. S. 2203. Brandt (Grolsheim) (SPD) Sten. Ber. 7 WP 95 Si. v. 25. April 1974 S. 6407; Dr. Focke (SPD) Ebd. S. 6402; von Schoeler (FDP) Ebd. S. 6409; Schuchardt (FDP) Ebd. S. 6434f.; Adolf Müller-Emmert: „Eine Hilfe in Konfliktfällen". In: CW v. 4. Mai 1974; Kriele: Urteil S. 79; Schueler: Sitte S. 45f.; Gründler S. 2135; Funcke: Unmenschlichkeit S. 85; Dr. Groeger SA Ber. 6 WP 75 Si. v. 11. April 1972 S. 2278; Becker, Ch. S. 18; Heldmann: Abschaffung S. 209. Im ersten Entwurf für eine Fristenregelung von 1972 heißt es dagegen noch, die Eignung eines Gesetzes sei nicht daran zu messen, „mit welcher Lückenlosigkeit der strafrechtliche Schutz verbal formuliert ist, sondern daran, was die Bestimmungen in der Wirklichkeit des täglichen Lebens auszurichten in der Lage sind". Dagegen der Erste Bericht des Sonderausschusses für die Strafrechtsreform zu dem von den Fraktionen der SPD, FDP eingebrachten Entwurf eines Fünften Gesetzes zur Reform des Strafrechts aus dem Jahr 1974: „Es wird nicht die Auffassung vertreten, die Tatsache, daß eine Norm übertreten werde, sei ein Argument für ihre Abschaffung. Daß dies nicht richtig sein kann, liegt auf der Hand" (BT-Drs. Nr. 6/3137 v. 9. Februar 1972 S. 3; BT-Drs. Nr. 7/1981 (neu) v. 24. April 1974 S. 10); Bundesjustizminister Vogel (SPD) Sten. Ber. 7 WP 221 Si. v. 12. Februar 1976 S. 15355.

80 BT-Drs. Nr. 6/3137 v. 9. Februar 1972 S. 4; Prof. Maihofer (FDP) Sten. Ber. 7 WP 96 Si. v. 26. April 1974 S. 6492.

81 Vgl. S. 93.

82 Daß die Tatsache, daß gegen ein strafrechtliches Gebot verstoßen werde, noch nichts darüber besage, ob dieses Verhalten auch sittlich gebilligt werde, angemerkt bei: Becker, W.: Deutschland S. 132; Volbracht, S. 383; daß ein Unrechtsbewußtsein gegenüber der Abtreibung in der Bevölkerung durchaus existiere, räumt der am Alternativ-Entwurf beteiligte Dr. Rolinski ein, der eine Fristenregelung befürwortete (SA Ber. 6 WP 10. April 1972 S. 2225).

erfüllen", zumindest dann, wenn die Mehrheit nicht die Konsequenzen ihrer Einstellung erkennen könne. Es sei ein zweifellos verpflichtendes Ziel, die Auffassungen der Mehrheit der Gesellschaft in Übereinstimmung mit der jeweiligen rechtlichen Frage zu bringen. „Die Frage ist jedoch, ob eine solche Übereinstimmung nur dadurch erreicht werden kann, daß ich der gerade herrschenden Meinung nachgebe."[83]

Ebenso argumentierte der Soziologe Norbert Martin. Es gebe Normen, die der Staat wegen ihrer grundlegenden Bedeutung für die Erhaltung seines sozialen Systems auch gegen den Willen der Mehrheit seiner Mitglieder aufrechtzuerhalten verpflichtet sei. Martin illustrierte dies mit dem Hinweis darauf, daß alle Normen, die mit Tötung, Schutz des Lebens oder Menschenwürde zusammenhingen, in der Art von kommunizierenden Röhren miteinander Verbindung hätten. In jeder Gesellschaft existiere stets ein „legal-lag", daß heißt, öffentliche Moral sei immer etwas lockerer als die sie abstützende Norm. Dennoch mache die Tatsache, daß eine Norm dauernd übertreten werde, diese nicht überflüssig. „Die Norm ist wichtig als Mittelwert, den das Handeln wie ein Pendel um eine gedachte Mitte umkreisen kann. Fällt die Mitte weg, wird die Bewegung richtungslos." Ein bestimmter Grad abweichenden Verhaltens sei deshalb sozialempirisch „normal". Man dürfe bei der Beurteilung einer Norm nicht nur die Häufigkeit der Übertretung sehen, sondern man müsse auch das Maß des durch diese Norm verhinderten Abweichens ins Kalkül ziehen.[84]

Im Ergebnis wurde diese Auffassung mehrheitlich, aber nicht nur, von Mitgliedern der Opposition im Bundestag vertreten. So heißt es im Bericht des Abgeordneten Dr. Müller-Emmert (SPD) vom 10. April 1974 über die Ausschußberatungen, es sprächen fundierte Untersuchungen gegen die Richtigkeit der Annahme, § 218 StGB habe keine Wirkung. Das Strafrecht wirke schon allein dadurch, daß es eine Wertentscheidung treffe, ein schützenswertes Rechtsgut als solches aufweise und die Bewußtseinsbildung der Allgemeinheit beeinflusse. Darin liege die „allgemein anerkannte primäre Funktion und Wirkung des Strafrechts."[85]

83 SA Ber. 6 WP 74 Si. v. 11. April 1972 S. 2242f.

84 Martin, N. S. 338; eine ähnliche Argumentation verband Prof. Bökmann vor dem Strafrechtssonderausschuß mit dem Begriff „Grenzmoral" (SA Ber. 6 WP 76 Si. v. 12. April 1972 S. 2326); vgl. Schöllgen S. 16ff.

85 Erster Bericht des Sonderausschusses für die Strafrechtsreform zu dem von den Abg. Dr. Müller-Emmert, Dürr, Bardens, und Genossen eingebrachten Entwurf eines Fünften Strafrechtsreformgesetzes (BT-Drs. Nr. 7/1982 v. 10. April 1974 S. 10); vgl.: Ernst Benda: Tötung als Notbremse? In: Pu v. 30. Oktober 1970; Spranger (CSU) Sten. Ber. 7 WP 33 Si. v. 17. Mai 1973 S. 1808; von Schoeler (FDP) Sten. Ber. 7 WP 95 Si. v. 25. April 1974 S. 6342; Wex (CDU) Ebd. S. 6409; Dr. Jaeger (CSU) Ebd. S. 6419; Dr. Eyrich (CDU) Sten. Ber. 201 Si. v. 7. November 1975 S. 13880; Vogel (CDU) Sten. Ber. 7 WP 221 Si. v. 12. Februar 1976 S. 15322; Neumeister (CDU) Ebd. S. 15342.

V. Sozialschädlichkeit als strafrechtliches Gestaltungsprinzip

In dem gleichen Maße, in dem die Legitimation einiger zentraler strafrechtlicher Normen in Frage gestellt worden ist, wurde das Grundsatzproblem der Herleitung verbindlicher Normen für das Strafrecht in einer pluralistischen Gesellschaft Gegenstand der Debatte. In diesem Zusammenhang ist in den sechziger Jahren, zunächst vereinzelt, gefordert worden, die Frage der strafrechtlichen Sanktionierung der Abtreibung nach dem Kriterium der Sozialschädlichkeit zu beurteilen.[86] In den siebziger Jahren wurde die „Sozialschädlichkeit" ein Schlüsselbegriff der juristischen und der parlamentarischen Diskussion.

Der Begriff „Sozialschädlichkeit" wurde in die Diskussion über § 218 StGB etwa gleichzeitig mit dem „ethischen Minimum" eingeführt. Ebenso wie dieser Terminus blieb der Begriff „Sozialschädlichkeit" – jedenfalls in bezug auf § 218 StGB – ungeklärt, obwohl Anhänger unterschiedlichster Lager forderten, daß die „Sozialschädlichkeit" als Kriterium für die Pönalisierung zu gelten habe.[87]Im Zusammenhang mit dem § 218 StGB haben nur die von Moraltheologen vorgenommenen Überlegungen zu fundierten Begriffsklärungen geführt. Ausgehend von der Voraussetzung, daß das menschliche Leben den höchsten Wert des Sozialen bilde, forderte Ermecke, das Gemeinwohl müsse in allem und jedem dem Menschen dienen. Eine Gemeinschaft, die dieser Grundforderung nicht nachkomme und die den Menschen nicht in jedem Stadium seiner Entwicklung ausreichend schütze, verneine sich selbst. Nicht weil die Abtreibung als Tötung sittlich verwerflich sei, „sondern weil sie im höchsten Grade

86 Brox S. 59f.; Wächter S. 47; Hofmann S. 27; Müller-Emmert: Chancen S. 714.

87 Kaupen S. 16; Bundesjustizminister Jahn (SPD) Sten. Ber. 7 WP 33 Si. v. 17. Mai 1973 S. 1799; Peter Jochen Winters: „Kampf dem Abtreibungselend – aber wie?" In: FAZ v. 18. Juni 1971; Schlee (CDU) SA Ber. 6 WP 76 Si. v. 12. April 1972 S. 2332; Dr. Eyrich (CDU) Ebd. S. 2249; SA Ber. 7 WP 15 Si. v. 26. September 1973 S. 677; Dr. Eyrich (CDU) Sten. Ber. 7 WP 33 Si. v. 17. Mai 1973 S. 1767; Dr. Eyrich (CDU) Sten. Ber. 7 WP 96 Si. v. 26. April 1974 S. 6437; Lehners BR Sten. Ber. 405 Si. v. 10. Mai 1974 Anlage 1 S. 187 („sozial unerwünschtes Verhalten"). Infolge dessen gab es Stimmen, welche die völlige Abschaffung des § 218 StGB forderten, weil die Abtreibung weder „sozialgefährlich" noch „sozialschädlich", sondern ein sozial unschädliches Selbstverwirklichungsrecht des einzelnen sei (Heldmann: Inhumanität S. 159; ähnlich: Ders. Abschaffung S. 344; vgl. die Ausführungen von Justizminister Dr. Bender (CDU) vor dem Bundesverfassungsgericht (Arndt/Erhard/Funcke S. 246); Dr. Bardens (SPD) SA Ber. 75 Si. v. 11. April 1972 S. 2249). Die inhaltliche Unbestimmtheit des Begriffs ist auch daran erkennbar, daß Bundesjustizminister Jahn den gleichen Entwurf 1971 in einer ausdrücklichen Wendung gegen das Kriterium der Sozialschädlichkeit begründete, 1973 dagegen mit dem Argument: „Der allgemein anerkannte Maßstab darf allein die Frage sein, ob ein bestimmtes Verhalten sozialschädlich ist, also einem einzelnen oder der Gemeinschaft Schaden zufügt" (BT-Drs. Nr. 6/3434 v. 15. Mai 1972 S. 8; dieselbe Argumentation bei Käthe Strobel und Gerhard Jahn in: Material zur Reform des § 218 S. 4; ebenso: Erläuterungen zu dem Referentenentwurf eines Fünften Gesetzes zur Reform des Strafrechts, o. Dat., vermutlich Oktober 1971 (AsD PS 181) S. 4; Sten. Ber. 7 WP 33 Si. v. 17. Mai 1973 S. 1799).

sozialschädlich ist, denn in ihr wird das Fundament der menschlichen Gesellschaft, der Mensch, verneint, muß an der Pönalisierung festgehalten werden."[88] Die Moraltheologen Auer und Demmer gaben allerdings zu bedenken, daß das Recht nicht ohne jede Rückbindung an sozialethische Normen auskomme.[89] Das „Kriterium der Sozialschädlichkeit ist unter grundsätzlichem Verzicht auf moralische Wertvorstellungen gar nicht realisierbar. Es existiert nicht, gleichsam in hypostatischer Isolierung, ohne Bezug auf Moral; vielmehr stellt es nur einen Ausschnitt der umfassenden moralischen Wirklichkeit dar." Der Gesetzgeber könne sich nicht mit der „Fiktion der Wertneutralität im Kriterium der Sozialschädlichkeit" begnügen, „weil dann unter der Hand mit unkontrollierbaren oder der Fraglichkeit nicht freigegebenen moralischen Prämissen gearbeitet wird."[90]

Diese Argumente sind von denjenigen, die eine weitgehende Lockerung des § 218 StGB mit dem Hinweis auf die „Sozialschädlichkeit" begründeten, unbeantwortet geblieben. Indessen fällt auf, daß die Prämisse ihres Kriteriums, nämlich daß die Tötung eines ungeborenen Menschen durch eine Abtreibung kein sozialschädliches Verhalten darstelle, fast stets stillschweigend vorausgesetzt, aber nicht weiter begründet wurde. Diese Voraussetzung beruht auf der Behauptung, der Fötus sei kein Mensch; denn andernfalls würde sich die Abtreibung gegen ein Mitglied der Gemeinschaft richten und hätte mithin als gemeinschaftsschädlich zu gelten. Daß dem nicht so sei, war immer mitgemeint, wo die Sozialschädlichkeit der Abtreibung bestritten wurde, blieb aber

---

88 Ermecke S. 32f.

89 Auer: Überlegungen S. 124f.

90 Demmer S. 8. Während diese Argumentationen in ihrer Essenz die Ethik letztendlich als eine Bedingung der Möglichkeit von Sozialschädlichkeit definierten, bestritt das Kommissariat der Deutschen Bischofskonferenz nicht grundsätzlich, daß Ethik und Gemeinschaftsschädlichkeit grundsätzlich voneinander trennbar seien und unabhängig voneinander existieren könnten. In seiner Stellungnahme aus dem Sommer 1971, in der es die „Sozialschädlichkeit" ausdrücklich als maßgebliches strafrechtliches Gestaltungskriterium anerkannte, beschränkte es sich auf die Behauptung, daß sittliche und rechtliche Beurteilung allerdings gelegentlich zusammenfallen könnten und daß dies in bezug auf das Lebensrecht eines Menschen der Fall sei. Abtreibung sei daher nicht nur sittlich verwerflich, sondern auch sozialschädlich. Es heißt dort ferner: „Moral und Recht sind nicht deckungsgleich. Während die Moral in ihrer Beurteilung von Handlungen das Gewissen und sittliche Werte zugrunde legt, urteilt das Strafrecht – über den ethisch begründeten Gedanken der Gerechtigkeit und des Rechts hinaus – in erster Linie nach der Sozialschädlichkeit von Handlungen unter den spezifischen Gesichtspunkten der Rechtssicherheit und der Rechtswirksamkeit. Es sollte aber einsichtig sein, daß die Tötung menschlichen Lebens, auch des ungeborenen, gleichzeitig einen unbedingt gültigen sittlichen Anspruch wie auch die absolut schutzwürdigen Grundlagen der menschlichen Rechtsgemeinschaft verletzt. Nach der Überzeugung der Katholischen Kirche fallen daher in diesem Falle die sittliche und rechtliche Beurteilung weitgehend zusammen. Wenn es nach allgemeiner Auffassung Aufgabe des Staates ist, die Unverletzlichkeit hoher Rechtsgüter strafrechtlich zu sanktionieren, so ergibt sich daraus, daß er die Abtreibung als vorsätzliche Tötung menschlichen Lebens bestrafen muß" (Stellungnahme des Kommissariats der deutschen Bischöfe zum Schutze des werdenden Lebens vom 23. Juni 1971 (Katholischer Arbeitskreis S. 173f.)).

stets unausgesprochen. Ebenso wie in der Diskussion über das „ethische Minimum“ lag auch hier ein Zirkelschluß vor: was zu beweisen wäre, wurde vorausgesetzt. Die zentrale Frage, ob die Tötung ungeborener Kinder zu rechtfertigen ist, konnte auf diese Weise umgangen werden.

Angesichts einer solchen Unbestimmtheit der Begriffe nimmt es nicht wunder, daß im Strafrechtssonderausschuß Einigkeit darin bestehen konnte, daß die „Sozialschädlichkeit“ eines Verhaltens als auschlaggebendes Gestaltungskriterium für das neue Strafrecht zu gelten habe.[91] Wie schon geschildert wurde,[92] war dieser Konsens rein verbaler Natur; in der Sache bestand er nicht.

Diese Tatsache erklärt auch, warum der Begriff „Reform“ im Zusammenhang mit der Änderung des § 218 StGB als inhaltsloses Etikett benutzt wurde.[93] Positiv konnotiert, suggerierte er anderes und war daher öffentlichkeitswirksam. Gesetzes-“Reform“ bedeutet dem ursprünglichen, positiv belegten Wortsinn nach, daß ein Gesetz, das einen bestimmten Zweck verfolgt, diesen Zweck nicht mehr erfüllt und deshalb so geändert werden soll, daß es ihm wieder gerecht werde. Das Entscheidende wäre, daß die Ratio legis dieselbe bliebe. Strittig sein könnte allein der Weg zu diesem Ziel. In bezug auf den § 218 StGB hätte dies geheißen, daß das Ziel der Gesetzesänderung weiterhin der Schutz des ungeborenen Lebens gewesen wäre und daß es lediglich um die wirksamste Gestaltung dieses Rechtsgüterschutzes gegangen sei. Diese Begründung ist in den siebziger Jahren das Kardinalargument zur Legitimation der Fristenregelung gewesen.[94] Tatsächlich war die Auseinandersetzung über die Neugestaltung des § 218 StGB kein Disput über den effektivsten Weg zum optimalen Lebensschutz, sondern ein Streit über das Rechtsgut selbst.

---

91 Vgl. S. 223.

92 Vgl. Ebd.

93 Sofern der Begriff „Reform“ überhaupt noch eine konkrete Bedeutung enthält. Wolgast zufolge ist „Reform“ nach 1918 endgültig zum „inflationierten Begriff“ geworden, seit den sechziger Jahren zum schlechthinnigen „Ausweis politischer und gesellschaftlicher Fortschrittlichkeit und darüber hinaus zum Modewort“ (S. 360). Vgl. Repgen: „Reform“ S. 6: „Da im Wort ‚Reform‘ für uns heute der Anspruch, eine Verbesserung zu bedeuten, enthalten ist, ist jede Veränderung, die öffentlich zur ‚Reform‘ erklärt und als solche verstanden wird, eine Sache, der man kaum die prinzipielle Zustimmung verweigern kann, ohne sich gesellschaftlich zu isolieren.“

94 Vgl. S. 226ff.

B. Die rechtspolitische „Kontroverse“ über die Entwürfe eines Fünften Gesetzes zur Reform des Strafrechts (1970-1976)

Die rechtspolitische Auseinandersetzung über die Änderung des § 218 StGB betraf insbesondere eine Gruppe von Einzelthemen, die man in der Gesamtschau als Angelpunkte der Kontroverse bezeichnen darf. Ihnen kommt für die Auseinandersetzung über § 218 StGB deswegen eine besondere Bedeutung zu, weil sie sämtlich die Legitimation behandeln, die den jeweiligen Regelungsvorschlägen zugrunde lag und die damit an den Kern der unterschiedlichen rechtspolitischen Konzeptionen rührte. In diesen rechtspolitischen Fundamenten der verschiedenen Gesetzentwürfe, die teilweise rechtsphilosophische Fragen tangierten, sind die Grundentscheidungen zu sehen, welche die Gestaltung der Rechtsvorschriften im einzelnen beeinflußt oder bestimmt haben. Die Einzelaspekte der Kontroverse ermöglichen es, die konzeptionellen Grundzüge der verschiedenen Regelungsvorschläge herauszuarbeiten und bieten folglich ein geeignetes Raster, um diese Modelle zu beschreiben.

Es werden daher zunächst die rechtspolitischen Legitimationen dargestellt, mit denen die Notwendigkeit einer weitgehenden Änderung des § 218 StGB öffentlich begründet worden ist. Im Anschluß daran sind die Relungsvorschläge zu behandeln, in denen die Grundkonzeptionen aller Entwürfe weitgehend Übereinstimmung erkennen lassen. Abschließend sind jene rechtspolitischen Fragen zu untersuchen, in denen grundlegende Unterschiede zwischen den Entwürfen bestanden.

I. Legitimation und Wirklichkeit: Argumente zur Begründung einer Änderungsbedürftigkeit des § 218 StGB im Spiegel der medizinisch-sozialen Realitäten

1. Das Ausmaß der kriminellen Abtreibung

Die auf den § 218 StGB gerichteten Änderungsbestrebungen wurden von den Verfassern des Alternativ-Entwurfs und insbesondere von den späteren Befürwortern der Fristenmodelle mit dem Hinweis auf die als katastrophal beschriebenen gesellschaftlichen Mißstände im Zusammenhang mit der Abtreibung begründet. Dies stützte sich vor allem auf drei Argumentationen: erstens auf die angeblich außerordentlich hohe Zahl der kriminellen Abtreibungen, die der § 218 StGB nicht zu vermindern vermöge, und eine daraus abzuleitende These von der Wirkungslosigkeit des Paragraphen; zweitens auf das Argument der verheerenden gesundheitlichen Folgen des Pfuscheraborts für die abtreibende Schwangere; drittens das Argument, daß eine Änderung des § 218 StGB den Lebensschutz des ungeborenen Lebens verbessern werde.

a) Die Darstellung der Abtreibungshäufigkeit in den Medien

Unsere Darstellung der Abtreibungswirklichkeit bis 1962 hat gezeigt, daß weder in den vierziger noch in den fünfziger Jahren fundierte Schätzungen über den Umfang der kriminellen Abtreibungen möglich waren. An diesem Zustand hatte sich bis in die sechziger Jahre hinein grundsätzlich nichts geändert. Fachleute wiesen dementsprechend auf die Tatsache hin, daß selbst annähernd zuverlässige Zahlen nicht vorhanden seien,[95] enthielten sich aber nicht einer nicht näher begründeten Schätzung, die sich zwischen 400.000 und 3.000.000 kriminellen Abtreibungen jährlich in der Bundesrepublik Deutschland bewegte.[96] Die vor allem in nicht-medizinischen Veröffentlichungen genannten Werte pendelten von der runden und leicht einprägsamen, aber fast nie begründeten Zahl von 1.000.000 bis zu 3.000.000.[97] Ebenso schwankten die in der zweiten Hälfte der sechziger Jahre genannten Zahlen zwischen 200.000 und 3.000.000; fast immer lagen die Vermutungen bei mindestens 1.000.000.[98] Nur zum Teil wurden Schätzungen genannt, die deutlich unter 500.000 lagen.[99] Ohne, dies gilt für alle voran genannten Zahlen, seine Angaben zu belegen, bezifferte der im Auftrag des SPD-geführten Bundesgesundheitsministeriums herausgegebene „Sexualkunde-Atlas“ 1969 den Umfang der kriminellen Abtreibungen auf eine halbe bis zwei Millionen Eingriffe pro Jahr in der Bundesrepublik.[100]

b) Die Beurteilung der Abtreibungshäufigkeit im wissenschaftlichen Schrifttum

Stimmen, die zu Beginn der siebziger Jahre gegen die genannten hohen Zahlenangaben geltend machten, daß aufgrund des zeitgenössischen Kenntnisstandes keine auch nur

---

95 BLEI: Abtreibung S. 402.

96 BRUCK S. 126f.; DURAND-WEVER: Strafgesetzentwurf S. 2; KEPP: Empfängnisverhütung S. 51.

97 MERGEN S. 126; NEDELMANN S. 110; SCHUMANN S. 1159; SVENSEN: Schwangerschaftsunterbrechung S. 101; Paradoxie S. 311; eine Abweichung von diesen Werten stellten die mindestens 60.000 Abtreibungen pro Jahr dar, von denen KNA berichtete (KNA Nr. 247 v. 20. Dezember 1962/B); Sabine SCHINKE berechnete den Anteil krimineller Abtreibungen an dem Gesamtaufkommen klinischer Abortnachbehandlungen in der Gießener Universitätsklinik in den Jahren 1945 bis 1960 auf wahrscheinlich 65,9 % und sicher mindestens 39,3 % (Untersuchungen S. 28f).

98 WORM S. 147; MANDT S. 3421; LANGMANN S. 2642; SCHÜTZE S. 2756; SCHULTE/SCHULTE/SCHULTE S. 1; SOOST S. 26; FISCHER, Joh. S. 14; KAISER S. 1565; „‚Pro Familia‘ fördert die Familienplanung“. In: T v. 10. September 1967; SCHWARZER: So fing es an S. 25 nannte für jene Zeit noch 1983 eine Zahl von 500.000 bis 1.000.000 kriminelle Abtreibungen jährlich.

99 MENDE S. 39 (80-100.000); R. HELLMANN: Empfängnisregelung: legitimes Problem der Medizin. In: We v. 12. Februar 1968.

100 BUNDESZENTRALE FÜR GESUNDHEITLICHE AUFKLÄRUNG S. 40.

annähernd genauen Schätzungen möglich seien, wurden weitgehend ignoriert.[101] Aufgrund klinischer Beobachtungen zustandegekommene Hinweise, daß die Zahl der kriminellen Abtreibungen seit dem Beginn der fünfziger und erneut seit dem letzten Viertel der sechziger Jahre – infolge der zunehmenden Verbreitung der Ovulationshemmer – konstant zurückgegangen sei beziehungsweise weiter zurückgehe,[102] fanden in der Öffentlichkeit kaum Beachtung. Im ganzen ziemlich unbeachtet blieben in den siebziger Jahren ebenso Hinweise von Medizinern, die mit dem Problem befaßt waren und behaupteten, daß die oft genannte Dunkelziffer zwischen 100.000 und 2.000.000 nicht im geringsten seriös sei.[103]

Weit geringere Werte, als in der öffentlichen und politischen Diskussion behauptet wurden, brachten wissenschaftliche Untersuchungen, die sich auf statistische Erhebungen stützten. Der Mediziner Schultze errechnete Ende der sechziger Jahre etwa 250.000 Fehlgeburten jährlich für die Bundesrepublik Deutschland, von denen er knapp 50%, also etwa 125.000, auf kriminelle Abtreibungen zurückführte.[104] 1972 korregierte er diese Zahl auf etwa 73.000 Abtreibungen.[105] Zu ähnlichen Ergebnissen gelangte der Bonner Mediziner Prill 1972. Aufgrund repräsentativer Angaben bei sozialmedizinischen Untersuchungen kam er auf etwa 70.000 Abtreibungen in Westdeutschland und vermutete eine Gesamtzahl von etwa 90.000 kriminellen Abtreibungen unter Hinzunahme der Eingriffe, die im europäischen Ausland vorgenommen wurden, wobei eine statistische Fehlermarge berücksichtigt war.[106] In der Sachverständigenanhörung des Strafrechtssonderausschusses wies Prof. Prill darauf hin, daß die obere Grenze der Dunkelziffer bei maximal 160.000 liege.[107] Er bezog sich dabei auf die 1971 veröffentlichten Ergebnisse eines Forschungsprojekts aus dem Soziologischen Institut der Universität des Saarlandes. Die Untersuchung errechnete etwa 170.000 kriminelle Abtreibungen jährlich.[108]

Eine Anfang der siebziger Jahre in Zusammenarbeit mit der Deutschen Forschungsgemeinschaft erstellte Untersuchung an insgesamt 5.680 Frauen[109] errechnete eine Dunkelziffer von 86.000 bis 146.000 Abtreibungen. Die Erhebung stellte

---

101 Schultze: Abortsituation S. 3980; Westphalen: Abtreibung S. 444; Ders.: Weg S. 44f.; Becker, W.: Abbruch S. 23; Eser: Diskussion S. 243f.; der Mediziner Prof. Köster erklärte vor dem Arbeitskreis „Rechtswesen" der Fraktion der SPD im Deutschen Bundestag, die in der Öffentlichkeit genannten Werte lägen zu hoch und selbst die Zahl von 80.000 sei noch überhöht (AKR 58 Si. v. 14. September 1971 (AsD PS 182) S. 29.).

102 Harmsen: Erfahrungen S. 202; Schultze: Entwicklung S. 3164; Prof. Prill SA Ber. 7 WP 75 Si. v. 11. April 1972 S. 2241.

103 Degenhardt S. 3358; Jachertz S. 2203.

104 Schultze: Bedeutung S. 336; Ders.: Fortpflanzungsgeschehen S. 27f.; Ders.: Abortus-Ursachen S. 1267.

105 Ders.: Entwicklung S. 3165.

106 Prill S. 621.

107 Prof. Prill SA Ber. 6 WP 74 Si. v. 10. April 1972 S. 2173; vgl. Prof. Siebel SA Ber. 6 WP 75 Si. v. 11. April 1972 S. 2241.

108 Siebel/Martin/Stumpf/Waldmann/Werth S. 263f.

109 Dies und das Folgende nach: Staemmler/Köhler/Welker/Winter S. 885ff.

außerdem zwar einen relativ hohen Anteil von Frauen der „,unteren Unterschicht'" fest, konstatierte im übrigen aber, daß die Zahl der Aborte, statistisch gesehen, nicht abhängig sei von der sozialen Schicht der Frauen. Heutige Stellungnahmen bestätigen diese Angaben und bezeichnen als wahrscheinlich, daß die Zahl der kriminellen Abtreibungen in der Bundesrepublik Deutschland für die erste Hälfte der siebziger Jahre bei jährlich etwa 100.000 anzusiedeln ist.[110]

Es besteht Gewißheit, daß den Politikern, die dem Strafrechtssonderausschuß angehörten, die oben dargestellten Untersuchungsergebnisse bekannt waren, denn ebendiese Zahlen sind von Ministerialrat Horstkotte (BMJ) im Ausschuß vorgetragen worden. Eine Zusammenstellung des Wissenschaftlichen Dienstes des deutschen Bundestages aus dem Jahr 1973, die sich unter den Akten des zuständigen Arbeitskreises „Rechtswesen" der SPD-Bundestagsfraktion befindet, nennt für 1968 170.000 Abtreibungen, die bis 1973 auf etwa 75.000 bis 100.000 Eingriffe zurückgegangen seien.[111] Der „plausibelste Schätzwert", so das zeitgenössische Urteil Horstkottes, liege bei 100.000 kriminellen Abtreibungen pro Jahr.[112]

Die parlamentarischen Befürworter der Fristenregelung haben diese Zahlen weder im Ausschuß noch sonst im Gesetzgebungsverfahren bestritten. Erst in der mündlichen Anhörung im Normenkontrollverfahren vor dem Bundesverfassungsgericht wurden die im vorangegangenen wiedergegebenen Schätzungen in Abrede gestellt. Die von der Bundesregierung benannte Auskunftsperson, Prof. Jürgens, bestritt die Angaben von etwa 100.000 kriminellen Abtreibungen jährlich für die Bundesrepublik Deutschland und behauptete selbst eine Zahl von mindestens 200.000, „wahrscheinlich aber 300.000" kriminellen Aborten. Ohne die oben erläuterten Ursachen zu erwähnen, ohne auf Herkunft und Seriosität der verschiedenen Schätzungen bezug zunehmen und ohne auf die zuvor zitierten Untersuchungen einzugehen, bewertete Jürgens es als „nicht ganz erklärlich" und „erstaunlich", daß bis 1965 bis zu 2.000.000 kriminelle Eingriffe

---

110 WILKITZKI/LAURITZEN S. 21; BÜCHNER, B. S. 3; Manfred SPIECKER: „Die Reform des § 218 ist gescheitert. In: FAZ v. 10. August 1989; der Bericht der „Kommission zur Auswertung der Erfahrungen mit dem reformierten § 218 StGB" bezifferte die Abtreibungszahl westdeutscher Frauen im In- und Ausland noch 1977 mit 135.000 (BT-Drs. Nr. 8/3630 v. 31. Januar 1980 S. 49). Auch die FDP gibt die Höhe der Dunkelziffer vor der Änderung des § 218 StGB inzwischen mit 80.000 Abtreibungen an. Diesen Schluß legt zumindest die Einleitung des FDP-Fraktionsentwurfs zu einem Schwangeren- und Familienhilfegesetz vom 18. März 1991 nahe. Ausgehend von der – zumindest sehr ungenau formulierten, wenn nicht sogar irreführenden – Angabe, die „Zahl der legalen Abbrüche beträgt, bezogen auf die bisherigen Bundesländer, ca. 80.000 pro Jahr" (vgl. S. 234 Fn. 1.) wird behauptet, die geltende Regelung habe „einen effektiven Lebensschutz nicht zu bewirken vermocht." Folglich hat das Gesetz von 1976 nach Auffassung der FDP-Fraktion nicht zu einer Senkung der Abortquote geführt. Daraus ist zu schließen, daß der Entwurf für die Zeit vor 1976 eine mindestens gleichhohe, möglicherweise aber auch eine niedrigere Abtreibungszahl annimmt (Fraktion der FDP im Deutschen Bundestag S. 1).

111 Deutscher Bundestag, Wissenschaftliche Dienste, Fachbereich III, Recht und Inneres, 25. April 1973 (AsD PS 177) S. 5f.

112 SA Ber. 7 WP 25 Si. v. 13. Februar 1974 S. 1450f.

geschätzt worden seien, danach etwa 200.000 bis 400.000 und seit dem Beginn der siebziger Jahre nur noch 100.000.

Jürgens behauptete – ohne weiteren Beleg – daß der Schätzung von 100.000 „doch sehr zahlreiche Unzuverlässigkeiten rein vom Zahlenmaterial her" zugrunde lägen. Die einzige statistische Methodenkritik, die er in diesem Zusammenhang übte, bezieht sich auf die Hochrechnung der kriminellen Aborte an Todesfällen. Diese Kritik ging an den zitierten Untersuchungen indessen vorbei, weil deren Erhebungen im wesentlichen auf anderen statistischen Grundlagen fußten. Jürgens begründete seine eigenen Vermutungen von 200.000 bis 300.000 kriminellen Abtreibungen mit dem Hinweis, sie ergebe sich, „wenn wir alles das subsumieren". Was „alles das" ist, bleibt unklar, weil er dazu keine Zahlenangaben machte, sondern sich nur allgemein über Hochrechnungsmöglichkeiten äußerte.[113] Gleichwohl beriefen sich in der mündlichen Verhandlung die Bundesminister Vogel (SPD) und Ehmke (SPD) auf die Darlegungen von Jürgens.[114]

In einer Studie aus dem Jahr 1975, die in der Schriftenreihe des Bundesministers für Jugend, Familie und Gesundheit erschienen ist,[115] gibt Jürgens ebensowenig schlüssige Begründungen für seine oben wiedergegebenen Behauptungen. Jürgens läßt durchblicken, daß er Schätzungen, wonach es in der Bundesrepublik Deutschland etwa 100.000 kriminelle Abtreibungen gebe, für unzutreffend hält. Die Durchsicht seines Quellenmaterials[116] zeigt allerdings, daß sich seine Kritik an dieser Zahl nur auf die von Horstkotte allegierten Angaben stützt. Die diesen Ergebnissen zugrunde liegenden Untersuchungen selbst scheint er nicht berücksichtigt zu haben, jedenfalls zitiert er sie nicht.[117]

c) Die Darstellung der Abtreibungshäufigkeit durch Politiker

Nicht nur in der breiten Öffentlichkeit,[118] sondern auch von Politikern ist den wissenschaftlich fundierten Schätzungen kaum Beachtung geschenkt worden. Allgemein ist

113 ARNDT/ERHARD/FUNCKE S. 297f.; vgl. S. 248f.

114 ARNDT/ERHARD/FUNCKE S. 279 u. 299.

115 JÜRGENS/PIEPER.

116 EBD. S. 97-100.

117 EBD. S. 39ff.

118 Schätzungen, die, soweit ersichtlich, auf Vermutungen fußten, bezifferten den Umfang der kriminellen Abtreibung in der Regel auf mindestens mehrere Hunderttausend bis eine halbe Million (DÖRING S. 865; Ulrich BEER: „Plädoyer für das ungeborene Leben". In: HeA v. 23. April 1970; Werner BIRKENMEIER: „Plädoyer für unfreiwillige Mütter". In: StZ v. 3. April 1970; Wolfgang BARTSCH: „Nur ein Bruchteil der Gynäkologen wird anfangs ‚mitmachen'". In: FR v. 30. März 1973; SCHWARZER: Nachwort S. 139; „Jeder 20. Eingriff ist tödlich". In: WP v. 7. November 1970; Peter Jochen WINTERS: „Kampf dem Abtreibungselend – aber wie?" In: FAZ v. 18. Juni 1971; RECHTSAUSSCHUSS DER EVANGELISCHEN FRAUENARBEIT IN DEUTSCHLAND zur Reform des §218 StGB v. 30. November 1971 (ACDP 0/068/33-9); WOLFF S. 2957; KÖHNE S. 20; GOLDACKER S. 814; JUST-DAHLMANN S. 151; NEUHOFF S. 222; DIETEL: Schwangerschaftsunterbrechung, S 171; LOCHMÜLLER S. 1557f.; Paul LERSCH: „Die Drohung

die Tendenz erkennbar, daß die Angaben über die mutmaßliche Höhe der Dunkelziffer mit dem Interesse an einer weitreichenden Änderung des § 218 StGB zunehmen. Die überhöhten Zahlenangaben über das Ausmaß der kriminellen Abtreibung bewirkten offensichtlich eine Dramatisierung des Abtreibungsproblems und suggerierten öffentlichkeitswirksam die Notwendigkeit einer Gesetzesänderung.

Da indessen oft genug darauf hingewiesen worden ist, daß es für die genannten hohen Zahlen keine solide statistische Grundlage gebe, und da es ab 1972 im Gegenteil als sicher gelten konnte, daß die tatsächlichen Abtreibungszahlen weitaus geringer seien als allgemein behauptet wurde, ist festzuhalten, daß die westdeutsche Öffentlichkeit über einen zentralen Aspekt des Abtreibungsproblems falsch informiert worden ist. Insbesondere die Medien fungierten weitgehend als unkritischer Multiplikator unzutreffender Angaben.

Zu den in der Öffentlichkeit verbreiteten unklaren Vorstellungen über das Ausmaß der kriminellen Abtreibung haben sehr wahrscheinlich die teilweise um mehrere Hundert Prozent alternierenden Angaben einer Reihe von Koalitionsabgeordneten beigetragen. Während die Opposition in Übereinstimmung mit der Antwort Bundesjustizminister Jahns (SPD) auf ihre kleine Anfrage über die Dunkelziffer keine Mutmaßungen äußerte,[119] nannten Angehörige der Koalitionsfraktionen Zahlen, die zu erheblichen Teilen vor dem Hintergrund der wissenschaftlich vertretbaren Werte schwer zu halten waren. So erwähnte der am Gesetzgebungsverfahren maßgeblich beteiligte Dr. de With (SPD) in der Juni-Ausgabe 1971 der „Informationen" der sozialdemokratischen Bundestagsfraktion „hunderttausende Abtreibungsfälle",[120] im

---

mit dem Strafgesetz kann Ungeborene nicht schützen". In: We v. 25. März 1970). Ebenso häufig wurden Zahlen zwischen 500.000 und mehreren Millionen angegeben: Friedrich Deich: „Abtreibung: Der letzte Ausweg". In: We v. 24. Februar 1971; Heldmann: Inhumanität S. 159; Hans Robinsohn: „Und manche reden glatt von Mord". In: FR v. 15. Oktober 1970; H. Uniewski: In: Ste v. 19. April 1970; Hanno Kühnert: „Die Strafbestimmungen über Abtreibung sind reformbedürftig". In: FAZ v. 8. April 1970; „Werdendes Leben ohne Schutz". In: WA v. 18. Juni 1971; Marianne Quoirin: „Der Paragraph 218". In: KStA v. 26. Februar 1971; Lothar Münn: „Den § 218 ersatzlos streichen". In: T v. 4. September 1971; Linke S. 101; Becker, W.: Deutschland S. 131f.; HU-Vorschlag S. 297; Frankfurter Frauenaktion 70 S. 300; Sölle S. 156). Diese Werte haben auch die zu den Verfassern des Alternativ-Entwurfs zählenden Professoren Baumann und Schmitt genannt (Baumann: Schutz S. 15 (500.000-2.000.000); Schmitt: Geburtenregelung S. 532f. (1.500.000)).

119 Bundesjustizminister Gerhard Jahn (SPD) teilte der CDU/CSU-Frakion in der Antwort auf eine kleine Anfrage im März 1971 als Fazit mit, daß es über die Dunkelziffer der kriminellen Abtreibungen keine zuverlässigen Zahlen gebe, daß alle Schätzungen problematisch seien und daß die Prüfung ausländischer Zahlen noch im Gange aber nicht abgeschlossen sei (BT-Drs. Nr. 6/2025 v. 25. März 1971 S. 2ff.).

120 Hans de With: „Welche Möglichkeiten zur Reform des Abtreibungsparagraphen zeichnen sich ab?" In: Inf. Ausg. 385 v. 18. Juni 1971.

Plenum sprach er 1972 von „mindestens 80.000 Abtreibungen im Jahr";[121] in der Begründung des von ihm miteingebrachten Fristenregelungsentwurfs des Jahres 1972 wurden 80.000 bis 300.000 Abtreibungen genannt,[122] und im Mai 1973 hat er vor dem Parlament einmal von 75.000 bis 260.000 Abtreibungen gesprochen, wenig später aber nur noch von 75.000.[123] Der Fristenregelungsentwurf, den er mit dieser Rede begründete, bezifferte den Umfang der Abtreibungen dementgegen auf 80.000.[124] In den „Vorbemerkungen zu dem Reformvorhaben", das dem Ersten Bericht des Sonderausschusses für die Strafrechtsreform zu demselben Entwurf vorangestellt ist, nannte der Berichterstatter Dr. de With (SPD) wiederum eine kriminelle Abortrate von 75.000 bis 300.000 pro Jahr.[125] Andreas von Schoeler (FDP) veranschlagte die Dunkelziffer

---

121 Sten. Ber. 6 WP 76 Si. v. 12. April 1972 S. 2327; in einer Reaktion auf ein von Julius Kardinal Döpfner allen Bundestagsabgeordneten zugestelltes Hirtenwort widersprach Dr. de With (SPD) der von dem Kardnial genannten Zahl von 75.000 Abtreibungen nicht (Dr. de With (SPD) (Inf. Ausg. 214 v. 9. Mai 1973)).

122 BT-Drs. Nr. 6/3137 v. 9. Februar 1972 S. 3.

123 Sten. Ber. 7 WP 33 Si. v. 17. Mai 1973 S. 1761.

124 BT-Drs. Nr. 7/375 v. 21. März 1973 S. 6.

125 BT-Drs. Nr. 7/1981 (neu) v. 24. April 1974 S. 5; dieselbe Zahl bei: Dr. de With (SPD) Sten. Ber. 7 WP 95 Si. v. 25. April 1974 S. 6384. Die Angaben einer Reihe von Parteigenossen de Withs überschritten dagegen auch diese Schwankungsbreite zum Teil erheblich. Die Abg. Marie Schlei nannte im September 1971 500.000 bis 800.000 kriminelle Abtreibungen (Inf. Ausg. 554 v. 15. September 1971). Der „Montag-Club für politische und gesellschaftliche Kontakte", dem auch Annemarie Renger (SPD), Dr. Katharina Focke (SPD), Dr. Helga Timm (SPD) und Käthe Strobel angehörten, nannte 1971 über 500.000 Abtreibungen (MONTAG-CLUB S. 150).

In einer vom Parteivorstand der SPD herausgegebenen Broschüre werden „zur Zeit jährlich mehrere hunderttausend Schwangerschaftsabbrüche" in der Bundesrepublik Deutschland genannt (PARTEIVORSTAND DER SPD: § 218: Außerordentlicher Parteitag, Umschlagtext; siehe auch: Empfehlungen der Antragskommission zur Reform der §§ 218 StGB mit Synopse. o. Dat. (AsD PS 179) S. 1: „In der Bundesrepublik werden jährlich mehrere hunderttausend Schwangerschaftsabbrüche illegal vorgenommen".).

Martin Hirsch (SPD) erwähnte in einem Schreiben an seine Fraktionsgenossen aus dem Jahr 1971 400.000 bis 500.000 Abtreibungen, nachdem er fünf Wochen zuvor gegenüber der „Welt" die Zahl von 300.000 bis 400.000 genannt hatte (Schreiben von Martin Hirsch an die Mitglieder der Fraktion der SPD im Deutschen Bundestag v. 22. Juli 1971 (AsD PS 179); „‚An der Heiligkeit des Lebens muß festgehalten werden'". In: We v. 28. Juni 1971). Die dreizehn SPD-Abgeordneten, die in einer gemeinsamen Erklärung vom März 1973 die Fristenregelung gegen Kritik in Schutz nahmen, gaben dagegen nur noch „jährlich zehntausende" kriminelle Abtreibungen an (Inf. In Ausg. v. 23. Februar 1973), ihr Fraktionskollege Dr. Rolf Meinecke (SPD) bezifferte indessen das Ausmaß solcher Eingriffe drei Wochen später in einem Interview noch auf 400.000 (Hans W. LENHARD: „Aktion 218". In: BaS v. 15. April 1973). Auf ebenfalls „alljährlich Hunderttausende" von kriminellen Abtreibungen bezifferte noch im Jahr 1974 der Abg. Dürr (SPD) den Umfang des Problems (Sten. Ber. 7 WP 104 Si. v. 5. Juni 1974 S. 6927) und befand sich damit in Übereinstimmung mit den Angaben Vogels (SPD) und Raus (SPD Press. P/XXX/114 v. 20. Juni 1974; BR Sten. Ber. 378 Si. v. 24. März 1972 S. 491).

Einen Monat vor der Veröffentlichung der oben zitierten Antwort auf die kleine Anfrage

im Mai 1973 auf 80.000,[126] Anfang Januar 1974 auf 73.000,[127] im April 1974 auf 80.000 bis 300.000[128] und Ende 1975 schließlich auf 80.000-100.000.[129]

Liselotte Funcke bezifferte den Umfang der kriminellen Abtreibung in der Bundesrepublik im Juli 1971 auf jährlich „mindestens 500.000".[130] Im Mai 1973 gab sie diese Zahl im Bundestag mit „hunderttausend und mehr" an,[131] ein knappes Jahr darauf, im März 1974, nannte sie in der „Freien Demokratischen Korrespondenz" jährlich „hunderttausende", vierzehn Tage später behauptete sie in derselben Publikation wieder „weit über 100.000 illegale Abtreibungen".[132]

Derartige Differenzen in den Äußerungen prominenter Politiker bezeugen einen bemerkenswert leichtfertigen Umgang mit Fakten und Daten. Sie müssen als Spezialisten gewußt haben, daß bis zum Beginn der siebziger Jahre statistisch gesicherte Angaben fehlten, machten sich als interessierte Gruppe aber wissenschaftlich unbegründete und um ein Vielfaches überhöhte Zahlenangaben zu eigen und haben diese öffentlich verbreitet. Nachdem statistisch begründetes Zahlenmaterial vorgelegt worden war, also seit 1971, wurden die zuvor behaupteten Werte zwischen 400.000 und drei Millionen zwar nur noch selten öffentlich genannt. Indessen überstieg auch die weiterhin vertretene Zahl von „300.000 und mehr" Abtreibungen ganz erheblich den

---

der Oppositionsfraktion hatte Bundesjustizminister Jahn (SPD) behauptet, es gebe in der Bundesrepublik Deutschland „unbestrittenermaßen" jährlich hunderttausende Abtreibungen (Friedrich VOGEL: „Klarheit schaffen". In: DUD v. 24. Februar 1971). Diese Bemerkung Jahns bezieht sich wohl auf die in der Antwort abschließend erwähnte, von der Bundesregierung aber nicht ausdrücklich übernommene Schätzung von 400.000 bis 500.000 Abtreibungen jährlich. In der Antwort auf die kleine Anfrage der Unionsfraktion werden über die Berechnungsgrundlagen, die diesen, der Bundesregierung 1969 von „Pro Familia" auf Anfrage mitgeteilten Zahlen zugrundelagen, keinerlei Angaben gemacht (BT-Drs. Nr. 6/2025 v. 25. März 1971 S. 3). Nichtsdestoweniger bezifferte Jahn den Umfang der kriminellen Aborte gegenüber dem Parteivorstand der SPD im September 1971 auf 80.000 bis 500.000 (Material zur Reform des § 218, zusammengestellt von Käte Strobel und Gerhard Jahn, an die Mitglieder des Parteivorstandes versandt am 15. September 1971 v. 10. September 1971 (AsD PV NB Prot. 34) S. 2).

Die Sozialdemokratische Wählerinitiative nannte etwa zur selben Zeit Schätzungen von 80.000 bis 2.000.000 kriminellen Aborten (SOZIALDEMOKRATISCHE WÄHLERINITIATIVE S. 8).

126 Schoeler (FDP) (FDK Jg. 216/73 v. 15. Mai 1973; Sten. Ber. 7 WP 22 Si. v. 17. Mai 1973 S. 1773).

127 von Schoeler (FDP) (FDK Jg. 5/74 v. 4. Januar 1974).

128 Sten. Ber. 7 WP 95 Si. v. 25. April 1974 S. 6343; dieselben Zahlen nannte von Schoeler (FDP) noch im Februar 1976 (Sten. Ber. 7 WP 221 Si. v. 12. Februar 1976 S. 15324); die in der „Freien Demokratischen Korrespondenz" gemachten Angaben schwankten im übrigen zwischen über 100.000 (Schreiben der Abgeordneten der FDP-Bundestagsfraktion an Julius Kardinal Döpfner. In: FDK Jg. 210/73 v. 15. Mai 1973), 300.000 (FDK Jg. 403/72 v. 27. Oktober 1972) und etwa 370.000 (FDK Ausg. 50 v. 28. März 1973).

129 Sten. Ber. 7 WP 201 Si. v. 7. November 1975 S. 13876.

130 Funcke, Liselotte (Jasmin v. 16. Juli 1971 o. S.).

131 Sten. Ber. 7 WP 33 Si. v. 17. Mai 1973 S. 1803.

132 Funcke (FDP) (FDK v. 11. März 1974; FDK Jg. 169/74 v. 28. März 1974); ebenso in: Sten. Ber. 7 WP 95 Si. v. 25. April 1975 S. 6390.

nach wissenschaftlichem Urteil am meisten wahrscheinlichen Umfang der kriminellen Abtreibung.

Dieser oberflächliche Umgang mit den statistischen Angaben über die Dunkelziffer der kriminellen Abtreibung zwingt zu der Vermutung, daß die Darstellung der angeblichen Abtreibungssituation sich weniger am konkreten Sachproblem orientierte, sondern anderen rechtspolitischen Interessen folgte. Das ergibt sich auch aus einer weiteren Beobachtung: Als im Verlauf der Diskussion dem Schlüsselargument der horrenden Dunkelziffer – über 500.000 bis 2.000.000 kriminellen Abtreibungen – der Boden entzogen war, hatte dies keine Rückwirkungen auf die Vehemenz, mit der die Änderungsforderung weiter verfochten wurde. Denn die Mehrheit der Regierungsfraktionen brachte die Grundkonzeption des Alternativ-Entwurfs zu einer Zeit – nämlich 1973 – in das Gesetzgebungsverfahren ein, zu es der als sicher gelten konnte, daß die Annahmen der Verfasser jenes Entwurfs über den Umfang der kriminellen Abtreibung unzutreffend waren.

Daraus läßt sich folgern, daß die Dunkelziffer tatsächlich kaum das Schlüsselargument gewesen sein kann, als das es ausgegeben wurde. Dies spricht dafür, daß die Motive der Lockerungsbestrebungen gegenüber dem § 218 StGB sehr wahrscheinlich durch Gründe bestimmt wurden, die mit der im Gesetzgebungsverfahren vertretenen Begründung nicht identisch waren. Der Einwand, es sei für die Notwendigkeit einer Änderung unerheblich, ob die Zahl der kriminellen Abtreibungen zwischen 70.000 und 80.000 oder 300.000 betrage, entkräftet diese Vermutung nicht. Denn wie sich gezeigt hat und wie auch aus dem folgenden hervorgeht,[133] gibt es offensichtlich in jedem Land, unabhängig von der Gestaltung der einschlägigen Gesetzgebung, ein Minimum von kriminellen Abtreibungen, das sich ungeachtet aller Bemühungen nicht unterschreiten läßt und das man als eine Art sozial-medizinische Konstante bezeichnen könnte. Deshalb ist es für die Prognose der Zweckmäßigkeit eines Gesetzes, das die Gesamtzahl der Abtreibungen senken will, von entscheidender Bedeutung, daß ihm ein möglichst realistisches Bild über den Umfang des kriminellen Aborts zugrunde liegt. Je kleiner die Differenz zwischen der hypothetischen Zahl und dem ohnehin wahrscheinlich nicht unterschreitbaren Minimum an Abtreibungen ist, desto unwahrscheinlicher erscheint die Möglichkeit, daß ein Gesetz sein Ziel überhaupt erreichen kann. Insofern ist für die Beurteilung der Erfolgschancen einer Gesetzesänderung von entscheidender Bedeutung, ob die zu senkende Gesamtzahl mit 73.000 oder mit dem Vierfachen dessen, nämlich 300.000 Abtreibungen, anzunehmen war.[134]

---

133 Vgl. S. 245ff.

134 Diese theoretischen Erwägungen werden durch die Erfahrungen aus der Praxis des geänderten § 218 StGB bestätigt. Es besteht weitgehende Einigkeit darüber, daß die Gesamtzahl der Abtreibungen in der Bundesrepublik seit den achtziger Jahren bei mindestens 200.000-210.000 liegt; die niederländische Studie von Evert und van Praag hält eine Zahl von 300.000-350.000 für den Beginn der Achtziger für wahrscheinlich (KETTING/PRAAG S. 232ff.; SPIEKER: Statistik S. 57; Manfred SPIEKER: „Die Reform des §218 ist gescheitert". In: FAZ v. 10. August 1989; LOE/WESSEL S. 1048; GEIGER S. 63; TRÖNDLE S. 66; KLUTH S. 537). Sollte

2. *Abtreibung durch medizinische Laien und Pfuscherabort*

Bereits in den vierziger und fünfziger Jahren wurde behauptet, der § 218 StGB sei eine Bestimmung, die sich ausschließlich oder vornehmlich gegen sozial schwächere Bevölkerungsschichten richte.[135] Es gab aber auch Gegenstimmen. Noch 1968 hatten sich im Strafrechtssonderausschuß sowohl der Abg. Dr. Arndt (Hamburg) (SPD) als auch die Abg. Dr. Diemer-Nicolaus (FDP) ausdrücklich gegen die Ansicht gewandt, die Möglichkeit, eine Abtreibung im Ausland vornehmen zu lassen, stelle ein „Reichenprivileg" dar.[136] In den siebziger Jahren gelangte dagegen diese These zu zentraler Bedeutung.

Auch die Verfasser des Alternativ-Entwurfs bedienten sich des wirkungsvollen Schlagworts „Reichenprivileg".[137] Es geriet bald zu einem Topos der außerparlamentarischen[138] wie der parlamentarischen und innerparteilichen Diskussion. Bereits der Außerordentliche Parteitag der SPD im November 1971 nahm eine Entschließung an, in der es heißt, der § 218 StGB begünstige die Ausbeutung in wirtschaftliche Not geratener Frauen.[139] Daß das Verbot der Abtreibung „privilegierte Frauen" begünstige, minderbemittelten abtreibungswilligen Frauen dagegen den Weg zum Arzt verwehre und daß eine Änderung des Gesetzes diesen Unterschied zwischen Arm und Reich ausgleichen müsse, war der Tenor einer Fülle von Meinungsäußerungen verschiedener Koalitionsabgeordneter und auch des Bundeskanzlers.[140] Dieser Einwand wurde indessen nicht allein gegen den bestehenden § 218 StGB angeführt, sondern auch gegen jedes Indikationenmodell und ist schließlich für die Krankenkassenfinanzierung jeder Abtreibung vorgebracht worden.[141]

Gegen diese Argumentation wurde – auch von Abgeordneten der SPD-Fraktion – geltend gemacht, die Therapie eines bestehenden Mißstandes könne nicht darin liegen,

die Dunkelziffer vor der Gesetzesänderung von 1976 im unteren Bereich des Spektrums zwischen 73.000 und 300.000 Abtreibungen anzunehmen sein – und die einschlägigen Untersuchungen legen dies nahe – so wäre das Gesetz von 1976 als gescheitert anzusehen.

135 Strohbach S. 14; Kraus-Nover S. 22; Seitz S. 91; Otto Müllereisert: „Notstandsgesetz auf drei Jahre?". In: T v. 21. Dezember 1946; o. V.: „Arzt und Rechtsanwalt zu § 218". In: FR v. 24. März 1951; Grampe S. 23.

136 SA Ber. 5 WP 118 Si. v. 24. Oktober 1968 S. 2349.

137 Baumann: Schutz S. 339.

138 DPA 91 ID v. 7. Februar 1972; Prof. Fabian SA Ber. 6 WP 75 Si. v. 11. April 1972 S. 2312; Schöffel SA Ber. 6 WP 76 Si. v. 12. April 1972 S. 2352.

139 Parteivorstand der Spd: Außerordentlicher Parteitag S. 5.

140 Dr. de With (SPD) (SPD Press. P/XXVIII/232 v. 4. Dezember 1973 S. 2); Schlei (SPD) Sten. Ber. 7 WP 88 Si. v. 21. März 1974 S. 5731; Funcke (FDP) Ebd. S. 5768; Dr. de With (SPD) Sten. Ber. 7 WP 33 Si. v. 17. Mai 1973 S. 1763; Dr. Bardens (SPD) Sten. Ber. 7 WP 95 Si. v. 25. April 1974 S. 6347f.; Dr. de With (SPD) Ebd. S. 6383 u. 6385; Bundeskanzler Brandt (SPD) Sten. Ber. 7 WP 96 Si. v. 26. April 1974 S. 6481; Prof. Maihofer (FDP) BT-Drs. Nr. 7/1010 v. 31. August 1973 S. 28.

141 von Schoeler (FDP) Sten. Ber. 7 WP 33 Si. v. 17. Mai 1973 S. 1778; Kleinert (FDP) Sten. Ber. 7 WP 96 Si. v. 26. April 1974 S. 6472; BT-Drs. Nr. 6/3137 v. 9. Februar 1972 S. 4; Innenminister Weyer (FDP) BR Sten. Ber. 405 Si. v. 10. Mai 1974 S. 150.

dem sozial Schwächeren die Beteiligung an diesem Mißstand zu erleichtern.[142] Die Vertreter des Privilegierten-Arguments haben sich jedoch auf eine Auseinandersetzung mit diesem Einwand nicht eingelassen oder sind ihr ausgewichen.[143] Prof. Werner Maihofer (FDP) und Liselotte Funcke (FDP) machten sich im Gegenteil die in den siebziger Jahren verschiedentlich vertretene[144] Auffassung zu eigen, der § 218 StGB trage einen „Klassencharakter“ und sei „Klassenjustiz“.[145] Mit diesem Argument ging die verbreitete, in- und außerhalb des Bundestages ausgesprochene Kritik einher, der § 218 StGB kriminalisiere die Frauen, indem er sie in die Illegalität treibe[146] und sei deshalb ein Paragraph, wie es der Abg. von Schoeler (FDP) formulierte, der für zahlreiche Frauen „wie kein anderer Not und Elend geschaffen hat.“[147]

Als Zeugnis für die angeblich verheerenden Auswirkungen des § 218 StGB wurde in der westdeutschen Öffentlichkeit seit der ersten Hälfte der sechziger bis zum Beginn der siebziger Jahre die Zahl von 10.000 bis 40.000 Frauen genannt, die in der Bundesrepublik Deutschland jährlich an den Folgen einer kriminellen Abtreibung stürben.[148] Wer diese Zahlen in die Diskussion brachte, und wieso sie sich fast ein

---

142 Dr. Schmitt-Vockenhausen (SPD) Sten. Ber. 7 WP 95 Si. v. 25. April 1974 S. 6427; ähnlich argumentierten: Köster (CDU) Ebd. S. 6400; Verhülsdonk (CDU) Sten. Ber. 7 WP 88 Si. v. 21. März 1974 S. 5741; vgl. Martin, N. S. 339: Dieser Argumentation gehe es nur um die bessere Ausstattung für einen Zweck, nach dessen Berechtigung erst gar nicht gefragt werde.

143 Hölscher (FDP) Sten. Ber. 7 WP 88 Si. v. 21. März 1974 S. 5741.

144 Stöcker: Paragraph S. 169; Werner Birkenmeier: „Der Paragraph 218 ist Klassenstrafrecht“. In: StZ v. 22. Februar 1971; Rudolphi S. 105; Pinl S. 285; Dürkop/May S. 718; Scheunemann S. 154; Grünwald S. 204.

145 DPA 261 ID v. 25. August 1973; BT-Drs. Nr. 7/1010 v. 31. August 1973 S. 27; daß die Indikationenregelung zu „klassenmässig abgestuftem Recht“ führe, behauptete Liselotte Funcke (FDP) (FDK Jg. 169/74 v. 28. März 1974).

146 Jüngel/Käsmann/Moltmann/Rössler S. 454; Dantine S. 37; Heldmann: Abschaffung S. 209; Däubler-Gmelin (Parteivorstand der Spd: Außerordentlicher Parteitag S. 18; Greinacher (Parteivorstand der Spd: Parteitag der SPD (10.-14. April 1973) S. 113); Dr. Hirsch (FDP) Sten. Ber. 7 WP 33 Si. v. 17. Mai 1973 S. 1832; DPA 198 ID v. 19. Juni 1975.

147 von Schoeler (FDP) Sten. Ber. 7 WP 221 Si. v. 12. Februar 1976 S. 15324; ähnlich: Pross S. 18; Hanack: Eingriffe S. 43; Dähn: Abtreibung S. 130; Dr. Vogel (München) (SPD) Sten. Ber. 7 WP 201 Si. v. 7. November 1975 S. 13869; BT-Drs. Nr. 7/1982 v. 10. April 1974 S. 5.

148 Schütze S. 2756; „Dr. Edda Heuser leitet eine Diskussion über den Paragraphen 218“. In: HAl v. 3. Februar 1969; Fischer. Joh. S. 26; „Grass zur Schwangerschaftsunterbrechung“. In: FAZ v. 28. April 1965. Harmsen: Familienplanung S. 201; Bruck S. 127; Liselotte Weber: „...eines Kultur- und Rechtsstaates unwürdig“. In: Mit v. 9. November 1963; Nedelmann S. 110 u. 115; „Diskussion über ethische Indikation“. In: SZ v. 7. November 1962; BZ v. 30. August 1963; Hanno Kühnert: „Die Strafbestimmungen über Abtreibung sind reformbedürftig“. In: FAZ v. 8. April 1970; „Wann beginnt ein Menschenleben?“ In: BoR v. 1. November 1970; diese Zahlen nannten auch: Günter Grass auf einer SPD-Kundgebung („Für legale Unterbrechung der Schwangerschaft“. In: We v. 28. August 1965) und Pro Familia (‚Pro Familia‘ fördert die Familienplanung“. In: T v. 10. September 1967); Maurach S. 59.

Jahrzehnt lang halten konnten, ist schwer zu ermitteln. Schon sehr früh, nämlich im September 1963, als ein Berliner Frauenarzt auf dem Herbstkongreß des Bundesverbandes deutscher Ärzte für Naturheilverfahren in Velden die Zahl von 15.000 Toten nannte, wurde dieser Behauptung vom Direktor im Statistischen Bundesamt, Schubnell, widersprochen.[149] Der Hamburger Mediziner Harmsen wies 1968 in diesem Zusammenhang erneut darauf hin, daß die statistisch gesicherte Gesamtzahl der Todesfälle von Frauen im gebärfähigen Alter zwischen 15 und 45 Jahren 1961 bei 13.631 und 1966 bei 13.430 lag. Von diesen 13.430 Frauen starben 97 infolge einer Fehlgeburt. Mit dieser Zahl stimmte nicht überein die Angabe des im Auftrage des SPD-geleiteten Bundesgesundheitsministeriums 1969 herausgegebenen Sexualkunde-Atlas von jährlich 250 an den Folgen einer kriminellen Abtreibung verstorbenen Frauen.[150] Von dieser Zahl rückten wenige Jahre danach sowohl die Begründung des Regierungsentwurfs von 1972 ab (die für 1969 32 Todesfälle nannte[151]) wie die Antwort Minister Jahns (SPD) auf die kleine Anfrage der CDU/CSU-Fraktion aus dem Jahr 1971, die für 1967 47 Todesfälle mit der Todesursache „Fehlgeburt mit Sepsis“ auswies, von denen mögicherweise ein Teil auf kriminelle Abtreibungen zurückzuführen sei, möglicherweise könnten solche Fälle auch unter den 115 an „Komplikationen in der Schwangerschaft“ verstorbenen Frauen sein.[152] Die Behauptung, das Abtreibungsverbot führe alljährlich zu „Hunderten von Toten“, wurde folglich in den siebziger Jahren nur noch sehr selten laut.[153]

In der ersten Hälfte der siebziger Jahre wurde die Behauptung, der § 218 StGB treibe zahllose abtreibungswillige Frauen in die Illegalität und sei somit für verheerende Konsquenzen an Leib und Leben dieser Menschen verantwortlich zu machen, kaum mit Angaben zur Morbidität oder Mortalität solcher Fälle belegt. In der Gestalt des nicht weiter begründeten „Kurpfuscher“-Arguments, das in der Auseinandersetzung über die Abtreibung schnell zu einem Topos geriet, wurden jene Behauptungen gleichsam gebündelt und, scheinbar nicht mehr hinterfragbar, zur Wirkung gebracht. Nicht nur von der Presse und im übrigen Schrifttum,[154] sondern auch von einer Vielzahl von Koalitionspolitikern des Bundestages sowie von Mitgliedern dieser

---

149 Dies und das Folgende nach: HARMSEN: Familienplanung S. 201f.;vgl. Gerhard JUNGMANN: „Die Opfer illegaler Abtreibungen“. In: FAZ v. 11.September 1965; Peter KAKIES: „Ein Blick in die Statistik“. In: EBD.

150 BUNDESZENTRALE FÜR GESUNDHEITLICHE AUFKLÄRUNG S. 40.

151 BT-Drs. Nr. 7/3434 v. 15. Mai 1972 S. 11.

152 BT-Drs. Nr. 6/2025 v. 25. März 1971 S. 5.

153 Hans LERCHBACHER: „Kundgebung der SPD-Frauen für die Fristenlösung“. In: FR v. 23. März 1974.

154 Friedrich DEICH: „Abtreibung: Der letzte Ausweg“. In: We v. 24. Februar 1971; SCHEUNEMANN S. 155; SÖLLE S. 158; ESER: Reform S. 725; BAUMANN: Schutz S. 15 u. 28; SPRECHERGRUPPE DES KATHOLISCHEN ARBEITSKREISES IN DER SOZIALDEMOKRATISCHEN WÄHLERINITIATIVE: In: Vo v. 11. April 1974; Prof. Brocher SA Ber. 6 WP 74 Si. v. 10. April 1972 S. 2203; BFA EProt. Si. v. 6. April 1972 Anlage (ADL 4217); Dr. Groeger SA Ber. 6 WP 75 Si. v. 11. April 1972 S. 2277f.; Schöffel SA Ber. 6 WP 76 Si. v. 12. April 1972 S. 2352.

beiden Parteien im Bundesrat und von ihren Ministerien wurde während des gesamten Gesetzgebungsverfahrens die Vorstellung kultiviert, daß der § 218 (beziehungsweise eine Indikationenregelung) die abtreibungswillige Schwangere zwinge, Gesundheit oder gar das Leben beim Kurpfuscher aufs Spiel zu setzen.[155]Diese Behauptung findet in den zeitgenössischen sozial-medizinischen Veröffentlichungen keinen Rückhalt. Schon in den sechziger Jahren gab es Anzeichen dafür, daß der überwiegende Teil der kriminellen Abtreibungen von medizinisch geschultem Personal durchgeführt wurde.[156] Seit dem Beginn der siebziger Jahre wiesen mit dem Problem besonders befaßte Mediziner wie die Professoren Kepp, Heiss, Kirchhoff und andere Autoren darauf hin, daß in der Bundesrepublik Deutschland etwa 80-90% der kriminellen Abtreibungen von Fachleuten bei gleichzeitiger Antibiotikaprophylaxe vorgenommen würden und daß die sogenannten Engelmacher bis auf wenige Relikte ausgestorben seien, was sich zudem in einem Rückgang der klinischen Nachbehandlungen von Komplikationen niedergeschlagen habe.[157] Diesen Sachverhalt bestätigten Befürworter einer weitgehenden Lockerung des § 218 StGB,[158] und im Plenum des Bundestages

155 Renger (SPD) (Parteivorstand der spd: Außerordentlicher Parteitag S. 12); Strobel (SPD) (Ebd. S. 16); Dr. de With (SPD Press. Ausg. Nr. 11 v. 17. März 1973); Dürr (SPD) Sten. Ber. 7 WP 33 Si. v. 17. Mai 1973 S. 1836; Fiebig (SPD) Sten. Ber. 6 WP 75 Si. v. 11. April 1972 S. 2244; Hölscher (FDP) Sten. Ber. 7 WP 88 Si. v. 21. März 1974 S. 5741; Glombig (SPD) Ebd. S. 5758; Funcke (FDP) Ebd. S. 5768; Erklärung des Abg. Dr. Arndt (Hamburg) (SPD) zur Abstimmung über den Einspruch des Bundesrates zu dem Fünften Gesetz zur Reform des Strafrechts (Sten. Ber. 7 WP 25. April 1974 S. 7060*); Bundesjustizminister Dr. Vogel (SPD) Sten. Ber. 7 WP 201 Si. v. 7. November 1975 S. 13896 u. 13897; Bundesjustizminister Dr. Vogel (SPD) Sten. Ber. 7 WP 221 Si. v. 12. Februar 1976 S. 15355; Dr. Penner (SPD) SA Ber. 7 WP 73 Si. v. 3. Dezember 1975 S. 2359 u. 2369; UA Ns. Si. v. 28./29. Februar 1972 S. 38, 39 u. 44; UA Ns. Si. v. 28./29. Februar 1972 S. 14; Bürgermeister Koschnick (SPD) BR Sten. Ber. 387 Si. v. 24. März 1972 S. 497; Justizminister Hemfler (SPD) BR Sten. Ber. 406 Si. v. 31. Mai 1974 S. 205f.; Willens BR Sten. Ber. 433 Si. v. 24. März 1972 S. 127; vgl. FDK Ausg. 174 v. 5. Oktober 1972: Es müßten wegen § 218 „noch immer täglich tausend Frauen in unserem Lande" den Kurpfuscher zur Abtreibung aufsuchen; von Schoeler (FDP) warf den CDU/CSU-Abgeordneten vor: „Sie werden diese Frauen also heute wie vor 100 Jahren zum Kurpfuscher oder zum Arzt, der den Eingriff, weil heimlich, nicht unter Anwendung aller ärztlichen Vorsorge durchführen kann, treiben. Sie bringen diese Frauen heute wie vor 100 Jahren in schwerste Gesundheitsgefahr" (Sten. Ber. 7 WP 95 Si. v. 25. April 1974 S. 6343f.); Parteivorstand der Spd: § 218, Umschlagtext; Bundesministerium der Justiz: Fünftes Gesetz zur Reform des Strafrechts; hier: verfassungsrechtliche Prüfung des sogenannten Fristenmodells im Zusammenhang mit der Ausfertigung und Verkündigung des Gesetzes, 7. Juni 1974 (AsD PS 177) S. 22.

156 Fischer, Joh. S. 67 u. 82.

157 Heiss: Strafgesetz S. 74; Kirchhoff: Komplikationen S. 2789; Kepp: Humanität S. 18ff.; H. Köker: „Eingriffe voller Gefahren". In: RhM v. 29. März 1974; „Abtreibung: Massenmord oder Privatsache?". In: S v. 21. März 1973; DPA-Hintergrund: Archiv- und Informationsmaterial v. 3. Mai 1973 S. 7; Becker, W.: Abbruch S. 1364; anders beurteilt die Situation Prof. Baumann in der mündlichen Verhandlung im Normenkontrollverfahren vor dem Bundesverfassungsgericht (Arndt/Erhard/Funcke S. 293): Es sei nicht richtig, „wenn immer wieder darauf hingewiesen wird, daß die Engelmacher-Aborte zurückgegangen

und im Sonderausschuß für die Strafrechtsreform hoben Politiker der Opposition wie der Koalition als auch mehrere Sachverständige diese Tatsache hervor.[159]

Es steht daher fest, daß auch den Politikern im Bundestag und im Bundesrat die medizinische Beurteilung des tatsächlichen Umfangs und der tatsächlichen Folgen der Laienabtreibung bekannt gewesen ist. Gleichwohl verbreiteten zahlreiche Koalitionsabgeordnete in der Öffentlichkeit hartnäckig Vorstellungen über Ausmaß und gesundheitliche Folgen des sogenannten Pfuscheraborts, die mit der medizinischen Beurteilung der kriminellen Abtreibungspraxis nicht in Einklang zu bringen waren.[160]

Für den Charakter dieses Ausschnitts der politischen Auseinandersetzung hat man daraus den Schluß zu ziehen, daß die Legitimationsversuche einer weitreichenden Lockerung des § 218 StGB, soweit sie sich auf das Argument der Laienabtreibung beriefen, den damaligen sozial-medizinischen Realitäten nicht Rechnung trugen. Insofern war der „Pfuscherabort“ kein sachlich begründbares Argument, sondern ein öffentlichkeitswirksam eingesetztes und – angesichts der Wirklichkeit – irreführendes Schlagwort.

3. *Die Verbesserung des Lebensschutzes für das ungeborene Kind*

a) *Die Hypothese von der Wirkungslosigkeit des § 218 StGB*

Der Grund für das augenscheinliche Interesse bestimmter Gruppen an der öffentlichen Verbreitung möglichst hoher Abtreibungszahlen lag in der besonderen Bedeutung

---

seien. Tatsächlich sind sie zum Teil nämlich Arzt-Aborte geworden, aber Arzt-Aborte in Nacht- und Nebelaktionen, die also ohne ausreichende Assistenz, ohne ausreichende Nachbehandlung durchgeführt werden und gleichwohl, also genau wie die früheren Engelmacher-Aborte, zu einer hohen Gesundheitsgefährdung für die Frau führen.“ So weit ersichtlich, ist die Auffassung, daß diese von Ärzten vorgenommenen Eingriffe ebenso gesundheitsgefährdend seien wie solche Abtreibungen, die von Kurpfuschern begangen würden, sonst nicht vertreten worden.

158 Christine Heide: „§ 218: Wir beugen uns dem Urteil nicht!“ In: Ste v. 6. März 1975; Plack S. 316; Boldt S. 121; Prof. Pross SA Ber. 6 WP 74 Si. v. 11. April 1972 S. 2255.

159 Dr. Eyrich (CDU) Sten. Ber. 7 WP 33 Si. v. 17. Mai 1973 S. 1768; Dr. Müller-Emmert (SPD) Ebd. S. 1783; Spranger (CSU) Ebd. S. 1811; Spranger (CSU) Sten. Ber. 7 WP 95 Si. v. 25. April 1974 S. 6388; Dr. Müller-Emmert (SPD) Ebd. S. 6395; Prof. Kepp SA Ber. 6 WP 74 Si. v. 10. April 1971 S. 2156; BT-Drs. Nr. 7/1982 v. 10. April 1974 S. 6; Prof. Zander SA Ber. 6 WP 74 Si. v. 10. April 1972 S. 2163; Prof. Dotzauer SA Ber. 6 WP 75 Si. v. 11. April 1972 S. 2230 u. 2236; MR Horstkotte (BMJ) SA Ber. 6 WP 22 Si. v. 7. Dezember 1974 S. 1323; MR Horstkotte (BMJ) SA Ber. 6 WP 24 Si. v. 23. Januar 1974 S. 1412; BT-Drs. Nr. 6/2025 v. 25. März 1971 S. 5; BT-Drs. Nr. 7/1983 v. 10. April 1974 S. 5f.; auf diesen Sachverhalt weist desgleichen die unter den Akten des Arbeitskreises VII der SPD-Bundestagsfraktion aufgefundene Zusammenstellung der Wissenschaftlichen Dienste des Deutschen Bundestages hin (Deutscher Bundestag, Wissenschaftliche Dienste, Fachbereich III, Recht und Inneres, 25. April 1973 (AsD PS 177) S. 6).

160 Vgl. S. 284.

dieser Angaben für die Begründung eines weiteren Arguments, das traditionell eine zentrale Stellung einnahm: die Behauptung von der mutmaßlichen Wirkungslosigkeit des bestehenden Paragraphen.[161] Die Anschauung, daß die „Drohung mit dem Strafgesetz"[162] das ungeborene Leben nicht schützen könne, daß sie Abtreibungen nicht verhindere und folglich kriminalpolitisch ineffektiv sei, war im Schrifttum communis opinio, die – meist unterschwellig – aus der angeblich horrenden Zahl der kriminellen Abtreibung abgeleitet wurde und die als so selbstverständlich galt, daß man dort, wo diese Behauptung erhoben wurde, sich einer näheren Begründung fast immer enthalten zu können glaubte.[163]

Stimmen von Medizinern und Soziologen, welche die Behauptung von der Wirkungslosigkeit des § 218 StGB bestritten und begründeten, warum das Gegenteil anzunehmen sei,[164] wurden von der öffentlichen Meinung und von der großen Mehrzahl der Politiker ignoriert. Bei den Berichten des Strafrechtssonderausschusses über die vier Gesetzentwürfe machten allein die Berichterstatter Köster (CDU) und Dr. Müller-Emmert (SPD) Argumente für die Schutzwirkung des § 218 StGB geltend.[165] Bis zum Ende der sechziger Jahre war dies offenkundig die Ansicht aller im Strafrechtssonderausschuß vertretenen Parteien. Denn weder die Vertreter der FDP- noch der SPD-Fraktion widersprachen der dort 1968 vorgetragenen Überzeugung,

---

161 RONGE: S. 15; Westendorf (SPD) 22 Si. v. 26. November 1947 S. 309 u. 310; Langhans (KPD) EBD. S. 308; RECH S. 29; REIFENBERG S. 7; RONGE S. 7; GRAMPE S. 23; NEUKAMP S. 199; „Abtreibung: Massenmord oder Privatsache?" In: S v. 21. März 1973.

162 Paul LERSCH: „Drohung mit dem Strafgesetz kann Ungeborene nicht schützen". In: We v. 25. März 1970.

163 STRAFRECHTSKOMMISSION DER EKD S. 233; HELLER S. 86; JOCHIMSEN: Plädoyer S. 57; Werner BIRKENMEIER: „Plädoyer für unfreiwillige Mütter". In: StZ v. 3. April 1970; BECHER, Ch: S. 18; HELDMANN: Abschaffung S. 209; DPA 151 ID v. 10. April 1972; ROXIN S. 181 u. 186; Prof. Schulte SA Ber. 6 WP 74 Si. v. 10. April 1972 S. 2197; Prof. Brocher EBD. S. 2203; MDir Bahlmann (BMJ) SA Ber. 7 WP 25 Si. v. 13. Februar 1974 S. 1476; Schnellbrief des Bundesministers der Justiz an den Chef des Bundeskanzleramtes, den Bundesminister des Innern, den Bundesminister für Jugend, Familie und Gesundheit und an den Bundesminister für Sozialordnung, dat auf den 22. August 1974, Az: 1004 E (2460)-335/74- (ACDP VIII-002-019/2) S. 37; Entwurf einer Entschließung der Koalitionsfraktion zur Reform des § 218 StGB, o. Dat. (AsD PS 181) S. 1; § 218, Umschlagtext; Empfehlungen der Antragskommission zur Reform der §§ 218 StGB mit Synopse, o. Dat. (AsD PS 179) S. 2; Martin Hirsch, zit. in: „„An der Heiligkeit des Lebens muß festgehalten werden"". In: We v. 28. Juni 1971; Grünwald AKR 58 Si. v. 14. September 1971 (AsD PS 182) S. 2f.

164 PRILL S. 619; MARTIN, N. S. 337 u. 338; Prof. Siebel SA Ber. 6 WP 75 Si. v. 11. April 1972 S. 2246; vgl. auch: Spranger (CSU) SA Ber. 7 WP 15 Si. v. 26. September 1973 S. 681; vgl. hierzu die Ausführungen Prof. Rudolphis in der mündlichen Verhandlung im Normenkontrollverfahren vor dem Bundesverfassungsgericht (ARNDT/ERHARD/FUNCKE S. 261f.).

165 BT-Drs. Nr. 7/1984 (neu) v. 24. April 1974 S. 6; BT-Drs. Nr. 7/1982 v. 10. April 1974 S. 10.

daß der § 218 StGB für das ungeborene Leben einen wirksamen Strafrechtsschutz biete.[166]

In der ersten Hälfte der siebziger Jahre gehörte die Auffassung von der Wirkungslosigkeit des § 218 StGB hingegen zu den Tatsachenbehauptungen, die als Argument für eine weitgehende Lockerung angeführt wurden.[167] Auch der Bericht des Strafrechtssonderausschusses zum Fristenregelungsentwurf der Fraktionen der SPD und der FDP bedient sich – im Unterschied zur differenzierteren Formulierung in der Entwurfsbegründung – dieses Arguments.[168] Der Abg. von Schoeler (FDP) brandmarkte das angebliche „absolute Versagen" des § 218 StGB und spitzte diese Behauptung im Deutschen Bundestag auf die Aussage zu, dieser Paragraph habe in seiner hundertjährigen Geschichte „keinen Embryo, kein Kind und keine Mutter geschützt."[169]

Indessen lassen Äußerungen von anderen Anhängern sowohl einer sozialen Indikation als auch der Fristenregelung erkennen, daß längst nicht alle Befürworter einer weitreichenden Lockerung des § 218 StGB den Paragraphen für kriminalpolitisch völlig wirkungslos hielten. Darauf weisen Formulierungen hin, wonach der § 218 StGB den Lebensschutz nicht im „notwendigen Umfang", nicht im „erwünschten Umfang" oder nicht „in ausreichendem Maß" geschützt, oder in „einer Vielzahl von

---

166 SA Ber. 5 WP 118 Si. v. 24. Oktober 1968 S. 2349.

167 Bundeskanzler Brandt (SPD) Sten. Ber. 7 WP 96 Si. v. 26. April 1974 S. 6482; Kleinert (FDP) Ebd. S. 6473; Prof. Maihofer (FDP) Ebd. S. 6491; Funcke (FDP) Sten. Ber. 7 WP 33 Si. v. 17. Mai 1973 S. 1803; Dr. Focke (SPD) Sten. Ber. 7 WP 95 Si. v. 25. April 1974 S. 6403; Brandt (Grolsheim) (SPD) Ebd. S. 6405; Groß (FDP) Ebd. S. 6412; Schuchardt (FDP) Ebd. S. 6435; Dürr (SPD) Sten. Ber. 7 WP 104 Si. v. 5. Juni 1974 S. 6927; von Schoeler (FDP) Ebd. S. 6930; Arndt (SPD) Ebd. S. 7060*; Dr. Timm (SPD) Sten. Ber. 7 WP 201 Si. v. 7. November 1975 S. 13877; Dr. Vogel (München) (SPD) Ebd. S. 13896; Dr. Diemer-Nicolaus (FDP) SA Ber. 6 WP 74 Si. v. 10. April 1972 S. 2153; Prof. Maihofer (FDP) BT-Drs. Nr. 7/1010 v. 31. August 1973 S. 28; Eilers (Bielefeld) (SPD) Sten. Ber. 7 WP 221 Si. v. 12. Februar 1976 S. 15339; Bundesjustizminister Vogel (SPD) Ebd. S. 13554; Funcke: Unmenschlichkeit S. 84; Dr. Timm (SPD) Sten. Ber. 7 WP 238 Si. v. 6. Mai 1976 S. 16657; Dr. de With (SPD) SA Ber. 7 WP 25 Si. v. 13. Februar 1974 S. 1483; Bundesjustizminister Vogel (SPD) BR Sten. Ber. 406 Si. v. 31. Mai 1974 S. 209; Willens BR Sten. Ber. 433 Si. v. 9. April 1976 S. 127; Liselotte Funcke: „Tiefen, die keine Strafandrohung erreicht". In: We v. 29. März 1973; Bundesjustizminister Vogel (SPD) (SPD Press. P/XXIX/114 v. 20. Juni 1974); vgl. auch: Bundesfrauenausschuss der Spd; ebenso Prof. Ehmke (SPD), Bundesjustizminister Vogel (SPD), Prof. Baumann und Funcke (FDP) in der mündlichen Verhandlung im Normenkontrollverfahren vor dem Bundesverfassungsgericht (Arndt/Erhard/Funcke S. 277, 279, 281, 282, 293, 299 u. 327).

168 BT-Drs. Nr. 7/375 v. 21. März 1973 S. 7; DBT/Drs 7/1981 (neu) v. 24. April 1974 S. 10.

169 FDK Jg. 110/75 v. 26. Februar 1975; Sten. Ber. 7 WP 95 Si. v. 25. April 1974 S. 6343; Sten. Ber. 7 WP 201 Si. v. 7. November 1975 S. 13885.

Fällen" diese Schutzwirkung nicht gehabt habe; oder man beschränkte sich auf den Hinweis, das Gegenteil dieser Behauptung sei ebenso wenig erwiesen.[170]

b) Die Verbesserung des Lebensschutzes der Ungeborenen durch eine Lockerung des § 218 StGB

Aus der Behauptung, der § 218 StGB sei wirkungslos, wurde seit Anfang der siebziger Jahre die Forderung abgeleitet, das Gesetz müsse geändert werden, um einen effektiveren Lebensschutz zu gewährleisten.[171] Bisher hatte man nicht so argumentiert, zumal frühe Versuche einiger skandinavischer Länder, durch Lockerungen des Abtreibungsverbots die Zahl der kriminellen Aborte zu senken, gescheitert waren. Seit Ende der sechziger Jahre wurde in Deutschland, zunächst vereinzelt, die Lockerung des § 218 StGB mit der Begründung gefordert, daß so der Lebensschutz verbessert werden könne.[172] Diese Argumentation scheint in Westdeutschland schnell zunehmenden Einfluß auf die Diskussion gewonnen zu haben, nachdem die Verfasser des Alternativ-Entwurfs sich ihrer bedient hatten.[173] In der Folge vertraten auch Politiker, besonders die Befürworter der Fristenregelung, öffentlich die Auffassung, die Bestrebungen zur Änderung des § 218 StGB hätten die Verbesserung des Lebensschutzes für das ungeborene Leben zum Ziel.[174] Der Abg. Schmidt (Kempten) (FDP) erklärte vor dem Deutschen Bundestag, „Grundsatz für alle Überlegungen und für alle Entscheidungen" der Koalitionsparteien zum Thema § 218 StGB sei die „Erhaltung des Lebens und des ungeborenen Lebens".[175]

170 Müller-Emmert: „Eine Hilfe in Konfliktfällen". In: CW v. 4. Mai 1974; Grünwald S. 200ff.; Parteivorstand der Spd: Außerordentlicher Parteitag S. 5; Krockert (SPD) Sten. Ber. 7 WP 33 Si. v. 17. Mai 1973 S. 1839f.; BT-Drs. Nr. 6/3137 v. 9. Februar 1972 S. 4; BT-Drs. Nr. 7/375 v. 21. März 1973 S. 7; BT-Drs. Nr. 7/1982 v. 10. April 1974 S. 4; Innenminister Weyer (FDP) BR Sten. Ber. 405 Si. v. 10. Mai 1974 S. 149.

171 Vgl. S. 122f.

172 Mandt S. 3422.

173 AE S. 27; Baumann: Schutz S. 15, 22 u. 25; Grünwald S. 192 u. 203; Roxin S. 179 u. 181; Kaufmann: Bemerkungen, S 51; vgl. Ott S. 77; Baumann: Reform S. 66.

174 Parteivorstand der Spd: § 218 S. 37; DPA 179/175 ID v. 18. Juni 1974 (Hofmann (Bundesgeschäftsführer der FDP)); DPA 187 ID v. 20. Juni 1974 (Bundesjustizminister Vogel (SPD)); Renger (SPD) (Parteivorstand der Spd: Außerordentlicher Parteitag S. 12; Dr. Timm (SPD) Sten. Ber. 7 WP 33 Si. v. 17. Mai 1976 S. 1812, 1813 u. 1814; Dr. de With (SPD) Sten. Ber. 7 WP 109 Si. v. S. 7382; Dr. Focke (SPD) Sten. Ber. 7 WP 88 Si. v. 21. März 1974 S. 5745; Prof. Maihofer (FDP) Sten. Ber. 7 WP 95 Si. v. 25. April 1974 S. 6353; von Schoeler (FDP) Ebd. S. 6344; Dr. de With (SPD) Ebd. S. 6383; Funcke (FDP) Ebd. S. 6390; Dr. Focke (SPD) Ebd. S. 6401; Brandt (Grolsheim) (SPD) Ebd. S. 6405; Funcke (FDP) (FDK Jg. 251/71 v. 3. August 1973); von Schoeler (FDP) (BPA/AN ZDF v. 7. März 1972 20.15 Uhr Bericht über § 218 StGB); Kleinert (FDP) Sten. Ber. 7 WP 96 Si. v. 26. April 1974 S. 6473; vgl. Greinacher (Parteivorstand der Spd: Parteitag (10.-14. November 1973) S. 113) und: Bundesfraueneausschuss der Spd (SPD Press. Nr. 273/71 v. 2. Juli 1971); Dr. de With (SPD) AKR 58 Si. v. 14. September 1971 (AsD PS 182) S. 7; Dr. Timm (SPD) Ebd. S. 8.

175 Sten. Ber. 7 WP 88 Si. v. 21. März 1974 S. 5759.

Desgleichen begründete Bundeskanzler Willy Brandt sein Engagement für eine Änderung des § 218 StGB mit der Absicht, den Schutz des ungeborenen Lebens zu verbessern: „das ‚uneingeschränkte Ja zum Leben', das steht über dem allem."[176] Der Bundeskanzler schloß seine Rede mit dem Versprechen, „das A und O unserer Entscheidung" bleibe „die dauernde Überprüfung der ergriffenen Maßnahmen, ob sie in Rücksichtnahme und Toleranz einen wirksamen Schutz des Lebens zum Zuge bringen."[177] Dementsprechend beriefen sich die Begründung des Regierungsentwurfs und des Entwurfs Dr. Müller-Emmert (SPD), der Fristenregelungsentwurf sowie ein sachverwandter Antrag des Bundestagsausschusses für Jugend, Familie und Gesundheit auf diese Begründung.[178]

In krassem Kontrast zu diesen rechtspolitischen Willensbekundungen steht die besonders gegen die Fristenregelung erhobene Kritik von Ärzten, Juristen, von seiten der Union und von der evangelischen Kirche, wonach eine zu weitgehende Lockerung des § 218 StGB als „Freigabe"[179] der Abtreibung den Effekt eines besseren Lebensschutzes ganz bestimmt nicht haben werde, weil sie den Schutz des ungeborenen Lebens, wenn überhaupt, nur unzureichend gewährleiste.[180]

---

176 Sten. Ber. 7 WP 96 Si. v. 26. April 1974 S. 6480; siehe auch S. 6481, 6482 u. 6483.

177 Ebd. S. 6483.

178 BT-Drs. Nr. 6/3434 v. 15. Mai 1972 Vorblatt; BT-Drs. Nr. 7/1982 v. 10. April 1974 S. 5; BT-Drs. Nr. 7/1789 v. 12. März 1974 S. 4; BT-Drs. Nr. 6/3137 v. 9. Februar 1972 S. 37.

179 Heller S. 87; Hegenscheidt: Gesetzgebung S. 38; Schultz S. 294; Becker, W.: Abbruch S. 587; Wessels S. 57f.; Erklärung des Rates der EKD vom 5. April 1973 (Kirchenamt S. 5. u. 13); Becker, W.: Soziale Indikation S. 46; Dr. Eyrich (CDU) Sten. Ber. 7 WP 33 Si. v. 17. Mai 1973 S. 1769; Dr. Blüm (CDU) Sten. Ber. 7 WP 95 Si. v. 25. April 1974 S. 6424; Kirchhoff: Komplikationen S. 2788; Dr. Müller-Emmert (SPD) Sten. Ber. 7 WP 33 Si. v. 17. Mai 1973 S. 1781; Dr. Groeger SA Ber. 6 WP 75 Si. v. 11. April 1972 S. 2297; Prof. Mikat (CDU) Sten. Ber. 7 WP 96 Si. 26. April 1974 S. 6486; Kepp: Wann S. 433f.; dementgegen bezeichnete es der FDP-Abg. Groß im Deutschen Bundestag als „Brunnenvergiftung" und „Primitiv-Argumentation", der Fristenregelung zu unterstellen, sie wolle eine Freigabe der Abtreibung (Sten. Ber. 7 WP 95 Si. v. 25. April 1974 S. 6411); daß die Fristenregelung einer Freigabe der Abtreibung gleichkomme, bestritten ebenso: Ostman von der Leye (SPD) Ebd. S. 6421; Dr. Diemer-Nicolaus (FDP) SA Ber. 6 WP 76 Si. v. 12. April 1972 S. 2340; Ostman von der Leye (SPD) SA Ber. 7 WP 15 Si. v. 26. September 1973 S. 680.

180 Presseerklärung des Sprechers der CDU/CSU-Fraktion im Deutschen Bundestag v. 10. Februar 1972 (ACDP 0/068/33-7); Werner (CDU) Sten. Ber. 7 WP 95 Si. v. 25. April 1974 S. 6433; Strafrechtskommission der Ekd S. 233ff.; Stellungnahme des Rechtsausschusses der Evangelischen Frauenarbeit in Deutschland e. V. vom 30. Oktober 1971 S. 3 (ACDP 0/068/33-9); EPD Nr. 58, 22. März 1973; EPD Nr. 60, 26. März 1973; Rat der Ekd (5. April 1973) S. 13; Becker, W.: Soziale Indikation S. 46; Wilkens SA Ber. 6 WP 12. April 1972 S. 2336; Eser: Reform S. 725; Ministerpräsident Dr. Stoltenberg (CDU) BR Sten. Ber. 405 Si. v. 10. Mai 1974 S. 147; Dr. Ahrens SA Ber. 6 WP 75 Si. v. 11. April 1972 S. 2261; Dr. Groeger SA Ber. 6 WP 75 Si. v. 11. April 1972 S. 2277; Prof. Schulte SA Ber. 6 WP 74 Si. v. 10. April 1972 S. 2197; Minister Becker (CDU) BR Sten. Ber. 378 Si. v. 24. März 1972 S. 494.

Daß die Fristenregelung die Gesamtzahl der Abtreibungen kaum senken werde, räumten indirekt auch einige Politiker ein, die sich für diese Änderung engagierten, obwohl einige unter ihnen an anderer Stelle erklärten, von der Fristenregelung eine Senkung der Gesamtzahl der Abtreibungen zu erwarten. In einer Reihe von grundsätzlichen Erklärungen verschiedener Koalitionspolitiker über die Zielsetzung und Notwendigkeit einer Änderung des § 218 StGB kommt die Verbesserung des Lebensschutzes überhaupt nicht vor.[181] Auch in den gesellschaftlichen Thesenpapieren der FDP, die eine Änderung des § 218 StGB forderten, findet sich das Argument einer Verbesserung des Lebensschutzes nicht.[182] Dr. Timm (SPD) äußerte im zuständigen Arbeitskreis ihrer Fraktion, sie erwarte nicht, daß die Reform die in sie gesetzten Erwartungen bald erfüllen werde.[183] Liselotte Funcke (FDP) erklärte im Zweiten Deutschen Fernsehen, man wolle erreichen, daß, wenn man Abtreibungen schon nicht verhindern könne, diese wenigstens medizinisch einwandfrei durchgeführt würden.[184] Desgleichen wurde gelegentlich als Ziel der Fristenregelung nicht die Senkung der Gesamtzahl, sondern nur der Zahl der kriminellen Abtreibungen genannt, also die Umwandlung strafbarer Abtreibungen in straffreie.[185]

Auch die Begründungen der Gesetzentwürfe aus den Koalitionsparteien weisen bezüglich der Lebensschutzargumentation zurückhaltende und zweideutige Formulierungen auf. Im Regierungsentwurf vom 15. Mai 1972 heißt es einschränkend,

---

181 von Schoeler (FDP) Sten. Ber. 7 WP 109 Si. v. 5. Juni 1974 S. 6930; Mischnick (FDP) (FDK Jg. 103/74 v. 28. Februar 1974); von Bothmer (SPD) Sten. Ber. 7 WP 95 Si. v. 25. April 1974 S. 6414; Justizminister Hemfler (SPD) BR Sten. Ber. 406 Si. v. 31. Mai 1974 S. 206; vgl. Prof. Pross SA Ber. 6 WP 75 Si. v. 11. April 1972 S. 2254; Dr. Hobbing Ebd. S. 2281; nur ganz am Rande und an letzter Stelle erwähnt von Walter Scheel (FDP) in: „FDP zu § 218: Dieser Paragraph muß weg!" In: Ste v. 11. Juli 1971.

182 Antrag 9 des Bundesvorstandes der Deutschen Jungdemokraten zum 23. Ordentlichen Bundesparteitag der FDP vom 2. bis 4. Oktober 1972 (ADL A1-460 Bl. 31-36); Entwurf eines Antrages des Bundesvorstandes zu einer Entschließung des Bundesparteitages vom 23. bis 25. Oktober 1972 in Freiburg, Sieben Thesen der Vernunft (ADL 170 (1972 II)) S. 6; Antragstext des Bundesvorstandes, betr. „Die Frau in Familie, Beruf und Gesellschaft (ADL 170 (1972 II)) S. 4; Beschluß des 23. Ordentlichen Parteitages der FDP vom 23. bis 25. Oktober in Freiburg im Breisgau, Thesen zur Rolle der Frau in der Gesellschaft (ADL A1-460 Bl. 115-119).

183 Dr. Timm (SPD) AKR 58 Si. v. 14. September 1971 (AsD PS 182) S. 9.

184 Funcke (FDP) (BPA/AN ZDF v. 7. März 1972 20.15 Uhr).

185 Dr. Diemer-Nicolaus (FDP) SA Ber. 6 WP 76 Si. v. 12. April 1972 S. 2340; BT-Drs. Nr. 7/1753 v. 5. März 1974 S. 2; UA Ns. Si. v. 28./29. Februar 1972 S. 14; Dr. de With (SPD) führte vor der Fraktion der SPD im Deutschen Bundestag aus, die Fristenregelung habe vor allem das Ziel, die Rate der kriminellen Aborte und, auf lange Sicht gesehen, der Aborte überhaupt zu senken (SPD Fr. Si. v. 20. März 1973 (AsD FS Prot. VII 1056) S. 18; vgl. SPD Fr. Si. v. 3. Dezember 1973 (AsD FS Prot. VII 1058) S. 5); ebenso schrieb Konrad Porzner an die Mitglieder der Fraktion der SPD im Deutschen Bundestag, die „Zielrichtung, die ihre Gültigkeit unverändert behalten hat", sei die sofortige Senkung der Zahl der kriminellen Abtreibungen; von den Abtreibungen insgesamt ist nicht die Rede (Schreiben von Konrad Porzner v. 19. Juni 1975 an die Mitglieder der Fraktion der SPD im Deutschen Bundestag (AsD PS 180) S. 3).

Ziel des Gesetzes sei, eine Regelung zu schaffen, die den Schutz des ungeborenen Lebens „nach Lage der Dinge am ehesten" gewährleiste.[186] Der Entwurf Müller-Emmert bezeichnet es 1973 als Ziel, das ungeborene Leben zu schützen, „soweit dies praktisch möglich und im Hinblick auf entgegenstehende Interessen vertretbar ist."[187] Das Bundesjustizministerium zog sich 1975 vor dem Bundesverfassungsgericht zunächst auf die Position zurück, die bekannten Daten hätten den Gesetzgeber nur zu der Erkenntnis führen können, „daß die Frage, ob eine teilweise Zurücknahme der Strafdrohung zu einem Ansteigen der Gesamtzahl der Schwangerschaftsabbrüche führen wird, völlig offen ist."[188] Daß die Auswirkung einer gesetzlichen Regelung auch beim Indikationenentwurf sich von einer Fristenregelung nicht unterscheiden werde, ist von Gegnern wie von Befürwortern einer Fristenregelung geltend gemacht worden.[189]

c) *Die Beurteilung der ausländischen Erfahrungen bei Lockerung der gesetzlichen Bestimmungen über die Abtreibung*

Die von der Medizin aufmerksam registrierten internationalen Erfahrungen mit unterschiedlich weitreichenden Lockerungen der Bestimmungen über die Abtreibung bestätigten die erheblichen Zweifel an der Möglichkeit einer Verbesserung des Lebensschutzes durch eine erweiterte Indikationenregelung oder ein Fristenmodell. Im Ostsektor Berlins und in der DDR hatte eine Instruktion vom 15. März 1965, welche die Kriterien zur Handhabung der medizinischen Indikation erheblich lockerte,[190] zu einem sprunghaften Anstieg der bekannt gewordenen Abtreibungen geführt.[191] Im ersten Jahr stieg diese Zahl um das Sechzehnfache, im zweiten Jahr auf des Achtzehnfache, im dritten Jahr pendelte sie sich wieder auf dem Sechzehnfachen der

186 BT-Drs. Nr. 6/3434 v. 15. Mai 1972 Vorblatt.

187 BT-Drs. Nr. 7/1982 v. 10. April 1974 S. 5.

188 Schnellbrief des Bundesministers der Justiz an den Chef des Bundeskanzleramtes, den Bundesminister des Innern, den Bundesminister für Jugend, Familie und Gesundheit, und an den Bundesminister für Sozialordnung v. 22. August 1974, Az: 1004 E (2460)-335/74-(ACDP VIII-002-019/2) S. 41; vgl. Sieglerschmidt (SPD) Sten. Ber. 7 WP 95 Si. v. 25. April 1974 S. 6415; in einer am Tage der Urteilsverkündung im Normenkontrollverfahren durch das Bundesverfassungsgericht veröffentlichten Stellungnahme des Bundesjustizministeriums hieß es nicht weniger vage, daß die Fristenregelung „insgesamt die Zahl der Abbrüche nicht erhöhen, sondern auf längere Sicht sogar senken werde" (RIBJ v. 25. Februar 1975 S. 1).

189 Dr. de With (SPD) Sten. Ber. 7 WP 33 Si. v. 15. Juli 1973 S. 1762; Spranger (CSU) Ebd. S. 1810; Dr. Eyrich (CDU) Sten. Ber. 7 WP 95 Si. v. 25. April 1975 S. 6340; Engelhard (FDP) Ebd. S. 6422; Dr. Eyrich (CDU) SA Ber. 7 WP 15 Si. v. 26. September 1973 S. 678; vgl. Ehrhardt S. 339.

190 Altmann: Problematik S. 1667ff.

191 Ebd. S. 1667; Richter/Schulz S. 155.

Werte aus der Zeit vor 1965 ein.[192] Diese Zahlen nahmen nach der Einführung der Fristenregelung im Jahr 1972 weiter zu, wobei der Anteil der nichtkriminellen Abtreibungen bei den bis zu Zwanzigjährigen um das Zehnfache anstieg.[193]

Ähnliche Erfahrungen machten verschiedene skandinavische Länder: Die Zahl der nichtkriminellen Abtreibungen nahm sprunghaft zu und stabilisierte sich auf hohem Niveau, während die kriminellen Aborte zwar zurückgingen, aber nicht verschwanden.[194] Dieselben Erfahrungen, zum Teil begleitet durch ein rapides Ansteigen der Zahl der nichtkriminellen Abtreibungen um das Siebzigfache und durch eine gleichbleibend hohe Rate krimineller Aborte, machten die Sowjetunion, die Tschechoslowakei, Ungarn, Rumänien, Polen und Jugoslawien.[195] Einige dieser Staaten nahmen aufgrund dieser Erfahrungen ihre gesetzlichen Lockerungen des Abtreibungsrechts wieder zurück.

Aus Japan, das seit längerem eine sehr weit definierte Indikationenregelung praktizierte, war bekannt, daß die jährliche Gesamtzahl der Abtreibungen bei etwa 1.000.000 lag und damit in etwa der Geburtenzahl entsprach; von diesen Abtreibungen waren etwa 750.000 amtlich registriert, eine Viertelmillion Abtreibungen waren weiterhin kriminelle.[196] Großbritannien hatte 1967 durch das „Abortion-Act" eine weitreichende Indikationenregelung eingeführt, deren Praxis nach allgemeiner Auffassung einer Fristenregelung entsprach. Die Zahl der geschätzten kriminellen und therapeutischen Aborte hatte in den Jahren 1961 bis 1967 bei etwa 10.000 Eingriffen jährlich gelegen.[197] Die Zahl der amtlich registrierten Abtreibungen stieg im ersten Jahr nach dem „Abortion-Act" auf 37.736 (1968/1969), im zweiten Jahr (1969) auf 54.154 und im dritten Jahr auf 83.851 (1970). In diesen Zahlen sind nicht die kriminellen Abtreibungen erfaßt, für die es Hinweise gab, die mangels amtlicher Zahlen aber nicht nachprüfbar waren. Die Quote der mütterlichen Sterblichkeit ging in diesen drei Jahren lediglich von 0,02% auf 0,018% zurück. Zwischen 33% und 40% der Abtreibungen fanden noch nach der dreizehnten Woche statt. Die an weniger als sechzehn Jahre alten Mädchen vorgenommenen Abtreibungen nahmen von 1968 bis 1971 um 400% zu.

---

192 Lunow/Isbruch/Hamann S. 50.

193 Amon/Köhler S. 19; Helwig S. 799.

194 Harmsen Familienplanung S. 37; Händel S. 1142; Kaiser S. 1528f.; Hans Tin: „Dänische Gynäkologen ziehen Bilanz". In: KN v. 23. April 1972.

195 Potondi/Szuchowsky S. 403f.; Aborte S. 568; Reif S. 823; DPA 005/006 AL v. 2. Juli 1973; DPA 229 AL v. 29. Mai 1973; DPA 337 AL v. 12. Oktober 1973; Beric S. 585f.; Radvany/Miklos/Foldvary S. 235ff.; Helwig S. 799.

196 Prof. Zander SA Ber. 6 WP 74 Si. v. 10. April 1972 S. 2163; Nachtsheim: Geburtenkontrolle S. 112; Straelen S. 17ff.

197 Diese und die folgenden Angaben nach: Gustav Mauthner: „Abtreibungsparadies London". In: WWo Nr. 1863 (1969). Straelen S. 58f.; DPA 008/007 AL v. 4. April 1974; Becker, W.: Abbruch S. 590f.; Händel S. 525f.; Harmsen: Abortion Act 1967 S. 133ff.; Dietel: Schwangerschaftsunterbrechung S. 176.

Die internationalen Erfahrungen zusammenfassend teilte der Bundesjustizminister in Beantwortung einer kleinen Anfrage der CDU/CSU-Fraktion am 25. März 1971 mit, daß überall eine Zunahme der nichtkriminellen Abtreibungen zu beobachten sei, teilweise auch eine Zunahme der kriminellen; teils eine Abnahme der kriminellen proportional zum Anstieg der nichtkriminellen; überall bleibe ein hoher Anteil an kriminellen Abtreibungen; teilweise sei eine erhebliche Zunahme der gesundheitlichen Schädigungen der Frauen nach einer weitgehenden Lockerung der gesetzlichen Bestimmungen festzustellen.[198] Entsprechend den Erfahrungen in anderen Ländern wies Ministerialrat Horstkotte im Strafrechtssonderausschuß des Deutschen Bundestages darauf hin, es könne vor dem Hintergrund dieser Fakten als sicher gelten, daß durch eine begrenzte Freigabe der Abtreibung nicht nur strafbare Eingriffe in straflose umgewandelt würden, sondern daß eine „echte Zunahme" eintreten werde.[199] Er prognostizierte für den Fall, daß sich nach einer Rechtsänderung die Situation in der Bundesrepublik an den niedrigsten im Ausland bekannt gewordenen Zuwachsraten orientieren würde, mit einer Steigerung der am meisten plausiblen geschätzten Gesamtzahl von 100.000 Abtreibungen um mindestens 40% zu rechnen sei.[200] Horstkotte hielt aber eine Steigerung auf 300.000 bis 400.000 Abtreibungen pro Jahr für wahrscheinlich.[201] Er wies darauf hin, daß die ausländischen Erfahrungen bei der Lockerung der gesetzlichen Bestimmungen über die Abtreibung zum Anlaß genommen worden seien, diese Änderungen wieder einzuschränken oder rückgängig zu machen.[202] Der Ministerialbeamte bestätigte hinsichtlich der in den Vereinigten Staaten eingeführten Lockerung der Abtreibungsbestimmungen, daß die Zahl der Abtreibungen insgesamt größer sei, „als dies beim Fortbestand eines restriktiven Gesetzes der Fall sein würde."[203] Daß eine weitgehende Lockerung der Abtreibungsbestimmungen die Gesamtzahl der Abtreibungen erhöhen würde und die kriminellen Abtreibungen nicht ausrotten könne, darüber bestand in den Teilen der westdeutschen Öffentlichkeit, welche die die ausländischen Erfahrungen zur Kenntnis nahmen, weitgehende Einigkeit.[204]

---

198 BT-Drs. Nr. 6/2025 v. 25. März 1971 S. 6-9; vgl.: Erläuterungen zu dem Referentenentwurf eines Fünften Gesetzes zur Reform des Strafrechts, o. Dat. (vermutlich Oktober 1971) (AsD PS 181) S. 4; Sten. Ber. 7 WP 33 Si. v. 17. Mai 1973 S. 6.

199 SA Ber. 7 WP 23 Si. v. 16. Januar 1974 S. 1383 u. 1387.

200 SA Ber. 7 WP 25 Si. v. 13. Februar 1974 S. 1415.

201 SA Ber. 7 WP 20 Si. v. 28. November 1973 S. 1285.

202 SA Ber. 7 WP 22 Si. v. 7. Dezember 1973 S. 1328.

203 Ebd. Anlage 1 S. 1366.

204 Husslein: Abortus S. 1293; „63 Prozent aller Ärzte: Abtreibung ohne uns". In: BaS v. 25. März 1973; Heller S. 86f.; Dietel: Schwangerschaftsunterbrechung S. 171; Heiss: Strafgesetz S. 74; Husslein: Arbeitstagung S. 781; Jachertz S. 2204; Westphalen: Abtreibung S. 447; DPA-Hintergrund: Archiv- und Informationsmaterial v. 20. April 1972 S. 7; Köhne S. 35ff.; Lang-Hinrichsen: Verfassungsmäßigkeit S. 337 u. 340; Martin, N. S. 340; Langmann S. 2642; Mende S. 39; Schwarz, U. S. 465; Wille S. 1678ff.; Beyer/Rothe S. 397; Hanack: Eingriffe S. 42; ebenso war bekannt, daß die Bereitschaft zur Anwendung

Auch die Ausführungen Prof. Jürgens', der für die Bundesregierung vor dem Bundesverfassungsgericht auftrat,[205] widersprachen diesen Auffassungen nur zum Teil. Er legte dar, daß aus den Erfahrungen in der DDR, in Rumänien und in Großbritannien nicht auf eine Zunahme der Gesamtzahl der Aborte geschlossen werden dürfe, weil sich ein kausaler Zusammenhang zwischen dem Rückgang der Geburtenrate – aus dem ein Anwachsen der Abtreibungen abgeleitet werden könne – und der Lockerung der Abtreibungsgesetzgebung nicht nachweisen lasse. Jürgens bewies indessen nur, daß ein solcher kausaler Zusammenhang nicht zwangsläufig zu folgern ist; er wies nicht nach, daß ein solcher Konnex nicht bestehen kann. Mit der Möglichkeit eines solchen Zusammenhangs, das heißt konkret mit einer Zunahme der Gesamtzahl der Abtreibungen, muß man auch unter den von Jürgens ausgeführten Bedingungen rechnen. Als Legitimation für die Fristenregelung, die Jürgens' Prognosen verteidigten, greifen jene Ausführungen selbst dann zu kurz, wenn man die Möglichkeit der Zunahme der Abtreibungen für unwahrscheinlich hält. Denn das erklärte Ziel der Fristenregelung bestand in der Verbesserung des Lebensschutzes durch eine Senkung der Gesamtzahl der Abtreibungen. Jürgens belegte dagegen nur, daß diese Zahl nach einer Lockerung des Gesetzes nicht steigen müsse. Seine Analyse der ausländischen und in der DDR gemachten Erfahrungen begründet nicht, warum die Gesamtzahl sinken werde.[206]

Dieses Ergebnis kann sich auch auf eine Studie Jürgens' aus dem Jahr 1975 stützen. Er äußert dort die Ansicht, daß die Gesamtzahl der Abtreibungen nach einer Änderung des § 218 StGB ansteigen werde und prognostiziert, daß der Gesamtumfang der Abtreibung durch zwei weitere Gruppen noch vermehrt werde: erstens durch solche, „die gegenwärtig nur deswegen ausgetragen werden, weil den Schwangeren keine Möglichkeit zu einem Abbruch zur Verfügung steht" und solchen, „die infolge der durch die Reform gebotenen Möglichkeiten auf Grund einer Vernachlässigung antikontrazeptiver Maßnahmen entstanden sind."[207] Jürgens hält es für möglich, daß diese Gruppen die Rate der kriminellen Abtreibungen „tatsächlich erhöhen".[208] „Auf längere Sicht" erst sei „damit zu rechnen", daß eine Änderung des § 218 StGB „zu einer Senkung der Zahl ungewünschter Schwangerschaften und damit auch zu einer Minderung der Abbruchraten führt."[209] Jürgens begründet diese Hoffnung mit seinen Erwartungen an die Beratung.

---

kontrazeptiver Mittel infolge der Lockerung der gesetzlichen Bestimmungen über die Abtreibung zurückging (Prof. Dotzauer SA Ber. 6 WP 75 Si. v. S. 2232; ZWAR/KNORRE/KUNZ 8f.; PRILL S. 621).

205 Prof. Jürgens (ARNDT/ERHARD/FUNCKE S. 296f. u. 346).

206 Den Versuch eines solchen Nachweises unternahm Jürgens aufgrund problematischer Annahmen über die Höhe der Dunkelziffer in der Bundesrepublik Deutschland.

207 JÜRGENS/PIEPER S. 62.

208 EBD.

209 EBD.

Bei genauem Hinsehen erkennt man jedoch, daß Jürgens den Beratungseffekt nicht darin sieht, daß sie die Mutter zur Fortsetzung der bestehenden Schwangerschaft bewöge, sondern darin, daß sie das Informationsniveau der Frauen über Antikonzeptiva verbessern werde und so erst zukünftige ungewollte Schwangerschaften vermeiden solle. Dies bliebe jedoch weit hinter der erklärten Zielsetzung der Beratung im Rahmen der Fristenregelung zurück und könnte im übrigen von jeder anderen, außerhalb dieses Gesetzes geregelten Beratung geleistet werden. Folglich sind Jürgens' Ausführungen kaum geeignet, die Fristenregelung demographisch und sozialmedizinisch zu begründen.

Mit dem Ziel einer Verbesserung des Lebensschutzes für das ungeborene Kind und des Gesundheitsschutzes für die Abtreiberin waren diese Tatsachen kaum vereinbar. Dennoch wurden Forderungen nach einer Änderung des § 218 StGB nicht selten mit dem Hinweis auf das ausländische Vorbild begründet.[210] Soweit Bundestagsabgeordnete der Koalitionsfraktionen von den negativen internationalen Erfahrungen öffentlich Notiz nahmen, beschränkten sie sich auf die nicht weiter begründete Behauptung, daß die Situation in jenen Staaten mit derjenigen in der Bundesrepublik nicht verglichen werden könne und die ausländischen Erfahrungen folglich nicht aussagefähig seien.[211]

In solchen Äußerungen, die für die Verbreitung in den Medien bestimmt waren, haben einige Mitglieder der Koalitionsfraktionen auch Gegenteiliges zu diesem Punkt verbreitet. So beurteilte der dem Strafrechtssonderausschuß angehörende Abg. Hugo Brandt (Grolsheim) (SPD) die in der DDR eingeführte Fristenregelung nach einem Informationsbesuch im anderen Teil Deutschlands als eine erfolgreiche Regelung.[212] Desgleichen berichteten die Abg. Dr. de With (SPD) und von Schoeler (FDP) der westdeutschen Öffentlichkeit nach einem Aufenthalt in Japan, daß die dortigen Verhältnisse die Fristenregelung bestätigten.[213] Im Pressedienst seiner Partei wies der Abg. Dr. de With (SPD) darauf hin, die Erfahrungen im Ostblock hätten gezeigt,

---

210 Becker, W.: Abbruch S. 598; Ders.: Soziale Indikation S. 48; Ott S. 79; Strutz: Schwangerschaftsbeseitigung S. 407; Prof. Bickel SA Ber. 6 WP 74 Si. v. 10. April 1972 S. 2189; Joachim Besser: „Glaubenssätze in Urteilsform". In: Vo v. 6. März 1975; Dr. de With (SPD) Sten. Ber. 7 WP 33 Si. v. 17. Mai 1973 S. 1764; Dr. Bardens (SPD) Sten. Ber. 7 WP 95 Si. v. 25. April 1974 S. 6347; Dr. Arndt (Hamburg) (SPD) SA Ber. 5 WP 118 Si. v. 24. Oktober 1968 S. 2349; Bemmann S. 101.

211 Dr. Focke (SPD) Sten. Ber. 7 WP 33 Si. v. 17. Mai 1973 S. 1830; Schlei (SPD), Sten. Ber. 7 WP 88 Si. v. 21. März 1974 S. 5732; Dr. Bardens (SPD) Ebd. 1974 S. 5810; von Schoeler (FDP) SA Ber., 7 WP 20 Si. v. 28. November 1973 S. 1286; Jahn (SPD) (Inf. Ausg. 838 v. 14. Oktober 1975); Dr. de With (SPD) SA Ber. 7 WP 20 Si. v. 28. November 1973 S. 1287; von Schoeler (FDP) Sten. Ber. 7 WP 95 Si. v. 25. April 1974 S. 6345.

212 Hans Lerchbacher: „Der Wille zum Kind wird dennoch gestärkt". In: FR v. 25. Februar 1974.

213 DPA 290 ID v. 6. März 1974.

daß nur die Fristenregelung die kriminelle Abtreibung erfolgreich bekämpfen könne.[214] Vor dem Deutschen Bundestag behauptete Dr. de With (SPD), die Erfahrungen in Japan und England bewiesen, daß die Abtreibungszahlen im Falle einer Einführung der Fristenregelung in der Bundesrepublik nicht steigen würden.[215] Liselotte Funcke (FDP) und die „Freie Demokratischen Korrespondenz" bezeichneten Befürchtungen, mit einer Lockerung des § 218 StGB werde die Zahl der Abtreibungen zunehmen, als eine „ungerechtfertigte Unterstellung" beziehungsweise als „aus der Luft gegriffen".[216]

Das von den Befürwortern einer weitgehenden Änderung des § 218 StGB jahrelang vorgetragene Argument, daß die strafgesetzlichen Bestimmungen über die Abtreibung wirkungslos seien, fand also in den Daten über den inländischen Umfang der kriminellen Abtreibung, die den Zeitgenossen bekannt waren, keine Bestätigung. Die umfangreichen ausländischen Erfahrungen mit Gesetzeslockerungen, über die man ebenfalls informiert war, machten es sehr unwahrscheinlich, daß eine Lockerung des § 218 StGB zu einem Rückgang der Gesamtzahl der Abtreibungen führen werde. Aus den genannten Gründen hält die Realisierbarkeit des Legitimationskerns einer weitreichenden Lockerung des § 218 StGB, die proklamierte Verbesserung des Lebensschutzes für das ungeborene Leben, einer Überprüfung anhand der sozial-medizinischen Tatsachen nicht stand.

Dieses Ergebnis erhärtet die früher begründete Vermutung, daß die in der Öffentlichkeit als zentrales Anliegen propagierte Verbesserung des Lebensschutzes für das ungeborene Kind als eine öffentlichkeitswirksam vorgetragene Legitimation aufgefaßt werden muß, die kaum einen direkten Rückschluß auf die tatsächlichen Motivationen erlaubt. Insofern die dargestellten Begründungen das gesamte Gesetzgebungsverfahren hindurch als sozial-medizinische Bedingungen reklamiert wurden, von denen die

---

214 Dr. de With (SPD) (SPD Press. Ausg. Nr. 11 v. 17. März 1972); daß die englische Lösung „praktisch der Fristenlösung gleichkommt", erklärte Prof. Ehmke (SPD) in der mündlichen Verhandlung im Normenkontrollverfahren vor dem Bundesverfassungsgericht (ARNDT/ERHARD/FUNCKE S. 274).

215 Dr. de With (SPD) Sten. Ber. 7 WP 95 Si. v. 25. April 1974 S. 6385; vgl. von Schoeler (FDP) SA Ber. 7 WP 20 Si. v. 28. November 1973 S. 1278: Die Erfahrungen aus England bewiesen, daß die Fristenregelung gegenüber einer Indikationenregelung sowohl die Zahl der kriminellen wie die der nichtkriminellen Abtreibungen senken werde; das Gegenteil hiervon äußerte von Schoeler (FDP) vor dem Deutschen Bundestag, wo er die Auffassung vertrat, das Beispiel Englands zeige, daß die Indikationenregelung des Gruppenantrags Dr. Müller-Emmert dieselben Auswirkungen haben werde wie die Fristenregelung und daß die Abgeordneten, die jenen Entwurf unterstützten, deswegen auch das Fristenmodell mit verabschieden könnten (Sten. Ber. 7 WP 95 Si. v. 25. April 1974 S. 6346f.); detaillierte Informationen über die Zunahme der Abtreibungszahlen in England nach dem Inkrafttreten des Abortion Act befinden sich unter den Akten des Arbeitskreises „Rechtswesen" der SPD-Bundestagsfraktion; dazu gehören Berichte der deutschen Botschaft in London, Übersetzungen von Berichten des britischen Unterhauses und Material der Wissenschaftlichen Dienste des Deutschen Bundestages (AsD PS 177).

216 Sten. Ber. 7 WP 95 Si. v. 25. April 1974 S. 6390; FDK Ausg. 61 v. 16. April 1973.

strafgesetzlichen Änderungsbestrebungen auszugehen hätten, ist zu folgern, daß die parlamentarische Willensbildung und die 1974 und 1976 beschlossenen Gesetze aufgrund nachweislich unzutreffender oder zumindest sehr fragwürdiger sozial-medizinischer Annahmen zustande kamen.

II. Berührungspunkte zwischen Koalition und Opposition in rechtspolitischen Einzelfragen

1. Die medizinische Indikation

Obwohl die verschiedenen Gesetzentwürfe sich in bestimmten Punkten unvereinbar entgegenstanden, darf nicht übersehen werden, daß sie in anderen rechtspolitischen Einzelfragen weitgehende Übereinstimmungen aufwiesen. Hinsichtlich der sozialen Indikation wurde dies bereits bei der Darstellung der innerparteilichen Meinungsbildung von 1975 bis 1976 gezeigt.[217] In diesen Zusammenhang gehören ferner die medizinische und die kindliche Indikation sowie die Regelung der Nidationsfrist. Hinsichtlich des konzeptionellen Unterschieds zwischen Indikationen- und Fristenregelungen nehmen sich diese Gemeinsamkeiten scheinbar zwar marginal aus. Gleichwohl liegen der Regelung jener Einzelaspekte anthropologisch und ethisch zu formulierende Grundentscheidungen voraus, deren Bedeutung weit über ihre Funktion im Rahmen der bezeichneten Indikationen und der Nidationsfrist hinausweisen. Die Behandlung dieser rechtspolitischen Detailfragen lassen daher Rückschlüsse auf vorrechtliche Grundeinstellungen zu, auf die sich das besondere Interesse unserer Fragestellung richtet.

Die Fassungen aller vier dem Deutschen Bundestag vom Strafrechtssonderausschuß 1974 zugeleiteten Entwürfe sahen Bestimmungen über die medizinische Indikation vor. Die Gruppenanträge Dr. Müller-Emmert und Dr. Heck sowie der Entwurf der CDU/CSU-Fraktion enthielten im Kern gleichlautende Regelungen über den „Abbruch der Schwangerschaft aus medizinischen Gründen".[218] Eine sehr ähnliche Formulierung wies der Fristenregelungsentwurf auf, in dem allerdings die einschränkende Voraussetzung „nach den Erkenntnissen der medizinischen Wissenschaft"

---

217 Vgl. S. 186ff.

218 „Der Abbruch der Schwangerschaft durch einen Arzt ist nicht nach § 218 strafbar, wenn
1. die Schwangere einwilligt und
2. der Abbruch der Schwangerschaft nach den Erkenntnissen der medizinischen Wissenschaft angezeigt ist, um von der Schwangeren eine Gefahr für ihr Leben oder die Gefahr einer schwerwiegenden Beeinträchtigung ihres Gesundheitszustandes abzuwenden, sofern die Gefahr nicht auf eine andere für sie zumutbare Weise abgewendet werden kann"
(BT-Drs. Nr. 7/1982 v. 10. April 1974 S. 26; BT-Drs. Nr. 7/1984 (neu) v. 24. April 1974 S. 22; BT-Drs. Nr. 7/1983 v. 10. April 1974 S. 26).

fehlte.[219] Da eine echte vitale Indikation, wie bereits dargelegt wurde,[220] seit den fünfziger Jahren nur sehr selten vorlag und seitdem wegen der Fortschritte in der Medizin weiter zurückgedrängt werden konnte, ist der eigentliche Gegenstand der vorliegenden Bestimmungen über die medizinische Indikation in der Formulierung „oder die Gefahr einer schwerwiegenden Beeinträchtigung ihres Gesundheitszustandes" umschrieben.

Diese Wendung war in allen vier vom Strafrechtssonderausschuß beschlossenen Entwürfen enthalten. Von den im Bundestag eingebrachten Entwürfen wies sie allerdings nur der Gruppenantrag Dr. Müller-Emmert auf, der sie aus der früheren Regierungsvorlage übernommen hatte.[221] Die Tatsache, daß diese Formulierung in alle anderen Entwürfen übernommen wurde, verdient schon deswegen besonderes Interesse, weil ebendiese Definition noch 1972 auf grundsätzliche und ablehnende Kritik gestoßen war.[222] Die bis 1974 erfolgte Angleichung der Definitionen in allen Entwürfen kann deswegen nicht als formale oder terminologische Randfrage bewertet werden. Sie spiegelt – vor allem hinsichtlich der Meinungsbildung in der Union – einen grundsätzlichen Wandel wieder, der im folgenden näher dargestellt werden soll.

Der 1972 noch vor dem Regierungsentwurf eingebrachte Fristenregelungsentwurf hatte eine wesentlich strengere Formulierung vorgesehen. Danach sollte eine durch einen Arzt später als drei Monate nach der Empfängnis vorgenommene Abtreibung auch dann nicht strafbar sein, wenn „der Abbruch nach den Erkenntnissen und Erfahrungen der medizinischen Wissenschaft angezeigt ist, um ernste Gefahr für Leben oder Gesundheit der Schwangeren abzuwehren."[223] Dasselbe bestimmte der Fristenregelungsentwurf von 1973.[224] Keine der beiden Begründungen zu diesen Entwürfen machte Aussagen über die Definition der medizinischen Indikation. Daß die Notwendigkeit hierzu nicht gesehen wurde, legt den Schluß nahe, daß die in diesen Vorlagen enthaltene Regelung des therapeutischen Aborts auf die zeitgenössische medizinische Praxis rekurrierte.

---

219 BT-Drs. Nr. 7/1981 (neu) v. 24. April 1974 S. 25.

220 Vgl. S. 56, 100.

221 BT-Drs. Nr. 7/443 v. 4. März 1973 S. 3; BT-Drs. Nr. 6/3434 v. 15. Mai 1972 S. 2.

222 Der federführende Rechtsausschuß und der Ausschuß für Jugend, Familie, und Gesundheit empfahlen dem Bundesrat die Worte „einer schwerwiegenden Beeinträchtigung ihres Gesundheitszustandes" durch die Wendung „eines schweren körperlichen oder psychischen Schadens" zu ersetzen. Denn es sollten „nur solche Beeinträchtigungen der Gesundheit einen Schwangerschaftsabbruch aus medizinischer Indikation rechtfertigen können, die ernsten Krankheitswert haben." Die vom Regierungsentwurf vorgesehene Formulierung „könnte eine nicht beabsichtigte und nicht vertretbare Ausweitung der medizinischen Indikation und damit zugleich eine erhebliche Zunahme der Schwangerschaftsabbrüche unter vorwiegend sozialen Aspekten zur Folge haben." Derartige soziale Faktoren müßten „ohnehin im Rahmen der medizinischen Indikation berücksichtigt werden" (BR-Drs. Nr. 58/72 v. 14. Februar 1972 S. 4f.).

223 BT-Drs. Nr. 6/3137 v. 9. Februar 1972 S. 1.

224 BT-Drs. Nr. 7/375 v. 21. März 1973 S. 3.

Einen Mittelweg zwischen der medizinischen Indikation, wie sie einerseits die beiden Fristenregelungsentwürfe und andererseits die Regierungsvorlage sowie der Gruppenantrag Dr. Müller Emmert vorsahen, wiesen die Entwürfe aus dem Raum der Unionsfraktionen auf. Sowohl der Gruppenantrag Dr. Heck wie auch der Entwurf der CDU/CSU-Fraktion bestimmten in § 218 a, daß der „Abbruch der Schwangerschaft aus medizinischen Gründen" nicht nach § 218 strafbar sei, wenn die Schwangere einwillige und wenn „der Abbruch der Schwangerschaft nach den Erkenntnissen der medizinischen Wissenschaft angezeigt ist, um von der Schwangeren eine Gefahr für ihr Leben oder die Gefahr eines schweren körperlichen oder psychischen Schadens abzuwenden, sofern dieser Schaden nicht auf eine andere für sie zumutbare Weise abgewendet werden kann."[225] Die Begründung des Fraktionsentwurfs, auf die sich auch der Gruppenantrag Dr. Heck berief, hob ausdrücklich hervor, daß – anders als im Regierungsentwurf – die Gefahr eines schweren körperlichen oder psychischen Schadens „drohen muß".[226] Der im Regierungsentwurf verwendete Begriff des „Gesundheitszustandes", der aus der Präambel der Satzung der Weltgesundheitsorganisation entnommen war, eigne sich für eine Eingrenzung der medizinischen Indikation nicht, weil er zu einer Ausweitung dieser Anzeigestellung über das medizinische Fachgebiet hinaus führen werde.

Zu dem Begriff „Gesundheitszustand" des Gruppenantrags Dr. Müller-Emmert und des Regierungsentwurfs, von dem der Begriff „eines schweren körperlichen oder psychischen Schadens" in den Unionsentwürfen bewußt abgegrenzt war, war in der Begründung der beiden erstgenannten Gesetzesvorlagen – wie schon in den Erläuterungen zum Referentenentwurf – ausgeführt, daß der Begriff des Gesundheitszustandes „nicht in jedem Falle als komplementärer Begriff zu dem Begriff der Krankheit zu verstehen" sei.[227] Der Entwurf faßte mit Blick auf psychische Faktoren unter die in § 219 formulierte Indikation ausdrücklich auch „Beeinträchtigungen der Gesundheit", die „aber keine krankhaften seelischen Störungen" sein müßten und stellte ferner fest, daß der drohende Gesundheitsschaden kein dauernder sein müsse.[228] Denn eine schwere Gesundheitsbeeinträchtigung sei „insofern ein dauernder Akt, als sie praktisch niemals ganz ohne Spuren vorübergeht."[229] In den Erläuterungen zum Vorläufermodell von Regierungs- und Gruppenantrag, namentlich zum Referentenentwurf, wurde dementsprechend ausdrücklich hervorgehoben, daß diese medizinische Indikation „daher auch als medizinisch-soziale Indikation bezeichnet werden" könne.[230]

---

225 BT-Drs. Nr. 7/561 v. 15. Mai 1973 S. 3; BT-Drs. Nr. 7/554 v. 11. Mai 1973 S. 3.

226 Dies und das Folgende nach BT-Drs. Nr. 7/554 v. 11. Mai 1973 S. 6f.

227 BT-Drs. Nr. 6/3434 v. 15. Mai 1972 S. 20; Erläuterungen zu dem Referentenentwurf eines Fünften Gesetzes zur Reform des Strafrechts, o. Dat., vermutlich Oktober 1971 (AsD PS 181) S. 32f.

228 BT-Drs. Nr. 6/3434 v. 15. Mai 1972 S. 20.

229 Ebd.

230 Erläuterungen zu dem Referentenentwurf eines Fünften Gesetzes zur Reform des Strafrechts, o. Dat., vermutlich Oktober 1971 (AsD PS 181) S. 31.

Die in Absatz 1 des Entwurfs definierte Indikation sollte nicht nur dann gegeben sein, wenn der Eintritt der Gesundheitsbeeinträchtigung gegenwärtig, das heißt für die Zeit der Schwangerschaft, der Geburt oder für das Wochenbett erwartet würde, sondern auch dann, wenn solche Entwicklungen „erst für die weitere Zeit der Mutterschaft zu erwarten sind."[231] Einen zusätzlichen Hinweis in diese Richtung gab der Absatz 2 des Entwurfs, der bestimmte, daß bei der Feststellung der in Absatz 1 bezeichneten Voraussetzungen „die gegenwärtigen und künftig zu erwartenden Lebensverhältnisse der Schwangeren zu berücksichtigen" seien.

Diese Definition sah auch die Formulierungsalternative vor, die das Bundesjustizministerium zu den entsprechenden Bestimmungen der Unionsentwürfe im Strafrechtssonderausschuß unterbreitete.[232] Ministerialrat Horstkotte führte in diesem Zusammenhang aus, daß der Begriff des „Schadens" in diesen Entwürfen möglicherweise zu eng ausgelegt werde, „weil man Schwierigkeiten haben könnte, Zustände unter den Begriff des Schadens zu subsumieren, bei denen der Schaden gewissermaßen nicht anatomisch oder im Sinne einer massiven psychiatrischen Diagnose festgestellt werden kann, sondern in einem schwerer definierbaren Grenzgebiet schon zur sozialen Situation der Schwangeren liegt. Mit anderen Worten: die sozialmedizinische Indikation." Um „Abgrenzungsschwierigkeiten mit der sonstigen rechtlichen Verwendung des Begriffs der Gesundheit zu vermeiden", wähle man den „untechnischen Begriff ‚Gesundheitszustand'". Der Begriff des Gesundheitszustandes sei anders zu interpretieren als der der Gesundheit, denn er „gebe mehr das Gesamtbild des Zustandes wieder", beziehe sich „im weitesten Sinne auf die Lebensfähigkeit der Frau in ihrer Familie und in ihren Funktionen." Insofern daher „eine nicht auf abgegrenzte somatische Krankheitsbilder oder klassische psychiatrische Diagnosen beschränkte Gesundheitsgefährdung" im Gesetzentwurf gemeint sei, solle die medizinische Indikation auch dann greifen, wenn „die Prognose nahelegt", daß bei dem „Zustand und den Verhältnissen der Schwangeren eine Schwangerschaft sie so sehr überfordern würde, daß ihre Gesundheit, ohne daß man die Diagnose präzis stellen kann, doch insgesamt ernstlich gefährdet ist."

Von einigen Abgeordneten, auch von der Unionsfraktion, wurde in diesem Zusammenhang deutlich gemacht, daß auch die ärztliche Prognose eines Schadens, wie ihn die Unionsentwürfe zunächst vorsahen, vollkommen unmöglich sei. Die Unionsvertreter im Ausschuß zogen daraus nicht den Schluß, daß eine medizinische Indikation im Sinne des Gesetzes in solchen Fällen dann eben nicht gegeben sei, sondern sie entschlossen sich, diese Indikation im Gesetz so zu definieren, daß sie Abtreibungen auch dann straflos ließ, wenn eine medizinische Indikation im Sinne der zeitgenössischen medizinischen Praxis nicht vorlag.

---

231 BT-Drs. Nr. 6/3434 v. 15. Mai 1972 S. 20.

232 Das Folgende nach: SA Ber. 7 WP 26 Si. v. 21. Februar 1974 S. 1522 u. SA Ber. 7 WP 28 Si. v. 13. März 1974 S. 1576f.

Die Ausführungen des Ministerialrats Horstkotte, die als authentische Auslegung der einschlägigen Formulierung gelten können, lassen in doppelter Hinsicht die scheinbar paradoxe Tendenz erkennen, durch eine gesetzliche Definition der medizinischen Indikation den Indikationsbegriff aus seiner fachlichen Eingrenzung zu lösen. Dies gilt zum einen in rechtlicher Hinsicht. Denn indem die juristisch belegten Begriffe des Schadens und der Gesundheit, denen aufgrund ihrer Verwendung in anderen Gesetzen eine gewisse rechtliche Verbindlichkeit eignete, aus den Bestimmungen getilgt wurden, hat man sie durch juristisch nicht definierte und wohl auch kaum definierbare – das heißt zugleich: kaum justitiable – Begriffe ersetzt.

Zum zweiten ist dasselbe Phänomen in medizinischer Hinsicht erkennbar. Horstkotte betonte zwar wiederholt, seine Interpretation der medizinischen Indikation orientiere sich an der in der Bundesrepublik bereits weithin üblichen Praxis der Indikationsstellung. Daran ist soviel richtig, daß, wie gezeigt worden ist,[233] zahlreiche Anträge auf Vornahme eines therapeutischen Aborts aufgrund solchermaßen interpretierter medizinischer Indikationen genehmigt wurden. Es wurde aber auch darauf hingewiesen, daß dieser Sachverhalt in der medizinischen Fachliteratur stets dann kritisiert wurde, wenn der Bezug zur Gesundheit der Schwangeren nicht ersichtlich war. Da eben dieser Bezug durch die Formulierungsalternative des Bundesjustizministeriums im grunde aufgehoben wurde, wird man die Frage, ob die Bestimmung in den CDU/CSU-Gesetzentwürfen über den „Abbruch der Schwangerschaft aus medizinischen Gründen" überhaupt noch eine medizinische Indikation im Sinne der Definition bedeutete, verneinen sollen.

In Anbetracht der Ausschußberatungen stellt sich die Regelung des „Abbruchs der Schwangerschaft aus medizinischen Gründen" vielmehr als eine – über den in der zeitgenössischen Medizin üblichen Begriff weit hinausgehende – sozial-medizinische Indikation dar, deren medizinischen Aspekte kaum noch erkennbar hinter nicht näher definierte soziale Interessen zurücktraten. Gemessen an dem in der Medizin gängigen Begiffsverständnis, das auch die sozial-medizinische Indikation stets unter dem Primat der Gesundheit betrachtete und die soziale Aspekte nur insoweit berücksichtigte, als sie die Gesundheit der Schwangeren unmittelbar beeinflußten, hat man hier von einer sozialen Indikation zu sprechen. Der Ausschußbericht vom 10. April 1974 zu dem von der Fraktion der CDU/CSU am 11. Mai 1973 eingebrachten Entwurf hat sich die Grundzüge Horstkottes Argumentation zu eigen gemacht.[234] Weder die Vertreter dieses Entwurfs noch die Befürworter des Gruppenantrags Dr. Heck haben den diesbezüglichen Ausführungen grundsätzlich widersprochen, obwohl sich Horstkotte an der dem Regierungsentwurf zugrunde liegenden Definition orientierte und obwohl diese Indikation der Entwurfsbegründung zufolge auch als eine soziale Indikation

233 Vgl. S. 105ff.
234 BT-Drs. Nr. 7/1983 v. 10. April 1974 S. 14.

verstanden werden muß.[235] Insoweit wiesen auch die Unionsentwürfe, die dem Deutschen Bundestag schließlich zur Beratung vorlagen, sämtlich eine ihrem Wesen nach soziale Indikation auf. Es stand also die Ausgestaltung der medizinischen Indikation in diesen Entwürfen zu dem von den Unionsparteien öffentlich vertretenen Grundsatz, daß nur eine Abwägung zwischen dem Leben des Ungeborenen einerseits und dem Leben und der Gesundheit der Mutter andererseits statthaft sei, in offenkundigem Widerspruch.[236]

Andererseits zeigt sich hier, daß die Unionsfraktion, vermutlich um einen Kompromiß zumindest mit Teilen der Koalition zu erreichen, zu erheblichen Zugeständnissen bereit war, die über die Akzeptanz einer sozial-medizinischen Indikation konventioneller ärztlicher Definition weit hinausging. Dabei ist daran zu erinnern, daß die Praxis der „medizinisch" indizierten (genehmigten und vorgenommenen) Abtreibungen seit 1945 erheblich über das medizinisch Gebotene und damit rechtlich Zulässige bereits hinausging.[237] Man lebte also in einer Grauzone, die in anderem Zusammenhang als „Grenzmoral" bezeichnet worden ist.[238] Da zu erwarten war, daß dieses Phänomen auch unter den neuen rechtlichen Rahmenbedingungen zur Entfaltung kommen würde, implizierte die Zustimmung der Unionsfraktion zu einer extensiv interpretierten sozial-medizinischen Indikation in der ärztlichen Praxis die Bejahung der sozialen Indikation. Diese Position unterschied sich im Grundsatz nicht mehr von derjenigen, die bis Ende 1971 eine Mehrheit der Sozialdemokraten und die bis 1974 die SPD-Fraktionsmitglieder um Dr. Adolf Müller-Emmert (SPD) und Bundesjustizminister Gerhard Jahn (SPD) vertreten haben.

2. *Die kindliche Indikation*

Die Untersuchung der ärztlichen Praxis vor 1974/76 hatte gezeigt, daß die im medizinischen Schrifttum zumeist als „eugenische Indikation" bezeichnete kindli-

---

235 In der Begründung wird zur Erläuterung der Notlagenindikation ausgeführt, daß diese Anzeigestellung notwendig sei, weil die medizinische Indikation in den Fällen einer sozialen, mit der Gesundheit der Schwangeren unverbundenen Konfliktlage „nicht immer" ausreiche. Zwar wisse man aus ausländischen Erfahrungen, „daß sich eine weit ausgelegte psychiatrische Indikation" – um eine solche handelte es sich bei der medizinischen Indikation des Entwurfs auch – „zu einer umfassenden sozialen Indikation entwickeln kann." Demgegenüber sei es indessen vorzuziehen, eine nicht durch körperliche oder psychische Gesundheitsstörungen bestimmbare Konfliktlage auch als solche zu bestimmen und im Gesetz vorzusehen (BT-Drs. Nr. 6/3434 v. 15. Mai 1972 S. 26.).

236 Vgl.: Bundesministerium der Justiz: Fünftes Gesetz zur Reform des Strafrechts; hier: verfassungsrechtliche Prüfung des sogenannten Fristenmodells im Zusammenhang mit der Ausfertigung und Verkündung des Gesetzes v. 7. Juni 1974 (AsD PS 177) S. 11.

237 Vgl. S. 40ff., 60ff., 105ff.

238 Schöllgen S. 20ff.

che Anzeigestellung[239] in einem nicht genau feststellbaren Umfang bereits lange vor 1975 toleriert und praktiziert wurde. Die seit 1972 im Bundestag eingebrachten Gesetzentwürfe, die grundsätzlich allesamt eine solche Indikation ermöglichten, vollzogen insofern eine Anpassung des positiven Rechts an die Rechtswirklichkeit. Dieser Betrachtungsweise entspricht es, daß der im Herbst 1971 veröffentlichte Referentenentwurf diese Anzeigestellung im Rahmen der medizinischen Indikation behandelte.[240] Die Begründung des Referentenentwurfs schickte ihren Erläuterungen zur kindlichen Indikation die einleitende Bemerkung voraus, die Zulassung der Abtreibung aufgrund dieser Indikation könne nicht mit der Erwägung begründet werden, daß dem Kind ein unerträgliches Leben erspart werden müsse, denn das Leben sei um seiner selbst willen schutzwürdig.[241] Dieser Hinweis, der auch in anderen Begründungen für eine solche Regelung enthalten war,[242] verfolgte vor allem den Zweck, die kindliche Indikation gegen die Euthanasie abzugrenzen. Daß die der kindlichen Indikation zugrunde liegende Logik derjenigen der Euthanasie zumindest sehr ähnele beziehungsweise mit dieser identisch sei und nur der Zeitpunkt der Tötung beides voneinander unterscheide, war die Auffassung von Befürwortern aller im Deutschen Bundestag eingebrachten Gesetzentwürfe.[243]

---

239 Die Indikation, die im Schrifttum auch mit anderen Bezeichnungen versehen wurde und die in einigen Gesetzentwürfen überhaupt keinen eigenen Namen trägt, wird im folgenden der Klarheit wegen allein als „kindliche Indikation" bezeichnet.

240 Absatz 3 des § 219 („Abbruch der Schwangerschaft aus medizinischen Gründen") besagte im Wortlaut:
„Der Abbruch einer Schwangerschaft durch einen Arzt ist auch dann nicht nach § 218 strafbar, wenn
1. die Schwangere einwilligt,
2. seit dem Beginn der Schwangerschaft nicht mehr als zwanzig Wochen verstrichen sind und
3. nach den Erkenntnissen der medizinischen Wissenschaft dringende Gründe für die Annahme sprechen, daß das Kind infolge einer Erbanlage oder infolge schädlicher Einflüsse vor der Geburt an einer nicht behebbaren Schädigung seines Gesundheitszustandes leiden würde, die so schwer wiegt, daß von der Schwangeren die Fortsetzung der Schwangerschaft nicht verlangt werden kann" (RE S. 4f. (AsD PS 181)).

241 RE S. 45 (AsD PS 181); Erläuterungen zu dem Referentenentwurf eines Fünften Gesetzes zur Reform des Strafrechts, o. Dat., vermutlich Oktober 1971 (AsD PS 181) S. 29.

242 Vgl. Bundesjustizminister Jahn (SPD) BR Sten. Ber. 378 Si. v. 24. März 1972 S. 493; MR Horstkotte (BMJ) SA Ber. 7 WP 22 Si. v. 7. Dezember 1973 S. 1334; MDirig Krüger (BMJ) u. MR Horstkotte (BMJ) RA Ns. 380 Si. v. 8. März 1972 S. 63.

243 Prof. Degenhardt SA Ber. 6 WP 74 Si. v. 10. April 1972 S. 2184; vgl. auch die rhetorische Frage der Abg. Liselotte Berger (CDU), die eine Fristenregelung befürwortete, an den Sachverständigen Heinen, ob man die kindliche Indikation nicht wegen der von der Euthanasie verschiedenen Motivationen von letzterer unterscheiden müsse (SA Ber. 6 WP 75 Si. v. 11. April 1972 S. 2309). Siehe auch: Freiherr Wilderich Ostman von der Leye: „Der Irrtum über die Indikationen". In: Vo v. 21. März 1974: „Wäre eine kindliche Schädigung vor der Geburt also einmal übersehen worden, so würde der schon inhaltlich bestimmte Rechtfertigungsgrund unweigerlich zur Euthanasie eines schon geborenen Kindes führen."

Sowohl der Referentenentwurf als auch der Regierungsentwurf und der Gruppenantrag Dr. Müller-Emmert legitimierten die kindliche Indikation demgegenüber ausschließlich mit der seelischen und körperlichen Belastung, welche die Pflege eines behinderten oder kranken Kindes für dessen Mutter bedeuten würde.[244] Diese Argumentation machten sich in der Folge auch die Vertreter des Unionsfraktionsentwurfs zu eigen.[245]

Der Begründung des Referentenentwurfs und seiner Nachfolgemodelle, Regierungsvorlage und Gruppenantrag Dr. Müller-Emmert, zufolge sollten „dringende Gründe" im Sinne des Gesetzes nicht nur dann vorliegen, wenn die Schädigung des Kindes sicher indiziert werden könne, sondern bereits dann, wenn die Wahrscheinlichkeit dafür bei etwa 25% liege. Es wurde eingeräumt, daß dies immerhin bedeutete, daß eine Abtreibung aufgrund der kindlichen Indikation auch in solchen Fällen zulässig sein würde, in denen die Wahrscheinlichkeit, daß das Kind gesund sei, dreimal so groß sein würde wie die Wahrscheinlichkeit des Gegenteils. Im Referentenentwurf wie auch in der Regierungsvorlage und in der sich auf diese beziehenden Begründung des Gruppenantrags Dr. Müller-Emmert wurde dazu ausgeführt: „Eine solche Möglichkeit nimmt der Entwurf in Kauf, weil er die geschilderte Konfliktsituation der Schwangeren berücksichtigen will; sie ist auch bei einer Schädigungswahrscheinlichkeit von 25% sehr schwerwiegend."[246] Die Frist für die Zulässigkeit von Abtreibungen aufgrund einer kindlichen Indikation wurde im Referentenentwurf aus „praktischen" Erwägungen auf zwanzig Wochen festgesetzt.[247]

Der Regierungsentwurf und der daraus hervorgegangene Gruppenantrag Dr. Müller-Emmert behandelten die kindliche Indikation gesetzestechnisch nicht mehr als Unterfall der Bestimmungen über den „Abbruch der Schwangerschaft aus medizinischen Gründen", sondern im Rahmen eines § 219 b („Abbruch der Schwangerschaft wegen

---

Die Begründung des Fraktionsantrags von FDP und SPD in der Fassung des Sonderausschußberichts vom April 1974 merkte ergänzend an, daß eine Minderheit der Vertreter eines Fristenmodells sich gegen jede kindliche Indikation im Gesetz ausgesprochen habe, weil „keine überzeugende und klare Abgrenzung zur Euthanasie möglich" sei. Die Mehrheit unter den Befürwortern des Fraktionsentwurfs begründete ihre gegenteilige Auffassung unter anderem mit der Feststellung, daß dieses Argument sich schließlich auch gegen die medizinische Indikation vorbringen ließe (BT-Drs. Nr. 7/1981 (neu) v. 24. April 1974 S. 16); Martin Hirsch, zit. in: An der Heiligkeit des Lebens muß festgehalten werden'". In: We v. 28. Juni 1971; MR Horstkotte (BMJ) SA Ber. 7 WP 28 Si. v. 13. März 1974 S. 1579; MDirig. Dr. Sturm (BMJ) Ebd. S. 1581; Neumeister (CDU) Ebd. S. 1580; Dr. Eyrich (CDU) Ebd. S. 1581; MR Harsdorf (BMJFG) Ebd. S. 1582.

244 RE S. 45f. (AsD PS 181); BT-Drs. Nr. 6/3434 v. 15. Mai 1972 S. 23; auf diese Stelle nimmt Bezug: BT-Drs. Nr. 7/443 v. 4. März 1973 S. 8.

245 Dr. Eyrich (CDU) Sten. Ber. 7 WP 33 Si. v. 17. Mai 1973 S. 1771; Dr. Eyrich (CDU) Sten. Ber. 7 WP 95 Si. v. 25. April 1973 S. 6339; Dr. Eyrich (CDU) SA Ber. 6 WP 15 Si. v. 26. September 1973 S. 678.

246 RE S. 46f. (AsD PS 181); ebenso: BT-Drs. Nr. 6/3434 v. 15. Mai 1972 S. 24.

247 RE S. 46 (AsD PS 181); ebenso: BT-Drs. Nr. 6/3434 v. 15. Mai 1972 S. 24.

Schädigung der Leibesfrucht") als eigenständige Indikation.[248] Hierin unterschieden sich diese beiden Entwürfe sowohl von den Fristenregelungsentwürfen 1972 und 1973 als auch von dem CDU/CSU-Fraktionsentwurf, die den duch eine Schädigung des Ungeborenen indizierten künstlichen Abort gesetzestechnisch wie ehedem der Referentenentwurf als Unterfall der medizinischen Indikation regelten.[249] Von diesen Vorlagen hob sich der Gruppenantrag Dr. Heck in grundsätzlicher Weise dadurch ab, daß er im Gesetzestext eine kindliche Indikation nicht vorsah und in der Entwurfsbegründung feststellte, daß der mit der Schädigung des Ungeborenen begründete ärztlich indizierte künstliche Abort nicht für sich allein, sondern nur dann zu einer Straffreiheit führen könne, „wenn infolge dieser Umstände dem Lebensrecht des ungeborenen Kindes eine Gefahr für Leben oder Gesundheit der Mutter gegenübersteht."[250]

Obwohl die kindliche Indikation im Referentenentwurf wie auch in den Gesetzesanträgen der Koalitionsfraktionen einerseits und der Oppositionsfraktion andererseits formal als Unterfall der medizinischen Indikation behandelt wurde, muß sie materiell als eine selbständige Anzeigestellung angesehen werden. Bereits die Begründung des Referentenentwurfs nahm mit keinem Wort auf einen Zusammenhang zwischen der Belastung der Frau und ihrem Gesundheitszustand Bezug. Ein solcher unmittelbarer Bezug wurde auch nicht an der Stelle der Entwurfsbegründung hergestellt, welche die Einführung einer kindlichen Indikation vor allem mit der Belastung begründete, die das geschädigte Kind für die Mutter und andere Familienangehörige darstelle.[251] Erst die Begründung des Gruppenantrags Dr. Müller-Emmert in der Fassung des Strafrechtssonderausschußberichts aus dem April 1974 verzichtete auf diese Argumentation und stellte die „schwere Konfliktsituation" in den Vordergrund, in die die Schwangere in Erwartung eines geschädigten Kindes geraten könne.[252] Diese Wendung, die beiläufig bereits in der Begründung des Referentenentwurfs anklang,[253] wurde in der Begründung des Jahres 1974 in unmittelbare Nähe zur medizinischen Indikation gerückt, indem geltend gemacht wurde, daß diese schwere Konfliktsituation nicht unbedingt auch eine schwerwiegende Beeinträchtigung des mütterlichen Gesundheitszustandes bedeuten oder zur Folge haben müsse, aber – was nicht ausgesprochen, indessen doch wohl impliziert wurde – eben auch haben könne.[254] Auf diese Weise wurde die

248 BT-Drs. Nr. 6/3434 v. 15. Mai 1972 S. 3; BT-Drs. Nr. 7/443 v. 4. März 1973 S. 4; Die Bestimmung des § 219 b dieser Entwürfe entspricht inhaltlich der des § 219 Abs. 3 des Referentenentwurfs; nur die Nummern 2 und 3 sind im Vergleich zum Referentenentwurf in ihrer Reihenfolge vertauscht. Auch die Begründungen sind im ganzen sehr ähnlich, teilweise wörtlich identisch.

249 BT-Drs. Nr. 6/3137 v. 9. Februar 1972 S. 1; BT-Drs. Nr. 7/375 v. 21. März 1973 S. 3; BT-Drs. Nr. 7/554 v. 11. Mai 1973 S. 3.

250 BT-Drs. Nr. 7/561 v. 15. Mai 1973 S. 5.

251 RE S. 45 (AsD PS 181).

252 BT-Drs. Nr. 7/1982 v. 10. April 1974 S. 15.

253 RE S. 47 (AsD PS 181).

254 BT-Drs. Nr. 7/1982 v. 10. April 1974 S. 15.

wörtlich fast unverändert übernommene, ihrer Begründung zufolge mit der medizinischen Indikation in keinem inhaltlichem Zusammenhang stehende Bestimmung über den „Abbruch einer Schwangerschaft wegen Schädigung der Leibesfrucht" als eine zwar über die medizinische Anzeigestellung hinausreichende, aber letztlich in dieser wurzelnde und mithin durch diese implizit legitimierte Indikation präsentiert.

Diese Argumentation liegt strukturell auch den beiden im Deutschen Bundestag eingebrachten Fristenregelungsentwürfen und dem Fraktionsantrag der CDU/CSU zugrunde. Zwar behandelten alle drei Entwürfe die kindliche Indikation formal als Unterfälle der medizinischen Indikation und argumentierten in ihren Begründungen mit der – möglicherweise aus dem Referentenentwurf entlehnten – Wendung der „schweren Konfliktslage der Schwangeren". Diese brachten sie in die Nähe der medizinischen Indikation, indem die Diktion der Entwürfe auf Wendungen rekurrierte, die an die Begründung bestimmter Fälle der weitgefaßten medizinischen Indikation erinnern.[255] Weder die Fristenregelungsentwürfe noch der Fraktionsantrag der CDU/CSU ließen indessen im Zweifel, daß die gesetzlichen Voraussetzungen dieser Bestimmung auch dann als erfüllt zu gelten hätten, wenn eine medizinische Indikation nicht gegeben sein sollte. Die Begründungen der Fristenmodelle führten hierzu eindeutig aus, daß die durch die Befürchtung, ein geschädigtes Kind zu erwarten, begründete Belastung der Frau zwar „nur selten die Annahme einer medizinischen Indikation rechtfertigen" werden könne, daß die ärztlich vorgenommene Abtreibung aufgrund § 218 a der Entwürfe aber nichtsdestoweniger straffrei sein solle.

Die Erläuterung des Fraktionsentwurfs der CDU/CSU gelangte paraphrasierend zu demselben Ergebnis: Zwar gab sie einleitend an, der Entwurf sehe „die kindliche Indikation im Zusammenhang mit der medizinischen Indikation" in solchen Fällen vor, in denen eine kindliche Indikation in eine medizinische übergehe und eine erweiterte medizinische Indikation angezeigt sei. Andererseits beharrte die Begründung darauf, daß es bei der Feststellung dieser Indikation „nicht auf eine zusätzliche Untersuchung der Schwangeren und auf eine isolierte Entscheidung über ihre körperliche oder psychische Konstitution ankommen" solle. Der Arzt solle, ohne überprüfen zu müssen, ob ein solcher Zusammenhang tatsächlich bestehe, die Gefahr eines schweren körperlichen oder seelischen Schadens der Schwangeren allein mit der Erwartung einer Schädigung des Ungeborenen begründen können.[256]

Die Untersuchung der Bestimmungen über die zulässige Abtreibung bei Schädigung der Leibesfrucht in den seit 1972 im Deutschen Bundestag eingebrachten Entwürfen berechtigt zunächst zu einer grundsätzlichen Unterscheidung zwischen

---

255 Dies und das Folgende nach: BT-Drs. Nr. 6/3137 v. 9. Februar 1972 S. 5f.; BT-Drs. Nr. 7/375 v. 21. März 1973 S. 9; BT-Drs. Nr. 7/554 v. 11. Mai 1973 S. 6f.

256 Im Widerspruch zu den Ausführungen der Entwurfsbegründung schrieb Friedrich Vogel im Juli 1973 in der „Evangelischen Verantwortung", auch in den Fällen der kindlichen Indikation „ist der Grund für die Straffreiheit des Schwangerschaftsabbruchs nicht das Leiden des Kindes, sondern die Gefahr eines schweren physischen oder psychischen Schadens für die Mutter" (VOGEL: Zur Reform des § 218 StGB).

dem Gruppenantrag Dr. Heck und allen anderen Regelungsmodellen: Im Gegensatz zu diesen ließ der Heck-Entwurf von Ärzten vorgenommene Abtreibungen aufgrund einer Schädigung des Ungeborenen nur dann zu, wenn die Konfliktsituation der Schwangeren in eine medizinische – in der Praxis in der Regel gleichbedeutend mit einer psychiatrischen – Indikation überging. Alle anderen in Rede stehenden Entwürfe machten diese Bedingung nicht zur rechtlichen Voraussetzung des Vorliegens einer kindlichen Indikation de lege ferenda, sondern begründeten die Zulässigkeit der Abtreibung gegebenenfalls ausschließlich mit der Schädigung des Ungeborenen. Diese Entwürfe beruhten damit letztlich auf der Legitimation, die der Referentenentwurf, die Regierungsvorlage und – zunächst noch – auch der Gruppenantrag Dr. Müller-Emmert für die kindliche Indikation anführten: Die Tötung eines ungeborenen, mutmaßlich an einem körperlichen oder psychischen Schaden leidenden Kindes sollte zulässig sein, um der Mutter und anderen Menschen die Belastungen zu ersparen, die seine Pflege erfordern könnte.

Soweit die einschlägigen Bestimmungen der Entwürfe für diese Indikation überhaupt Fristen vorsahen,[257] reichten diese bis an die Lebensfähigkeit des Kindes außerhalb des mütterlichen Körpers heran.[258] Die Zulässigkeit der kindlichen Indikation erstreckte sich damit auf Entwicklungsphasen des vorgeburtlichen Lebens, von denen keiner der am Gesetzgebungsverfahren maßgeblich beteiligten Politiker je behauptet hat, daß das ungeborene Leben in jenem Stadium kein Mensch sei. Gemessen an den anthropologischen Vorstellungen derjenigen Politiker, die die in Rede stehenden Entwürfe mittrugen, bedeutet dies, daß die kindliche Indikation de lege ferenda sich auf ungeborenes menschliches Leben erstrecken sollte, das sich von geborenem menschlichen Leben wesensmäßig nicht unterscheidet.

In der Darstellung der Meinungsbildung innerhalb der Unionsfraktion wurde bereits darauf hingewiesen,[259] daß die Einführung der kindlichen Indikation zu den am meisten umstrittenen und erst zu einem verhältnismäßig späten Zeitpunkt des Gesetzgebungsverfahrens geklärten Fragen im Zusammenhang mit der Änderung des § 218 StGB gehörte. Äußerungen einzelner Vertreter der Unionsfraktion beziehungsweise von der Union geführter Landesregierungen berechtigen zu der Annahme, daß sich die am Gesetzgebungsverfahren beteiligten Gremien der Partei nicht zuletzt in der Meinung für die Anerkennung dieser Indikation entschieden, auf diese Weise Kompromißmöglichkeiten für eine Einigung und Mehrheitsbildung

257 Der dem Bundestag schließlich vom Strafrechtssonderausschuß zur Entscheidung vorgelegte Gruppenantrag Dr. Müller-Emmert und der Fraktionsentwurf der CDU/CSU verzichteten auf irgendeine Fristsetzung.

258 Der Gruppenantrag Dr. Müller-Emmert hatte zunächst – wie der Referentenentwurf und die Regierungsvorlage – eine Frist von zwanzig Wochen vorgesehen, die Fristenmodelle eine Frist von 22 Wochen.

259 Vgl. S. 142.

auf parlamentarischer Ebene offenhalten zu können.[260] Wie bereits am Beispiel der medizinischen Indikation gezeigt wurde, führte diese Politik im Ergebnis dazu, daß der angestrebte Kompromiß nicht erreicht werden konnte: einerseits entfernte man sich hierzu nicht weit genug von der ursprünglichen Grundposition – Unantastbarkeit des ungeborenen menschlichen Lebens –, andererseits hatte man sich bereits so weit von dieser Grundposition entfernt, daß die nunmehr vertretene rechtspolitische Position vor dem selbstgesetzten ethischen Anspruch kaum noch glaubwürdig erscheinen konnte.

3. Die Nidationsfrist in den Gesetzentwürfen von 1970 bis 1976

Die Tendenz, humanbiologische Tatsachen unberücksichtigt zu lassen, wenn es darum ging, nidationshemmende Methoden zur Geburtenregelung zu legalisieren,[261] entfaltete im Rahmen der Gesetzentwürfe der siebziger Jahre eine durchschlagende Wirkung. Bestrebungen, die ersten beiden Wochen der Embryonalentwicklung aus dem strafrechtlichen Schutz des § 218 StGB herauszunehmen, waren in den sechziger und zu Beginn der siebziger Jahre zunächst noch im Rückgriff auf biologische Argumente begründet worden. Auch die erläuterten rechtspositivistischen Ansätze zu einer Einschränkung des § 218 StGB knüpften – wenngleich in sehr problematischer Weise – letztlich an Daten der menschlichen Embryonalentwicklung an. Seit dem Beginn der siebziger Jahre griffen Entwicklungen Platz, die humanbiologische Sachverhalte größtenteils ganz ignorierten und die Gestaltung der einschlägigen rechtlichen Bestimmungen fast ausschließlich an a priori bestehenden, von biologischen Aspekten weitestgehend unberührten Zielvorstellungen orientierten. Die für die parlamentarische Willensbildung maßgeblichen Gesetzentwürfe der siebziger Jahre sind von diesen Tendenzen entscheidend beeinflußt worden.

---

260 Der Abg. Dr. Eyrich (CDU) berichtete vor dem Deutschen Bundestag über das Interesse der Union, einen Kompromiß mit der Koalition zu finden, daß man sich in der CDU/CSU „nach langen Diskussionen schließlich dazu durchgerungen“ habe, die Zulässigkeit des künstlichen Aborts aufgrund einer Schädigung des Ungeborenen mit in den Gesetzentwurf aufzunehmen (Sten. Ber. 7 WP 95 Si. v. 25. April 1974 S. 6339); der Abg. Köster (CDU) bekannte sich zu der „Inkonsequenz“, die die Miteinbeziehung dieser Indikation bedeute, rechtfertigte sie dennoch mit dem Hinweis, dies sei als „unser Kompromiß“ zu verstehen (Ebd. S. 6399); ebenso lehnte Staatssekretär Bauer aus dem Bayerischen Staatsministerium der Justiz 1972 vor dem Bundesratsplenum die Einführung einer kindlichen Indikation zunächst scheinbar kategorisch ab, um dann einzuräumen: Wenn Bayern dennoch nicht auf eine Streichung dieser Indikation aus dem Regierungsentwurf hinwirken wolle, so dürfe dies wiederum nicht als Placet interpretiert werden, sondern als Ausdruck der Hoffnung auf restriktive Voraussetzungen für diese Bestimmung. „Wir wollen den Weg für eine vielleicht mögliche befriedigende Lösung nicht von vornherein versperren“ (BR Sten. Ber. 378 Si. v. 24. März 1972 S. 495).

261 Vgl. S. 110ff.

a) Die Nidationsfrist im Alternativ-Entwurf (1970)

So sah der Mehrheitsvorschlag des 1970 veröffentlichten Besonderen Teils des Alternativ-Entwurfs eines Strafgesetzbuches[262] in § 105 („Unzulässige Schwangerschaftsunterbrechung") Abs. 1 vor, daß eine Abtreibung dann nicht strafbar sei, wenn die Schwangere sie „innerhalb von vier Wochen nach der Empfängnis selbst vornimmt oder durch einen anderen vornehmen läßt."[263] Ähnlich bestimmte der Minderheitsvorschlag, daß die in den ersten vier Wochen mit Einwilligung der Schwangeren vorgenommene Abtreibung straflos bleibe.[264] Schon die Verwendung des Wortes „Schwangere" in beiden Varianten des Entwurfs weist darauf hin, daß die oben erläuterten Versuche, anhand von anthropologisch-biologischen Argumenten das Vorliegen einer Schwangerschaft und damit die Tatbestandsmäßigkeit auszuschließen, im Alternativ-Entwurf gar nicht erst unternommen wurden. Die Vierwochenfrist, die, wie sich aus den entsprechenden Begründungen ergibt,[265] den Zweck verfolgte, Nidationshemmer gesetzlich zu ermöglichen, umfaßt auch nach dem Verständnis der Verfasser des Entwurfs keinen Zeitraum vor dem Beginn der Schwangerschaft im Sinne des Gesetzes. Die für die Nidationsfrist üblicherweise angeführten juristischen Begründungen können deswegen zur Rechtfertigung dieser Vierwochenfrist nicht herangezogen werden. Der innerhalb dieses Zeitraums vorgenommene Eingriff erfüllt folglich den Tatbestand einer Abtreibung. Darüber hinaus gab die Begründung des Mehrheitsvorschlags, dem sich der Minderheitsvorschlag in diesem Punkt ausdrücklich anschloß, explizit zu verstehen, daß er die Einnistung ebensowenig wie die Befruchtung als eine für den Lebensbeginn ausschlaggebende biologische Zäsur ansah. Der am Alternativ-Entwurf beteiligte Jurist Grünwald führte in diesem Sinne vor dem Arbeitskreis VII (Rechtswesen) der SPD-Fraktion im Deutschen Bundestag aus, es sei ein Scheinargument, wenn man sich auf den Standpunkt stelle, werdendes Leben sei bis zur Nidation nicht schützenswert, wie dies sowohl der Jahn-Entwurf als auch später der Gruppenantrag des Abg. Dr. Müller-Emmert (SPD) tat. Es komme hier wie in anderen Bereichen darauf an, ob man schützen wolle oder nicht.[266]

Stattdessen begründeten beide Vorschläge die Vierwochenfrist mit dem Argument, daß „die Entstehung des Lebens nach heutiger Auffassung nicht ein in einem

---

262 Vorgelegt von Jürgen Baumann, Anne-Eva Brauneck, Gerald Grünwald, Ernst-Walter Hanack, Armin Kaufmann, Arthur Kaufmann, Ulrich Klug, Ernst-Joachim Lampe, Theodor Lenckner, Werner Maihofer, Peter Noll, Claus Roxin, Rudolf Schmitt, Hans Schulz, Günter Stratenwerth und Walter Stree unter Mitarbeit von Winfried Hassemer, Stephan Quensel, Klaus Rolinski, Wolfgang Schöne und Bernd Schünemann.

263 AE MehrV S. 30.

264 AE MindV § 105 (1) S. 38.

265 AE MehrV S. 31; AE MindV S. 39.

266 AKR 58 Si. v. 14. September 1971 S. 19 (AsD PS 182); vgl. auch Baumann (Arndt/Erhard/Funcke S. 294): „Wir haben übereingestimmt in der Abstellung auf die Nidation, wir sind sogar noch weiter gegangen und haben aus prozessualen Gründen eine Vierwochenfrist für nützlicher gehalten."

bestimmten Moment – etwa der Befruchtung oder der Einnistung – eintretendes Ereignis, sondern ein sich in mehreren Stadien allmählich vollziehender Vorgang ist." Im Kontext der damaligen embryologischen Diskussion ist diese These nicht zu halten. Wie bereits angedeutet wurde und weiter unten noch genauer nachzuweisen ist,[267] war medizinisch wie embryologisch im ganzen unumstritten, daß menschliches, individuelles Leben mit der Fertilisation entsteht. Es bestanden lediglich gewisse Meinungsunterschiede in der Frage, ob diesem menschlichen Leben schon seit der Befruchtung personale Individualität eigne, oder ob diese erst im Zuge einer als Individuation bezeichneten Entwicklungsphase, in zeitlicher Nähe zur Implantation, entstehe. Sofern unter Fachwissenschaftlern über diese Frage ein nennenswerter Dissens bestand, beschränkte er sich im wesentlichen auf die ersten zwei Wochen der Embryonalentwicklung.

Der naturwissenschaftliche Dissens erstreckte sich aber nie auf die dritte und vierte Woche nach der Befruchtung, für die der Alternativ-Entwurf die Straffreiheit der Abtreibung vorsah.[268] Hätten die Verfasser des Alternativ-Entwurfs in ihrer Begründung mit dem Wort „Leben" einen besonderen, von der anthropologischen und naturwissenschaftlichen Debatte abweichenden Sinn verbinden wollen, hätten sie diesen spezifischen Lebensbegriff definieren müssen. Da sie dies unterließen und ihren Regelungsvorschlag auf kein plausibles anthropologisch-biologisches Fundament gründeten, ist anzunehmen, daß embryologisch fundierte anthropologische Erwägungen für die Vierwochenfrist des Alternativ-Entwurfs unerheblich waren. Es paßt zu dieser Annahme, daß auch eine Sechswochenfrist zur Diskussion gestanden hat, daß man aber der Ansicht gewesen ist, der Zeitraum einer straflosen Abtreibung sei mit vier Wochen schon „großzügig gewählt".[269]

b) Die Nidationsfrist im Referenten- und Regierungsentwurf (1971/72)

In ähnlicher Weise bestimmte der Entwurf der Bundesregierung aus dem Jahr 1972 in § 218 Abs. 5, daß die Schwangerschaft im „Sinne des Gesetzes" beginne, „sobald die Einnistung des befruchteten Eies in der Gebärmutter abgeschlossen ist."[270] Der Entwurf knüpfte damit an die oben erläuterten Neuinterpretationen des § 218 StGB an,[271] auf die er sich in der Begründung ausdrücklich berief und die er als „der

267 Vgl. S. 307ff.
268 Der Deutlichkeit halber sei noch einmal darauf hingewiesen, daß diese Aussagen sich auf die medizinischen und embryologischen Wissenschaften beziehen. Da es um die Frage geht, ob der Alternativ-Entwurf an biologische Daten anknüpft oder nicht, und da er in beiden Varianten scheinbar biologisch argumentiert, ist der zeitgenössische Kenntnisstand jener Wissenschaften der geeignete Maßstab, an dem die Darlegungen der Entwürfe zu messen sind.
269 AE MindV S. 39.
270 BT-Drs. Nr. 6/3434 v. 15. Mai 1972 S. 2.
271 Vgl. S. 110ff.

überwiegenden Auslegung entsprechend" präsentierte.[272] Da diesen Interpretationen keine embryologischen, sondern begriffsjuristische Argumentationen zugrunde lagen, argumentierte auch der Regierungsentwurf in diesem Punkt nicht anthropologisch oder embryologisch, sondern juristisch.

Gegenüber ihrem Vorläufer, dem Referentenentwurf aus dem Jahr 1971, wies die Regierungsvorlage von 1972 insofern eine leichte Änderung auf, als jener noch ohne den Zusatz „im Sinne dieses Gesetzes" bestimmt hatte, daß die Schwangerschaft mit dem Abschluß der Nidation beginne.[273] In der Erläuterung wird dies als Beitrag zur Familienplanung gewürdigt; eine anthropologische Begründung fehlt.[274] Wie die Einzelbestimmungen erkennen lassen, waren die Verfasser sich im klaren darüber, daß das menschliche Leben mit der Befruchtung beginnt und daß sie eine Unterscheidung zwischen Lebensbeginn und Schwangerschaftsbeginn in das positive Recht einführten. Indem sie sich hierbei auf die Auslegung des Begriffs „Schwangerschaft" beriefen, knüpften sie unter völliger Vernachlässigung anthropologischer Gesichtspunkte an die oben dargelegten rechtspositivistischen Tendenzen an. Aus den Formulierungen ihrer Erläuterung geht hervor, daß sie das Rechtsgut „werdendes Leben" schon vor der Nidation als existent betrachteten, es aber „vor allem aus pragmatischen Gründen", das heißt mit Blick auf die Nidationshemmer, erst mit Abschluß der Einnistung beginnen lassen wollten.[275] Daß die Neudefinition des Schutzbeginns des ungeborenen Kindes nicht aus einer Neubewertung embryologisch begründeter anthropologischer Daten folgt, sondern dem Ziel der rechtlichen Zulassung von Nidationshemmern verpflichtet war, belegen auch die Beschlußthesen des Referentenentwurfs,[276] in denen es über den anzustrebenden Regelungserfolg nur heißt: „Nidationshemmer sind zuzulassen."

Der Regierungsentwurf berief sich demgegenüber auch – wenngleich erst an zweiter Stelle – auf den Hinweis, die erwähnte juristische Meinung stehe „im Einklang mit der herrschenden ärztlichen Auffassung, die zwischen dem Beginn des Lebens und

272 BT-Drs. Nr. 6/3434 v. 15. Mai 1972 S. 15; zu den Ergebnissen von Gesprächen zwischen Sozialdemokraten und Sachverständigen heißt es in einer Aufzeichnung, alle seien sich darüber einig gewesen, daß die Schwangerschaft „nach geltendem Recht" erst mit der Nidation beginne; biologische oder anthropologische Argumente wurden nicht genannt; allgemein sahen die Sachverständigen ein Problem darin, daß bei dieser Auslegung des geltenden Rechts In-vitro-Fertilisationen ebenfalls nicht durch den § 218 StGB erfaßt würden (Ergebnisse der Gespräche mit Sachverständigen im BMJFG vom 16. September 1970 v. 26. Januar 1971 und 9. März 1971 im Bundesministerium für Jugend, Familie und Gesundheit über Fragen des Beginns der Schwangerschaft und der Schwangerschaftsunterbrechung (AsD PV NB Prot. 34)).

273 RE § 218 (5) S. 3 (AsD PS 181).

274 Erläuterungen zu dem Referentenentwurf eines Fünften Gesetzes zur Reform des Strafrechts, o. Dat., vermutlich Oktober 1971 (AsD PS 181) S. 2.

275 Ebd. S. 17f.

276 Bundesministerium der Justiz: Beschlußthesen zum Entwurf eines Fünften Gesetzes zur Reform des Strafrechts (5. StrRG) v. 26. Oktober 1971 (AsD PS 181) S. 1; Bundesministerium der Justiz: Thesen zur Reform der Strafvorschriften über den Schwangerschaftsabbruch und die Sterilisation (AsD PS 181) S. 1.

dem Beginn der Schwangerschaft im engeren Sinne unterscheidet."[277] Zur Begründung verwies er auf die Formulierung einer Kommission der Deutschen Gesellschaft für Gynäkologie sowie auf eine Umfrage unter 1712 Mitgliedern dieser Gesellschaft und des Berufsverbandes der Frauenärzte e. V. aus dem Jahr 1971, bei der 89,09% der befragten Ärzte dieser Auffassung zugestimmt hätten.

Die Gesetzesbegründung argumentiert insofern – scheinbar – medizinisch-biologisch. Aber es wurde bereits erwähnt,[278] daß Präsident und Vizepräsident der Deutschen Gesellschaft für Gynäkologie der vom Regierungsentwurf favorisierten „herrschenden ärztlichen Auffassung" entschieden widersprochen haben und daß Kirchhoff sich ihr nur aus betont pragmatischen Erwägungen anschloß. Darüber hinaus stellte Prof. Richard Kepp als Präsident anläßlich der Eröffnung der 39. Tagung der Deutschen Gesellschaft für Gynäkologie hinsichtlich der Formulierung, auf die sich der Entwurf berief, ausdrücklich fest: Diese Resolution habe mit dem § 218 StGB und der damit zusammenhängenden Frage des Schwangerschaftsbeginns nichts zu tun gehabt, sondern sie sei zu dem Zweck beschlossen worden, „die Kolleginnen und Kollegen, die nidationshemmende Mittel anwenden, vor einer strafrechtlichen Verfolgung zu schützen."[279] Diese Resolution ist mithin kein Beweis für die damalige ärztliche Meinung über den Beginn der Schwangerschaft, sondern für die Bereitschaft, ein in verschiedener Hinsicht problematisches Mittel der Geburtenkontrolle anzuwenden, um dadurch Abtreibungen in einem fortgeschrittenen Schwangerschaftsalter, die stets mit einem besonderen Gesundheitsrisiko belastet sind, zu vermeiden.

Ähnliches muß für die in der Entwurfsbegründung erwähnte Umfrage unter den 1712 Frauenärzten geltend gemacht werden. Richtig ist, daß 89,08% der befragten Ärzte der Aussage zugestimmt hatten, das Leben beginne aus biologischer Sicht mit der Verschmelzung der Keimzellen und die Schwangerschaft mit der Vereinigung von Ei und mütterlichem Organismus. Die Verfasser des Entwurfs erwähnten allerdings nicht die Motive für diese Meinungsäußerung, die Prof. Kirchhoff im Zusammenhang mit den von ihm vorgestellten Umfrageergebnissen ausführlich erörterte.[280] Kirchhoff betonte, daß diese Thematik „bewußt als isolierter Punkt herausgestellt werden" müsse, weil in der Bundesrepublik noch keine klare juristische Entscheidung über die Anwendung von Nidationshemmern vorliege. „Der deutsche Arzt erhofft, ja er verlangt dringlich eine positive Klärung." Indem fast 90% der befragten Ärzte die Unterscheidung zwischen Lebensbeginn und Schwangerschaftsbeginn befürworteten, forderten sie, die Verhinderung der Implantation noch nicht als Abtreibung zu „deklarieren", also diese „Maßnahmen zur Geburtenregelung aus der zukünftigen Gesetzgebung zum Schwangerschaftsabbruch auszuklammern." Folglich besagt dieses Umfrageergebnis wenig über die naturwissenschaftliche Beurteilung der Frage des

277 BT-Drs. Nr. 6/3434 v. 15. Mai 1972 S. 15.
278 Vgl. S. 115f.
279 Kepp: Humanität o. S.
280 Dies und das folgende nach: Kirchhoff: Stellungnahme S. 1481ff.

Schwangerschaftsbeginns durch die Ärzteschaft im Jahr 1971, sondern es beweist das verbreitete und dringende ärztliche Interesse, nidationshemmende Mittel rechtlich zu ermöglichen. Da die Umfrage auf die Initiative des Justizministeriums, das die beiden Gesellschaften um eine Stellungnahme gebeten hatte, zurückging,[281] wird man annehmen dürfen, daß dem federführenden Ressort die Ergebnisse en detail bekannt waren.

Der Regierungsentwurf von 1972 stellte im übrigen selbst klar, daß er den strafrechtlichen Schutz des ungeborenen Lebens „vor allem aus pragmatischen Gründen" erst mit dem Abschluß der Nidation beginnen lasse und ging kurz auf die forensischen Schwierigkeiten anderer Regelungen ein. Der mit Abstand ausführlichste Teil der Begründung dieser Frist berief sich darauf, daß der deutsche Strafgesetzgeber nicht unbeachtet lassen könne, daß die Nidationshemmer in weiten Teilen der Welt in großem Umfang als Mittel der Geburtenregelung Verwendung fänden. „Die Bundesrepublik Deutschland würde gegen das Gebot internationaler Solidarität verstoßen, wenn sie die für jene Länder dringend notwendigen Mittel der Geburtenregelung kriminalisieren und damit eine deutsche Beteiligung an entsprechenden Programmen der Entwicklungshilfe sowie an der wissenschaftlichen Forschung unterbinden würde."[282] Vor dem Parteivorstand der SPD begründeten die Minister Käthe Strobel und Gerhard Jahn die von ihnen vorgesehene Nidationsfrist ausschließlich damit, daß durch sie die Anwendung der Pille-danach, deren Entwicklung fast abgeschlossen sei, rechtlich ermöglicht werde.[283] Für die Nidationsfrist des Regierungsentwurfs kann mithin im Ergebnis dasselbe festgestellt werden, was für den Alternativ-Entwurf nachgewiesen wurde: Eine entsprechende Regelung wurde angestrebt, um die Anwendung der (bis dahin rechtlich problematischen) Nidationshemmer zu ermöglichen. Beide Entwürfe führten – unter anderem – hierfür embryologische Gesichtspunkte an. Tatsächlich aber machten, bei genauerem Hinsehen, weder der Alternativ- noch der Regierungsentwurf für diese Regelung zwingende anthropologisch-embryologische Argumente geltend. Beide Vorlagen setzten sich über diese Tatsache hinweg, um bestimmte Mittel der Geburtenregelung rechtlich zu ermöglichen.

---

281 Ebd. S. 1481.

282 BT-Drs. Nr. 6/3434 v. 15. Mai 1972 S. 15f.

283 Material zur Reform des § 218, zusammengestellt von Käthe Strobel und Gerhard Jahn, an alle Mitglieder des Parteivorstands als Diskussionsgrundlage v. 10. September 1971 S. 12 (AsD PV NB Prot. 34); mit demselben Argument begründete Jahn die vorgesehene Regelung in seinem Einleitungsreferat im Juli 1971 vor dem Präsidium (Präs. Si. v. 1. Juli 1971 S. 6f. (AsD PV NB Prot. 21)); ebenso argumentierte der stellvertretende SPD-Bundestagsfraktionsvorsitzende Martin Hirsch, der im übrigen den Jahn-Entwurf befürwortete, in einem Interview: Er erkenne die Nidationsgrenze grundsätzlich an, denn jedes Datum, für das man nach der Zeugung Straffreiheit gewähren wolle, sei „manipuliert"; im Grunde habe der Nidationstermin nur die Bedeutung klarzustellen, daß die „Pille-danach" kein Abtreibungsmittel sei („„An der Heiligkeit des Lebens muß festgehalten werden'". In: We v. 28. Juni 1971).

c) Die Nidationsfrist im Gruppenantrag Dr. Müller-Emmert (1973)

Das gleiche gilt für den Antrag des Abg. Dr. Müller-Emmert (SPD) und Genossen, der in diesem Punkt Text und Begründung des Regierungsentwurfs übernahm.[284] Hierfür spricht auch die Argumentation, mit welcher der Abg. Dr. Bardens (SPD), einer der Unterzeichner, die vorgesehene Nidationsfrist im Arbeitskreis „Rechtswesen" seiner Fraktion verteidigte. Dr. Bardens (SPD) machte kein embryologisches oder anthropologisches Argument geltend, sondern führte an, daß die ‚Pille-danach' vom ärztlichen Standpunkt begrüßenswerter sei als alle anderen denkbaren späteren Maßnahmen, so daß die Festlegung auf den 13. Tag Unterstützung verdiene.[285]

Im Ersten Bericht des Sonderausschusses für die Strafrechtsreform wurden zu dem von dem Entwurf weitergehende embryologische und anthropologische Daten angeführt. Etwa ab dem 14. Tag nach der Befruchtung sei es gerechtfertigt, das ungeborene Leben dem geborenen grundsätzlich gleich zu achten. Zu diesem Zeitpunkt werde einerseits die Aufnahme des befruchteten Eies in die mütterliche Schleimhaut abgeschlossen, wodurch seine weitere Existenz- und Entwicklungsfähigkeit um ein Vielfaches erhöht werde. Andererseits liege hier der Beginn der Individuation, die gekennzeichnet sei durch die axiale Differenzierung der Keimscheibe, durch die Zuordnung der Zellen zu präsumptiven Organbereichen und durch das Ende der Möglichkeit der Zwillingsbildung. „Daß in der gesamten späteren Entwicklung keine diesem Vorgang entsprechende Zäsur mehr festzustellen sei, ist die ganz überwiegende Auffassung in der medizinischen, anthropologischen und theologischen Wissenschaft."[286] Indessen stimmt die These, daß nach der überwiegenden Auffassung der Wissenschaften die Nidation eine „Zäsur" sei, mit der zeitgenössischen Diskussion nicht überein. Dasselbe gilt für die Berichte zu den übrigen Entwürfen, deren „Vorbemerkungen" sich teilweise wörtlich entsprechen.[287] Medizin und Humanbiologie betrachteten die Implantation der befruchteten Eizelle zwar als eine eminent wichtige Phase innerhalb der Embryonalentwicklung und beurteilten ihre Bedeutung auch graduell unterschiedlich; aber insgesamt bestand Übereinstimmung darin, daß die Nidation keine „Zäsur" ist.[288] Wo in der Theologie über die Implantation gesprochen wurde, ist – wie unten eingehend dargelegt wird[289] – eine sehr differenzierte Bewertung der Aussagen am Platz. Gerade diejenigen Theologen, welche die Wichtigkeit der – mit der Nidation sachlich und zeitlich ja nicht identischen – Individuation für die Humanontogenese behandelt hatten, betonten den zäsurlosen Charakter des „Werdens". Theologische Thesen, die

---

284 BT-Drs. Nr. 7/443 v. 4. März 1973 § 218 (5) S. 3 u. S. 8.

285 AKR 58 Si. v. 15. September 1971 S. 22 (AsD PS 182).

286 BT-Drs. Nr. 7/1982 v. 10. April 1974 S. 5.

287 Vgl. BT-Drs. Nr. 7/1981 (neu) v. 24. April 1974 S. 5; BT-Drs. Nr. 7/1983 v. 10. April 1974 S. 5; BT-Drs. Nr. 7/1984 (neu) v. 24. April 1974 S. 4f.

288 Prof. Hiersche SA Ber. 6 WP 74 Si. v. 10. April 1972 S. 2179; Prof. Prill Ebd. S. 2171; Lochmüller S. 1559; Büchner, F.: Frühentwicklung S. 116.

289 Vgl. S. 311ff.

Nidation sei eine „Zäsur", geben nicht die „ganz überwiegende" Auffassung wieder; vielmehr lassen sich keine Belege für diese Behauptung finden.

d) Die Nidationsfrist in den Fristenregelungsentwürfen (1972/73)

Während die bisher behandelten Entwürfe zumindest Ansätze einer embryologischen Begründung für die rechtliche Definierung einer Nidationsfrist aufwiesen, haben die beiden im Bundestag eingebrachten Fristenregelungsentwürfe sich dessen vollkommen enthalten. Sowohl der 1972 von Abgeordneten der SPD- und der FDP-Fraktion eingebrachte Entwurf wie der Gesetzentwurf der Koalitionsfraktionen aus dem Jahr 1973 berücksichtigten im ersten Absatz des § 218 StGB gleichlautend eine zweiwöchige Nidationsfrist.

Zu der Frage, wann eine Schwangerschaft im Sinne des Gesetzes beginne, äußerten sie sich nicht, sondern bestimmten, daß, „Wer in der Zeit zwischen dem 14. Tag und dem Ende des dritten Monats nach der Empfängnis die Schwangerschaft abbricht", bestraft werde, es sei denn, die Abtreibung werde mit Einwilligung der Schwangeren nach ärztlicher Beratung durch einen Arzt vorgenommen.[290] In den beiden Begründungen zu den Entwürfen heißt es dazu lediglich: „Dadurch wäre die Anwendung von Nidationshemmern, z. B. der ‚Pille danach' und der ‚Spirale' keine strafbare Handlung."[291] Der Erste Bericht des Sonderausschusses für die Strafrechtsreform formulierte demgegenüber noch eindeutiger: Jeder Eingriff in den ersten dreizehn Tagen post conceptionem sei straffrei, „um die Pille danach zu ermöglichen."[292] Der Abg. von Schoeler (FDP) bestätigte dies in den Ausschußberatungen und gab als seine Überzeugung zu erkennen, daß diese Bestimmung eben nicht auf den individuellen Eintritt der Nidation, die ja schon zwischen dem ersten und fünften Tag nach der Empfängnis eintreten könne, abstelle.[293] Die der Zulassung von Nidationshemmern entgegenstehenden anthropologischen und biologischen Einwände wurden in

---

290 BT-Drs. Nr. 6/3137 v. 9. Februar 1972 § 218 (1) S. 1; BT-Drs. Nr. 7/375 v. 21. März 1973 § 218 (1) S. 3.

291 BT-Drs. Nr. 6/3137 v. 9. Februar 1972 S. 3; BT-Drs. Nr. 7/375 v. 21. März 1973 S. 6.

292 BT-Drs. Nr. 7/1981 (neu) v. 24. April 1974 S. 1; so argumentiert, allein mit dem Verweis auf die rechtliche Absicherung der Nidationshemmer, ohne biologische oder anthroplogische Begründungsansätze: Schreiben v. Dr. Hans de With v. 24. September 1971 an die Mitglieder der SPD-Fraktion im Deutschen Bundestag, darin: Anlage „Arbeitspapier zu Fragen der Reform der Abtreibung" S. 1 (AsD PS 179); ebenso: Entwurf für einen Gruppenantrag S. 4 u. 10 (AsD PS 179); vgl. auch: Berichterstatter Dr. de With (SPD) vor der Bundestagsfraktion der SPD (SPD Fr. Si. v. 20. März 1973 S. 17 (AsD FS Prot. VII 1056)).

293 von Schoeler (FDP) SA Ber. 7 WP 76 Si. v. 21. Januar 1976 S. 2433f.; in diesem Zusammenhang sei auch auf eine Äußerung des Bundesministers der Justiz zum Normenkontrollverfahren aus dem Jahr 1974 verwiesen (Schnellbrief, Az: 1004 E (2460) – 335/74 –, der Bundesminister der Justiz v. 22. August 1974 an Chef des Bundeskanzleramtes, Bundesminister des Innern, Bundesminister für Jugend, Familie und Gesundheit, Bundesminister für Arbeit und Sozialordnung (ACDP VIII-002-019/2) S. 27): Das Bundesjustizministerium

diesen Entwürfen ignoriert. Während Indikationenregelungen die Problematik noch grundsätzlich anerkannten und diesbezügliche Bedenken hinter das handlungsleitende Interesse zurücktreten ließen, die Nidationshemmer rechtlich zu ermöglichen, nahmen die Fristenregelungsentwürfe diese Einwände überhaupt nicht mehr zur Kenntnis. Die Legalisierung bestimmter Methoden der Geburtenregelung war handlungsbestimmendes Kriterium geworden, und man setzte sich über die nicht unwahrscheinliche Möglichkeit hinweg, daß durch die Verhinderung der Implantation ein menschliches Individuum vernichtet wird.

e) Die Nidationsfrist in den Unions-Entwürfen (1973/75)

Die bis 1974 im Deutschen Bundestag eingebrachten Entwürfe aus den Reihen der Unionsfraktion stimmten hinsichtlich der Bestimmungen über die Nidation wörtlich mit den einschlägigen Bestimmungen des Regierungsentwurfs und des Gruppenantrags Dr. Müller-Emmert überein,[294] begründeten dies aber anders und hoben auf dem kriminalpolitischen Argument ab, daß der Nachweis einer Schwangerschaft in den ersten Wochen ohnehin nicht zu führen sei.[295] Die Begründung des CDU-Entwurfs aus dem Jahr 1973, die der Gruppenantrag Dr. Heck übernommen hat, legte nichtsdestoweniger Wert auf die Feststellung, daß diese Regelung getroffen worden sei „unbeschadet der Tatsache, daß das neue Leben mit dem Zeitpunkt der Empfängnis beginnt und prinzipiell von diesem Zeitpunkt an schutzwürdig ist."[296] So klar war

---

vertrat die Auffassung, daß man die Frage, ob ungeborenes Leben auch vor der bei der Nidation angesetzten Individuation menschliches und damit besonders schutzwürdiges Leben sei, „auf sich beruhen" lassen könne, „weil nach der hier zu erörternden Fristenlösung unter den bekannten Voraussetzungen Schwangerschaftsabbrüche auch noch nach der Individuation zulässig sind und damit in einer Entwicklungsphase, in der unstrittig menschliches Leben entstanden ist." In dieselbe Richtung weisen die Äußerungen der Abg. Hugo Brandt und Marie Schlei im SPD-Arbeitskreis „Rechtswesen", wo sie, beide Befürworter der Fristenregelung, den Anhängern einer Indikationenregelung in den eigenen Reihen vorhielten, das gegen das Fristenmodell angeführte Argument, die Dreimonastfrist sei willkürlich gewählt, ziehe schon deswegen nicht, weil auch der Regierungsentwurf eine Nidationsfrist vorsehe, die nicht minder willkürlich definiert sei (AKR 58 Si. v. 14. September 1971 S. 17 u. 21 (AsD PS 182)).

294 BT-Drs. Nr. 7/554 v. 11. Mai 1973 § 218 (5) S. 3; BT-Drs. Nr. 7/561 v. 15. Mai 1973 § 218 (5) S. 3; BT-Drs. Nr. 7/2041 v. 26. April 1974 § 218 (5) S. 2.

295 BT-Drs. Nr. 7/1984 (neu) v. 24. April 1974 S. 5; BT-Drs. Nr. 7/554 v. 11. Mai 1973 S. 6; siehe auch: Minister Becker (CDU) BR Sten. Ber. 378 Si. v. 24. März 1972 S. 494; Köster (CDU) SA Ber. 7 WP 15 Si. v. 26. September 1973 S. 679; Dr. Heck (CDU) Sten. Ber. 7 WP 33 Si. v. 17. Mai 1973 S. 6352; Vogel (Ennepetal) (CDU) Sten. Ber. 7 WP 96 Si. v. 26. April 1974 S. 6477.

296 BT-Drs. Nr. 7/554 v. 11. Mai 1973 S. 6; vgl.: daß der „Embryo vom ersten Augenblick seines Lebens an" „individuelles", „einmaliges, in seiner Einmaligkeit unwiederholbares menschliches Leben sei", erklärte noch 1976 Dr. Bruno Heck, in dessen Entwurf im übrigen

diese Position in der Union jedoch lange Zeit hindurch nicht, und sie ist auch nicht immer mit der gleichen Prinzipientreue in der Öffentlichkeit vertreten worden. Daß die Frage nach dem Beginn der Schwangerschaft ihre juristische Aktualität nicht embryologischen Erkenntnisfortschritten, sondern den Nidationshemmern und der damit verbundenen strafrechtlichen Problematik verdanke, war auch die Auffassung des Arbeitskreises für Allgemeine und Rechtsfragen der CDU/CSU-Bundestagsfraktion.[297] Der CDU-Bundestagsabgeordnete Schlee und der Arbeitskreisvorsitzende, Friedrich Vogel, erklärten 1969 beziehungsweise 1971, sie könnten sich vorstellen, daß der Schutz des werdenden Lebens erst mit der Nidation einsetze.[298] Auch im Arbeitskreis ging die Meinung dahin, daß der Schutz des ungeborenen Lebens mit der Schwangerschaft beginne und daß deren Beginn noch zu bestimmen sei.[299] Ähnliche Tendenzen – die zu Beginn der innerfraktionellen Meinungsbildung nicht unwidersprochen blieben[300] – dürften in der – vor dem Hintergrund der bekannten biologischen Tatsachen nicht nachvollziehbaren – Erklärung zu erblicken sein, daß im Raum der Union die Frage, ob schon vor der Nidation „menschliches Leben" bestehe, noch umstritten sei.[301] Spätestens seit Ende Februar 1972 bestand im Arbeitskreis I Einigkeit darüber, daß der strafrechtliche Schutz des ungeborenen Lebens im neuen Gesetz erst

---

eine Nidationsfrist vorgesehen war (Heck, Bruno: Auch Europa braucht das Recht auf Leben (Manuskript einer am 22. Februar 1976 gehaltenen Rede), (ACDP I-022-012/2); Heck, Bruno: Kommentar für den Südwestfunk v. 18. Oktober 1975 (Manuskript) S. 2 (ACDP I-022-015/2).

297 Arbeitskreis für Allgemeine und Rechtsfragen: Arbeitspapier zur Frage des § 218 (Abtreibung) v. 30. Juni 1971 (ACDP VIII-005-048/3) S. 5.

298 Heinzgünter Klein: „Brückenschlag zur Reform des § 218". In: WK v. 26. Juli 1971; Friedrich Karl Fromme: „Reformbedürftiger Paragraph 218". In: FAZ v. 21. März 1969.

299 Thesen des Arbeitskreises zur Diskussion über die Problematik der Abtreibung; vom Vorsitzenden des AK I v. 22. Juni 1971 (ACDP 0/068/33-7); CDU/CSU-Fraktion des Deutschen Bundestags, Arbeitskreis für Allgemeine und Rechtsfragen – Der Vorsitzende – Thesen des Arbeitskreises zur Diskussion über die Problematik der Abtreibung, in: Dokumentation S. 74; im Entwurf zu diesen Thesen hatte es zunächst – eindeutig auf die Nidation abstellend – geheißen: „Solange es keine Erkenntnisse darüber gibt, wann das Leben beginnt, muß der Schutzbeginn des werdenden Lebens spätestens im Augenblick der Vereinigung des befruchteten Eies mit dem mütterlichen Organismus (Schwangerschaft) einsetzen" (Entwurf zu den „5 Thesen" des Arbeitskreises für Allgemeine und Rechtsfragen der CDU/CSU-Bundestagsfraktion v. 22. Juni 1971 S. 1 (ACDP VIII-002-019/1)).

300 Die Bundestagsabgeordnete Maria Jacobi vertrat in der Fraktion dagegen die Auffassung, daß der Mensch mit der Befruchtung sein Leben beginne und eine Abtreibung, gleich ob vor oder nach der Nidation, ob nach zehn oder zwanzig Wochen vorgenommen, immer eine „Tötung" sei. „Das sollte man wissen und nicht davon sprechen, so als ob man über sehr vage Kenntnisse und Vermutungen sich unterhält, die verschiedene Folgerungen ermöglichen. (... .) Daher kann der Strafgrund der Abtreibung heute nicht mehr umstritten sein, er kann nur heißen: Schutz des menschlichen Lebens. Der Schutz gilt prinzipiell vom Beginn des Lebens an" (Maria Jacobi (Redemanuskript) v. 10. August 1971 S. 1 (ACDP VIII-001-316/1)).

301 Bundesgeschäftsstelle S. 8; Arbeitspapier zur Frage des § 218 (Abtreibung) des Arbeitskreises für Allgemeine und Rechtsfragen, vom Parlamentarischen Geschäftsführer, Josef Rösing, an die CDU/CSU-Bundestagsfraktion v. 30. Juni 1971 S. 5 (ACDP 0/068/33-7).

mit dem Abschluß der Nidation beginnen solle.[302] Im März desselben Jahres legte die Landesregierung von Rheinland-Pfalz im Bundesrat einen Entschließungsantrag vor, in dem es – ohne Angaben von Gründen – hieß, der Bundesrat bejahe „die gesetzliche Klarstellung, daß eine Schwangerschaft im Sinne des Strafgesetzbuches erst beginnt, sobald die Einnistung eines befruchteten Eies in die Gebärmutter abgeschlossen ist.[303]

Im Strafrechtssonderausschuß bemerkte Ministerialrat Horstkotte zu der in allen Vorlagen vorgesehenen Nidationsfrist, daß die praktische Unmöglichkeit, die Vernichtung des Embryos vor der Nidation strafrechtlich zu verfolgen, wohl kaum der Grund für die Ausnahme dieser Frist von der Strafdrohung sein könne. Es ließen sich sehr wohl höchst wichtige Beihilfehandlungen oder Anstiftungshandlungen in der Weise verfolgen, daß man die Produktion, den Vertrieb, die Verschreibung und die Anwendung von Nidationshemmern bestrafe. „Diese Möglichkeit besteht. Der Gesetzgeber will bewußt darauf verzichten, diese Möglichkeit zu nutzen, und zwar in der Erwägung, daß der Gebrauch von Nidationshemmern, verglichen mit dem Schwangerschaftsabbruch, allemal die erwünschtere Lösung ist.“[304] Die Mitglieder der Unionsfraktion, gegen deren Entwurfsbegründung sich diese Invektive unmittelbar richtete, nahmen diese Ausführungen widerspruchslos zur Kenntnis.

Der 1975 von der Unionsfraktion eingebrachte Gesetzentwurf sah in seinem § 218 i eine „Begriffsbestimmung“ vor, die identisch war mit dem § 218 c des Koalitionsentwurfs desselben Jahres: „Handlungen, deren Wirkung nicht später als am dreizehnten Tage nach der Empfängnis eintritt, gelten nicht als Schwangerschaftsabbruch im Sinne des Gesetzes.“[305] Keiner der beiden Entwürfe, auch nicht der CDU/CSU-Entwurf, gab in der Begründung eine Erklärung für diese neue Regelung. Eine solche Erläuterung wäre eigentlich am Platze gewesen, denn wie die Beratungen des Strafrechtssonderausschusses beweisen, bedeutete die neue Regelung nicht nur rein sprachlich, sondern auch materiell eine Neugestaltung. Ministerialrat Laufhütte (BMJ) hatte diese Änderung in den Ausschußsitzungen damit begründet, daß die ursprüngliche Fassung so ausgelegt werden könne, als ob die Schwangerschaft schon von der Vereinigung der Keimzellen an bestehe und lediglich die Strafbarkeit davon abhängig sei, daß die Abtreibung später als am dreizehnten Tag nach der Empfängnis durchgeführt werde.[306] Die neue Regelung sah nicht nur aus forensischen Gründen für eine bestimmte Frist von der Strafbarkeit eines Eingriffs ab, sondern nahm diesen innerhalb einer bestimmten Zeitspanne von der Tatbestandmäßigkeit aus.

---

302 AK KProt. Si. v. 29. Februar 1972 S. 2f. (ACDP VII-004-A 2392).

303 BR-Drs. Nr. 58/2/72 v. 22. März 1972 S. 1.

304 MR Horstkotte (BMJ) SA Ber. 7 WP 25 Si. v. 13. Februar 1974 S. 1474f.; aufgrund der zuerst von Horstkotte genannten Erwägungen hatte sich die Unionsabgeordnete Maria Jacobi gegen den Vertrieb von Nidationshemmern im Handel ausgesprochen (Maria Jacobi (Redemanuskript) v. 10. August 1971 S. 1 (ACDP VIII-001-316/1)).

305 BT-Drs. Nr. 7/4211 v. 23. Oktober 1975 S. 5; BT-Drs. Nr. 7/4128 v. 8. Oktober 1975 S. 4.

306 MR Laufhütte (BMJ) SA Ber. 73 Si. v. 3. Dezember 1975 S. 2364.

Diese Argumentation war mit der im ersten Entwurf der CDU/CSU-Fraktion gegebenen Begründung nicht nur unvereinbar, sondern verkehrte sie in ihr Gegenteil. Es ist sehr unwahrscheinlich, daß sich die Vertreter der CDU/CSU-Fraktion im Strafrechtssonderausschuß dieses Problems nicht bewußt gewesen sein sollten. Das Schweigen des neuen Unions-Entwurfs zu diesem Punkt muß man daher als ein Anzeichen für die Bereitschaft werten, sich über die mit der Nidationsfrist verbundenen Probleme entgegen der eigenen, oft bekundeten Überzeugung hinwegzusetzen.

Es ist also anzunehmen, daß auch in der Unionsfraktion ein erhebliches Interesse an der Einführung der Nidationsfrist bestand – sei es, um die Nidationshemmer zu legalisieren, sei es, um sich politische Kompromißmöglichkeiten offen zu halten. Auch in der Union scheint man in Verfolg dieser Zwecke grundsätzlich bereit gewesen zu sein, sich über die mit der Nidationsfrist verbundenen embryologischen und anthropologischen Probleme hinwegzusetzen. Der Unionsabgeordnete Dr. Eyrich führte 1973 im Bundestag aus, neben den genannten kriminalpolitischen Aspekten sei für die Berücksichtigung der Nidation im Entwurf der CDU/CSU-Fraktion mit bestimmend gewesen, „daß eine solche Regelung die Mehrheitsbildung in diesem Hause möglicherweise erleichtert."[307] Insofern war die forensische Begründung der Nidationsfrist eher ein Alibi, mit dem man (vor sich selbst und seiner politischen Klientel) verdeckte, daß vom Prinzip des unteilbaren Schutzes des ungeborenen Lebens von seiner Entstehung an – das heißt mit der Fertilisation – abgegangen wurde. Ein grundsätzlicher Unterschied zwischen dem Standpunkt der Koalitionsfraktion und der Haltung der Opposition zur Frage der Nidationsfrist ist spätestens seit 1974, als der Strafrechtssonderausschuß sich für die Übernahme einer einheitlichen Regelung dieses Sachverhalts in allen Entwürfen entschied,[308] nicht mehr erkennbar. Mit Blick auf die Auswirkungen der verschiedenen Regelungen hat es einen solchen Unterschied ohnehin nie gegeben. Von Befürwortern eines Fristenmodells wurde zur Rechtfertigung der Dreimonatsfrist der Einwand vorgebracht, auch die gesetzliche Festsetzung des Schwangerschaftsbeginns auf den Abschluß der Nidation sei eine normativ gesetzte Frist[309] und alle im Deutschen Bundestag eingebrachten Gesetzentwürfe, auch die

307 Dr. Eyrich (CDU) Sten. Ber. 7 WP 33 Si. v. 17. Mai 1973 S. 1770.

308 SA Ber. 7 WP 76 Si. v. 21. Januar 1976 S. 2433ff.

309 BT-Drs. Nr. 6/3137 v. 9. Februar 1972 S. 5; Lang (SPD) (SPD Press. P/XXIX/72 v. 16. April 1974); UA Ns. Si. v. 28./29. Februar 1972 S. 15; Dr. de With (SPD) SA Ber. 7 WP 15 Si. v. 26. September 1973 S. 674; Dr. de With (SPD) Sten. Ber. 7 WP 33 Si. v. 17. Mai 1973 S. 1763; Dr. Hirsch (FDP) Ebd. S. 1833; Ostman von der Leye (SPD) SA Ber. 7 WP 30 Si. v. 9. Februar 1972 S. 1639; Schnellbrief des Bundesministers der Justiz an den Chef des Bundeskanzleramtes, den Bundesminister des Innern, den Bundesminister für Jugend, Familie und Gesundheit, und an den Bundesminister für Sozialordnung v. 22. August 1974 Az: 1004 E (2460)-335/74-(ACDP VIII-002-019/2) S. 54; Stellungnahme des Deutschen Bundestages vom 30. September 1974 (Arndt/Erhard/Funcke S. 185 u. 215); Funcke (FDP) (Ebd. S. 281); Prof. Baumann (Ebd. S. 290); Prof. Ehmke (SPD) (Ebd. S. 316); ebenso: Abweichende Meinung (Ebd. S. 437).

Indikationenregelungen, seien deswegen „Fristenregelungen im kleinen".[310] Diesen Einwand wird man angesichts der Genese dieser Bestimmungen in den Indikationsentwürfen nicht ohne weiteres von der Hand weisen können.

III. Der Streit um rechtspolitische Grundsatzfragen

Wie sich gezeigt hat, wiesen die unterschiedlichen Konzeptionen über die Indikationen und über die Nidationsfrist grundsätzliche Gemeinsamkeiten auf. Man könnte diese Gemeinsamkeit als einen rechtspolitischen Konsens bezeichnen. Die eigentliche Auseinandersetzung um rechtspolitische Grundsatzfragen wurde folglich nicht über die Zulässigkeit bestimmter Indikationen oder über die Nidationshemmer geführt; die Grundsatzdebatte bewegte sich vielmehr um die Frage, ob eine straffreie Abtreibung innerhalb der ersten drei Schwangerschaftsmonate de lege ferenda geregelt werden solle. Die Geschichte der Änderung des § 218 StGB in den siebziger Jahren läßt sich aus dieser Perspektive als der öffentlich und parlamentarisch unternommene Versuch verstehen, über einen mehrheitsfähigen Konsens hinausreichende Lockerungsbestrebungen im Sinne einer Fristenregelung durchzusetzen. Dies erklärt, weshalb der Schwerpunkt der folgenden Abschnitten auf dem Fristenmodell liegt.

1. Die Auseinandersetzung über das Beratungsverfahren

a) Das Konzept der „abstiftenden Beratung"

Zu den zentralen rechtspolitischen Grundsatzfragen gehörte das Thema „Beratung". Den Darstellungen der Verfechter eines Fristenmodells zufolge gehörte die Beratung der Schwangeren zu den wesentlichen Bestandteilen dieser Gesetzentwürfe. Im Rahmen der Verbesserung des Lebensschutzes, welche die Fristenregelungen anzustreben behaupteten, sollte der Beratung entscheidende Bedeutung zukommen. Die Idee, für die Beratung von Schwangeren staatlicherseits Voraussetzungen zu schaffen, war nicht neu. Bereits in den vierziger Jahren wurde ihre Einrichtung gefordert.[311] In der Bundesrepublik Deutschland gelangte die These, daß Beratungsstellen Abtreibungen

310 Dr. de With (SPD) Sten. Ber. 7 WP 95 Si. 25. April 1974 S. 6383; PARTEIVORSTAND DER SPD: § 218 S. 47; daß der Heck-Entwurf eine Fristenregelung sei, behauptet in diesem Sinne auch: Schnellbrief, Az: 1004 E (2460) – 335/74 –, der Bundesminister der Justiz v. 22. August 1974 an Chef des Bundeskanzleramtes, Bundesminister des Innern, Bundesminister für Jugend, Familie und Gesundheit, Bundesminister für Arbeit und Sozialordnung (ACDP VIII-002-019/2) S. 54.

311 SOENDEROP S. 18f.; KRAUS-NOVER S. 22; Lockerung S. 30; REIFENBERG S. 7.

verhindern könnten, wenn grundsätzlich die Möglichkeit bestehe, eine Abtreibung vornehmen zu lassen, erst gegen Ende der sechziger Jahre zu Bedeutung.[312]

Das Argument, die Frau werde sich nur dann zu einer solchen Beratung begeben, wenn sie wisse, daß sie unabhängig von der Entscheidung Dritter straflos abtreiben dürfe, war das entscheidende Argument, mit dem der Mehrheitsvorschlag des Alternativ-Entwurfs die zeitlich begrenzte Freigabe der Abtreibung begründete.[313] Die Verfasser sowohl des Mehrheits- wie des Minderheitsvorschlags stimmten darin überein, daß es das Ziel einer solchen Beratung sein müsse, die Schwangere zum Austragen des Kindes zu bewegen.[314]

Diese Argumentation wurde von den Befürwortern derjenigen Entwürfe, die eine soziale Indikation umfaßten beziehungsweise eine Fristenregelung vorsahen, übernommen. Die Überzeugung, daß die Beratung den Zweck haben müsse, dem Entschluß der Frau zur Abtreibung entgegenzuwirken, der Schwangeren Mut zum Kind zu machen, sie zu einer Fortsetzung der Schwangerschaft zu bewegen, damit sie das Kind austrage und Abtreibungen nach Möglichkeit unterblieben, haben Parteigremien, führende und am Gesetzgebungsverfahren maßgeblich beteiligte Politiker und die Bundestagsfraktionen der Koalitionsparteien öffentlich stets wiederholt.[315] Diese Auf-

---

312 Mandt S. 3422.

313 EA MehrV S. 27; Grünwald S. 207.

314 Baumann: Schutz S. 24, 25, 32; Kaufmann: Bemerkungen S. 51; vgl. Strathmann S. 251; Dirks: Fristenlösung S. 264f.

315 Inf. v. 21. Januar 1974; de With (SPD) (Inf. Ausg. 385 v. 18. Juni 1971); de With (SPD) (Inf. Ausg. 150 v. 12. Februar 1974); Ihlefeld o. S.; Parteitagsentschließung (Parteivorstand der Spd: Außerordentlicher Parteitag S. 5; Parteivorstand der Spd: § 218 S. 43f; SPD Press. P/XXX/20 v. 29. Januar 1975; Dürr (SPD) Sten. Ber. 7 WP 33 Si. v. 17. Mai 1973 S. 1836f.; Parteivorstand der Spd: Außerordentlicher Parteitag der SPD S. 6; Funcke: Unmenschlichkeit S. 88; Bundesjustizminister Vogel (SPD) (SPD Press. P/XXIX/114 v. 20. Juni 1974); Schlei (SPD) Sten. Ber. 7 WP 88 Si. v. 21. März 1974 S. 5731; Hölscher (FDP) Ebd. S. 5740; Glombig (SPD) Ebd. S. 5755; Christ (FDP) Ebd. S. 5815f.; Dr. Müller-Emmert (SPD) Sten. Ber. 7 WP 33 Si. v. 17. Mai 1973 S. 1781; Funcke (FDP) Ebd. S. 1803; Dr. Focke (SPD) Ebd. S. 1828; Dr. de With (SPD) Sten. Ber. 7 WP 95 Si. v. 25. April 1975 S. 6385; Schuchardt (FDP) Ebd. S. 6436; von Schoeler (FDP) Ebd. S. 6344; Eilers (Bielefeld) (SPD) Sten. Ber. 7 WP 96 Si. v. 26. April 1975 S. 6471; Bundeskanzler Brandt Ebd. S. 6482; Eppler (SPD) Ebd. S. 6498; Scheu (SPD) Ebd. S. 6499; Dr. de With (SPD) SA Ber. 6 WP 76 Si. v. 12. April 1972 S. 2328; Dr. de With (SPD) SA Ber. 7 WP 15 Si. v. 26. September 1973 S. 675; von Schoeler (FDP) SA Ber. 7 WP 30 Si. v. 27. März 1974 S. 1635; Dr. de With (SPD) Ebd. S. 1635; Dr. de With (SPD) Ebd. S. 1640; Dr. de With (SPD) SA Ber. 7 WP 32 Si. v. 24. April 1974 S. 1683; BT-Drs. Nr. 7/2042 v. 26. April 1974 S. 2; Dr. Diemer-Nicolaus (FDP) SA Ber. 6 WP 76 Si. v. 12. April 1972 S. 2340; ebenso: Schnellbrief des Bundesministers der Justiz an den Chef des Bundeskanzleramtes, den Bundesminister des Innern, den Bundesminister für Jugend, Familie und Gesundheit, und an den Bundesminister für Sozialordnung v. 22. August 1974, Az: 1004 E (2460)–335/74– (ACDP VIII-002-019/2) S. 14 u. 41; ebenso in der mündlichen Verhandlung im Normenkontrollverfahren vor dem Bundesverfassungsgericht: Bundesjustizminister Vogel (SPD) (Arndt/Erhard/Funcke S. 300); Prof. Baumann (Ebd. S. 295); Prof. Schneider (Ebd. S. 290).

fassung wurde ebenso in den Begründungen zu den Gesetzentwürfen vertreten[316] und lag der von dem nordrhein-westfälischen Minister Weyer (FDP) im Bundesrat erhobenen Forderung zugrunde, die Strafdrohung des alten § 218 StGB müsse durch „das Mittel der abstiftenden Beratung" ersetzt werden.[317]

b) *Die Beratungsbestimmungen in den Fristenregelungsentwürfen von 1970 bis 1974*

Mit diesen Absichtsbekundungen kontrastiert jedoch die Gestaltung des Beratungsverfahrens in den Gesetzentwürfen, die aus dem Raum der Koalitionsparteien eingebracht wurden. So sah der Vorläufer des Fristenregelungsentwurfs von 1972, den der Bundesfachausschuß für Innen- und Rechtspolitik der FDP empfahl und den sich die Partei schließlich 1971 zu eigen machte,[318] seinem Wortlaut nach überhaupt keine Beratung vor. Der Fachausschuß hielt die Einrichtung von Beratungsstellen nach eigenem Bekunden zwar für „dringend notwendig", wollte jedoch „deren Besuch zwecks Beratung nur nachdrücklich empfehlen, aber nicht durch Strafandrohung erzwingen."[319]

Der tiefere Grund für diese Auffassung mag die im kleineren Kreise auch von Verfassern des Alternativ-Entwurfs geäußerte Erwartung sein, daß die Einrichtung von Beratungsstellen zur Lösung des Problems einen wesentlichen Beitrag nicht leisten können werde.[320] Auch der von Hamburg und Hessen im Februar und im März 1972 im Bundesrat gestellte Antrag, der eine Fristenregelung beinhaltete, sah keine Beratung der Schwangeren vor.[321] Dennoch fanden Hessen und Hamburg für diesen Gesetzentwurf auch die Unterstützung Bremens, Niedersachsens und Nordrhein-Westfalens.

Die Gegner einer obligatorischen Beratung begründeten ihre Auffassung mit der These, daß die Beratung ihren Zweck dann besser erfüllen könne, wenn kein Zwang

---

316 BT-Drs. Nr. 6/3137 v. 9. Februar 1972 S. 3f.; BT-Drs. Nr. 7/375 v. 21. März 1973 S. 6f.; BT-Drs. Nr. 7/1981 (neu) v. 24. April 1974 S. 1 u. 11; vgl. BT-Drs. Nr. 7/1753 v. 5. März 1974 S. 2.

317 BR Sten. Ber. 405 Si. v. 10. Mai 1974 S. 149.

318 Vgl. S. 130.

319 BFA EProt. Si. v. 4. Juni 1971 (ADL 4112) S. 4.

320 „Die Einrichtung von Beratungsstellen könne die Probleme zwar nicht lösen, aber Mißstände aufzeigen und die Frauen vor dem Drängen Dritter schützen." „Bei den Beratungsstellen stelle sich natürlich die Frage, ob die Frauen hingehen werden" (Grünwald AKR 58 Si. v. 14. September 1971 (AsD PS 182) S. 2.).

321 UA Ns. Si. v. 28. Februar 1972 S. 12f.; RA Ns. 380 Si. v. 8. März 1972 S. 55f.

zum Aufsuchen einer Beratungsstelle bestehe.[322] In einem weiteren Antrag versuchte der Vertreter Hessens, die in § 220 und § 220 a des Regierungsentwurfs vorgesehene Beratung des abtreibenden Arztes durch einen anderen Arzt aus der Gesetzesvorlage tilgen zu lassen.[323]

Beide Fristenregelungsentwürfe sahen in § 218 zunächst lediglich eine formal zwar obligatorische, aber nicht näher beschriebene ärztliche Beratung vor, von der „die Möglichkeit erhofft" werden könne, „daß die Schwangere mehr als bisher eine positive Entscheidung für das werdende Leben in ihr fällt."[324] Die Entwürfe machten weder Aussagen über den Inhalt noch über die Zielsetzung oder den äußeren Rahmen

---

322 Dr. Diemer-Nicolaus (FDP) SA Ber. 6 WP 74 Si. v. 10. April 1972 S. 2200; Dr. Groeger SA Ber. 6 WP 75 Si. v. 11. April 1972 S. 2276; Dr. Hobbing Ebd. S. 2281; UA Ns. Si. v. 28./29. Februar 1972 S. 38, 44 u. 45; Dr. Bardens (SPD) SA Ber. 7 WP 29 Si. v. 20. März 1974 S. 1619; diese Meinung wurde mit dem Hinweis gerechtfertigt, daß auf jeden Fall alles unterlassen werden müsse, was bei der Schwangeren den Anschein erwecken könnte, daß die Beratung eine behördliche oder amtliche Instanz sei, die sie aus der Befürchtung meiden werde, sich den Behörden zu erkennen zu geben und sich von der Möglichkeit einer Abtreibung selbst abzuschneiden. In diesem Zusammenhang ist die Regelung von Interesse, die der Heck-Entwurf vorsah. Gegen einige Widerstände im Strafrechtssonderausschuß setzte der Vertreter dieses Entwurfs, der Abg. Gottfried Köster (CDU), eine „Geheimhaltungspflicht" in seinem Entwurf durch, die bestimmt:
„Verletzung der Geheimhaltungspflicht
(1) Wer ein fremdes Geheimnis, das ihm in seiner Eigenschaft als Mitglied oder Beauftragter einer behördlich ermächtigten Beratungsstelle nach § 218 e Abs. 1 Nr. 1 des Strafgesetzbuches oder einer Gutachterstelle nach § 218 e Abs. 1 Nr. 2 des Strafgesetzbuches bekannt geworden ist, unbefugt offenbart, wird mit Freiheitsstrafe bis zu einem Jahr oder mit Geldstrafe bestraft.
(2) Den in Absatz 1 Genannten stehen ihre berufsmäßig tätigen Gehilfen und die Personen gleich, die bei ihnen zur Vorbereitung auf den Beruf tätig sind" (BT-Drs. Nr. 7/1984 (neu) v. 24. April 1974 S. 27).
Vgl. Köster (CDU) SA Ber. 7 WP 27 Si. v. 22. Februar 1974 S. 1554; BT-Drs. Nr. 7/1984 (neu) v. 24. April 1974 S. 17. Ungeachtet dieses Regelungsvorschlags erhob die Vizepräsidentin Funcke (FDP) gegen die Vertreter des Heck-Entwurfs im Bundestag den Vorwurf, „der Frau nicht die Möglichkeit der offenen Aussprache zu gewähren" (Sten. Ber. 95 Si. v. 25. April 1974 S. 6338). Den Einwänden der Gegner einer obligatorischen Beratung durch eine qualifizierte Beratungsstelle war durch diese Regelung der Boden entzogen. Gleichwohl wurde diese Regelung von den Befürwortern der Fristenregelung in der parlamentarischen Debatte fast vollständig ignoriert. Aus der Tatsache, daß die Befürworter einer auf die ersten drei Schwangerschaftsmonate begrenzten generellen Straffreistellung der Abtreibung an ihrer Haltung auch dann noch festhielten, als deren angegebene Begründung gegenstandslos geworden war, begründet Zweifel daran, ob die von ihnen vorgetragene Begründung als eine authentische Motivation ihres Regelungsvorschlags aufgefaßt werden kann. In diese Richtung deutet auch die den Abgeordneten bekannte Tatsache, daß bis 1974 kein einziger Fall bekannt geworden war, in dem die Aussagen einer abtreibungswilligen Schwangeren bei einer Beratungsstelle in einem Verfahren wegen Abtreibung gegen sie verwandt worden seien (BT-Drs. Nr. 7/1984 (neu) v. 24. April 1974 S. 7f.).

323 UA Ns. Si. v. 28./29. Februar 1972 S. 35ff.

324 Dies und das Folgende nach: BT-Drs. Nr. 6/3137 v. 9. Februar 1972 S. 1 u. 4f.

der Beratung und ließen es dahingestellt, ob Beratung und Abtreibung von ein und demselben Arzt oder von verschiedenen vorgenommen werden sollten.

Sie verzichteten ebenfalls darauf zu fordern, daß der beratende Arzt fachlich vorgebildet sein müsse. Die Begründung stellte an die ärztliche Beratung ausdrücklich keine besonderen Anforderungen, in dem sie betonte, es könne ohnehin „davon ausgegangen werden, daß bei der Vornahme des Eingriffes durch einen fachlich vorgebildeten Arzt stets eine Untersuchung der Schwangeren und eine Beratung vorangehen." Den Vorschlag einiger Fraktionsmitglieder, welche die Fristenregelung im übrigen unterstützten, für die Beratung einen organisatorischen Rahmen vorzuschreiben, lehnte Dr. de With (SPD) mit dem Hinweis ab, er glaube nicht, daß der Bund die Kompetenz dazu habe und er gehe davon aus, daß dies die Länder regelten.[325] Daß einige Befürworter des Fristenregelungsentwurfs mit einer solchen Beratung zum Teil sehr vage Vorstellungen verbanden, geht aus einer vom Abg. von Schoeler (FDP) in der 30. Sitzung des Strafrechtssonderausschusses getroffenen Feststellung hervor, wonach diese Beratung auch eine briefliche oder fernmündliche sein könne.[326]

Erst unmittelbar vor der Berichterstattung im Plenum und nur zwei Tage vor der Verabschiedung der Fristenregelung durch das Parlament am 26. April 1974 beantragte Dr. de With (SPD) im federführenden Ausschuß, in § 218 c Abs. 1 Nummer 1 des Fristenregelungsentwurfs einzufügen, daß die Beratung der Schwangeren durch einen Arzt oder eine in den Entwurf neu aufgenommene Beratungsstelle „insbesondere über solche Hilfen" erfolgen solle, „die die Fortsetzung der Schwangerschaft und die Lage von Mutter und Kind erleichtern."[327]

In der Presse als zentrales Thema der betreffenden Fraktionssitzung vom 22. April 1974 dargestellt, wurde dieser Beschluß als weiteres Bekenntnis der Koalitionsfraktionen zum Vorrang des Lebensschutzes präsentiert.[328] Das Protokoll der einschlägigen Sitzung belegt indessen, daß die in der Sitzung der SPD-Fraktion beschlossene Änderung des Antragstextes nur ganz am Rande behandelt wurde, daß ihre eigentliche Bedeutung taktischer und nicht inhaltlicher Natur war und daß der Koalitionspartner, die Liberalen, erst durch eilig angesetzte Sonderverhandlungen zur Zustimmung bewogen werden konnten.[329] Die Abg. Scheu (SPD) und Rapp (SPD) hatten vorgeschlagen, die Bedeutung des Lebensschutzes und der Beratung im Fristenregelungsentwurf stärker in den Vordergrund zu stellen. Diese Anregung wurde von Dr. de With (SPD) aufgegriffen, der hierzu einen Formulierungsvorschlag machte, der im Wortlaut der später beschlossenen Fassung entsprach.

325 SPD Fr. Si. v. 20. März 1973 (AsD FS Prot. VII 1056) S. 23.

326 SA Ber. 7 WP 30 Si. v. 27. März 1974 S. 1644.

327 de With (SPD) SA Ber. 7 WP 32 Si. v. 24. April 1974 S. 1638.

328 Hans LERCHBACHER: „Im Hintergrund: Der Vorschlag des Heinz Rapp". In: FR v. 24. April 1974. Friedrich Karl FROMME: „Beratung der Frauen jetzt auch im Fristenantrag". In: FAZ v. 29. März 1974.

329 Dies und das folgende nach: SPD Fr. Si. v. 22. April 1974 (AsD FS Prot. VII 1059) S. 5ff.

Die Fraktion hegte indessen starke Bedenken, ob die Liberalen bereit sein würden, eine solche Änderung mitzutragen. Schließlich wurde entschieden, trotz dieser Bedenken mit der Fraktion der FDP über diesen Punkt zu verhandeln. In der Nachmittagssitzung teilte Dr. de With (SPD) schließlich mit, daß die Fraktion der FDP mit dem „Kompromißvorschlag" einverstanden sei.

Wie oben gezeigt wurde, ist von zahlreichen Befürwortern der Fristenregelung – auch von Liberalen – stets die Auffassung bekundet worden, der Zweck der Beratung bestehe gerade darin, die Mutter zur Fortsetzung der Schwangerschaft zu bewegen und ihr die dazu bestehenden Hilfsmöglichkeiten aufzuzeigen. Insofern bezweckte die Initiative der Abg. Scheu (SPD) und Rapp (SPD), der bereits ein Jahr zuvor eine ähnliche, seinerzeit aber von Dr. de With (SPD) abgelehnte, Initiative vorangegangen war,[330] nichts anderes als die ziemlich unverbindliche Erwähnung der angeblich zentralen Zielsetzung des Gesetzes im Gesetzestext selbst.

Die Tatsache, daß die Bundestagsfraktion der SPD es als ein besonderes Problem ansah, hierzu die Zustimmung des Koalitionspartners zu erlangen und daß ihr die Änderung selbst als ein „Kompromiß" dargestellt wurde, begründet den Schluß, daß diese Änderung, im Gegensatz zu den öffentlich vorgetragenen Absichtsbekundungen, der tatsächlichen rechtspolitischen Motivation einer zumindest bedeutenden Zahl von Verfechtern der Fristenregelung entgegengestanden haben dürfte.

Wichtiger als inhaltliche Belange sind für das Zustandekommen dieser Änderung, in der selbst SPD-Fraktionsmitglieder keine sachliche Verbesserung erkennen konnten,[331] sehr wahrscheinlich taktische Erwägungen gewesen. Denn wie aus den Beratungen der Fraktion hervorgeht, hegten die Befürworter des Fristenmodells bis zum Schluß Bedenken, ob sie die erforderliche Mehrheit für ihren Antrag im Parlament erhalten können würden, oder ob dies letztlich am Abstimmungsverhalten der Verfechter einer Indikationenregelung in den eigenen Reihen scheitern würde. Die Gründe für die allgemeine Zustimmung in der SPD-Fraktion der Erklärung sind wahrscheinlich dieselben, mit denen Herbert Wehner (SPD) seine Zustimmung zu dem von den Koalitionsfraktionen zeitgleich mit der Änderung des Gesetzestextes eingebrachten Entschließungsantrag begründete. Der Text dieses Antrages war hinsichtlich der Aussagen über die Zielsetzung der Beratung teilidentisch mit der von Rapp (SPD) angeregten Einfügung. Wehner (SPD) begründete jene nicht mit inhaltlichen Erwägungen, sondern er beurteilte sie vor der Fraktion deshalb positiv, weil er der Ansicht war, „daß dies von integrierender Wirkung sein könne."[332] In dieser Situation und angesichts der aufgezeigten inhaltlichen Widersprüche erscheint es sehr wahrscheinlich, daß, wie ein Mitglied der Fraktion der SPD im Deutschen Bundestag es formuliert hat, die in Rede stehende Initiative vor allem den Zweck verfolgte, die Gegner eines Fristenmodells unter den Bundestagsabgeordneten der

330 SPD Fr. Si. v. 20. März 1974 (AsD FS Prot. VII 1056) S. 23.
331 Dr. Müller-Emmert (SPD) SPD Fr. Si. v. 22. April 1974 (AsD FS Prot. VII 1059) S. 14.
332 SPD Fr. Si. v. 25. April 1974 (AsD FS Prot. VII 1059) S. 1.

SPD „unter Wahrung ihres Gesichts" schließlich doch zur Zustimmung zu diesem Gesetzantrag zu bewegen.[333]

Der Regierungsentwurf und der Gruppenantrag Dr. Müller-Emmert enthielten zunächst überhaupt keine Bestimmungen über die Beratung der Schwangeren, auch nicht im Falle des § 219 d („Abbruch der Schwangerschaft wegen allgemeiner Notlage"). Zwar weisen beide Vorlagen in § 220 einen Paragraphen über die „Beratung vor dem Schwangerschaftsabbruch" auf. Diese Beratung meint allerdings nur die Beratung des die Abtreibung durchführenden Arztes durch einen anderen Arzt über das Vorliegen einer Indikation. Erst der aus den Ausschußberatungen hervorgegangene Entwurf der Abgeordnetengruppe aus der SPD-Fraktion enthielt in einem § 219 f Bestimmungen über „Beratung vor dem Schwangerschaftsabbruch", die vorsahen, daß „sich die Schwangere mindestens drei Tage vor dem Eingriff wegen der Frage des Abbruchs ihrer Schwangerschaft an einen Arzt oder eine hierzu ermächtigte Beratungsstelle gewandt hat und dort über die zur Verfügung stehenden öffentlichen und privaten Hilfen für Schwangere, Mütter und Kinder" beraten worden ist.[334] Letzten Endes blieb es aber sowohl im Gruppenantrag Dr. Müller-Emmert wie im Fristenregelungsentwurf dabei, daß die Schwangere sich entweder an „einen Arzt oder eine hierzu ermächtigte Beratungsstelle" zu wenden hatte. Keine der beiden Vorlagen sah folglich eine obligatorische Beratung der Schwangeren durch eine kompetente Beratungsstelle vor. Die Verfasser des Alternativ-Entwurfs haben dagegen mahnend eingewandt, der „sozialpolitische Grundgedanke" des Alternativ-Entwurfs „wird verfehlt, wenn die Fristenlösung ohne die obligatorische Einschaltung der Beratungsstelle verwirklicht wird."[335]

Alle bis 1974 aus dem Raum der Koalitionsfraktionen im Bundestag eingebrachten Entwürfe, besonders die Fristenregelung, weisen mit Blick auf den Zweck der Beratung Widersprüche auf: einerseits wurde sie von den Befürwortern des Indikationenmodells als das „wirksamste" Mittel zur Erreichung der Zielsetzung des Gesetzes, von den Anhängern des Fristenmodells im Deutschen Bundestag als „der

333 Hans LERCHBACHER: „Im Hintergrund: Der Vorschlag des Heinz Rapp". In: FR v. 24. April 1974; TALLEN beurteilt die Einfügung der in Rede stehenden Ergänzung in den Gesetzestext als „einen entscheidenden Zusatz" und „eine nicht unbedeutende Veränderung" und schließt aus den weiter unten erwähnten Erklärungen einiger Anhänger des Gruppenantrags Dr. Müller-Emmert, in denen diese SPD-Abgeordneten ihr Umschwenken auf die Fristenregelung vor der Öffentlichkeit rechtfertigten, daß jene Ergänzung eine inhaltlich bedeutsame und das Abstimmungsverhalten dieser Politiker – entsprechend den von ihnen gegebenen Legitimationen – unmittelbar und ursächlich beeinflussende gewesen sei (S. 244 u. 289f.) Dagegen nahmen das Bundesverfassungsgerichtsurteil v. 25. Februar 1975 und das Sondervotum ein sehr kritische Haltung gegenüber der Beratungsregelung des Fristenentwurfs ein (vgl. S. 178f.).

334 BT-Drs. Nr. 7/1982 v. 10. April 1974 S. 29.

335 Schreiben des Sprechers des Arbeitskreises „Alternativ-Entwurf eines Strafgesetzbuches", Prof. Dr. Armin Kaufmann, an die Abgeordneten des Deutschen Bundestages v. 18. November 1973 (ACDP 0/068/33-10).

wesentliche Grundgedanke der Fristenregelung", als für diesen Entwurf „außerordentlich wichtig" und als dessen eigentliches „Kernstück" bezeichnet.[336] Andererseits wurde sie in den entsprechenden Gesetzesvorlagen – wenn überhaupt – nur am Rande gestreift und war im Kontext von nebensächlicher Erheblichkeit. Zudem waren gegen die Beratungsverfahren, so wie sie die 1972 vorgelegten Gesetzentwürfe zunächst vorgesehen hatten, schon vor der Einbringung im Deutschen Bundestag grundsätzliche Bedenken von ärztlicher Seite geltend gemacht worden. Eine Reihe von namhaften Medizinern hatte bis 1973, nicht nur vor dem Sonderausschuß für die Strafrechtsreform, sondern auch im Arbeitskreis „Rechtswesen" der SPD-Fraktion, darauf hingewiesen, daß die Möglichkeiten einer Schwangerenberatung weitgehend überschätzt würden.[337] Im einzelnen wurde unter Verweis auf zum Teil statistisch begründete ärztliche Erfahrungen geltend gemacht, daß die Schwangere insbesondere dann nicht für die Beratung zugänglich sei, wenn sie wisse, daß sie sich unabhängig von der Beratung zur Abtreibung entschließen könne.[338] Die Wirksamkeit der dem Bekunden nach als „Kernstück" dieser Entwürfe konzipierten Beratung unterlag daher auch fachlich erheblichen Zweifeln.

c) *Organisatorische Probleme der Beratungsmodelle*

Neben die von Medizinern begründeten Zweifel an der Beratungsregelung trat der Hinweis auf die allgemein anerkannte Tatsache, daß es zum Zeitpunkt des Inkrafttretens des neuen Gesetzes und auch noch einige Zeit danach ein effizientes Beratungswesen im Geltungsbereich des Gesetzes nicht geben werde. Dies wurde nicht nur von Ärzten, von Vertretern verschiedener Ministerien und von Gegnern einer weitgehenden Lockerung des § 218 StGB zu bedenken gegeben, sondern auch von Befürwortern des Gruppenantrags Dr. Müller-Emmert und sogar von Anhängern der Fristenregelung selbst eingeräumt.[339] Indessen wiesen gerade führende Vertreter des

---

336 Schuchardt (FDP) Sten. Ber. 7 WP 95 Si. v. 25. April 1974 S. 6436; Dr. de With (SPD) SA Ber. 7 WP 15 Si. v. 26. September 1973 S. 675; von Schoeler (FDP) Sten. Ber. 7 WP 30 Si. v. 27. März 1974 S. 1635.

337 Kepp: Humanität S. 18ff.; Ehrhardt S. 340; Prof. Dotzauer SA Ber. 6 WP 75 Si. v. 11. April 1972 S. 2232; Dr. Dr. Hagedorn Ebd. S. 2270; Prof. Schulte SA Ber. 6 WP 74 Si. 10. April 1972 S. 2202; Prof. Kepp Ebd. S. 2155 u. 2157; Dietel: Schwangerschaftsunterbrechung S. 171; vgl. Ott S. 182; Bemmann S. 103; Prof. Köster AKR 58 Si. v. 14. September 1971 (AsD PS 182) S. 27.

338 Ulrich SA Ber. 6 WP 75 Si. v. 11. April 1972 S. 2291; Prof. Prill SA Ber. 6 WP 74 Si. v. 10. April 1972 S. 2174; vgl. Roxin S. 185f.

339 Dr. Diemer-Nicolaus (FDP) SA Ber. 6 WP 74 Si. v. 10. April 1972 S. 2200; Verhülsdonk (CDU) Sten. Ber. 7 WP 95 Si. v. 25. April 1974 S. 6431; Spranger (CSU) SA Ber. 7 WP 30 Si. v. 27. März 1974 S. 1652; MDirig. Dr. Sturm (BMJ) Ebd. S. 1651; Dr. Müller-Emmert (SPD) Ebd. S. 1651f.; MR Horstkotte (BMJ) Ebd. S. 1650; Conradi (SPD) SA Ber. 7 WP 24 Si. 23. Januar 1974 S. 1436f.; Dr. Müller-Emmert (SPD) Ebd. S. 1436f.; MR Harsdorf (BMJFG) SA Ber. 7 WP 26 Si. v. 21. Februar 1974 S. 1527; Dr. Bardens (SPD) SA Ber. 7 WP 29 Si. v. 20. März 1974 S. 1619; Büchner, F.: Frühentwicklung S. 118.

Fristenregelungsentwurfs öffentlich wiederholt darauf hin, daß der § 218 StGB nicht „blank" geändert werden dürfe und daß zuvor ein „arbeitsfähiges Beratungsnetz" zu schaffen sei, weil „eine Reform des § 218 StGB ohne Errichtung von Beratungsmöglichkeiten den angestrebten Zweck nicht erreichen würde."[340] Ebenso stellte ein Bericht des Ausschusses für Jugend, Familie und Gesundheit fest, das Ziel, die Zahl der Abtreibungen zu senken, könne nur erreicht werden, „wenn die Möglichkeiten für eine qualifizierte und jederzeit ausreichend angebotene Beratung" geschaffen würden.[341] In diesem Ausschuß bestand ebenfalls Einigkeit darüber, daß die Ärzte für die Beratung im Schwangerschaftskonflikt nicht ausgebildet seien.[342] Jene Ansicht wurde im Strafrechtssonderausschuß ebenso von dem Abg. Brandt (Grolsheim) (SPD), einem Verfechter der Fristenregelung, geäußert und von dem Sachverständigen Dr. Rolinski angemahnt.[343]

Nicht wenige Abgeordnete in der Bundestagsfraktion der SPD teilten diese Beurteilung. Der Erläuterung de Withs, die vom Entwurf geforderte ärztliche Beratung umfasse nicht nur die ärztliche Beratung im engeren Sinne, sondern darüber hinaus eine Aufklärung der Schwangeren über „die sozialen Auffangmöglichkeiten", hielten mehrere Fraktionsgenossen – darunter einige Anhänger des SPD/FDP-Fraktionsentwurfs – entgegen, die Ärzte seien dazu nicht ausgebildet, das Beratungssystem sei völlig unzureichend, und eine Verpflichtung zur Beratung daher in absehbarer Zeit aus praktischen und finanziellen Gründen überhaupt nicht möglich. In der Vorlage könne daher tatsächlich nur an die ärztliche Beratung im engeren Sinne gedacht sein.[344]

340 Hans de WITH: „Auch Ärzte bejahen die Reform". In: Vo v. 28. Juni 1973; With (SPD) (Inf. Ausg. 150 v. 12. Februar 1974); With (SPD) (Inf. Ausg. 568 v. 27. September 1973); SPD Press. P/XXVIII/232 v. 4. Dezember 1973.

341 BT-Drs. Nr. 7/1789 v. 12. März 1974 S. 3

342 Inf. Ausg. 717 v. 9. November 1973 S. 2.

343 Brandt (Grolsheim) (SPD) SA Ber. 7 WP 30 Si. v. 27. März 1974 S. 1641; Dr. Rolinski SA Ber. 6 WP 74 Si. v. 10. April 1974 S. 2223.

344 SPD Fr. Si. v. 20. März 1973 (AsD FS Prot. VII 1056) S. 17ff., EBD.: Dr. de With (SPD), Rapp (SPD), Bundesjustizminister Jahn (SPD), Schmidt (München) (SPD), Huber (SPD), Däubler-Gmelin (SPD), Dürr (SPD), Glombig (SPD); SPD Fr. Si. v. 3. Dezember 1973 (AsD FS Prot. VII 1058) S. 3ff., EBD.: Hauck (SPD), Dr. Focke (SPD), Dr. Bardens (SPD), Dr. Müller-Emmert (SPD), Rapp (SPD), Gansel (SPD). Auch die Verfasser des Alternativ-Entwurfs äußerten diesbezüglich gegenüber der Fristenregelung öffentlich Bedenken. In einem Schreiben an die Abgeordneten des Deutschen Bundestages mahnten sie: „Die sog. Fristenlösung geht auf den Mehrheitsvorschlag des AE zurück. Danach hatte die befristete Freigabe des Schwangerschaftsabbruchs den Sinn, der Frau den Weg zu einer Beratungsstelle zu ebnen, die ihr Rat und Hilfe vermitteln kann. Die Abtreibung wollte also statt durch Strafe, mit sozialen Maßnahmen bekämpft werden. Dieser rechtspolitische Grundgedanke des AE wird verfehlt, wenn die Fristenlösung ohne die obligatorische Einschaltung der Beratungsstelle verwirklicht wird. Die Einführung der Beratungsstellen ist daher energisch in Angriff zu nehmen" (Schreiben des Sprechers des Arbeitskreises „Alternativ-Entwurf eines Strafgesetzbuches", Prof. Armin Kaufmann, v. 18. November 1973 an die Abgeordneten des Deutschen Bundestages (ACDP 0/068/33-10)).

Gleichwohl bestimmten sowohl die Ausschußfassung des Antrags Dr. Müller-Emmert wie die Fassungen beider im Bundestag eingebrachten Fristenregelungsentwürfe, daß das Gesetz am Tage nach seiner Verkündung in Kraft treten solle.[345] Soweit die Befürworter dieser Entwürfe im Strafrechtssonderausschuß sich auf die dort vorgebrachten Bedenken überhaupt einließen, setzten sie sich darüber mit der Bemerkung hinweg, sie könnten nicht beurteilen, ob es rechtzeitig ein funktionierendes Beratungssystem geben werde, beziehungsweise daß man davon ausgehen könne, daß Beratungsstellen überall vorhanden seien.[346] Der Ausschuß beschloß daraufhin, daß das Gesetz am Tage nach seiner Verkündung, der § 218 c des Fristenregelungsentwurfs aber, der die Unterrichtung und Beratung der Schwangeren regelte, erst am 1. Januar 1975 in Kraft treten solle.[347]

Wenn die Anhänger der Fristenregelung ihren Gesetzentwurf zu einem Zeitpunkt in Kraft treten lassen wollten, zu dem die Voraussetzungen für ein funktionierendes Beratungssystem noch nicht gegeben sein konnten, so gilt dies auch für den Gruppenantrag Dr. Müller-Emmert. Für eine bis zum 1. Januar 1975 begrenzte Zeitspanne beabsichtigten die Befürworter der Fristenregelung darüber hinaus, das angebliche „Kernstück“ des Entwurfs überhaupt außer Kraft zu setzen. Sie hätten damit wissentlich ein – gemessen an der behaupteten Schlüsselfunktion der Beratung für den Erfolg der Fristenregelung – mindestens mittelfristig zum Scheitern verurteiltes Gesetz verabschiedet. Dieser offenkundige Widerspruch begründet erhebliche Zweifel an der Behauptung, daß der durch die Beratung zu gewährleistende Lebensschutz das wesentliche Anliegen der Fristenregelung gewesen sei.

Zu diesem Ergebnis paßt Weiteres: Neben den zahlreichen Äußerungen, daß die Beratung die Frau zum Austragen des Kindes zu bewegen und damit lebenserhaltend zu wirken habe, gab es auch politische Meinungsbekundungen aus dem Raum der Koalitionsparteien, die der Beratung diese Zielsetzung nicht zuwiesen. So erklärten die Abg. Liselotte Funcke (FDP)[348] und Andreas von Schoeler (FDP),[349] im Widerspruch

345 SA Ber. 30 Si. v. 27. März 1974 S. 1652; vgl. BT-Drs. Nr. 7/1982 v. 10. April 1974 S. 30; BT-Drs. Nr. 6/3137 v. 9. Februar 1972 S. 2; BT-Drs. Nr. 7/1981 (neu) v. 24. April 1974 S. 34.

346 Der Ausschußvorsitzende Dr. Müller-Emmert (SPD) fügte dem hinzu, da die Beratungsstellen dünn gesät seien, könne eine solche Regelung für die Länder nur Ansporn sein, auf diesem Gebiete bald tätig zu werden (Coppik (SPD), Dr. Müller-Emmert (SPD) und Ostman von der Leye (SPD) SA Ber. 7 WP 30 Si. v. 27. März 1974 S. 1652).

347 SA Ber. 7 WP 30 Si. v. 27. März 1974 S. 1652. Dabei ist es schließlich geblieben. Nachdem die vom Bundesjustizministerium überarbeiteten Entwürfe einigen redaktionellen Änderungen unterzogen worden waren, bestimmten der Entwurf Müller-Emmert und der Fristenregelungsentwurf, daß das Gesetz, von in diesem Zusammenhang unerheblichen Ausnahmen abgesehen, am Tage nach seiner Verkündung in Kraft treten solle (SA Ber. 7 WP 31 Si. v. S. 1669f. u. 1673).

348 Funcke; von Schoeler (FDK Jg. 621/73 v. 19. Dezember 1973).

349 von Schoeler (FDP) SA Ber. 7 WP 25 Si. v. 13. Februar 1974 S. 1473; vgl. auch: von Schoeler (FDP) Sten. Ber. 7 WP 221 Si. v. 12. Februar 1976 S. 15325.

zu ihren eigenen an anderer Stelle vorgetragenen Willensbekundungen,[350] „bei der Fristenregelung werde nicht davon ausgegangen, daß die Beratung darin bestehe, vom Schwangerschaftsabbruch abzuraten" und die Beratung müsse „frei von äußeren Erwartungen" sein. Auch der Parteivorstand der SPD bezeichnete es als das zwar „vorrangige Ziel" der Beratung, auf die Fortsetzung der Schwangerschaft hinzuwirken, erklärte aber, am Ende müsse die Beratung einen offenen Charakter haben.[351] Das Mitglied der Sprechergruppe des katholischen Arbeitskreises in der SPD, Klaus Lang, erklärte im Pressedienst der Partei, die Beratung dürfe nicht auf das Ziel festgelegt werden, die Frau zum Austragen der Schwangerschaft zu bewegen.[352]

Diese Quellenzeugnisse werfen begründete Zweifel an der Glaubwürdigkeit der Absichtserklärungen auf, wonach die Beratung bei der Fristenregelung vorrangig die Schwangere zum Austragen ihres Kindes bewegen solle. Es bestätigen sich vielmehr die Ergebnisse, die im Zusammenhang mit anderen Aspekten der Lebensschutz-Argumentation ermittelt wurden,[353] auch hier: Die Legitimationen, die für die unterschiedlichen Beratungsregelungen in der Öffentlichkeit vertreten wurden, sind zum Teil in sich selbst widersprüchlich, zum Teil halten sie einer Überprüfung anhand der Aussagen ärztlicher Fachleute nicht stand, zum Teil passen sie schlecht zur Entstehung der Entwürfe.

Für die öffentliche Auseinandersetzung ergibt sich aus dem Vorangegangenen dieselbe Feststellung, die schon hinsichtlich der Angaben über das Ausmaß der kriminellen Abtreibung, über den Umfang des Laienaborts, über dessen gesundheitliche Folgen und über die angebliche Verbesserung des Lebensschutzes für das ungeborene Leben getroffen wurde:[354] es ist im höchsten Grade wahrscheinlich, daß die westdeutsche Öffentlichkeit über einen zentralen Aspekt der Bestrebungen zur Änderung des § 218 StGB irregeführt worden ist; denn es wurden Begründungen für die vorgesehene Beratungsregelung gegeben, von denen mit sehr hoher Wahrscheinlichkeit nicht anzunehmen ist, daß sie mit den tatsächlich wirksamen Motivationen identisch gewesen sein können. Da die Beratung ein wichtiger Teilaspekt der Lebensschutz-Argumentation der Fristenregelung war, wird die Schlußfolgerung

---

350 Vgl. S. 275 Fn. 315.

351 § 218 S. 6 u. 48.

352 Lang (SPD) (SPD Press. Ausg. 299 v. 15. April 1975); desgleichen bekundete der Außerordentliche Parteitag der SPD, Aufgabe der Beratung sei es, „falsch motivierte Schwangerschaftsabbrüche zu verhindern" (PARTEIVORSTAND DER SPD: Außerordentlicher Parteitag S. 6; vgl. Dr. Hobbing (Pro Familia) SA Ber. 6 WP 75 Si. v. 11. April 1972 S. 2287); anders als Bundesjustizminister Vogel sowie die Professoren Baumann und Schneider in der mündlichen Verhandlung im Normenkontrollverfahren vor dem Bundesverfassungsgericht, nahm Prof. Stratenwerth zu der Frage des Beratungsziels Stellung. Dieser konnte sich nicht entschließen, die Frage des Bundesverfassungsrichters Faller, ob er nicht doch davon ausgehe, „daß die Beratung jedenfalls der Tendenz nach auf Fortsetzung der Schwangerschaft abzielt", zu bejahen (ARNDT/ERHARD/FUNCKE S. 373f.).

353 Vgl. S. 239ff.

354 Vgl. EBD.

erhärtet, daß die Verbesserung des Lebensschutzes für das ungeborene Kind tatsächlich weder das Hauptanliegen noch das eigentliche Movens dieses Gesetzentwurfs gewesen sein dürfte. Zu demselben Ergebnis gelangte das Urteil, das ein Mitverfasser des Mehrheitsvorschlags des Alternativ-Entwurfs von 1970, Prof. Rudolf Schmitt, 1975 pointiert formuliert hat. Er meinte, daß die „‚Beratungslösung' nur noch eine Alibifunktion hat und denen den Wind aus den Segeln nehmen soll, die die Fristenregelung als eine verhüllte Abschaffung des § 218 StGB betrachten."[355]

2. *Die Dreimonatsfrist*

Im Rahmen der Meinungs- und Willensbildung über eine Änderung des § 218 StGB ist in unterschiedlichen Zusammenhängen eine Vielzahl von Fristen diskutiert worden, innerhalb derer die Vernichtung des ungeborenen Lebens straffrei gestellt werden sollte. Von den Fristen, welche die Indikationen vorsahen, müssen grundsätzlich die Nidationsfrist und die den Fristenmodellen eigene Dreimonatsfrist unterschieden werden. Von den in anderen Entwürfen enthaltenen Fristsetzungen – ausgenommen die Nidationsfrist – unterscheidet sich die Zwölfwochenregelung der Fristenmodelle dadurch, daß die Zulässigkeit der Abtreibung in den Indikationenregelungen an materielle Bedingungen geknüpft war, namentlich an das Vorliegen einer besonderen Konfliktsituation, die so schwer wiegen müsse, daß die Frau nicht mit den Mitteln des Strafrechts gezwungen werden solle, das Kind auszutragen. Dagegen bildete in der Fristenregelung die Einhaltung des formalen Zeitkriteriums die wesentliche materielle Bedingung der Straffreiheit. Bezüglich der Nidationsfrist wurde bereits gezeigt, daß die dafür vorgetragenen Begründungen nicht durchgängig auf anthropologischen oder embryologischen Argumenten beruhten,[356] sondern auf pragmatischen Erwägungen basierten, die sich zuvorderst am gewünschten Regelungserfolg orientierten. Im folgenden ist zu fragen, ob und inwiefern für die Dreimonatsfrist embryologische und anthropologische Aspekte bestimmend waren.

In den Begründungen für die Einführung der Dreimonatsfrist hat fast niemand behauptet, das Ende dieser Frist stelle innerhalb der Entwicklung des Menschen eine biologische oder entwicklungsgeschichtliche Zäsur dar. Im wesentlichen ist die Legitimation für die Dreimonatsfrist aller Entwürfe schon in der Begründung enthalten, die der Mehrheitsvorschlag des Alternativ-Entwurfs von 1970 gab: Im Anschluß an eine pseudowissenschaftliche Entlehnung embryologischer Anschauungen der griechischen Antike[357] war damals ausgeführt worden, daß die Abtreibung „etwa von diesem

355 Schmitt: Verpflichtung S. 173; vgl.: Erläuterungen zu dem Referentenentwurf eines Fünften Gesetzes zur Reform des Strafrechts, o. Dat., vermutlich Oktober 1971 und wohl mit Bezug auf den AE (AsD PS 181) S. 7: „Die Vorschrift wird entweder nicht beachtet werden oder die Beratung als bloße Formalie erscheinen lassen."

356 Vgl. S. 262ff.

357 Vgl. S. 11, 319ff.

Zeitpunkt an eine erheblich steigende Gefährdung für die Schwangere bedeutet." Eine kürzere Frist verbiete sich schon deshalb, „weil die Frau durch eine zu kurze Überlegungsfrist leicht zu einer Abtreibung gedrängt werden könne, die sie bei näherer und ruhigerer Überlegung vielleicht nicht vornehmen wird."[358] Argumentationen, die zur Rechtfertigung dieser Frist auf humanbiologische Daten zurückgriffen, um nachzuweisen, daß das ungeborene Kind bis zum Ende der zwölften Schwangerschaftswoche nicht ebenso als Mensch anzusehen sei wie das geborene, gab es, so weit zu sehen ist, nicht.

Die Fristenregelung wurde von ihren Gegnern daher grundsätzlich dahingehend kritisiert, daß die vorgesehene Dreimonatsfrist erstens völlig willkürlich gewählt sei und sie sich zweitens wegen der Schwierigkeit, das Schwangerschaftsalter genau zu bestimmen, in der Praxis als Viermonatsfrist auswirken werde.[359] Dieses Argument, das auch von grundsätzlichen Verfechtern einer völligen Streichung des § 218 StGB gegen die Frist geltend gemacht wurde,[360] bildete zugleich den wesentlichen Einwand der Befürworter des Gruppenantrags Dr. Müller-Emmert.[361] Von den Anhängern der Fristenregelung ist das gegen die Frist vorgebrachte Argument der Willkürlichkeit grundsätzlich kaum bestritten worden.

---

358 AE MehrV S. 31.

359 HELLER S. 84; JACHERTZ S. 2202; SCHULTZ S. 294; Fristen S. 433; KIRCHHOFF: Fristenlösung S. 118; KEPP: Humanität, o. S.; HÖHLER S. 115; EVANGELISCHE KIRCHE VON WESTFALEN: „Zwölf-Punkte-Erklärung". In: EPD Nr. 69 v. 8. April 1974; BECKER, W.: Soziale Indikation S. 46; Heinrich-Adolf KRONE: „Schwangerschaftsabbruch". In: RhM v. 2. März 1973; BT-Drs. Nr. 7/554 v. 11. Mai 1973 S. 5; Prof. Mikat (CDU) Sten. Ber. 7 WP 96 Si. v. 26. April 1974 S. 6487; Ministerpräsident Dr. Stoltenberg (CDU) BR Sten. Ber. 405 Si. v. 10. Mai 1974; S. 147; Spranger (CSU) Sten. Ber. 7 WP 33 Si. v. 17. Mai 1973 S. 1809; Neumeister (CDU) Sten. Ber. 7 WP 95 Si. v. 25. April 1974 S. 6359; Dr. Blüm (CDU) EBD. S. 6424; Spranger (CSU) EBD. S. 6388; Prof. Dotzauer SA Ber. 6 WP 75 Si. v. 11. April 1972 S. 2234; Prof. Hiersche SA Ber. 6 WP 74 Si. v. 10. April 1972 S. 2178ff.; Prof. Kepp EBD. S. 2151; Prof. Zander EBD. S. 2166; DEUTSCHER ÄRZTETAG S. 2971; Erläuterungen zu dem Referentenentwurf eines Fünften Gesetzes zur Reform des Strafrechts, o. Dat., vermutlich Oktober 1971 (AsD PS 181) S. 6; Erhard (Bad Schwalbach) (CDU) (ARNDT/ERHARD/FUNCKE S. 267).

360 SCHWARZER: Nachwort S. 150; ähnlich: JACOBI, P. S. 79: Die Verfechter einer völligen Streichung rückten langsam von ihrer Forderung ab und näherten sich dem Mehrheitsvorschlag des Alternativ-Entwurfs, um überhaupt etwas erreichen zu können; vgl. Werner HILL: "Das Gewissen ist kein Draht zu Gott". In: Vo v. 17. Januar 1974: Die Dreimonatsfrist sei das Minimum, das für die Entscheidung der Frau reiche, man könne aber „mit gutem Gewissen auch zu der Auffassung gelangen, daß das strafrechtliche Institut der Abtreibung überhaupt abgeschafft werden muß."

361 Bundesjustizminister Jahn (SPD) (SPD Inf. P/XXVI/199 v. 18. Oktober 1971); BT-Drs. Nr. 6/3434 v. 15. Mai 1972 S. 9; Dr. Müller-Emmert (SPD) Sten. Ber. 7 WP 95 Si. v. 25. April 1974 S. 6393 u. 6397; Dr. Bardens (SPD) EBD S. 6349; Bundesjustizminister Jahn (SPD) BR Sten. Ber. 378 Si. v. 24. März 1972 S. 492; ARNDT: Recht S. 336; Martin Hirsch, zit. in: „„An der Heiligkeit des Lebens muß festgehalten werden'". In: We v. 28. Juni 1971.

Man räumte nicht selten ein, daß die Dreimonatsfrist, vom biologischen und anthropologischen Standpunkt aus betrachtet, schon eine willkürliche Grenzziehung bedeute,[362] berief sich indessen darauf, daß willkürliche Fristsetzungen in der Rechtsordnung üblich seien[363] und eben dadurch, daß sie vom Gesetzgeber gesetzt würden, ihre Willkürlichkeit verlören.[364] Ebenso wurde die Fristenregelung mit dem „pragmatischen" Gesichtspunkt[365] der relativen Ungefährlichkeit der Abtreibung für die Frau innerhalb der ersten drei Schwangerschaftsmonate[366] begründet. Außerdem rechtfertigte

---

362 Robert LEICHT: „Empörung auf den falschen Barrikaden". In: SZ v. 28. April 1973; vgl. KIENAPFEL S. 183: die Frist sei nicht nach biologischen Gegebenheiten, sondern nach anderen, vom Gesetzgeber zu bestimmenden Zwecken festzusetzen; Dr. Timm (SPD) AKR 58 Si. v. 14. September 1971 (AsD PS 182) S. 9: Die Dreimonatsfrist sei zwar hinsichtlich der Personalität des werdenden Lebens willkürlich, für die Frau jedoch sozial relevant; Brandt (Grolsheim) (SPD) AKR 58 Si. v. 14. September 1971 (AsD PS 182) S. 17; der Vorsitzende des Arbeitskreises „Rechtswesen", Martin Hirsch, faßte das Ergebnis der Diskussionen im Arbeitskreis in der Sitzung vom 14. September 1971 dahingehend zusammen, daß es eine schlüssige Begründung der Dreimonatsfrist nicht gebe (AKR 58 Si. v. 14. September 1971 (AsD PS 182) S. 24.); Staatssekretär Prof. Klug führte vor dem Arbeitskreis „Rechtswesen" der Fraktion der SPD im Deutschen Bundestag aus, ihn störe die oft gegen die Fristenregelung vorgebrachte Starrheit der Frist nicht; derartiges sei vom Gesetzgeber oft zu lösen und werde auch gelöst, so zum Beispiel bei der Volljährigkeit, Ehemündigkeit, Schuldfähigkeit (AKR 58 Si. v. 14. September 1971 (AsD PS 182) S. 30.).

363 Sebastian HAFFNER: „Der Mehrheit eine Gasse". In Ste v. 28. März 1974; UA Ns. Si. v. 28./29. Februar 1972 S. 15f.; FDK Ausg. 61 v. 16. April 1973.

364 JOCHIMSEN: Plädoyer S. 55; ÖFFENTLICHKEITSAUSSCHUSS DER RHEINISCHEN LANDESKIRCHE S. 3; vgl. zu dieser – rechtspositivistisch orientierten – Argumentation die Ansicht Hegenscheidts, die die Notwendigkeit einer Frist allein damit begründete, der Gesetzgeber habe irgendeine Frist zu setzen, weil er sonst auch die Tötung Neugeborener freigeben müsse (HEGENSCHEIDT: Zur Problematik der Schwangerschaftsunterbrechungen legalisierenden Gesetzgebung S. 46).

365 Schlei (SPD) (SPD Inf. Ausg. 554 v. 15. September 1971); Bericht des Abg. Hugo Brandt (Grolsheim) (SPD) über eine Informationsreise im Zusammenhang mit der Reform des § 218 StGB in die DDR am 9. Oktober 1973 (ACDP I-462-008/3) S. 10; der sowohl an der Konzipierung wie auch an der politischen Durchsetzung des vom Alternativ-Entwurf vorgesehenen Fristenmodells beteiligte Prof. Armin Kaufmann erklärte vor dem zuständigen Arbeitskreis der Fraktion der SPD im Deutschen Bundestag, die völlige Freistellung während der ersten vier Wochen sei eine pragmatische Entscheidung; auch die Länge der Frist, während der ein Schwangerschaftsabbruch nach Beratung zugelassen werden soll, sei nicht zwingend, jedoch hätten eine Reihe von praktischen Argumenten für die Dreimonatsfrist gesprochen (Kaufmann AKR 58 Si. v. 14. September 1971 (AsD PS 182) S. 3); dieselbe Argumentation trug der ebenfalls am Alternativ-Entwurf beteiligte Prof. Arthur Kaufmann dem Arbeitskreis vor (AKR 58 Si. v. 14. September 1971 (AsD PS 182) S. 4.).

366 ROXIN S. 179; Karl-Heinz HANSEN: „Objekt der Ärztejustiz". In: Vo v. 23. September 1971; ebenfalls diese Legitimation führten an, aber ohne unmittelbaren Bezug auf den Einwand der Willkürlichkeit: Dr. Hirsch (FDP) Sten. Ber. 7 WP 33 Si. v. S. 1833; Dr. de With (SPD) Sten. Ber. 7 WP 33 Si. v. S. 1763; BECKER, Ch. S. 20; MONTAG-CLUB S. 150; PARTEIVORSTAND DER SPD: Außerordentlicher Parteitag S. 7; PARTEIVORSTAND DER SPD: § 218 S. 49; Ostman von der Leye (SPD) Sten. Ber. 7 WP 95 Si. v. 25. April 1974 S. 6421;

man die Frist mit der Zeitspanne, welche die Schwangere für ihre Entscheidung über Schwangerschaftsfortsetzung oder Abtreibung benötige.[367] Ferner verwies man auf die sich im Laufe der Schwangerschaft ändernde Einstellung der Schwangeren gegenüber dem Kind.[368] Schließlich wurde das allgemeine Rechtsbewußtsein der Bevölkerung angeführt, das eine Abtreibung in den ersten drei Schwangerschaftsmonaten anders bewerte als einen zu einem späteren Zeitpunkt vorgenommenen Eingriff.[369]

Die für die Dreimonatsfrist vorgebrachten Begründungen bestätigen folglich unsere eingangs formulierte Frage nicht. Weder die Gesetzesbegründungen noch die Ausführungen im Gesetzgebungsverfahren behaupteten, sie könnten die Fristenregelung,

---

Dr. de With (SPD) SA Ber. 6 WP 75 Si. v. 11. April 1972 S. 2238; Prof. Pross Ebd. S. 2254; BT-Drs. Nr. 6/3137 v. 9. Februar 1972 S. 4; BT-Drs. Nr. 7/375 v. 21. März 1973 S. 8f.; Inneminister Weyer (FDP) BR Sten. Ber. 405 Si. v. 10. Mai 1974 S. 150; vgl. auch Walter Bonhoeffer: „Das Monstrum ist nichtig“. In: S v. 11. November 1974: Es sei „nach allem dennoch nicht willkürlich, wenn sich die Rechtsordnung durch die behutsame Setzung eines Stichtages der beginnenden Anerkennung orientiert, die wir empirisch vorfinden: Die meisten illegalen Abtreibungen finden in den ersten drei Monaten statt“; Krockert, Horst: Thesen zur „Fristen“-Regelung bei der Strafbarkeit des Schwangerschaftsabbruchs (§§ 218 StGB) v. 15. Februar 1972 S. 5; vgl. Schnellbrief des Bundesministers der Justiz an den Chef des Bundeskanzleramtes, den Bundesminister des Innern, den Bundesminister für Jugend, Familie und Gesundheit, und an den Bundesminister für Sozialordnung v. 22. August 1974, Az: 1004 E (2460)–335/74–(ACDP VIII-002-019/2) S. 45ff.; Dr. de With (SPD) AKR 58 Si. v. 14. September 1971 (AsD PS 182) S. 7; Brandt (Grolsheim) (SPD) AKR 58 Si. v. 14. September 1971 (AsD PS 182) S. 17; Prof. Ehmke (SPD) (Arndt/Erhard/Funcke S. 277). In diesem Zusammenhang wurde auch auf wirtschaftliche Aspekte hingewiesen, weil eine Abtreibung in den ersten zwölf Schwangerschaftswochen weniger Kosten verursache als ein nach diesem Zeitraum vorgenommener Eingriff (Goldacker S. 818).

367 Baumann: Schutz S. 26; Werner Hill: "Das Gewissen ist kein heisser Draht zu Gott“. In: Vo v. 17. Januar 1974; Dr. Timm (SPD) SA Ber. 6 WP 74 Si. v. 10. April 1972 S. 2147; Dr. de With (SPD) SA Ber. 6 WP 75 Si. v. 11. April 1972 S. 2238; Krockert, Horst: Thesen zur „Fristen“-Regelung bei der Strafbarkeit des Schwangerschaftsabbruchs (§§ 218 StGB) v. 15. Februar 1972 S. 5 (ACDP VIII-002-018/4).

368 Innenminister Weyer (FDP) BR Sten. Ber. 405 Si. v. 10. Mai 1974 S. 150; Dr. de With (SPD) SA Ber. 6 WP 75 Si. v. 11. April 1972 S. 2238; ein Beitrag in den Gewerkschaftlichen Monatsheften ließ keinen Zweifel an der Auffassung erkennen, daß prinzipiell nichts dagegen spreche, die Abtreibung für die gesamte Dauer der Schwangerschaft straffrei zu stellen (Pinl S. 260); ebenso Prof. Pross, die aber trotzdem eine Dreimonatsfrist befürwortete: „Obwohl das jetzt im Grunde genommen ein autoritäres Argument ist, halte ich es für problematisch, Frauen die Möglichkeit zu geben, sieben, acht, neun Monate lang unschlüssig herumzulaufen“ (SA Ber. 6 WP 75 Si. v. 11. April 1972 S. 2254); insbesondere wurde die Frist mit dem Hinweis begründet, daß die Mutter erst im vierten Schwangerschaftsmonat beginne, eine „gewisse emotionale Beziehung“ zum Kind zu entwickeln und ihm gegenüber eine positive psychologische Einstellung zu gewinnen (Prof. Pross SA Ber. 6 WP 75 Si. v. 11. April 1972 S. 2254; Dr. de With (SPD) Ebd. S. 2238; BT-Drs. Nr. 6/3137 v. 9. Februar 1972 S. 4; Prof. Brocher SA Ber. 6 WP 74 Si. v. 10. April 1972 S. 2205; MR Horstkotte (BMJ) SA Ber. 7 WP 22 Si. v. 7. Dezember 1973 S. 1335; Innenminister Weyer (FDP) BR Sten. Ber. 405 Si. v. 10. Mai 1974 S. 150).

369 BT-Drs. Nr. 6/3137 v. 9. Februar 1972 S. 4; Dr. de With (SPD) SPD Fr. Si. v. 20. März 1973 (AsD FS Prot. VII 1056) S. 18.

vom Standpunkt der embryonalen und fetalen Entwicklungsgeschichte her betrachtet, biologisch oder anthropologisch rechtfertigen. Offenbar sahen auch parlamentarische Verfechter der Fristenregelung keine Möglichkeit, solche Erklärungen zu finden. Deshalb wurden fast ausschließlich Erwägungen angeführt, die sich am Interesse der Schwangeren oder der Gesellschaft orientieren. Diese können offenkundig nichts darüber aussagen, ob das ungeborene Leben zu irgendeinem Zeitpunkt seiner Entwicklung während der Schwangerschaft etwas anderes als ein Mensch ist. Aus der Tatsache, daß die Befürworter der Dreimonatsfrist gleichwohl daran festhielten, die Vernichtung des ungeborenen Lebens de lege ferenda für die ersten drei Monate straffrei zu stellen, folgt zwingend, daß die Frage, ob bei der Abtreibung ein Mensch vernichtet wird oder nicht, für die Gestaltung der Dreimonatsfrist nicht bestimmend gewesen sein kann.

Wird das pränatale Leben des Menschen zur Disposition gestellt, so ergibt sich freilich die Frage, ob auch das postnatale menschliche Leben dem Zugriff einzelner oder der Gesellschaft entzogen werden kann oder soll. Kann das Leben des Kindes in den ersten Monaten seiner Existenz straffrei vernichtet werden und hängt dies nicht mit seiner wesensmäßigen Qualität als Mensch zusammen, sondern mit Kriterien, die der Gesetzgeber anhand von Nützlichkeitserwägungen bestimmt hat, wie etwa daß eine spätere Abtreibung zu große gesundheitliche Risiken für die Mutter impliziere, so ließe sich mit dem gleichen Argument die postnatale Tötung eines Neugeborenen begründen, ohne daß die Logik, die der Fristenregelung zugrunde liegt, verlassen werden müßte.

3. *Die Güterabwägung*

a) *Die Kritik der Güterabwägungsmodelle*

In der Auseinandersetzung über die Abtreibung nahm die Rechtsgüterabwägung eine zentrale Stellung ein. Wie weiter oben[370] bereits dargelegt wurde, bildete dieser Gedanke das juristische Konstrukt, mit dem das Reichsgericht 1927 die medizinische Indikation von der Bestimmung des § 218 StGB ausgenommen hatte. Auch der Entwurf der Großen Strafrechtskommission von 1959 orientierte sich eng an dem Gedanken der Rechtsgüterabwägung.[371] Obgleich das Rechtsgüterabwägungsdenken schnell Eingang in das ärztliche und juristische Denken fand, war es stets auch scharfer Kritik ausgesetzt. Bis in die siebziger Jahre richteten sich vor allem von Juristen und Theologen vorgetragene Einwände insbesondere gegen die dieser Theorie vorausliegende Bedingung, daß es möglich sei, zwischen mehr und weniger wertvollem

370 Vgl. S. 16f.

371 GStRK Ns. 69 Si. v. 5. März 1958 7 S. 116; GStRK Ns. 7 S. 316 (Vorschläge und Bemerkungen der Sachbearbeiter des Bundesjustizministeriums zum Thema „Ärztliche Eingriffe und Heilbehandlung“).

Menschenleben abzuwägen und aus einer solchen Abwägung eine Tötungslegitimation zu gewinnen.[372]

Im Prinzip machten sich seit der ersten Hälfte der sechziger Jahre auch solche Vertreter diese Kritik zu eigen, die auf eine weitgehende Lockerung des § 218 StGB zielten. „Woher in aller Welt sollte man auch die Maßstäbe nehmen, mit denen sich eine unterschiedliche Wertung bewerkstelligen ließe", fragte 1964 der renommierte Strafrechtslehrer Paul Bockelmann,[373] und Prof. Arthur Kaufmann kritisierte die Güterabwägungstheorie zur Rechtfertigung der Abtreibung als „ein sehr oberflächliches und allzu rechtspositivistisches Argument", für das es eine rationale Begründung nicht gebe.[374] Aus der Offenlegung der dogmatischen Widersprüche der Güterabwägung folgerte Prof. Jürgen Baumann schon 1963, daß man, da die Güterabwägung den Indikationenmodellen zugrunde liege, diese aufgeben müsse.[375] Das wurde in den siebziger Jahren zur Begründung sowohl der im Mehrheitsvorschlag des Alternativ-Entwurfs vorgesehenen Fristenregelung als auch für die gänzliche Streichung des § 218 StGB angeführt.[376]

Während des Gesetzgebungsverfahrens bedienten sich dieses Arguments Anhänger der Fristenregelung gegenüber den Indikationenmodellen. In diesem Sinne wandte die Abg. Dr. Timm (SPD), die im übrigen für eine auf die ersten drei Schwangerschaftsmonate begrenzte Freigabe der Abtreibung eintrat, gegen die Güterabwägung ein, daß diese das Leben des Kindes gegen die Gesundheit der Mutter oder andere persönliche Notsituationen aufwiege. „Das relativiert unser unantastbares Rechtsgut ‚menschliches Leben' in unerträglicher Weise."[377]

---

372 Stratenwerth: Gebot S. 321; I. Morgan: „Paragraph 218". In: P v. 16. Februar 1947; Peters: Lehre S. 497; Stratenwerth: Tötung S. 57; Fischer, Jos. S. 11; Hirschmann: Beurteilung S. 66 u. 74; Stratenwerth: Schwangerschaftsunterbrechung S. 889; Peters: Juristen S. 54; Martini/Egenter S. 351; Peters: Gesetz S. 221; Lang-Hinrichsen: Betrachtungen S. 723; Wächter S. 60; Auer: Orientierung S. 113.

373 Bockelmann S. 228f.

374 Kaufmann: Bestimmungen S. 476.

375 Baumann: Indikation S. 227; ebenso führte Baumann in der mündlichen Anhörung im Normenkontrollverfahren vor dem Bundesverfassungsgericht aus, man sei schon mit der bisherigen engen medizinischen Indikation in einem strafrechtlichen und dogmatischen Notstand, weil seit jeher das Leben des ungeborenen Kindes gegen die Gesundheit der Mutter abgewogen werde. „Noch schlimmer wird es bei der Abwägung Leben gegen Leben. Wenn das Leben der Mutter gegen das Leben des Kindes steht, so wird immer behauptet, gäbe es keine dogmatischen Schwierigkeiten, das Leben der Mutter sei höherwertig. Warum eigentlich?" (Arndt/Erhard/Funcke S. 292).

376 Baumann: Schutz S. 17f.; Stöcker: 218 StGB S. 392; Kaufmann: Rechtsfreier Raum S. 340; vgl. MR Horstkotte (BMJ) SA Ber. 7 WP 25 Si. v. 13. Februar 1974 S. 1469; Ostman von der Leye (SPD) SPD Fr. Si. v. 20. März 1973 (AsD FS Prot. VII 1056) S. 28; vgl. Dr. Bayerl (SPD) SPD Fr. Si. v. 20. März 1973 (AsD FS Prot. VII 1056) S. 30.

377 Sten. Ber. 7 WP 33 Si. v. 17. Mai 1973 (AsD PS 182) S. 1814; vgl. Dr. Timm (SPD) AKR 58 Si. v. 14. September 1971 S. 9; ähnlich: Ostman von der Leye (SPD) AKR 58 Si. v. 14. September 1971 (AsD PS 182) S. 16; vgl. hierzu auch die Ausführungen

Ein konsequenter Gegner der Güterabwägungstheorie im Bundestag war der Abg. Freiherr Wilderich Ostman von der Leye (SPD).[378] Ausgehend von der biologischen Prämisse, daß es einen qualitativen Unterschied zwischen ungeborenen und geborenen Menschen nicht gebe, schloß Ostman von der Leye (SPD), daß die verschiedenen Indikationen in Richtung auf das geborene Leben fortwirkten, da sie Gründe zur Tötung gesetzlich fixierten. Das basierte auf folgender Überlegung: Weder gebe es einen qualitativen Unterschied zwischen ungeborenem und geborenem menschlichen Leben, noch werde ein solcher von der Konzeption der Indikationenregelungen behauptet. Also müsse das Leben vor und nach der Geburt als eine Einheit betrachtet werden. Wenn die Indikationenregelungen nun bestimmte Zulässigkeitsvoraussetzungen für die Tötung ungeborenen menschlichen Lebens regelten, so gälten diese – wegen der Einheit des Lebens – grundsätzlich auch für geborenes Leben.[379]

Diese Gefahr schloß er bei der Fristenregelung aus: denn sie formuliere nicht, wie die Indikationsregelung, inhaltliche Bedingungen, sondern stelle ausschließlich auf eine normativ gesetzte Frist ab, von der eine Weiterwirkungstendenz nicht ausgehe, weil sie zu einem bestimmten Zeitpunkt vor der Geburt ende. Ostman von der Leye (SPD) räumte ein, daß die Auswirkungen einer erweiterten Indikationenregelung sich im Ergebnis von denjenigen des Fristenmodells nicht unterscheiden würden. Daß es einen grundlegenden Unterschied zwischen beiden Modellen gebe, rechtfertigte er ausschließlich mit der unterschiedlichen Begründung der Zulässigkeit der Tötung ungeborenen Lebens.

Ungeachtet der rechtspolitischen Konsequenzen, die dieser Abgeordnete aus seiner Kritik der Güterabwägungstheorie zog, traf seine auch von anderen geteilte Kritik der

---

Prof. Ehmkes (SPD) in der mündlichen Verhandlung im Normenkontrollverfahren vor dem Bundesverfassungsgericht, denen zufolge die Indikationenregelungen verfassungswidrig seien, weil ihnen die Abwägung zwischen Leben des Ungeborenen und Leben der Mutter beziehungsweise zwischen Leben des Kindes und Gesundheit der Mutter zugrunde liege (Arndt/Erhard/Funcke S. 272); inhaltlich ähnliche Argumentation Ehmkes, ohne die Zuspitzung auf die Behauptung der Verfassungswidrigkeit: Ebd. S. 315 u. 326.

378 Dies und das Folgende nach: Ostman von der Leye (SPD) Sten. Ber. 95 Si. v. 25. April 1974 S. 6421; SA Ber. 7 WP 15 Si. v. 26. September 1973 S. 680 u. 682; SA Ber. 7 WP 30 Si. v. 27. März 1974 S. 1652 u. 1656; SA Ber. 7 WP 22 Si. v. 7. Dezember 1973 S. 1336; SA Ber. 7 WP 28 Si. v. 13. März 1974 S. 1580; SA Ber. 7 WP 28 Si. v. 13. März 1974 S. 1582; SA Ber. 7 WP 30 Si. v. 27. März 1974 S. 1653; 7 WP 71 Si. v. 26. November 1975 S. 2345; SA Ber. 7 WP 30 Si. v. 27. März 1974 S. 1636f.

379 Im einzelnen führte Ostmann von der Leye aus: Zumindest die kindliche und die Indikation der allgemeinen Notlage brächten es mit sich, daß sich „die Tötungserlaubnis sowohl ihrem Wesen als auch ihrer Begründung nach nicht auf das Leben vor der Geburt beschränken lasse. Es bestehe daher die Gefahr, daß nach einigen Jahren auch in anderen Fällen für die Familie, die Allgemeinheit oder den Betroffenen selbst unzumutbarer Belastungen die Forderung nach Freigabe der Tötung erhoben werde. Wenn der Gesetzgeber jetzt im Gesetz die Güterabwägung festschreibe, könne er das später schwerlich widerrufen“ (SA Ber. 7 WP 15 Si. v. 26. September 1973 S. 680).

Indikationen etwas Richtiges.[380] Im juristischen Schrifttum fand sich niemand, der die Güterabwägungslehre im Zusammenhang mit der Abtreibung verteidigte. Offenbar stand diese Theorie zu Beginn der siebziger Jahre hinsichtlich des § 218 StGB nur noch auf einem sehr brüchigen juristischen Fundament, falls ihr nicht der Boden schon vollends entzogen war.

b) Die Güterabwägung als Grundlage der Indikationenmodelle

Gleichwohl haben die Anhänger der Indikationenregelungen im allgemeinen und die Vertreter der Unionsentwürfe im besonderen bis kurz vor dem Abschluß des Gesetzgebungsverfahrens an dem Prinzip der Güterabwägung festgehalten. Die Abg. Dr. Müller-Emmert (SPD), Dr. Heck (CDU), Köster (CDU), Spranger (CSU), Werner (CDU), Dr. Aigner (CSU), von Hassel (CDU), Prof. Carstens (Fehmarn) (CDU), die Minister Jahn (SPD) und Becker (CDU) und die Ministerpräsidenten Dr. Stoltenberg (CDU), Dr. Filbinger (CDU) und Dr. Goppel (CSU) verteidigten verschiedene Indikationenentwürfe mit dem Argument, die Güterabwägung sei die conditio sine qua non einer Neuregelung der gesetzlichen Bestimmungen über die Abtreibung, und die Fristenregelung disqualifiziere sich vor allem deswegen, weil sie diese Voraussetzung nicht erfülle.[381] Die Bestimmungen aller bis 1973 im Deutschen Bundestag eingebrachten Unionsentwürfe über die Straffreiheit des indizierten künstlichen Aborts beruhten auf der gesetzlichen Normierung des Grundsatzes der Güter- und Pflichtenabwägung.[382]In diesem Zusammenhang argumentierten die Vertreter der Unionsentwürfe, sie wollten dort einen „Interessenausgleich“ gesetzlich ermöglichen, wo die Schwangerschaft eine Konfliktsituation darstelle. Ein neues Gesetz müsse daher

---

380 Vgl. S. 298f.

381 Dr. Müller-Emmert (SPD) SA Ber. 7 WP 22 Si. v. 7. Dezember 1973 S. 1335; Bundesjustizminister Jahn (SPD) Sten. Ber. 7 WP 96 Si. v. 26. April 1974 S. 6491; Dr. Müller-Emmert (SPD) SA Ber. 7 WP 15 Si. v. 26. September 1973 S. 1675f.; Köster (CDU) Ebd. S. 679; SA Ber. 7 WP 25 Si. v. 13. Februar 1974 S. 1445; Spranger (CSU) Sten. Ber. 7 WP 221 Si. v. 12. Februar 1976 S. 15334; Dr. Müller-Emmert (SPD) Sten. Ber. 7 WP 221 Si. v. 12. Februar 1976 S. 15328; Aigner (CSU) Sten. Ber. 7 WP 95 Si. v. 25. April 1974 S. 6436; Spranger (CSU) Ebd. S. 6386; Werner (CDU) Ebd. S. 6432; Spranger (CSU) Sten. Ber. 7 WP 33 Si. v. 17. Mai 1973 S. 1808; Dr. Heck (CDU) Ebd. S. 1797; von Hassel (CDU) Sten. Ber. 7 WP 95 Si. v. 25. April 1974 S. 6410; Carstens (CDU) Sten. Ber. 7 WP 104 Si. v. 5. Juni 1974 S. 6929; Ministerpräsident Dr. Stoltenberg (CDU) BR Sten. Ber. 405 Si. v. 10. Mai 1974 S. 147; Ministerpräsident Dr. Goppel BR Sten. Ber. 406 Si. v. 31. Mai 1974 S. 204; Ministerpräsident Dr. Filbinger (CDU) Ebd. S. 206; Minister Becker (CDU) Ebd. S. 211.; Heck, Bruno: Kommentare im Südwestfunk am 15. April 1973 (ACDP I-022-015/2) S. 1f.; ähnlich argumentierten die Antragsteller im Normenkontrollverfahren vor dem Bundesverfassungsgericht: Justizminister Dr. Bender (CDU) (Arndt/Erhard/Funcke S. 246).

382 BT-Drs. Nr. 7/554 v. 11. Mai 1973 S. 6; BT-Drs. Nr. 7/561 v. 15. Mai 1973 S. 5; BT-Drs. Nr. 7/1983 v. 10. April 1974 S. 14; BT-Drs. Nr. 7/1984 (neu) v. 24. April 1974 S. 10; vgl. BR-Drs. Nr. 329/2/74 v. 9. Mai 1974 S. 19.

„die Bedürfnisse der Mutter und das Lebensrecht des Kindes" berücksichtigen.[383] In den Unionsparteien wurden die „Bedürfnisse der Mutter" indessen sehr unterschiedlich definiert. Der Abg. Spranger (CSU) bezeichnete sie als die lebenswichtigen Interessen der werdenden Mütter und ihrer Familien,[384] während sein Fraktionskollege Köster (CDU) den Konflikt zwischen dem Lebensrecht des Ungeborenen und dem der Mutter nannte.[385] Der Abg. Prof. Carstens (Fehmarn) (CDU) sprach von den nicht näher definierten, aber auslegungsbedürftigen „schutzwürdigen Interessen der Frau",[386] während andere Unionsvertreter und die Begründung des ersten Fraktionsentwurfs vollkommen unverbindlich von den Belangen der Schwangeren redeten.[387] Zuweilen wurde allein die Existenz einer Konfliktsituation für die Schwangere als ein Grund bezeichnet, dessentwegen das Strafrecht die Austragung der Schwangerschaft nicht „erzwingen" solle. Nähere Angaben über die Beschaffenheit einer solchen Situation wurden nicht gemacht.[388] Der Verzicht auf detaillierte Erläuterungen hierzu ist – mit Blick auf die nichtmedizinischen Indikationen – vom Obmann der CDU/CSU-Fraktion im Strafrechtssonderausschuß gerade damit gerechtfertigt worden, daß man sonst zu Wertungen über das menschliche Leben gezwungen werde, die man nicht treffen wolle.[389]

Von der Güterabwägungstheorie distanzierten sich im Deutschen Bundestag die Abg. Dr. Wallmann (CDU) und Prof. Mikat (CDU), die darauf hinwiesen, daß die Güterabwägung, die eine Abtreibung juristisch rechtfertige, schon deswegen nicht greife, weil eine Tötung niemals sittlich erlaubt sein könne. Den Entwürfen aus dem Raum der CDU/CSU-Fraktion im Deutschen Bundestag liege daher nicht die Güterabwägungstheorie, sondern der Zumutbarkeitsgedanke zugrunde.[390] Ob dies tatsächlich als verbindliche Interpretation der Unionsentwürfe gelten kann, erscheint vor dem Hintergrund der mit der Güterabwägung argumentierenden Äußerungen von Unionsabgeordneten sowie der Begründungen zu den Entwürfen selbst zweifelhaft.

---

383 Spranger (CSU) Sten. Ber. 7 WP 95 Si. v. 25. April 1974 S. 6388.

384 DPA 134 ID v. 6. April 1973.

385 Köster (CDU) Sten. Ber. 7 WP 95 Si. v. 25. April 1974 S. 6398.

386 Sten. Ber. 7 WP 104 Si. v. 5. Juni 1974 S. 6929.

387 BT-Drs. Nr. 7/554 v. 11. Mai 1973 S. 5; Justizminister Dr. Schwarz (CDU) VA KProt. 12 Si. v. 21. Mai 1974 S. 7; Vogel (Ennepetal) (CDU) Sten. Ber. 7 WP 221 Si. v. 12. Februar 1976 S. 15324.

388 BT-Drs. Nr. 7/554 v. 11. Mai 1973 S. 1; Spranger (CSU) Sten. Ber. 7 WP 221 Si. v. 12. Februar 1976 S. 15334.

389 Dr. Eyrich (CDU) SA Ber. 7 WP 15 Si. v. 26. September 1973 S. 678.

390 Dr. Wallmann (CDU) Sten. Ber. 7 WP 33 Si. v. 17. Mai 1973 S. 1835; Prof. Mikat (CDU) Sten. Ber. 96 Si. v. 26. April 1974 S. 6487; ähnlich: Dr. Eyrich (CDU) SA Ber. 7 WP 15 Si. v. 26. September 1973 S. 678; vgl. zum Zumutbarkeitsbegriff in diesem Zusammenhang: Karpf S. 66, 70 u. 71; Blei: Abtreibung S. 406; Döpfner: Silversterpredigt S. 49; Ostman von der Leye: Reform S. 62; Heller S. 88; Baumann: Schutz S. 27; Eser: Diskussion S. 244 u. 247; Roxin S. 188; MR Horstkotte (BMJ) SA Ber. 7 WP 25 Si. v. 13. Februar 1974 S. 1470; Böckenförde S. 162; Bemmann S. 93 u. 96; BT-Drs. Nr. 7/4128 v. 8. Oktober 1974 S. 6.

Erst nachdem das Bundesverfassungsgericht in seinem Urteil zur Fristenregelung die Bedeutung der Zumutbarkeit für die Zulässigkeit der Abtreibung hervorgehoben hatte, präsentierten auch andere Unionsabgeordnete die „Zumutbarkeit" als das entscheidende Kriterium für die gesetzgeberische Intention der Unionsfraktion.[391]

Die Behandlung der Güterabwägungsproblematik lenkt den Blick auf wesentliche Eigentümlichkeiten beider Konzeptionen. Hinsichtlich der Fristenregelung wird deutlich: Die Ablehnung der Anwendung der Güterabwägung auf die Konfliktsituation zwischen Mutter und Kind blieb nicht nur auf die Zurückweisung dieser rechtsdogmatischen Denkfigur beschränkt, sondern wurde letztlich auf den dem geborenen Leben ebenbürtigen Eigenwert des ungeborenen Kindes erstreckt.

Wenn das ungeborene menschliche Leben, wie die Befürworter der Fristenmodelle wiederholt bekundet haben, tatsächlich grundsätzlich dem geborenen menschlichen Leben gleich zu achten wäre, hätte allerdings die Konsequenz eigentlich in der Forderung bestehen müssen, auch die Praxis der medizinischen Indikation einzuschränken und alle anderen Indikationen weiterhin zu untersagen. Die tatsächlich von den Befürwortern der Fristenregelung vorgeschlagene und auf das genaue Gegenteil hinauslaufende De-facto-Freigabe der Tötung ungeborenen menschlichen Lebens in den ersten Schwangerschaftsmonaten, ohne Rücksicht auf die einer solchen Entscheidung vorausliegende Motivation, entblößte die Behauptung, „unser unantastbares Rechtsgut ‚menschliches Leben'" nicht relativieren zu wollen, ihrer inneren Logik.

In vergleichbarer Weise litt die Position zahlreicher Verfechter des Güterabwägungsgedankens an der offen zutage liegenden Inkompatibilität zweier proklamierter Grundsätze: Dem Prinzip der Unantastbarkeit des menschlichen, auch des ungeborenen Lebens und dem Grundsatz, daß Eingriffe in dieses Prinzip nur aufgrund einer Güterabwägung möglich sein könnten. Beides läßt sich nicht miteinander vereinbaren. Denn ein Gut, das unter Umständen rechtmäßig der Vernichtung anheimgegeben werden darf, kann ganz offensichtlich nicht zugleich unantastbar sein. Man wird in dieser Ambivalenz der vor allem von Unionsabgeordneten vorgetragenen Argumentation ein rechtsdogmatisches Indiz für ein rechtspolitisches Dilemma zu erkennen haben. In einem solchen Zwiespalt befanden sich jene Politiker, die einerseits die strafrechtlich sanktionierte Unantastbarkeit ungeborenen Lebens so weit wie möglich aufrechterhalten wollten, die aber andererseits die gesetzliche Absicherung bestimmter Grenzfälle für erforderlich hielten. Die Bedeutung der Güterabwägungstheorie für die Argumentation dieser Politiker legt damit den Blick auf ein Dilemma frei, daß als ein wesentliches Merkmal, aber auch als der eigentliche Prüfstein der Indikationenmodelle gelten kann.

---

391 Vogel (Ennepetal) (CDU) Sten. Ber. 7 WP 221 Si. v. 12. Februar 1976 S. 15324; Dr. Eyrich (CDU) Ebd. S. 15352; Spranger (CSU) Ebd. S. 15334; Dr. Eyrich (CDU) 7 WP 238 Si. v. 6. Mai 1976 S. 16659; BT-Drs. Nr. 7/4211 v. 23. Oktober 1974 S. 1 u. 3.

4. Rechtmäßigkeit, Rechtswidrigkeit und Strafausschließungsgründe

a) Die Rechtfertigungsproblematik in der Auseinandersetzung bis zum Beginn der siebziger Jahre

Das Interesse der juristischen Diskussion über die Behandlung der Abtreibung galt nicht zuletzt der Frage, ob die zulässige Abtreibung im Rahmen der Rechtfertigungs-, oder der Straf- beziehungsweise Schuldausschließungsgründe geregelt werden sollte. Die rechtliche Qualifizierung der straffreien Abtreibung de lege ferenda nach diesen Kategorien ist deswegen von besonderer Bedeutung, weil mit ihr unmittelbar die sittliche Bewertung solcher Eingriffe durch die Rechtsordnung zusammenhängt. Denn die Verletzung eines strafrechtlich geschützten Rechtsguts ist, wenn sie nicht rechtswidrig, das heißt verboten ist, immer rechtmäßig, also erlaubt. Eine erlaubte Handlung ist daher zugleich eine von der Rechtsordnung gebilligte Handlung. Wenn also die straffreie Abtreibung de lege ferenda für rechtmäßig erklärt würde, wäre sie eine von der Rechtsordnung sittlich gebilligte Handlung. Dieses Beispiel verdeutlicht, daß die Frage der Rechtmäßigkeit und der Rechtswidrigkeit aufs engste mit dem Grundwertekonsens verknüpft ist, von dem eine Rechtsordnung getragen wird.[392]

Das Reichsgericht führte in seiner Entscheidung vom vom 11. März 1927 aus, die Abtreibung aus medizinischer Indikation sei dann „nicht rechtswidrig“ wenn sie „das einzige Mittel ist, um die Schwangere aus einer gegenwärtigen Gefahr des Todes oder einer schweren Gesundheitsschädigung“ zu befreien.[393] Die Annahme eines Rechtfertigungsgrundes für eine unter bestimmten Voraussetzungen vorgenommene Abtreibung stieß indessen ähnlich wie die dem Urteil zugrunde liegende Güterabwägungstheorie nach 1945 auf entschiedenen Widerspruch.[394] Statt eines Ausschlusses der Rechtswidrigkeit schlugen diese Stimmen die Einführung eines Straf-[395] oder allenfalls eines persönlichen Schuldausschließungsgrundes[396] vor. Gelegentlich ist die

392 Die Rechtfertigungsgründe stehen im Gegensatz einerseits zu den Schuldausschließungsgründen, die die Rechtswidrigkeit bestehen lassen. Die Rechtswidrigkeit kann durch Rechtfertigungsgründe, die Schuld durch Schuldausschließungsgründe im Einzelfall und für Einzelpersonen ausgeschlossen werden, wenn eine besondere Notsituation die Erfüllung der Rechtsgebote unzumutbar macht. Die Strafausschließungsgründe, die nur persönlich, das heißt dem Täter zugute kommen, berühren nicht das Vorliegen einer rechtswidrigen und schuldhaften Tat. Trotz Strafausschließungsgrund bleibt die Tat eine rechtswidrige und schuldhafte Tatbestandserfüllung. (Dreher-Tröndle vor § 32 Rdn. 1 ff.; Schönke-Schröder §§ 32 ff. Rdn. 1 ff.)

393 RGSt 61 (1928) S. 256.

394 Peters: Lehre S. 498; Ders.: Abtreibung S. 73; Recht S. 86; Waider S. 459; Gritschneder: Strafgesetzbuch-Entwurf S. 397; Kaufmann: Rechtsfreier Raum S. 340; Häring: Gesetz S. 1012; Hirschmann: Beurteilung S. 80; vgl. DMGB Teil V Nr. 13-15 16. August 1949 S. 35.

395 Peters: Gesetz S. 221f.; Ders.: Abtreibung S. 73; Ders.: Lehre S. 498; Ammann S. 10f.; Häring: Gesetz S. 1012; Hirschmann: Beurteilung S. 80.

396 Gritschneder: Strafgesetzbuch-Entwurf S. 397; Karpf S. 66.

Zulässigkeit der Abtreibung nicht nur einer aufgezwungenen, sondern auch einer aus anderen Motiven ungewollten Schwangerschaft seit den ersten Jahren nach dem Ende des Krieges mit dem Notwehrrecht begründet worden.[397]Die Große Strafrechtskommission entschied 1958, daß bei Vorliegen einer medizinischen oder kriminologischen Indikation die Rechtswidrigkeit des ärztlichen Eingriffs ausgeschlossen sei.[398] Weniger eindeutig erläuterte dementgegen der Berichterstatter Ministerialdirigent Simon 1962 im Rechtsausschuß des Bundesrates, daß der Entwurf der Bundesregierung „die medizinisch indizierte Schwangerschaftsunterbrechung von der Strafbarkeit freistelle.“[399] Auch der Berichterstatter, der vor dem Plenum der Länderkammer das Votum des Rechtsausschusses für die Aufnahme einer dem § 160 E 1959 II entsprechenden Regelung der kriminologischen Indikation darlegte, begründete dies mit dem Interesse, der Schwangeren die Möglichkeit zu geben, mittels eines gerichtlichen Feststellungsverfahrens die „Straflosigkeit“ der Abtreibung einer ihr aufgezwungenen Schwangerschaft zu erwirken.“[400]

Man wird aus der Gründlichkeit, mit der die Große Strafrechtskommission das Thema der Rechtswidrigkeit diskutierte und aus der Zurückhaltung, welche die Berichterstatter im Bundesrat gegenüber diesem Aspekt zeigten, schließen können, daß bis in die sechziger Jahre hinein auch für die Indikationen de lege ferenda die Frage der Rechtmäßigkeit nicht ohne weiteres bejaht wurde. Wilderich Freiherr Ostman von der Leye (SPD) schrieb noch 1968, daß man die medizinische wie auch die kriminologische Indikation allenfalls entschuldigen, nicht aber rechtfertigen könne, ohne den Lebensschutz im Grundsatz aufzugeben.[401]

Es ist daher anzunehmen, daß auch beim indizierten künstlichen Abort ein allgemeines Unrechtsbewußtsein hinsichtlich der Abtreibung fortbestand. Dies korrespondiert mit der oben erwähnten Tatsache, daß bis 1976 ein Unwerturteil über die Abtreibung auch dort ausgesprochen wurde, wo man sich für eine erweiterte Indikationenregelung oder für die teilweise beziehungsweise völlige Aufhebung des § 218 StGB engagierte.[402]

---

397 Um den Paragraphen 218 S. 4; Gundert: Antwort S. 9; Fragenkomplex S. 27; Die „ethische Indikation“ S. 565; Becker, W.: Problem S. 1849. Man wird in dieser These, die auf scharfe juristische Ablehnung traf, nicht viel mehr erblicken können als den recht hilflosen Versuch, im Dilemma zwischen der als ausweglos anerkannten Situation der Schwangeren und dem Interesse, nicht die Rechtswidrigkeit der Tötung als schuldlos angesehener Menschen aufheben zu müssen, irgendeinen gangbaren Ausweg zu finden. Trotz seiner sowohl von Gegnern wie von Verfechtern hervorgehobenen Untauglichkeit zur Begründung der Straffreiheit der Abtreibung in besonderen Fällen beriefen sich noch in den siebziger Jahren verschiedene Bundestagsabgeordnete vor dem Parlament auf den Notwehr-Gedanken (Bundesminister Jahn (SPD) Sten. Ber. 7 WP 96 Si. v. 26. April 1974 S. 6488; Köster (CDU) Sten. Ber. 7 WP 95 Si. v. 25. April 1974 S. 6399; Dr. Jaeger (CSU) Ebd. S. 6417).

398 GStRK Ms. 70 Si. v. 6. März 1958 7 S. 126ff.

399 RA Ns. 254 Si. v. 26. Juni 1962 S. 30.

400 BR Sten. Ber. 248 Si. v. 12./13. Juli 1962 S. 140.

401 Ostman von den Leye: Reform S. 62.

402 Vgl. S. 91 Fn. 268.

Als weiteren Hinweis auf die sittliche Mißbilligung der Abtreibung ist die Tatsache zu werten, daß die Forderungen nach einer über die medizinische Indikation hinausgehenden Lockerung des § 218 StGB oft mit dem rechtfertigenden Hinweis verbunden wurden, daß die Straffreiheit des künstlichen Aborts keinesfalls dessen ethische Billigung oder dessen gesetzliche Rechtfertigung im engeren juristischen Sinne bedeute. Auf dieses Argument beriefen sich zu Beginn der sechziger Jahre einige der späteren Verfasser des Alternativ-Entwurfs.[403] In der rechtspolitischen Auseinandersetzung der siebziger Jahre geriet dieser Aspekt zu einem zentralen Topos der Argumentation für die Fristenregelung.

b) Die Rechtmäßigkeit der Abtreibung als Legitimation der Fristenmodelle

Zwischen 1971 und 1974 beschränkten sich die parlamentarischen Befürworter des Fristenmodells auf die Forderung, die Abtreibung solle in den ersten drei Monaten der Schwangerschaft „straffrei" beziehungsweise, wie es Dr. Timm (SPD) vorsichtig ausdrückte, „strafrechtlich möglich" sein.[404] Ebenso verlangte der vom Außerordentlichen Parteitag der SPD 1971 in Bonn verabschiedete Entschließungsantrag die „Straffreiheit" der Abtreibung im Rahmen einer Fristenregelung.[405] Auch der Fraktionsentwurf von SPD und FDP sah zunächst nur „Straffreiheit" vor, die auch dann gewährleistet sein solle, wenn weder ein Rechtfertigungsgrund noch ein Schuldausschließungsgrund vorliege.[406] Der Hinweis, das Fristenmodell bedeute lediglich Straffreiheit der Abtreibung und sei schon deswegen unbedingt den Indikationenmodellen vorzuziehen, welche die straffreie Abtreibung de lege ferenda für rechtmäßig erklärten, gehörte in den Beratungen des Strafrechtssonderausschusses zu den Schlüsselargumenten der Befürworter des SPD/FDP-Fraktionsentwurfs.[407]

---

403 Baumann (zit. in: Dettmar Cramer: „Müssen Kinder der Gewalt geboren werden?" In: FAZ v. 27. Oktober 1962); Kaufmann: Strafrechtsreform S. 39; vgl.: Janssen S. 72; Baumann: Schutz S. 34.

404 Dr. Focke (SPD) Sten. Ber. 7 WP 88 Si. v. 21. März 1974 S. 5818; Glombig (SPD) Ebd. S. 5758; Dr. Focke (SPD) Ebd. S. 5746; Funcke (FDP) Sten. Ber. 7 WP 33 Si. v. 17. Mai 1973 S. 1805; Dr. Timm (SPD) Ebd. S. 1812; Schlei (SPD) Sten. Ber. 7 WP 95 Si. v. 25. April 1974 S. 6332; Bundesgesundheitsministerin Katharina Focke (SPD), zit. in: Ste v. 29. März 1973.

405 Parteivorstand der Spd: Außerordentlicher Parteitag S. 6.

406 BT-Drs. Nr. 7/375 v. 21. März 1973 S. 1 u. 9.

407 Ostman von der Leye (SPD) SA Ber. 6 WP 76 Si. v. 12. April 1972 S. 2331; Dr. de With (SPD) SA Ber. 7 WP 15 Si. v. 26. September 1973 S. 657; diese Argumentation lag bereits dem Mehrheitsvorschlag des Alternativ-Entwurfs zugrunde: vgl. Grünwald AKR 58 Si. v. 14. September 1971 (AsD PS 182) S. 2: Die von der Mehrheit der am Alternativ-Entwurf beteiligten Professoren vorgeschlagene Regelung mache deutlich, daß die Abtreibung nicht als eine rechtlich und moralisch neutrale Handlung angesehen werde.

In zahlreichen Äußerungen vertraten führende Koalitionsabgeordnete die Ansicht, daß die Fristenregelung irgendeine, gelegentlich ausdrücklich als moralisch bezeichnete Bewertung der Abtreibung nicht vornehme. Die Frau werde nur nicht bestraft, „die Entscheidung über den sittlichen Wert" ihrer Tat sei „völlig offen".[408] Die Fristenregelung dürfe gerade nicht als „Erlaubnis" mißverstanden werden, die Straffreiheit bedeute eben nicht, daß die Abtreibung „in irgendeiner Weise gerechtfertigt" werden solle.[409] Der Abg. von Schoeler (FDP) hob hervor, daß auch die durch die Fristenregelung straffrei gestellte Abtreibung „eine rechtswidrige Tat" bleibe.[410]

Aus der Umkehrung dieser Argumentation wurde dann der grundsätzliche Einwand gegen die Indikationsenmodelle abgeleitet, daß diese eine Erlaubnis zur Abtreibung erteilten und ihr zugleich eine juristische Rechtfertigung verschafften.[411] Im Vermittlungsausschuß erklärte 1974 der niedersächsische Minister Heinke: „Jede Indikationenregelung mit ihren Rechtfertigungsgründen sei der schrecklichen Gefahr ausgesetzt, daß sich die Anhänger der Euthanasie eines Tages auf sie berufen könnten, der Gesetzgeber habe ja selbst aus den im Gesetz anerkannten Gründen auch den Schwangerschaftsabbruch zugelassen."[412] Im selben Sinne äußerte Ostman von der Leye (SPD): „Zumindest die kindliche und die allgemeine Indikation brächten es mit sich, daß sich die Tötungserlaubnis sowohl ihrem Wesen als auch ihrer Begründung

---

408 So von Schoeler (FDP) Sten. Ber. 7 WP 33 Si. v. 17. Mai 1975 S. 1775, der diese Äußerung im Deutschen Bundestag ein Jahr später – ungerechtfertigterweise – bestritt (Sten. Ber. 7 WP 95 Si. v. 25. April 1974 S. 6337). Funcke (FDP) Ebd. S. 1805; Dr. Timm (SPD) Ebd. S. 1812; von Schoeler (FDP) Sten. Ber. 7 WP 95 Si. v. 25. April 1974 S. 6345; Funcke (FDP) Ebd. S. 6389; Groß (FDP) Ebd. S. 6411f.; von Schoeler (FDP) SA Ber. 7 WP 30 Si. v. 27. März 1974 S. 1637 u. 1639; Mischnick (FDP) (FDK Jg. 142/73 v. 28. März 1973); FDK Jg. 403/72 v. 27. Oktober 1972; von Schoeler (FDP) (BPA/AN Hess. RF v. 25. März 1973/11.30/Gö Frankfurter Gespräch); FDK Jg. 391/71 v. 1. Dezember 1971; vgl. Rainer Klose: „Die Fristenlösung ist klarer". In: MüM v. 27. August 1974; Krockert, Horst: Thesen zur „Fristen"-Regelung bei der Strafbarkeit des Schwangerschaftsabbruchs (§§ 218 StGB) v. 15. Februar 1972 (ACDP 08-002-018/4) S. 2.

409 von Schoeler (FDP) Sten. Ber. 7 WP 33 Si. v. 17. Mai 1973 S. 1775; Dr. de With (SPD) SA Ber. 7 WP 15 Si. v. 26. September 1973 S. 675; Groß (FDP) Sten. Ber. 7 WP 95 Si. v. 25. April 1974 S. 6411; vgl. hierzu die Ausführungen von Prof. Stratenwerth in der mündlichen Verhandlung im Normenkontrollverfahren vor dem Bundesverfassungsgericht: „Denn mit der begrenzten Rücknahme der Strafdrohung verleiht das Fünfte Strafrechtsreformgesetz nicht etwa ein Recht auf den Schwangerschaftsabbruch, sondern erklärt ihn insoweit lediglich für unverboten" (Arndt/Erhard/Funcke S. 288).

410 von Schoeler (FDP) SA Ber. 7 WP 73 Si. v. 3. Dezember 1975 S. 2371.

411 Dr. de With (SPD) SA Ber. 7 WP 15 Si. v. 26. September 1973 S. 675; Ostman von der Leye (SPD) SA Ber. 6 WP 76 Si. v. 12. April 1972 S. 2343; SA Ber. 7 WP 22 Si. v. 7. Dezember 1973 S. 1334; SA Ber. 7 WP 71 Si. v. 26. November 1975 S. 2345; Funcke (FDP) (Arndt/Erhard/Funcke S. 283).

412 VA KProt. 12 Si. v. 21. Mai 1974 S. 17f.

nach nicht auf das Leben vor der Geburt beschränken lasse."[413] Der Abg. Brandt (Grolsheim) (SPD), der schon 1972 zu der Abgeordnetengruppe um Dr. de With (SPD) gehörte, die den ersten Fristenregelungsentwurf im Deutschen Bundestag einbrachte, fragte im Strafrechtssonderausschuß, mit welcher Begründung man über die Indikation und über das Urteil der Gutachterkommission „einen staatlich sanktionierten Rechtfertigungsgrund zum Töten liefere." Er sei nicht bereit, dazu beizutragen, irgendjemand einen solchen staatlichen Rechtfertigungsgrund zu liefern.[414]

Bei näherer Betrachtung ergeben sich indessen erhebliche Zweifel, ob diese Argumentation tatsächlich als eine authentische rechtspolitische Motivation der Fristenregelung angesehen werden kann. Denn diese Darlegungen sind rechtsdogmatisch widersprüchlich. Die Kritik an dem Ausschluß der Rechtswidrigkeit einer Abtreibung in den Indikationsmodellen und der Hinweis, daß der Eingriff im Rahmen der Fristenregelung zwar straffrei, aber doch rechtswidrig bleibe, ist unvereinbar mit der häufigen Äußerung, wonach der Fristenentwurf keine Wertung der straffrei gestellten Abtreibung vornehme. Auch die rechtliche Qualifizierung als „rechtswidrig" enthält eine Wertung durch die Rechtsordnung, und zwar ein sittliches Unwerturteil.

Selbst wenn man annehmen wollte, daß der Verzicht auf eine Wertung im Sinne eines „rechtsfreien Raumes" zu verstehen sei, wie ihn der Mitverfasser des Mehrheitsvorschlages des Alternativ-Entwurfs, Arthur Kaufmann, vertrat[415] und dessen Vorstellung gelegentlich bei Befürwortern der Fristenregelung anklang,[416] bliebe dieser Widerspruch bestehen. Denn diesem Gedanken liegt die Voraussetzung zugrunde, daß das Unwerturteil „rechtswidrig" durch die Rechtsordnung eben nicht gefällt werden könne.[417] Wie oben ausgeführt wurde,[418] hielten die Befürworter der Fristenregelung aber an der Rechtswidrigkeit der straffreien Abtreibung fest.

---

413 Ostman von der Leye (SPD) SA Ber. 7 WP 15 Si. v. 26. September 1973 S. 680; dem Präsidenten des Ersten Senats des Bundesverfassungsgerichtes schrieb der Abgeordnete: „Die eugenische Indikation mit der dazugehörigen Begründung eröffnet gerade nach der Theorie ‚Einheit des Lebens' das Tor zur Euthanasie. Die Fortwirkung dieser Regelung als Rechtfertigungsgrund auch auf als geborene Leben ist aus Gründen der logischen Konsequenz nicht mehr aufzuhalten" (Schreiben v. Wilderich Freiherr Ostman von der Leye v. 22. Januar 1975 an den Präsidenten des Ersten Senats des Bundesverfassungsgerichts (AsD PS 180).

414 Brandt (Grolsheim) (SPD) SA Ber. 7 WP 20 Si. v. 28. November 1973 S. 1285; nachdem die Fristenregelung vor dem Bundesverfassungsgericht gescheitert war und die Koalition eine Indikationenregelung vorbereitete, erklärte der Abg. Ostman von der Leye (SPD) vor der Fraktion seiner Partei im Deutschen Bundestag, er sei gegen diese Reform, weil sie Rechtfertigungsgründe zum Töten enthalte (SPD Fr. Si. v. 17. Juni 1975 (AsD FS Prot. VII 1063) S. 5).

415 Kaufmann: Rechtsfreier Raum S. 339ff.

416 Der Abg. Dr. de With (SPD) verwendete im Strafrechtssonderausschuß den Begriff „im straffreien Raum" (SA Ber. 7 WP 30 Si. v. 27. März 1974 S. 1637).

417 Kaufmann: Rechtsfreier Raum S. 341f.

418 Vgl. S. 297ff.

Ferner wird man nicht die augenfällige Disproportionalität übersehen dürfen, die zwischen der rechtsdogmatischen Strenge jener Argumente einerseits und den rechtspolitischen Zielvorstellungen ihrer Vertreter andererseits bestand. Denn der entschieden vorgetragenen Forderung, die Abtreibung dürfe in keinem Fall irgendwie staatlich gebilligt werden, damit der Grundsatz des Lebensschutzes nicht Schaden nehme, stand die mit gleicher Entschlossenheit vertretene Ansicht gegenüber, die an keinerlei Indikationen gebundene Tötung ungeborener Kinder in den ersten drei Schwangerschaftsmonaten zu ermöglichen.

Die Befürworter einer Fristenregelung versuchten dieses Spannungsverhältnis zu lösen, indem sie sich auf die unterschiedliche juristische Qualität beriefen, die der Straffreiheit beim Fristenmodell einerseits und der Rechtmäßigkeit der Abtreibung beim Indikationenmodell andererseits zukämen. In Anbetracht der nach damaligen Erkenntnissen[419] zu erwartenden praktischen Auswirkung der Fristenregelung erhebt sich allerdings die Frage, ob dieser rechtsdogmatischen Unterscheidung nicht ein Denken zugrundeliegt, das sich jenseits der Plausibilitätsgrenze bewegt.

Zweifel an der Authentizität dieser Argumentation ergeben sich nicht zuletzt aus der Tatsache, daß von anderen Vertretern eines Fristenregelungsentwurfes eine völlig entgegengesetzte Argumentation vertreten wurde. Die 1972 im Bundesrat gestellten Anträge Hamburgs und Hessens, die eine Fristenregelung vorsahen, trugen beide im Gesetzestext die Überschrift „Erlaubter Schwangerschaftsabbruch".[420] Die Antragsteller führten hierzu aus, daß der im Antrag gebrauchte Begriff „straffrei" den „Ausschluß der Rechtswidrigkeit" meine.[421] Das bedeutet, daß die Beibehaltung der Rechtswidrigkeit bereits am Beginn des Gesetzgebungsverfahrens nicht durchgängig zu den Zielen der Fristenregelung gehörte. Ihre Anhänger waren im dementgegen teilweise offen bestrebt, die Rechtmäßigkeit der zulässigen Abtreibung de lege ferenda abzusichern.

Da außerdem die Befürworter des Fristenmodells sich darüber einig waren, daß die Kosten einer zulässigen Abtreibung von den Krankenkassen getragen werden sollten, kann es keinen Zweifel geben, daß ihr Entwurf, indem er die indikationslose Abtreibung in den ersten drei Monaten der Schwangerschaft erlaubte, deren Rechtmäßigkeit voraussetzte.[422] Daß die bei einer solchen Abtreibung entstehenden Behandlungskosten durch die Kassen getragen werden sollten, ist nach den Angaben der Befürworterin des Fristenmodells, Marie Schlei (SPD), nie strittig gewesen.[423] Bereits für die

419 Vgl. S. 245ff.

420 UA Ns. Si. v. 28./29. Februar 1972 S. 12; RA Ns. 380 Si. v. 8. März 1972 S. 55f.

421 UA Ns. Si. v. 28./29. Februar 1972 S. 15f.

422 Siehe hierzu auch: Verhülsdonk, Roswitha: Bericht über die Generaldebatte des Ausschusses „Arbeit und Sozialordnung" v. 23. Januar 1974 zum Gesetzentwurf über ergänzende Maßnahmen zum 5. Strafrechtsreformgesetz (BT-Drs. Nr. 7/376 v. 21. März 1973) (ACDP VIII-001-320/1) S. 2f.

423 Marie Schlei: Arbeitsbericht der Ad-hoc-Arbeitsgruppe „Reform § 218 – soziale Ergänzungsmaßnahmen" v. Dezember 1973 (AsD FS Prot. VII 1058) S. 2ff.

Anfangsphase der innerparteilichen Meinungsbildung in der SPD ist nachweisbar, daß die Anhänger der Fristenregelung sich des Problems der Krankenkassenfinanzierung bewußt waren und die Absicht hatten, diese auch in ihrem Modell zu regeln.[424]

Schon von daher ist die These begründet, daß die Befürworter der Fristenregelung in der SPD die Rechtmäßigkeit der indikationslosen Abtreibung innerhalb der ersten drei Schwangerschaftsmonate zumindest billigend ins Kalkül gezogen haben dürften. Denn es war einhellige juristische Auffassung, daß die zivil- und strafrechtlichen Implikationen der Strafrechtsreform nur unter der Voraussetzung der Rechtmäßigkeit dieser Eingriffe regelbar seien. Dies betraf den Anspruch auf die ärztliche Behandlung, die kassenärztliche Finanzierung, das Polizeirecht, das öffentliche Recht, die Freistellung des Operateurs und des medizinischen Hilfspersonals von strafrechtlichen Sanktionen sowie die gegen eine nicht rechtmäßige Abtreibung mögliche Notwehr und Nothilfe.

Die ehemalige Bundesrichterin Else Koffka stellte bereits 1972 in einem Aufsatz zur Reform des Abtreibungsstrafrechts fest, daß der Staat nur solche Abtreibungen straflos lassen könne, die er positiv billige, weil der Sinn jeglicher Reform verfehlt werde, wenn eine öffentliche oder öffentlich finanzierte Mitwirkung ausgeschlossen würde.“[425] Niemand unter den Befürwortern eines Fristenmodells widersprach den diesbezüglichen Ausführungen der Vertreter des Bundesjustizministeriums im Strafrechtssonderausschuß. Diese ließen keinen Zweifel daran, daß der Gesetzgeber aus den zuvor genannten Gründen vor der Alternative stehe, etwas zu verbieten oder zu erlauben: „tertium non datur.“ Der ärztliche Schwangerschaftsabbruch im ersten Trimester der Schwangerschaft „ist im Rahmen der Fristenregelung nicht rechtswidrig; er ist erlaubt.“[426] Es ist nicht anzunehmen, daß den Juristen unter den Ausschußmitgliedern dieser Sachverhalt verborgen geblieben wäre.

Die Verfechter des SPD/FDP-Fraktionsentwurfs nahmen die Ausführungen der Beamten aus dem Bundesjustizministerium nicht nur im ganzen widerspruchslos zur Kenntnis. Sie akzeptierten diese Argumente binnen kurzem und machten sie sich wenig später selbst zu eigen. Die Anhänger des Fristenmodells, die seit Dezember 1973 noch zu diesem Thema Stellung nahmen, wichen zunächst auf die Position aus, daß die Fristenregelung zwar auch eine Rechtfertigung der Abtreibung bedeute, dies aber formal mit einer normativen Frist begründet sei und nicht materialiter.[427] Der Abg. Coppik (SPD) erklärte schließlich im März 1974, bei den Paragraphen 218 a und 218

424 Dr. de With (SPD) AKR 58 Si. v. 14. September 1971 (AsD PS 182) S. 14.

425 Koffka S. 351.

426 MR Horstkotte (BMJ) SA Ber. 7 WP 26. September 1973 S. 683f.; MR Horstkotte (BMJ) SA Ber. 7 WP 25 Si. v. 13. Februar 1974 S. 1470 u. 1473f.; MR Horstkotte (BMJ) SA Ber. 7 WP 30 Si. v. 27. März 1974 S. 1639; MR Horstkotte (BMJ) SA Ber. 7 WP 22 Si. v. 7. Dezember 1973 S. 1336; MDirig. Dr. Sturm (BMJ) Ebd. S. 1335.

427 Ostman von der Leye (SPD) SA Ber. 7 WP 28 Si. v. 13. März 1974 S. 1582; Ostman von der Leye (SPD) SA Ber. 7 WP 22 Si. v. 7. Dezember 1973 S. 1336; Dr. de With (SPD) Ebd. S. 1335.

b der Fristenregelung handele es sich „rechtssystematisch um Rechtfertigungsgründe, die eine Rechtswidrigkeit ausschlössen."[428] Die Anhänger der Fristenregelung gaben damit fast übergangslos einen Standpunkt auf, den sie bis dahin als unaufgebbares Essential ihres Entwurfs präsentiert hatten.

Daraus ergeben sich grundlegende Zweifel an der Behauptung, daß der Verzicht auf eine inhaltliche, also sittliche Bewertung der zulässigen Abtreibung de lege ferenda das „Essentielle" oder der „Kern" der Fristenregelung gewesen sei.[429] Dasselbe gilt für die öffentlich bekundete Absicht, die Rechtswidrigkeit der zulässigen indikationslosen Abtreibung beibehalten zu wollen. Diese Zweifel führen zu der Frage, ob die rechtsethischen Aspekte überhaupt zu den wesentlichen Anliegen der Fristenregelung gehörten, oder ob sie nicht vielmehr für die diesem Modell zugrundeliegenden rechtspolitischen Motivationen belanglos waren.

Die von den Ministerialbeamten vertretene Auffassung, daß der Gesetzgeber die zulässige Abtreibung für rechtmäßig erklären müsse, damit der angestrebte Regelungserfolg erreicht werde, geriet schließlich nicht nur zur Legitimation der Rechtmäßigkeit

---

428 Coppik (SPD) SA Ber. 7 WP 30 Si. v. S. 1641; Coppik bezieht sich auf die Vorlage für die Arbeitskreissitzung am 26. März 1974 (EBD. Anlage 2 S. 1663); in dem Bericht und Antrag des Ausschusses für Arbeit und Sozialordnung zu dem von den Fraktionen der SPD und FDP eingebrachten Entwurf eines Gesetzes über ergänzende Maßnahmen zum Fünften Strafrechtsänderungsgesetz, das eine Reihe von flankierenden sozialpolitischen Maßnahmen zur geplanten Änderung des § 218 StGB regelte, heißt es mehrfach, daß bestimmte Sozialleistungen auch dann gewährt würden, wenn ein „erlaubter Abbruch der Schwangerschaft" die Ursache für die „unverschuldete Verhinderung an der Arbeitsleistung" oder „Dienstleistung" sei (BT-Drs. Nr. 7/1753 v. 5. März 1974 S. 10 u. 11; vgl. UA Ns. Si. v. 23. April 1974 S. 7ff.). Der Vertreter der Bundesregierung begründete den Angaben der Unionsabgeordneten Roswitha Verhülsdonk zufolge die Krankenkassenfinanzierung der aufgrund der Fristenregelung vorgenommenen Abtreibung gerade mit der „vom Gesetzgeber zugestandenen Billigung", die der Regierungsvertreter aus der fehlenden gesetzlichen Mißbilligung im Umkehrschluß folgerte (Verhülsdonk, Roswitha: Bericht über die Generaldebatte des Ausschusses „Arbeit und Sozialordnung" v. 23. Januar 1974 zum Gesetzentwurf über ergänzende Maßnahmen zum 5. Strafrechtsreformgesetz (BT-Drs. Nr. 7/376 v. 21. März 1973) (ACDP VIII-001-320/1) S. 2). Sowohl diese Stellungnahme von seiten der Regierung als auch die Erklärungen der zitierten Koalitionsabgeordneten nach der Revision der ursprünglich vertretenen Auffassung stehen allerdings im Widerspruch zu der Zwitterposition, welche die Anhänger der Fristenregelung schließlich in der mündlichen Verhandlung im Normenkontrollverfahren vor dem Bundesverfassungsgericht einnahmen. Die Professoren Stratenwerth, Schneider und Ehmke (SPD) hoben hervor, die Fristenregelung erkläre den Eingriff „lediglich für unverboten" und gaben zu verstehen, daß die durch das Gesetz ausgesprochene „Formelle Rechtfertigung" die „materielle Rechtswidrigkeit" der nach dem Fünften Strafrechtsreformgesetz zulässigen Abtreibung nicht ausschließe (ARNDT/ERHARD/FUNCKE S. 287f. u. 289). Prof. Ehmke (SPD) verwahrte sich gegen die auf die Rechtmäßigkeit abzielenden Einwände der Antragsteller: Die Fristenregelung bedeute gerade nicht, daß der Staat den Eingriff erlaube, so daß ihm, Ehmke, „von dort her gar nicht klar ist, was die Frage der Rechtmäßigkeit dann eigentlich soll" (EBD. S. 316).

429 von Schoeler (FDP) SA Ber. 7 WP 30 Si. v. 27. März 1974 S. 1637 u. 1639.

der straffreien Abtreibung im Rahmen der Fristenregelung, sondern lag ebenso der nach dem Bundesverfassungsgerichtsurteil beschlossenen Indikationenregelung zugrunde.[430] Ähnliches gilt im ganzen auch für die übrigen Indikationsentwürfe, wie bereits die einschlägige Erläuterung zum Referentenentwurf zeigt, auf der sowohl die Regierungsvorlage wie auch der Gruppenentrag Dr. Müller-Emmert basierten.[431] Diese Position machte sich ebenfalls die Begründung des CDU/CSU-Fraktionsentwurfs zu eigen,[432] auf den sich auch der Gruppenantrag Dr. Heck berief.[433]

Der Gesetzgeber beabsichtigte die sittliche Billigung der straffreien Abtreibung nicht deswegen in die Rechtsordnung aufzunehmen, weil er meinte, solche Eingriffe billigen zu können, sondern obwohl er sie – nach dem Bekunden fast aller am Gesetzgebungsverfahren Beteiligten – nicht billigte. Er zeigte sich bereit, eine das Tötungsverbot betreffende, die sittlichen Grundlagen der Rechtsordnung berührende Wertentscheidung nicht aufgrund sittlicher, sondern aufgrund pragmatischer Kriterien zu treffen. Folglich war diese gesetzgeberische Entscheidung auch keine „Wert"-Entscheidung, sondern eben eine unter Ausschluß sittlicher Kriterien zustande gekommene und damit letzten Endes nicht-sittliche Entscheidung, an einem Punkt, wo eine moralische Stellungnahme vom Gesetzgeber gefordert war.[434]

---

430 MR Horstkotte (BMJ) SA Ber. 7 WP 25 Si. v. 13. Februar 1974 S. 1472; MR Horstkotte (BMJ) SA Ber. 7 WP 22 Si. v. 7. Dezember 1973 S. 1336; MDirig. Dr. Sturm (BMJ) Ebd. S. 1335; Ostman von der Leye (SPD) SA Ber. 7 WP 71 Si. v. 26. November 1975 S. 2346; Dr. Müller-Emmert (SPD) Ebd.

431 Erläuterungen zu dem Referentenentwurf eines Fünften Gesetzes zur Reform des Strafrechts, o. Dat., vermutlich Oktober 1971 (AsD PS 181) S. 26; BT-Drs. Nr. 6/3434 v. 15. Mai 1972 S. 18.

432 BT-Drs. Nr. 7/554 v. 11. Mai 1973 S. 6; mit anderer Nuancierung dagegen der Erste Bericht des Strafrechtssonderausschusses zu diesem Entwurf, der zur gesetzlich indizierten Abtreibung feststellt: „Selbst unter ethischen Gesichtspunkten wird der Eingriff in der Regel nicht zu mißbilligen, häufig sogar im Gegenteil ausdrücklich zu begründen sein."

433 Die kurze, auf den Fraktionsentwurf verweisende Begründung des Heck-Entwurfs spricht von „Straffreiheit", ohne deren rechtliche Qualität näher zu bestimmen. Da die Begründung sich im übrigen am Fraktionsentwurf orientiert, wird man wohl auch hier die Rechtmäßigkeit des medizinisch indizierten künstlichen Abortes annehmen sollen. Anders, aber terminologisch nicht ganz eindeutig Köster (CDU) (SA Ber. 7 WP 25 Si. v. 7. Dezember 1974 S. 1455): Legalisierung bedeute nicht „Erlaubtheit" oder „Rechtens", sondern „Zusicherung von Straffreiheit"; ebensowenig Klarheit verschafft die im Ersten Bericht des Strafrechtssonderausschusses zu diesem Entwurf implizit getroffenen Unterscheidung zwischen der Abtreibung aus medizinische Indikation, die „nicht bestraft werden" dürfe, und solchen Abtreibungen, die das Gesetz „nicht als gerechtfertigt ansehen kann" (BT-Drs. Nr. 7/1984 (neu) v. 24. April 1974 S. 5f.).

434 Das Ausgeführte bezieht sich auf die Intentionen des Gesetzgebers, soweit diese sich aus den Quellen rekonstruieren lassen. Dies berührt nicht die im juristischen Schrifttum umstrittene Frage, wie die Regelung zu beurteilen ist, die der Gesetzgeber schließlich im Wortlaut des Gesetzes fixiert hat. Denn dort heißt es lediglich, daß die von einem Arzt vorgenommene Abtreibung unter bestimmten Voraussetzungen „nicht nach § 218 strafbar" sei. Dies gilt insbesondere für das 1976 verabschiedete Gesetz. So wird die Ansicht, alle

C. Anthropologische Konzeptionen in der Auseinandersetzung über § 218 StGB (1962-1976)

I. Menschenbilder: die Ausformung gegensätzlicher Anschauungen über Genese und Wesen des Menschen

Die historische Untersuchung der Meinungs- und Willensbildung zur Abtreibung könnte mit der Behandlung der ereignisgeschichtlichen Aspekte, ihrer rechtsphilosophischen und rechtspolitischen Hintergründe abschließen. Wenn jedoch Geschichte nicht nur als Wissenschaft von der Vergangenheit, sondern auch als „Erfahrungsraum und Reflexionsmedium der jeweils erstrebten sozialen oder politischen Handlungseinheit“[435] begriffen werden und zur Identitätserforschung sozialer Großgebilde[436] beitragen soll, ist es legitim, noch einen Schritt weiterzugehen und die Frage zu stellen, wie in den Gesetzen von 1974 und 1976 der Streit über § 218 StGB im Kontext der zeitgenössischen Anthropologie einzuordnen ist. Das Erkenntnisinteresse richtet sich dann auf die Frage, ob und inwieweit hier politische Zielvorstellungen durch anthropologische Konzeptionen beeinflußt wurden.[437] Damit berühren wir die Grundlagen unseres Staates. Denn die Anthropologie versucht zu erklären, was der Mensch ist und fragt damit, unter welchen Bedingungen dem menschlichen Leben Menschenwürde zukommt. Artikel 1 des Grundgesetzes bezeichnet den Schutz der Menschenwürde als die „Verpflichtung aller staatlichen Gewalt“ und die unverletzlichen und unveräußerlichen Menschenrechte als „Grundlage jeder menschlichen Gemeinschaft“. Also ist zu prüfen, ob und wie die anthropologischen Konzeptionen diesem „Wertanspruch“[438] genügen. Aus dieser Perspektive wird dann erkennbar, was

---

vier in diesem Gesetz vorgesehenen Indikationen enthielten Rechtfertigungsgründe und eine indizierte Abtreibung sei folglich stets rechtmäßig, in der rechtswissenschaftlichen Literatur überwiegend verworfen (TRÖNDLE S. 66ff.; KLUTH S. 547ff.: dort zahlreiche weitere Nachweise).

435 So KOSELLECK (S. 694) in Anlehnung an Droysens Einleitung zur „Geschichte der preußischen Politik“. Dort heißt es: Die Geschichte „hat es mit Nichten nur mit der Todtenmaske der Vergangenheiten zu thun; auch die fernen, wie viel mehr erst die näheren sind noch da, leben, wirken noch mit; nur ihre Summe ist das Jetzt und Hier, in das jeder hineingeboren wird, an seinem Theil das Gewordene mit dem, was werden will, zu vermitteln; sie sind dem Staat, dem Volk, jedem geschichtlichen Leben die Bedingung und der Stoff seines weiteren Werdens. Verstehend und verstanden ist ihnen ihre Geschichte ein Bewußtsein über sich, ein Verständnis ihrer selbst. So fordert sich unsere Wissenschaft ihre Stelle und ihre Pflicht in dem je Werdenden; was um uns her und mit uns geschieht, was ist es anders als die Gegenwart der Geschichte, die Geschichte der Gegenwart“ (DROYSEN S. III).

436 REPGEN: Christ S. 331.

437 Zum hier verwendeten Anthropologie-Begriff vgl. S. 1.

438 Dürig in Maunz-Dürig Komm. z. GG Art. 1 Rdnr. 2.

die Ziele der Rechtspolitik für die Grundlagen des menschlichen Zusammenlebens und deren historischen Wandel bedeuten. Dieser Weg wird im folgenden Kapitel eingeschlagen.

Unsere Untersuchung wird sich dabei nicht allein auf jene anthropologischen Konzeptionen beschränken, welche die politische Willensbildung nachweislich beeinflußt haben und im politischen Streit zitiert oder allegiert worden sind. Denn es sind unabhängig davon auch Überlegungen entwickelt worden, die von der breiten Öffentlichkeit weitgehend ignoriert wurden, die aber ein hohes Reflexionsniveau hatten und die bis in die Gegenwart hinein wirksam sind.[439] Auch solche Gedanken sind historisch bedeutsam und müssen beschrieben werden, soll die Darstellung vollständig sein. Sie erlauben Rückschlüsse auf „das sittliche Anspruchsniveau einer Gemeinschaft, eines Staates",[440] geben also Aufschluß über die Bedingungen, unter denen 1974 und 1976 die Strafrechtsnormen gestaltet wurden.

Das Erkenntnisziel dieses Kapitels besteht also in der Antwort auf folgende Fragen: Wie wurde die Abtreibung allgemein bewertet? Welche anthropologischen Konzeptionen gab es in bezug auf die Abtreibung? Haben sie die Meinungs- und Willensbildung zum § 218 StGB beeinflußt? Was ergibt sich daraus für die vorrechtlichen Grundlagen der verschiedenen rechtspolitischen Zielvorstellungen?

1. Abtreibung als Tötungshandlung

Es wurde bereits gezeigt, daß der seit 1945 weitgehend unbestrittene Konsens darüber, daß Abtreibung in jedem Fall Tötung sei, bis 1976 nicht grundsätzlich in Frage gestellt worden ist. Diese Überzeugung beschränkte sich nicht auf einzelne Gruppen, sondern war Allgemeingut von Medizinern, Juristen, Soziologen, Theologen und Politikern.[441] Besonders von Ärzten wurde hervorgehoben, daß Abtreibung nicht Tötung irgendwelchen Lebens, sondern „Tötung eines Kindes", eines „ungeborenen

---

439 Vgl. Hans-Martin SASS: „Wann beginnt das Leben? Dreißig Tage nach der Empfängnis: Die Entwicklung des Gehirns macht den Menschen aus". In: Z v. 30. November 1990, der sich auf die Theorien der im folgenden behandelten Theologen Karl Rahner und Franz Böckle bezieht.

440 Prof. Bökmann SA Ber. 7 WP 76 Si. v. 12. April 1972 S. 2326.

441 TRILLHAAS S. 115; KEPP: Gesichtspunkte S. 1704; MÜLLER/STUCKI S. 2; BOCKELMANN S. 214ff.; GIESEN: Strafwürdigkeit S. 253; WÄCHTER S. 47; Wilm (Präses der Evangelischen Kirche von Westphalen) zit. in: We v. 28. August 1963; Adolf ARNDT: „Die Grenze des weltlichen Staates". In: HA v. 20. Oktober 1962; Prof. Siebel SA Ber. 6 WP 75 Si. v. 11. April 1972 S. 2240; Dr. Rolinski SA Ber. 6 WP 74 Si. v. 10. April 1972 S. 2221; Prof. Prill EBD. S. 2171; Prof. Bickel EBD. S. 2189; EHRENBRAND S. 2; PREISER S. 170; RECHTSAUSSCHUSS DER EVANGELISCHEN FRAUENARBEIT IN DEUTSCHLAND S. 1; Wilkens SA Ber. 6 WP 76 Si. v. 12. April 1972 S. 2336; Friedrich Wetter (Bischof von Speyer), Auszug aus einer Ansprache beim 37. Diözesan-Katholikentag in Johanniskreuz am 11. Juli 1971 (KATHOLISCHER ARBEITSKREIS S. 165.

Menschen", „eines lebenden Menschen" sei.[442] Nicht nur Theologen, sondern besonders Ärzte bezeichneten darüber hinaus die Abtreibung als „Mord".[443] Auf der anderen Seite machten gerade Vertreter der Kirchen darauf aufmerksam, daß der Begriff „Mord" juristisch präzise definiert sei und deswegen auf die Abtreibung – unbeschadet der ethischen Bewertung – besser nicht angewendet werden solle.[444]

Daß Abtreibung eine Tötung sei, wurde ebenfalls von Anhängern unterschiedlich weitreichender Lockerungsbestrebungen zum § 218 StGB, auch von Vertretern der Fristenregelung, unumwunden eingeräumt.[445] Diese Beurteilung der Abtreibung als Tötungshandlung lag sowohl dem Gesetzentwurf der Bundesregierung und mithin ebenso dem Gruppenantrag Dr. Müller-Emmert als auch dem von den Fraktionen der SPD und FDP eingebrachten Fristenregelungsentwurf zugrunde.[446] Daß Abtreibung keine Tötung sei, wurde nur sehr selten behauptet. Wo dies geschah, vermied man eine Begründung[447] oder führte zur Rechtfertigung semantische Konstruktionen an, denen

---

442 Rudolf DEGKWITZ: „Zur ‚ethischen Indikation'". In: RhM v. 9. August 1963; EVERSMANN: Schwangerschaftsbeendigung S. 2574; KEPP: Empfängnisverhütung S. 52; DERBOLOWSKI/STEPHAN S. 3361; Deutsche psychotherapeutische und sozialmedizinische Gesellschaft e. V. (KATHOLISCHER ARBEITSKREIS S. 346); WAGNER S. 304; Dr. Derbolowski SA Ber. 6 WP 74 Si. v. 10. April 1972 S. 2227.

443 EMMINGER S. 33; MÜLLER, C.: Verantwortung S. 209; DERS.: Die ethische Indikation S. 44, 51 u. 54; Schneider, Josef (Erzbischof von Bamberg), Predigt in der Jahresschlußfeier in der Pfarrkirche St. Martin in Bamberg am 31. Dezember 1971 (KATHOLISCHER ARBEITSKREIS S. 134); Stimpfle, Josef (Bischof von Augsburg), Erklärung vom 18. Juni 1971 (EBD. S. 136); Tenhumberg, Heinrich (Bischof von Münster), Auszug aus einer Rede in der Halle Münsterland (EBD. S. 151); ARNDT: Problematik S. 106f.

444 TRILLHAAS S. 115; Franz BÖCKLE: „Kann die Frau allein entscheiden?" In: Pu v. 13. August 1971; Lorenz Kardinal Jaeger (Erzbischof von Paderborn) Interview mit „Neue Bildpost" (KATHOLISCHER ARBEITSKREIS S. 102); Prof. Bökmann SA Ber. 6 WP 76 Si. v. 12. April 1972 S. 2326.

445 Dr. de With (SPD) SA Ber. 7 WP 15 Si. v. 26. September 1973 S. 675; BAUMANN: Schutz S. 34; LINKE S. 101; KRIELE: Urteil S. 73; ARNDT: Problematik S. 106f.; Ostman von der Leye (SPD) SA Ber. 7 WP 15 Si. v. 26. September 1973 S. 680; Brandt (Grolsheim) (SPD) SA Ber. 7 WP 20 Si. v. 28. November 1973 S. 1285; Innenminister Weyer (FDP) BR Sten. Ber. 405 Si. v. 10. Mai 1974 S. 149; Empfehlungen der Antragskommission zur Reform der §§ 218 StGB mit Synopse. o. Dat. (AsD PS 179) S. 4: Die Verfasser bestreiten, daß Abtreibung „Mord" sei, leugnen indessen nicht, daß es sich dabei um eine Tötung handelt; Brandt (Grolsheim) (SPD) AKR 58 Si. v. 14. September 1971 (AsD PS 182) S. 17, führte im Arbeitskreis aus, daß alle Fristen willkürlich seien und „daß qualitative Unterschiede hinsichtlich des Tötens unauffindbar seien."

446 BT-Drs. Nr. 6/3434 v. 15. Mai 1972 S. 8, 9 u. 10; BT-Drs. Nr. 7/1981 (neu) v. 24. April 1974 S. 12.

447 von Schoeler (BPA/AN, Hess. RF/20. Mai 1973/11.30 Frankfurter Gespräch S. 52); HELDMANN: Anmerkungen S. 339.

eine gewisse sprachliche Suggestivkraft eignen mag, die aber vor dem Hintergrund der embryologischen Fakten als Fiktionen zu bezeichnen sind.[448]

Da Abtreibung weitestgehend als Tötung eines Menschen aufgefaßt wurde, orientierten sich die zeitgenössischen Bezeichnungen für das ungeborene Leben – im Gegensatz zu dem vor den sechziger Jahren weit verbreiteten Terminus „keimendes Leben" – zunehmend an den Begriffen „Mensch", „Kind" oder „ungeborenes Leben".[449] Diese Bezeichnungen „Mensch" und „Kind" wurden auch von Anhängern unterschiedlicher Änderungsbestrebungen zum § 218 StGB verwendet.[450] Beide Begriffe finden sich in den Ländervorlagen für eine Fristenregelung,[451] im Entschließungsantrag des Außerordentlichen SPD-Parteitags vom November 1971[452] und in dem Bundestagsantrag der Koalitionsfraktionen zum Fünften Strafrechtsergänzungsgesetz vom 26. April 1974.[453]

2. *Fertilisation, Individualität und Personalität*

In der zeitgenössischen Debatte bestand ein weitgehender Konsens darüber, daß die Individualität ein ausschlaggebendes Kriterium „für volles Menschsein, für die Spezifität des menschlichen Lebens" sei.[454] Dieser Konsens erstreckte sich ebenso auf den Begriff der Personalität, der meist, aber nicht immer, als ein Synonym für

---

448 HELDMANN: Abschaffung S. 208, leitete aus der Unterscheidung zwischen „dem in das Leben eingetretenen Leben" und „dem werdenden Leben" die „Feststellung in ihrer ganzen Banalität", ab, Abtreibung sei „nicht die Tötung eines Menschen"; HILD S. 108: Abtreibung sei nur die „‚Vernichtung des bloßen Lebensversprechens, das im Fötus vorhanden ist'"; DANTINE S. 37f. spricht zwar von der „Tötung des Embryos", die aber kein Mord, soll wohl heißen, keine Menschentötung sei, sondern nur „Vernichtung von Hoffnungsgut."

449 Rudolf DEGKWITZ: „Zur ‚ethischen Indikation'". In: RhM v. 9. August 1963; HABENICHT S. 689; MÜLLER, C.: Verantwortung S. 209; HORNIG S. 80; Dr. Ahrens SA Ber. 6 WP 75 Si. v. 11. April 1972 S. 2261; Dr. Rolinski SA Ber. 6 WP 74 Si. v. 10. April 1972 S. 2226; Prof. Zander EBD. S. 2165f.; Prof. Bickel EBD. S. 2189; Dr. Derbolowski EBD. S. 2226; vgl. MENDE S. 80 u. KARPF S. 42.

450 Prof. Brocher SA Ber. 6 WP 74 Si. v. 10. April 1972 S. 2206; Dr. Hobbing SA Ber. 6 WP 75 Si. v. 11. April 1972 S. 2287; Bundesjustizminister Jahn (SPD) BR Sten. Ber. 378 Si. v. 24. März 1972 S. 492; Karl-Heinz HANSEN: „Objekt der Ärztejustiz". In: Vo v. 23. September 1971; MDir Bahlmann (BMJ) SA Ber. 7 WP 25 Si. v. 13. Februar 1974 S. 1478; Innenminister Weyer (FDP) BR Sten. Ber. 405 Si. v. 10. Mai 1974 S. 150; Justizminister Hemfler (SPD) BR Sten. Ber. 406 Si. v. 31. Mai 1974 S. 206; von Schoeler (FDP) (S v. 26. März 1973).

451 RA Ns. 380 Si. v. 8. März 1972 S. 62 u. S. 64.

452 PARTEIVORSTAND DER SPD: Außerordentlicher Parteitag S. 6.

453 BT-Drs. Nr. 7/2042 v. 26. April 1974 S. 2.

454 HILD S. 110; vgl.: BÖCKLE: Beginn S. 65ff.; ZIMMER S. 7; SIEGMUND: Beginn S. 171; BÖCKLE: Fragen S. 43; WÄCHTER S. 58; RUFF: Personalität S. 27; ESER: Reform S. 727; DERS.: Diskussion S. 242 u. 246; Prof. Hinrichsen SA Ber. 6 WP 74 Si. v. 10. April 1972 S. 2143.

Individualität verwendet wurde.[455] Vor allem auf medizinischer Seite vertrat man die Auffassung, daß die Individualität beziehungsweise die Personalität des Menschen mit dem Abschluß der Befruchtung entstehe,[456] denn „nicht früher und nicht später wird eine neue, von der biologischen und seelischen Eigenart der Eltern grundsätzlich und einzigartig verschiedene menschliche Individualität programmiert."[457] Mit der Befruchtung entstehe eine einmalige und unwiederholbare „spezifische Genkombination", seien „alle Anlagen individueller menschlicher Entwicklung" vorhanden.[458] Der Mensch sei deswegen ein Individuum von Anfang an, und die Frage, wann eine befruchtete menschliche Eizelle ein Mensch werde, sei schon im Ansatz verfehlt.[459] „Ein Mensch ‚wird' nicht Mensch, sondern ‚ist' Mensch und verhält sich von Anfang an als ein solcher. Und zwar in jeder Phase, von der Befruchtung an. Die spezielle Frage nach seiner späteren Stellung im sozialen Zusammenhang oder die Frage nach der juristischen Beziehung zwischen bestimmten Tätigkeitsbereichen von Menschen hat mit dem biologischen Begriff ‚Mensch' zunächst noch nichts zu tun", hieß es. „Ein menschlicher Keim ist keine Bildung, zu der nachträglich als Accidens das Menschsein hinzukäme", stellte der renommierte Humanembryologe Erich Blechschmidt fest.[460]

Man machte dafür geltend, daß die befruchtete Eizelle von der Fertilisierung an eine Potentialität im Sinne aller notwendigen Voraussetzungen für eine normale weitere Entwicklung aufweist.[461] Aus diesem Sachverhalt wurde von Medizinern

---

455 Rochus Spiecker: „Bestraft für die Schuld eines anderen?" In: Z v. 5. Oktober 1962; Wächter S. 58; Hild S. 110; Zimmer S. 7; Poettgen: Reform S. 494, 496 u. 497; Ders.: Aspekte S. 840; Auer: Diskussion S. 109; Franz Böckle: „Kann die Frau allein entscheiden?" In: Pu v. 13. August 1971; Hans Hirschmann: „Ethische Überlegungen". In: Pu v. 30. Oktober 1971; Gründel S. 204; Rotter S. 170ff.; Wilfried Ruff: „Nach der sechsten Schwangerschaftswoche – Tötung". In: FAZ v. 16. Oktober 1970; Ruff: Personalität S. 27; Eser: Reform S. 727; Ders.: Diskussion S. 246; Prof. Hinrichsen, SA Ber., 6 WP 74 Si. v. 10. April 1972 S. 2181.

456 Köhne S. 14; Derbolowski/Stephan S. 3360; Stellungnahme der Deutschen psychotherapeutischen und sozialmedizinischen Gesellschaft e. V. (Katholischer Arbeitskreis S. 345); Koester S. 413; Wagner S. 303; Büchner, F.: Frühentwicklung S. 117; Ders.: Zeugung S. 838; einschränkend: Böhm/Mehring S. 992; ebenso: Melsen S. 237; vgl. Josef Kardinal Höffner (Erzbischof von Köln), Interview mit der Katholischen Nachrichten-Agentur am 21. Februar 1972 (Katholischer Arbeitskreis S. 109), unter Berufung auf einen von Prof. Franz Büchner an der Münchener Universität gehaltenen Vortrag; dies räumte auch ein: Schnellbrief des Bundesministers der Justiz an den Chef des Bundeskanzleramtes, den Bundesminister des Innern, den Bundesminister für Jugend, Familie und Gesundheit, und an den Bundesminister für Sozialordnung v. 22. August 1974 Az: 1004 E (2460)-335/74–(ACDP VIII–002–019/2) S. 16 u. 27.

457 Büchner, F.: Frühentwicklung S. 117.

458 Prof. Hiersche SA Ber. 6 WP 74 Si. v. 10. April 1972 S. 2176; Prof. Heck SA Ber. 6 WP 76 Si. v. 12. April 1972 S. 2315.

459 Blechschmidt: Mißverständnis S. 114.

460 Ders.: Leben S. 29ff.

461 Ostman von der Leye: Reform S. 62; Auer: Orientierung S. 194; Rotter S. 172.

wie von Juristen und Theologen das Argument abgeleitet, dem ungeborenen Leben eigne ein von der Befruchtung an wirksames und seine besondere Schutzwürdigkeit begründendes „entelechisches Prinzip."[462] Auch Anhänger der Fristenregelung wie Liselotte Funcke (FDP) ließen erkennen, daß sie diese Anschauung im Grunde teilten.[463]

Man wies außerdem auf die biologische Tatsache hin, daß der Mensch „zeitlebens identisch ist mit seinem Leibe"[464] und daß, weil es sich „seinsmäßig" immer um denselben Menschen handele, eine „wesentliche seinsmässige (sic) Identität des menschlichen Lebens in allen seinen Stadien" existiere.[465] „Es ist also zu bedenken: Jeder Geborenwerdende bleibt beim Geburtsvorgang mit sich identisch, ist nach der Geburt noch derselbe wie vor der Geburt; (...) also muß er das, was er in seinem Wesen nach der Geburt ist, nämlich Mensch, auch schon vor der Geburt gewesen sein."[466] Ob man vom Greis, Säugling, Spermovium, Fötus, Jüngling oder vom Kind spreche, immer sei dieses Individuum derselbe Mensch.[467] Einige Mediziner kritisierten in diesem Zusammenhang die ihrer Auffassung nach unzutreffende und irreführende Verwendung der Formulierung „werdendes Leben", denn einen fließenden Übergang zum Leben gebe es nicht, weil das neue Leben eines Menschen von der Befruchtung an definitiv existiere und nicht erst solches „werden" müsse.[468]

Die Erkenntnis, daß es keinen qualitativen Unterschied zwischen ungeborenem und geborenem Leben gebe, ist von einer Reihe von Medizinern an prominenter Stelle öffentlich vertreten und auch im Strafrechtssonderausschuß vorgetragen worden.[469] Nach einem solchen qualitativen Unterschied gezielt befragt, antwortete der Heidelberger Medizinprofessor Bickel, einen „grundsätzlichen Unterschied" zwischen

462 Büchner, F.: Zeugung S. 838; Rudolf Degkwitz: „Zur ‚ethischen Indikation'". In: RhM v. 9. August 1963; Müller, C.: Verantwortung S. 209: „Der Embryo ist Mensch, persona incognita zwar, aber Mensch mit all seinen prospektiven Potenzen und kein Etwas." Wächter S. 58; Mende S. 80; Leiner S. 51; Becker, W.: Problem S. 1848; Prof. Hiersche SA Ber. 6 WP 74 Si. v. 10. April 1972 S. 2176; Müller, H. S. 3018; Stellungnahme des Kommissariats der Deutschen Bischöfe zum Schutze des werdenden Lebens vom 23. Juni 1971 (Katholischer Arbeitskreis S. 171); Prof. Heck SA Ber. 6 WP 76 Si. v. 12. April 1972 S. 2315; vgl. Roxin S. 177.

463 „Auch ungeborenes Leben ist Leben, daran kann kein Zweifel sein. Die biologische Sicht kennt keine Zäsur" (Arndt/Erhard/Funcke S. 281); vgl.: Abweichende Meinung (Ebd. S. 437), in der gleichfalls die „biologische Kontinuität der Gesamtentwicklung bis zur Geburt" nicht bestritten wurde.

464 Dr. Derbolowski SA Ber. 6 WP 74 Si. v. 10. April 1972 S. 2226.

465 Sustar S. 605.

466 Karl Bärthlein: „Das Lebensrecht des Ungeborenen". In: RhM v. 12. Oktober 1973.

467 Dr. Derbolowski/Stephan S. 3360.

468 Ebd.; Scheck S. 22.

469 Ernst Fromm (Präsident der Deutschen Ärztekammer) (Interview mit KNA v. 2. Mai 1975 (Katholischer Arbeitskreis S. 426)); Karl Bärthlein: „Das Lebensrecht des Ungeborenen". In: RhM v. 12. Oktober 1973; Prof. Hiersche SA Ber. 6 WP 74 Si. v. 10. April 1972 S. 2180; Prof. Prill Ebd. S. 2171; Prof. Bickel Ebd. S. 2192; Prof. Hinrichsen Ebd. S. 2144.

ungeborenem und geborenem Leben könne er den Ausschußmitgliedern nicht nennen und fügte hinzu: „Wie sollte ich das tun?"[470]

Dem eigenen Bekunden nach entsprach diese Auffassung zugleich dem Kern der gemeinsamen anthropologischen Grundüberzeugung einer Reihe von Politikern aus den Unions- und aus den Koalitionsparteien.[471] Sowohl die Fristenregelungsentwürfe als auch der Gruppenantrag Dr. Müller-Emmert enthielten den Satz, daß ungeborenes Leben dem geborenen grundsätzlich gleich zu achten sei. Noch im März 1974 hatte es folgerichtig in einer Informationsbroschüre des SPD-Vorstands geheißen, es sei „unantastbar".[472] In all diesen Beispielen wird ein anthropologisches Urteil in ein rechtspolitisches Postulat transformiert. Im Vollzug dieser Umsetzung aber war der Gesetzgeber nicht willens, die Unantastbarkeit des Lebens als handlungsleitendes Kriterium zu akzeptieren, geschweige denn durchzusetzen. Denn die Gesetzentwürfe und die Gesetze von 1974 und 1976 leiteten aus dem Prinzip der Gleichwertigkeit von ungeborenem und geborenem Leben nicht das rechtspolitische Erfordernis ab, ungeborenes und geborenes Leben entsprechend gleichermaßen zu schützen.

Dies gilt in besonderem Maße für die Koalitionsfraktionen, trifft grundsätzlich aber auch für die Unionsparteien zu, und zwar sowohl für den Fraktionsentwurf wie für den Gruppenantrag Dr. Heck. Denn auch diese Vorlagen gaben – wenngleich unterschiedlich weitgehend – in der Frage der Nidationsfrist, in der Frage der medizinischen und in der Frage der kindlichen Indikation das Prinzip der gleichen Schutzwürdigkeit von ungeborenem und geborenem Leben auf. Dies zeigt, daß die gemeinsame ethisch-anthropologische Grundposition, zu der sich alle Seiten bekannten, zugleich diejenige ist, die von den beteiligten Parteien am wenigsten berücksichtigt wurde – bis hin zu ihrer gänzlichen Vernachlässigung.[473]

---

470 Ebd. S. 2193.

471 Vogel (Ennepetal) (CDU) (KNA Nr. 28 v. 24. Oktober 1972); Dr. Eyrich (CDU) Sten. Ber. 7 WP 33 Si. v. 17. Mai 1973 S. 1766; Spranger (CSU) Ebd. S. 1808; Dr. Eyrich (CDU) Sten. Ber. 7 WP 95 Si. v. 25. April 1974 S. 6337; Dr. Heck (CDU) Ebd. S. 6352; von Hassel (CDU) Ebd. S. 6409; Verhülsdonk (CDU) Ebd. S. 6429; Dr. Bardens (SPD) Ebd. S. 6349; Dr. de With (SPD) Ebd. S. 6383; Brandt (Grolsheim) (SPD) Ebd. S. 6405; Prof. Mikat (CDU) Sten. Ber. 7 WP 96 Si. v. 26. April 1974 S. 6486; Dr. Eyrich (CDU) Sten. Ber. 7 WP 221 Si. v. 12. Februar 1976 S. 15350; Spranger (CSU) Ebd. S. 15334; Ministerpräsident Dr. Röder (CDU) BR Sten. Ber. 405 Si. v. 10. Mai 1974 S. 148; Ministerpräsident Dr. Stoltenberg (CDU) Ebd. S. 147; Dr. Heck (CDU), 7 WP 201 Si. v. 7. November 1975 S. 13892; Ostman von der Leye: Reform S. 61; Dr. de With (SPD) (SPD Inf. Ausg. 540 v. 7. Oktober 1971); de With (SPD (SPD Inf. Ausg. 385 v. 18. Juni 1971); Arndt: Recht S. 334.

472 BT-Drs. Nr. 6/3137 v. 9. Februar 1972 S. 3; BT-Drs. Nr. 7/1982 v. 10. April 1974 S. 5; BT-Drs. Nr. 7/375 v. 21. März 1973 S. 6; BT-Drs. Nr. 7/1981 (neu) v. 24. April 1974 S. 5; Parteivorstand der Spd: § 218 S. 46f.

473 Indessen ergibt ein Vergleich der einzelnen Entwürfe mit dem postulierten anthropologischen Grundsatz, daß die beobachtbaren Divergenzen von sehr unterschiedlicher Natur sind. In diesem Kontext wird man den Fristenregelungsentwurf zumindest insofern grundsätzlich von den Indikationenregelungen zu unterscheiden haben, als die

3. *Implantation, Individuation und Personalisation*

Von dieser anthropolgischen Grundposition abweichend sind seit dem Beginn der siebziger Jahre immer häufiger Meinungen vertreten worden, welche die Entstehung des menschlichen Individuums von der Keimzellenverschmelzung trennten und mit anderen embryologischen Daten in Verbindung brachten. Mit diesen Anschauungen wurde nicht bestritten, daß das Individuum vom Abschluß der Fertilisation an genetisch vollendet sei. Sie richteten sich auf die als zu eng, als „biologistisches Mißverständnis" und als „,mechanistische'" Auffassung[474] kritisierte Definition des „Individuellen" durch die Einzigartigkeit des Genmusters. Man verwies auf die Tatsache, daß länger als zwei Wochen nach der Ovulation noch eine Teilung der befruchteten Eizelle möglich sei und mithin zwei genetisch identische, aber sich zu zwei verschiedenen Personen entwickelnde Lebewesen entstehen könnten. Ein teilbares Wesen könne per definitionem kein Individuum sein. Weil die Möglichkeit einer solchen Mehrlingsbildung in chronologischer Nähe der Nidation liegt, wollten einige Ärzte die Existenz eines menschlichen Individuums erst von der Implantation an, also ungefähr vierzehn Tage nach der Befruchtung, annehmen.[475]

Im Rahmen der Abtreibungsdiskussion sind die eingehendsten Überlegungen zu diesem Aspekt der Hominisation von einigen katholischen Theologen unternommen und öffentlich vertreten worden. 1961 hatte Karl Rahner bereits darauf hingewiesen, daß das kirchliche Lehramt sich über den genauen Zeitpunkt der Erschaffung der Geistseele des Menschen innerhalb der Embryonalentwicklung nicht geäußert habe, daß aber anzunehmen sei, daß die Erschaffung der Geistseele im Zusammenhang mit dem biologischen Leben des Menschen geschehe, weil eine Präexistenz der menschlichen Seele auszuschließen sei.[476] Später wies er darauf hin, daß die Tatsache, daß etwa 50% der befruchteten menschlichen Eizellen vor der Nidation zugrunde gehen, zu erheblichen Zweifeln an der These der individuellen Menschwerdung durch die Zellverschmelzung Anlaß gebe.[477]

Indikationenmodelle mindestens konzeptionell an der Exzeptionalität der de lege ferenda straffreien Abtreibung festhielten und diese auch strafrechtlich zu fixieren versuchten. Es ist evident, daß die rechtspolitische Umsetzung der von allen Seiten apodiktisch geforderten Gleichbewertung von ungeborenem und geborenem Leben nur in der Priorität des Lebensschutzes für das ungeborene Leben vor anderen Aspekten bestehen kann – abgesehen vom seltenen Extremfall der vitalen medizinischen Indikation. Die Vereinbarkeit der anthropologischen Position mit der angestrebten rechtlichen Regelung läßt sich vor dem Hintergrund unserer Feststellungen über die wahrscheinlichen Auswirkungen einer Fristenregelung (Vgl. S. 245ff.) wohl kaum plausibel machen. Das zwischen anthroplogischem Postulat einerseits und rechtlicher Regelung andererseits bestehende Ausschließlichkeitsverhältnis begründet die Schlußfolgerung, daß der anthropologische Grundsatz auf die Gestaltung der Fristenregelungsentwürfe keinen wesentlichen Einfluß ausgeübt hat.

474 Rotter S. 174; Ruff: Personalität S. 32.

475 Böhm/Mehring S. 989 u. 992; Heller S. 86; Zimmer S. 7.

476 Overhage/Rahner S. 80.

477 Rahner S. 287.

Weitere Argumente gegen die Simultanbeseelung nannte der Jesuit und Mediziner Wilfried Ruff. Er bemerkte 1968,[478] daß alle Zellen einer Zygote bis zu einem bestimmten Entwicklungsstadium totipotent blieben. Denn frühembryonal könne sich aus einer isolierten Blastomere[479] ein vollständiges Lebewesen herausbilden, und es entstünden genetisch identische Mehrlinge. Diese Fähigkeit zur Ganzheitsbildung der Blastomeren werde im Laufe der Herausbildung des Embryoblasten[480] blockiert und inaktiviert, so daß die prospektive Bedeutung der Zellen sich schrittweise differenziere. Daraus folgerte Ruff, daß mit dem Ende der Implantation der Individuationsprozeß des Keimes abgeschlossen sei. „Es entsteht eine strukturierte Einheit, die sich in ihrer Ganzheit nicht mehr teilen, verdoppeln und letztlich in zwei neue Einheiten verströmen kann."

Im Ergebnis wurde dies auch von dem Moraltheologen Franz Böckle vertreten. Er ging davon aus, daß die Frage nach dem Beginn des Lebens nur die Frage nach dem „Beginn des individuierten ‚menschlichen' Lebens", also nach dem „Lebensbeginn des ‚menschlichen' Individuums sein" könne.[481] Böckle erkannte zwar auch der befruchteten Eizelle „einen speziellen Schutz" zu. Als „Rechtsträger" sah er sie indessen wegen der fehlenden Individuation nicht an, und das hatte Konsequenzen für das „Lebensrecht". Erst nach dem Abschluß der Nidation erreiche der Individuationsprozeß jenen Grad, der es erlaube, beim Embryo von einem Individuum zu sprechen. Zurückhaltender formulierte Miran Vodopivec 1971,[482] daß man anhand der embryologischen Daten zwar nicht sagen könne, von wann ab ein leibseelischer Mensch existiere. Er wertete aber die von der Nidation an erkennbare „Körperorganisation und ihre Dynamik" als „werdendes, sich zunehmend abhebendes ‚Zeichen' für die Möglichkeit, daß ein neues Individuum präsent wird." Aus dieser „möglichen zeichenhaften Repräsentation" leitete Vodopivec eine besondere Schutzwürdigkeit der befruchteten Eizelle nach der Einnistung in der Gebärmutterschleimhaut ab.

Diese Theorien sind, wie bereits erwähnt,[483] in der politischen Diskussion nicht intensiv rezipiert worden. Erst die vier Strafrechtssonderausschußberichte haben im Zusammenhang mit der Nidationsfrist auf solche Argumentationen 1974 zurückgegriffen. Sie führten unter Berufung auf Prof. Ernst-Wolfgang Böckenförde[484] und auf die Darlegungen Prof. Hinrichsens in der Sachverständigenanhörung[485] aus, daß in dem Beginn der Individuation durch die axiale Differenzierung der Keimscheibe, durch die

478 Dies und das Folgende nach: RUFF: Werden S. 107ff.

479 Als Blastomeren bezeichnet man die Furchungszellen, die durch die Furchung der befruchteten Eizelle entstehen.

480 Als Embryoblast wird der Teil der im Uterus eingenisteten Blastozyste (Blasenkeim) bezeichnet, der sich zum eigentlichen Embryo entwickelt.

481 Dies und das Folgende nach: BÖCKLE: Beginn S. 65ff.

482 Dies und das Folgende nach: VODOPIVEC S. 222ff.; vgl. BÖCKLE: Fragen S. 44.

483 Vgl. S. 305.

484 BÖCKENFÖRDE S. 147ff.

485 Prof. Hinrichsen SA Ber. 6 WP 74 Si. v. 10. April 1972 S. 2144.

Zuordnung der Zellen zu präsumptiven Organbereichen und durch den Ausschluß der Möglichkeit der Zwillingsbildung Hinweise für den „Beginn der geschichtlichen Existenz eines menschlichen Lebewesens“ gesehen werden könnten.[486] Sie zogen daraus aber sehr zurückhaltende Folgerungen: Den Satz „Das ungeborene Leben ist ein Rechtsgut, das dem geborenen Leben grundsätzlich gleich zu achten ist“ bezeichneten sie für den etwa sechs Monate alten Fötus als selbstverständlich, und merkten an, daß dies auch für das etwa ab dem vierzehnten Tag beginnende Entwicklungsstadium „gerechtfertigt“ sei.[487] Über die anthropologisch-biologische Qualität der Zygote in dem Zeitraum zwischen Befruchtung und Individuation trafen sie keine Aussagen.

Diese argumentative Lücke läßt sich insofern erklären, als die Anhänger der Fristenregelung im Arbeitakreis „Rechtswesen“ der SPD-Bundestagsfraktion, die sich zu dieser Frage äußerten, der Meinung waren, daß die Fixierung der Nidationsgrenze völlig willkürlich sei und der embryologischen Rechtfertigung entbehre.[488] Die Anhänger der Indikationenregelung hatten diesem Einwand nichts entgegenzusetzen. Der Begriff „Individuation“ oder die damit zusammenhängenden biologischen Vorgänge kamen in der siebenstündigen Diskussion, die das Thema „Nidation“ mehrfach berührte, nicht vor. Dies begründet die These, daß, soweit sich diese Politiker die Individuationsproblematik zur Rechtfertigung ihrer rechtspolitischen Zielvorstellungen zunutze machten, sie es erst zu einem sehr späten Zeitpunkt und nur oberflächlich taten. Abgesehen von von der erwähnten Stelle in den Berichten haben sie sich – dies gilt auch für die Opposition – dieser Konzepzion in der politischen Debatte wie in den Begründungen ihrer Gesetze und in den Ausschußberatungen kaum bedient. Folglich ist der Einfluß der Individuationstheorien auf das Gesetzgebungsverfahren weitaus geringer zu veranschlagen, als ihre Erwähnung an zentraler Stelle in den Ausschußberichten meinen lassen könnte.

Diese Feststellung wird durch die Beobachtung bestätigt, daß man es vermied, diese anthropologischen Anschauungen rechtspolitisch umzusetzen. Denn die Ausschußberichte stellten den individuierten Embryo zwar gleichwertig neben den lebensfähigen ungeborenen Fötus, der, wie sich „von selbst“ verstehe, dem geborenen Menschen gleich zu achten sei. Jedoch verzichteten sämtliche Entwürfe darauf, aus diesem einhellig als „überzeugend“ bewerteten anthropologischen Sachverhalt Konsequenzen für die Fristsetzung bezüglich der einzelnen Indikationen beziehungsweise der vom Fristenmodell vorgesehenen indikationslosen Abtreibung zu ziehen. Folglich regelten alle Gesetzesentwürfe die rechtlichen Bedingungen, unter denen ein dem lebensfähigen ungeborenen Kind grundsätzlich gleich zu achtendes menschliches Individuum

486 BT-Drs. Nr. 7/1981 (neu) v. 24. April 1974 S. 5; BT-Drs. Nr. 7/1982 v. 10. April 1974 S. 5; BT-Drs. Nr. 7/1983 v. 10. April 1974 S. 5; BT-Drs. Nr. 7/1984 (neu) v. 24. April 1974 S. 4.

487 Der Bericht zu dem Gruppenantrag Dr. Heck erläutert in Abweichung zu den „Vorbemerkungen“ der übrigen Entwürfe nicht, daß die Gleichachtung von ungeborenem und geborenem Leben ab dem vierzehnten Tag „gerechtfertigt“ sei, sondern daß sie ab dann strafrechtlich „berücksichtigt“ werde (BT-Drs. Nr. 7/1984 (neu) v. 24. April 1974 S. 4).

488 Vgl. S. 269 Fn. 293

durch Abtreibung getötet werden darf; im Fall der Fristenregelung, ohne daß hierzu besondere materielle, d.h. nicht bloß formale Voraussetzungen vorliegen müßten, im Fall des Gruppenantrags Dr. Müller-Emmert unter Einhaltung von ziemlich vagen Auflagen (Notlagenindikation). Dasselbe gilt cum granu salis für die Unionsentwürfe. Indem der Gesetzgeber es unterließ, aus dem Prinzip der Gleichwertigkeit von individuiertem Embryo und lebensfähigem ungeborenen Kind rechtspolitisch abzuleiten, daß beiden der gleiche strafrechtlichen Schutz gewährt werden müsse, gab er anderen als anthroplogischen und biologischen Aspekten den Vorrang.

4. *Intellektualität als Hominisationskriterium*

a) *Neurale Strukturen und Hirnfunktion*

Einige katholische Theologen, die Ende der sechziger Jahre wegen der fehlenden Individuation der befruchteten, aber noch nicht eingenisteten Eizelle die Qualität „Mensch“ absprachen, relativierten zu Beginn der siebziger Jahre auch die Bedeutung der Individuation für die Menschwerdung, indem sie die Hominisation an spätere embryologische Entwicklungsstufen banden. Ruff nannte neben dem Begriff „Individuum“ den Terminus „Personalität“ und erklärte diesen ebenfalls zur notwendigen Voraussetzung „für volles Menschsein“.[489] Er bezeichnete die Individualität als eine notwendige Voraussetzung der Personalität. Indem er einerseits die Personalität als „geistbestimmte Individualität“ definierte und indem er andererseits die an sich zwar immaterielle „Geistigkeit“ an „elektrochemische Abläufe innerhalb bestimmter materieller Strukturen gebunden“ annahm, gelangte er zu dem Ergebnis, daß die differenzierte Ausbildung des Gehirns als das „Ausdrucks-und Betätigungsfeld“ von Geistigkeit eine notwendige Bedingung der Möglichkeit von personalem Leben sei; „so kann Personalität erst ‚möglich‘ werden mit der irreversiblen Anlage des Großhirns als des eigentlichen künftigen Trägers personalen Lebens.“

Neben die für die Hominisation kritische Phase der Individuation stellte Ruff daher die Anlage der großen Organsysteme, namentlich der Großhirnrinde, „das entscheidende Organ, dessen funktionsfähige Strukturen ‚Geistigkeit‘ in ihren verschiedenen Ausprägungen ermöglicht.“ Solange diese Befähigung zur Geistigkeit nicht vorhanden sei, unterschieden sich die Lebensphänomene im menschlichen Werdeprozeß nicht von denen anderer Lebewesen. Als terminus a quo für eine irreversible Anlage des Großhirns und damit als frühesten Zeitpunkt einer Geistigkeit bezeichnete Ruff den fünfzehnten Tag post conceptionem. Böckle, der diese Auffassungen im ganzen teilte, siedelte diesen Zeitpunkt der embryonalen Entwicklung, „in dem der Organismus auf höhere Funktionen hin ausgerichtet wird“, ohne Hinzufügung einer genaueren Zeitangabe in der dritten Schwangerschaftswoche an.[490]

---

489 Ruff: Personalität S. 24ff.

490 Franz Böckle: „Kann die Frau allein entscheiden?“ In: Pu v. 13. August 1971.

Über diese Vorstellungen hinausgehend machte der Jesuit Rotter ergänzend geltend, daß „man aber doch von der vollen Aktualität einer Geistseele erst da sprechen" könne, „wo sie sich in Vollzügen des Bewußtseins und der Freiheit äußert."[491] Daraus folgerte Rotter, daß eine Geistseele erst da in ihrer vollen Aktualität anzunehmen sei, wo sie sich in Akten des Bewußtseins und der Freiheit äußere. Auf der anderen Seite schloß Rotter die Annahme eines geistigen Prinzips in der Entwicklung von der Eizelle bis zum Auftreten des Bewußtseins nicht aus.

Eine Geistbeseelung zu einem bestimmten Zeitpunkt der Entwicklung hielt Rotter für nicht vorstellbar, zumal selbst die in Frage kommenden embryologischen Fakten der Fertilisierung und der Nidation Entwicklungsprozesse von zeitlicher Ausdehnung seien. Wolle man an einer zeitlich fixierbaren Geistbeseelung festhalten, müsse man eine von den biologischen Prozessen unabhängige Beseelung zu einem bestimmten Zeitpunkt annehmen. Dies setze eine völlige Trennung von Leib und Seele voraus, die nicht mehr zu vertreten sei. Wenngleich bis zu einem Stadium der embryonalen Entwicklung, das Rotter nicht exakt definierte, die Geistseele noch nicht aktualisiert sei, so sei doch das vor dieser Aktualisierung wirksame geistseelische Prinzip als aktive Potenz anzusprechen. Diese Potenz nähere sich in dem Maße der Aktualisierung, wie in einem Embryo die leiblichen Möglichkeitsbedingungen für geistiges Leben herausgebildet würden. Rotter äußerte sich nicht darüber, von welchem Zeitpunkt an dann menschliches Leben als Mensch anzusehen und welche Konsequenzen daraus hinsichtlich der Bewertung der Abtreibung zu ziehen seien.

Die Überlegung, daß die Existenz eines Menschen an das Vorhandensein der Möglichkeit von Geisttätigkeit und mithin an bestimmte materielle Strukturen gebunden sein müsse, tritt auch in einer Reihe anderer zeitgenössischer Stellungnahmen auf; so bei den Theologen Alfons Auer und Miran Vodopivec und bei den Medizinern Helmut Müller und Klaus Hinrichsen.[492]

Eine Schwäche dieser Theorien liegt darin, daß sich die Korrelation zwischen dem Beginn der Geisttätigkeit und der Existenz bestimmter dazu notwendiger materieller Strukturen anhand embryologischer Daten nicht auf einen bestimmten Zeitpunkt fixieren läßt. Die als Kriterium für das Menschsein geforderten Möglichkeitsbedingungen sind also empirisch nicht nachweisbar. Darüber hinaus ist schwer einsichtig zu machen, warum gerade die erwähnten Möglichkeitsbedingungen als ein solches Kriterium gelten müssen. Denn Möglichkeitsbedingungen bestehen grundsätzlich schon seit der Fertilisation. Es ist nicht evident, warum die Entwicklung von „Möglichkeitsbedingungen" zu „verdichteten Möglichkeitsbedingungen" eine Zäsur hinsichtlich der anthropologischen Qualität bedeuten sollte.

Handelt es sich nicht um eine solche Zäsur, so wäre es nicht gerechtfertigt, den Möglichkeitsbedingungen zu Beginn der dritten Schwangerschaftswoche für die

491 Dies und das Folgende nach: Rotter S. 171.

492 Auer: Überlegungen S. 109 u. 115; Ders.: Orientierung S. 194; Vodopivec S. 222; Müller, H. S. 3018; Prof. Hinrichsen SA Ber. 6 WP 74 Si. v. 10. April 1972 S. 2150.

Hominisation eine andere Bedeutung zuzumessen als den Bedingungen, die kurze Zeit vor dieser Wachstumsphase existierten. Außerdem ist nicht klar, warum gerade der für den Anfang der dritten Woche angenommene Beginn der Aktualisierung von Geisttätigkeit als hinreichendes Kriterium der Hominisation gelten soll. Mit nicht weniger Berechtigung ließe sich vertreten, daß andere, in größerer zeitlicher Nähe zur vollzogenen Aktualisierung liegende Phasen die als Voraussetzungen für die Hominisation aufgestellten Bedingungen eher erfüllen und daher eine höhere Verbindlichkeit als Kriterien der Menschwerdung haben müßten.

Diese Konzeptionen nannten zwar Gründe für die Annahme, daß die Hominisation an Geistigkeit und diese wiederum an bestimmte materielle Strukturen gebunden sein müsse. Aber sie machten keine evidenten Aussagen über den Zeitpunkt, von dem an – embryologisch begründbar – gesagt werden darf, daß nun die abstrakt formulierten Kriterien der Menschwerdung tatsächlich erfüllt seien. Dies erklärt, warum über den Zeitpunkt der Hominisation sehr unterschiedliche Auffassungen vertreten wurden. Rotter hat sich einer Zeitangabe völlig enthalten. 1970 datierte Ruff das Werden der Geistseele auf den Beginn der dritten Woche.[493] Hier liege der „‚Umschlagspunkt', an dem sich das Werdende übersteigen kann auf ein individuelles Seiendes von geistiger Einmaligkeit." Im gleichen Jahr bestimmt er in der „Frankfurter Allgemeinen Zeitung" das Wachstumsstadium „spätestens nach der sechsten Entwicklungswoche" als den Zeitpunkt, an dem „die Vorentscheidung auf personale Existenz hin gefallen ist."[494] Dagegen nannte Böckle einen Zeitraum innerhalb der dritten Entwicklungswoche.[495]

Der Mainzer Biologe Gottfried Kellermann gelangte in Anlehnung an diese Theologen zu dem Ergebnis, daß die Hominisation vom vierzigsten Schwangerschaftstag an gegeben sei. Denn von diesem Zeitpunkt an lasse sich eine beschleunigte Entfaltung des Großhirns beobachten; diese werde zwar erst in den ersten Lebensjahren abgeschlossen. Aber da „Strukturen die Grundvoraussetzung für Funktionen sind, Funktionen aber auch die Ausreifung ihrer Strukturen bestimmen, ist schon die Anlage des Großhirns das entscheidende Kriterium für eine künftige personale Existenz." Für den Embryo müsse daher vom vierzigsten Schwangerschaftstag an der gleiche Schutz gefordert werden wie für den geborenen Menschen.[496] Gründel, der ebenfalls die Ansicht vertrat, daß vom Menschen biologisch „erst dann vollwertig die Rede sein" könne, „wenn der komplette Organismus alle lebenswichtigen Teile besitzt und das zentrale Nervensystem so weit ausgebildet ist, daß die für dieses Individuum typischen Reaktionen möglich sind", bezeichnete als ausschlaggebenden Zeitpunkt das Ende der Embryonalentwicklung im dritten Schwangerschaftsmonat.[497] Zum gleichen Resultat

493 RUFF: Personalität S. 56 u. 58.

494 Wilfried RUFF: „Nach der sechsten Schwangerschaftswoche – Tötung". In: FAZ v. 16. Oktober 1970.

495 Franz BÖCKLE: „Kann die Frau allein entscheiden?" In: Pu v. 13. August 1971.

496 Gottfried KELLERMANN: „Wann beginnt das Leben?" In: Pu v. 30. Oktober 1970.

497 GRÜNDEL S. 205.

gelangte Wilhelm Dantine in den Lutherischen Monatsheften. Die Dreimonatsfrist bedeute eine einschneidende anthropologische Zäsur, weil erst danach ein zusammenhängendes Nervensystem funktioniere und das Hirn zu arbeiten beginne.[498]

Dementgegen setzten Gustav Sauser und Miran Vodopivec die als transzendentale Humanontogenese bezeichnete Menschwerdung „gleich der anlagemäßigen Fähigkeit zur realsymbolhaften Existenz im leibgeistigen Bereich."[499] Dieser legten sie einen Ästhetisierungs- und Größenfaktor zugrunde, weil die Leibhaftigkeit des Menschen an einen „Grundquant an Größe (Zellzahl)" gebunden sei. Weder die Verschmelzung der elterlichen Gameten (im Sinne der Simultanbeseelung) noch irgendeine spätere Entwicklungssituation des Keimmaterials (im Sinne der Sukzessivbeseelung) könne eindeutig anzeigen, „daß das Keimmaterial hier und jetzt zu sich auf-gehoben eine komplette menschliche Individualität ausmacht." Der Mensch sei als einzelner vor Gott. Das bedeute, „daß ein konkretes, zur Realsymbolisierung insuffizientes Material nicht zur Dialogie der unvertretbaren Einzelheit gelangt." Die Menschwerdung verlegten sie in den vierten beziehungsweise in den fünften Monat.

b) „Bewußtsein" als Hominisationskriterium

Über diese anthropologischen Konzeptionen hinausgehend schlugen andere Theorien das Bewußtsein als Hominisationskriterium vor. Nach Rotter ließ sich von einer vollen Aktualität der Geistseele erst da sprechen, „wo sie sich in Vollzügen des Bewußtseins und der Freiheit äußert", weil Bewußtsein und Freiheit, wären sie für das Wesen der Seele und der menschlichen Person nicht konstitutiv, zu bloßen Akzidentien würden, eine Annahme, die Rotter als theologisch untragbar qualifizierte.[500]

Auch Mediziner vertraten gelegentlich die Auffassung, das Bewußtsein konstituiere den „personalen Charakter".[501] Daran anknüpfend behaupteten andere, der Embryo könne als willen- und bewußtloses Lebewesen kein Grundrechtsträger sein,[502] sondern „nur der homo sapiens, der konkret existiert."[503] Bereits zu Beginn der sechziger Jahre wurde von Juristen und Medizinern die Auffassung vertreten, der Mensch sei Mensch kraft seines Geistes, der ihn abhebe von der unpersönlichen Natur und ihn aus eigener Entscheidung dazu befähige, sich seiner selbst bewußt zu werden, sich selbst zu bestimmen sowie sich und die Umwelt zu gestalten; „das spezifische Menschsein beginnt erst mit dem Erwachen des Bewußtseins, also genaugenommen erst lange

498 Dantine S. 37.
499 Dies und das Folgende nach: Sauser/Vodopivec S. 850ff.
500 Rotter S. 171.
501 Müller, H. S. 3018.
502 Abendroth S. 122; vgl. Joachim Bsser: „Glaubenssätze in Urteilsform". In: Vo v. 6. März 1975.
503 Stöcker: 218 StGB S. 393.

nach der Geburt."[504]Das Kriterium „Bewußtsein" liegt auch dem Sich-selbst-bestimmen-Können zugrunde, das der katholische Theologe und Religionswissenschaftler Anton Antweiler als Hominisationskriterium forderte.[505] Antweiler unterschied danach „wirkliche" und „mögliche" Menschen voneinander. Als einen „wirklichen Menschen" bezeichnete er denjenigen, „der imstande ist, im Rahmen des Möglichen über sich zu verfügen und im Rahmen des Gegebenen sich einzufügen." Von diesem „wirklichen Menschen" unterschied Antweiler den „möglichen Menschen", „der sich außerhalb des Verfügungsraumes befindet, der den wirklichen Menschen bezeichnet": Kinder, Zurückgebliebene, Unterentwickelte, Fehlentwickelte, Verbrauchte, Alte.[506]

Antweilers Ausführungen riefen den scharfen Widerspruch des Bischofs Heinrich Tenhumberg heraus, der es als einen „Rückfall in einen nach dem ‚Dritten Reich' als überwunden angesehenen Rechtspositivismus" bezeichnete, „wenn Prof. Antweiler so fundamentale Rechte des Menschen allein in menschlicher Setzung begründet sieht."[507] Gegen das Hominisationskriterium der Sozialfunktion wandte auch sich der Soziologe Norbert Martin: Gerade der Embryonalzustand stelle die Menschenwürde besonders klar vor Augen.[508] Denn beim Schutz der Menschenwürde eines Erwachsenen könnte man seine Rolle in der Öffentlichkeit und damit seinen Beitrag zum Sozialsystem als schutzbedürftig ansehen. „Erst wenn man von ihm alle seine sozialen Rollen abzieht, bleibt das boße Menschsein, die Menschenwürde ‚an sich' übrig." Diese besitze aber auch der Embryo, der keine aktiven Rollen und Funktionen im soziologischen Sinne erfüllt. Deshalb sei das einzige, was er in besonders deutlicher Weise besitze, das bloße Menschsein.

Die hier dargestellten Konzeptionen teilen mit den Hominisationstheorien eine wichtige methodische Prämisse: Sie stimmen darin überein, daß es grundsätzlich möglich sei, das mit der Befruchtung entstandene Faktum der Existenz menschlichen, individuellen und genetisch unwiederholbaren Lebens als nicht hinreichendes Kriterium für volles Menschsein zu akzeptieren. Vielmehr machen sie die Hominisation von anderen, über die physische Existenz des Individuums hinausgehenden Kriterien abhängig. Nachdem man die prinzipielle Frage, ob neben dem biologischen Faktum andere, nicht eindeutig auf biologische Zäsuren gründbare Kriterien eingeführt werden könnten, positiv beantwortet hatte, war es weniger ein grundsätzliches Problem, sondern eine Ermessensfrage, welchem Kriterium innerhalb der zäsurlosen Entwicklung zwischen Fertilisation und Tod die ausschlaggebende Bedeutung zuerkannt werden sollte. Es zeigt sich: Wo das Lebensrecht des Nasciturus unter dem Gesichtspunkt der Hominisationskriterien beurteilt wird, ist ein abschüssiger Weg beschritten, an

---

504 K. Roth-Stielow: „Ethische Indikation?". In: So v. 30. September 1962; Schlegel S. 740.
505 Antweilers Stellungnahme löste den scharfen öffentlichen Widerspruch seines Bischofs Tenhumberg aus (Vgl. S. 325.).
506 Antweiler S. 194.
507 Tenhumberg S. 368.
508 Dies und das Folgende nach: Martin, N. S. 340.

dessen Ende nicht nur die Unantastbarkeit des Lebensrechts des noch nicht geborenen, sondern auch des geborenen Menschen verneint werden kann.

5. *Der Einfluß der Hominisationstheorien auf rechtspolitische Konzeptionen*

So weit zu sehen ist, haben die oben behandelten Theorien auf die parlamentarische Meinungsbildung kaum Einfluß ausgeübt. Die konkreten Politikbedingungen, unter denen im Rahmen eines parlamentarischen Gesetzgebungsverfahrens Meinungs- und Willensbildung betrieben werden, sollen nicht verkannt werden: Politik ist keine Theoriedebatte. Gleichwohl hätte es naheliegen können – und auch sollen –, daß, gerade in Anbetracht der eminenten Bedeutung des Themas, die politische Entscheidungsbildung von einer im Vergleich zu anderen Gesetzgebungsprojekten überdurchschnittlich gründlichen und gewissenhaften Auseinandersetzung besonders mit den anthropologischen Aspekten des Problems begleitet worden wäre. Dies gilt umso mehr, als für die Fristenregelung von vielen Beteiligten in den Ministerien, im Deutschen Bundestag und im Bundesrat Ansätze zu anthropologischen Begründungen vorgetragen wurden, die den oben dargestellten Konzeptionen inhaltlich ähnlich sind.

Diese Ähnlichkeiten bestehen zunächst in der Anschauung, daß das ungeborene Leben zu Beginn seines Wachstums nicht das gleiche Lebensrecht wie das bereits geborene Leben habe und daß dem Ungeborenen dieses Recht erst in dem Maße zukomme, in dem es im Körper der Mutter heranwachse. So formulierte der Fristenregelungsentwurf Hessens und Hamburgs, daß das Lebensrecht des ungeborenen Kindes während seines Heranwachsens stetig mehr Gewicht erlange und vom vierten Schwangerschaftsmonat an das Selbstbestimmungsrecht der Frau überwiege.[509]Dieser Gedanke ist schon 1971 bei Baumann erkennbar, der – ohne dafür eine embryologische Begründung geben zu können – dem Verfügungsrecht der Mutter über das ungeborene Kind in dem Maße weniger Bedeutung zukommen lassen wollte, in dem die

509 UA Ns. Si. v. 28./29. Februar 1972 S. 15; vgl. KIENAPFEL S. 182f.: Kienapfel forderte, „die besondere Struktur dieses Rechtsguts zumindest mitzuberücksichtigen.“ „Dies geschieht dadurch, daß der jeweilige Stand der Entwicklung des Keimes mit dem Selbstbestimmungsrecht der Schwangeren in Beziehung gesetzt wird. In dem Maße, in welchem die Schwangerschaft voranschreitet, schwächt sich die autonome Entscheidungsbefugnis ab, um schließlich hinter das werdende Leben zurückzutreten.“ Kienapfel räumte freimütig ein, daß die für diese Zeiträume zu bestimmenden Fristen „sich weniger nach biologischen Gegebenheiten“ zu richten hätten „als nach dem Zweck, den sie erfüllen“ sollten; siehe auch Robert Leicht, der den Wachstumsprozeß des menschlichen Lebens als einen „Fortschritt in der Verdichtung der Lebenschancen“ zu beschreiben versuchte und zur Begründung ausführte: „Übrig bleibt das vage, dennoch aber überzeugungskräftige Grundempfinden, ein Eingriff in die Lebenschancen sei um so schärfer zu verurteilen, je später er stattfindet. Will man dieses Empfinden aber auf den präzisen Begriff bringen, so muß man notwendigerweise scheitern“ (Robert LEICHT: „Empörung auf den falschen Barrikaden“. In: SZ v. 28. April 1973).

Entwicklung des ungeborenen Kindes vorangeschritten sei.[510] Ebenso argumentierte Innenminister Weyer (FDP), das embryonale Leben vollziehe sich in verschiedenen Entwicklungsstufen, in deren Verlauf das Lebensrecht des Ungeborenen dem Selbstbestimmungsrecht der Frau gegenüber in dem Maße überwertig werde, „in dem die Verfestigung des eigenen Lebens des Ungeborenen fortschreitet."[511] Dieselbe Auffassung wurde von Maihofer (FDP) im Bundestag vertreten, wo er von verschiedenen Stadien der Schwangerschaft sprach, in deren unterschiedlichen Entwicklungsstufen der Wert des ungeborenen Kindes unterschiedlich zu beurteilen sei.[512] Ebenso ging das Bundesjustizministerium, das nach der Entscheidung des Deutschen Bundestages 1974 für den Fraktionsentwurf von FDP und SPD die Fristenregelung befürwortete, „von einer stufenweisen Verdichtung des Schutzes" für das ungeborene Leben aus, für dessen fortgeschrittene Entwicklungsstadien es einen absoluten Schutz forderte.[513]

Diese Darlegungen gehören zu den im Rahmen des Gesetzgebungsverfahrens sehr selten und zumeist nur ansatzweise vorgetragenen Versuchen, die der Fristenregelung vorausliegende Bereitschaft, die Vernichtung des ungeborenen Kindes grundsätzlich zu gestatten, anthropologisch zu rechtfertigen. Ihre Schwäche hat man in der Tatsache zu erblicken, daß für jene Ansichten keine Begründungen angeführt wurden.

Insofern ist beachtenswert, daß die Vertreter jener Theorien nicht auf die oben untersuchten Hominisationstheorien zurückgriffen. Denn die dem Individuations- und Personalitätsbegriff zugrundeliegenden Konzeptionen wären zur anthropologischen Legitimation der rechtspolitischen Zielvorstellungen des Alternativ-Entwurfs, Maihofers (FDP), Weyers (FDP) und der Länder Hessen und Hamburg in verschiedener Hinsicht gut geeignet gewesen. Sie wiesen auf einem hohen Reflexionsniveau unternommene Überlegungen zur Humanontogenese auf, deren Ergebnisse sich auf eine Argumentationskette stützten, deren rationale Struktur jedenfalls mehr Überzeugungskraft eignet als den gelegentlich hilflos anmutenden Ausführungen der Politiker.

---

510 BAUMANN: Schutz S. 29.

511 Innenminister Weyer (FDP) BR Sten. Ber. 405 Si. v. 10. Mai 1974 S. 150.

512 Prof. Maihofer (FDP) Sten. Ber. 7 WP 95 Si. v. 25. April 1974 S. 6356f.; vgl. auch Liselotte Funcke (FDP) („FDP zu § 218: Dieser Paragraph muß weg!" In: Ste v. 11. Juli 1977): „Je weniger das Leben wirklich begonnen hat, je weniger das Leben fortgeschritten ist, desto mehr haben das Schicksal, die Konflikte, die Leistungsfähigkeit und die eventuelle Überforderung der Mutter den Vorrang. Ist der Embryo so weit fortgeschritten, daß die Mutter das Kind spürt, wird sie eher das Gefühl haben: Das ist schon Leben. In den ersten Monaten ist das noch nicht der Fall"; derselbe Gedanke klingt in der Äußerung des Bundesjustizministeriums zum Normenkontrollverfahren an, in der eine Abstufung der Schutzwürdigkeit ungeborenen, aber möglicherweise lebensfähigen und „existenten", soll heißen: geborenen Lebens angedeutet wurde (Schnellbrief des Bundesministers der Justiz an den Chef des Bundeskanzleramtes, den Bundesminister des Innern, den Bundesminister für Jugend, Familie und Gesundheit, und an den Bundesminister für Sozialordnung v. 22. August 1974, Az: 1004 E (2460)–335/74–(ACDP VIII–002–019/2) S. 31f.).

513 Bundesminister der Justiz, Betr.: Fünftes Gesetz zur Reform des Strafrechts; hier: verfassungsrechtliche Prüfung des sogenannten Fristenmodells im Zusammenhang mit der Ausfertigung und Verkündung des Gesetzes v. 7. Juni 1974 (AsD PS 177) S. 16 u. 25.

Jene Theorien wurden im Gesetzgebungsverfahren allegiert.[514] Alle vier Gesetzentwürfe haben 1974 behauptet, über die wissenschaftliche medizinische, anthropologische und theologische Kontroverse informiert zu sein.[515] Jene Konzeptionen waren für die Politiker also ohne weiteres zugänglich. Dies wird auch durch die Tatsache belegt, daß Prof. Ehmke (SPD) sich vor dem Bundesverfassungsgericht auf die anthropologischen Konzeptionen katholischer und protestantischer Theologen[516] berief. Wenn die meisten maßgeblich am Gesetzgebungsverfahren beteiligten Anhänger der Fristenregelung diese Diskussion nicht zur Kenntnis nahmen, so begründet dies die Annahme, daß sie ihr mit Desinteresse begegneten. Offensichtlich maßen sie der wissenschaftlichen Reflexion der Frage, ob bei einer Abtreibung ein Mensch getötet wird, keine vorrangige, geschweige denn handlungsleitende Bedeutung bei.

6. *Gesellschaftliche Akzeptanz und Lebensrecht*

a) *Sozialisation und soziale Akzeptanz*

Die Theorien Ruffs, Rotters, Böckles und Auers wiesen Überlegungen auf, welche die Bedeutung der Gemeinschaftsbezogenheit für die Menschwerdung betonten. Ruff machte die Existenz personalen Seins weitgehend vom In-einer-Gemeinschaft-sein des Individuums abhängig und deutete an, daß die Personalität sich „grundsätzlich nur in und durch die Gemeinschaft" realisiere.[517] In dieselbe Richtung weisen die Darlegungen Rotters, der als die conditio sine qua non der von ihm postulierten Hominisationskriterien „Bewußtsein" und „Freiheit" die dialogische Beziehung mit Mutter, Vater oder anderen Menschen nannte.[518] Ein ähnlicher Gedanke lag dem Satz Alfons Auers zugrunde, ein Wesen stehe dann „als Mensch im Raum der Menschlichkeit, wenn über es gesprochen wird." Dies sei das entscheidende Moment der Subjektkonstituierung.[519] Ebeno bewertete Albin Eser die Mitgliedschaft des Ungeborenen in der „menschlichen Sozietät", die er bei der Nidation ansetzte, als ein wesentliches Merkmal der individualisierten Persönlichkeit.[520]

Während diese anthropologischen Theorien durchaus an biologische Daten anzuknüpfen versuchten, setzten sich politisch, besonders seit 1970, solche Vorstellungen

---

514 Vgl. S. 268.

515 BT-Drs. Nr. 7/1981 (neu) v. 24. April 1974 S. 5; BT-Drs. Nr. 7/1982 v. 10. April 1974 S. 5; BT-Drs. Nr. 7/1983 v. 10. April 1974 S. 5; BT-Drs. Nr. 7/1984 (neu) v. 24. April 1974 S. 4f.

516 Prof. Ehmke (SPD) (Arndt/Erhard/Funcke S. 274 u. 277).

517 Ruff: Personalität S. 31f.

518 Rotter S. 173; einen dem bei Rotter gebrauchten Terminus ähnlichen Begriff verwendete Böckle, der in einem vergleichbaren Zusammenhang von der Anlage zur „dialogischen Existenz" sprach (Böckle: Fragen S. 43).

519 Auer: Überlegungen S. 109.

520 Eser: Diskussion S. 246; vgl. Conradu S. 601.

durch, welche die Menschwerdung ausschließlich ihrer Akzeptanz durch einzelne Mitglieder und Gruppen geborener Menschen abhängig machten. Der Einfluß dieser Auffassung auf das Gesetzgebungsverfahren, namentlich auf die anthropologischen Vorstellungen der Anhänger der Fristenregelung, ist in den Quellen allenthalben nachvollziehbar.

Diesem Menschenbild liegt die Ansicht zugrunde, daß die Existenz des Individuums allein kein hinreichendes Kriterium der Qualität „Mensch" sei. Hinter dieser Auffassung stand gelegentlich die Vorstellung, daß ungeliebtes, nicht angenommenes Leben nicht menschliches Leben sei.[521] Die gesellschaftsrelevante Funktion der Identität menschlichen Lebens – nicht die Existenz der Identität selbst – wurde als „ontologisches Prinzip", als „Urkategorie menschlichen Seins" zum notwendigen Kriterium der Menschwerdung erhoben.[522]

Erste Ansätze für diese Vorstellungen wurden in der ersten Hälfte der sechziger Jahre erkennbar.[523] Wesentlich für diese Konzeptionen war, daß die Zuerkennung der Entscheidungsbefugnis über das Lebensreht nicht auf die Mutter beschränkt wurde. So forderte Maihofer 1963 „eine möglichst gerechte ‚Entscheidung' zwischen den einzelnen auf dem Spiele stehenden Interessen nach ihrer ‚existentiellen Relevanz', d. h. der Intensität des Betroffenseins, je nach der Bedeutung dieses Interesses als jeweilige Bedingung der Erhaltung und Entfaltung der Beteiligten, von Mutter und Kind, von Vater und Arzt, und der Gesellschaft überhaupt."[524] Dieses Postulat wurde Anfang der siebziger Jahre öffentlich aufgegriffen und von den Anhängern der Fristenregelung übernommen.[525]

Dies ist ein Gedankengang von enormer Tragweite: denn damit wird implizit ein a priori bestehendes Lebensrecht des Menschen bestritten. Aus dem Recht wird ein Interesse, und zwar nur ein Interesse unter mehreren „auf dem Spiele stehenden Interessen." Als solches soll es gegebenenfalls hinter andere persönliche oder gesellschaftliche Interessen zurücktreten. In der zweiten Hälfte der sechziger Jahre mehrten

---

521 Gründel S. 112.

522 Als „Sozialisation" im Rahmen der „Partizipation am Sein" der Geborenen (Poettgen: Aspekte S. 842).

523 Rausche S. 1030f.

524 Maihofer: Naturrecht S. 25.

525 1971 forderte eine Autorengruppe in den „Evangelischen Kommentaren", das Ziel der gesellschaftlichen Bemühungen müsse darin bestehen, daß nur solche Kinder, die von Eltern „und Gesellschaft" angenommen werden, geboren würden; denn menschliches Leben sei nur dann menschliches Leben, wenn und sofern es angenommenes Leben sei. „Im anthropologischen Grundgedanken der Annahme wird die Menschlichkeit des werdenden Lebens mit der freien Entscheidung der Eltern und der Gesellschaft vermittelt." (Jüngel/Käsmann/Moltmann/Rössler S. 453f.); vgl. S. 291.

sich die Autoren, welche dieses Kriterium übernahmen und die den „Menschen" nach seiner „sozialen Funktionsfähigkeit" definierten.[526]

b) Menschenwürde als gesellschaftliches Relevanz- und Interpretationsproblem

In rückhaltloser Offenheit und mit einer Stringenz, die in der zeitgenössischen Diskussion ihresgleichen suchen, legte 1974 der Jurist Giselher Rüpke die theoretischen Grundlagen dieser Konzeption dar.[527] Er bezeichnete den Rechtssatz „Jeder hat ein Recht auf Leben" als eine Schöpfung der Gesellschaft. Es sei „ein Fehler im gedanklichen Ansatz" zu meinen, was dieser Rechtssatz in und für die Gesellschaft bedeuten solle, entscheide sich nach Naturgesetzen. Zwar obliege es den Naturwissenschaftlern, Aussagen über biologische, physikalische, chemische oder biologische Sachverhalte zu machen. Damit erledige sich aber keinesfalls „das gesellschaftliche Relevanz-, Bewertungs- und Interpretationsproblem", denn entscheidend sei die gesellschaftliche Relevanz des biologischen Befundes. Der Dialektik von Individuum und Gesellschaft entspreche es, daß die Gesellschaft nur solche Wesen mit eigenen Rechten ausstatte, die (potentiell) an ihr teilhätten. „Konstitutiv für die Beziehungen in der menschlichen Gesellschaft ist symbolisch vermittelte Interaktion und Kommunikation."

Rüpke räumt ein, es sei nicht ohne weiteres einzusehen, weshalb die Wahlfreiheit zwischen Weiterleben und Nicht-Weiterleben nach der Geburt nicht fortbestehen solle, da die kommunikative Teilhabe des Kleinstkindes vor dem Beginn der Symbolisierung im zweiten Lebensjahr außerordentlich gering sei. Man dürfe indessen nicht übersehen, daß das Baby „ein sozialpsychologisch wie sozio-ökonomisch sehr relevantes Mitglied der Gesellschaft" sei. Diese soziale Relevanz deute sich

---

526 Mandt S. 3491; Hanack: Problematik S. 506; Hornig S. 35; Eser: Diskussion S. 249; auch der folgende, in den Sechzigern vornehmlich im Zusammenhang mit der kriminologischen Indikation, in den Siebzigern aber auch ganz apodiktisch vorgetragene Einwand weist die Tendenz dieser Argumentation auf: Ein Staat, der nicht in der Lage sei, Voraussetzungen zu schaffen, die Abtreibungen verhinderten, habe nicht das Recht, sie zu ahnden (Heuser Indikation S. 1529; Schwangerschaftsunterbrechung S. 2421; Heinemann S. 110; Heldmann: Abschaffung S. 210). Denn er muß konsequenterweise voraussetzen, daß das Lebensrecht kein dem staatlichen Willen vorausliegendes Gut ist, sondern daß es von der Gesellschaft gesetzt und gewährt wird. Würde das Lebensrecht als ein dem staatlichen Zugriff entzogenes und mithin als ein unabhängig vom staatlichen Willen schützenswertes Gut angesehen, ließe sich gegenüber dem staatlichen Schutzanspruch für das ungeborene Leben kein Vorwurf erheben. Jener Einwand ist nur dann sinnvoll, wenn das Lebensrecht als ein durch die Gesellschaft kreierter und von ihr normierter Anspruch begriffen wird, über dessen Legitimität sie ihren Mitgliedern gegenüber Rechenschaft schuldet. In diesem Sinne stellte Liselotte Funcke (FDP) dem postulierten Recht der Frau auf eine freie Entscheidung das „Recht der Gesellschaft auf Schutz des werdenden Lebens" gegenüber (FDK Jg. 286/71 v. 6. September 1971).

527 Dies und das Folgende nach: Rüpke S. 73ff.; vgl. hierzu die Replik Robert Spaemanns (Recht S. 114ff.).

zwar schon in der späten Schwangerschaft an, erreiche aber erst mit der Geburt ihren „Kulminationspunkt". Während der Schwangerschaft sei der Nasciturus über die Mutter-Kind-Beziehung gesellschaftlich relevant;[528] die Mutter sei ein „sozialer Agent" des Ungeborenen. Das Problem liege mithin in dem Konflikt zwischen der gesamtgesellschaftlichen Bewertung des Verhältnisses zwischen Mutter und Nasciturus und der „extremen Divergenz der inhaltlichen Relevanz der Beziehung für die sozio-psychisch unmittelbar Engagierten selbst, also vor allem für die Mütter."

Folglich konnte Rüpke das „Problem des (etwaigen) Lebensrechtes" des Nasciturus hinter das Persönlichkeitsrecht der Mutter rücken. Denn es sei „die Annahme zumindest vertretbar, daß das Persönlichkeitsrecht als unmittelbarer Ausfluß der Menschenwürde im Konfliktsfall einen noch höheren Rang hat als das Recht auf Leben (eines anderen)", zumal wenn „dessen Persönlichkeitsentwicklung im Sozialisationsprozeß noch gar nicht begonnen hat." Zusammenfassend traf Rüpke die in Frageform gefaßte Feststellung, daß das Lebensrecht des ungeborenen Kindes sich überhaupt erst im Persönlichkeitsrecht der Frau konstituiere und daß „die solidarische Beziehung als wesentlicher Bestandteil der mütterlichen Persönlichkeit" Voraussetzung dafür sei, überhaupt von einem unbedingten Recht des werdenden Kindes sprechen zu können. Denn ohne ein sich dem Kind zuwendendes mütterliches Engagement dränge sich „ein gesellschaftliches Relevanzkriterium für die Aufnahme in die Rechtsgemeinschaft nicht unbedingt" auf.

Kongruent zu Rüpke argumentierte Anton Antweiler, der schließlich auch das geborene Leben jeden Alters zum Objekt gesellschaftlicher Disposition machte.[529] Antweiler bezeichnete die Gemeinschaft als „Bedingung und Raum für den einzelnen, ihm überlegen und ihn weitgehend bestimmend." Es sei daher klar, daß „die Ansprüche des einzelnen", also auch sein Anspruch auf Leben, „erst dann Recht werden, wenn die anderen sie billigen." Die entscheidende Frage sei daher zunächst, wer als „gemeinschaftsfähig" gelten „darf". Aus der weiterführenden Frage, „wieviel Unfähige kann die Gemeinschaft tragen?", folgerte Antweiler, es dürfe nicht zu viele Kinder, Greise und Kranke geben. „Da, wo man am wirksamsten eingreifen kann, um die Art und Zahl der Unfähigen möglichst gering zu halten, sollte man es tun. Das ist,

528 Ebendieser Gedanke tritt aus einer Stellungnahme Herbert Wehners (SPD) gegenüber dem Präsidenten des Berufsverbandes der Frauenärzte hervor: Werdendes Leben sei grundsätzlich ebenso zu schützen wie geborenes, auch mit den Mitteln des Strafrechts, und zwar wegen „des Zusammenhangs des werdenden Lebens mit dem der Mutter" (SPD Fr. Si. v. 20. März 1973 (AsD FS Prot. VII 1056) S. 20); eine sehr ähnliche Argumentation führte MDir Bahlmann (BMJ) an: Art. 2 Abs. 2 Satz 1 GG gelte nur deswegen für das ungeborene Leben, weil es als Teil der Mutter an deren Grundrechtsschutz teilhabe; deswegen komme dem Ungeborenen auch kein Grundrechtsschutz gegenüber der Mutter zu (SA Ber. 7 WP 25 Si. v. 13. Februar 1974 S. 1477).

529 Dies und das Folgende nach: ANTWEILER S. 180ff. Antweilers Thesen wurden nicht nur in der Fachliteratur publiziert, sondern auch in den Printmedien ausführlich wiedergegeben und verbreitet („Dürfen Katholiken abtreiben? Ein katholischer Theologieprofessor befürwortet eine Reform des Paragraphen 218". In: Ste v. 18. Juni 1971).

abgesehen von Erleichterung bei Krankheit und Alter, nur möglich beim Beginn des Lebens.“

Unter der von Antweiler angenommenen Prämisse ist die Tötung ungeborener, kranker und alter menschlicher Lebewesen keine Tötung von Menschen. Von daher gelangte er zu der bereits erwähnten Unterscheidung von „wirklichen“ und „möglichen“ Menschen,[530] wobei er zur letzteren Gruppe solche Menschen zählte, die der Gesellschaft Lasten auferlegen, wie Kinder, Zurückgebliebene, Unterentwickelte, Fehlentwickelte, Verbrauchte und Alte. Kern der Gemeinschaft und der Menschheit sei der „wirkliche Mensch“, der fähig sei, im Rahmen des Möglichen über sich zu verfügen. Die Kriterien zur Bestimmung des Menschen seien wandelbar. Unwandelbar sei dagegen der Grundsatz, daß kein Lebewesen ein Recht auf Leben habe, wie es für kein „Einzelding“ ein Recht auf Dasein oder Individualität gebe. „Das ist immer nur innerhalb des jeweiligen Gesamtbereiches möglich und muß von den anderen, unbewußt oder bewußt, bewirkt und zugestanden werden.“ Ein Recht auf Leben des Menschen gebe es deswegen nur unter der Bedingung, daß es von anderen zugestanden werde und innerhalb der Gemeinschaft genutzt werden könne.

Diese Argumentation liegt denknotwendig der Auffassung zugrunde, die Gewährung des Lebensrechts sei sozialpsychologisch zu beurteilen.[531] Als ein solches Kriterium wurde die Belastung der Gesellschaft durch das Kind geltend gemacht.[532] Als Gründe nannte man – trotz wissenschaftlicher Dementis[533] – die sozialen Probleme, die der Gesellschaft durch die Existenz von möglicherweise in labilen Verhältnissen aufwachsenden Kindern entstehen könnten. Solche Kinder seien „‚geborene Verbrecher‘“, sie stellten später den „Hauptanteil der schwer Kriminellen“, vor denen sich die Gesellschaft durch deren Abtreibung zu schützen habe.[534]

Prof. Jürgens führte in seiner vom Bundesgesundheitsministerium herausgegebenen Schrift aus, daß in solchen Fällen, in denen eine Frau einen Schwangerschaftsabbruch wünsche, sich aber gezwungen sehe, die Schwangerschaft auszutragen, mit schweren psychischen Komplikationen für das Kind zu rechnen sei.[535] Es habe sich außerdem gezeigt, daß solche Kinder eher zu kriminellen Handlungen neigten, eher Alkoholiker würden, vielfach die öffentliche Wohlfahrt belasteten und im Vergleich

---

530 Vgl. S. 318.

531 Scheunemann S. 155.

532 Heiss: Strafgesetz S. 77; Prof. Schulte SA Ber. 6 WP 74 Si. v. 10. April 1972 S. 2196; Prof. Brocher Ebd. S. 2207 u. 2208; Dr. Diemer-Nicolaus (FDP) SA Ber. 6 WP 75 Si. v. 11. April 1972 S. 2307; Schöffel SA Ber. 6 WP 76 Si. v. 12. April 1972 S. 2348; als Legitimation der kindlichen Indikation in: BT-Drs. Nr. 7/1982 v. 10. April 1974 S. 15; BT-Drs. Nr. 7/1983 v. 10. April 1974 S. 15.

533 Wanner S. 245 u. 249; Prof. Schulte SA Ber. 6 WP 74 Si. v. 10. April 1972 S. 2196; Prof. Prill Ebd. S. 2173.

534 Plack S. 321; vgl.: Dittmar S. 48; Poettgen: Reform S. 493.

535 Dies und das Folgende nach: Jürgens/Pieper S. 57.

zu anderen Kindern eine niedrigere Schulbildung aufwiesen.[536] Als ein weiteres Kriterium bezeichnete Liselotte Funcke (FDP) die durch die Schwangerschaft notwendige Aufgabe der Erwerbstätigkeit der Mutter, „obwohl dieser Beruf für die Gesellschaft dringend wichtig ist.“[537]

Die allgemeinste Form dieser ausschließlich vom Standpunkt des gesellschaftlichen Interesses her gedachten Abtreibungslegitimation ist das Wunschkind-Argument. Der Eugeniker Nachtsheim forderte gegen Ende der sechziger Jahre, daß nur erwünschtes Leben geboren werden solle.[538] In der ersten Hälfte der siebziger Jahre wurde dies ein zentrales Argument für die Fristenregelung. Es war zum Teil ein unmittelbarer Ausfluß der These, daß nur angenommenes Leben menschliches Leben sei; zum anderen Teil wurde es mit den Schwierigkeiten begründet, die der Gesellschaft durch die Existenz unerwünschter Kinder erwüchsen, weil diese aggressive und asoziale Menschen würden.[539] Zu einem weiteren Teil rechtfertigte man die Abtreibung damit, es müsse dem unerwünschten Kind ein verhängnisvolles Lebensschicksal erspart und dem Recht, erwünscht zu sein, Rechnung getragen werden.[540]

Diese Argumentation ist von Politikern der Koalitionsfraktionen übernommen worden.[541] Ihr Kern besteht in der Aussage, daß jedes ungeborene Kind aus den genannten Gründen das Recht habe, getötet zu werden. Unter dieser Prämisse gewinnen auch die Aussagen eines FDP-Sprechers Sinn, wonach die Fristenregelung „humaner“ als andere Regelungen sei; denn die Tötung des Kindes bewirke eine „Verbesserung

536 Der von Jürgens angeführten, auf britischen Daten beruhenden Statistik ist im einzelnen zu entnehmen, daß 54 % der unerwünschten Kinder während ihrer Kindheit in psychiatrische Behandlung kämen, aber nur 22 % der Kinder aus der Kontrollgruppe; 18 % der unerwünschten Kinder würden straffällig, aber nur 8 % der Kontrollgruppe; 14 % der unerwünschten Kinder würden Wohlfahrtsempfänger, aber nur 3 % der Kontrollgruppe; 14 % der unerwünschten Kinder absolvierten eine höhere Schulbildung, dagegen 33 % der Kontrollgruppe; 48 % der unerwünschten Kinder wiesen keinen Defekt auf gegenüber 68 % der Kontrollgruppe.

537 Funcke (FDP) (FDK Jg. 266/71 v. 17. August 1971).

538 Nachtsheim, zit. in: Schöne/Lajos: „Nur noch Wunschkinder für unsere Frauen“. In: BZ v. 31. Mai 1969; Nachtsheim: Geburtenkontrolle S. 26; Ders.: Notwendigkeit S. 113; Ders.: Interruptio S. 1634; Habenicht S. 120.

539 Vgl. S. 89 Fn. 262.

540 Becker, W.: Deutschland S. 131; Bundesgeschäftsstelle S. 7; Parteivorstand der Spd: Parteitag (10.-14. April 1973) S. 113; Ursula Ruby: „Um wessen Verantwortung geht es?“ In: Vo v. 17. Januar 1974; Prof. Brocher SA Ber. 6 WP 75 Si. v. 11. April 1972 S. 2203 u. 2206; Dr. Hobbing Ebd. S. 2281; Schöffel SA Ber. 6 WP 76 Si. v. 12. April 1972 S. 2348.

541 Funcke (FDP) Sten. Ber. 7 WP 25. April 1974 S. 6391; Schlei (SPD) (SPD Inf. Ausg. 554 v. 15. September 1971); FDK Ausg. 47 v. 23. März 1973; vgl. Funcke (FDP) (FDP Press. Jg. 322/71 v. 7. Oktober 1971); so auch Walter Scheel (FDP) im „Stern“ („FDP zu § 218: Dieser Paragraph muß weg!“ In: Ste v. 11. Juli 1971); vgl. auch: Prof. Stratenwerth (Arndt/Erhard/Funcke S. 286); Funcke (FDP) (Ebd. S. 322); ähnlich Rupp-von Brünneck (Ebd. S. 321f.) in einer rhetorischen Frage.

der gesellschaftlichen Situation“ nicht nur der Mutter, sondern auch dieses Kindes selbst.[542]

Allen diesen Theorien liegt zunächst die Annahme voraus, daß nicht das biologische Faktum der Existenz individuellen menschlichen Lebens ein hinreichendes Kriterium für volles Menschsein sei, sondern die Akzeptanz eines menschlichen Lebens durch die Gesellschaft. Welche Voraussetzungen die mit einem solchen Recht ausgestattete Gesellschaft zu Bedingungen ihrer Akzeptanz macht, liegt dann ausschließlich bei ihr selbst.

Nicht alle Vertreter der Akzeptanzkonzeption haben dies mit der gleichen Deutlichkeit gefordert wie Rüpke und Antweiler. Indem jedoch Akzeptanzkriterien wie Sozialisation, soziale Nutzenfunktion, Annahme durch einen oder mehrere Menschen, Sozialschädlichkeit, ökonomische oder sonstige Belastung vorgeschlagen wurden, bewegte man sich auf der von Rüpke und Antweiler beschrittenen Ebene. Die Würde des Menschen und seine und Grundrechte kommen ihm dann nicht kraft seiner biologischen Existenz zu und eignen ihm nicht unabhängig von dem Willen anderer, sondern nur insofern, als andere, letztlich die Gesellschaft, das wollen.

Wenn die Gesellschaft befugt wird, dem menschlichen Lebewesen das Recht zu seiner Existenz zuzusprechen, muß sie denknotwendig legitimiert sein, dieses Recht

---

542 FDK Ausg. 47 v. 23. März 1973. Gründel erklärte in diesem Kontext, die Verantwortung für das ungeborene Leben hänge von der für es zu erwartenden Lebensqualität ab. Diese sei aber schon dann nicht gegeben, wenn das Kind unerwünscht sei (S. 112). Gleichfalls belegt eine Reihe von Äußerungen der Abg. Dr. Timm (SPD) und des Innenministers Weyer (FDP) die Auffassung, daß die Ausübung der Verantwortung für das ungeborene Kind sich gerade in der Abtreibung des Kindes beweisen könne (Dr. Timm (SPD) SA Ber. 6 WP 76 Si. v. 12. April 1972 S. 2354; Innenminister Weyer (FDP) BR Sten. Ber. 405 Si. v. 10. Mai 1974 S. 150; vgl. Dr. Rolinski SA Ber. 6 WP 74 Si. v. 10. April 1972 S. 2220 u. 2220); so führte Dr. Timm (SPD) im Bundestag aus, daß der durch die Fristenregelung angestrebte Lebensschutz für das ungeborene Kind sich unter Umständen auch in der Tötung dieses Kindes verwirklichen könne. Sie begründete die Fristenregelung mit der Ansicht, daß es Fälle gebe, in denen für die Frau „zwar keine Indikation vorliegt, sie aber trotzdem das Kind nicht in verantwortlicher Weise – im Sinne des Schutzes von Leben – austragen kann“ (Sten. Ber. 7 WP 238 Si. v. 6. Mai 1976 S. 2195); vor dem Strafrechtssonderausschuß erläuterte die Abgeordnete, „daß es gerade – etwas anders formuliert – die Sorge oder die Verantwortung für das Leben ist, die dann scheinbar paradoxerweise zu einem Abbruch führt“; „daß es nicht Leichtfertigkeit ist, sondern im Grunde Sorge um Schutz von Leben“ (SA Ber. 6 WP 76 Si. v. 12. April 1972 S. 2294f.); vor der Fraktion der SPD im Deutschen Bundestag erklärte Dr. Helga Timm (SPD): „Der Schwangerschaftsabbruch sei von der Frau her aus Anwaltschaft für das werdende Kind motiviert“ (SPD Fr. Si. v. 20. März 1973 (AsD FS Prot. VII 1056) S. 28). Der Soziologe Wigand Siebel zu dieser Argumentation: „Die Gesellschaft trete hier „gewissermaßen als Sachwalter der Interessen des Ungeborenen auf, bei dem der Vertreter im Interesse des Vertretenen dessen Tötung fordert“ (Siebel/Martin/Stumpf/Waldmann/Werth S. 248); pointierter kommentierte der Abg. Erhard (Bad Schwalbach) (CDU) in der mündlichen Verhandlung im Normenkontrollverfahren vor dem Bundesverfassungsgericht: „Weil dir die Liebe nicht zuteil zu werden droht, schlagen wir dich vorher tot, kann kein Rechtsgrundsatz sein“ (Arndt/Erhard/Funcke S. S. 321).

abzuerkennen. Diese Schlußfolgerung liegt nicht allein in der abstrakten Logik des Arguments, sondern ergibt sich aus dem konkreten Postulat, Menschen, die – wie Behinderte, Kranke und Alte – für die Gesellschaft aus verschiedenen Gründen eine Belastung darstellen, ebenfalls das Lebensrecht verweigern zu können. Denn die propagierten gesellschaftlichen Relevanz-, Bewertungs- und Interpretationskriterien unterliegen keiner grundsätzlichen Einschränkung. Nicht nur das ungeborene, sondern auch das geborene Leben wird folglich zur Disposition gestellt. Menschenrechte als prinzipiell vorstaatliche und unveräußerliche gibt es hier nicht.

c) Die These von der anthropologischen Einheit von Mutter und Kind

aa) Angewiesensein des Ungeborenen und Verfügungsrecht der Schwangeren

In Anknüpfung an diese Akzeptanztheorien hat die Bundestagsabgeordnete Dr. Timm (SPD) im Strafrechtssonderausschuß die Ansicht vertreten, daß nicht allein das Recht auf biologische Weiterexistenz von der Zustimmung der Mutter abhänge, sondern auch die „Realität der menschlichen Existenz", daß heißt die „Menschwerdung" schlechthin.[543] Folglich sei die Menschwerdung nicht nach biologischen Daten oder nach dem Entwicklungsstand des ungeborenen Lebens zu beurteilen, sondern allein danach, ob die Frau dieses Leben als menschliches anzunehmen bereit sei.

Von den beschriebenen Akzeptanztheorien unterscheidet sich diese Konzeption, indem sie an einen biologischen Sachverhalt anzuknüpfen scheint und von dem engen biologischen Zusammenhang zwischen Mutter und ungeborenem Kind auf eine anthropologische Einheit der beiden schließt. Daraus wurde in den Fristenregelungsentwürfen eine differenzierende Bewertung des kindlichen Lebensrechts und dessen Schutzes abgeleitet. Das Verfügungsrecht der Mutter über ihr Kind sei wegen des untrennbaren, „biologischen und existentiellen" und einer „Symbiose" vergleichbaren Zusammenhangs zwischen beider Leben gerechtfertigt.[544]Der – nicht näher definierte – Hinweis auf diesen Zusammenhang greift jedoch so lange nicht

543 Dr. Timm (SPD) SA Ber. 7 WP 15 Si. v. 26. September 1973 S. 682f.

544 FDK Ausg. 47 v. 23. März 1973; OSTMAN VON DER LEYE: Reform S. 62; ARNDT: Recht S. 5; BT-Drs. Nr. 6/3137 v. 9. Februar 1972 S. 3; BT-Drs. Nr. 7/375 v. 21. März 1973 S. 6; Dr. de With (SPD) AKR 58 Si. v. 14. September 1971 S. 6; ebenso die Stellungnahme der Bundesregierung v. 15. September 1974 (ARNDT/ERHARD/FUNCKE S. 156); Funcke (FDP) (EBD. S. 279 u. 320); Abweichende Meinung (EBD. S. 437); ähnlich: Prof. Ehmke (SPD) (EBD. S. 277); TIMM S. 160; Dr. de With (SPD) (SPD Inf. Ausg. 385 v. 18. Juni 1971); Ostman von der Leye (SPD) Sten. Ber. 7 WP 95 Si. v. 25. April 1974 S. 6421; Dr. Timm (SPD) Sten. Ber. 7 WP 76 Si. v. 12. April 1972 S. 2325; Prof. Brocher SA Ber. 6 WP 74 Si. v. 10. April 1974 S. 2213; Bundesminister der Justiz, Betr.: Fünftes Gesetz zur Reform des Strafrechts; hier: verfassungsrechtliche Prüfung des sogenannten Fristenmodells im Zusammenhang mit der Ausfertigung und Verkündung des Gesetzes v. 7. Juni 1974 (AsD PS 177) S. 25: das der Frau durch die Fristenregelung zugebilligte Verfügungsrecht, im Text periphrasierend als „natürliche Verantwortung der Frau" umschrieben, sei „auf die innige

durch, wie unbegründet bleibt, warum aus dieser Tatsache das Verfügungsrecht der Mutter ableitbar sein soll. Fehlt eine solche Begründung, so hat der Hinweis auf den „biologischen und existentiellen" Zusammenhang den Erkenntniswert der Erwähnung einer biologischen Tatsache, aber nicht den einer rationalen Begründung für Verbots- oder Erlaubnisnormen.[545]

Auch der Verweis auf die Symbiose zwischen Mutter und Kind besagt biologisch nichts weiter, als daß hier zwei Lebewesen zusammen leben. Aus dieser Feststellung geht nicht hervor, warum das eine Lebewesen ein Recht zur Vernichtung des anderen haben soll. Denn es fehlt auch diesem Argument die Begründung für die aus dem biologischen Befund gefolgerte anthropologische Bewertung, die von Begriffen wie Symbiose oder untrennbarer biologischer und existentieller Zusammenhang nur suggeriert werden. Reduziert man diese Wendungen auf den Inhalt ihres biologischen Aussagegehalts, so besagen sie nur, daß zwischen zwei menschlichen Lebewesen ein unauflöslicher Zusammenhang besteht, der für eines von beiden ein lebensnotwendiges Abhängigkeitsverhältnis bedeutet. Aus dieser Tatsache ein die physische Vernichtung des abhängigen Lebens umfassendes Verfügungsrecht abzuleiten – und dies ist der Fall, wo die Fristenregelung mit dem dargelegten Sachverhalt legitimiert werden soll – heißt nichts anderes, als aus der Tatsache der Abhängigkeit eines Menschen von einem anderen das Entscheidungsrecht des einen Menschen über das Leben des von ihm Abhängigen zu folgern. Folglich ist ein solches Verfügungsrecht seinem Wesen nach ein auf die Vernichtung des anderen zielendes Recht des Stärkeren.[546]

Verbindung zwischen Schwangerer und Leibesfrucht" gegründet; Dr. de With (SPD) Sten. Ber. 7 WP 33 Si. v. 17. Mai 1973 S. 1762; Dr. Timm (SPD) Ebd. S. 1813f.; Funcke (FDP) Ebd. S. 1805; von Schoeler (FDP) Ebd. S. 1775; Krockert (SPD) Ebd. S. 1839f.; Dr. Timm (SPD) Sten. Ber. 7 WP 201 Si. v. 7. November 1975 S. 13878; Prof. Brocher SA Ber. 6 WP 74 Si. v. 10. April 1972 S. 2207; MR Laufhütte (BMJ) SA Ber. 7 WP 22 Si. v. 7. Dezember 1973 S. 1335; Entwurf einer Entschließung der Koalitionsfraktion zur Reform des § 218 StGB, o. Dat. (AsD PS 181) S. 1; Stellungnahme des Deutschen Bundestages vom 30. September 1974(Arndt/Erhard/Funcke S. 183 u. 205).

545 So ist auch die – ohne nähere Begründung vorgetragene – Auffassung von Schoelers (FDP) zu beurteilen, „Mutter und Embryo sind zwar biologisch zwei Wesen, sozial jedoch eine Einheit" (Sten. Ber. 7 WP 33 Si. v. 17. Mai 1973 S. 1775).

546 Das mit den dargelegten anthropologischen Aspekten begründete Ziel, nämlich ein zeitlich begrenztes freies Verfügungsrecht der Mutter über das Leben ihres ungeborenen Kindes, wie es der Fristenregelung zugrunde liegt, wurde fast nie als solches angesprochen. Das inhaltlich für die Mutter postulierte Recht auf Vernichtung wurde vielmehr in der Gestalt euphemistischer Periphrasen vorgetragen: es sei gerechtfertigt und notwendig, den strafrechtlichen Schutz des ungeborenen Lebens anders zu gestalten als für das geborene; es sei statthaft, strafrechtlich unterschiedliche beziehungsweise differenzierende Regelungen vorzusehen; man gab an, daß das ungeborene Leben nur mit der Mutter geschützt werden könne beziehungsweise daß der Wert des ungeborenen Lebens nicht absolut gesetzt, sondern die Bedeutung der mütterlichen Belange ausgeweitet werde (Dr. de With (SPD) Sten. Ber. 7 WP 33 Si. v. 17. Mai 1973 S. 1762; Dr. de With (SPD) (SPD Inf. Ausg. 385 v. 18. Juni 1971); Dr. Timm (SPD) SA Ber. 6 WP 76 Si. v. 12. April 1972 S. 2325; Sten. Ber.

Eine anthropologische Bewertung des biologischen Sachverhalts lag hingegen dort vor, wo die Entscheidungsbefugnis der Mutter mit der Behauptung gerechtfertigt wurde, das ungeborene Leben sei ein nicht selbständiger Teil ihres Körpers und unterliege deswegen ihrer Verfügungsgewalt.[547] Diese Anschauung entstammt der zwei Jahrtausende alten, aus der römischen Rechtstradition überkommenen stoischen Anschauung des Ungeborenen als „pars vel portio viscerum matris". Seit der Entdeckung der Selbständigkeit des kindlichen Blutkreislaufs in den ersten Lebenswochen im 17. Jahrhundert dürfte diese Vorstellung eigentlich nicht mehr vertreten werden.

Dr. Derbolowski hat daher als Sachverständiger vor dem Strafrechtssonderausschuß mit Nachdruck darauf hingewiesen, daß der Mensch während seiner gesamten Entwicklung ein eigenständiges Wesen sei.[548] Der Sexualforscher Prof. Brocher, der das Gegenteil behauptet hatte, wich den hartnäkigen Fragen des Abg. Köster (CDU) nach einer embryologischen Begründung für seine Auffassung aus, indem er sich außerstande erklärte, „auf diese Details" eine klärende Antwort zu geben.[549] Auch das Bundesjustizministerium begründete die Fristenregelung mit der Behauptung: „Die Leibesfrucht ist ein Teil der Mutter, Teil ihres eigenen Lebens",[550] ohne dies embryologisch zu begründen. Eine mittelbare Rechtfertigung sollte wohl in dem Zusatz „Teil ihres eigenen Lebens" liegen.

---

7 WP 201 Si. v. 7. November 1975 S. 13878; BT-Drs. Nr. 6/3137 v. 9. Februar 1972 S. 3; UA Ns. Si. v. 28./29. Februar 1972 S. 14f.; Dr. Timm (SPD) SA Ber. 7 WP 15 Si. v. 26. September 1973 S. 682; MR Laufhütte (BMJ) SA Ber. 7 WP 22 Si. v. 7. Dezember 1973 S. 682; Coppik (SPD) SA Ber. 7 WP 25 Si. v. 13. Februar 1974 S. 1444; verhältnismäßig deutlich demgegenüber der Fristenregelungsentwurf (BT-Drs. Nr. 7/375 v. 21. März 1973 S. 6), der von der der Mutter zu überlassenden „Entscheidungsbefugnis" spricht.).

547 So bei: Ostman von der Leye: Reform S. 62; Dr. Timm (SPD) SA Ber. 7 WP 15 Si. v. 26. September 1973 S. 683; Prof. Brocher SA Ber. 6 WP 74 Si. v. 10. April 1972 S. 2204; von Schoeler (FDP) Sten. Ber. 7 WP 33 Si. v. 17. Mai 1973 S. 1775; Heribert von Koerber: „Ausschaben oder absaugen?". In: Z v. 5. April 1974; Dr. Timm (SPD) SA Ber. 6 WP 76 Si. v. 12. April 1972 S. 2325; Lay S. 468; MDir Bahlmann (BMJ) SA Ber. 7 WP 25 Si. v. 13. Februar 1974 S. 1477 u. 1479. Das Attribut „selbständig" ist in diesem Kontext sehr proplematisch. Legte man in diesem Zusammenhang tatsächlich und konsequenterweise das Kriterieum der Selbständigkeit eines menschlichen Lebewesens zugrunde, so würde dies bedeuten, daß das mütterliche Verfügungsrecht sich den in Rede stehenden Vorstellungen zufolge auch auf geborene Kinder, auf bestimmte Behinderte jeden Alters und auf gewisse Gruppen Kranker beziehungsweise Altersschwacher, kurzum auf alle hilfs- und pflegebedürftigen Menschen erstreckte, denn auch diese sind nicht „selbständig" lebensfähig. Dies war von den Benutzern des zitierten Selbständigkeitsbegriffs vermutlich so nicht gemeint.

548 Dr. Derbolowski SA Ber. 6 WP 74 Si. v. 10. April 1972 S. 2226; vgl. Dr. Ahrens SA Ber. 6 WP 75.Si. v. 11. April 1972 S. 2261 u. Minister Waschbüsch (CDU) (Arndt/Erhard/Funcke S. 269).

549 Prof. Brocher SA Ber. 6 WP 74 Si. v. 10. April 1972 S. 2212.

550 Bundesminister der Justiz, Betr.: Fünftes Gesetz zur Reform des Strafrechts; hier: verfassungsrechtliche Prüfung des sogenannten Fristenmodells im Zusammenhang mit der Ausfertigung und Verkündung des Gesetzes v. 7. Juni 1974 (AsD PS 177) S. 23.

Dies wäre jedoch ein Scheinargument, indem der Begriff „Leben“ als Homonym benutzt wird, denn das ungeborene Kind ist – wie übrigens auch das geborene – ein „Teil“ des Lebens der Mutter, wenn man den Begriff im übertragenen Sinne benutzt. Ein solcher Lebensbegriff besagt indessen nichts über den biologischen Sachverhalt. Da die Aussage, das Ungeborene sei ein Teil des Körpers der Mutter, offenkundig eine biologische Tatsachenbehauptung sein soll, kann der in Rede stehende Zusatz nichts zur Begründung dieser Behauptung beitragen.

Von Medizinern ist die Behauptung, daß das ungeborene Leben ein den Eingeweiden vergleichbarer Teil des mütterlichen Organismus sei, nirgends erhoben worden. Unter ihnen war es im ganzen unumstritten, daß nach der Befruchtung ein genetisch einzigartiges, unwiederholbares und von allen anderen menschlichen Lebewesen verschiedenes Individuum existiert. Selbst dort, wo die personale Existenz an andere biologische Daten als an die Fertilisierung geknüpft wurde, war weitestgehend unstrittig, daß dieses menschliche Lebewesen biologisch eigenständig sei und nicht etwa ein Teil des mütterlichen Körpers. Folglich stützt sich die These vom Verfügungsrecht der Mutter über das in ihr heranwachsende Kind nicht auf einen biologischen Sachverhalt, sondern auf eine Fiktion.

bb) Gesellschaftliche Akzeptanz und Verfügungsrecht der Mutter

Wer der Mutter das Entscheidungsrecht über die Existenz des Kindes zubilligen will, leitet dieses Postulat letztlich aus einem für die Gesellschaft beanspruchten Recht ab. Denn die Abhängigkeit des ungeborenen Lebens vom Leben der Mutter ist der eigentliche legitimatorische Grund des mütterlichen Verfügungsrechts. Dies ist jedoch keine anthropologische Aussage, sondern ein nach dem sozialen Relevanz- und Interpretationskriterium „Abhängigkeit“ getroffenes Urteil.

So begründete der niedersächsische Minister Lehners 1974 im Plenum des Bundesrats das Verfügungsrecht der Mutter mit einer Akzeptanz-Theorie.[551] Sie bestritt nicht grundsätzlich, daß es gegenüber dem ungeborenen Leben menschliche Solidarität zu bewähren gelte. Diese Solidarität von der Schwangeren zu verlangen, komme jedoch der Auferlegung eines „Sonderopfers“ gleich. Solange die Schwangere ihre Schwangerschaft „nicht akzeptiert hat“, könne ein solches Opfer von ihr nicht gefordert werden, weil hierzu „die nach unserem heutigen Verständnis erforderliche innere Rechtfertigung“ fehle. Entscheidend für die Fortsetzung der Schwangerschaft ist mithin die Akzeptanz durch die Mutter. Gleichwohl ist dieses für die Schwangere postulierte Recht kein Recht sui generis; ihm liegt die – widerrufbare – Gewährung durch die Gesellschaft voraus. Die in der Wendung „nach das unserem heutigen

551 Dies und das Folgende nach: BR Sten. Ber. 405 Si. v. 10. Mai 1974 S. 187.

Verständnis" formulierte Bedingung für die Gewährung dieses Rechtes entspricht dem von Rüpke geforderten sozialen Relevanz-, Bewertungs- und Interpretationskriterium.

Dies bestätigt die systematische Einordnung der in Rede stehenden Konzeptionen unter die zeitgenössischen Akzeptanztheorien. Denn wie die Ausführungen zum Beispiel Prof. Maihofers (FDP), Rüpkes und Antweilers erkennen lassen, wird das für die Mutter geforderte Recht nicht als eine selbständige Kategorie begriffen. Entweder steht es neben dem gleichfalls postulierten Entscheidungsrecht gesellschaftlicher Gruppen beziehungsweise der Gesellschaft selbst, oder es wird der Mutter aufgrund sozialer Relevanz- und Bewertungskriterien gewährt. Immer ist es entweder ein Bestandteil oder ein Ausfluß eines postulierten gesellschaftlichen Entscheidungsrechts über die Weiterexistenz des ungeborenen Lebens.

II. Emanzipation der Frau und Abtreibung

1. Mündigkeit der Schwangeren und § 218 StGB

Seit dem Ende des Zweiten Weltkriegs ist die partielle oder völlige Aufhebung des § 218 StGB außerdem mit der Behauptung begründet worden, das strafrechtliche Verbot der Abtreibung schränke Menschenwürde und -rechte der Frau unzulässig ein. Seit dem Beginn der siebziger Jahre wurde diese zum Teil systemkritische Argumentation verstärkt vertreten und im unmittelbaren Zusammenhang mit der Forderung nach Gleichberechtigung und Emanzipation der Frau vorgetragen. Nicht nur der geltende § 218 StGB, sondern auch die Indikationenmodelle wurden als Instrumente der gesellschaftlich etablierten „Männerherrschaft" oder zumindest als „bevölkerungspolitische Residuen einer pseudopatriarchalischen Ideologie" angegriffen.[552] In diesen Kontext gehört das Schlagwort vom Gebärzwang, der durch den § 218 StGB, der „Klassenstrafrecht" darstelle,[553] aufrechterhalten werde.[554]

Schon in der unmittelbaren Nachkriegszeit befürworteten einige Autoren Lockerungen des § 218 StGB mit dem Hinweis auf die gewandelte oder zu wandelnde Rolle der Frau.[555] In den sechziger Jahren begründeten einzelne Stimmen die Forderung nach Einführung einer kriminologischen Indikation mit dem Hinweis auf „die Folgen der veränderten Bewußtseinslage der Frau in unserer Gesellschaft" und verwiesen

552 Dr. Groeger SA Ber. 6 WP 75 Si. v. 11. April 1972 S. 2277f.; Prof. Brocher SA Ber. 6 WP 74 Si. v. 10. April 1972 S. 2208; Funcke (FDP) (FDK Jg. 268/71 v. 6. September 1971); Poettgen: Reform S. 498; Marschall S. 548.

553 Dürkop/May S. 707; Pinl S. 258; Stöcker: Paragraph S. 169; Werner Birkenmeier: „Der Paragraph 218 ist Klassenstrafrecht". In: StZ v. 22. Februar 1971; Rudolphi S. 105; Scheunemann S. 154; Grünwald S. 204; DPA 261 ID v. 25. August 1973 (Prof. Maihofer (FDP)); BT-Drs. Nr. 7/1010 v. 31. August 1973 S. 27 (Prof. Maihofer (FDP)).

554 Holtschmidt S. 21; R. Schneider: „§ 218". In: FR v. 3. April 1950; Dantine S. 36.

555 Schilf S. 26; Asklund S. 109; Seitz S. 91; Schultze-Niemann/Regler S. 23.

zudem auf die Bedeutung der Gleichberechtigung für die strafrechtliche Regelung der Abtreibung.[556]

Dieser Gesichtspunkt lag auch den Stellungnahmen des Deutschen Anwaltvereins und der Evangelischen Frauenarbeit in Deutschland aus den Jahren 1971 und 1974 zugrunde.[557] Er wurde in den siebziger Jahren auf den Begriff „Emanzipation" konzentriert. Einerseits verwies man auf die „antiemanzipatorisch" wirkenden Folgen des Abtreibungsverbots,[558] andererseits wurde die Einschränkung oder die Abschaffung des § 218 StGB als eine wesentliche Bedingung und Folge der Emanzipation bezeichnet.[559]

So erklärte Alice Schwarzer 1971, daß die gesamte Abtreibungs-Kampagne „von Anfang an im gesamtgesellschaftlichen Zusammenhang als Ansatzpunkt zur konkreten Emanzipationsarbeit konzipiert gewesen" sei.[560] Dieses Emanzipationsziel machte sich die FDP als erste Bundestagspartei zu eigen. Die dem Freiburger Parteitag 1972 vorgelegten „Thesen zur Rolle der Frau in der Gesellschaft" begründeten die Einführung der Fristenregelung unter Hinweis auf die vom Liberalismus verlangte Selbstbestimmung und Selbstverwirklichung für die Frau.[561] Später wurde dieser Gedanke auch auf sozialdemokratischer Seite aufgenommen und die Fristenregelung als ein notwendiges Mittel zur sozialen Gleichstellung der Frauen bezeichnet.[562]

Die Dimension dieses Emanzipations-Begriffs darf nicht auf seinen frauenspezifischen Aspekt verkürzt werden. Er zielt durchaus auf die gesamte Gesellschaft. Der in der Sozialdemokratischen Wählerinitiative engagierte katholische Theologe Norbert Greinacher lehnte vor dem SPD-Parteitag 1973 in Hannover strafrechtliche Sanktionen im Zusammenhang mit dem § 218 StGB besonders deswegen ab, weil sie die „Emanzipation des einzelnen und der Gesellschaft" verhinderten.[563] Ebendies

556 Janssen S. 65; Durand-Wever: Strafgesetz S. 4; Svensen: Abtreibung S. 225; Barczay S. 247.

557 Strafrechtsausschuss des Deutschen Anwaltvereins S. 1; Rechtsausschuss der Evangelischen Frauenarbeit in Deutschland S. 3.

558 Dürkop/May S. 718; Howard/Krauss/Mühlbauer/ Schäpercloos/Schlösser/Link-Schreiber S. 122.

559 Frankfurter Frauenaktion 70 S. 299; Poettgen: Aspekte S. 841; Dr. Groeger SA Ber. 6 WP 75 Si. v. 11. April 1972 S. 2279; Schanzenbach AKR 58 Si. v. 14. September 1971 (AsD PS 182) S. 23: Wolle man mit der Emanzipation ernst machen, müsse § 218 StGB im Sinne der Fristenregelung reformiert werden.

560 Schwarzer: Nachwort S. 146.

561 Beschluß des 23. Ordentlichen Parteitages der FDP vom 23. bis 25. Oktober in Freiburg im Breisgau, Thesen zur Rolle der Frau in der Gesellschaft (ADL A1-460 Bl. 115-119); vgl. Antrag 9 des Bundesvorstandes der Deutschen Jungdemokraten zum 23. Ordentlichen Bundesparteitag der FDP vom 2. bis 4. Oktober 1972 (ADL A1-460 Bl. 31-36), der die geforderte Einführung der Fristenregelung mit der Notwendigkeit begründete, die „in allen Bereichen der Gesellschaft anzutreffende Unterprivilegierung der Frau" und die damit kausal verknüpfte „geschlechtsspezifische Arbeits- und Rollenverteilung" zu beseitigen.

562 Eilers (SPD) Sten. Ber. 7 WP 96 Si. v. 26. April 1974 S. 6470.

563 Parteivorstand der Spd: Parteitag (10.-14. April 1973) I S. 175ff.

hatten 1972 die Thesen der FDP formuliert: Die Forderung nach der Emanzipation der Frau bedeute „die Befreiung von der gesellschaftlichen Fremdbestimmung für alle, wie auch die Ausdehnung des Freiheitsraumes der Frau".[564] Mit der emanzipatorischen Forderung wurde daher ein volkserzieherischer Anspruch verbunden: Indem die Gesellschaft auf Sanktionen verzichte, um ein wünschenswertes Sozialverhalten herbeizuführen, gelange sie von einer bloßen „Gesetzesethik" zum „Entlassen der Glieder in die Mündigkeit hinein." Die Möglichkeit der Tötung eines ungeborenen Kindes wurde in der Sachverständigenanhörung auch von Prof. Brocher und Dr. Groeger als „sozialpädagogische Maßnahme" eines „Lernprozesses" hin zu mehr Emanzipation und Entscheidungsfreiheit bejaht.[565]

Diese Vorstellungen fanden unmittelbaren Eingang in das Gesetzgebungsverfahren. Der maßgeblich an der Fristenregelung des Alternativ-Entwurfs (Mehrheitsvorschlag) beteiligte Strafrechtslehrer Arthur Kaufmann, der diese Vorschläge auch vor dem zuständigen Arbeitskreis der SPD-Bundestagsfraktion vertrat, machte geltend, daß der Gesetzgeber auf „autoritative Anordnungen" verzichten müsse, weil man sonst den „mündigen Bürger" nie bekomme. Man müsse Gesetze für Menschen statt für Hörige machen.[566] Im gleichen Sinne erklärte der hessische Justizminister Hemfler (SPD) im Bundesrat, das Gewissen der Schwangeren könne sich erst dort bewähren, „wo es sich in den ersten Wochen der Schwangerschaft frei und ohne staatlichen Zwang für oder gegen das Kind entscheiden kann."[567] Ähnlich argumentierte der FDP-Abgeordnete Kleinert für die Fristenregelung im Dienste gesamtgesellschaftlicher Emanzipation.[568]

---

564 Beschluß des 23. Ordentlichen Parteitages der FDP vom 23. bis 25. Oktober in Freiburg im Breisgau, Thesen zur Rolle der Frau in der Gesellschaft (ADL A1-460 Bl. 115-119).

565 Prof. Brocher SA Ber. 6 WP 74 Si. v. 10. April 1972 S. 2214; Dr. Groeger SA Ber. 6 WP 75 Si. v. 11. April 1972 S. 2278.

566 Kaufmann: Bemerkungen S. 55f.; vgl. hierzu die seit den sechziger Jahren erhobene Kritik, der § 218 StGB schränke die Mündigkeit der Frau unzulässig ein (Kaiser S. 1529; Schütze S. 2757; Parteivorstand der Spd: Außerordentlicher Parteitag S. 20; von Schoeler (FDP) Sten. Ber. 7 WP 95 Si. v. 25. April 1974; DPA 138 ID v. 1. April 1973 („Aktion 218"); Schreiben des Arbeitskreises für Gleichberechtigung und Emanzipation und des Vorstandes des Montag-Clubs v. 28. März 1973 an alle Mitglieder des Deutschen Bundestages (ACDP 0/068/33-10); Dantine S. 36; Jüngel/Käsmann/Moltmann/Rössler S. 454; von Schoeler (FDP) Sten. Ber. 7 WP 201 Si. v. 7. November 1975 S. 13888; Sten. Ber. 7 WP 221 Si. v. 12. Februar 1976 S. 15326; Ders.: Sten. Ber. 7 WP 238 Si. v. 6. Mai 1976 S. 16660; Ursula Ruby: „Um wessen Verantwortung geht es?" In: Vo v. 17. Januar 1974; Krockert, Horst: Thesen zur „Fristen"-Regelung bei der Strafbarkeit des Schwangerschaftsabbruchs (§§ 218 StGB) v. 15. Februar 1972 (ACDP 08-002-018/4) S. 7).

567 BR Sten. Ber. 406 Si. v. 31. Mai 1974 S. 206.

568 Sten. Ber. 7 WP 95 Si. v. 25. April 1974 S. 6413; vgl. Sten. Ber. 7 WP 96 Si. v. 26. April 1974 S. 6472.

2. *Selbstbestimmungsrecht und Menschenwürde*

a) *Das Selbstbestimmungsrecht der Frau als Konstituens ihrer Menschenwürde*

Diese Auffassung war bereits in den vierziger, fünfziger und sechziger Jahren gegen den § 218 StGB überhaupt angeführt worden[569] und wurde bei der Begründung der sozialen,[570] eugenischen[571] und der kriminologischen Indikation[572] geltend gemacht. In der ersten Hälfte der siebziger Jahre wurden sowohl die totale Streichung des § 218 StGB wie dessen Einschränkung durch eine Fristenregelung unter Verweis auf die Menschenwürde der Schwangeren verteidigt.[573] Nur so werde das Recht der Schwangeren auf eine freie Entscheidung gewahrt[574] und damit das Selbstbestimmungsrecht der Frau gewährleistet.[575] Einzelne Juristen wollten dies verfassungsrechtlich absichern, indem sie behaupteten, der § 218 StGB sei mit dem Grundgesetz überhaupt nicht oder kaum vereinbar.[576] Diese Kritik richtete sich gegen das geltende Recht wie jede Indikationenregelung. In diesem Sinne bezeichnete Prof. Brocher eine gesetzliche Regelung, die sich nicht ausschließlich an dem Willen der Frau orientiere, als „eine Art von Nötigung".[577]

Die große Durchschlagskraft dieses Arguments zeigt sich daran, daß sich ihm auch Gruppen nicht widersetzten, welche im übrigen der Idee eines uneingeschränkten Selbstbestimmungsrechts kritisch gegenüberstanden. So erklärte der Rechtsausschuß der Evangelischen Frauenarbeit in Deutschland, der Vorrang der Selbstbestimmung vor dem Lebensrecht eines Menschen entspreche zwar nicht christlicher

---

569 GUNDERT: Gedanken S. 4; RECH S. 25; EBBINGHAUS: Rechtsfähigkeit S. 41; Wieder S. 25; Fragenkomplex S. 27; Warum? S. 25; RONGE: S. 23 u. 31f.; Schreiben von Grete Schmalz (AWO-Bezirksausschuß Niederrhein) v. 13. April 1947 an Herta Gotthelf (AsD I 62 1948-49 VIII 108).

570 SEITZ S. 91.

571 NACHTSHEIM: Schwangerschaftsunterbrechung aus eugenischer Indikation? S. 2065.

572 ALBRECHT S. 2261; HEUSER S. 1529; SIMON S. 169; DEUTSCHER VERBAND BERUFSTÄTIGER FRAUEN S. 5; HABENICHT S. 690; NOTTBECK: Straffunktionen S. 60; Appell S. 1084f.; SONDERMANN: Schlußwort S. 372; SCHUELER: Erwiderung S. 49; FRAUENARBEITSGEMEINSCHAFT BEZIRK SÜDBAYERN S. 5; NOTTBECK: Schuld S. 2083; JANSSEN S. 70; ZILLMER S. 2100; Thomas DEHLER: „Staatsmacht darf nicht das Gewissen ersetzen". In: We v. 6. Oktober 1962; Schreiben von Ruth Tangemann (Frauenreferat der FDP) v. 20. September 1962 an Emmy Diemer-Nicolaus (ADL A-5 Lfd. Nr. 59 Bl. 62).

573 Prof. Fabian SA Ber. 6 WP 75 Si. v. 11. April 1972 S. 2312; WOLF, U. S. 2957; HU-Vorschlag S. 297; POLITISCHE FRAUENINITIATIVE HEIDELBERG S. 14; STÖCKER: Paragraph S. 169.

574 Dr. Hobbing SA Ber. 6 WP 75 Si. v. 11. April 1972 S. 2281; Prof. Fabian EBD. S. 2312; DPA 91 ID v. 7. Februar 1972 („Aktion 218"); LINKE S. 101f.

575 Gerhard E. GRÜNDLER: „Respekt vor den Richtern". In: Vo v. 30. Januar 1971; Heribert von KOERBER: „Ausschaben oder absaugen?". In: Z v. 5. April 1974; Schreiben der Initiativgruppe „Ärzte gegen § 218" v. 2. April 1974 an alle Mitglieder des Bundestages (ACDP 0/068/33-1); Frankfurter Frauenaktion S. 299; KIENAPFEL S. 182; DANTINE S. 36; Margret MEYER: „§ 218-Reform: Die Union baut Hürden". In: Vo v. 30. Oktober 1975.

576 STÖCKER: Paragraph S. 168f.; DERS.: 218 StGB S. 392f.; OTT S. 78.

577 SA Ber. 6 WP 74 Si. v. 10. April 1972 S. 2206.

Gesinnung, aber ein christliches Verhalten dürfe vom Staat auch nicht erzwungen werden.[578]

In die gleiche Richtung weist ein nordrhein-westfälisches Verwaltungsgerichtsurteil, das der Sachverständige Dr. Dr. Hagedorn vor dem Strafrechtssonderausschuß auszugsweise zitierte. Das Gericht hatte über den Einspruch einer abtreibungswilligen Frau gegen den ablehnenden Bescheid einer Gutachterstelle zu entscheiden und bezweifelte, ob die ausschließliche Beschränkung der straffreien Abtreibung auf Fälle der medizinischen Indikation „heute noch mit den jeder Frau durch das Grundgesetz garantierten Freiheits- und Persönlichkeitsrechten vereinbar ist."[579]

Die Anhänger des Fristenmodells haben die Begriffe „Menschenwürde", „Selbstbestimmung" und „Entscheidungsfreiheit" für ihre Argumentationen sehr schnell übernommen. So wurden der geltende § 218 StGB und die Indikationenmodelle als Regelungen kritisiert, welche die Schwangere der Fremdbestimmung durch Dritte auslieferten.[580] Daß die Fristenregelung der Schwangeren die Voraussetzung für eine freie Entscheidung schaffe und der Frau die Ausübung des Selbstbestimmungsrechts ermögliche, war eine gängige Argumentation in der Öffentlichkeit,[581] im Bundestag[582] wie im Bundesrat.[583]

578 Rechtsausschuss der Evangelischen Frauenarbeit in Deutschland S. 2.

579 Dr. Dr. Hagedorn SA Ber. 6 WP 75 Si. v. 11. April 1972 S. 2272.

580 Funcke (FDP) (FDP Press. Jg. 322/71 v. 7. Oktober 1971); Liselotte Funcke: „Tiefen, die keine Strafandrohung erreicht". In: We v. 29. März 1973; Funcke (FDP) Sten. Ber. 7 WP 33 Si. v. 17. Mai 1973 S. 1805; Prof. Maihofer (FDP) Sten. Ber. 7 WP 95 Si. v. 25. April 1974 S. 3656; vgl. BT-Drs. Nr. 6/3137 v. 9. Februar 1972 S. 5; Prof. Fabian SA Ber. 6 WP 75 Si. v. 11. April 1972 S. 2312; Beschluß des 23. Ordentlichen Parteitages der FDP vom 23. bis 25. Oktober in Freiburg im Breisgau: Thesen zur Rolle der Frau in der Gesellschaft (ADL A1-460 Bl. 115-119).

581 Parteivorstand der Spd: Außerordentlicher Parteitag S. 6; Schanzenbach SA Ber. 6 WP 75 Si. v. 11. April 1972 S. 2258; Beschluß des 23. Ordentlichen Parteitages der FDP vom 23. bis 25. Oktober in Freiburg im Breisgau: Thesen zur Rolle der Frau in der Gesellschaft (ADL A1-460 Bl. 115-119); Entwurf eines Antrages des Bundesvorstandes zu einer Entschließung des Bundesparteitages vom 23. bis 25. Oktober 1972 in Freiburg: Sieben Thesen der Vernunft S. 6 (ADL 170 (1972 II)); Antragstext des Bundesvorstandes betr. „Die Frau in Familie, Beruf und Gesellschaft" (ADL 170 (1972 II)); DPA 261 ID v. 1. März 1974 (Bundesausschuß der Arbeitsgemeinschaft sozialdemokratischer Juristen); Schreiben der Arbeitsgemeinschaft sozialdemokratischer Frauen/Unterbezirk Frankfurt an Horst Ehmke und Käthe Strobel, zit. in: „Prof. Ehmke erklärt sich einig". In: FR v. 19. Juli 1969; vgl. FDK Ausg. 61 v. 16. April 1973; FDK Jg. 403/72 v. 27. Oktober 1972.

582 BT-Drs. Nr. 7/375 v. 21. März 1973 S. 1 u. 6f.; Dr. Hirsch (FDP) Sten. Ber. 7 WP 33 Si. v. 17. Mai 1973 S. 1833; Mischnick (FDP) (FDK Jg. 103/74 v. 28. Februar 1974); Schuchardt (FDP) Sten. Ber. 7 WP 95 Si. v. 25. April 1974 S. 6436; Mischnick (FDP) (FDK Jg. 142/73 v. 28. März 1973); Funcke (FDP) Sten. Ber. 7 WP 221 Si. v. 12. Februar 1976 S. 15354.

583 Bürgermeister Koschnick (SPD) BR Sten. Ber. 378 Si. v. 24. März 1972 S. 497; Ministerpräsident Kühn (SPD) BR Sten. Ber. 406 Si. v. 31. Mai 1974 S. 210.

In diesen Vorstellungen wurde die Selbstbestimmung als Teil der Menschenwürde angesehen[584] oder mit der Menschenwürde identifiziert.[585] Den Grundgedanken hat Prof. Maihofer (FDP) vor dem Deutschen Bundestag unmißverständlich formuliert: Dem mit der Menschenwürde der Mutter identifizierten „Selbstbestimmungsrecht“ wird im Konflikt der Vorrang vor dem Recht des Ungeborenen auf Leben gegeben.[586] Das Verfügungsrecht der Mutter erscheint in diesem Kontext als „Vorrang des aus der Menschenwürde fließenden Selbstbestimmungsrechtes der Frau, gegenüber allen anderen, auch dem Lebensrecht des Kindes“.[587]

b) Lebensrecht des Ungeborenen und Selbstbestimmungsrecht der Schwangeren

Gegenüber dieser Ausweitung des Selbstbestimmungsrechts haben andere Mediziner, Juristen und Theologen – nicht erst seit den siebziger Jahren[588] – die Ansicht vertreten, das Selbstbestimmungsrecht finde seine Grenze, wo es auf die Grundrechte eines anderen stoße.[589] Nach Klaus Demmer beweist sich Humanität im bewußten Beschränken der eigenen optimalen Lebensmöglichkeiten zugunsten des Lebensrechts eines anderen. „Lebensrecht beinhaltet nicht das Recht auf uneingeschränkte Selbstbehauptung wie -entfaltung.“[590]

Das Bekenntnis zu einem solchermaßen definierten Freiheits- und Selbstbestimmungsrecht war in der parlamentarischen Debatte das wesentliche Argument vieler

584 Karl-Heinz Hansen: „Objekt der Ärztejustiz“. In: Vo v. 23. September 1971; Prof. Maihofer (FDP) Sten. Ber. 7 WP 95 Si. v. 25. April 1974 S. 6356; vgl. Ostmann von der Leye: Reform S. 62, der aus dem Selbstbestimmungsrecht zwar nicht auf ein Verfügungsrecht der Mutter schloß, der aber „den Wert der physischen Existenz vom Wert des Selbstbestimmungsrechts als dessen Möglichkeitsvoraussetzung“ ableitete, wobei er nicht nur das tatsächlich ausgeübte Selbstbestimmungsrecht, sondern die Potentialität dazu mitmeinte.

585 Schlei (SPD) Sten. Ber. 7 WP 95 Si. v. 25. April 1974 S. 6332; von Bothmer (SPD) Ebd. S. 6414.

586 Prof. Maihofer (FDP) Sten. Ber. 7 WP 96 Si. v. 26. April 1974 S. 6491f.; ebenso Staatssekretär Prof. Klug: Das Selbstbestimmungsrecht der Frau wiege schwerer als das sicher auch schützenswerte Rechtsgut des werdenden Lebens (AKR 58 Si. v. 14. September 1971 (AsD PS 182) S. 30).

587 Mit dieser von der Menschenwürde der Frau her konzipierten Argumentation begründeten ebenso Justizminister Hemfler (SPD) und Innenminister Weyer (FDP) vor dem Plenum des Bundesrates die Fristenregelung (Justizminister Hemfler (SPD) BR Sten. Ber. 406 Si. v. 31. Mai 1974 S. 205; Innenminister Weyer (FDP) BR Sten. Ber. 405 Si. v. 10. Mai 1974 S. 149f.).

588 I. Morgan: „Paragraph 218“. In: P v. 16. Februar 1947; Fecht: Recht S. 31; Guardini S. 19ff.; Herbert Wendel: „Heiligkeit des Lebens“. In: T v. 9. März 1947; Naujoks/Wolf S. 233; Martin, L. S. 469; Wrage S. 108f.

589 Evangelische Kirche von Westfalen: „Zwölf-Punkte-Erklärung“. In: EPD Nr. 69 v. 8. April 1974; Strafrechtskommission der EKD S. 235; Schwalm: Persönlichkeitsschutz S. 703.

590 Demmer S. 23.

Unionsabgeordneter.[591] Darüber hinaus wurde prognostiziert, daß die indikationslose Straflosigleit der Abtreibung in vielen Fällen der Frau nicht zu mehr Selbstbestimmung verhelfen werde, sondern stärker als bisher dem erfahrungsgemäß erheblichen Druck Dritter ausliefern werde, auch gegen ihren Willen abzutreiben.[592]

Diese Einstellung teilten auch am Gesetzgebungsverfahren beteiligte Befürworter des Entwurfs Dr. Müller-Emmert.[593] In seinem Rededuell mit Prof. Maihofer (FDP) während der dritten Lesung vor der Verabschiedung der Fristenregelung mahnte der Abg. Prof. Mikat (CDU) dieses Prinzip noch einmal an. Das Selbstbestimmungsrecht des Menschen sei nicht uneingeschränkt, sondern stoße da an seine Grenze, wo es auf einen anderen treffe. Selbstbestimmungsrecht dürfe nicht zum Fremdbestimmungsrecht[594] werden: „Aber Rechte auf Kosten anderer Rechte? Selbstbestimmungsrecht auf Kosten des Lebensrechtes? – Nein, das ist nicht Humanität, sondern das hebt die Humanität auf."[595]

Die Frage, wie dieser Konflikt gelöst werden solle, ist von denjenigen Politikern, welche die Fristenregelung unter Berufung auf ein Verfügungsrecht der Frau begründeten, unbeantwortet geblieben. Man überging die dem ungeborenen Kind eignende Menschenwürde, obwohl man sie grundsätzlich ebenso zu achten behauptete wie die

---

591 Dr. Blüm (CDU) Sten. Ber. 7 WP 95 Si. v. 25. April 1974 S. 6423; Köster (CDU) Ebd. S. 6399; Klein (Stolberg) (CDU) Ebd. S. 6439; Verhülsdonk (CDU) Ebd. S. 6430; Dr. Heck (CDU) Sten. Ber. 7 WP 201 Si. v. 7. November 1975 S. 13892; Spranger (CSU) Sten. Ber. 7 WP 221 Si. v. 12. Februar 1976 S. 15334; Vogel (Ennepetal) (CDU) Ebd. S. 15323; Schleicher (SPD) Ebd. S. 15349; Heck, Bruno: Auch Europa braucht das Recht auf Leben, Manuskript einer am 22. Februar 1976 in Innsbruck gehaltenen Rede (ACDP I-022-012/2).

592 Höhler S. 111f.; Roxin S. 190; Becker, W.: Soziale Indikation S. 46; Spranger (CSU) Sten. Ber. 7 WP 33 Si. v. 17. Mai 1973 S. 1809; Wex (CDU) Sten. Ber. 7 WP 95 Si. v. 25. April 1974 S. 6407; Dr. Müller-Emmert (SPD) Ebd. S. 6397; Aigner (CSU) Ebd. S. 6437; Ulrich SA Ber. 6 WP 75 Si. v. 11. April 1972 S. 2291; Prof. Kepp SA Ber. 6 WP 74 Si. v. 10. April 1972 S. 2151 u. 2157; Prof. Schulte Ebd. S. 2196; BT-Drs. Nr. 7/554 v. 11. Mai 1973 S. 5.

593 MR Horstkotte (BMJ) SA Ber. 7 WP 25 Si. v. 13. Februar 1974 S. 1472; Schmitt-Vockenhausen (SPD) Sten. Ber. 7 WP 95 Si. v. 25. April 1974 S. 6426ff.; vgl. Bundeskanzler Brandt (SPD), der sich vor dem Außerordentlichen Parteitag seiner Partei im November 1971 auf dieses Argument berief: Er halte das Selbstbestimmungsrecht der Frau für ein Grundrecht, das seine Grenze aber an dem Recht anderer finde; Brandt gab sich damals als Befürworter des Jahn-Entwurfs; nach der für ihn erfolgreichen Wahl zur siebten Wahlperiode änderte er seine Auffassung und stimmte im Deutschen Bundestag für die Fristenregelung (Parteivorstand der Spd: Außerordentlicher Parteitag S. 15).

594 Den Einwand, das als „Selbstbestimmung" deklarierte Recht der Frau stelle in diesem Fall tatsächlich ein „Fremdbestimmungsrecht" dar, trugen außer Prof. Mikat (CDU) vor: von Hassel (CDU) Sten. Ber. 7 WP 95 Si. v. 25. April 1974 S. 6410; Köster (CDU) Ebd. S. 6400; Verhülsdonk (CDU) Ebd. S. 6430; Vogel (Ennepetal)(CDU) Sten. Ber. 7 WP 221 Si. v. 12. Februar 1976 S. 15323.

595 Sten. Ber. 7 WP 96 Si. v. 25. April 1974 S. 6496.

des geborenen Menschen.[596] Eine schlüssige Begründung für die einseitige Auflösung des Dilemmas zugunsten der Frau ist nie gegeben worden. Zwar haben Maihofer und andere den Vorrang des mütterlichen Selbstbestimmungsrechts wenigstens andeutungsweise zu rechtfertigen versucht, indem sie dem Ungeborenen die Qualität „Mensch" für bestimmte Phasen seiner vorgeburtlichen Entwicklung absprachen. Aber diese Begründungen beruhen nicht auf schlüssigen Argumenten, die sich auf embryologische oder anthropologische Befunde hätten stützen können.[597]

Wenn man sich also mit Vehemenz für die Fristenregelung einsetzte, ohne die ihr vorausliegende Problematik lösen zu können, so deutet dies auf ein Phänomen hin, das Rudolf Schöttler in Anlehnung an Robert Spaemann als „Voluntarismus" bezeichnet hat: Man will etwas durchsetzen und nicht darüber diskutieren.[598] Diese Grundeinstellung ist in der Auseinandersetzung über die Abtreibung allenthalben erkennbar. Dies trifft nicht nur für die Selbstbestimmungs-Argumentation zu,[599] sondern gilt ebenso, wie unsere Untersuchung gezeigt hat, für den Legitimationskern der Fristenregelung,

---

596 Diese bekenntnishaft in den Begründungen der Gesetzentwürfe vorgetragene Aussage wurde kurz vor der Entscheidung des Deutschen Bundestages zur Einführung der Fristenregelung in einem Entschließungsantrag der Fraktionen der SPD und der FDP wiederholt: „Der Deutsche Bundestag bekräftigt, daß der Konsens über die Schutzwürdigkeit und Schutzbedürftigkeit des ungeborenen menschlichen Lebens durch die neue Zuordnung der staatlichen Hilfs- und Schutzmaßnahmen zueinander nicht angetastet wird. Er ist besorgt über Äußerungen, in denen dies bestritten wird, und weist solche Äußerungen zurück. Er wird auch allen etwaigen Bestrebungen entgegentreten, die darauf gerichtet sein könnten, den Schutz des ungeborenen menschlichen Lebens einzuschränken oder gar gänzlich aufzuheben" (BT-Drs. Nr. 7/2042 v. 26. April 1974 S. 2); desgleichen bekräftigte das Bundesjustizministerium in einer Stellungnahme aus dem Februar 1975, „daß über die Schutzwürdigkeit auch des ungeborenen Lebens kein Streit" bestehe (RIBJ 25. Februar 1975 S. 1); Herbert Wehner (SPD) bezeichnete es gegenüber dem Präsidenten des Berufsverbandes der Frauenärzte als einen Grundsatz, von dem sich die Fraktion in ihrer gesetzgeberischen Arbeit zum § 218 StGB leiten lasse, daß werdendes Leben ebenso zu schützen sei wie geborenes (SPD Fr. Si. v. 20. März 1973 (AsD FS Prot. VII 1056) S. 20); in derselben Sitzung erklärte Dr. de With (SPD): „Oberstes Gesetz" sei, daß ungeborenes Leben ebenso geschützt werden müsse wie geborenes (SPD Fr. Si. v. 20. März 1973 (AsD FS Prot. VII 1056) S. 26).

597 Vgl. S. 11. Fn. 5, 319ff.

598 Schöttler S. 16.

599 Neben den bereits angeführten Belegen beispielhaft: Die Soziologin Prof. Pross erklärte vor dem Strafrechtssonderausschuß, dem Abg. Dr. Eyrich (CDU) zustimmend: Angesichts der Möglichkeiten zur Schwangerschaftsverhütung sei der Hinweis auf die Entscheidungsfreiheit der Frau „eine in diesem Fall fast pervertierte Idee von Selbstbestimmung", und man solle „konsequent sein und mit der Selbstbestimmung weiter vorn beginnen." Ungeachtet dieses Bekenntnisses forderte sie, daß das Entscheidungsrecht allein bei der Frau liegen müsse und begründete auf diese Weise ihr Votum für die Fristenregelung (SA Ber. 6 WP 75 Si. v. 11. April 1972 S. 2255, 2258 u. 2259). Ähnlich die Ausführungen des Saarbrücker Rechts- und Sozialphilosophen Detlef Krauss, der sich zwar wie Prof. Maihofer (FDP) und Innenminister Weyer (FDP) für eine dem Mehrheitsvorschlag des Alternativ-Entwurfs folgende Fristenregelung einsetzte, der im Gegensatz zu den beiden Politikern aber den Konflikt zwischen Selbstbestimmungsrecht der Mutter und Lebensrecht des Kindes zu Ende dachte. Krauss entschied diesen Konflikt im Interesse des mütterlichen

für die Lebensschutz-Argumentation. Im Sinne einer von Hermann Lübbe gegebenen Definition[600] ist die Rechtfertigung der Fristenregelung folglich Ideologie: es ging nicht um Gründe, sondern um Interessen. Ideologie ist „eine scheinwissenschaftliche Interpretation der Wirklichkeit im Dienste einer praktisch-gesellschaftlichen Zielsetzung, die sie rückläufig legitimieren soll."[601]

Selbstbestimmungsrechts, wie er ausdrücklich einräumte, „‚auf Kosten des Nasciturus'", indem er die „Ungleichung" „‚Werdendes menschliches Leben ist nicht gleich bestehendes menschliches Leben'" akzeptierte. Er tat dies, obwohl er einräumte, daß er diese Aussage biologisch und anthropologisch für unzutreffend hielt und sich zu dem, wie er schrieb, ernsthaft nicht mehr strittigen Grundsatz „‚Mensch ist gleich Mensch!'" bekannte. Entgegen dieser „Prämisse" rechtfertigte er sein Votum für den Vorrang des mütterlichen Selbstbestimmungsrechts mit dem Hinweis darauf, daß aber die Rechtsordnung seit dem Urteil des Reichsgerichts aus dem Jahr 1927 diese „Ungleichung" akzeptiere (KRAUSS S. 1505ff.).

600 In seiner Arbeit über „Politische Philosophie in Deutschland" legte Hermann Lübbe seinem Ideologiebegriff folgende Definition zugrunde: „‚Ideologie' und ‚Wahrheit' verhalten sich nicht wie ‚wertende' zu ‚wertungsfreien' Aussagen, sondern wie Überzeugungen, die sich Interessen verdanken, zu solchen, die sich Gründen verdanken, und zwar unabhängig davon, ob der Inhalt dieser Überzeugungen als solcher Gegenstand möglicher Interessen und Wertungen ist oder nicht." Lübbe illustrierte diese Definition am Beispiel der Äsopschen Fabel vom Fuchs, dem die Trauben zu hoch hängen und der deswegen sagt, die Trauben seien ihm zu sauer. Wenn der Fuchs dies behaupte, so nicht etwa deswegen, weil er Gründe hätte, sie für sauer zu halten, denn er habe sie ja nicht probiert. Für die Aussage des Fuchses blieben daher nur zwei Erklärungsmöglichkeiten: Entweder der Fuchs wolle den umstehenden Tieren die Schadenfreude nicht gönnen, die sie haben könnten, wenn sie ihn der Trauben entbehren sähen; oder der Fuchs wolle sich selbst über die Entbehrung hinwegtrösten. Der erste Fall sei der einer Betrugstheorie; der zweite sei der einer Ideologie. Die erste richte sich an andere und erfülle ihren praktischen Zweck, wenn diese anderen sie glaubten. Die Ideologie dagegen sei jene Betrugstheorie, die nur dann funktioniere, wenn man selber daran glaube (LÜBBE S. 14f.).

601 LAUTH S. 150.

Zusammenfassung

Die strafrechtlichen Regelungen der Abtreibungsstraftatbestände im deutschen Recht von 1507 bis zur ersten Hälfte des 20. Jahrhunderts lehren einen unmittelbaren Zusammenhang zwischen Strafrecht und embryologischen Kenntnissen: Die Abtreibung unterlag keinen strengen Sanktionen, wenn und soweit das ungeborene menschliche Leben nicht als Leben angesehen wurde. Die Abtreibung einer als belebt angesehenen Leibesfrucht war im deutschen Recht stets als Tötung eines Menschen mit unterschiedlich empfindlichen Strafen bedroht.

Eine solche Sanktionierung sahen auch die Paragraphen 181 und 182 des preußischen Strafgesetzbuches von 1851 vor, die über das Strafgesetzbuch des Norddeutschen Bundes Eingang in die Paragraphen 218 bis 220 des Reichsstrafgesetzbuches vom 15. Mai 1871 fanden. Gleichwohl wurde der medizinisch indizierte Eingriff durch einen Arzt bei Gefahr für Gesundheit oder Leben der Mutter in Deutschland spätestens seit dem Ende des 19. Jahrhunderts praktiziert und von Behörden toleriert.

Trotz verschiedener Entwürfe und Gesetzgebungsinitiativen, die auf die Einführung bestimmter Indikationen oder auf eine völlige Streichung des § 218 StGB zielten, wurde dieses Gesetz bis 1926 nicht geändert. Auch die Novelle vom 18. Mai 1926 sah nur eine Herabsetzung des Strafmaßes vor. Dennoch wurde durch eine reichsgerichtliche Entscheidung vom 11. März 1927, welche die medizinisch indizierte Abtreibung aufgrund einer Güterabwägungstheorie für rechtmäßig erklärte, der therapeutische Abort rechtlich abgesichert. Gesetzlich kodifiziert wurde er erst durch das Gesetz zur Verhütung erbkranken Nachwuchses in der Fassung vom 26. Juni 1935.

Eine erhebliche Verschärfung des Strafmaßes brachte die „Verordnung zum Schutz von Ehe, Familie und Mutterschaft“ vom 9. März 1943, die für bestimmte Abtreibungsstraftatbestände die Todesstrafe vorsah. Diese gesetzesvertretende Verordnung brach mit der bisherigen deutschen Rechtstradition; denn ihr Zweck lag nicht mehr im Individualschutz für das ungeborene Leben, sondern in der Absicherung bevölkerungspolitischer und rassischer Zielsetzungen.

Nach 1945 bestand über die Fortgeltung der Bestimmungen von 1935 und 1943 zunächst keine Klarheit. Während in den Ländern der Sowjetzone bald neue Gesetze geschaffen wurden, welche die medizinische und die kriminologische, in Ausnahmen auch die soziale und die kindliche Indikation zuließen, blieb § 218 StGB in den Westzonen grundsätzlich weiterhin in Kraft.

Gleichwohl bildeten sich dort, wie auch in der Ostzone, unmittelbar nach Kriegsende regional begrenzte Rechtsprovisorien. Angesichts der zahlreichen Vergewaltigungen deutscher Frauen durch Angehörige der Truppen der Siegermächte entschlossen sich Ärzte in Zusammenarbeit mit Behörden in Pommern, Hessen und in Württemberg-Baden, durch Stuprum entstandene Schwangerschaften abzutreiben.

Diese Praxis, die in einigen Teilen Deutschlands landesrechtlich geregelt wurde, ist wahrscheinlich über die bekannten Provisorien hinaus auf alle Zonen ausgedehnt worden.

Die medizinische Indikation wurde in allen Ländern der drei westlichen Zonen praktiziert; sie beruhte jedoch auf sehr unterschiedlichen rechtlichen Voraussetzungen. In einigen Gebieten blieb das Erbgesundheitsgesetz weitestgehend in Kraft, in anderen wurde es teilweise oder völlig aufgehoben. In diesen Ländern war die Reichsgerichtsentscheidung von 1927 maßgeblich.

Diese Rechtslage änderte sich bis 1974 nicht wesentlich, obwohl es seit 1945 eine Reihe von Bestrebungen gab, die auf eine Streichung des § 218 StGB oder die Einführung bestimmter Indikationen abzielten und die lebhafte öffentliche Auseinandersetzungen auslösten. Solche Initiativen wurden zwischen 1946 und 1948 von der SPD und der KPD sowohl in der Öffentlichkeit als auch in einigen Länderparlamenten vorgetragen. Sie blieben aber sämtlich erfolglos, nicht zuletzt weil die Parteiführung der SPD die Propaganda gegen § 218 StGB für sehr unpopulär hielt und es schließlich aus wahltaktischen Gründen vermied, grundsätzliche Kritik am § 218 StGB öffentlich zu üben. Offensichtlich war die in diesem Gesetz geschützte Unantastbarkeit des ungeborenen Lebens im Wertbewußtsein der Bevölkerung tief verwurzelt.

Dafür spricht auch, daß die Vielzahl der unterschiedlichsten Regelungen, die sich in den Besatzungszonen herausbildeten, fast nie über die Zulässigkeit der medizinischen und der kriminologischen Indikation hinausgingen, obwohl sie sich weitgehend unabhängig von einander entwickelten, obwohl zeitweilig keine funktionierende behördliche Kontrolle der Abtreibungspraxis existierte und obwohl gerade in bezug auf § 218 StGB eine tiefe Rechtsunsicherheit herrschte.

Dennoch war § 218 StGB in der Zeit vom Ende der vierziger bis zum Beginn der siebziger Jahre kein Politikum. Es wurde dem Paragraphen zwischen 1948 und 1962 – abgesehen von den Abtreibungsskandalen in Weinheim und Garmisch-Partenkirchen – auch kein besonderes öffentliches Interesse zuteil, und keine der im Bundestag vertretenen Parteien ergriff gesetzgeberische Initiativen zu einer Änderung der einschlägigen Vorschriften. Auch das Dritte Strafrechtsänderungsgesetz vom 4. August 1953 tilgte nur die Androhung der Todesstrafe aus dem § 218 StGB in der Fassung vom 18. März 1943. Als die strafrechtlichen Bestimmungen über die Abtreibung im Rahmen der Diskussion über die Strafrechtsreform wieder in das Zentrum des Medieninteresses rückten, richtete sich die Aufmerksamkeit nur auf die Einführung der kriminologischen Indikation, nicht gegen den § 218 StGB als solchen. Diese Situation änderte sich bis 1970 nicht, wenngleich im Bundestag seit 1969 Bestrebungen zu einer Änderung des § 218 StGB im Rahmen bestimmter Indikationen erkennbar wurden.

Die Untersuchung der medizinischen Aspekte unseres Problems ergab, daß die Paxis beträchtlich über den Rahmen des von der medizinischen Wissenschaft für zulässig Erachteten hinausging. Die Ursache dafür ist wahrscheinlich die desolate Situation des Kriegsendes und der unmittelbaren Nachkriegszeit mit ihren Lebensproblemen und massenhaften Vergewaltigungen, besonders in den von der sowjetischen Armee besetzten Gebieten. Das führte zu einer Ausweitung der nur langsam reorganisierten Indikations- und Begutachtungspraxis. Sie ist nicht rückgängig gemacht worden, als sich die soziale Situation wieder konsolidierte. Es steht fest, daß in Westdeutschland zwischen 1945 und 1975 im Rahmen der medizinisch indizierten Abtreibung die kriminologische und, in begrenztem Umfang, auch die kindliche Indikation praktiziert worden ist. Dasselbe gilt für die sozial-medizinische und die psychiatrische. Während alle diese Indikationen, mit Ausnahme der umstrittenen kindlichen Anzeigestellung, von der Ärzteschaft grundsätzlich befürwortet wurden, läßt sich für den gesamten Untersuchungszeitraum eine einhellige und entschiedene Ablehnung der sozialen Indikation feststellen. Anzeichen für eine allgemein strenge, nur die vitale oder schwere Gesundheitsgefärdungen der Schwangeren berücksichtigende Handhabung der Indikationen, die gelegentlich als charakteristisch für die Praxis der ärztlich indizierten Abtreibung bezeichnet worden ist, sind nicht nachweisbar.

Mit dem Ende der vierziger Jahre sank § 218 StGB im öffentlichen Interesse zur Bedeutungslosigkeit herab. Dies änderte sich erst zu Beginn der sechziger Jahre. Die vom Bundesjustizministerium eingesetzte Große Strafrechtskommission, die von 1956 bis 1959 tagte, hatte die Einführung einer kriminologischen Indikation vorgeschlagen. Dieser Vorschlag war in dem 1960 veröffentlichten Entwurf der Bundesregierung nicht mehr enthalten. Auf Betreiben des niedersächsischen Ministers Arvid von Nottbeck empfahl der Rechtsausschuß des Bundesrates dem Plenum, eine kriminologische Indikation in den Strafgesetzbuchentwurf einzufügen. Das Bundesratsplenum aber lehnte diesen Antrag in seiner Sitzung am 12./13. Juli 1962 ab. Danach verlor das Thema „§ 218 StGB" nicht nur politisch, sondern auch in den Medien rasch an Bedeutung.

Das relative Desinteresse sowohl der Parteien als auch der Öffentlichkeit gegenüber dem § 218 StGB änderte sich auch dann nicht, als der Paragraph 1969 wieder Gegenstand parlamentarischer Beratungen wurde. Durch das Erste Gesetz zur Reform des Strafrechts vom 25. Juni 1969 erhielt der Straftatbestand Vergehenscharakter. Zwar äußerten die Vertreter aller Parteien im Strafrechtssonderausschuß, daß die „Reform" des § 218 StGB damit nicht erledigt sei. Das Interesse an einer solchen Änderung richtete sich indessen auch auf seiten der späteren Regierungsparteien der sozialliberalen Koalition nur auf die Einführung bestimmter, relativ eng eingegrenzter Indikationen.

Dagegen sah der Mehrheitsvorschlag eines von namhaften liberalen Strafrechtslehrern 1970 vorgelegten „Alternativ-Entwurfs" eine Fristenregelung vor. Danach sollte die Abtreibung innerhalb der ersten drei Monate nach der Empfängnis straffrei bleiben, wenn sie von einem Arzt vorgenommen werde und nachdem die Schwangere eine Beratungsstelle aufgesucht habe. Die Verfasser begründeten ihren Entwurf kriminalpolitisch: nur durch eine zeitweise Zurücknahme der Strafdrohung lasse sich eine Eindämmung der Abtreibungen erreichen.

Dieser Vorschlag wurde zwar von den Medien aufmerksam zur Kenntnis genommen und hat die parlamentarische Willensbildung schließlich richtunggebend beeinflußt. Die öffentliche Auseinandersetzung großen Stils, an deren vorläufigem Ende die Einführung der Fristenregelung stand, brachte er indessen nicht in Gang. Diese wurde durch die Selbstbezichtigungskampagne ausgelöst, die im Sommer 1971 von kleineren Frauenemanzipationsgruppen im geplanten Zusammenwirken mit Medien organisiert wurde und durch welche die Forderung nach einer völligen Streichung des § 218 StGB schnell in das Zentrum der öffentlichen Auseinandersetzung rückte.

Die Meinungsbildung in den Koalitionsparteien nahm im Zuge dieser Kampagne, die während des gesamten Gesetzgebungsverfahrens fortgesetzt wurde, eine neue Richtung. Die FDP, in der sich bereits seit 1970 eine Mehrheit für die Fristenregelung abzuzeichnen begann, forcierte unmittelbar nach dem Beginn der Selbstbezichtigungskampagne die innerparteiliche Beschlußfassung und legte sich noch im Sommer 1971 auf das Fristenmodell fest. Seitdem kündigte die FDP öffentlich einen eigenen Fristenregelungsentwurf an und übte damit auf die Meinungsbildung der SPD, der daran nicht gelegen war, erheblichen Druck aus.

Auch die Einstellung der SPD veränderte sich binnen weniger Wochen zugunsten der Fristenregelung, wie die Sitzungen der Parteiführungsgremien im Juni 1971 erkennen lassen. Der Außerordentliche Parteitag der SPD im November 1971 nahm das Thema § 218 StGB in die Tagesordnung auf und verabschiedete schließlich einen Antrag, der eine Fristenregelung vorsah. Gleichwohl sollte dieses Votum nicht für die Mitglieder der Bundestagsfraktion bindend sein. Noch während des Parteitages kündigte der Vorsitzende Brandt an, daß der Indikationenentwurf des Bundesjustizministers Jahn trotz dieses Beschlusses als Regierungsentwurf eingebracht werde.

Schon vor dem Außerordentlichen Parteitag, im Oktober 1971, hatten Rechtspolitiker der SPD-Fraktion eine Arbeitsgruppe gebildet, die einen Fristenregelungsentwurf ausarbeitete, der Ende Januar 1972 vorlag. Er sah neben der medizinischen, der kriminologischen und der kindlichen Indikation die Straffreiheit der Abtreibung vor, wenn sie nach vorangegangener ärztlicher Beratung innerhalb der ersten zwölf Wochen nach der Empfängnis vorgenommen werde. Dieser Entwurf wurde am 9. Februar 1972 von 51 Abgeordneten der FDP und der SPD im Bundestag eingebracht. Am selben Tag verabschiedete das Bundeskabinett den von Justizminister Jahn vorgelegten Indikationenentwurf, der neben der medizinischen, kriminologischen und kindlichen Indikation auch eine soziale vorsah. Dieser Entwurf wurde dem Bundestag am 15. Mai 1972 zur Beschlußfassung zugeleitet.

Beide Entwürfe wurden an einen Sonderausschuß überwiesen, der im April 1972 eine Sachverständigenanhörung abhielt. Das Gesetzgebungsverfahren konnte jedoch in der sechsten Wahlperiode (1969 bis 1972) nicht mehr zum Abschluß gebracht werden.

Gleich zu Beginn der siebten Wahlperiode (1972 bis 1976) wurde dieses Verfahren wieder aufgenommen. Der Fristenregelungsentwurf, in der sechsten Wahlperiode noch ein Gruppenantrag, wurde am 21. März 1973 als Fraktionsantrag von FDP und SPD eingebracht. Das Bundeskabinett legte keinen eigenen Entwurf mehr vor. Der frühere

Regierungsentwurf wurde als Gruppenantrag von einigen Sozialdemokraten um den Abgeordneten Dr. Müller-Emmert eingebracht.

Die Politik der CDU/CSU war bis 1973 auf einen Kompromiß mit den Anhängern eines eines Indikationenentwurfs in der Fraktion der SPD gerichtet. Diese Politik wurde von der Meinungsbildung in der SPD überholt, in der sich seit 1971 eine große Mehrheit für eine Fristenregelung abzeichnete. Der Entschluß der Unionsfraktion zu einem eigenen Entwurf scheint erst Ende März 1973 gefaßt worden zu sein. Das Modell, das die Fraktion dann am 11. Mai 1973 einbrachte, sah eine sozial-medizinische Indikation vor, die auch die kriminologische und die kindliche Indikation umfaßte.

Eine Gruppe von 28 Abgeordneten innerhalb der Unionsfraktion war nicht bereit, diesen Entwurf mitzutragen und brachte einen Gruppenantrag ein, der eine weit definierte medizinische Indikation vorsah, die auch die kriminologische und die kindliche Anzeigestellung berücksichtigte, soweit diese im Einzelfall medizinisch relevant würden.

Der federführende Sonderausschuß für die Strafrechtsreform beschloß, in Abweichung von der Geschäftsordnung des deutschen Bundestages, nach der Ausschußberatung alle vier Entwürfe an das Plenum zurückzuüberweisen. In den Ausschußberatungen wurden absprachegemäß nur solche Änderungen an den Entwürfen vorgenommen, welche die Zustimmung der Vertreter der jeweiligen Modelle im Ausschuß fanden. So lagen dem Plenum schließlich vier Fassungen zur Entscheidung vor.

In einer erneuten, vom Ältestenrat vorgeschlagenen und vom Plenum beschlossenen Abweichung von seiner Geschäftsordnung stimmte das Parlament nach der zweiten Lesung über alle vier Entwürfe ab. Da kein Antrag die erforderliche Mehrheit erhielt, kam es zu einer Stichabstimmung zwischen den beiden Entwürfen, welche die meisten Stimmen auf sich vereinigt hatten. Dies waren der Fristenregelungsentwurf und der Fraktionsantrag der CDU/CSU. Die Stichentscheidung fiel zugunsten des SPD/FDP-Entwurfs aus, nachdem die meisten der 35 Sozialdemokraten, die bis dahin den Entwurf Dr. Müller-Emmert unterstützt hatten, für die Fristenregelung stimmten. Dieser Antrag bildete somit die Grundlage der für den 26. April 1974 anberaumten dritten Lesung, in welcher der Fraktionsentwurf der Koalitionsparteien vom Deutschen Bundestag mit 247 gegen 233 Stimmen beschlossen wurde.

Ohne Interesse an einem Kompromiß mit der Opposition zu zeigen, wies das Plenum den Einspruch des Bundesrates gegen dieses Gesetz am 5. Juni 1974 mit den Stimmen der Koalitionsfraktionen zurück. Die Landesregierung von Baden-Württemberg beantragte daraufhin am 20. Juni 1974 beim Bundesverfassungsgericht eine einstweilige Anordnung, um das Inkrafttreten des Gesetzes bis zur Entscheidung über einen noch einzureichenden Normenkontrollantrag zu verhindern. Am 21. Juni 1974 entschied das Gericht, daß § 218 a in der Fassung des Fünften Gesetzes zur Reform des Strafrechts einstweilen nicht in Kraft trete. Am gleichen Tag beantragten 192 Mitglieder der Bundestagsfraktion der CDU/CSU beim Bundesverfassungsgericht festzustellen, daß jene Vorschrift mit dem Grundgesetz unvereinbar und nichtig sei. Diesem Antrag folgten in den Monaten Juli bis September die Landesregierungen

Baden-Württembergs, des Saarlandes, Bayerns, Schleswig-Holsteins und Rheinland-Pfalz'. In seinem Urteil vom 25. Februar 1975 stellte das höchste deutsche Gericht fest, daß die vom Bundestag beschlossene Fristenregelung verfassungswidrig sei, weil sie dem vom Grundgesetz gebotenen Schutz des ungeborenen Lebens nicht in ausreichendem Maße Rechnung trage.

In Teilen der Öffentlichkeit, insbesondere in den Koalitionsparteien, traf dieses Urteil auf scharfe Kritik. Während SPD und FDP bereits kurze Zeit nach der Urteilsverkündung die Arbeit an einem neuen Gesetzentwurf aufnahmen, verzichtete die Opposition zunächst auf die Vorlage eines eigenen Vorschlags, forderte die Koalition zu einem Kompromiß auf und wartete die Meinungsbildung in den Regierungsparteien ab.

SPD und FDP verfoltgen weiterhin die Zielsetzung der Fristenregelung und forderten, den durch das Urteil belassenen Spielraum „voll auszuschöpfen". Hierzu war die Opposition nicht bereit. Obwohl die Unionsfraktion erhebliche Zugeständnisse machte und de facto auch eine soziale Indikation akzeptierte – weswegen einige christlich-demokratische Abgeordnete diesen Entwurf am Ende nicht mehr unterstützen wollten –, kam kein Kompromiß zustande. Der rechtspolitische Konfliktstoff zwischen dem am 8. Oktober 1975 eingebrachten Koalitionsentwurf und dem Antrag der Opposition vom 23. Oktober 1975 lag nicht in der Definition des Indikationenkatalogs, sondern bestand vor allem in Verfahrensfragen. Der am 12. Februar 1976 vom Bundestag gegen die Stimmen der Opposition verabschiedete Koalitionsentwurf sieht eine Indikationenregelung vor, der eine medizinische Anzeigestellung zugrunde liegt. Diese sei „auch" im Fall einer kindlichen, kriminologischen oder Notlagenindikation gegeben.

Diese rechtspolitischen Entscheidungen fielen vor dem Hintergrund einer rechtsphilosophischen Auseinandersetzung, die in den sechziger Jahren in Gang kam und die als ein Prozeß der fortschreitenden Entmoralisierung des § 218 StGB beschrieben werden kann. Zunächst wurde nur für eng umrissene Grenzfälle gefordert, daß Ausnahmen von der ethischen Norm des Tötungsverbots möglich sein müßten. In den sechziger Jahren setzten sich allmählich Anschauungen durch, die die strafrechtliche Kodifizierung sittlicher Grundwerte in einer pluralistischen Gesellschaft für grundsätzlich illegitim hielten. Der Überzeugung von der notwendigen Rückbindung des Rechts an ethische Normen wurde die Idee des „ethischen Minimums" entgegengesetzt. Seine Anhänger verlangten die Reduktion strafrechtlich kodifizierter ethischer Normen auf einen Minimalbestand der „elementaren Sittlichkeit", ohne jedoch zu sagen, welchen ethischen Gehalt ein solches Minimum eigentlich haben solle. Insbesondere blieb ungeklärt, ob dazu das Tötungsverbot gehören müsse oder nicht. Dies gilt ebenso für die Forderung, sittliche Grundwerte dürften bei der Strafgesetzgebung überhaupt nicht berücksichtigt werden; allein die „Sozialschädlichkeit" eines Verhaltens habe als strafrechtsgestaltendes Kriterium zu gelten. Dieses Postulat, das die parlamentarische Willensbildung handlungsleitend beeinflußt hat, bedeutet die absolute Priorität der Pragmatik vor der Ethik.

Diese rechtsphilosophische Anschauung liegt der Fristenregelung zugrunde. Denn diese beruht seit dem Alternativ-Entwurf liberaler Strafrechtslehrer von 1970 auf der Vorstellung, daß man das Tötungsverbot im § 218 StGB zurücknehmen dürfe, wenn dadurch eine Senkung der Abtreibungszahlen und eine Milderung der Folgeschäden krimineller Abtreibungen erreichbar sei.

Die Untersuchung der rechtspolitischen Auseinandersetzung ergab indessen, daß die Lebensschutzargumentation, die seit dem Alternativ-Entwurf für alle Fristenmodelle den wichtigsten Legitimationsgrund darstellte, einer Überprüfung anhand der bekannten Daten über den Umfang der kriminellen Abtreibung, des Laienaborts und der ausländischen Erfahrungen mit Lockerungen der strafrechtlichen Bestimmungen über die Abtreibung nicht standhält und stellenweise Züge einer Desinformation annahm. Es war aufgrund dieser Daten mit sehr hoher Wahrscheinlichkeit zu erwarten, daß die Fristenregelung den angegebenen Kern ihrer Zielsetzung, namentlich eine Verbesserung des Lebensschutzes durch eine Reduzierung der Gesamtzahl der Abtreibungen, nicht verwirklichen können würde. Dasselbe Resultat logischer Widersprüchlichkeit ergab die Analyse der Beratungskonzeption im Rahmen der verschiedenen Fristenmodelle. Infolgedessen bestehen begründete Zweifel, ob die Verbesserung des Lebensschutzes wirklich das zentrale Anliegen der Fristenregelung war, als das sie in der Öffentlichkeit propagiert wurde. Das Gleiche gilt für die Güterabwägungs- und für die Rechtfertigungsproblematik, soweit sie zur rechtsethischen Begründung der Fristenregelung herangezogen wurden. Bei der Untersuchung der Güterabwägungstheorie, die den Indikationenregelungen zugrunde lag, zeigten sich weitere Widersprüche zu dem postulierten Grundsatz der Unantastbarkeit ungeborenen Lebens. Auch diese Gesetzesmodelle enthalten insofern grundlegende logische Inkonsistenzen.

Andererseits erwies die Behandlung einzelner Indikationen und der Nidationsfrist in allen Gesetzentwürfen, daß Indikations- und Fristenregelungsmodelle in einigen zentralen Bereichen übereinstimmten. Allen Entwürfen liegt – wenngleich in sehr unterschiedlichem Maß – die Bereitschaft zugrunde, sich im Interesse eines aus sehr unterschiedlichen Gründen erwünschten rechtlichen Regelungserfolgs über im übrigen anerkannte ethische Normen und anthropologische Fakten hinwegzusetzen.

Was diese betrifft, so bestand zwischen 1945 und 1976 aufs ganze gesehen kein Dissens darüber, daß Abtreibung spätestens von der dritten Woche nach der Befruchtung an die Tötung eines menschlichen Individuums sei. Besonders von Embryologen und Medizinern wurde darauf hingewiesen, daß durch den Eingriff ein mit der Fertilisation entstehendes, biologisch individuelles, entelechisch auf personale Existenz angelegtes menschliches Leben getötet werde, das sich von geborenem Leben qualitativ nicht unterscheide.

Verbal haben sich Anhänger aller im Bundestag eingebrachten Entwürfe diesen Standpunkt zu eigen gemacht und in dem rechtspolitischen Postulat formuliert, daß ungeborenes Leben unantastbar und dem geborenen grundsätzlich gleich zu achten sei. Tatsächlich ist dieser Grundsatz in den verschiedenen Gesetzesanträgen zwar sehr unterschiedlich weitreichend, aber in keinem Entwurf konsequent verwirklicht worden. Insbesondere die Fristenregelung und die ihr zugrunde liegende Dreimonatsgrenze, welche die grundsätzliche Strafbarkeit der Abtreibung de facto aufhob, blieben ohne biologisch-anthropologische Begründung. Zwar gab es anthopologische Konzeptionen, die an embryologische Befunde anknüpften und die zur Legitimation des Fristenmodells geeignet gewesen wären. Diese Überlegungen waren allgemein zugänglich und einigen Politikern bekannt. Im Gesetzgebungsverfahren gelangten sie jedoch erst spät und auch dann nur zu sehr begrenzter Bedeutung. Offensichtlich haben die Anhänger der Fristenregelung anthropologischen Aspekten keine besondere Bedeutung beigemessen.

Soweit die Anhänger des Fristenmodells überhaupt anthropologisch argumentierten, führten sie gesellschaftliche Akzeptanztheorien an, welche die Zuerkennung des Lebensrechts an einen Menschen als soziales Relevanz-, Bewertungs- und Interpretationsproblem behandeln. Danach ist das Lebensrecht von der Erwünschtheit eines Menschen oder von seiner sozialen Nutzenfunktion abhängig. Solche Akzeptanztheorien sind mit der Idee vorstaatlicher und unveräußerlicher Menschenrechte schwerlich vereinbar. Auf ihnen beruhen denknotwendig diejenigen für das Gesetzgebungsverfahren bedeutsamen Argumentationen, welche die Gewährung des Lebensrechts an das ungeborene Kind zur Disposition seiner Mutter stellen.

Diese Theorien finden sich im Umfeld solcher Vorstellungen, die das postulierte mütterliche Verfügungsrecht als Mittel und Zweck der Frauenemanzipation betrachten. Im Zentrum dieser Anschauungen steht der Begriff des Selbstbestimmungsrechts der Schwangeren. Er hat die Willensbildung der FDP seit 1970, in der SPD seit 1971 maßgeblich bestimmt und liegt auch der Fristenregelung zugrunde. Eine schlüssige anthropologische Begründung für den postulierten Vorrang der Würde der Frau vor der Menschenwürde des ungeborenen Kindes und dessen Lebensrecht gibt dieser Legitimationsansatz nicht.

Gleichwohl bestreitet diese Argumentation nicht das grundsätzliche Lebensrecht des ungeborenen Kindes. Die 1974/76 verabschiedeten Vorschriften bilden eine Zäsur in einem Meinungs- und Willensbildungsprozeß, an dessen Beginn die Forderung stand, daß das Recht – bei grundsätzlicher Anerkennung des Tötungsverbots und der Menschenwürde des Ungeborenen – Ausnahmen von der ethischen Norm des Tötungsverbots zulassen müsse. Die anfangs restriktiv formulierte Definition solcher Grenzfälle wird mit der Zeit ständig ausgeweitet, bis der Ausnahmecharakter schließlich nicht mehr erkennbar ist. Nicht der Grundwert „Recht auf Leben" wird bestritten, sondern seine normative Verbindlichkeit. Es ist eine Konstante der parlamentarischen Auseinandersetzung über § 218 StGB, daß Gegner und Anhänger einer grundlegenden Änderung dieses Paragraphen – soweit sie zu diesen Fragen überhaupt Stellung nahmen – sich zum Menschenrecht des ungeborenen Kindes auf Leben gleichermaßen bekannten. Die Geschichte der Meinungs- und Willensbildung zur Abtreibung in der Bundesrepublik Deutschland ist die Geschichte der 1974 und 1976 schließlich gesetzlich kodifizierten Gründe, sich über dieses Recht, die „Grundlage jeder menschlichen Gemeinschaft" (Art. 1 Abs. 2 GG), hinwegzusetzen.

Anhang

1. Abkürzungsverzeichnis

A	Das Argument
AAS	Acta Apostolicae Sedis
Abg.	Abgeordnete(r)
AblEKD	Amtsblatt der Evangelischen Kirche in Deutschland
AblEvLK	Amtsblatt der Evangelisch-Lutherischen Kirche in Bayern rechts des Rheins
AbZ	Abendzeitung
AC	Arzt und Christ
ACDP	Archiv für Christlich-Demokratische Politik
ADL	Archiv des Deutschen Liberalismus
ÄM	Ärztliche Mitteilungen
AE MehrV	Mehrheitsvorschlag des Alternativ-Entwurfs
AE MindV	Minderheitsvorschlag des Alternativ-Entwurfs
ÄP	Ärztliche Praxis
ÄS	Ärztliche Sammelblätter
AG	Archiv für Gynäkologie
AG Prot.	Protokolle der Arbeitsgruppe „§ 218" der Arbeitsgruppe „Recht" des Arbeitskreises I der CDU/CSU-Fraktion des Deutschen Bundestages
AGR EProt.	Ergebnisprotokolle der Arbeitsgruppe „Recht" des Arbeitskreises I der CDU/CSU-Fraktion des Deutschen Bundestages
AIA Ns.	Niederschriften des Ausschusses für Innere Angelegenheiten des Bundesrates
AK	Archiv für Kriminologie
AK KProt.	Kurzprotokolle der Sitzungen des Arbeitskreises I der CDU/CSU-Fraktion des Deutschen Bundestages
AK Ns.	Niederschriften der Sitzungen des Arbeitskreises I der CDU/CSU-Fraktion des Deutschen Bundestages
AKR	Arbeitskreis „Rechtswesen" der SPD-Fraktion des Deutschen Bundestages
AKS	Die Agnes-Kroll-Schwester
Akt	Aktuell
AM	Ars medici
AnC	Antike und Christentum
APuZG	Aus Politik und Zeitgeschichte (Beilage zu: Das Parlament)
AS	Arbeit und Soziales: Mitteilungsorgan des Bayerischen Staatsministeriums für Arbeit und Sozialordnung
AsD	Archiv der sozialen Demokratie
AZ	Allgemeine Zeitung

B	Begegnung
BaS	Bild am Sonntag
BÄ	Bayerisches Ärzteblatt
BAG Ber.	Berichte des bürgerschaftlichen Ausschusses für das Gesundheitswesen
BAOCMT	Beiträge aus dem gesamten Arbeitsbereich der Orthopädie und der chirugisch-medizinischen Technik
BaZ	Badische Zeitung
BB Beschl.	Beschlüsse der Bürgerschaft (Bremen)
BeÄ	Die Berliner Ärztekammer
BerÄ	Berliner Ärzteblatt
BFA EProt.	Ergebnisprotokolle der Sitzungen des Bundesfachausschusses der FDP für Innen- und Rechtspolitik
BFrA	Bundesfrauenausschuß der FDP
BG	Berliner Gesundheitsblatt
BGeBl	Bundesgesundheitsblatt
BGG	Beiträge zur Geburtshilfe und Gynäkologie
BGM	Beiträge zur gerichtlichen Medizin
BHA Sten. Ns.	Stenographische Niederschriften der Sitzungen des Bundeshauptausschusses der FDP
BKT	Beiträge zur Klinik der Tuberkulose
BKW	Berliner Klinische Wochenschrift
BM	Berliner Medizin
BMJ	Bundesministerium der Justiz
BMJFG	Bundesministerium für Jugend, Familie und Gesundheit
BStMI	Bayerisches Staatsministerium des Innern
BoR	Bonner Rundschau
BPA/AN	Bundespresseamt/Abteilung Nachrichten
BPT	Bundesparteitag der FDP
BR Sten. Ber.	Stenographische Berichte der Verhandlungen des Bundesrates
BR-Drs.	Drucksachen zu den Verhandlungen des Bundesrates
BrÄ	Bremer Ärzteblatt
Bre. Ns.	Niederschriften der Sitzungen des Senats (Bremen)
BrN	Bremer Nachrichten
BSM	Berliner Statistische Monatsschrift
BT-Drs.	Drucksachen zu den Verhandlungen des Deutschen Bundestages
Bu	Bulletin
BVerfGE	Entscheidung des Bundesverfassungsgerichts
BV Prot.	Protokolle der Sitzungen des Bundesvorstandes der FDP
BW	Bild der Wissenschaft
BZ	Bild-Zeitung
C	Civitas

CDU/CSU-Press.	Pressedienst der CDU/CSU-Fraktion im Deutschen Bundestag
CF	Die christliche Frau
CW	Christ und Welt
D	Diakonie
DA	Deutschland-Archiv
DÄ	Deutsches Ärzteblatt
DAS	Deutsches Allgemeines Sonntagsblatt
DGW	Das deutsche Gesundheitswesen
DH	Deutsche Hebammenzeitschrift
DM	Deutsches Monatsblatt
DMGB	Dienstblatt des Magistrats von Groß-Berlin
DMI	Deutscher medizinischer Informationsdienst
DMJ	Deutsches medizinisches Journal
DMR	Deutsche Medizinische Rundschau
DMW	Deutsche medizinische Wochenschrift
DP	Deutsches Pfarrerblatt
DPA	Deutsche Presseagentur
DR	Deutsche Rundschau
DRiZ	Deutsche Richter-Zeitung
DRZ	Deutsche Rechts-Zeitschrift
DStZ	Deutsche Strafrechts-Zeitung
DT	Deutsche Tagespost
DUD	Deutschland-Union-Dienst
DZ	Deutsche Zeitung
DZGGM	Deutsche Zeitschrift für die gesamte gerichtliche Medizin
DZWZ	Deutsche Zeitung und Wirtschaftszeitung
E	Erdkreis
EB	Europäische Begegnung
ENO	Evangelischer Nachrichtendienst – Ost
EPD	Evangelischer Pressedienst
ErbGG	Gesetz zur Verhütung erbkranken Nachwuchses (Erbgesundheitsgesetz)
EvK	Evangelische Kommentare
EvTh	Evangelische Theologie
EvV	Evangelische Verantwortung
EvW	Evangelische Welt
EW	Echo der Woche
F	Die Frau
FA	Frauenarzt
FamRZ	Zeitschrift für das gesamte Familienrecht
FAZ	Frankfurter Allgemeine Zeitung
FDK	Freie Demokratische Korrespondenz

FDP/PD	Pressedienst der FDP Bundestagsfraktion (Gesamt)
FH	Frankfurter Hefte
FM	Fortschritte der Medizin
FN	Fortschritte der Neurologie und der Psychiatrie
Fn	Fußnote
FNP	Frankfurter Neue Presse
FP	Freie Presse
FR	Frankfurter Rundschau
Fre	Die Freiheit
FrB	Frauenbüro beim SPD-Parteivorstand in Hannover
FrR	Frauenreferat der FDP
FSP	Fraktionssitzungsprotokolle (SPD-Bundestagsfraktion)
Fu	Die Furche
G	Die Gegenwart
GA	General-Anzeiger
GAS	Goltdammer's Archiv für Strafrecht
Ge	Gesundheitsfürsorge
Gen	Genossin
Ger	Der Gerichtssaal
GG	Grundgesetz
GH	Glaube und Heimat
GK	Gesellschaftliche Kommentare
GL	Gesundes Leben
GM	Gewerkschaftliche Monatshefte
GP	Gesundheitspolitik
GpGw	Gegenwartsprobleme unseres Gesundheitswesens
GStRK Ns.	Niederschriften der Großen Strafrechtskommission
GuF	Geburtshilfe und Frauenheilkunde
GVBl	Gesetzes- und Verordnungsblatt
GVBlB	Gesetz- und Verordnungsblatt für Berlin
GVBlSH	Gesetz- und Verordnungsblatt für Schleswig-Holstein
GVBlNRW	Gesetz- und Verordnungsblatt für das Land Nordrhein-Westfalen
Gy	Der Gynäkologe
H	Hochland
HA	Hamburger Abendblatt
HA Ver.	Verhandlungen des Hauptausschusses des Parlamentarischen Rates
HAZ	Hannoversche Allgemeine Zeitung
HÄ	Hamburger Ärzteblatt
HAR	Hamburger akademische Rundschau
HB An.	Anträge für die Hamburger Bürgerschaft
HB Prot.	Protokolle der Sitzungen der Hamburger Bürgerschaft
HBl	Handelsblatt

He	Die Heilberufe
HeA	Hessische Allgemeine
HEc	Hamburger Echo
HH	Hier und Heute
HJb	Historisches Jahrbuch
HK	Die Heilkunst
HKo	Herder-Korrespondenz
I	Der Internist
IDZ	Internationale Dialog-Zeitschrift
IF	Informationen für die Frau
IM	Die Innere Mission
Inf.	Informationen der Sozialdemokratischen Fraktion im Deutschen Bundestag
J	Jasmin
JB	Juristische Blätter
JK	Junge Kirche
JOR	Jahrbuch für Ostrecht
JQR	The Jewish Quarterly Review
JR	Juristische Rundschau
JuS	Juristische Schulung
JW	Jugendwohl
JZ	Juristen-Zeitung
K	Kriminatistik
KAEK	Kirchlicher Anzeiger für die Erzdiözese Köln
KB	Katholischer Beobachter
KD	Krankendienst
KDi	Katholischer Digest
KF	Katholische Frauenbildung
KG	Der katholische Gedanke
KH	Konservativ heute
Kir	Die Kirche
KJ	Kirchliches Jahrbuch
KJu	Kritische Justiz
Kle	Klerusblatt
KN	Kieler Nachrichten
KNA	Katholische Nachrichtenagentur
KNGIM	Kongreßbericht der Nordwestdeutschen Gesellschaft für Innere Medizin
KÖ	Kriminalistik in Österreich
Ko	Konkret
KP	Kasseler Post
KPf	Krankenpflege

Kr	Das Krankenhaus
KS	Kant-Studien
KStA	Kölner Stadt-Anzeiger
Ku	Der Kurier
KW	Die Kirche in der Welt
L	Die Lücke
LA	Der Landarzt
Li	Liberal
LM	Lutherische Monatshefte
LN	Lübecker Nachrichten
LT-Drs.	Landtagsdrucksachen zu den Sitzungen des Landtages Nordrhein-Westfalen
LT Sten. Ber.	Stenographische Berichte über die Sitzungen des Landtages Nordrhein-Westfalen
LThK	Lexikon für Theologie und Kirche
M	Die Medizinische
MDir	Ministerialdiektor
MDirig	Ministerialdirigent
MDR	Monatsschrift für deutsches Recht
Me	Medium
Mer	Merkur
Mi	Die Mitarbeit
Mit	Der Mittag
MK	Medizinische Klinik
MKI	Materialien des konfessionskundlichen Instituts
MKS	Monatsschrift für Kriminologie und Strafrechtsreform
MM	Medizinische Monatsschrift
MMo	Mannheimer Morgen
MMS	Medizinischer Monatsspiegel
MMW	Münchener medizinische Wochenschrift
MR	Ministerialrat
MRu	Medizinische Rundschau
MSR	Materialien zur Strafrechtsreform
MüM	Münchner Merkur
MV	Der Mütter-Verein
MW	Die medizinische Welt
N	Neubau
NA	Neues Abendland
NÄ	Niedersächsisches Ärzteblatt
NAr	Der Nervenarzt
NB	Neuer Bestand
NBi	Neue Bildpost

NDH	Neue deutsche Hefte
NF	Die neue Familie
NG	Die neue Gesellschaft
NH	Nordwestdeutsche Hefte
NJ	Neue Justiz
NJW	Neue Juristische Wochenschrift
NLF	Natural Law Forum
NO	Die neue Ordnung in Kirche, Staat, Gesellschaft und Kultur
NP	Die neue Polizei
NR	Neue Rundschau
NRP	Niedersächsische Rechtspflege
NRRZ	Neue Rhein-Ruhr-Zeitung
NRZ	Neue Rhein-Zeitung
NVÖPF	Nachrichtendienst des deutschen Vereins für öffentliche und private Fürsorge
NW	Das neue Wort
NZ	Neue Zeit
NZZ	Neue Zürcher Zeitung
O	Orientierung
ÖGD	Der öffentliche Gesundheitsdienst
OW	Ostdeutsche Wissenschaft
P	Petrusblatt
PFI	Pro-Familia-Informationen
PhJG	Philosophisches Jahrbuch der Görres-Gesellschaft
PM	Die Politische Meinung
Po	Die Polizei
PPP	Parlamentarisch-politischer Pressedienst
Pr	Praxis
Präs.	Protokolle der Sitzungen des Präsidiums der SPD
PR Sten. Ber.	Stenographische Berichte über die Plenarsitzungen des Parlamentarischen Rates
PS	Provisorische Signatur
Ps	Psyche
PSt	Politische Studien
Psy	Psychologie heute
Pu	Publik
PV	Parteivorstand der SPD
PV AB Prot.	Parteivorstand, Alter Bestand, Sitzungsprotokolle
PV NB Prot.	Parteivorstand, Neuer Bestand, Sitzungsprotokolle
PZ	Pharmazeutische Zeitung
Q	Quatember
Qui	Quick

R	Der Ruf
Ra	Radius
RA-Drs.	Drucksache des Rechtsausschusses des Bundesrates
RA Ns.	Niederschriften des Rechtsausschusses des Bundesrates
RE	Referentenentwurf eines Fünften Gesetzes zur Reform des Strafrechts (1971)
RGbl	Reichsgesetzsblatt
RGSt	Entscheidungen des Reichsgerichts in Strafsachen
RhM	Rheinischer Merkur
RIBJ	Recht – Informationen des Bundesministers der Justiz
RJ	Recht der Jugend
RN	Ruhr-Nachrichten
ROW	Recht in Ost und West
RP	Rheinische Post
RQ	Römische Quartalschrift
RT Anlg.	Verhandlungen des Reichstags, Anlagen zu den Stenographischen Berichten
RuP	Recht und Politik
RZ	Rhein-Zeitung
S	Der Spiegel
SA	Sammlung medizinischer Abhandlungen auf dem Gebiete der Psychologie und Neurologie
SA Ber.	Beratungen des Sonderausschusses des Deutschen Bundestages für die Strafrechtsreform
SÄ	Südwestdeutsches Ärzteblatt
SÄZ	Schweizerische Ärztezeitung
SANP	Schweizer Archiv für Neurologie und Psychiatrie
SaZ	Saarbrücker Zeitung
SB	Studentische Blätter
Se	Die Seele
See	Der Seelsorger
SF	Stimme der Familie
SHÄ	Schleswig-Holsteinisches Ärzteblatt
SJZ	Süddeutsche Juristen-Zeitung
SLZ	Saarbrücker Landzeitung
SMW	Schweizerische medizinische Wochenschrift
SN	Stuttgarter Nachrichten
So	Sonntagsblatt
SoA	Soziale Arbeit
SozJ	Das sozialistische Jahrhundert
SPD Fr.	Protokolle der Sitzungen der SPD-Fraktion des Deutschen Bundestages

SPD Inf.	SPD-Pressemitteilungen und Informationen
SPD J	Jahrbuch der Sozialdemokratischen Partei Deutschlands
SPD Press.	SPD-Pressedienst
St	Stimme
StdZ	Stimmen der Zeit
Ste	Stern
Sten. Ber.	Protokolle der Verhandlungen des Deutschen Bundestages
StRG	Strafrechtsreformgesetz
StWB	Sankt-Willibalds-Bote
StZ	Stuttgarter Zeitung
SU	Südwestdeutsche Union
SüAZ	Südwestdeutsche Allgemeine Zeitung
SW	Soziale Welt
SwAZ	Südwestdeutsche Allgemeine Zeitung
SwP	Südwest-Presse
SZ	Süddeutsche Zeitung
T	Tagesspiegel
TA	Der Tuberkulosearzt
Te	Telegraf
TG	Therapie der Gegenwart
Th	Therapiewoche
TheoG	Theologie der Gegenwart
ThG	Theologie und Glaube
ThPh	Theologie und Philosophie
ThPQ	Theologisch-praktische Quartalsschrift
ThQ	Theologische Quartalsschrift
TLZ	Triersche Landzeitung
UA Ns.	Niederschriften des Unterausschusses des Rechtsausschusses des Bundesrates
UH	Unsere Hilfe
UiD	Union in Deutschland
V	Vorgänge
VA KProt.	Kurzprotokolle der Sitzungen des Vermittlungsausschusses des Deutschen Bundestages und des Bundesrates
Vo	Vorwärts
W	Wandlung
WA	Welt der Arbeit
WÄ	Westfälisches Ärzteblatt
WaS	Welt am Sonntag
WAZ	Westdeutsche Allgemeine Zeitung
WDS	Wissenschaftlicher Dienst Südosteuropa
We	Die Welt

WK	Weser-Kurier
WKW	Wiener Klinische Wochenschrift
WM	Wege zum Menschen
WP	Westfalenpost
WR	Westfälische Rundschau
WS	Weg zur Seele
WW	Wort und Wahrheit
WWo	Weltwoche
Z	Die Zeit
ZÄF	Zeitschrift für ärztliche Fortbildung
Zbl Gyn	Zentralblatt für Gynäkologie
ZEE	Zeitschrift für evangelische Ethik
ZFP	Zeitungsausschnittsammlung, Frauenfragen P (AsD)
ZGG	Zeitschrift für Geburtshilfe und Gynäkologie
ZGHG	Zeitschrift für die gesamte Hygiene und ihre Grenzgebiete
ZGW	Zeitschrift für Geschichtswissenschaft
ZPM	Zeitschrift für Präventiv-Medizin
ZRP	Zeitschrift für Rechtspolitik
ZSH	Zeitschrift für Sozialhygiene
ZStW	Zeitschrift für die gesamte Strafrechtswissenschaft
ZThK	Zeitschrift für katholische Theologie
ZW	Zeitwende

2. Ungedruckte Quellen:

Archiv für Christlich-Demokratische Politik, Sankt Augustin (ACDP):

0/068/33	Pressedokumentation; Sachthema § 218
I–022	Nachlaß Dr. Bruno Heck
I–158	Nachlaß Dr. Fritz Burgbacher
I–379	Nachlaß Dr. Helga Wex
I–462	Nachlaß Liselotte Berger
VII-005	Sachthema § 218 StGB/Abtreibung
VIII-001	Bundestagsfraktion der CDU/CSU
VIII-002	Arbeitskreis I (Allgemeine und Rechtsfragen) der CDU/CSU-Bundestagsfraktion

Archiv des Deutschen Liberalismus, Gummersbach (ADL):

A–1	Bundesparteitag
A–5	Frauenreferat
A–12-127	Bundeshauptausschuß
164, 170 u.177	Bundesvorstand
4112 u. 4217	Bundesfachausschuß für Innen- und Rechtspolitik

Archiv der sozialen Demokratie, Bonn-Bad Godesberg (AsD):

Fraktionssitzungsprotokolle
I 55-64 (Parteivorstand der SPD, Bestand Schumacher, Frauenbüro)
Parteivorstand (Alter Bestand), Sitzungsprotokolle
Parteivorstand (Neuer Bestand), Sitzungsprotokolle
Präsidium, Sitzungsprotokolle
PS 177-182 (Arbeitskreis „Rechtswesen" der SPD-Bundestagsfraktion)

Bibliothek des Bundesrates, Bonn:[1]

Bundesrat, Drucksache 270/60 (Entwurf eines Strafgesetzbuches (StGB) E 1960).
Bundesrat, Drucksache 200/62 v. 22. Juni 1962 (Entwurf eines Strafgesetzbuches (StGB) E 1962).
Bundesrat, Drucksache 58/72 v. 14. Februar 1972 (Entwurf eines Fünften Gesetzes zur Reform des Strafrechts (5. StrRG)).
Bundesrat, Drucksache 58/1/72 v. 10. März 1972 (Bundesrat: Rechtsausschuss: Empfehlungen der Ausschüsse zu Punkt ... der Tagesordnung für die 378. Sitzung des Bundesrates am 24.

1 Die im folgenden aufgeführten Protokollniederschriften und Drucksachen der Verhandlungen des Bundesrates und seiner Ausschüsse und Unterausschüsse liegen teils gedruckt und – zum weitaus größeren Teil – als hektographierte maschinenschriftliche Stücke vor. Der besseren Übersichtlichkeit wegen werden sämtliche Bundesratsmaterialien zusammen unter dem Titel „Ungedruckte Quellen" geführt.

März 1972. Betr.: Entwurf eines Fünften Gesetzes zur Reform des Strafrechts (5. StrRG) – Drucksache 58/72 –).

Bundesrat, Drucksache 58/2/72 v. 22. März 1972 (Bundesrat: Direktor: Antrag des Landes Rheinland-Pfalz zu Punkt 15 der 378. Sitzung des Bundesrates am am 24. März 1972. Betr.: Entwurf eines Fünften Gesetzes zur Reform des Strafrechts – Drucksache 58/72 –).

Bundesrat, Drucksache 58/2/72 (neu) v. 23. März 1972 (Bundesrat: Direktor: Antrag des Landes Rheinland-Pfalz zu Punkt 15 der 378. Sitzung des Bundesrates am am 24. März 1972. Betr.: Entwurf eines Fünften Gesetzes zur Reform des Strafrechts – Drucksache 58/72 –).

Bundesrat, Drucksache 58/3/72 v. 22. März 1972 (Bundesrat: Direktor: Antrag der Freien und Hansestadt Hamburg zu Punkt 15 der 378. Sitzung des Bundesrates am am 24. März 1972. Betr.: Entwurf eines Fünften Gesetzes zur Reform des Strafrechts (5. StrRG) – Drucksache 58/72 –).

Bundesrat, Drucksache 58/4/72 v. 22. März 1972 (Bundesrat: Direktor: Antrag der Freien und Hansestadt Hamburg zu Punkt 15 der 378. Sitzung des Bundesrates am am 24. März 1972. Betr.: Entwurf eines Fünften Gesetzes zur Reform des Strafrechts (5. StrRG) – Drucksache 58/1/72 –).

Bundesrat, Drucksache 58/5/72 v. 22. März 1972 (Bundesrat: Direktor: Antrag der Freien und Hansestadt Hamburg zu Punkt 15 der 378. Sitzung des Bundesrates am am 24. März 1972. Betr.: Entwurf eines Fünften Gesetzes zur Reform des Strafrechts (5. StrRG) – Drucksache 58/72 –).

Bundesrat, Drucksache 58/6/72 v. 23. März 1972 (Bundesrat: Direktor: Antrag des Freistaates Bayern zu Punkt 15 der 378. Sitzung des Bundesrates am am 24. März 1972. Betr.: Entwurf eines Fünften Gesetzes zur Reform des Strafrechts (5. StrRG) – Drucksache 58/72 –).

Bundesrat, Drucksache 58/72 v. 24. März 1972 (Beschluß) (Abschrift des Schreibens des Präsidenten des Bundesrates, Heinz Kühn, an Bundeskanzler Willy Brandt v. 24. März 1972).

Bundesrat, Drucksache 285/74 v. 19. April 1974 (Gesetzesbeschluß des Deutschen Bundestages: Gesetz über ergänzende Maßnahmen zum Fünften Strafrechtsreformgesetz (Strafrechtsreformergänzungsgesetz – StREG).

Bundesrat, Drucksache 285/1/74 (neu) v. 8. Mai 1974 (Antrag des Landes Rheinland-Pfalz zum Gesetz über ergänzende Maßnahmen zum Fünften Strefrechtsreformgesetz (Strafrechtsreformergänzungsgesetz – StREG)).

Bundesrat, Drucksache 285/2/74 v. 9. Mai 1974 (Antrag der Länder Baden-Württemberg, Bayern, Rheinland-Pfalz und Schleswig-Holstein zum Gesetz über ergänzende Maßnahmen zum Fünften Strefrechtsreformgesetz (Strafrechtsreformergänzungsgesetz – StREG)).

Bundesrat, Drucksache 285/3/74 v. 9. Mai 1974 (Antrag des Landes Bayern zum Gesetz über ergänzende Maßnahmen zum Fünften Strefrechtsreformgesetz (Strafrechtsreformergänzungsgesetz – StREG)).

Bundesrat, Drucksache 285/74 v. 10. Mai 1974 (Beschluß) (Anrufung des Vermittlungsausschusses durch den Bundesrat zum Gesetz über ergänzende Maßnahmen zum Fünften Strefrechtsreformgesetz (Strafrechtsreformergänzungsgesetz – StREG)).

Bundesrat, Drucksache 329/74 v. 26. April 1974 (Gesetzesbeschluß des Deutschen Bundestages: Fünftes Gesetz zur reform des Strefrechts (5. StrRG)).

Bundesrat, Drucksache 329/1/74 v. 3. Mai 1974 (Empfehlungen der Ausschüsse zum Fünften Gesetz zur Reform des Strefrechts (5. StrRG)).

Bundesrat, Drucksache 329/2/74 v. 9. Mai 1974 (Antrag der Länder Bayern, Baden-Württemberg, Rheinland-Pfalz, Saarland und Schleswig-Holstein zum Fünften Gesetz zur Reform des Strafrechts (5. StrRG)).

Bundesrat, Drucksache 329/74 (Beschluß) v. 10. Mai 1974 (Anrufung des Vermittlungsausschusses durch den Bundesrat zum Fünften Gesetz zur Reform des Strafrechts (5. StrRG)).

Bundesrat, Drucksache 390/74 v. 21. Mai 1974 (Einigungsvorschlag des Vermittlungsausschusses zum Fünften Gesetz zur Reform des Strafrechts (5. StrRG)).

Bundesrat, Drucksache 390/74 (Beschluß) v. 31. Mai 1974 (Beschluß des Bundesrates zum Fünften Gesetz zur Reform des Strafrechts (5. StrRG)).
Bundesrat, Drucksache 439/74 v. 6. Juni 1974 (Beschluß des Bundesrates zum Fünften Gesetz zur Reform des Strafrechts (5. StrRG)).
Bundesrat, Drucksache 492/74 v. 27. Juni 1974 (Einigungsvorschlag des Vermittlungsausschusses zum Gesetz über ergänzende Maßnahmen zum Fünften Strafrechtsreformgesetz (Strafrechtsreform-Ergänzungsgesetz – StREG)).
Bundesrat, Drucksache 492/1/74 v. 12. Juli 1974 (Antrag des Landes Rheinland-Pfalz zum Gesetz über ergänzende Maßnahmen zum Fünften Strafrechtsreformgesetz (Strafrechtsreform-Ergänzungsgesetz – StREG)).
Bundesrat, Drucksache 492/74 (Beschluß) v. 12. Juli 1974 (Beschluß des Bundesrates zum Gesetz über ergänzende Maßnahmen zum Fünften Strafrechtsreformgesetz (Strafrechtsreform-Ergänzungsgesetz – StREG)).
Bundesrat, Drucksache 535/74 v. 23. Juli 1974 (Unterrichtung durch die Bundesregierung zum Gesetz über ergänzende Maßnahmen zum Fünften Strafrechtsreformgesetz (Strafrechtsreform-Ergänzungsgesetz – StREG)).
Bundesrat, Drucksache 377/75 v. 27. Juni 1975 (Beschluß des Deutschen Bundestages zum Gesetz über ergänzende Maßnahmen zum Fünften Strafrechtsreformgesetz (Strafrechtsreform-Ergänzungsgesetz – StREG)).
Bundesrat, Drucksache 140/76 v. 20. Februar 1976 (Gesetzesbeschluß des deutschen Bundestages: Fünfzehntes Strafrechtsänderungsgesetz).
Bundesrat, Drucksache 140/1/76 v. 25. Februar 1976 (Empfehlungen der Ausschüsse zum Fünfzehnten Strafrechtsänderungsgesetz).
Bundesrat, Drucksache 140/76 (Beschluß) (Anrufung des Vermittlungsausschusses durch den Bundesrat zum Fünfzehnten Strafrechtsänderungsgesetz).
Bundesrat, Drucksache 215/76 v. 26. März 1976 (Einigungsvorschlag des Vermittlungsausschusses zum Fünfzehnten Strafrechtsänderungsgesetz).
Bundesrat, Drucksache 215/76 (Beschluß) (Einspruch des Bundesrates zum Fünfzehnten Strafrechtsänderungsgesetz).
Bundesrat, Drucksache 356/76 v. 21. Mai 1976 (Beschluß des deutschen Bundestages zum Fünfzehnten Strafrechtsänderungsgesetz).
Bundesrat, Niederschrift über die 380. Sitzung des Rechtsausschusses, 2. Sitzungstag v. 8. März 1972.
Bundesrat, Niederschrift über die 230. Sitzung des Ausschusses für Innere Angelegenheiten v. 13./14. Juli 1962.
Bundesrat, Niederschrift über die 253. Sitzung des Rechtsausschusses v. 18.-20. Juni 1962.
Bundesrat, Niederschrift über die 254. Sitzung des Rechtsausschusses v. 26. Juni 1962.
Bundesrat, Niederschrift über die 406. Sitzung des Rechtsausschusses v. 24. April 1974.
Bundesrat, Niederschrift über die 407. Sitzung des Rechtsausschusses v. 2. Mai 1974.
Bundesrat, Niederschrift über die 429. Sitzung des Rechtsausschusses v. 25. Februar 1976.
Bundesrat, Niederschrift über die Sitzung des Unterausschusses des Rechtsausschusses v. 7.-11. Mai 1962.
Bundesrat, Niederschrift über die Sitzung des Unterausschusses des Rechtsausschusses v. 28. Februar 1972 und 29. Februar 1972.
Bundesrat, Niederschrift über die Sitzung des Unterausschusses des Rechtsausschusses v. 23. April 1974.
Bundesrat, Niederschrift über die Sitzung des Unterausschusses des Rechtsausschusses v. 18. Februar 1976.
Deutscher Bundestag, 7. Wahlperiode, Stenographischer Dienst, 12. Sitzung des Vermittlungsausschusses des Deutschen Bundestages und des Bundesrates v. 21. Mai 1974.

Deutscher Bundestag, 7. Wahlperiode, Stenographischer Dienst, 13. Sitzung des Vermittlungsausschusses des Deutschen Bundestages und des Bundesrates v. 27. Juni 1974.
Deutscher Bundestag, 7. Wahlperiode, Stenographischer Dienst, 15. Sitzung des Vermittlungsausschusses des Deutschen Bundestages und des Bundesrates v. 10. Oktober 1974.
Deutscher Bundestag, 7. Wahlperiode, Stenographischer Dienst, 19. Sitzung des Vermittlungsausschusses des Deutschen Bundestages und des Bundesrates v. 12. März 1975.
Deutscher Bundestag, 7. Wahlperiode, Stenographischer Dienst, 21. Sitzung des Vermittlungsausschusses des Deutschen Bundestages und des Bundesrates v. 12. Juni 1975.
Deutscher Bundestag, 7. Wahlperiode, Stenographischer Dienst, 30. Sitzung des Vermittlungsausschusses des Deutschen Bundestages und des Bundesrates v. 18. März 1976.

3. Gedruckte Quellen und Literatur:

ABENDROTH, Wolfgang: Das Abtreibungsurteil des Bundesverfassungsgerichts. In: KJ 8 (1975) S. 121-128.

Mehr legale Aborte als Geburten. In: DÄ 68 (1971) S. 568-569 (zit.: Aborte).

Medizinische Indikation zur Abtreibung nicht vertretbar. In: See 25 (1954) S. 112-113 (zit.: Abtreibung nicht vertretbar).

ACKERMANN, Heinrich: Rechtliche Probleme bei neueren Mitteln der Geburtenverhütung. In: HÄ 21 (1967) S. 299-302.

ÄRZTEKAMMER NIEDERSACHSEN: Mitteinlungen. Schwangerschaftsunterbrechungen. In: NÄ 1 (1974) S. 88

AHRENS, Wilhelm: Medizinische Indikationen zum therapeutischen Schwangerschaftsabbruch. Köln 1972.

AICH, Aolf: Der § 218 hat auch heute noch seinen Sinn. In: SB (1947) August-Heft S. 6-7.

ALBRECHT, Grete: Stellungnahme des Deutschen Ärztinnenbundes zur Frage der „ethischen Indikation". In: ÄM 47/59 (1962) S. 2260-2261.

ALGERMISSEN, Konrad: Das werdende Menschenleben im Schutze der christlichen Ethik: Zur Auseinandersetzung um den § 218 StGB. 4. Aufl. Celle 1948.

ALTMANN, W.: Die Problematik der Schwangerschaftsunterbrechung bei Patientinnen oberhalb des 40. Lebensjahres. In: ZblGyn 91 (1969) S. 1667-1675 (zit.: Problematik).

– Der uterine abortus und seine Belastung durch entzündliche Erkrankungen des weiblichen Genitale. In: ZblGyn 92 (1970) S. 1076-1083 (zit.: Erkrankungen).

AMMANN, Walther: Gedanken zum § 218. In: L 2 (1947) S. 9-11.

AMON, K./KÖHLER, G.: Vergleichende Untersuchungen zur sozialen Struktur der interruptierenden Frauen in den Jahren 1967 bis 1971 gegenüber 1972 an der Universitäts-Frauen-Klinik Greifswald. In: ZblGyn 96 (1974) S. 19-24.

ANSELMINO: Zur Problematik der Indikationsstellung zur künstlichen Schwangerschaftsunterbrechung. In: ZblGyn 80 (1958) S. 695-696.

Anträge auf Schwangerschaftsunterbrechung. In: NÄ 1 (1947) S. 21 (zit.: Anträge).

ANTWEILER, Anton: Über den Schutz des Lebens: Zum Paragraphen 218 des Strafgesetzbuches. In: ThG 61 (1971) S. 180-201.

APFELTHALLER, Max/PRIMARIUS: Medizinische Erwägungen zu dem Fragenkreis der künstlichen Schwangerschaftsunterbrechung (Kleine Texte zu Theologie und Seelsorge. Nr. 4). Wien 1948.

Appell an die Gewissen: Ein Wort zur ethischen Indikation. In: ÄM 47/59 (1962) S. 1084-1085 (zit.: Appell).

ARESIN, Norbert: Grundsätzliche Gedanken zur Frage der Schwangerschaftsunterbrechung. In: DGW 13 (1958) S. 1176-1178.

Aristoteles, Politik, hg. v. Olof Gigon. 6. Aufl. München 1985.
Arndt, Claus: Zur Problematik einer Reform § 218 StGB. In: RuP 7 (1971) S. 106-111 (zit.: Problematik).
– Das Recht, über sich selbst zu verfügen. In: EvV 5 (1972) S. 334-337 (zit.: Recht).
Arndt, Claus/Erhard, Benno/Funcke, Liselotte: Der § 218 StGB vor dem Bundesverfassungsgericht: Dokumentation zum Normenkontrollverfahren wegen verfassungsrechtlicher Prüfung des Fünften Strafrechtsreformgesetzes (Fristenregelung). Heidelberg/Karlsruhe 1979.
Asklund, Lis: Vorbeugende Maßnahmen gegen Schwangerschaftsunterbrechungen in Schweden. In: NVÖPF (1952) (Beilage) S. 106-108.
Auer, Alfons: Zur Diskussion über Schwangerschaftsabbruch: Versuch einer ethischen Orientierung. In: ThQ 151 (1971) S. 193-213 (zit.: Orientierung).
– Zur Diskussion über Schwangerschaftsabbruch – Überlegungen aus der Sicht der katholischen Moraltheologie. In: Baumann, Jürgen (Hg.): Das Abtreibungsverbot des § 218 StGB: Eine Vorschrift, die mehr schadet als nützt. Neuwied/Berlin 1971 S. 106-134 (zit.: Überlegungen).
Die Gesetzgebung zur legalen Schwangerschaftsunterbrechung im Ausland. In: M (1952) S. 1176-1177 (zit.: Ausland).
Avray, A.; Raics, J.: Erfahrungen mit künstlichen Schwangerschaftsunterbrechungen. In: ZblGyn 81 (1959) S. 119-134.
Bacharach: „Kriegskinder" und die Zulässigkeit der Abtreibung in Notzuchtsfällen. In: ZStW 37 (1917) S. 459-464.
Barczay, Gyula: Revolution der Moral? Die Wandlung der Sexualnormen als Frage an die evangelische Ethik. Zürich/Stuttgart 1967.
Barnikel, Wilhelm: Rechtsgut, Rechtswidrigkeit und Aufklärungspflicht bei der medizinischen Indikation (§ 218 StGB). In: NJW 14 (1960) S. 1382-1384.
Barth, Karl: Kirchliche Dogmatik. Bd. III/4. Teil. Zollikon 1951.
Bauer, Fritz: Wertordnung und pluralistische Gesellschaft. In: Reinisch, Leonard (Hg.): Die deutsche Strafrechtsreform. München 1967 S. 24-39.
Baumann, Jürgen: Noch einmal zur ethischen (kriminologischen) Indikation. In: FamRZ 10 (1963) S. 225-227 (zit.: Indikation).
– Die Reform des Allgemeinen Teils eines Strafgesetzbuches. In: Reinisch, Leonard (Hg.): Die deutsche Strafrechtsreform. München 1967 S. 56-71 (zit.: Reform).
– Schutz des werdenden Lebens – notwendig, aber wie. In: Ders. (Hg.): Das Abtreibungsverbot des § 218 StGB: Eine Vorschrift, die mehr schadet als nützt. Neuwied/Berlin 1971 S. 15-38 (zit.: Schutz).
Baumann, Jürgen/ Brauneck, Anne Eva/Grünwald, Gerald/Hanack, Ernst-Walter/Kaufmann, Armin/Kaufmann, Arthur/Klug, Ulrich/Lampe, Ernst-Joachim/Lenckner, Theodor/Maihofer, Werner/Noll, Peter/ Roxin, Claus/Schmitt, Rudolf/Schulz, Hans/Stratenwerth, Günter/Stree, Walter: Alternativ-Entwurf eines Strafgesetzbuches: Besonderer Teil. Tübingen 1970.
Bayerische Landesärztekammer (Hg.): Die künstliche Schwangerschaftsunterbrechung aus aus gesundheitlichen Gründen: Verfahrensweisen und Richtlinien für die Annahme eines übergesetzlichen Notstandes. In: BÄ (1954) Beilage 2.
Becker, Christa: Problem 218. Frankfurt am Main 1972.
Becker, Walter: Indikationen zum Schwangerschaftsabbruch in der Strafrechtsreform. In: ÄP 11 (1959) S. 1590-1591 (zit.: Strafrechtsreform).
– Zum Problem der ethischen Indikation zur Schwangerschaftsunterbrechung. In: MK 62 (1967) S. 1847-1850 (zit.: Problem).
– Zur Problematik des Lebensbeginns. In: FamRZ 15 (1968) S. 409-412 (zit.: Problematik).
– Schwangerschaftsunterbrechung in rechtlicher Sicht. In: ZEE 4 (1969) S. 102-110 (zit.: Schwangerschaftsunterbrechung).
– Abbruch der Schwangerschaft aus juristischer Sicht. In: TG 110 (1971) S. 1362-1376 (zit.: Abbruch).

– Zur Frage der ethischen Indikation bei der Schwangerschaftsunterbrechung. In: MDR 25 (1971) S. 800-803 (zit.: Frage).
– Der Kampf um die Abtreibung in Deutschland. In: WM 23 (1971) S. 131-139 (zit.: Deutschland).
– Die soziale Indikation zum Schwangerschaftsabbruch. In: TG 111 (1972) S. 587-604 (zit.: Schwangerschaftsabbruch).
– Fristenlösung oder Soziale Indikation beim Schwangerschaftsabbruch. In: HÄ 27 (1973) S. 46-49 (zit.: Soziale Indikation).
Bemmann, Günter: Zur Frage der Strafwürdigkeit der Abtreibung. In: ZStrW 83 (1971) S. 81-104.
Benfey-Kunert, Sophie: Vom Recht des ungeborenen Lebens. In: HAR 2 (1947/48) S. 44-48.
Bergander, Ursula: Fehlgeburten und Abtreibungen im Abbild unserer Klinik. In: DGW 10 (1955) S. 725-733.
Berć, B. M.: Der gegenwärtige Stand der Abortusbekämpfung und Familienplanung in der FSR Jugoslawien. In: ZblGyn 91 (1969) S. 581-588.
Bernhard, Paul: Zur Handhabung der gesetzlich erlaubten Schwangerschaftsunterbrechung in der Bundesrepublik. In: MM 13 (1959), S. 412-424.
Beyer, Karl-Heinz/Rothe, Joachim: Zur Verhütung illegaler Schwangerschaftsunterbrechung. In: NJ 20 (1966) S. 396-399.
Binder, Hans: Die psychiatrischen Indikationen zur Unterbrechung der Schwangerschaft. In: SANP 67 (1951) S. 245-263.
Blau, Günter: Die Beratungen des 9. Internationalen Strafrechtskongresses in Den Haag (24.-30.8.1964). In: FamRZ 12 (1965) S. 244-248.
Blechschmidt, Erich: Das Mißverständnis des „entwicklungsgeschichtlichen" Denkens. In: FamRZ 20 (1973) S. 114-116 (zit.: Mißverständnis).
– Wie beginnt das menschliche Leben? 4. Aufl. Stein am Rhein 1976 (zit.: Leben).
Blei, Hermann: Abtreibung und Schwangerschaftsunterbrechung im Strafgesetzbuchentwurf 1962. In: FamRZ 9 (1962) S. 403-411 (zit.: Abtreibung).
– Körperverletzung durch Schädigung der Leibesfrucht? In: MMW 112 (1970) S. 741-745 (zit.: Körperverletzung).
Bockelmann, Paul: Das Problem der Zulässigkeit von Schwangerschaftsunterbrechungen. In: Gesellschaftliche Wirklichkeit im 20. Jahrhundert und Strafrechtsreform (Universitätstage 1964: Veröffentlichung der Freien Universität Berlin). Berlin 1964 S. 211-239.
Böckenförde, Ernst-Wolfgang: Abschaffung des Paragraphen 218 StGB? Überlegungen zur gegenwärtigen Diskussion um das strafrechtliche Abtreibungsverbot. In: StdZ 188 (1971) S. 147-167.
Böckle, Franz: Um den Beginn des Lebens. In: AC 14 (1968) S. 65-73 (zit.: Beginn).
– Theologische Fragen zum Rechtsschutz des Lebens vor der Geburt. In: BGM 27 (1970) S. 43-44 (zit.: Fragen).
Boenheim, Margret: Ein Beitrag zur Frage der Schwangerschaftsunterbrechung. In: DGW 12 (1957) S. 1226-1239.
Böhm, E./Mehring, W.: Nidationshemmende und abortive Maßnahmen nach Notzuchtverbrechen. In: MK 66 (1971) S. 989-996.
Boldt, Edith: Die Meinung der Mächtigen. In: Jochimsen, Luc (Hg.): § 218: Dokumentation eines 100jährigen Elends. Hamburg 1971 S. 112-150.
Bornikoel, Bernhard: Schwangerschaftsunterbrechung und Geburtenregelung aus religiöser Sicht. In: HÄ 12 (1958) S. 122-129.
Brandl, Max: Einführung. In: Ders. (Hg.): Der Beginn des Lebens. Stuttgart/New York 1969 S. 1-6.
Brey, J.: Bemerkenswertes aus einer Abortstatistik. In: DGW 14 (1959) S. 1608-1611.
Brix-Schindel: Die Diskussion um § 218. In: IM 37 (1947) S. 25-29.
Brodmeier, Dieter: Das Delikt der Abtreibung im Landgerichtsbezirk Hamburg in den Jahren

1945-1961 unter besonderer Berücksichtigung der Persönlichkeit der Eigen- und passiven Fremdabtreiberin. Diss. med. Hamburg 1961.

Brox, Georg: Gesichtspunkte zur Diskussion um die ethische Indikation aus juristischer Sicht. In: Zur Frage der ethischen Indikation (Volkswartbund 2 (1963)) Köln 1963 S. 41-64.

Bruck, Theodor: Die Geburtenregelung. 2. Aufl. Flensburg 1963.

Brüning, Günther: Die Entwicklung der gesetzlich genehmigten Schwangerschaftsunterbrechungen seit 1945 im Bereiche der Bezirksstelle Aurich der Ärztekammer Niedersachsen. In: GpGw 3 (1954-1956) S. 36.

Büchner, Bernward: Abtreibung: Das Versagen des Rechtsstaats. In: APuZG B 14 (1990) S. 3-11.

Büchner, Franz: Von der Zeugung an ein Mensch. In: DÄ 69 (1972). S. 759-763 u. 835-838 (zit.: Zeugung).

– Die Frühentwicklung des menschlichen Embryos in der Sicht des Keimstoffwechsels. In: FamRZ 20 (1973) S. 116-118 (zit.: Frühentwicklung).

Bundesärztekammer: Bekanntmachung. In: ÄM 42 (1957) S. 137.

Bundesgeschäftsstelle der Cdu (Hg.): Dokumentation über den Stand der Diskussion um die Reform des § 218 StGB – Abtreibung (Argumente, Dokumente, Materialien, Lfd. Nr. IV/17). 3. Aufl. Bonn 1972.

Bundeszentrale für Gesundheitliche Aufklärung (Hg.) (im Auftrag des Bundesministers für Gesundheitswesen): Sexualkunde-Atlas. Opladen 1969.

Capelle, Werner: Die Entwicklung der Fehlgeburten in den letzten 15 Jahren. In: GpGw 1 (1946-1950) S. 13-14.

Carow, Gerhard: Gegenwartsbedeutung der Abortfrage mit besonderer Berücksichtigung der sozialen und ethischen Indikation zur Schwangerschaftsunterbrechung. In: GpGw 1 (1946-1950) S. 14-16.

Cernoch, A.: Künstliche Schwangerschaftsunterbrechung und extrauterine Schwangerschaft. In: ZblGyn 93 (1971) S. 1784-1791.

Conrad, Rolf (Hg.): Strafgesetzbuch. Münster 1947.

Conradu, Gion: Einige Gedanken zum Problem der Schwangerschaftsunterbrechung. In: C 28 (1972/73) S. 598-603.

Corpus Iuris Canonici, Pars Prior, Decretum Magistri Gratiani, hg. v. Friedberg, Emil. Leipzig 1879.

Dähn, Gerd: Die Abtreibung – Rechtslage und Reformbestrebungen. In: WM (1971) S. 129-131 (zit.:Abtreibung).

– Zur Geschichte des Abtreibungsverbots. In: Baumann, Jürgen (Hg.): Das Abtreibungsverbot: Eine Vorschrift, die mehr schadet als nützt. Neuwied/Berlin 1971 S. 329-339 (zit.: Geschichte).

Dantine, Wilhelm: Es geht zunächst um die Frau. In: LM (1973) S. 35-38.

Degenhardt, Bernhard: Paragraph 218 im Streit. In: DÄ 68 (1971) S. 3355-3360.

Degkwitz, Rudolf: Über den Einfluß der Schwangerschaft und ihres Abbruchs auf neurologische und psychische Krankheiten. In: FN 32 (1964) S. 105-161 (zit.: Einfluß).

– Wissenschaftliche Unterlagen und ärztliche Überlegungen zur medizinischen und zur sozialen Indikation zum Abbruch der Schwangerschaft bei neurologischen und psychiatrischen Krankheiten. In: AC 16 (1970) S. 224-226 (zit.: Unterlagen).

Demmer, Klaus: Recht auf Leben: Moraltheologische Erwägungen zur Diskussion um § 218 StGB. In: HhG 62 (1971) S. 1-23.

Denig, H./Schwarz, Ute: Weitere Ausführungen zur Frage der Schwangerschaftsunterbrechung. In: ThW 18 (1968) S. 438-461.

Denzinger, Heinrich (Hg.): Enchiridion Symbolorum Definitionum de Rebus Fidei et Morum. Freiburg 1963.

Derbolowski, Udo/Stephan, Eberhart: Der Ungeborenen Tötung. In: DÄ 68 (1971) S. 3360-3361.

Deutsche Gesellschaft für Gerichtliche und Soziale Medizin: Stellungnahme. In: Gutachten und Stellungnahmen zu Fragen der Strafrechtsreform mit ärztlichem Einschlag. Bonn 1958 S. 68-76.

Deutsche Gesellschft für Psychotherapie und Tiefenpsyxhologie e.V.:Stellungnahme. In: Gutachten und Stellungnahmen zu Fragen der Strafrechtsreform mit ärztlichem Einschlag. Bonn 1958 S. 77-106.

Deutscher Ärztetag (76., 10.-13.10.1973 in München): Entschließung zur Reform des § 218. In: DÄ (1973) S. 2971.

Deutscher Ärztinnenbund: Stellungnahme. In: Gutachten und Stellungnahmen zu Fragen der Strafrechtsreform mit ärztlichem Einschlag. Bonn 1958 S. 131-133.

Deutscher Bundestag, 1. Wahlperiode, Drucksache Nr. 3713 v. 29. September 1952. (Entwurf eines Dritten Strafrechtsänderungsgesetzes (Strafrechtsbereinigungsgesetz)).

Deutscher Bundestag, 1. Wahlperiode, Druchsache Nr. 4614 v. 26. Juni 1953. (Entwurf eines Dritten Strafrechtsänderungsgesetzes – Nrn. 3713, 4250 der Drucksachen –).

Deutscher Bundestag, 1. Wahlperiode, Drucksache, Nr. 4250 v. 10. April 1953. (Dritter mündlicher Bericht des Ausschusses für Rechtswesen und Verfassungsrecht (23. Ausschuß) über den Entwurf eines Gesetzes zur Änderung des Strafgesetzbuches (Strafrechtsänderungsgesetz 1950) – Nr. 1307 der Drucksachen – und mündlicher Bericht des Ausschusses für Rechtswesen und Verfassungsrecht (23. Ausschuß) über den Entwurf eines Dritten Strafrechtsänderungsgesetzes (Strafrechtsbereinigungsgesetz) – Nr. 3713 der Drucksachen –).

Deutscher Bundestag, 5. Wahlperiode, Drucksache Nr. 5/32 (Antrag der Abgeordneten Frau Dr. Diemer-Nicolaus, Dr. h.c. Güde, Dr. Dehler, Dr. Wilhelmi und Genossen (Entwurf eines Strafgesetzbuches)).

Deutscher Bundestag, 6. Wahlperiode, Drucksache Nr. 6/1866 v. 24. Februar 1971 (Kleine Anfrage des Abgeordneten Vogel und der Fraktion der CDU/CSU).

Deutscher Bundestag, 6. Wahlperiode, Drucksache Nr. 6/2025 v. 25. März 1971 (Der Bundesminister an den Präsidenten des Deutschen Bundestages. Betr.: Problematik der Abtreibung. Bezug: Kleine Anfgare des Abgeordneten Vogel und der Fraktion der CDU/CSU – Drucksache 6/1866 –).

Deutscher Bundestag, 6. Wahlperiode, Drucksache Nr. 6/3137 v. 9. Februar 1972 (Entwurf eines Gesetzes zur Änderung des § 218 des Strafgesetzbuches (Gesetzentwurf der Abgeordneten Dr. de With, Frau Dr. Timm, Brandt (Grolsheim), Krockert, Frau Renger, Kleinert, Frau Funcke, Frau Dr. Diemer-Nicolaus).

Deutscher Bundestag, 6. Wahlperiode, Drucksache Nr. 6/3434 v. 15. Mai 1972 (Entwurf eines Fünften Gesetzes zur Reform des Strafrechts (5. StrRG) (Gesetzentwurf der Bundesregierung)).

Deutscher Bundestag, 7. Wahlperiode, Drucksache Nr. 7/375 v. 21. März 1973 (Gesetzentwurf der Fraktionen der SPD, FDP (Entwurf eines Fünften Gesetzes zur Reform des Strafrechts (5. StrRG)).

Deutscher Bundestag, 7. Wahlperiode, Drucksache Nr. 7/376 v. 21. März 1973 (Gesetzentwurf der Fraktionen der SPD, FDP. Entwurf eines Gesetzes über ergänzende Maßnahmen zum Fünften Strafrechtsreformgesetz (Strafrechtsreform-Ergänzungsgesetz – StREG)).

Deutscher Bundestag, 7. Wahlperiode, Drucksache Nr. 7/443 v. 4. März 1973 (Gesetzentwurf der Abgeordneten Dr. Müller-Emmert, Dürr, Dr. Bardens und Genossen. Entwurf eines Fünften Gesetzes zur Reform des Strafrechts (5. StrRG).

Deutscher Bundestag, 7. Wahlperiode, Drucksache Nr. 7/554 v. 11. Mai 1973 (Gesetzentwurf der Fraktion der CDU/CSU. Entwurf eines Fünften Gesetzes zur Reform des Strafrechts (5. StrRG)).

Deutscher Bundestag, 7. Wahlperiode, Drucksache Nr. 7/561 v. 15. Mai 1973 (Gesetzentwurf der Abgeordneten Dr. Heck, Köster, Dr. Unland, Dr. Becker (Mönchengladbach), Dr. Blüm, Dr. Jahn (Münster), Nordlohne, Carstens (Emstek) und Genossen. Entwurf eines Fünften Gesetzes zur Reform des Strafrechts (5. StrRG)).

Deutscher Bundestag, 7. Wahlperiode, Drucksache Nr. 7/1010 v. 10. September 1973 (Antwort des Bundesministers Maihofer v. 31. August 1973).
Deutscher Bundestag, 7. Wahlperiode, Drucksache Nr. 7/1753 v. 5. März 1974 (Bericht und Antrag des Ausschusses für Arbeit und Sozialordnung (11. Ausschuß) zu dem von den Fraktionen der SPD, FDP eingebrachten Entwurf eines Gesetzes über ergänzende Maßnahmen zum Fünften Strafrechtsreformgesetz (Strafrechtsreform-Ergänzungsgesetz – StREG) – Drucksache 7/376 –).
Deutscher Bundestag, 7. Wahlperiode, Drucksache Nr. 7/1789 v. 12. März 1974 (Bericht und Antrag des Ausschusses für Jugend, Familie und Gesundheit (13. Ausschuß) zu dem Antrag der Fraktion der CDU/CSU – Drucksache 7/548 -; zu dem Antrag der Fraktion der CDU/CSU – Drucksache 7/552 – betr. Smmlung und Auswertung über die Folgen ärztlich vorgenommener Schwangerschaftsabbrüche).
Deutscher Bundestag, 7. Wahlperiode, Drucksache Nr. 7/1981 (neu) v. 24. April 1974 (Erster Bericht des Sonderausschusses für die Strafrechtsreform zu dem von den Fraktionen der SPD, FDP eingebrachten Entwurf eines Fünften Gesetzes zur Reform des Strafrechts (5. StrRG) – Drucksache 7/375 –).
Deutscher Bundestag, 7. Wahlperiode, Drucksache Nr. 7/1982 v. 10. April 1974 (Erster Bericht des Sonderausschusses für die Strafrechtsreform zu dem von den Abgeordneten Dr. Müller-Emmert, Dürr, Dr. Bardens und Genossen eingebrachten Entwurf eines Fünften Gesetzes zur Reform des Strafrechts (5. StrRG) – Drucksache 7/443).
Deutscher Bundestag, 7. Wahlperiode, Drucksache Nr. 7/1983 v. 10. April 1974 (Erster Bericht des Sonderausschusses für die Strafrechtsreform zu dem von der Fraktion der CDU/CSU eingebrachten Entwurf eines Fünften Gesetzes zur Reform des Strafrechts (5. StrRG) – Drucksache 7/554 –).
Deutscher Bundestag, 7. Wahlperiode, Drucksache Nr. 7/1984 (neu) v. 24. April 1974 (Erster Bericht des Sonderausschusses für die Strafrechtsreform zu dem von den Abgeordneten Dr. Heck, Köster, Dr. Unland, Dr. Becker (Mönchengladbach), Dr. Blüm, Dr. Jahn (Münster), Nordlohne, Carstens (Emstek) und Genossen eingebrachten Entwurf eines Fünften Gesetzes zur Reform des Strafrechts (5. StrRG) – Drucksache 7/561 –).
Deutscher Bundestag, 7. Wahlperiode, Drucksache Nr. 7/2041 v. 26. April 1974 (Änderungsantrag der Fraktion der CDU/CSU zur dritten Beratung des Entwurfs eines Fünften Gesetzes zur Reform des Strafrechts (5. StrRG) – Drucksache 7/561, 7/1981 (neu) –).
Deutscher Bundestag, 7. Wahlperiode, Drucksache Nr. 7/2042 v. 26. April 1974 (Entschließungsantrag der Fraktionen der SPD, FDP zur dritten Beratung des Entwurfs eines Fünften Gesetzes zur Reform des Strafrechts (5. StrRG) – Drucksache 7/375, 7/1981 (neu) –).
Deutscher Bundestag, 7. Wahlperiode, Drucksache Nr. 7/2088 v. 13. Mai 1974 (Unterrichtung durch den Bundesrat. Gesetz über ergänzende Maßnahmen zum Fünften Strafrechtsreformgesetz (Strafrechtsreform-Ergänzungsgesetz – StREG) – Drucksachen 7/376, 7/1753 – hier: Anrufung des Vermittlungsausschusses durch den Bundesrat).
Deutscher Bundestag, 7. Wahlperiode, Drucksache Nr. 7/2151 v. 21. Mai 1974 (Unterrichtung durch den Vermittlungssuaschuß).
Deutscher Bundestag, 7. Wahlperiode, Drucksache Nr. 7/2181 v. 31. Mai 1974 (Unterrichtung durch den Bundesrat).
Deutscher Bundestag, 7. Wahlperiode, Drucksache Nr. 7/2319 v. 27. Juni 1974 (Unterrichtung durch den Vermittlungssuaschuß).
Deutscher Bundestag, 7. Wahlperiode, Drucksache Nr. 7/2381 v. 15. Juli 1974 (Unterrichtung durch den Bundesrat).
Deutscher Bundestag, 7. Wahlperiode, Drucksache Nr. 7/3778 v. 13. Juni 1975 (Antrag des Ausschusses nach Artikel 77 des Grundgesetzes (Vermittlungsausschuß) zu dem Gesetz über ergänzende Maßnahmen zum Fünften Strafrechtsreformgesetz (Strafrechtsreform-Ergänzungsgesetz – StREG) – Drucksachen 7/376, 7/1753, 7/2088, 7/2381, 7/2411 –).

Deutscher Bundestag, 7. Wahlperiode, Drucksache Nr. 7/4128 v. 8. Oktober 1975 (Gesetzentwurf der Fraktionen der SPD, FDP. Entwurf eines Fünfzehnten Strafrechtsänderungsgesetzes).

Deutscher Bundestag, 7. Wahlperiode, Drucksache Nr. 7/4211 v. 23. Oktober 1975 (Gesetzentwurf der Fraktion der CDU/CSU. Entwurf eines Gesetzes zur Änderung des Fünften Gesetzes zur Reform des Strafrechts).

Deutscher Bundestag, 5. Wahlperiode, Stenographischer Dienst, 118. Sitzung des Sonderausschusses für die Strafrechtsreform v. 24. Oktober 1968.

Deutscher Bundestag, 5. Wahlperiode, Stenographischer Dienst, 144. Sitzung des Sonderausschusses für die Strafrechtsreform v. 26. März 1969.

Deutscher Bundestag, 6. Wahlperiode, Stenographischer Dienst, 2. Sitzung des Sonderausschusses für die Strafrechtsreform v. 27. November 1969.

Deutscher Bundestag, 6. Wahlperiode, Stenographischer Dienst, 73. Sitzung des Sonderausschusses für die Strafrechtsreform v. 16. März 1972.

Deutscher Bundestag, 6. Wahlperiode, Stenographischer Dienst, 74. Sitzung des Sonderausschusses für die Strafrechtsreform v. 10. April 1972.

Deutscher Bundestag, 6. Wahlperiode, Stenographischer Dienst, 75. Sitzung des Sonderausschusses für die Strafrechtsreform v. 11. April 1972.

Deutscher Bundestag, 6. Wahlperiode, Stenographischer Dienst, 76. Sitzung des Sonderausschusses für die Strafrechtsreform v. 12. April 1972.

Deutscher Bundestag, 7. Wahlperiode, Stenographischer Dienst, 15. Sitzung des Sonderausschusses für die Strafrechtsreform v. 26. September 1973.

Deutscher Bundestag, 7. Wahlperiode, Stenographischer Dienst, 20. Sitzung des Sonderausschusses für die Strafrechtsreform v. 28. November 1973.

Deutscher Bundestag, 7. Wahlperiode, Stenographischer Dienst, 22. Sitzung des Sonderausschusses für die Strafrechtsreform v. 7. Dezember 1973.

Deutscher Bundestag, 7. Wahlperiode, Stenographischer Dienst, 23. Sitzung des Sonderausschusses für die Strafrechtsreform v. 16. Januar 1974.

Deutscher Bundestag, 7. Wahlperiode, Stenographischer Dienst, 24. Sitzung des Sonderausschusses für die Strafrechtsreform v. 23. Januar 1974.

Deutscher Bundestag, 7. Wahlperiode, Stenographischer Dienst, 25. Sitzung des Sonderausschusses für die Strafrechtsreform v. 13. Februar 1974.

Deutscher Bundestag, 7. Wahlperiode, Stenographischer Dienst, 26. Sitzung des Sonderausschusses für die Strafrechtsreform v. 21. Februar 1974.

Deutscher Bundestag, 7. Wahlperiode, Stenographischer Dienst, 27. Sitzung des Sonderausschusses für die Strafrechtsreform v. 22. Februar 1974.

Deutscher Bundestag, 7. Wahlperiode, Stenographischer Dienst, 28. Sitzung des Sonderausschusses für die Strafrechtsreform v. 13. März 1974.

Deutscher Bundestag, 7. Wahlperiode, Stenographischer Dienst, 29. Sitzung des Sonderausschusses für die Strafrechtsreform v. 20. März 1974.

Deutscher Bundestag, 7. Wahlperiode, Stenographischer Dienst, 30. Sitzung des Sonderausschusses für die Strafrechtsreform v. 27. März 1974.

Deutscher Bundestag, 7. Wahlperiode, Stenographischer Dienst, 32. Sitzung des Sonderausschusses für die Strafrechtsreform v. 24. April 1974.

Deutscher Bundestag, 7. Wahlperiode, Stenographischer Dienst, 71. Sitzung des Sonderausschusses für die Strafrechtsreform v. 26. November 1975.

Deutscher Bundestag, 7. Wahlperiode, Stenographischer Dienst, 72. Sitzung des Sonderausschusses für die Strafrechtsreform v. 27. November 1975.

Deutscher Bundestag, 7. Wahlperiode, Stenographischer Dienst, 73. Sitzung des Sonderausschusses für die Strafrechtsreform v. 3. Dezember 1975.

Deutscher Bundestag, 7. Wahlperiode, Stenographischer Dienst, 76. Sitzung des Sonderausschusses für die Strafrechtsreform v. 21. Januar 1976.

Deutscher Bundestag, 7. Wahlperiode, Stenographischer Dienst, 77. Sitzung des Sonderausschusses für die Strafrechtsreform v. 28. Januar 1976.
Deutscher Frauenring: Resolution der Rechtstagung des Deutschen Frauenringes an das Bundesministerium der Justiz v. 25. Januar 1963. In: IF 12 (1963) 2 S. 3.
Deutscher Verband Berufstätiger Frauen: Resolution der Mitgliederversammlung des Deutschen Verbandes berufstätiger Frauen vom 6. Oktober 1962 (Auszug). In: IF 11 (1962) 10 S. 5.
Dibbelt, Hans-Joachim: Entwicklung der behördlich genehmigten Schwangerschaftsunterbrechungen in Hamburg seit 1945. In: GpGw 3 (1954-1956) S. 32-33.
Dietel, Hanns: Die Schwangerschaftsunterbrechung aus ärztlicher Sicht. In: FA 12 (1971) S. 170-177 (zit.: Schwangerschaftsunterbrechung).
– Röteln und Schwangerschaft. In: MMW 113 (1971) S. 685-689 (zit.: Röteln).
Dinter, Hugo: Abtreibung, Euthanasie und Todesstrafe. In: B 4 (1949) S. 307-309.
Dirks, Walter: Die Frauen von Weinheim – haben die Kritiker Recht? In: HH 1 (1951) S. 1 (zit.: Weinheim).
– Argumente für die „Fristenlösung". In: FH 29 (1974) 257-266 (zit.: Fristenlösung).
Die Diskussion um die Straffreiheit der ethischen Indikation. In: V 2 (1963) S. 48-50 (zit.: Die Diskussion).
Diskussion um den § 218: Zur Frage der „sozialen Indikation". In: SB (1947) Augustheft S. 5 (zit.: Diskussion).
Ditfurth, Hoimar von: Das Euthanasieproblem. In: DR (1950) S. 348-355.
Dittmar, Ilse: Zur Diskussion um den Paragraphen 218. In: KH 4 (1973) S. 45-49.
Doerfler, Hermann: Über Schwangerschaftsunterbrechung und Unfruchtrbarmachung. In: BÄ 5 (1950) S. 270-272 (zit.: Über Schwangerschaftsunterbrechung).
– Wie kann die Bayer. Ärzteschaft und was der einzelne Arzt zur Bekämpfung der Abtreibungsseuche beitragen? In: MMW 95 (1953) S. 509-511 (zit.: Abtreibungsseuche).
Döhner, W.: Schwangerschaftsunterbrechung aus der Sicht des Nervenarztes. In: FM 78 (1960) S. 533-535.
Dölger, Franz-Joseph: Das Lebensrecht des ungeborenen Kindes und die Fruchtabtreibung in der Bewertung der heidnischen und christlichen Antike. In: AnC 4 (1933/1934) S. 1-61.
Döpfner, Julius Kardinal: Silvesterpredigt 1962. In: V 2 (1963) S. 49.
Döpfner, Julius Kardinal/Dietzfelbinger, Landesbischof D. (Hg.): Hermann Das Gesetz des Staates und die sittliche Ordnung. Gütersloh/Trier 1970.
Döring, Gerd K.: Das Abtreibungsproblem heute. In: DÄ 68 (1971) S. 864-866 (zit.: Abtreibungsproblem).
– Morning-after-pill: Die postkoitale hormonelle Schwangerschaftsverhütung. In: DÄ 68 (1971) S. 2395-2396 (zit.: Schwangerschaftsverhütung).
Dörr, H.: Zur Frage der Schwangerschaftsunterbrechung unter besonderer Berücksichtigung der Ergebnisse aus der Ostzone. In: MMW 92 (1950) Sp. 943-946.
Dombrowski, Lothar (Hg.): Strafgesetzbuch. Stuttgart 1948.
Dotzauer, G.: Panoramawechsel illegaler Schwangerschaftsabbrüche. In: BGM 27 (1970) S. 45-60.
Dreher, Eduard/Tröndle, Herbert (Hg.): Strafgesetzbuch und Nebengesetze. 40. Aufl. München 1981.
Droysen, Johann Gustav: Geschichte der preußischen Politik. Bd. 1. Berlin 1855.
Dürkop, Marlies/May, Hannelore: Der Kampf gegen das Abtreibungsverbot. In: A 13 (1971) S. 706-719.
Durand-Wever, A. M.: Abortprobleme und Abortbekämpfung. In: ÄP 12 (1960) S. 2340-2341 (zit.: Abortbekämpfung).
– Die Schwangerschaftsunterbrechung im neuen Strafgesetzentwurf. In: NF 16 (1963) S. 1-5 (zit.: Strafgesetzentwurf).

EBBINGHAUS, Julius: Rechtsfähigkeit des Menschen, metaphysische Embryologie und politische Psychiatrie. In: KS 49 (1957/58) S. 36-48 (zit.: Rechtsfähigkeit).
– Das Lebensrecht des Nasziturus und das Verbot der Schwangerschaftsunterbrechung. In: FamRZ 6 (1959) S. 93-96 (zit.: Lebensrecht).
EHINGER, Otto: Geschichte der Motive der Abtreibungsbestrafung. Diss. jur. Freiburg im Breisgau 1908.
EHRENBRAND, Friedrich: Gedanken zur Reform des Paragraphen 218 StGB. In: EvV 5 (1971) S. 1-3.
EHRHARDT, H: Schwangerschaftsabbruch und Sterilisation: Stellungnahme zu dem Entwurf eines Fünften Gesetzes zur Reform des Strafrechts (5. StrRG) vom 14.2.1972 (BR-Drucksache Nr. 58/72), vorbereitet vom Ausschuß für Rechtsfragen. In: NAr 43 (1972) S. 338-340.
EMMINGER, E.: Über die sogenannte „ethische" Indikation. In: ÄM 60 (1963) S. 32-33.
ENGEL, G.: Früh- und Spätschäden nach Schwangerschaftsunterbrechungen. In: DG 8 (1959) S. 1119-1127.
ENGELHARDT, Hanns: Mensch – Staat – Gewissen. In: FamRZ 6 (1956) S. 133-135.
– Anmerkung zum Urteil des Landgerichts Flensburg vom 19. Dezember 1946. In: FamRZ 10 (1963) S. 470-472 (zit.: Anmerkung).
ENGISCH, Karl: Die künstliche Schwangerschaftsunterbrechung im geltenden Strafrecht. In: MMW 102 (1960) S. 130-131.
ERBSLÖH, Joachim; Brand, Joachim: Über die Methodik der Schwangerschaftsunterbrechung aus medizinischer Indikation mit besonderer Berücksichtigung ihrer Komplikationen. In: ZblGyn 72 (1950) S. 1382-1386.
ERMECKE, Gustav: Abtreibung: Moraltheologisch gesehen. In: ThG 62 (1971) S. 23-34.
ESER, Albin: Strafrecht: Die untaugliche „morning-after-Pille". In: JuS (1970) S. 459-464 (zit.: Strafrecht).
– Reform der Schwangerschaftsunterbrechung. In: MW 22 (1971) S. 721-728 (zit.: Reform).
– Schwangerschaftsabbruch in der strafrechtlichen Diskussion. In: ThQ 151 (1971) S. 238-253 (zit.: Diskussion).
EUROPÄISCHE ÄRZTEAKTION (Hg.): Alarm um die Abtreibung. Bd. 1. Neuhausen/Stuttgart 1980.
Die „ethische Indikation". In: BerÄ 75 (1962) S. 564-565 (zit.: Die „ethische Indikation").
„Ethische Indikation" im Widerstreit der Meinungen. In: EvW 16 (1962) S. 611-614 (zit.: „Ethische Indikation").
EVERSMANN, Paul: Schwangerschaftsbeendigung bei Notzuchtverbrechen. In: ÄM 47/59 (1962) S. 2574.
FALCK, Ingeborg: Schwangerschaftsunterbrechung und Innere Medizin. In: BM 19 (1968) S. 71-76.
Familienplanung – ärzliche Aufgabe in aller Welt. In: DÄ 66 (1969) S. 3494-3497 (zit.: Familienplanung).
FECHT, Karl Elmar: Erwiderung auf den Aufsatz von Dr. Gundert. In: SÄ 3 (1948). S. 6-8 (zit.: Erwiderung).
– § 218: Das Recht des ungeborenen Lebens. Münster 1949 (zit.: Recht).
– Der Arzt und das keimende Leben. In: BAUMEISTER, Walter/SMETS, Rudolf (Hg.): Das Leben der Ungeborenen. Mainz 1955 S. 1-36 (zit.: Arzt).
Der Hippokratische Eid in der Feuerprobe. In: BerÄ 74 (1961) S. 182-184 (zit.: Feuerprobe).
FINKE, Joachim: Schwangerschaftsunterbrechung aus medizinischer Indikation. In: IM 48 (1958) S. 365-372.
FINKE, L.: Indikationen zur Schwangerschaftsunterbrechung. In: MK 50 (1955) S. 1912-1915.
FISCHER, Jochen: Körperliche und seelische Folgen der Schwangerschaftsunterbrechung. In: IM 48 (1958) S. 359-365 (zit.: Folgen).
– Die Problematik der „Geburtenregelung" in der ärzlichen Diskussion. In: ÖGD 26 (1964) S. 81-96 u. 123-141 (zit.: Geburtenregelung).

FISCHER, Johann: Die Abtreibung. Hamburg 1966.
FISCHER, Josef: Für und wider das ungeborene Leben. In: L 3 (1948) S. 9-11.
Der Fragenkomplex. In: F (1947) S. 27 (zit.: Fragenkomplex).
Frankfurter Frauenaktion 70. In: V (1970) S. 299-300 (zit.: Frankfurter Frauenaktion 70).
FRAKTION DER FDP IM DEUTSCHEN BUNDESTAG: Entwurf eines Gesetzes zum Schutz des werdenden Lebens, zur Förderung einer kinderfreundlichen Gesellschaft, für Hilfen im Schwangerschaftskonflikt und zur Regelung des Schwangerschaftsabbruchs (Schwangeren und Familienhilfegesetz) v. 18. März 1991.
FRAKTION DER SPD IM DEUTSCHEN BUNDESTAG (Hg.): Die Fraktion der SPD im Deutschen Bundestag. Bonn 1981.
FRANKEN, Hermann: Gesichtspunkte zum Problem des artefiziellen Abortes. In: DMR 1 (1947) S. 26-34 (zit.: Gesichtspunkte).
– Berücksichtigungen bei der ärztlichen Schwangerschaftsunterbrechung unbd zum Wandel der Indikationen. In: FM 69 (1951) S. 147-152 (zit.: Berücksichtigungen).
FRAUENAKTION 70/HUMANISTISCHE AKTION: Resolution v. 21. Februar 1971 in Bad Boll. In: JOCHIMSEN, Luc (Hg.): § 218: Dokumentation eines 100jährigen Elends. Hamburg 1971 S. 82-83.
FRAUENARBEITSGEMEINSCHAFT DER SPD BEZIRK SÜDBAYERN: Resolution (Auszug). In: IF 11 (1962) 10 S. 5.
FRAUENGEMEINSCHFT DER SPD SÜDBAYERN: Resolution (Auszug). In: IF 11 (1962) 10 o. S.
FRAUENGRUPPE BREMEN: Resolution. In: IF 11 (1962), Nr. 9 S. 8.
FRAUENGRUPPE DER FDP BREMEN: Resolution zur Weiterleitung an die in der Bundesgesetzgebung maßgeblichen Stellen. In: IF 11 (1962) 9 S. 8.
FRAUENKNECHT, Gertrud: Was kommt danach? In: D 11 (1974) S. 10-13.
FREY, Ellen: Schwangerschaftsunterbrechung und Tuberkulose, in; TA 7 (1953) S. 361-363.
FRIEDRICHSEN, Gisela: Abtreibung: Der Kreuzzug von Memmingen. Zürich/Memmingen 1989.
§ 218: Fristen, Folgen, Fatalitäten. In: BeÄ 86 (1973) S. 433-434 (zit.: Fristen).
FRÜHAUF, Hermann: Paragraph 218. In: FH 1 (1946) S. 587-590.
FRUHSTORFER, P. H.: Das Wort des Seelsorgers und Sittenlehrers. In: SU 2 (1947) S. 9-11.
5 Millionen Schwangerschaftsunterbrechungen in Japan nach dem Kriege. In: WÄ 6 (1952) S. 37-38 (zit.: 5 Millionen Schwangerschaftsunterbrechungen).
FUNCKE, Liselotte: Die Möglichkeiten einer rechtlichen Regelung aus evangelischer Sicht. In: BAUMANN, Jürgen (Hg.): Das Abtreibungsverbot des § 218 StGB: Eine Vorschrift, die mehr schadet als nützt. Neuwied/Berlin 1971 S. 144-148.
GEBHARD, Paul H./POMEROY, Wardell B./MARTIN, Clyde E./CHRISTENSON, Cornelia V.: Schwangerschaft, Geburt, Abtreibung. Reinbek 1969.
GEIGER, Willi: Abtreibung und Rechtsordnung. In: Jura (1987) S. 60-65.
GEILEN, Gerd: Neue juristisch-medizinische Grenzprobleme. In: JZ 23 (1968) S. 145-152 (zit.: Grenzprobleme).
– Das Leben des Menschen in den Grenzen des Rechts. In: FamRZ 15 (1968) S. 121-130 (zit.: Leben).
GEISER, M.: Zahlen und Gedanken zur legalen Schwangerschaftsunterbrechung. In: SMW 86 (1956) S. 1006-1010.
GERHARD: Schwangerschaftsunterbrechung bei Lungentuberkulose. In: BKT 116 (1956) S. 100-124.
GESENIUS, H.: Frauenärztliche Gedanken zum Entwurf des Paragraphen 140 StGB. In: GuF 21 (1961) S. 772-781.
Die Gesetzgebung der Länder (Amerikanische Zone): Bayern. In: SJZ 3 (1948) Sp. 50 (zit.: Gesetzgebung).
GIESEN, Wilhelm: Grundsätzliches zur Frage der Schwangerschaftsunterbrechung. Tübingen 1948 (zit.: Grundsätzliches).

– Die medizinische Indikation zur Schwangerschaftsunterbrechung. In: Ehefragen im Licht des evangelischen Glaubens (Kirche im Volk. Nr. 3). Essen 1950 S. 76-87 (zit.: Indikation).
– Versuch einer Antwort. In: Kindersegen und Geburtenkontrolle. Hamburg 1964 (zit.: Versuch).
– Zur Strafwürdigkeit der Delikte gegen Familie und Sittlichkeit. In: FamRZ 12 (1965) S. 248-256 (zit.: Strafwürdigkeit).
GLAUS, A.: Zur psychiatrischen Indikation der Schwangerschaftsunterbrechung. In: SMW 78 (1948) S. 97-101 (zit.: Indikation).
– Aus der Praxis der Schwangerschaftsunterbrechung gemäss Artikel 120 StGB an der psychiatrischen Universitätsklinik Zürich. In: Pr 42 (1953) S. 26-30 (zit.: Schwangerschaftsunterbrechung).
GOECKE, H.: Die Schwangerschaftsunterbrechung und Sterilisierung aus medizinischer Indikation. In: WÄ 12 (1958) S. 122-130.
GOLDACKER, Eberhard von: Paragraph 218 StGB. In: Li 13 (1971) S. 814-820.
GOTTO,Klaus/HOCKERTS, Hans-Günter/MORSEY, Rudolf/SCHWARZ, Hans Peter (Hg.): Die CDU/CSU im Parlamentarischen Rat; Sitzungsprotokolle der Unionsfraktion (Forschungen und Quellen zur Zeitgeschichte. Bd. 2). Stuttgart 1981.
GRAMPE, Franz: Die Tragödie um den § 218. In: Die Tragödie um den § 218: „Für und Wider" die Schwangerschaftsunterbrechung. 2. Aufl. Regensburg/Wien 1951 S. 22-24.
GRANDKE, Anita: Festigung der Gleichberechtigung und Förderung bewußter Elternschaft: Zum Gesetz über die Unterbrechung der Schwangerschaft. In: NJ 26 (1972) S. 313-319.
GRANZOW, O. J.: Über Frühschäden nach Schwangerschaftsunterbrechungen In: ZblGyn 73 (1951) S. 1331-1337.
GRITSCHNEDER, Otto: Du sollst nicht töten!. In: F (1947) 1/2 o. S. (zit.: Du sollst nicht töten!).
– Die Abtreibung im neuen Strafgesetzbuch-Entwurf. In: BÄ 15 (1960) S. 394-399 (zit.: Strafgesetzbuch-Entwurf).
GRÖMIG, U.: Schwangerschaftsunterbrechung in Schweden und in Deutschland. In: ÄP 6 (1954) S. 13.
GRÜNDEL, Johannes: Unterbrochene Schwangerschaft. In: ThG 13 (1970) S. 202-207.
GRÜNDLER, Gerhard E.: Ethische Indikation. In: ÄM 47/59 (1962) S. 2135-2136.
GRÜNWALD, Gerald: Zum Mehrheitsentwurf des Alternativ-Entwurfs. In: BAUMANN, Jürgen (Hg.): Das Abtreibungsverbot des § 218 StGB: Eine Vorschrift, die mehr schadet als nützt. Neuwied/Berlin 1971 S. 194-208.
GUARDINI, Romano: Das Recht des werdenden Menschenlebens: Zur Diskussion um den § 218 des Strafgesetzbuches. Stuttgart/Tübingen 1949.
GUNDERT, Hermann: Gedanken zum § 218 StGB. In: SÄ 2 (1947) S. 4-5 (zit.: Gedanken).
– Antwort auf den „Offenen Brief" von Dr. med. Karl Litz und die „Erwiderung" von Dr. med. Karl Elmar Fecht. In: SÄ 3 (1948) S. 8-9 (zit.: Antwort).
GUTZEIT, Richard: Ist eine Unterbrechung der Schwangerschaft über die Bestimmungen des § 218 hinaus eine Notwendigkeit? In: LA 28 (1952) S. 305.
HAAG, Anna: Für und gegen das Gesetz. In: F (1947) 3/4 S. 24-25.
HABENICHT, Gerhart: Verhinderung und Unterbrechung der Schwangerschaft. In: DMJ 20 (1969) S. 117-123.
HANACK, Ernst-Walter: Künstliche Eingriffe in die Fruchtbarkeit. In: GÖPPINGER, Hans (Hg.): Arzt und Recht. München 1966 S. 11-57 (zit.: Eingriffe).
– Zur strafrechtlichen Problematik von Beginn und Ende menschlichen Lebens. In: NAr 40 (1969) S. 505-509 (zit.: Problematik).
HÄNDEL, Konrad: Schwangerschaftsunterbrechungen: Neues englisches Gesetz. In: MK 64 (1969) S. 1137-1144 (zit.: Schwangerschaftsunterbrechungen).
– Amtliche Zahlen über die zugelassene Schwangerschaftsunterbrechung in England. In: MK 65 (1970) S. 524-526 (zit.: Amtliche Zahlen).
HÄRING, Bernhard: Das Gesetz Christi. Freiburg i. Br. 1954 (zit.: Gesetz).

– Ehe in dieser Zeit, Salzburg 1960 (Studia Theologiae moralis et pastoralis edita a professoribus Academiae Alfonsianae in urbe. Bd. 6) (zit.: Ehe).
Harmsen, Hans: Abtreibung und Empfängnisverhütung in Deutschland. In: ZSH 1 (1949) S. 28-30 (zit.: Empfängnisverhütung).
– Schwangerschaftsunterbrechung – Geburtenregelung. In: JK 13 (1952) S. 246-254 (zit.: Geburtenregelung).
– Bewußte Elternschaft oder Abtreibung als internationales Gegenwartsproblem. In: BG 4 (1953) S. 245-248 (zit.: Elternschaft).
– Das medizinische Übel der Abtreibung. In: He 66 (1953). S. 233-235 (zit.: Übel).
– (Hg.): Zur sozialhygienischen Problematik der Gesetzgebung betreffend Schwangerschaftsunterbrechung und Abtreibung in Mitteldeutschland (Akademie für Staatsmedizin in Hamburg, Zur Entwicklung und Organisation des Gesundheitswesens in Sovjetrussland, in osteuropäischen Volksdemokratien und in Mitteldeutschland. Bd. 8). Hamburg 1957 (zit.: Mitteldeutschland).
– Die Bedeutung der Aufhebung des Verbotes der Abtreibung in Sowjetrußland für die osteuropäischen Volksdemokratien. In: OW 8 (1961) S. 40-47 (zit.: Aufhebung).
– Medizinische und rechtliche Probleme bei neueren Mitteln der Geburtenverhütung. In: HÄ 21 (1967) S. 297-299 (zit.: Probleme).
– Das britische „Abortion Act 1967“ und die Erfahrungen in den Skandinavischen Staaten mit der Liberalisierung. In: Ge 18 (1968) S. 35-37 (zit.: Erfahrungen).
– Familienplanung ein Menschenrecht: Stufen der Menschwerdung in ihrer Bedeutung für die Geburtenregelung. In: Ge 18 (1968) S. 199-202 (zit.:Familienplanung).
– Erfahrungen Englands mit der „Abortion Act 1967“. In: GP 3 (1971) S. 133-151 (zit.: Abortion Act 1967).
Hartmann, Albert: Die Ehrfurcht vor dem Leben. In: StdZ 140 (1947) S. 258-276.
Hartung, Rudolf: Ein Blick zurück im Zorn: Von den Methoden jener, die gegen eine Reform des § 218 waren. In: NR 85 (1974) S. 335-339.
Hauser, Georges André: Die Schwangerschaftsunterbrechung. In: O 24 (1960) S. 101-104.
Hegenscheidt, Annemarie: Zur Problematik der Schwangerschaftsunterbrechungen legalisierenden Gesetzgebung, I. Teil. In: BrÄ 25 (1972) 1 S. 44-46 (zit.: Problematik).
– Zur Problematik der Schwangerschaftsunterbrechungen legalisierenden Gesetzgebung – II. Teil. In: BrÄ 25 (1972) 2 S. 46-48 (zit.: Schwangerschaftsunterbrechungen).
– Zur Problematik der Schwangerschaftsunterbrechungen legalisierenden Gesetzgebung – Teil III. In: BrÄ 25 (1972) 3 S. 46-51 (zit.: Zur Problematik der Schwangerschaftsunterbrechungen legalisierenden Gesetzgebung).
– Zur Problematik der Schwangerschaftsunterbrechungen legalisierenden Gesetzgebung – IV. Teil, BrÄ 25 (1972) 4 S. 38-44 (zit.: Gesetzgebung).
Heinemann, Gustav: Stellungnahme zum Votum der Familienrechtskommission betr. Notzuchtsindikation. In: KJ 90 (1963) S. 109-110.
Heinrich, Kurt Johannes: § 218: Eine katholische Untersuchung. Mainz 1947.
Heisler, August: Die Stellung des Landarztes zu § 218. In: LA 27 (1951) S. 356-359.
Heiss, H.: Die künstliche Schwangerschaftsunterbrechung und der kriminelle Abort. In: AM 58 (1968) S. 116-118 (zit.: Abort).
– Schwangerschaftsabbruch und Strafgesetz. In: Gy 5 (1972) S. 74-81 (zit.: Strafgesetz).
Heldmann, Hans Heinz: Plädoyer für die Abschaffung des Paragraphen 218. In: ZRP 4 (1971) S. 208-210 (zit.: Abschaffung).
– Die Inhumanität des § 218. In: V 10 (1971) S. 159 (zit.: Inhumanität).
– Juristische und sozialwissenschaftliche Anmerkungen zum Streit um den § 218. In: V 10 (1971) S. 339-346 (zit.: Anmerkungen).
Heller, J.: Die Entwürfe zur Reform des Abtreibungsstrafrechts und die Stellungnahme der deutschen Frauenärzte. In: Gy 5 (1972) S. 82-91.

HELWIG, Gisela: Fristenregelung in der DDR – eine erste Bilanz. In: DA 5 (1972) S. 799-800.
HEMMING, Walter: Ein Streitfall um den § 218. In: NH 1 (1946) S. 27-29.
HEMPEL, J.: Gibt es eine Grenze zwischen sozialer und medizinischer Indikation zur Schwangerschaftsunterbrechung? In: NÄ 3 (1949) S. 194-197.
HEROLD, Georg: Schwangerschaftsunterbrechung nach deutschem Recht. In: ÄP 3 (1951) S. 7 u. S. 10 (zit.: Recht).
– Rechtsfragen zur Schwangerschaftsunterbrechung. In: BerÄ 69 (1956) S. 332-333 (zit.: Rechtsfragen).
– Neuordnung des Starfrechts: Schwangerschaftsunterbrechung. In: ÄP 13 (1961) S. 542-543 (zit.: Neuordnung).
HERR: Es spricht dafür: Stadtpfarrer Dr. Herr. In: F (1947) 3/4 S. 23.
HERRLINGER, Robert: Die Geschichte der medizinischen Indikation des Abortus arteficialis. In: SHÄ (1963) S. 355-370.
HERZBERG, Horst: „Schwangerchaftsunterbrechung“ (Dänische Denkschrift). In: SoA 4 (1955) S. 498-500.
HEUN, Eugen: Arzt und Paragraph 218. In: ÄP 2 (1950) S. 1 u. 6.
HEUSER, Hedda: Zur ethischen Indikation der Schwangerschaftsunterbrechung. In: LA 39 (1963) S. 1528-1529.
HEYDT, A. von der: Zur Frage der Schwangerschaftsunterbrechung bei Depression. In: MK 44 (1949) S. 321-325.
HIERSCHE, H.-D./HILLER, C./FRIEDEBERG, V.: Die l Gebunrtenregelung. In: GuF 30 (1970) S. 289-301.
HILD, Gottlob: Zwischen Moral und Strafrecht: Zur Reform des Paragraphen 218 Strafgesetzbuch. In: MKI 23 (1972) S. 108-112.
HILLGRUBER, Andreas: Deutsche Geschichte 1945-1986. 6. Aufl. Stuttgart/Berlin/Köln/Mainz 1987.
HIRSCHMANN, Hans: Die sittliche Beurteilung der strafrechtlichen Sicherung des keimenden Lebens. In: BAUMEISTER, Walter/SMETS, Rudolf (Hg.): Das Lebensrecht der Ungeborenen. Mainz 1955 S. 62-81 (zit.: Beurteilung).
– Du sollst nicht töten. In: AC 3 (1957) S. 7-12 (zit.: Du sollst nicht töten).
HIRTENBRIEF der deutschen Bischöfe v. 24. August 1946. In: KAEK 86 (1946) S. 235-234.
HOFMANN, Rudolf: Das sittliche Minimum in der pluralen Gesellschaft. In: ThQ 149 (1969) S. 23-38.
HOHLBEIN, R.: Das weitere Schicksal von Mutter und Kind nach abgelehnter Schwangerschaftsunterbrechung. In: DGW 15 (1960) S. 1884-1888.
HÖHLER, Gertrud: Was kostet die Reform? Bemerkungen zu den Revisionsplänen für Paragraph 218. In: NDH 20 (1973) S. 104-116.
HOLDTSCHMIDT, Ernst: Die Diskussion über die soziale Indikation zur Schwangerschaftsunterbrechung. In: GpGw 1 (1946-1950) S. 21-22.
HOLTORFF, J.: Indikationen, Technik und Morbidität beim Abortus arteficialis. In: ZblGyn 82 (1960) S. 170-182.
HORNIG, Gottfried: Schwangerschaftsunterbrechung: Aspekte und Konsequenzen. Gütersloh 1967.
HOWARD, Karin/KRAUSS, Anna/MÜHLBAUER, Rita/SCHÄPERCLOOS, Dagmar/SCHLÖSSER, Regina/LINK-SCHREIBER, Renate: Das Ende der Resignation. In: SCHWARZER, Alice (Hg.): Frauen gegen den § 218: 18 Protokolle, aufgezeichnet von Alice Schwarzer. Frankfurt am Main 1971 S. 117-130.
HUEBER, E. F./THALER, H.: Über Grundlagen und Indikation der Schwangerschaftsunterbrechung. In: WKW 68 (1956) S. 681-684.
HUMMEL, Gerd: Die medizinischen Indikationen der Schwangerschaftsunterbrechung mit Berücksichtigung der hämolytischen Fetosen. In: GpGw 1 (1946-1950) S. 22.
HUNGAR, Stella: Schwangerschaftsunterbrechungen und Sterilisation von Frauen in Hamburg:

Analyse des Materials der Gutachterstelle bei der Ärztekammer Hamburg der Jahre 1964 und 1965, Hamburg 1965 (Schriftenreihe der Lehranstalt für Allgemein- und Sozialhygiene an der Universität Hamburg. Bd. 19).

HUNGER, Heinz: Interruptio – ja oder nein? In: DÄ 66 (1969) S. 2757-2758.

HUSSLEIN, H.: Familienplanung und Abortus. In: ÄP 23 (1971) S. 1293 (zit.: Abortus).

HU-Vorschlag zur gesetzlichen Regelung des Schwangerschaftsabbruchs. In: V (1970) S. 297 (zit.: HU-Vorschlag).

– Legaler und illegaler Abort: Bericht über eine Arbeitstagung der WHO. In: FM 89 (1971) S. 781-782 (zit.: Arbeitstagung).

IDRIS, E.: Psychiatrische oder soziale Indikation. In: ÄP 11 (1959) S. 237-238.

IHLFELD, Heli: § 218: Wird Willy wieder weich? In: Akt (1973) 20 o. S.

Indikationen zur Schwangerschaftsunterbrechung. In: ÄP 15 (1963) S. 597 u. 599 (zit.: Indikationen).

JACHERTZ, Norbert: Klischees, die sich allzugut verkaufen. In: DÄ 68 (1971) S. 2201-2205.

JACOBI, Peter: Bad Boll. In: JOCHIMSEN, Luc (Hg.): § 218: Dokumentation eines 100jährigen Elends. Hamburg 1971 S. 75-84.

JACOBI, J./IKLER, H. G./SCHLIEF, H.: Herzfehler und Schwangerschaft. In: MMW 102 (1960) S. 133-136.

JACOBI J./KRÖGER, J./SCHWARZ, W.: Zum Problem der Schwangerschaftsunterbrechung bei inneren Erkrankungen. In: KNGIM 60 (1963) S. 14-15.

JÄGER, Wolfgang: Die Innenpolitik der sozialliberalen Koalition 1969 – 1974. In: BRACHER, Karl Dietrich/JÄGER, Wolfgang/LINK, Werner: Republik im Wandel 1969 – 1964 (BRACHER, Karl Dietrich/ESCHENBURG, Theodor/FEST, Joachim C./JÄCKEL, Eberhard (Hg.): Geschichte der Bundesrepublik Deutschland. Bd. 5/I) Stuttgart/Mannheim 1986 S. 15-160.

JAHN, Friedrich: Die große Thoraxchirugie bei Tuberkulose und Schwangerschaft: Ein Beitrag zur Revision der ‚Richtlinien für Schwangerschaftsunterbrechung und Unfruchtbarmachung aus gesundheitlichen Gründen'. Bielefeld 1949.

Jahrhundert des Kindesmordes. In: DMJ 4 (1953) S. 372 (zit.: Kindesmordes).

JANSSEN, Karl: Die Unterbrechung der aufgezwungenen Schwangerschaft als theologisches und rechtliches Problem. In: ZEE 4 (1960) S. 65-72.

JASCHKE, Rud. Th.v .: Ein Vorschlag zur wirksamen Bekämpfung der Abtreibungsseuche. In: ZblGyn 70 (1948) S. 418-419.

JESCHEK, Hans-Heinrich: Die weltanschaulichen und politischen Grundlagen des Entwurfs eines Strafgesetzbuches (E 1962). In: Probleme der Strafrechtsreform, Stuttgart 1963 (Schriftenreihe der Friedrich-Naumann-Stiftung zu Politik und Zeitgeschichte. Nr. 5) S. 30-47.

JOCHIMSEN, Luc: § 218 (1871-1971). In: DERS. (Hg.): § 218: Dokumentation eines hundertjährigen Elends. Hamburg 1971 S. 14-36 (zit.: § 218).

– Nachwort. In: DERS. (Hg.): § 218: Dokumentation eines 100jährigen Elends. Hamburg 1971 S. 167-169 (zit.: Nachwort).

– § 218: Eine halbe Reform ist kein Plädoyer für die Fristenlösung. In: NG 19 (1972) S. 55-57 (zit.: Reform).

JORES, Arthur: Um den § 218. In: HAR 2 (1947/48) S. 48-55.

JÜNGEL, Eberhard/KÄSMANN, Ernst/MOLTMANN, Jürgen/RÖSSLER, Dietrich: Abtreibung oder Annahme des Kindes: Thesen zur Diskussion um § 218 StGB. In: EvK 4 (1971) S. 452-454.

JÜRGENS, Hans W./PIEPER, Ursula: Demographische und sozialmedizinische Auswirkungen der Reform des § 218 StGB (Schriftenreihe des Bundesministers für Jugend, Familie und Gesundheit. Bd. 30). Stuttgart/Berlin/ Mainz/Köln 1975.

JURISTINNENBUND: Entschließung v. 21. Juli 1963 an den Deutschen Bundestag. In: IF 12 (1963) 7/8 S. 4.

JUST-DAHLMANN, Barbara: Zwei Wagschalen – ungleich gefüllt. In: JOCHIMSEN, Luc (Hg.): § 218: Dokumentation eines 100jährigen Elends. Hamburg 1971 S. 151-155.

Kampf dem Abort. In: NF 12 (1960) S. 3-5 (zit.: Kampf dem Abort).

KAISER, G.: Juristische und politische Probleme der Geburtenregelung, Teil I. In: MK 63 (1968) S. 1526-1530.

KARPF, Hans-Joachim: Die rechtliche Problematik des artefiziellen Abortes in ethisch indizierten Fällen. Diss. jur. Köln 1965.

KATHOLISCHER ARBEITSKREIS FÜR STRAFRECHT BEIM KOMMISSARIAT DER DEUTSCHEN BISCHÖFE IN BONN (Hg.): Schwangerschaftsabbruch: § 218 StGB. Dokumentation. Köln 1972.

KATILA, O.: Über das finnische Abortgesetz und die diesbezüglichen Auffassungen finnischer Frauen. In: ZP 8 (1963) S. 206-210.

KATSCH, G.: Indikationen zum künstlichen Abort. In: MMW 102 (1960) S. 139.

KAUFMANN, Arthur: Gedanken zur Strafrechtsreform. In: C 3 (1964) S. 22-43 (zit.: Strafrechtsreform).

- Die ärztlichen Bestimmungen im Strafgesetzentwurf 1962. In: MK 60 (1965) S. 431-434 u. 475-478 (zit.: Bestimmungen).
- Schuld und Strafe. Köln/Berlin/Bonn/München 1966 (zit.: Schuld).
- Bemerkungen zur Reform des § 218 StGB aus rechtsphilosophischer Sicht. In: BAUMANN, Jürgen (Hg.): Das Abtreibungsverbot des § 218 StGB: eine Vorschrift, die mehr schadet als nützt. Neuwied/Berlin 1971 S. 45-56 (zit.: Bemerkungen).
- Rechtsfreier Raum und eigenverantwortliche Entscheidung. In: Festschrift für Reinhard Maurach. Karlsruhe 1972 S. 327-345 (zit.: Rechtsfreier Raum).

KAUPEN, Wolfgang: Zur Reform des § 218 StGB. In: RuP 8 (1972) S. 16-17.

KAYSER, K.: Schwangerschaftsunterbrechung: Referat, gehalten auf der Gynäkologentagung am 5.-6. Oktober 1946 in Jena. In: ZblGyn 69 (1947) S. 182-194.

KEPP, Richard: Zur Frage der Schwangerschaftsunterbrechung aus kindlicher Indikation. In: MK 55 (1960) S. 98-101 (zit.: Frage).

- Ärztliche und rechtliche Gesichtspunkte zur Schwangerschaftsunterbrechung und Sterilisierung. In: MW 35 (1963) S. 1702-1708 (zit.: Gesichtspunkte).
- Empfängnisverhütung und Sterilisierung von Standpunkt des Gynäkologen. In: Kindersegen und Geburtenkontrolle. Hamburg 1964 (zit.: Empfängnisverhütung).
- Ärztliche Überlegungen zu einer Empfängnisverhütung durch Intrauterinpessare. In: KEPP, Richard/KOESTER, Helmut (Hg.): Famileinplanung. Stuttgart 1968 S. 66-78 (zit.: Intrauterinpessare).
- Wann beginnt das individuelle Leben? In: AG 211 (1971) S. 428-436 (zit.: Wann).
- Humanität gilt nicht nur für die Mutter, sondern auch für das Kind. In: FA 4 (1973) S. 18-24 (zit.: Humanität).

KESSELBÖHMER, Irmgard: Beurteilung der Indikation zur Schwangerschaftsunterbrechung. In: MW 20 (1951) S. 1517-1519.

KESSLER, Erwin: Wann darf eine Schwangerschaft unterbrochen werden? In: Kr 55 (1963) S. 244.

KETTING, Evert/PRAAG, Philip van: Schwangerschaftsabbruch: Gesetz und Praxis im internationalen Vergleich. Tübingen 1985.

KIENAPFEL, Dithelm: Frühabort und Strafrecht. In: JB 93 (1971) S. 175-184.

KIND, H./EIDENBENZ, M.: Die psychische und soziale Belastung durch eine Mutterschaft nach Vierzig im Blick auf eine psychiatrische Indikation zum Schwangerschaftsabbruch. In: SMW (1974) S. 1221-1224.

KIRCHHOFF, Heinz: Zum umstrittenen Problem der Kontrazeption durch intrauterine Pessare. In: DÄ 63 (1966) S. 2322-2325 (zit.: Pessare).

- Stellungnahme deutscher Frauenärzte zum Problem der Schwangerschaftsunterbrechung im Rahmen der Strafrechtsreform. In: DÄ 68 (1971) S. 1481-1484 (zit.: Stellungnahme).
- Komplikationen beim legalen Schwangerschaftsabbruch. In: DÄ 69 (1972) S. 2788-2792 (zit.: Komplikationen).

– Frauenarzt und sogenannte Fristenlösung. In: FamRZ 20 (1973) S. 118-120 (zit.: Fristenlösung).

KIRCHLICHE OSTKONFERENZ: Entschließung zu § 218 des Strafgesetzbuches vom 23. Mai 1950. In: AblEKD 4 (1950) S. 239-241.

KLOESEL: Unterbrechung der Schwangerschaft durch den Arzt. In: SÄ 2 (1947) S. 5-7.

KLUGE, Dieter; eyn noch nit lebendig kindt: Rechtshistorische Untersuchungen zum Abbruch der Schwangerschaft in den ersetn drei Monaten der Entwicklung der Frucht auf der Grundlage der Carolina von 1532. Frankfurt am Main/Bern/New York 1986 (Europäische Hochschulschriften. Reihe II (Rechtswissenschaft). Bd. 578).

KLUTH, Winfried: Das Grundrecht auf Leben und die „ratio" des Gesetzgebers. In: GAS 135 (1988) S. 547-565.

KNÖRR, K.: Die pränatale Diagnostik aus der Sicht des Geburtshelfers. In: MMW 113 (1971) S. 1501-1505.

KNORRE, P./KUNZ, L.: Zur Frage der Rehabilitation nach der Interruptio seit Legalisierung der Schwangerschaftsunterbrechung, I, Patientenstruktur. In: ZblGyn 96 (1974) S. 2-9.

KOCH, Hans-Georg: Schwangerschaftsabbruch im internationalen Vergleich: Landesbericht Bundsrepublik Deutschland. In: ESER, Albin/KOCH, Hans-Georg (Hg.): Schwangerschaftsabbruch im internationalen Vergleich: Rechtliche Regelungen – Soziale Rahmenbedingungen – Empirische Grunddaten (Rechtsvergleichende Untersuchungen zur gesamten Strafrechtswissenschaft, hg. v. Max-Planck-Institut für ausländisches und internationales Strafrecht in Freiburg i. Br. Bd. 21.1). Baden-Baden 1988 S. 19-324.

KOCH, Hans-Jörg: Beschränkte Aufhebung des § 218 StGB? In: NJW 13 (1959) S. 2294-2296.

KOCH, Helmut: Die Entwicklung der Schwangerschaftsunterbrechungen in Bremen seit 1946 unter besonderer Berücksichtigung der gerichts- und verwaltungstechnischen Regelungen. In: GpGw 2 (1951-1959) S. 13-14.

KOCH, Karl-Heinz: Untersuchungsergebnisse an 732 Vergewaltigungen. Diss. med. Heidelberg 1947.

KOENIGER, K.: Die zulässige und die kriminelle Schwangerschaftsunterbrechung. In: Die Tragödie um den § 218: „Für und Wider" die Schwangerschaftsunterbrechung (Liebe und Ehe; Sonderreihe. Nr. 8). 2. Aufl. Regensburg/Wien 1951 S. 8-21.

KOESTER, H.: Wann beginnt das individuelle Leben? In: AG 211 (1971) S. 412-427.

KÖHNE, Josef: Ärztliche Gesichtspunkte zur Abtreibung. In: BECKEL, Albrecht von (Hg.): Abtreibung in der Diskussion: Medizinische, psychologische, juristische und politische Aspekte der Reform des Paragraphen 218. Münster 1972 S. 13-40.

KOFFKA, Else: Zur Reform des Abtreibungsstrafrechts. In: LÜTTGHERT, Hans/BLEI, Hermann/HANAU, Peter (Hg.): Festschrift für Ernst Heinitz zum 70. Geburtstag. Berlin 1972 S. 343-357.

KOHLHAAS, Max: Nochmals: Zum Recht der Schwangerschaftsunterbrechung. In: DMW 91 (1966) S. 277-279.

KOHLRAUSCH, Eduard/LANGE, Richard (Hg.): Strafgesetzbuch mit Nebengesetzen und Erläuterungen. 38. Aufl. Berlin 1944.

– (Hg.): Deutsches Strafgesetzbuch mit Nebengesetzen. Berlin 1949.

KOLAROVA, O./POKORNY, J.: Entzündliche Komplikation nach Schwangerschaftsunterbrechung. In: ZblGyn 82 (1960) S. 760-762.

KOLLE, K.: Schwangerschaftsunterbrechung aus psychiatrischer und neurologischer Indikation. In: MMW 102 (1960) S. 131-132.

KOSELLECK, Rainhart: Geschichte, Historie. In: BRUNNER, Otto/CONZE, Werner/ KOSELLECK, Rainhart (Hg.): Geschichtliche Grundbegriffe: Historisches Lexikon zur politisch-sozialen Sprache in Deutschland. Stuttgart 1975 2 S. 539-717.

KRAATZ, H.: Grundsätzliche Gedanken zur Frage der Schwangerschaftsunterbrechung. In: DGW 13 (1958) S. 138-145.

KRAUS-NOVER, Emily: Der Vorschlag einer Frau. In: F (1947) 3/4 S. 22.
KRAUSS, Detlev: Die rechtlichen Möglichkeiten einer Schwangerschaftsunterbrechung bei eugenischer und kindlicher Indikation. In: MMW 113 (1971) S. 1505-1512.
KREBS, G.: Schwangerschaftsunterbrechung aus kindlicher Indikation. In: AG 211 (1971) S. 361.
KRIEGER, Verena: Entscheiden: Was Frauen (und Männer) über den § 218 wissen sollten. Hamburg 1987.
Kriegskinder. In: DStZ 2 (1915) Sp. 208-209 (zit.: Kriegskinder).
KRIELE, Martin: Entscheidungen; Verfassungsrecht, Strafrecht. In: JZ 30 (1975) S. 205-225 (zit.: Entscheidungen).
– § 218 StGB nach dem Urteil des Bundesverfassungsgerichts. In: ZRP 8 (1975) S. 73-79 (zit.: Urteil).
KÜRSCHNERS VOLKSHANDBUCH: Deutscher Bundestag: Darmstadt 1973 (zit.: KÜRSCHNERS VOLKSHANDBUCH).
KÜTEMEYER, Wilhelm: § 218 StGB. In: Ps 1 (1974/48) S. 542-559.
KUHN, Johannes: Beiträge zum Paragraphen 218. In: Me 8 (1971) S. 293-304.
KUHR, Gunther: Die Entwicklung der legalisierten Schwangerschaftsunterbrechungen seit 1946 in Berlin unter besonderer Berücksichtigung der abgelehnten Fälle. In: GpGw 3 (1954-1956) S. 33-35.
KYANK, H.: Geburthilfliche und gynäkologische Indikationen zur Schwangerschaftsunterbrechung. In: DGW 13 (1958) S. 624-626.
LANDESFRAUENAUSSCHUSS DER FDP NIEDERSACHSEN: Entschließung v. 13. September 1962 (Auszug). In: IF 11 (1962) 10 S. 5.
LANDESFRAUENAUSSCHUSS DER FDP NORDRHEIN-WESTFALEN: Entschließung (Auszug). In: IF 11 (1962) 10 S. 5.
LANDESKIRCHENRAT: Stellungnahme zur Frage der Schwangerschaftsunterbrechung. In: AblEKD 34 (1947) 15 S. 71-72.
Landtagsdrucksache Nr. I-77 (Nordrhein-Westfalen).
LANG-HINRICHSEN, Dietrich: Betrachtungen zur sogenannten ethischen Indikation der Schwangerschaftsunterbrechung. In: JZ 18 (1963) S. 721-733 (zit.: Betrachtungen).
– Zum strafrechtlichen Rechtsschutz des Lebens vor der Geburt. In: JR (1970) S. 365-370 (zit.: Rechtsschutz).
– Zur Frage der Verfassungsmäßigkeit der „Fristenlösung“ beim Schwangerschaftsabbruch. In: FamRZ 21 (1974) S. 497-508 (zit.: Verfassungsmäßigkeit).
LANGE, Richard (Hg.): Das Strafgesetzbuch für das deutsche Reich. Weimar 1946.
LANGEN, H.: Die Abtreibungsseuche. In: UH 4 (1949) 6 S. 11-19.
LANGMANN, Rolf: Sozialhygienische Betrachtungen zur Geburtenkontrolle. In: DÄ 65 (1968) S. 2642-2644.
LAUER, Boi: Die Entwicklung der legalen Schwangerschaftsunterbrechung und der Abtreibung in Schweden in ihrer Relation zur Geburtlichkeit. Diss. med. Hamburg 1955.
LAUTH, Reinhard: Zur Frage der Transzendentalphilosophie. München/Salzburg 1965.
LAY, Hans Werner: Zum Begriff der Leibesfrucht in Paragraph 218 StGB. In: JZ 25 (1970) S. 465-470.
LEINER, H.: Der Beginn des Lebens in der Sicht des evangelischen Theologen. In: BRANDL, Max (Hg.): Der Beginn des Lebens. Stuttgart/New York 1969 S. 33-53.
LEMBRYCH, St.: Schwangerschafts-, Geburts- und Wochenbettverlauf nach künstlicher Unterbrechung der ersten Gravidität. In: ZblGyn 94 (1972) S. 164-168.
LINDENBERG, Wladimir: Psychische Erkrankungen als Indikation zur Schwangerschaftsunterbrechung. In: BG 3 (1952) S. 487-488.
LINDIG, W.: Tuberkulose und Schwangerschaft. In: DGW 13 (1958) S. 611-617 (zit.: Tuberkulose).

– Ist die Schwangerschaftsunterbrechung aus medizinischer Indikation wegen Tuberkulose noch berechtigt? In: BKT 120 (1959) S. 251-252 (zit.: Indikation wegen Tuberkulose).
LINKE, Karl: Zum Kampf um die Abtreibung. In: St 23 (1971) S. 101-102.
LINZENMEIER, Georg: Zur Frage der Empfängnis der Frau: Hat Knaus oder Stieve recht? In: ZblGyn 69 (1947) S. 1108-1110.
LISSEK, Vincens/RAABE, Felix: Für das Leben: Eine Arbeitshilfe zur Auseinandersetzung um den § 218 StGB, hg. v. Generalsekretariat des Zentralkommitees der Deutschen Katholiken in Zusammenarbeit mit der Deutschen Bischofskonverenz. Bonn 1974.
LITZ, Karl: Gedanken zum § 218 StGB: Offener Brief an Herrn Dr. med. Gundert. In: SÄ 3 (1948) S. 5-6.
LOCHMÜLLER, Hanns: Schwangerschaftsabbruch: pro und contra. In: MMW 114 (1972) S. 1557-1560.
Lockerung des § 218 in der Ostzone. In: NW 2 (1947) 2 S. 30 (zit.: Lockerung).
LOE, Wessel von/SCHMIDT, G.: Was kann getan werden, um die Abbruchrate dauerhaft zu senken? In: DÄ 88 (1991) S. 1048-1050.
LÖNNE, Fr.: Kritische Bemerkungen zum v. Jaschke'schen „Vorschlag zur wirksamen Bekämpfung der Abtreibungsseuche". In: ZblGyn 72 (1950) S. 1377-1382.
LOHMAR, Ulrich. In: V 3 (1964) S. 64.
LORNBERG, Anna-Maria: „Ist Abtreibung Mord?": Ärztetagung um den § 218. In: IM 43 (1953) S. 367-372.
LÜBBE, Hermann: Politische Philosophie in Deutschland. München 1974.
LÜTTGER, Hans: Der Beginn des Lebens und das Strafrecht. In: JR (1969) S. 445-453.
LUNOW, E./ISBRUCH, E./HAMANN, B.: Gynäkologische Frühkomplikationen als Folge legaler Schwangerschaftsunterbrechungen. In: ZyblGyn 93 (1971) S. 49-58.
MAHR, Richard: Zur Frage der Schwngerschaftsunterbrechung. In: B 2 (1947) S. 103-106.
MAIHOFER, Werner: Naturrecht als Existenzrecht. Frankfurt am Main 1963 (zit.: Naturrecht).
– Menschenbild und Strafrechtsreform. In: Universitätstage 1964: Gesellschaftliche Wirklichkeit im 20. Jahrhundert und Strafrechtsreform. Berlin 1964 S. 5-28 (zit.: Menschenbild).
– Die Reform des Besonderen Teils des Strafrechts. In: REINISCH, Leonard (Hg.): Die deutsche Strafrechtsreform. München 1967 S. 72-88 (zit.: Reform).
MANDT, Peter: Geltendes und geplantes Strafrecht. In: DÄ 66 (1969) S. 3419-3423 u. 3489-3493.
MÄRKER, K.: Bericht über die internationale Arbeitstagung über Abortprobleme und Abortbekämpfung vom 5. bis 7. Mai 1960 in Rostock-Warnemünde. In: ZÄF 54 (1960) S. 1409-1411.
MARSCHALL, Karl: Grundsatzfragen der Schwangerschaftsunterbrechung im Hinblick auf die verfassungsrechtlich gewährleisteten Rechte auf Leben. In: JB 94 (1972) S. 497-511.
MARTIN, Ed.: Die medizinische Indikation zum § 218. In: ZblGyn 70 (1948) S. 1095-1096.
MARTIN, L.: Nochmals: Die Revisionsbedürftigkeit des § 218 StGB aus bevölkerungspolitischer Sicht. In: NJW 13 (1959) S. 468-469.
MARTIN, Norbert: Soziologische Überlegungen zum Paragraphen 218 StGB. In: FamRZ 20 (1973) S. 337-341.
MARTINI, Paul/EGENTER, Richard: Die Schwangerschaftsunterbrechung. In: Ho 45 (1952/53) S. 341-356.
MATTNER, H. R.: Ist eine Schwangerschaftsunterbrechung bei einer spondylitis tuberculosa notwendig. In: BAOCMT 6 (1959) S. 110-114.
MATZEN, Orthopädische Leiden und Schwangerschaftsunterbrechung. In: DGW 13 (1958) S. 621-623.
MAUNZ, Theodor/DÜRIG, Günter/HERZOG, Roman/SCHOLZ, Rupert/LERCHE, Peter/PAPIER, Hans-Jürgen/RANDELSHOFER, Albrecht/SCHMIDT-ASSMANN, Eberhard (Hg.): Grundgesetz-Kommentar 1 Art. 1-12 Lfrgn. 1-24. 6. Aufl. München 1985.
MAURACH, Reinhard: Deutsches Strafrecht. Besonderer Teil. 5. Aufl. Karlsruhe 1969.

MAYER, A.: Bemerkungen zur „Persönlichkeit" der Leibesfrucht und des Neugeborenen. In: MMW 95 (1953) S. 900-902 (zit.: Persönlichkeit).
– Rückwirkung der modernen Lungen- und Herzchirugie auf die Schwangerschaftsunterbrechung. In: MK 53 (1958) S. 1402-1404 (zit.: Rückwirkung).
– Häufigkeit der Schwangerschaftsunterbrechung und Ehrfurcht vor dem keimenden Leben in gynäkologischer Sicht. In: ZblGyn 85 (1963) S. 753-761 (zit.: Ehrfurcht).
– Medizin im „Jahrhundert ohne Gott". In: MK 60 (1965) S. 1291-1296 (zit.: Medizin).
MEDIZINISCH-WISSENSCHAFTLICHE GESELLSCHAFT FÜR GEBURTSHILFE UND GYNÄKOLOGIE AN DER UNIVERSITÄT LEIPZIG: Tagungsbericht vom 6. Februar 1954. In: ZblGyn 76 (1954) S. 1927-1937 u. 1964-1969.
MEHLAN, K. H.: Die Morbidität bei Schwangerschaftsunterbrechungen. In: DGW 11 (1956) S. 582-589 (zit.: Morbidität).
– Die Letalität bei Schwangerschaftsunterbrechungen. In: DGW 11 (1956) S. 660-663 (zit.: Letalität).
– Spätfolgen nach legalem Abort. In: DGW 11 (1956) S. 876-880 (zit.: Spätfolgen).
– Das Bild der Schwangerschaftsunterbrechung in der Deutschen Demokratischen Republik. In: DGW 13 (1958). S. 595-602 (zit.: Bild).
– Die Abortsituation in den europäischen Ländern. In: ZblGyn 83 (1961) S. 853-866 (zit.: Abortsituation).
– Abortprobleme in Europa unter besonderer Berücksichtigung der Volksdemokratien. In: NF 13 (1961) 11 S. 1-4; 12 S. 1-2; 14 (1962) 3 S. 2-3 (zit.: Abortprobleme).
MEINERT, J.: Abtreibungen. In: K 3 (1949) S. 183-198.
MELSEN, Andreas von: Individuation und Personalisation: Die anthropologische Relevanz embryologischer Entwicklungsstufen. In: ThQ 151 (1971) S. 228-237.
MENDE, Werner: Schwangerschaftsabbruch und Sterilisation aus nervenärztlicher Sicht. München 1968 (zit.: Schwangerschaftsabbruch).
– Der medizinische Umgang mit dem pränatalen Leben. In: ThQ 151 (1971) S. 214-221 (zit.: Umgang).
MERGEN, Armand: Die Indikationen. In: REINISCH, Leonhard (Hg.): Die deutsche Strafrechtsreform. München 1967 S. 106-126.
METAG, Klaus: Können wir uns dieses Experiment leisten. In: SB (1947) August-Heft S. 8.
MICHAELIS, Herbert/SCHRAEPLER, Ernst (Hg.): Ursachen und Folgen: Vom deutschen Zusammenbruch 1918 une 1945 bis zur staatlichen Neuordnung Deutschlands in der Gegenwart. Eine Urkunden- und Dokumentensammlung zur Zeitgeschichte. Berlin 1967 23 S. 308-309.
MIKULICZ-RADECKI, Friedrich von: Schwangerschaftsunterbrechung aus geburtshilflicher oder gynäkologischer Indikation. In: MMW 102 (1960) S. 132-133.
MILLER, Jos.: Medizinische Indikation für die Schwangerschaftsunterbrechung. In: O 16 (1952) S. 113-114.
MITTEIS, Heinrich: Deutsche Rechtsgeschichte. 14. Aufl. München 1976.
MOLDENSCHARDT, Hans: Diabetes und Schwangerschaft. In: LA 33 (1957) S. 122-124.
MONTAG-CLUB für politische und gesellschaftliche Kontakte: Resolution zum Problem der Reform der §§ 218-220 StGB (undatiert, sehr wahrscheinlich 1971). In: JOCHIMSEN, Luc (Hg.): § 218: Dokumentation eines 100jährigen Elends. Hamburg 1971 (zit.: MONTAG-CLUB) S. 150.
MÜLLER, Carl: Die ethische Indikation der Schwangerschaftsunterbrechung aus ärztlicher Sicht. In: Aktuelle Probleme des Lebensschutzes durch die Rechtsordnung (Studien und Berichte der Katholischen Akademie in Bayern. H. 25) Würzburg 1964 S. 39-56 (zit.: Indikation).
– Verantwortung. In: MÜLLER, Carl/STUCKI, David (Hg.): Richtlinien zur medizinischen Indikation der Schwangerschaftsunterbrechung. Berlin/Göttingen/Heidelberg 1964 S. 205-213 (zit.: Verantwortung).
– Zur Geschichte des artefiziellen Aborts. In: GuF 26 (1966) S. 223-231 (zit.: Geschichte).

MÜLLER, Carl/STUCKI, David: Richtlinien zur medizinischen Indikation der Schwngerschaftsunterbrechung. Berlin/Göttingen/Heidelberg 1964 (Vorwort).

MÜLLER, Helmut: Ärztliche Begründung der Schwangerschaftsunterbrechung. In: DÄ 68 (1971) S. 3017-3023 u. 3083-3088.

MÜLLER, Max/HALDER, Alois (Hg.): Philosophisches Wörterbuch. Freiburg/Basel/Wien 1988.

MÜLLER, Peter Volkmar: Entwicklung und Erfahrung mit der sozialen Indikation zur Schwangerschaftsunterbrechung im Lauf der Zeiten. Diss. med. Saarbrücken 1952.

MÜLLER-EMMERT, Adolf: Zur Problematik und Reform des § 218 StGB. In: FA 12 (1971) S. 112-116 (zit.: Problematik).

– Die Chancen für ein zukunftsweisendes fortschrittliches Strafrecht. In: NJW 19 (1966) S. 711-715 (zit.: Chancen).

MÜLLER-HEGEMANN, D.: Die psychiatrisch-neurologischen Indikationen zur Schwangerschaftsunterbrechung unter besonderer Berücksichtigung der Erbkrankheiten. In: DGW 10 (1955) S. 241 (zit.: Die psychiatrisch-neurologischen Indikationen).

– Theoretische Grundlagen für die erbmedizinische Indikation zur Schwangerschaftsunterbrechung. In: DGW 10 (1955) S. 242-251 (zit.: Theoretische Grundlagen).

MÜLLER-HEGEMANN, D./RIEPENHAUSEN, K./STOLTENHOFF, H.: Die psychiatrisch-neurologischen Indikationen zur Schwangerschaftsunterbrechung unter besonderer Berücksichtigung der Erbkrankheiten. In: DGW 10 (1955) S. 274-275.

MUTH, Hans/ENGELHARDT, Heinz: Schwangerschaftsunterbrechung und Sterilisierung in neuerer Sicht. München/Berlin 1964.

Die Schwangerschaftsunterbrechung in der Nachkriegszeit. In: ÄP 8 (1956) S. 7 (zit.: Nachkriegszeit).

NACHTSHEIM, Hans: Schwangerschaftsunterbrechung aus eugenischer Indikation. In: MK 53 (1958) S. 2065 (zit.: Schwangerschaftsunterbrechung aus eugenischer Indikation?).

– Die Notwendigkeit einer aktiven Erbgesundheitspflege. In: GP 6 (1964) S. 321-339 (zit.: Erbgesundheitspflege).

– Familienplanung. In: GP 9 (1967) S. 321-342 (zit.: Familienplanung).

– Überbevölkerung – Zentralproblem der Welt. In: BW 4 (1967) S. 26-33 (zit.: Überbevölkerung).

– Geburtenkontrolle, ihre internationale Notwendigkeit, ihre Wege. In: BeÄ 5 (1968) S. 109-114 (zit.: Notwendigkeit).

– Geburtenkontrolle. In: BÄK 5 (1968) S. 109-114 S. 112 (zit.: Geburtenkontrolle).

– Überbevölkerung und Erbgutdegeneration. In: SA 17 (1968) S. 1-14 (zit.: Erbgutdegeneration).

– Sind wir zu Familienplanung durch Geburtenkontrolle auf internationaler Ebene imstande. In: FA 10 (1969) S. 20-28 (zit.: Familienplanung).

– Schlußwort. In: DÄ 66 (1969) S. 2759-2760 (zit.: Schlußwort).

– Interruptio: Ja oder Nein. In: DÄ 66 (1969) S. 1633-1637 (zit.: Interruptio).

– „Geburtenkontrolle als Instrument internationaler Bevölkerungepolitik“. In: MMW 111 (1969) S. 432-437 (zit.: Bevölkerungspolitik).

NAPP, J.-H.: Wie können wir die legalen Schwangerschaftsunterbrechungen einschränken. In: HÄ 11 (1957) S. 262-268.

NAUJOKS, Hans: Soziale Probleme der Schwangerschaftsunterbrechung. In: SW 1 (1949/50) S. 79-88 (zit.: Probleme).

– Über die „ethische“ Indikation zur Schwangerschaftsunterbrechung. In: DMW 76 (1951) S. 27-28 (zit.: Über die „ethische“ Indikation).

– Schwangerschaftsunterbrechung und Streilisierung. In: AG 180 (1951) S. 304-319 (zit.: Sterilisierung).

– Leitfaden zur Schwangerschaftsunterbrechung. Stuttgart 1954 (zit.: Leitfaden).

– Werden die offiziellen Richtlinien zur Schwangerschaftsunterbrechung genügend beachtet. In: ÄM 42 (1957) S. 136-139 (zit.: Richtlinien).

– Indikationen zur Schwangerschaftsunterbrechung und ihre praktische Handhabung. In: MK 52 (1957) S. 838-839 (zit.: Indikationen).
– Stellungnahme der Deutschen Gesellschaft für Gynäkologie. In: Gutachten und Stellungnahmen zu Fragen der Strafrechtsreform mit ärztlichem Einschlag. Bonn 1958 S. 127-130c (zit.: Stellungnahme).
– Indikationen zur Schwangerschaftsunterbrechung und ihre Handhabung. In: ÄP 11 (1959) S. 1 u. 15-18 (zit.: Handhabung).

NAUJOKS, Hans/FRITSCH, K.: Das spätere Schicksal der Frauen nach ausgeführter und abgelehnter Schwangerschaftsunterbrechung. In: M (1952) S. 1247-1249.

NAUJOKS, Hans/WOLF, Ernst: Anfang und Ende der Rechtfähigkeit des Menschen (Frankfurter Wissenschaftliche Reihe. Bd. 2). Frankfurt am Main 1955.

NEDELMANN, Carl: Das Verbrechen der Abtreibung: Geburtenregelung und Strafrechtsreform. In: NEDELMANN, Carl/SCHÄFER, Gert (Hg.): Politik ohne Vernunft. Hamburg 1965 S. 110-124.

NELL-BREUNING, Oswald von: Strafbarkeit des Schwangerschaftsabbruchs. In: GM 23 (1972) S. 251-257.

Neues zur Schwangerschaftsunterbrechung. In: ÄP 12 (1960) S. 627-628 (zit.: Neues zur Schwangerschaftsunterbrechung).

NEUHOFF, Franz-Josef: Entspricht die Fristenlösung unserer Rechtsordnung? In: NG (1972) S. 221-223.

NEUKAMP, Franz: Abtreibung und ärztliche Anzeigepflicht. In: BG 2 (1951) S. 199-200.

NEUMANN, Gerhard: Schwangerschaftsunterbrechung bei Lungentuberkulose. In: GuF 17 (1957) S. 996-1003.

NIEDERMEIER, H.: Die Fruchtabtreibung und die Moraltheoretiker. In: Die Tragödie um den § 218: „Für und Wider" die Schwangerschaftsunterbrechung (Liebe und Ehe, Sonderreihe. Nr. 8). 2. Aufl. Regensburg/Wien 1951.

NIEDERMEYER, Albert: Handbuch der speziellen Pastoralmedizin. Bd. 3. Wien 1950.

Niederschrift über die Senats-Sitzung v. 19. September 1947 (Bremen).

Niederschrift über die Senats-Sitzung v. 3. Oktober 1947 (Bremen).

Niederschrift über die Senats-Sitzung v. 4. November 1947 (Bremen).

Niederschrift über die Senats-Sitzung v. 16. Dezember 1947 (Bremen).

Niederschrift über die Senats-Sitzung v. 16. Januar 1948 (Bremen).

Niederschriften der Sitzungen der Großen Strafrechtskommission. Bd. 1-12. Bonn 1958-1960.

NIVERA, Wilhelm (Hg.): Strafgesetzbuch für das Deutsche Reich. 2. Aufl. Oberhausen/Duisburg/Mülheim 1949.

NOACK, H.: Das Schicksal der abgelehnten Schwangerschaftsunterbrechungen bei medizinischer und sozialer Indikation. In: ZblGyn 74 (1952) S. 600-602 (zit.: Schwangerschaftsunterbrechungen).
– Nachbehandlungen nach abgelehnter Schwangerschaftsunterbrechung, die wegen Tuberkulose beantragt war. In: DGW 9 (1954) S. 713-716 (zit.: Nachbehandlungen).
– Erfahrungen der Leipziger Kommission für Schwangerschaftsunterbrechung. In: DGW 13 (1958) S. 592-594 (zit.: Leipziger Kommission).

NOLL, P.: Der ärztliche Eingriff in strafrechtlicher Sicht. In: DZGMM 57 (1966) S. 12-24.

NÖLLE, H.: Zur Arbeit von O. J. Granzow, „Über Frühschäden nach Schwangerschaftsunterbrechungen". In: ZblGyn 74 (1952) S. 315-316.

NOONAN, John T.: Abortion and the Catholic Church: a Summary History. In: NLF 12 (1967) S. 85-131.

NORDMEYER, K.: Zur Ätiologie der Hypermesis gravidiarum. In: DMW 71 (1946) S. 213-214.

NORPOTH, Leo: Berufsethisches Forum: Stellungnahme zur sogenannten „ethischen Indikation". In: KG 19 (1963) S. 26-27.

NOTTBECK, Arvid von: „Wer ohne Schuld handelt". In: ÄM 47/59 (1962) S. 2083-2084 (zit.: Schuld).

– Die Straffunktion des Staates und die Gesellschaft. In: Probleme der Strafrechtsreform. Stuttgart 1963 (Schriftenreihe der Friedrich-Naumann-Stiftung zur Politik und Zeitgeschichte. Nr. 5) S. 48-74 (zit.: Straffunktion).

OGHBrZ, Köln, I. StrS. Urt. v. 30.VI.1950 – StS 532/49. In: NJW (1950) S. 711-712

Ostman von der Leye, Wilderich Freiherr: Zur Reform des Besonderen Teils des Strafgesetzbuches. Frankfurt am Main/Berlin 1968.

Ott, Sieghart: Straflosigkeit für Schwangerschaftsunterbrechungen. In: ZRP 4 (1971) S. 77-79.

Overhage, Paul/Rahner, Karl: Das Problem der Hominisation (Quaestiones Disputatae 12/13). Freiburg/Basel/Wien 1961.

Oyen, Hendrik van: Grenzfälle in der medizinischen Ethik. In: ZEE 4 (1960) S. 193-207.

Parache, E.: Koreferat, gehalten auf der 28. Versammlung der Deutschen Gesellschaft für Gynäkkologie am 4.-8. April 1950 in Bad Pyrmont. In: AG 180 (1951) S. 330-333.

Die Paradoxie der Moral: Sind Abtreibungen ungefährlicher als Geburten? In: BerÄ 77 (1964) S. 308-311 (zit.: Paradoxie).

Parteivorstand der Spd (Hg.): Parteitag der Sozialdemokratischen Partei Deutschlands vom 23. bis 27. November 1964 in Karlsruhe, Protokoll der Verhandlungen, Hannover/Bonn o. J. (zit.: Parteitag).

– Parteitag der Sozialdemokratischen Partei Deutschlands vom 11. bis 14. Mai 1970 in Saarbrücken, Protokoll der Verhandlungen. Hannover/Bonn o. J. (zit.: Parteitag (11.-14. Mai 1970).

– Außerordentlicher Parteitag der Sozialdemokratischen Partei Deutschlands, 1. Teil, Steuerreform, Massenmedien, § 218 StGB, 18. bis 20. November 1971, Bonn, Protokoll der Verhandlungen (zit.: Außerordentlicher Parteitag).

– § 218: Außerordentlicher Parteitag '71. o. O. o. J. (zit.: § 218: Außerordentlicher Parteitag).

– § 218. o. O. 1974 (zit.: § 218).

Peters, Karl: Abtreibung. In: KW 1 (1947) S. 71-74 (zit.: Abtreibung).

– Zur Lehre von den persönlichen Strafausschließungsgründen. In: JR (1949) S. 496-500 (zit.: Lehre).

– Ein hartes Gesetz? Die Frage nach der Erlaubtheit der Schwangerschaftsunterbrechung. In: JW 34 (1953) S. 218-224 (zit.: Gesetz).

– Die Abtreibung in der Schau des Juristen. In: Baumeister, Walter/Smets, Rudolf (Hg.): Das Lebensrecht der Ungeborenen. Mainz 1955 S. 37-61 (zit.: Juristen).

– Die Abtreibung im deutschen Strafrecht. In: AC 3 (1957) S. 25-30 (zit.: Strafrecht).

Petters, Walter (Hg.): Strafgesetzbuch. Berlin/München 1947.

Pfail, Fritz (Hg.): Strafgesetzbuch. Iserlohn/Regensburg o. J.

Philipp, E.: Schwangerschaftsunterbrechung aus eugenischer Indikation. In: MK 53 (1958) S. 2063-2064.

Pilz, Johannes: Abtreibung. In: LThK, Freiburg i. Br. 1957 1 Sp. 96-100.

Pinl, Claudia: Grundsätzliches zu Paragraph 218. In: GM 23 (1972) S. 257-260.

Plack, Arno: Plädoyer für die Abschaffung des Strafrechts. München 1974.

Poettgen, Herwig: Zur Reform des § 218 aus psychosomatischer Sicht. In: GuF 32 (1972) S. 493-500 (zit.: Reform).

– Aspekte und Kriterien der medizinisch-sozialen Indikation. In: DÄ 69 (1972) S. 840-843 (zit.: Aspekte).

Politische Fraueninitiative Heidelberg: Recht und Menschenwürde: Zweihundertachtzehn. In: Psy 2 (1975) 4 S. 10-14.

Bischöfe haben was gegen Pornographie und Abtreibung. In: V 9 (1970) S. 366 (zit.: Pornographie und Abtreibung).

Preiser, Friedrich: Paragraph 218 StGB ist nicht verfassungswidrig. In: DRiZ 50 (1972) S. 170-171.

PRILL, H.-J.: Zur Aufhellung der sogenannten Dunkelziffer bei Abtreibungen. In: MK 67 (1972) S. 619-622.

PROSS, Helge: Erste Ergebnisse einer Umfrage über den kriminellen Abort. In: KEPP, Richard/KOESTER, Helmut (Hg.): Familienplanung. Stuttgart 1968 S. 14-22.

RADVANY, Miklos/FOLDVARY, Frank: Die Reform der Vorschriften über die Schwangerschaftsunterbrechung in Ungarn. In: JOR 15 (1974) S. 231-255.

RAGLER, Johannes/METZGER, Edmund/ROGHE, Hans/SCHINNERER, Erich/SCHAEFER, August/ZIEGLER, Erhard (Hg.): Strafgesetzbuch nach dem Stand der Gesetzgebung. Bd. 2. Berlin 1951.

RAHNER, Karl: Zum Problem der genetischen Manipulation. In: DERS. (Hg.): Schriften zur Theologie. Zürich/Köln 1967 8 S. 286-326.

RAMSAUER, Lina: Nochmals: Zur Schwangerschaftsunterbrechung. In: NÄ 9 (1955) S. 226.

RAT DER EKD: Erklärung v. 5. April 1973. In: MDKI 25 (1974) S. 12-13.

RAT DER EVANGELISCHEN KIRCHE IN DEUTSCHLAND: Erklärung zu den Rechtsfragen des Schwangerschaftsabbruchs vom 17. März 1972. In: KIRCHENAMT DER EVANGELISCHEN

KIRCHE IN DEUTSCHLAND (Hg.): Stellungnahmen zum Thema Schwangerschaftsabbruch (EKD-Texte, Nr. 14). Hannover 1986 S. 3-7.

RAUSCHE, Werner: Schwangerschaftsbeendigung bei Notzuchtverbrechen. In: DÄ 60 (1963) S. 1030-1031.

RAUSCHKE, Joachim: Legale Schwangerschaftsunterbrechungen aus gerichtsmedizinischer Sicht, dargestellt an einem Großstadtmaterial. In: BGM 24 (1968) S. 114-122.

RECH, Hermann: Kampf dem § 218. Eine Studie zur Schwangerschaftsunterbrechung gemeinverständlich dargestellt. Lauf bei Nürnberg 1950.

Vom Recht der Ungeborenen. In: NA 2 (1947) S. 86 (zit.: Recht).

Der Referentenentwurf zur Reform des § 218 StGB. In: HK 26 (1972) S. 1-4 (zit.: Referentenentwurf).

REIF, A.: Schwangerschaftsunterbrechung in der Sowjetunion. In: ÄP 23 (1971) S. 823-824.

REIFENBERG, Ernst: Kein starres Prinzip! In: SB August 1947 S. 7-8.

RENZEL, C.: Schwangerschaftsunterbrechung bei Notzuchtverbrechen. In: ÄM 60 (1963) S. 29-32.

REPGEN, Konrad: Ungedruckte Nachkriegsquellen zum Reichskonkordat: eine Dokumentation. In: HJb 99 (1979) S. 375-413 (zit.: Nachkriegsquellen).

– Christ und Geschichte. In: GOTTO, Klaus/HOCKERTS, Hans Günter (Hg.): Von der Reformation zur Gegenwart: Beiträge zu Grundfragen der neuzeitlichen Geschichte. Paderborn/München/Wien/Zürich 1988 S. 319-334 (=Repgen, Konrad: Christ und Geschichte. In: Internationale Katholische Zeitschrift ‚Communio‘ 11 (1982) S. 475-489) (zit.: Christ).

– Die Erfahrung des Dritten Reiches und das Selbstverständnis der deutschen Katholiken. In: CONZEMIUS, Victor/GRESCHAT, Martin/KOCHER, Hermann (Hg.): Die Zeit nach 1945 als Thema kirchlicher Zeitgeschichte. Göttingen 1988 S. 127-179 (zit.: Selbstverständnis).

– „Reform“ als Leitgedanke kirchlicher Vergangenheit und Gegenwart. In: RQ 84 (1989) S. 5-30 (zit.: Reform).

RETT, Andreas: Schwangerschaftsunterbrechung: Ärztliche, psychologische und soziologische Aspekte. In: K 27 (1971) S. 47-50.

Die Revision des Strafgesetzbuches durch Beseitigung derVorschriften nationalsozialistischen oder militaristischen Ursprungs. In: SJZ 2 (1947) Sp. 219-220 (zit.: Revision).

RICHTER, R./SCHULZ, N.: Untersuchungen über den Einfluß der Instruktion vom 15. März 1965 zur Anwendung des Paragraphen 11 des Gesetzes über den Mutter- und Kinderschutz und die Rechte der Frau v. 27. September 1950 auf die Antragstellungen auf Schwangerschaftsunterbrechung. In: ZGHG 15 (1969) S. 150-156.

RIEPENHAUSEN, K.: Die medizinische Indikation zur Schwangerschaftsunterbrechung bei psychiatrischen und neurologischen Erkrankungen. In: DGW 10 (1955) S. 251-256.

RINGELING, Hermann: Theologische Kriterien der Lebensqualität dargestellt am Konfliktfall der genetischen Indikation des Schwangerschaftsabbruchs. In: EvTh 34 (1974) S. 571-586.

ROELLECKE, Gerd: Grundrechte und Abtreibungsverbot. In: BAUMANN, Jürgen (Hg.): Das Abtreibungsverbot des § 218: Eine Vorschrift, die mehr schadet als nützt. Neuwied/Berlin 1971 S. 39-45.

ROHDEN, Friedrich von: Die Entwicklung der legalen Schwangerschaftsunterbrechung im Bundesgebiet im ersten Nachkriegsjahrzehnt. In: SHÄ 9 (1956) S. 196-208 (zit.: Nachkriegsjahrzehnt).

– Statistische Untersuchungen über Schwangerschaftsunterbrechungen aus medizinischer Indikation. In: DMW 86 (1961) S. 2245 (zit.: Statistische Untersuchungen).

RONGE, Paul: Problem § 218, Rudolstadt 1947 Das aktuelle Traktat: Schriften zum geistigen Fortschritt, hg. v. Karl Dietz. Heft 2).

RÖPER, E.: Betrachtungen nach 220 Gutachten wegen Schwangerschaftsunterbrechung. In: HÄ (1948) S. 173-174.

ROTH, F.: Kritische Betrachtungen zur heutigen Praxis der Schwangerschaftsunterbrechung. In: SMW 88 (1958) S. 1251-1255.

ROTTER, H.: Die Geistbeseelung im Werden des Menschen. In: ZThK 93 (1971) S. 168-181.

ROXIN, Claus: Der Minderheitsvorschlag des Alternativ-Entwurfs. In: BAUMANN, Jürgen (Hg.): Das Abtreibungsverbot des § 218 StGB: Eine Vorschrift, die mehr schadet als nützt. Neuwied/Berlin 1971 S. 175-193.

RUDOLF, Werner: Diskussion vor falschem Forum. In: MK 50 (1955) S. 605.

RUDOLPHI, Hans-Joachim: Straftaten gegen das werdende Leben. In: ZStW83 (1971) S. 105-139.

RUFF, Wilfried: Das embryonale Werden des Individuums. In: StdZ 181 (1968) S. 107-119 (zit.: Werden).

– Individualität und Personalität im embryonalen Werden. In: ThPh 45 (1970) S. 24-59 (zit.: Personalität).

RUMMEL, Hans: Um den Paragraphen 218. In: ZW 19 (1947/48) S. 470-485.

RUMMEL, Hans/KNORR, August/OLEPP, Gottlieb: Zum Paragraph 218, Neuendettelsau 1950.

RUMPF. In: Bericht über die 118. Sitzung der Niederrheinisch-Westfälischen Gesellschaft für Gynäkologie und Geburtshilfe am 13. Mai 1950 in Köln. In: GuF 10 (1950) S. 717.

RÜPKE, Giselher: Persönlichkeitsrecht und Schwangerschaftsunterbrechung. In: ZRP 7 (1974) S. 73-77.

RUSCH, Regina: Aktionen und Reaktionen bis Sommer ,71. In: JOCHIMSEN, Luc (Hg.): § 218: Dokumentation eines 100jährigen Elends. Hamburg 1971 S. 84-111.

RUSSEL, K. P.: Schwangerschaftsunterbrechung. In: TG 92 (1953) S. 118-119.

SARRE, H.: Die Indikation zur Schwangerschaftsunterbrechung bei Nierenleiden. In: MMW 102 (1960) S. 136.

SAUSER, Gustav/VODOPIVEC, Miran: Medico-theologische Anmerkungen zur Humanontogenese. In: Gott in Welt. Festgabe für Karl Rahner. Freiburg/Basel/Wien 1964 2 S. 850-872.

SCHAETZING: Der „stern“ und die Agitation 218. In: DÄ 68 (1971) S. 2202.

SCHÄFER, Volkmar: Die medizinischen und sozialen Indikationen sowie die Gefahren der Schwangerschaftsunterbrechung. In: AKS 22 (1968) S. 50-52.

SCHECK, Helmut: Strafrechtlicher Schutz für das werdende Leben ab der Befruchtung! In: AC 19 (1973) S. 16-37.

SCHEID, W.: Zur Frage der Schwangerschaftsunterbrechung aufgrund psychiatrischer Indikationen. In: MR 1 (1947) S. 303-305.

SCHEUNEMANN, Renate: Plädoyer für die Straffreiheit des Schwangerschaftsabbruchs. In: Wege zum Menschen 23 (1971) S. 154-156.

SCHIFFER, Charlotte: Der mütterliche Schutz des werdenden Lebens. In: KidW 2 (1949) S. 49-52.

SCHILF, Erich: Das Recht der Frau und § 218. In: F (1947) 5/6 S. 24-26.

SCHINKE, Sabine: Untersuchungen über die Häufigkeit des kriminellen Aborts. Diss. med. Gießen 1964.

SCHITTEL, H.: Das Problem der Schwangerschaftsunterbrechung und seiner gesetzlichen Regelung

in der DDR. In: Die Tragödie um den § 218. „Für und Wider“ die Schwangerschaftsunterbrechung (Liebe und Ehe, Sonderreihe. Nr. 8). 2. Aufl. Regensburg/Wien 1951 S. 36-45.
SCHLAPPER, K.: Tuberkulose und Schwangerschaft. In: MMW 102 (1960) S. 137.
SCHLEGEL, Willhart S.: Schwangerschaftsbeendigung bei Notzuchtsverbrechen. In: DÄ 60 (1963) S. 740-741.
SCHMID, H. H.: Die heutigen Indikationen zur Schwangerschaftsunterbrechung. In: HK 74 (1961) S. 96-104.
SCHMID, Richard: § 218. In: Mer 27 (1973) S. 563-572.
SCHMID, W.: Zur pränatalen Diagnose von Chromosomenanomalien. In: SÄZ 52 (1971) S. 1379-1384.
SCHMIDT, Eberhard: Über § 218. In: DMW 71 (1946) S. 206-210 (zit.: § 218).
– Schwangerschaftsunterbrechung und Sterilisation. In: AG 180 (1951) S. 289-304 (zit.: Schwangerschaftsunterbrechung).
SCHMIDT, Rainer: Strafrechtspolitische Anmerkungen zur Abtreibung. In: PS 23 (1972) S. 303-311.
SCHMITT, Rudolf: Geburtenregelung und Strafrecht. In: FamRZ 17 (1970) S. 530-535 (zit.: Geburtenregelung).
– Überlegungen zur Reform des Abtreibungsstrafrechts. In: JZ 30 (1975) S. 356-360 (zit.: Überlegungen).
– Die Verpflichtung des Staates zum Schutz der Ungeborenen. In: HK 29 (1975) S. 171-176 (zit.: Verpflichtung).
SCHÖLLGEN, Werner: Grenzmoral: Soziale Krisis und neuer Aufbau. Düsseldorf 1947.
SCHÖTTLER, Rudolf: Recht auf Leben: Liberale gegen das Unrecht der Abtreibung. In: PM 34 (1989) 245 S. 15-22.
SCHRANK, Paul/KOCH, Karl-Heinz: Untersuchungsergebnisse an 732 Vergewaltigungen. In: ZGG 130 (1949) S. 200-213.
LENCKNER, Theodor/CRAMER, Peter/ESER, Albin/STREE, Walter (Hg.): Strafgesetzbuch. Kommentar. 20. Aufl. München 1980 (zit.: SCHÖNKE-SCHRÖDER).
SCHRÖDER, Horst: Die Neugestaltung der Abtreibungsdelikte. In: Materialien zur Strafrechtsreform. Bonn 1954. 1 S. 295-301.
SCHROEDER, Friedrich-Christian: Abtreibung wegen „allgemeiner Notlage“? In: ZRP 5 (1972) S. 105-106.
SCHUBERT, G./MAUSS, H.-J.: Erfahrungen eines Frauenklinikers bei Anfragen zur Schwangerschaftsunterbrechung. In: KNGIM 60 (1963) S. 16-17.
SCHUBERT, G./NAPP, J.-H.: Wie können wir die legalen Schwangerschaftsunterbrechungen einschränken. In: HÄ 11 (1957) S. 262-268.
SCHUBNELL, Hermann: Bevölkerungsentwicklung und Geburtenregelung. In: Kindersegen und Geburtenkontrolle. Hamburg 1964 S. 105-145.
SCHUELER, Hans: Recht und Sitte. In: Ra (1963) 4 S. 45-46 (zit.: Sitte).
– Zur Frage der ethischen Indikation: Erwiderung. In: Ra (1964) 1 S. 48-49 (zit.: Frage).
SCHULTE, Walter: Vorwort. In: Mende, Werner: Schwangerschaftsabbruch und Sterilisierung aus nervenärztlicher Sicht. München 1968.
SCHULTE, Walter/SCHULTE, Mechthild/SCHULTE, Solveig: Unerwünschte Schwangerschaft. Stuttgart 1969.
SCHULTZ, Günther: Schutz des menschlichen Lebens: Gedanken zur Diskussion um Paragraph 218 StGB und die vorgeburtliche Einwilligung zur Adoption. In: FamRZ 20 (1973) S. 294.
SCHULZTZE, K. W.: Abortus-Ursachen und Abtreibung von 1949 bis heute. In: MMW 109 (1967) S. 1265-1269 (zit.: Abortus-Ursachen).
– Die zahlenmäßige Bedeutung der Fehlgeburt im Fortpflanzungsgeschehen. In: GuF 29 (1969) S. 332-337 (zit.: Bedeutung).
– Die zahlenmäßige Bedeutung der Fehlgeburt im Fortpflanzungsgeschehen (Kurzreferat,

Verhandlungen der Deutschen Gesellschaft für Gynäkologie, 37. Versammlung in Lübeck-Travemünde 1968). In: AGyn 207 (1969) S. 27-28 (zit.: Fortpflanzungsgeschehen).
– Die Abortsituation in Deutschland. In: ÄP 23 (1971) S. 3980-3982 (zit.: Abortsituation).
– Die Entwicklung der Fehlgeburten und Abtreibungen von 1949 bis heute. In: DÄ 69 (1972) S. 3164-3165 (zit.: Entwicklung).
SCHULTZE-CASPAR, Astrid: Die Diskussion um die Reform des § 218 zur Zeit der Weimarer Republik im deutschen Reichstag und unter den Ärzten. Diss. med. Frankfurt am Main 1981.
SCHULTZE-NIEMANN, Martha/REGLER, Elfriede: Die ethische Indikation der Schwangerschaftsunterbrechung. In: WS 1 (1949) S. 22-27.
SCHULZ, G.: Schwangerschaftsunterbrechung im Ausland. In: MK 55 (1960) S. 1990-1991.
SCHUMANN, Hans-Joachim von: Probleme des Sittenstrafrechts. In: NJW 17 (1964) S. 1158-1162.
SCHÜTZE, Werner: Interruptio – ja oder nein. In: DÄ 66 (1969) S. 2756-2757.
SCHWADERER, A.: Zur FRage der Schwangerschaftsunterbrechung bei Lungentuberkulose. In: MM 7 (1953) S. 239-242.
SCHWALM, Georg: Über den Beginn des menschlichen Lebens aus der Sicht des Juristen. In: MK 62 (1967) S. 1556-1559 (zit.: Beginn).
– Strafrechtlicher Persönlichkeitsschutz und die Schranken der Persönlichkeitsentfaltung (insbesondere bei Tötung, Körperverletzung und Abtreibung). In: HABLITZEL, Hans/WOLLENSCHLÄGER, Michael (Hg.): Recht und Staat. Festschrift Günter Küchenhoff. Berlin 1972 2 S. 681-713 (zit.: Persönlichkeitsschutz).
Über die ethische Indikation zur Schwangerschaftsunterbrechung. In: ÄP 14 (1962) S. 2421 (zit.: Schwangerschaftsunterbrechung).
Schwangerschaftsunterbrechungen. In: BG 2 (1951) S. 133 (zit.: Schwangerschaftsunterbrechungen).
Das Problem der Schwangerschaftsunterbrechung in Schweden. In: DH 12 (1960) S. 241 (zit.: Schwangerschaftsunterbrechung in Schweden).
Schwangerschaftsunterbrechungen in Westberlin 1951. In: BG 3 (1952) S. 175 (zit.: Schwangerschaftsunterbrechungen in Westberlin).
SCHWARZ, Hanns: Psychiatrische Erfahrungen zur Frage der Schwangerschaftsunterbrechung, insbesondere zum Problem der psychogenen Depression. Halle 1950 (Sammlung zwangloser Abhandlungen auf dem Gebiete der Psychologie und Neurologie. Bd. 1).
SCHWARZ, Ute: Rechtliche Grundlagen der Schwangerschaftsunterbrechung in der Bundesrepublik Deutschland und in anderen Ländern. In: ThW 18 (1968) S. 462-466.
SCHWARZER, Alice: Nachwort. In: DERS. (Hg.): Frauen gegen den § 218: 18 Protokolle aufgezeichnet von Alice Schwarzer. Frankfurt am Main 1971 S. 133-155 (zit.: Nachwort).
– So fing es an. München 1983 (zit.: So fing es an).
– Weg mit dem § 218. Köln 1986 (zit.: § 218).
SCHWEITZER, Wolfgang: Respekt vor dem keimenden Leben: Erwägungen zum Paragraph 218. In: EvK 4 (1971) S. 535-537 (zit.: Respekt).
SCHWENZER, A. W.: Zur Frage der Indikation und der Technik der künstlichen Schwangerschaftsunterbrechung. In: GuF 16 (1956) S. 822-838 (zit.: Technik).
– Anerkannte und nicht anerkannte Indikationen zur legalen Schwangerschaftsunterbrechung. In: LA 33 (1957) S. 113-119 (zit.: Indikationen).
SEELIG, Ernst: Das Fruchtabtreibungsproblem und der Notstandsparagraph. In: DERS. (Hg.): Schuld, Lüge und Sexualität. Stuttgart 1955 S. 91-96.
SEITZ, Walter: Für und gegen § 218. In: SozJ 1 (1947) S. 91-92.
SIEBEL, Wigand/MARTIN, Norbert/STUMPF, Klaus/WALDMANN, Peter/WERTH, Manfred: Soziologie der Abtreibung: Empirische Forschung und theoretische Analyse. Stuttgart 1971.
SIEGMUND, Georg: Beseelung der Leibesfrucht. In: LThK. Freiburg i. Br. 1958 2 Sp. 294 (zit.: Beseelung).
– Beginn des individuellen menschlichen Lebens. In: ThG (1969) S. 165-171 (zit.: Beginn).

SIMON, Helmut: Zur rechtlichen Beurteilung von Schwangerschaftsunterbrechungen und Sterilisation. In: Kindersegen und Geburtenkontrolle. Hamburg 1964 S. 146-178.

SIMSON, Gerhard: Die gesesetzliche Schwangerschaftsunterbrechung in Schweden. In: NJW (1950) S. 940-941 (zit.: Schweden).

– Schwedens Weg bei der Neuregelung der Schwangerschaftsunterbrechung. In: DMW 76 (1951) S. 1121-1122 (zit.: Schwedens Weg).

SÖLLE, Dorothee: Für die Bejahung des Lebens – gegen die Bestrafung der Mutter. In: JOCHIMSEN, Luc (Hg.): § 218: Dokumentation eines hundertjährigen Elends. Hamburg 1971 S. 155-159.

SOENDEROP, S.: Seelsorgerisch-frauenärztliche Beratung bei unerwünschter Schwangerschaft. In: WS 1 (1949) 3 S. 19-22.

SOHR: Um die Schwangerschaftsunterbrechung aus gesundheitlichen Gründen. In: BG 3 (1952) S. 245.

SONDERMANN, G.: Über die sogenannte ethische Indikation. In: ÄM 47/59 (1962) S. 2257-2260 (zit.: Indikation).

– Schlußwort. In: ÄM 60 (1963) S. 371-373 (zit.: Schlußwort).

SOOST, H. J.: Der Abort, ein soziales Problem, volkswirtschaftlich betrachtet. In: AG 207 (1969) S. 26-27.

SOZIALDEMOKRATISCHE WÄHLERINITIATIVE (Hg.): Katholiken zur Reform des § 218. Köln/Düsseldorf o. J.

SPAEMANN, Robert: Kein Recht auf Leben? Zur Auseinandersetzung um den Schutz des ungeborenen Kindes. In: HOFFACKER, Paul/STEINSCHULTE, Benedikt/FIETZ, Johannes (Hg.): In: Auf Leben und Tod: Abtreibung in der Diskussion. Bergisch Gladbach 1985 S. 71-79 (=SPAEMANN, Robert: Haben Ungeborene ein Recht auf Leben. In: ZRP 7 (1974) S. 49-53 u. DERS.: Am Ende der Debatte um Paragraph 218 StGB. In: ZRP 7 (1974) S. 114-118).

SPIEKER, Manfred: Schwangerschaftsabbrüche: Zur Problematik der Statistik in der Bundesrepublik Deutschland. In: Jura (1987) S. 57-60.

SPIEGLER, K.: Die Schwangerschaftsunterbrechung im Lichte der christlichen Ethik. In: MR 1 (1947) S. 297-303 (zit.: Schwangerschaftsunterbrechung).

– Schwangerschaftsunterbrechung im Lichte der ärztlichen Ethik. In: MK 42 (1947) S. 695-696 (zit.: Ethik).

SROKA, Karl H.: Die Schwangerschaftsunterbrechung und der § 218. In: HAR 2 (1947/48) S. 43-44.

STAEMMLER, H.-J./KÖHLER, C./WELKER, Elfriede von/WINTER, H. M.: Fehlgeburt und Abtreibungen: Statistische Untersuchungen über die Fehlgeburt in Beziehung zur Familienentwicklung und zu sozio-ökonomischen Faktoren. In: DMW 97 (1972) S. 885-892.

STAEMMLER, Hans: Strafrecht für Polizeibeamte. München 1948.

STRAFRECHTSKOMMISSION DER EKD: Stellungnahme zur Reform des § 218. In: ZEE 16 (1972) S. 233-242.

STELZENBERGER, Johannes: Lehrbuch der Moraltheologie. Paderborn 1953.

STOCK, Ulrich: Schwangerschaftsunterbrechung aus eugenischer Indikation. In: MK 53 (1958) S. 2068-2069.

STÖCKER, Hans A.: Paragraph 218 StGB verfassungswidrig! In: DRiZ 50 (1972) S. 168-169 (zit.: Paragraph).

– Nochmals: Paragraph 218 StGB verfassungswidrig. In: DRiZ 50 (1972) S. 392-393 (zit.: 218 StGB).

STOLTENBERG, Gerhard. In: V 3 (1964) S. 64-65.

STOLTENHOFF, H.: Die psychiatrisch-neurologischen Indikationen zur Schwangerschaftsunterbrechung bei schwerer Erbkrankheit. In: DGW 10 (1955) S. 265-274.

STRAELEN, Henri van: Abtreibung: Die große Entscheidung. Regensburg 1974.

Die Diskussion um die Straffreiheit der ethischen Indikation. In: V 2 (1963) S. 48-50 (zit.: Straffreiheit).

STRASSER, Charlot: Der Arzt und das keimende Leben: Zum Problem der Schwangerschaftsunterbrechung mit besonderer Berücksichtigung der psychiatrischen Indikation für Abort und Sterilisation. Schwarzenburg 1948.
STRATENWERTH, Gerhard: Medizinische Indikation und Gottes Gebot. In: EvW (1948) S. 321-322 (zit.: Gebot).
– Die Tötung des keimenden Lebens als theologische Frage. In: Ehefragen im Licht des evangelischen Glaubens (Kirche im Volk. H. 3). Essen 1950 S. 51-75 (zit.: Tötung).
– Schwangerschaftsunterbrechung. In: Evangelisches Soziallexikon. Stuttgart 1954 Sp. 887-892 (zit.: Schwangerschaftsunterbrechung).
STRATHMANN, Werner: Zur Frage der Strafbarkeit des Abbruchs der Schwangerschaft. In: SA 21 (1972) S. 249-253.
STROHBACH, Gertrud: Warum „soziale Indikation". In: NW 2 (1947) S. 12-14.
STRUTZ: Eberhard: Die sogenannte ethische Indikation. Diss. iur. Bochum 1970.
– Intrauterinpessare, orale Ovulationshemmer und Hormontabletten – Abtreibung oder Empfängnisverhütung. In: MKS 52 (1969) S. 83-90 (zit.: Intrauterinpessare).
– Nochmals: Zur Frage der sog. ethischen Indikation bei der Schwangerschaftsbeseitigung. In: MDR 26 (1972) S. 108-110 (zit.: Nochmals).
– Die Strafbarkeit der Schwangerschaftsbeseitigung in anderen Ländern. In: GF 32 (1972) S. 407-414 (zit.: Schwangerschaftsbeseitigung).
SUSTAR, Alois: Zur strafrechtlichen Regelung des Schwangerschaftsabbruchs -Fristenlösung und Indikationenlösung. In: C 28 (1972/73) S. 604-619.
SVENSEN, Nils: Das Problem der Abtreibung. Flensburg 1965 (zit.: Abtreibung).
– Schwangerschaftsunterbrechung: Gründe, Rechtspflege, Methoden, Möglichkeiten. Flenburg 1967 (zit.: Schwangerschaftsunterbrechung).
SZENDI, Bl./LAKATOS, I./TOTH, Zs.: 23000 Schwangerschaftsunterbrechungen im Spiegelbild der Operationsmethode und der Frühkomplikationen. In: ZÄF 54 (1960) S. 751-756.
TALLEN, Hermann: Die Auseinandersetzung über § 218 StGB: Zu einem Konflikt zwischen der SPD und der Katholischen Kirche (Diss. phil. Münster 1975). München/Paderborn/Wien 1977 (Abhandlungen zur Sozialethik. Bd. 15).
TENHUMBERG, Heinrich (Bischof von Münster): Noch einmal: Über den Schutz des Lebens: Zum § 218 StGB. In: ThG 62 (1972) S. 366-368.
THIEMANN, Otto: Staat contra Kirche. In: EB 12 (1972) S. 62-65.
TIEDEMANN, Ernst: Über die Schwangerschaftsunterbrechung nach dem Kriege an Hand des Materials der Gutachterstelle der Ärztekammer der Stadt Hamburg. In: GpGw 1 (1946-1950) S. 19-20.
TIETZE, K.: Internistische Indikationen der Schwangerschaftsunterbrechung. In: DGW 13 (1958) S. 602-608.
TRILLHAAS, Wolfgang: Sexualethik. Göttingen 1969.
TRIPHAUS, Wilhelm: Die gegenwärtige Handhabung der medizinischen Indikationzur Schwangerschaftsunterbrechung. In: GpGw 1 (1946-1950) S. 18-19.
TRÖNDLE, Herbert: „Soziale Indikation" – Rechtfertigungsgrund? In: Jura (1987) S. 66-75.
TROMMSDORFF-GERLICH: Die Strafbarkeit des Schwangerschaftsabbruchs in der historischen Entwicklung (Deutscher Bundestag, Wissenschaftliche Dienste, Fachbereich III, Recht und Inneres). In: SA Ber. 7 WP 15 Si. v. 26. September 1973 Anlage S. 685-698.
TROSSMANN, Hans: Der Deutsche Bundestag. Vorgeschichte und Leistungen. Organisation und Arbeitsweise. 5. Aufl. Darmstadt 1971 (zit.: Bundestag).
– Parlamentsrecht des Deutschen Bundestages. Kommentar zur Geschäftsordnung des Deutschen Bundestages unter Berücksichtigung des Verfassungsrechts. München 1977 (zit.: Parlamentsrecht).
Übersicht 13. In: AS 30 (1975) 10/75 o. S.

UEBERMUTH, H.: Chirugische Erkrankungen als Indikationen zur Schwangerschaftsunterbrechung. In: ZblGyn 80 (1958) S. 1231-1237.

UEBLER, Leonard: Vom Schutz des ungeborenen Kindes. In: Kle 30 (1950) S. 3-4 u. 21-22.

ULLIUS, K.: Schwangerschaftsunterbrechung wegen hochgradigem Morbus Bechterew. In: ZblGyn 79 (1957) S. 1978-1982.

Um den Paragraphen 218. In: G (1946) 24/25 S. 3-4 (zit.: Um den Paragraphen 218).

Um die ethische Indikation. In: GL 39 (1962) 10 S. 11 (zit.: Um die ethische Indikation).

VELHAGEN, Carl: Schwangerschaftsunterbrechung und Auge. In: DGW 13 (1958) S. 617-618.

Gegen die Vernichtung keimenden Lebens. In: GH 2 (1947) 21 S. 3 (zit.: Vernichtung).

VILLINGER, Werner/ERHARDT, H.: Stellungnahme der Deutschen Gesellschaft für Psychiatrie und Nervenheilkunde. In: Gutachten und Stellungnahmen zu Fragen der Strafrechtsreform mit ärztlichem Einschlag. Bonn 1958 S. 47-67.

VILLINGER, Werner: Zum Problem der Schwangerschaftsunterbrechung. In: MM 4 (1950) S. 801-806.

VODOPIVEC, Miram: Eine pastoralmedizinische Anmerkung zum Problem der Humanontogenese. In: ThQ 151 (1971) S. 222-227.

VOGEL, Friedrich: Zur Reform des § 218 StGB. In: EvV (1973) o. S.

VOLBRACHT, Robert: Der Weisheit letzter Schluß. In: BerÄ 7 (1970) S. 378-384.

VOLKMANN, Siegfried: Die Glaubwürdigkeit von Angaben in Notzuchtsfällen, dargestellt am Material der Hamburger Ärztekammer. In: GpGw 1 (1946-1950) S. 20.

Vorwort. In: Europäische Ärzteaktion (Hg.): Alarm um die Abtreibung. Neuhausen/Stuttgart 1980 1 S. 13 (zit.: Vorwort).

WÄCHTER, Roland: Die Schwangerschaftsbeseitigung bei medizinischer und ethischer Indikation nach geltendem und kommendem deutschen Strafrecht. Diss. iur. Saarbrücken 1969.

WAGNER, Helmut: Ist das individuelle Leben noch das höchste Gut? In: MM 26 (1972) S. 303-307.

WAIDER, Heribert: Die „Rechtswidrigkeit“ des artefiziellen Abortes und der Perforation in medizinisch indizierten Fällen, zugleich ein Beitrag zur Methodologie des Naturrechts. Diss. iur. Köln 1951.

WAIDL, Ernst: Die gegenwärtige Rechtslage der künstlichen Fehlgeburt. In: MMW 100 (1958) S. 1052-1055.

WALDEYER, L.: Über die Tätigkeit der Schwangerschaftsunterbrechungskommission in Berlin. In: DGW 25 (1970) S. 28-32.

WANNER, O.: Das vom Psychiater abgelehnte Interruptionsbegehren im Urteil von 218 betroffenen Frauen. In: SMW 104 (1974) S. 242-249.

Warum? In: F (1947) 5/6 S. 25 (zit.: Warum).

WEHL: Zum § 218 und zur sozialen Indikation. In: NÄ 3 (1949) S. 64-67.

WEILER: Schwangerschaftsunterbrechung aus übergesetzlichem Notstand. In: BÄ 7 (1953) S. 100-104.

WEINHÖFER, H./PFAU, P.: Vorzeitige Beendigung der Schwangerschaft bei schweren, therapieresistenten Spätgestosen. In: GuF 18 (1958) S. 331-333.

WEISS, Wolfgang: Die neuen Gesetze zur Schwangerschaftsunterbrechung inn den Ländern der sowjetischen Besatzungszone. In: NJ 2 (1948) S. 68-72.

WEISSER, Georg: Die medizinisch indizierte Schwangerschaftsunterbrechung in der Rechtsprechung des Bundesgerichtshofes. In: M (1952) S. 666-667.

WERTENBRUCH, Wilhelm: Grundgesetz und Menschenwürde. Köln/Berlin 1958.

WESSELS, Johannes: Die rechtliche Relevanz des Paragraphen 218 StGB und die juristische Problematik seiner Reform. In: BECKEL, Albrecht von (Hg.): Abtreibung in der Diskussion: Medizinische, psychologische, juristische und politische Aspekte der Reform des Paragraphen 218. Münster 1972 S. 41-68.

WESTPHALEN, Friedrich Graf von: Soll Abtreibung straffrei sein? In: NO 24 (1970) S. 435-448 (zit.: Abtreibung).
– Welcher Weg für die Reform des Paragraphen 218? In: NO 25 (1971) S. 443-454 (zit.: Weg).
Wieder. In: F (1947) 5/6 S. 25 (zit.: Wieder).
WIELAND, Joh.: Der Schutz des keimenden Lebens. In: IM 37 (1947) 9/10 S. 13-18.
WILBERG, Charlotte: Soziale Indikation und Gynäkologischer Kongreß 1947. In: IM 37 (1947) 9/10 S. 29-31.
WILKITZKI, Peter/LAURITZEN, Christian: Schwangerschaftsabbruch in der Bundesrepublik Deutschland. Heidelberg 1981.
WILLE, P.: Gedanken zur legalisierten Schwangerschaftsunterbrechung. In: MW (1966) S. 1678-1684.
WIMMER, August: Schutz des werdenden Lebens im kommenden Strafrecht. In: KG (1970) S. 89-90.
WINKELMANN, Zur Frage der Schwangerschaftsunterbrechung bei Lungen-Tbc. In: LA 28 (1952) S. 76.
WINTER, Georg: Die künstliche Schwangerschaftsunterbrechung: Indikationen und Methoden, hg. v. NAUJOKS, Hans. 3. Aufl. Stuttgart 1949.
WINTER, G. F./MEYRAN, H. R.: Zur Frage der Schwangerschaftsunterbrechung. In: ZblGyn 83 (1961) S. 1141-1147.
WIRZ, P.: Schwangerschaft und Abortus. In: HORNSTEIN, X. von/FALLER, A. (Hg.): Gesundes Geschlechtsleben. München/Kempten 1950 S. 249-262.
WITTENBECK: Wege zur weiteren Einschränkung der Schwangerschaftsunterbrechung. In: ZblGyn 77 (1955) S. 344-363.
WOEDERHOFF, Karl: Die Entwicklung ärztlicher Schwangerschaftsunterbrechungen im Bereich der Gutachterstelle Hannover. In: GpGw 3 (1954-1956) S. 35.
WOLF, Friedrich: Vorwort zur Bühnenausgabe von „Cyankali", 1946. In: ZWERENZ, Ingrid (Hg.): Frauen. Frankfurt am Main 1980 S. 187-189.
WOLFF, Ulrich: Freiheit und Einordnung. In: DÄ 68 (1971) S. 2956-2958.
WOLFFSON, Ernst: Aus der Gutachterstelle für Schwangerschaftsunterbrechung. In: HÄ 4 (1950) S. 45-48 (zit.: Gutachterstelle).
– Die Indikationsstellung für die Schwangerschaftsunterbrechung. In: HÄ 6 (1952) S. 26-27 (zit.: Indikationsstellung).
– Der Leitfaden des Präsidiums des Deutschen Ärztetages über die Indikation zur Schwangerschaftsunterbrechung. In: HÄ 8 (1954) S. 138-139 (zit.: Leitfaden).
WOLGAST, Eike: Reform, Reformation. In: BRUNNER, Otto/CONZE, Werner/ KOSELLECK, Rainhart (Hg.): Geschichtliche Grundbegriffe: Historisches Lexikon zur politisch-sozialen Sprache in Deutschland. Stuttgart 1984 5 S. 313-360.
WOLTER, F.: Zur Frage der Schwangerschaftsunterbrechung aus eugenischer Indikation. In: ZblGyn 76 (1954) S. 133-138.
WORM, Manfred: SPD und Strafrechtsreform. München/Wien 1968 (Politische Studien. Bd. 8).
WRAGE, Karl Horst: Die soziologischen und psychologischen Faktoren in der Vorgeschichte von Schwangerschaftsunterbrechungen. In: IM 50 (1960) S. 104-111.
WUCHERPFENNIG, Maria: Veränderte Beurteilung der Lungentuberkulose in der Begutachtung als Grund für die Schwangerschaftsunterbrechung. In: GpGw 3 (1954-1956) S. 37.
WURM, A.: Zum § 218 (Unterbrechung der Schwangerschaft). In: Se 23 (1947) S. 123-126.
WYSS, R.: Die psychiatrische Indikation zur Schwangerschaftsunterbrechung bei nicht geisteskranken Frauen. In: SMW 88 (1958) S. 1255-1257.
ZACHERL, H.: Schwangerschaftsunterbrechung vom Standpunkte des Gynäkologen. In: WKW 67 (1955) S. 103-105.
ZIEHEN: Gutachten zu Fragenkreis I und III. In: Gutachten und Stellungnahmen zu Fragen der Strafrechtsreform mit ärztlichem Einschlag. Bonn 1958 S. 16-43.

ZILLMER, W.: Die Revisionsbedürftigkeit des § 218 StGB aus bevölkerungspolitischer Sicht. In: NJW 12 (1958) S. 2099-2100.
ZIMMER, F.: Der Beginn des individuellen Lebens und der Schwangerschaft in biologischer Sicht. In: BRANDL, Max (Hg.): Der Beginn des Lebens. Stuttgart/New York 1969 S. 7-20.
ZUCKMAYER, Joseph: Ändert den § 218! In: NH 2 (1947) S. 50-51.
Zur Fage der Schwangerschaftsbeseitigung: Bericht des Ausschusses zur Prüfung, Berichterstattung und Ausarbeitung von Vorschlägen über alle mit dem § 218 St.G.B. zusammenhängenden Fragen. In: BrÄ 1 (1948) S. 36-38 (zit.: Zur Frage).
Zur Reform des Abtreibungsstrafrechts. In: HKo 24 (1970) S. 435-441 (zit.: Zur Reform).
ZWAHR, Chr.: Zur Problematik der legalen Schwangerschaftsunterbrechung. In: ZblGyn 94 (1972) S. 156-163.
ZWERENZ, Ingrid: Frauen: Die Geschichte des § 218. Frankfurt am Main 1980.

Sachregister

Seitenangaben mit Asteriskus beziehen sich im Sach- und Personenregister auf eine Fußnote

Personenregister

Forschungen und Quellen zur Zeitgeschichte

Im Auftrag der Konrad-Adenauer-Stiftung

herausgegeben von
Günter Buchstab, Klaus Gotto, Hans Günter Hockerts,
Rudolf Morsey und Hans-Peter Schwarz

Band 1 Hans Günter Hockerts
Sozialpolitische Entscheidungen im Nachkriegsdeutschland
Alliierte und deutsche Sozialversicherungspolitik 1945 bis 1957
1980, 463 S., Leinen, ISBN 3-12-912910-3

Band 2 *Die CDU/CSU im Parlamentarischen Rat*
Sitzungsprotokolle der Unionsfraktion
Eingeleitet und bearbeitet von Rainer Salzmann
1981, XLIV, 701 S., Leinen, ISBN 3-12-912930-8

Band 3 Franz J. Bauer
Flüchtlinge und Flüchtlingspolitik in Bayern 1945-1950
1982, 444 S., Leinen, ISBN 3-608-91066-2

Band 4 *Bibliographie zur Geschichte der CDU und CSU 1945-1980*
Erstellt von Gerhard Hahn
1982, LXVIII, 961 S., Leinen, ISBN 3-12-912940-5

Band 5 Christine Hacke
Die Ära Nixon-Kissinger 1969-1974
Konservative Reform der Weltpolitik
1983, 319 S., Leinen mit Schutzumschlag, ISBN 3-608-91228-2

Band 6 Ulrich Reusch
Deutsches Berufsbeamtentum und britische Besatzung
Planung und Politik 1943-1947
1985, 419 S., Leinen, ISBN 3-608-91231-2

Band 7 Wulf Schönbohm
Die CDU wird moderne Volkspartei
Selbstverständnis, Mitglieder, Organisation und Apparat 1950 -1980
1985, 343 S., Leinen mit Schutzumschlag, ISBN 3-608-91233-9

Band 8 *Adenauer: „Es mußte alles neu gemacht werden."*
Die Protokolle des CDU-Bundesvorstandes 1950 -1953
Bearbeitet von Günter Buchstab
1986, 1. u. 2. Auflage, 730 S., Leinen mit Schutzumschlag,
ISBN 3-608-91426-9

Band 9 *Der Weg in die Soziale Marktwirtschaft*
Referate, Protokolle, Gutachten der Arbeitsgemeinschaft
Erwin von Beckerath 1943-1947
Bearbeitet von Christine Blumenberg-Lampe
1986, 633 S., Leinen mit Schutzumschlag, ISBN 3-608-91399-8

Band 10 Wolfgang Krieger
General Lucius D. Clay und die amerikanische Deutschlandpolitik 1945-1949
1987, 560 S., Leinen mit Schutzumschlag, ISBN 3-608-91443-9

Band 11 *Im Zentrum der Macht*
Das Tagebuch von Staatssekretär Lenz 1951-1953
Bearbeitet von Klaus Gotto, Hans-Otto Kleinmann und Reinhard Schreiner
1988, 800 S., Leinen mit Schutzumschlag, ISBN 3-7700-0763-8

Band 12 Horstwalter Heitzer
Die CDU in der britischen Zone 1945-1949
Gründung, Organisation, Programm und Politik
1988, 814 S., Leinen mit Schutzumschlag, ISBN 3-7700-0755-7

Band 13 *Die CDU/CSU im Frankfurter Wirtschaftsrat*
Protokolle der Unionsfraktion 1947-1949
Bearbeitet von Rainer Salzmann
1988, 481 S., Leinen, ISBN 3-7700-0756-5

Band 14 Margaret Lavinia Anderson
Windthorst
Zentrumspolitiker und Gegenspieler Bismarcks
Aus dem Amerikanischen von Christa Dericum und Hildegard Möller
1988, 466 S., Leinen mit Schutzumschlag, ISBN 3-7700-0774-3

Band 15 *Bibliographie zur Geschichte der CDU und CSU 1981-1986*
Mit Nachträgen 1945-1980
Erstellt von Brigitte Krahe und Michaela Seibel
1990, XIX, 687 S., Leinen, ISBN 3-7700-0798-0

Band 16 *Adenauer: „Wir haben wirklich etwas geschaffen."*
Die Protokolle des CDU-Bundesvorstands 1953-1957
Bearbeitet von Günter Buchstab
1990, XXXVII, 1380 S., Leinen mit Schutzumschlag, ISBN 3-7700-0799-9

Band 17 *Die Unionsparteien 1946-1950*
Protokolle der Arbeitsgemeinschaft der CDU/CSU Deutschlands und der Konferenzen der Landesvorsitzenden
Bearbeitet von Brigitte Kaff
1991, 845 S., Leinen, ISBN 3-7700-0796-4

Band 19 Michael Richter
Die Ost-CDU 1948-1952
Zwischen Widerstand und Gleichschaltung
1991, 2. korrigierte Auflage, 488 S., Leinen mit Schutzumschlag, ISBN 3-7700-0916-9, Paperback, ISBN 3-7700-0917-7